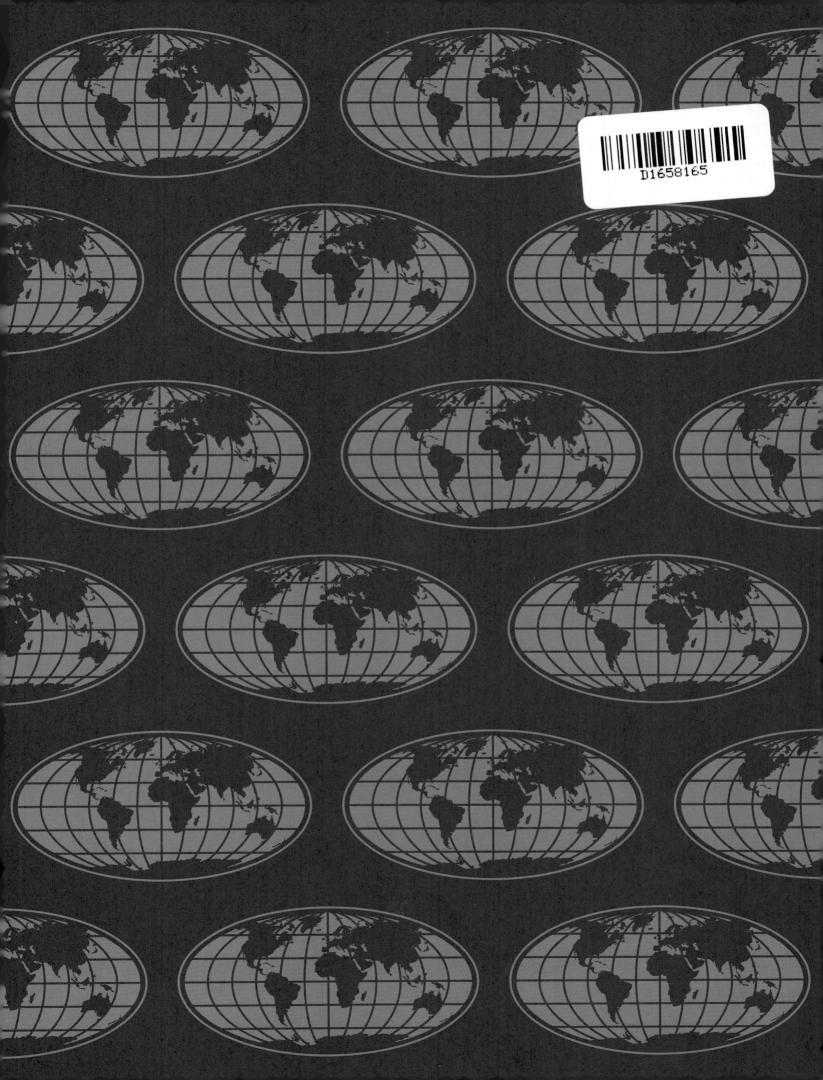

Faszination Weltgeschichte
Wie wir wurden, was wir sind

Faszination Weltgeschichte
Wie wir wurden, was wir sind

# Völker, Staaten und Kulturen

Bertelsmann Lexikon Institut

© 2006 Wissen Media Verlag GmbH, Gütersloh/München
**Projektmanagement:** Claudia Haschke, Dr. Martin-Andreas Schulz
**Konzeption und Projektkoordination:** Annette Grunwald, Wolf-Eckhard Gudemann,
Claudia Haschke, Petra Niebuhr-Timpe, Katja Rauschenberg, Dr. Martin-Andreas Schulz, Thekla Sielemann
**Verlagsredaktion:** Wolf-Eckhard Gudemann
**Redaktionelle Mitarbeit:** Hanno Ballhausen
**Bildredaktion:** Monika Flocke
**Konzeptentwicklung und redaktionelle Betreuung:** interConcept Medienagentur, München
**Redaktionsleitung interConcept:** Dr. Markus Schreiber
**Bandkonzeption und Redaktion für interConcept:** Barbara Rusch, München
**Satz und Lithografie:** IMPULS, Hattingen
**Layout und grafische Konzeption:** Axel Brink
**Herstellung:** Martin Kramer

**Druck und Bindung:** MOHN Media · Mohndruck GmbH, Gütersloh

**Wissenschaftlicher Beirat:** Prof. Dr. Christian Andree, Professor für Wirtschafts-und Medizingeschichte
an den Universitäten Kiel, Würzburg und Frankfurt/Oder;
Prof. Dr. Dr. Ulrich Knefelkamp, Professor für Mittelalterliche Geschichte Mitteleuropas und
regionale Kulturgeschichte an der Europa-Universität Frankfurt (Oder);
Prof. Dr. Rolf Walter, Professor für Wirtschafts- und Sozialgeschichte an der Friedrich-Schiller-Universität Jena

Dieses Werk einschließlich aller seiner Teile ist urheberrechtlich geschützt.
Jede Verwertung außerhalb der engen Grenzen des Urheberrechtsgesetzes ist unzulässig
und strafbar. Das gilt insbesondere für Vervielfältigungen, Übersetzungen, Mikroverfilmungen
und die Einspeicherungen und Verarbeitung in elektronischen Systemen.

ISBN 3-577-16100-0

# Benutzerhinweise

**Jeder Band ist durch ein bestimmtes Symbol gekennzeichnet**

Völker, Staaten und Kulturen

Die Themenbände von »Faszination Weltgeschichte« ordnen sich methodisch in die Gesamtreihe ein. Gleichzeitig liegt jedem einzelnen Band eine spezifische Systematik zugrunde.

Gemeinsam ist allen Themenbänden ein chronologischer Aufbau. Sie sind wie die beiden Bände »Zeittafeln der Weltgeschichte« mit einem Symbol- und Farbleitsystem und einer entsprechenden Verweisstruktur ausgestattet. So wird es möglich, zwischen den einzelnen Themenbänden und den »Zeittafeln« zu wechseln, um sich umfassend über den behandelten Gegenstand oder eine Person zu informieren oder um benachbarte Themenbereiche zu entdecken. Alle Themen werden auf ein bis zwei Doppelseiten dargestellt.

Die Bandeinleitung führt in die Thematik ein und verschafft einen Überblick über den Inhalt des Bandes. Themenseiten haben abhängig vom Inhalt entweder eine »Zeitleiste«, die über Entwicklungsschritte und wichtige Ereignisse informiert, oder einen »Kasten«, in dem ein spezieller Aspekt des Themas hervorgehoben wird. Ein farbiger Hintergrund weist auf zwei besondere Seitentypen hin: Die so genannte Essayseite, die umfassend über eine spezielle Thematik informiert, und die Sammelseite, die Entwicklungen oder verschiedene Personen unter einem übergeordneten Gesichtspunkt untersucht. Umfangreiche Sach- und Personenregister schließen jeden Band ab.

Religionen und Glaubensformen

Kriege und Konflikte

Menschen und Ideen

Große Entdeckungen

*Geographie*

*Naturwissenschaften*

*Archäologie*

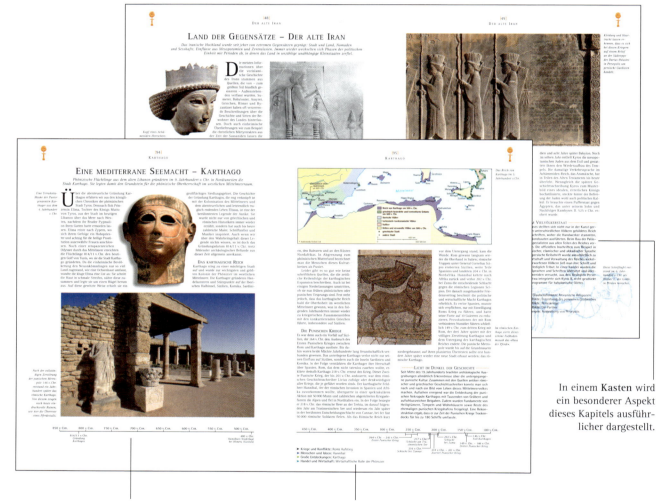

Themenseiten sind auf ein bis zwei Doppelseiten angelegt.

Die **Zeitleiste** zeigt Abläufe auf und stellt Ereignisse in den historischen Zusammenhang.

Die **Verweise** machen auf ähnliche Themen in anderen Bänden aufmerksam, die Pfeile sind in der Farbe des Symbols des jeweiligen Bandes gehalten.

In einem **Kasten** wird ein besonderer Aspekt dieses Kapitels ausführlicher dargestellt.

Die **Kapiteleinleitungen** informieren über die nachfolgend behandelte Epoche.

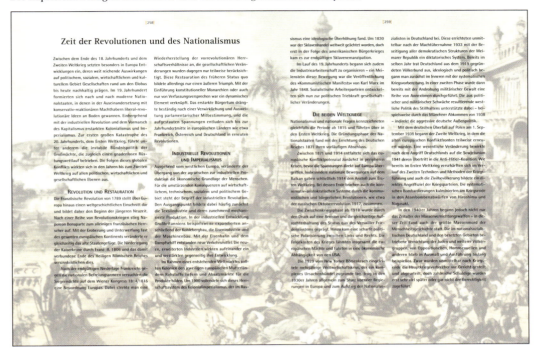

**Essays** beschäftigen sich umfassend mit einem Gegenstand oder untersuchen Spezialfragen.

Essays sind durch einen **grauen Hintergrund** gekennzeichnet.

Große Erfindungen

Handel und Wirtschaft

Kunst und Architektur

Literatur und Musik

Literatur

Musik

Mythen, Rätsel und Orakel

## Inhalt

| Seite | Thema |
|---|---|
| 12 | **Dynamik der Geschichte – Aufstieg und Niedergang von Völkern und Staaten** *Ulrich Knefelkamp* |

### 14 Die Frage nach dem Ursprung *Otto Schertler*

- 16 Der Ursprung der Menschheit *Otto Schertler*
- 18 **Essay:** Abschied von den Rassen *Karin Guggeis*
- 20 Die Besiedelung der Erde durch den Menschen *Otto Schertler*
- 22 **Essay:** Faszinierende Vielfalt - Sprachen und Spachfamilien *Otto Schertler*
- 24 Die Menschen der Steinzeit *Otto Schertler*

### 28 Die Welt des Altertums *Klaus Zmeskal*

- 30 An den Wassern des Nils – Die Ägypter *Otto Schertler*
- 36 Erste Herrscher im Zweistromland – Die Sumerer *Michael Fritz*
- 38 Die zweite Besiedelung Ozeaniens *Andrea Bender*
- 40 **Essay:** Weltbevölkerung in früher Zeit *Rose-Elisabeth Herden, Rainer Münz*
- 42 Europa erwacht auf Kreta – Die minoische Kultur *Stefan Brenne*
- 44 Prägende Gesellschaften an Indus und Ganges – Die Harappa- und die vedische Kultur *Annette Schmiedchen*
- 46 Nomadische Eroberer – Die Amoriter *Michael Fritz*
- 48 Land der Gegensätze – Der alte Iran *Michael Fritz*
- 52 **Essay:** Die Bronzezeit *Otto Schertler*
- 54 Eine mesopotamische Großmacht – Assyrien *Michael Fritz*
- 56 Das Tor Gottes – Babylon und Babylonien *Michael Fritz*
- 58 Ein anatolisches Imperium – Das Reich der Hethiter *Thomas Rosky*
- 60 Krieger und Händler – Die Mykener *Stefan Brenne*
- 62 China vom archaischen Königtum bis zum Mittelalter *Dagmar Ahrens-Thiele*
- 68 Von den Hebräern zur jüdischen Diaspora *Karin Lucke-Huss*
- 70 Könige der Meere – Die Phönizier *Thomas Rosky*
- 72 **Essay:** Kulturen Altamerikas – Eine chronologische Einteilung *Christiane Lembert-Dobler*
- 74 Maiszüchter im Kautschukland – Die Olmeken *Christiane Lembert-Dobler*
- 76 Kriegerische Künstler – Die Huaxteken *Christiane Lembert-Dobler*
- 78 Jäger, Bauern, Städtebauer – Frühe nordamerikanische Kulturen *Edigna Hackelsberger*
- 80 Frühe südamerikanische Kulturen – Chavín und Nasca *Christiane Lembert-Dobler*
- 82 Ägyptens mächtiger Nachbar – Das Reich Kusch *Karin Guggeis*
- 84 Durch die Jahrtausende quer über den Kontinent – Die Bantu *Karin Guggeis*
- 86 **Essay:** Die Eisenzeit *Otto Schertler*
- 88 Die Wiege der europäischen Kultur – Die Griechen von der archaischen Zeit bis zum Hellenismus *Stefan Brenne*
- 94 Eine mediterrane Seemacht – Karthago *Thomas Rosky*
- 96 Langschwert und Druidenstab – Das keltische Jahrtausend *Edigna Hackelsberger*
- 98 Ein rätselhaftes Volk – Die Etrusker *Stefan Brenne*

# Inhalt

| Seite | Thema |
|---|---|
| 100 | **Essay:** Theorie und Praxis des Staates in der Antike  *Klaus Zmeskal* |
| 102 | Inbegriff eines Imperiums – Das Römische Reich  *Klaus Zmeskal* |
| 110 | **Essay:** Die griechische Antike und ihr Erbe  *Stefan Brenne* |
| 112 | Eroberer mit Pferd und Bogen – Die Skythen  *Michael Solka* |
| 114 | Der Ort, wo man zum Gott wird – Teotihuacán  *Christiane Lembert-Dobler* |
| 116 | Staatengründer am Weißen Berg – Die Zapoteken  *Christiane Lembert-Dobler* |
| 118 | Zeit der großen Dynastien – Das indische Altertum  *Annette Schmiedchen* |
| 120 | Reiterscharen aus dem Osten – Die Hunnen  *Michael Solka* |
| 122 | Peruanische Keramikmeister – Die Moche-Kultur  *Christiane Lembert-Dobler* |

| 124 | **NACH DER ZEITENWENDE – DIE WELT BEGEGNET SICH**  *Klaus Zmeskal* |
|---|---|
| 126 | 2000 Jahre bis zur Unabhängigkeit – Vietnam  *Thomas Barkemeier* |
| 128 | Eine antike Weltmacht in Äthiopien – Das Reich Aksum  *Karin Guggeis* |
| 130 | Die Handelsmächte Funan und Champa  *Thomas Staender* |
| 132 | Entfaltung im Schatten Chinas – Japan bis Ende der Heian-Zeit  *Klaus Vollmer* |
| 134 | Herkunft unbekannt – Die Slawen  *Ana María Schop Soler* |
| 136 | Dynastien im Goldenen Zeitalter – Die Maya  *Christiane Lembert-Dobler* |
| 138 | Kaiser auf zwei Kontinenten – Das Byzantinische Reich  *Claudia Fritzsche* |
| 142 | **Essay:** Das europäische Mittelalter  *Ulrich Knefelkamp* |
| 144 | Umwälzungen in Europa – Die germanische Völkerwanderung  *Hans Losert* |
| 146 | Staatengründer in Nordafrika – Die Wandalen  *Hans Losert* |
| 148 | Auf eigenen Wegen – Iren und Skoten  *Christiane Bocklenberg* |
| 150 | Von Britannien zu England – Angeln, Sachsen und Jüten  *Christiane Bocklenberg* |
| 152 | Europäische Staatengründer – Die Goten  *Hans Losert* |
| 154 | **Essay:** Weltbevölkerung im 1. Jahrtausend nach der Zeitenwende  *Rose-Elisabeth Herden, Rainer Münz* |
| 156 | Vom Stammesverband zum Kaiserreich – Das Frankenreich  *Jörg Bremer* |
| 160 | Germanenherrschaft in Italien – Das Langobardenreich  *Annelore und Eggert Langmann* |
| 162 | Asiatische Krieger im Zentrum Europas – Awaren und Magyaren  *Andreas Stieber* |
| 164 | Kämpferischer Militäradel und ziviler Beamtenstaat – China von der Sui- zur Song-Dynastie  *Dagmar Ahrens-Thiele* |
| 166 | In der Nachfolge Mohammeds – Die arabischen Kalifate  *Ralf Elger* |
| 168 | **Essay:** Entstehung und Verbreitung der islamischen Kultur  *Ralf Elger* |
| 170 | Das Geheimnis der Felsenbewohner – Die Anasazi-Kultur  *Edigna Hackelsberger* |
| 172 | Tempelbauer am großen Strom – Die Mississippi-Kultur  *Michael Solka* |
| 174 | Legendäres Land des Goldes – Das alte Reich Ghana  *Karin Guggeis* |
| 176 | Fernhändler in Ostafrika – Die Swahili  *Karin Guggeis* |
| 178 | Einflussreiche Karawanenhändler – Kanem-Bornu und Hausa  *Karin Guggeis* |
| 180 | Händler, Eroberer und Staatengründer – Waräger und Normannen  *Reinhard Barth* |
| 182 | **Essay:** Weltweite Verflechtungen  *Karin Guggeis* |
| 184 | Götter – Könige – Gottkönige – Die Reiche der Khmer  *Thomas Staender* |

## INHALT

| SEITE | THEMA |
|---|---|
| 186 | Kulturbringer und Krieger – Die Tolteken *Christiane Lembert-Dobler* |
| 188 | Das Regenvolk vom Ort der Wolken – Die Mixteken *Christiane Lembert-Dobler* |
| 190 | Nachkommen der Sonne – Die Inka *Christiane Lembert-Dobler* |
| 194 | Der Aufstieg einer Großmacht – Vom Kiewer Rus zum Russischen Reich *Ana María Schop Soler* |
| 198 | 900 bewegte Jahre – Das Heilige Römische Reich *Friedemann Bedürftig* |
| 204 | Krieger, Gelehrte und Mäzene – Die Shogun-Herrschaft in Japan *Klaus Vollmer* |
| 206 | **Essay:** Krieger in Ost und West – Samurai und Ritter *Otto Schertler* |
| 208 | Nomadische Herrscher über ein Weltreich – Die Mongolen *Beate Blaha* |
| 210 | Die Herren der Minen – Die Reiche Zimbabwe und Monomotapa *Karin Guggeis* |
| 212 | Könige, Krieger, Kaufleute – Das Reich Benin *Karin Guggeis* |
| 214 | Herrscher im Sahel – Mali und Songhai *Karin Guggeis* |
| 216 | Bauern, Rinderzüchter und Sklavenhändler – Reiche in Ost- und Zentralafrika *Karin Guggeis* |
| 218 | Türkische Kaiser in Ostrom – Die Osmanen *Walter Posch* |
| 224 | Herrscher vor der spanischen Eroberung – Die Azteken *Christiane Lembert-Dobler* |
| 226 | Die Geburt der Moderne – Italien in der Renaissance *Annelore und Eggert Langmann* |
| 228 | **Essay:** Die europäische Renaissance *Elmar Geus* |
| 230 | Vom Ende der mongolischen Herrschaft bis zur imperialistischen Fremdbestimmung – China unter der Ming- und der Qing-Dynastie *Dagmar Ahrens-Thiele* |
| 234 | Gold-Reiche in Westafrika – Die Akan-Reiche *Karin Guggeis* |
| 236 | Portugal und sein Weltreich *Ana María Schop Soler* |
| 238 | Spanien und sein Weltreich *Ana María Schop Soler* |
| 240 | Der Traum vom Neubeginn – Europäische Kolonisationsbewegungen *Martin Krieger* |
| 242 | **Essay:** Weltbevölkerung im 2. Jahrtausend *Rose-Elisabeth Herden, Rainer Münz* |
| 244 | Schöpfer des Irans – Die Safawiden *Silvia Kuske* |
| 246 | Ein muslimisches Imperium in Indien – Das Reich der Moguln *Thomas Barkemeier* |
| 248 | Die Kolonialreiche der Niederlande und Belgiens *Marc Frey* |
| 250 | **Essay:** Staat und Gesellschaft im Europa des 17. und 18. Jahrhunderts – Der Absolutismus *Elmar Geus* |
| 252 | Frankreich vom Absolutismus bis Napoleon *Reinhard Blänkner* |
| 254 | Österreichs Aufstieg zur europäischen Großmacht *Birgit Krapf* |
| 256 | Österreichs mächtiger Gegenspieler – Das Königreich Preußen *Elmar Geus* |

## ZEIT DER REVOLUTIONEN UND DES NATIONALISMUS *Elmar Geus*

| | |
|---|---|
| 258 | |
| 260 | Von der Kolonie zur Supermacht – Der Aufstieg der Vereinigten Staaten *Christine Metzger* |
| 264 | **Essay:** Sklavenhandel in die Neue Welt *Karin Guggeis* |
| 266 | Nach der Unterwerfung – Indianerkulturen in den USA *Michael Solka* |
| 268 | Australien – Von der Strafkolonie zum Bundesstaat *Andreas Stieber* |
| 270 | Aufstieg des Nationalismus in Europa *Ana María Schop Soler* |
| 272 | Großbritannien und das britische Weltreich *Christiane Bocklenberg* |
| 276 | Zwischen kolonialer Ausbeutung und nationalem Erwachen – Indien unter britischer Herrschaft *Thomas Barkemeier* |

## INHALT

| SEITE | THEMA |
|---|---|
| 278 | Zeit der Demütigung – Asien unter kolonialer Herrschaft  *Klaus Andreas Dietsch* |
| 280 | Afrika unter kolonialer Herrschaft  *Karin Guggeis* |
| 282 | **Essay:** Neuzeitlicher Kolonialismus und Imperialismus  *Christian Nekvedavicius* |
| 284 | Die jüdische Diaspora  *Karin Lucke-Huss* |
| 286 | Vereinigung und Expansion – Italien ab 1830  *Annelore und Eggert Langmann* |
| 288 | Ein Pulverfass der Nationalitäten – Österreich-Ungarn  *Ana María Schop Soler* |
| 292 | Die Nachfolgestaaten der Donaumonarchie  *Christian Nekvedavicius* |
| 294 | Dreimal gescheitert – Das Deutsche Reich  *Verena Zimmermann* |
| 298 | Am besiegten Deutschland gescheitert – Frankreichs Dritte Republik  *Friedemann Bedürftig* |
| 300 | Entstehung und Aufstieg der UdSSR  *Ana María Schop Soler* |
| 304 | **SPANNUNG UND ENTSPANNUNG – DIE WELT NACH DEM ZWEITEN WELTKRIEG BIS ZUM ENDE DES KALTEN KRIEGES**  *Elmar Geus* |
| 306 | Die Welt verändert ihr Gesicht – Neue Staaten nach dem Zweiten Weltkrieg  *Simone Harland* |
| 308 | Gemeinsam die Welt verbessern – Die Vereinten Nationen  *Beate Blaha, Rüdiger Dingemann* |
| 310 | Vom »kalten Krieger« zur alleinigen Supermacht – Die USA nach dem Zweiten Weltkrieg  *Christiane Metzger* |
| 312 | Die UdSSR von der Entstalinisierung bis zur Perestroika  *Ana María Schop Soler* |
| 314 | Chinas beschwerlicher Weg in die Moderne  *Klaus Andreas Dietsch* |
| 316 | **Essay:** Minderheiten in den Nationalstaaten  *Christian Nekvedavicius* |
| 318 | Von der Niederlage im Krieg zum Sieg im Frieden – Japan ab 1945  *Klaus Vollmer* |
| 320 | Konfliktherd und erfüllter Traum – Israel  *Karin Lucke-Huss* |
| 322 | Die Entkolonialisierung in Asien  *Marc Frey* |
| 324 | Die Entkolonialisierung in Afrika  *Karin Guggeis* |
| 326 | Von der Apartheid zur Regenbogennation – Das moderne Südafrika  *Karin Guggeis* |
| 328 | **AUF DEM WEG ZUR WELTGESELLSCHAFT? DIE JÜNGSTE ZEITGESCHICHTE SEIT 1990**  *Elmar Geus* |
| 330 | Einzige Weltmacht USA  *Andrew Denison, Rüdiger Dingemann* |
| 332 | Auflösung einer Supermacht – Die Nachfolgestaaten der UdSSR  *Christian Nekvedavicius* |
| 334 | **Essay:** Kampf der Kulturen – ein Kampf Gut gegen Böse?  *Patrick Grootveldt* |
| 336 | Feinde werden Verbündete – Die europäische Einigung  *Simone Harland* |
| 338 | Neue Ordnung in Europa  *Beate Blaha* |
| 340 | **Essay:** Ende des Nationalstaats? Globalisierung der Politik!  *Patrick Grootveldt* |
| 342 | Familienplanung hat höchste Priorität – China und Indien auf dem Weg ins 21. Jahrhundert  *Klaus Andreas Dietsch* |
| 344 | **Essay:** Flucht und Zuflucht – Eine globale Herausforderung  *Beate Blaha* |
| 346 | Selbstbewusstsein und Menschenrechte – Der Kampf der indigenen Völker  *Karin Guggeis* |
| 348 | **Essay:** Prognose: eng – Die Weltbevölkerung im 3. Jahrtausend  *Karin Guggeis* |
| 350 | Register |
| 359 | Bildnachweis |

# Dynamik der Geschichte – Aufstieg und Niedergang von Völkern und Staaten

Von den Jahrmillionen der Menschheitsgeschichte ist nur eine verschwindend kleine Spanne durch Quellenmaterial dokumentiert und für uns gut nachvollziehbar. Die längste Zeit seines Daseins verbrachte der Mensch als Jäger und Sammler. In kleinen Gruppen machte er sich auf, die gesamte Welt zu besiedeln, entwickelte Strategien, um unter oft schwierigen Umweltbedingungen zu überleben. Archäologische Funde zeigen die Fortschritte in der Bearbeitung von Stein, Knochen und anderen Materialien, Höhlenmalereien geben Auskunft über Technologien und Jagdmethoden, aber auch über Formen des religiösen Glaubens. Vor etwa 12 000 Jahren setzte dann in der Jungsteinzeit ein Prozess ein, der die weitere Entwicklung der Menschheit entscheidend beeinflussen sollte: die »Neolithische Revolution«. Einzelne Gruppen gingen zum Anbau und zur Viehzucht über und wurden sesshaft, große Siedlungen entstanden. Voneinander unabhängige Zentren dieser Entwicklung lagen etwa im vorderasiatischen Raum oder im Hochland von Mexiko.

## Prägende Prozesse bis zur Zeitenwende

Über gemeinsame Kulturelemente – so etwa Religion, Sprache, Rechtsordnung, Herrschafts- und Gesellschaftsform – fanden größere Verbände zu einer eigenen Identität. Es entstanden einflussreiche Kulturen, in denen soziale Schichtung und gesellschaftliche Arbeitsteilung bestand, Städte als Macht- und Kultzentren dienten und die Entwicklung der Schrift einen hohen Organisationsgrad ermöglichte. Hauptzentren dieser frühen Zivilisationen waren das Niltal, wo sich das ägyptische Reich entwickelte, und der Raum zwischen Euphrat und Tigris. Dort wechselten sich in den Jahrtausenden vor der Zeitenwende um die fruchtbaren Siedlungsgebiete konkurrierende Reiche in der Vorherrschaft ab.

Während sich auf dem indischen Subkontinent die bronzezeitliche Kultur des Industales und später die stark geschichtete eisenzeitliche Kultur des Gangestales ausbildeten, stieg in China mit den Shang die erste historisch belegte Dynastie zur Macht auf und dominierten im Mittelmeerraum die Kulturen von Kreta und Mykene. In Amerika erlangten am Golf von Mexiko die olmekische und später die huaxtekische Zivilisation eine prägende Rolle und noch heute zeugen Kultstätten in den Anden oder auf dem Gebiet der heutigen USA von den vielfältigen Entwicklungen, die auf diesem Kontinent stattfanden. Zur Dynamik in den Jahrtausenden vor der Zeitenwende trugen auch weite Wanderungsbewegungen bei. So begann von Südostasien aus die Besiedlung des pazifischen Raums und von Westafrika aus wanderten Bantu-Sprecher in den Osten und Süden des Kontinents ein.

In der europäischen Antike fanden sich dann Völker verschiedener Herkunft unter der griechischen Kultur zusammen, die durch ihre bis heute nachwirkenden Errungenschaften etwa in Philosophie und Staatskunde, aber auch in Medizin, Mathematik und Kunst als Wiege der europäischen Zivilisation gilt. Über die Griechen kamen wiederum Elemente der bedeutenden persischen Kultur zu den Römern, die in ihrem riesigen Imperium über zahlreiche Völker herrschten und auch die Gesellschaften Mittel- und Nordeuropas beeinflussten. Im Norden des indischen Subkontinents stiegen unterdessen mächtige Dynastien auf, die die ersten großindischen Reiche begründeten, und das erste gesamt-chinesische Reich übte erheblichen Einfluss auf den ostasiatischen Raum aus.

## Entwicklungen bis zur frühen Neuzeit

Während sich in den Jahrhunderten nach der Zeitenwende in Afrika mit Aksum eine bedeutende Macht konstituierte, begann in Mesoamerika das »Goldene Zeitalter« der Maya-Kultur, entstanden in Südostasien und Japan im Schatten von China einflussreiche Staaten. Im Nahen Osten betrat dagegen eine neue Religion die Weltbühne: der Islam. Er sollte sich überraschend schnell in den südlichen Mittelmeerraum, nach Afrika und Asien verbreiten und als Religion der Fernhändler etwa erhebliche Einwirkung auf die Staatengründungen in Afrika ausüben. Mit dem Osmanischen Reich etablierte sich schließlich eine islamische Großmacht im eurasischen Raum.

In Europa bildete sich aus den Elementen der jüdischen, römisch-griechischen und germanisch-slawischen Kulturen in mehreren Jahrhunderten die europäische Kultur aus. Ein wichtiges Element in den europäischen Gesellschaften der »Mittelalter« genannten Epoche war das Christentum, das zur Legitimation der Herrschaft von Staat und Kirche diente. Unter neuen Vorzeichen entstanden in der Nachfolge Roms das Byzantinische Reich im Osten und die fränkische Großmacht im Westen; später nahm das großrussische Reich das Erbe des »Dritten Roms« für sich in Anspruch. Mit der Renaissance begann in Europa die Moderne. Durch das Osmanische Reich ergab sich die Notwendigkeit, neue Handelsrouten zu finden – bahnbrechende Neuerungen in Wissenschaft und Technik gaben für die Entdeckungsfahrten und anschließenden Eroberungen das nötige Rüstzeug, eine Zäsur war dabei die »Entdeckung« Amerikas. In der Folge gelang es europäischen Staaten, Weltreiche aufzubauen. Opfer dieses Prozesses waren in dieser Phase vor allem die amerikanischen Zivilisationen, die sich unabhängig von den Ereignissen in der »Alten Welt« herausgebildet hatten. Berühmteste Beispiele hierfür sind die Reiche der Azteken und der Inkas. Auch in Afrika begann mit dem zunehmenden Sklavenhandel eine Entwicklung mit fatalen Konsequenzen für die einheimischen Kulturen.

### Zeit der Nationen

Mit der Unabhängigkeit der Vereinigten Staaten trat ein neuer Faktor in der Weltgeschichte auf und infolge der Französischen Revolution und des Aufstiegs Napoleons zu Beginn des 19. Jahrhunderts formierten sich die europäischen Völker und Staaten neu. In den folgenden Jahrzehnten bildeten sich in Europa militärisch hochgerüstete Nationalstaaten, die aus wirtschaftlichen und machtpolitischen Gründen riesige Kolonialreiche aufbauten. Großbritannien, begünstigt durch seine Vorreiterrolle in der Industriellen Revolution, stieg zur dominierenden Großmacht auf.

### Weltkriege und neue Weltordnung

Die instabile Bündnispolitik der europäischen Großmächte war einer der Gründe für den Ersten Weltkrieg, der sich an der ungelösten Nationalitätenfrage in Österreich-Ungarn entzündete. Der problematische Friedensschluss von Versailles, die Weltwirtschaftskrise 1929 und damit einhergehend der Sturz europäischer liberaler Regierungen in Europa bildeten unter anderem den Nährboden für den Aufstieg des nationalsozialistischen Regimes in Deutschland, das mit dem Zweiten Weltkrieg eine weitere globale Katastrophe entfachte.

Nach 1945 wurde die Welt neu geordnet. In China siegte die kommunistische Revolution und im Jahr 1947 setzte die Unabhängigkeit Indiens den Startpunkt für die weltweite Entkolonialisierung. Die USA und die UdSSR stiegen zu Weltmächten auf – es begann der »Kalte Krieg«, in dem sich zwei Machtblöcke mit unterschiedlichen Ideologien gegenüberstanden und der erst 1989 mit der Auflösung der Sowjetunion friedlich enden sollte.

Zu Beginn des 21. Jahrhunderts sind die USA als einzige Supermacht verblieben. In einer veränderten Weltsituation nehmen die Vereinten Nationen und andere supranationale Zusammenschlüsse eine immer bedeutendere Stellung ein, um den Weltfrieden zu sichern. Eine der wichtigsten Aufgaben der Zukunft wird dabei die Überwindung des eklatanten Wirtschaftsgefälles zwischen Nord und Süd sein.

# Die Frage nach dem Ursprung

Die Frage nach dem Ursprung des Menschen, nach dem Woher und Wohin ist eine der ältesten Sinnfragen der Menschheit. Die Antworten darauf suchte man seit jeher in Religion und Wissenschaft und je nach kulturellem und zeitlichem Umfeld entstand eine Vielzahl unterschiedlichster Erklärungsversuche. So gibt die moderne westliche Kultur auf diese universalen Fragen eine andere Antwort als die des christlich geprägten europäischen Mittelalters oder die indianischen Gesellschaften des brasilianischen Regenwaldes. Ebenso ist es auch gut möglich, dass ein Mensch zwei unterschiedliche Erklärungsmodelle akzeptiert und ein religiös und ein modernes wissenschaftlich geprägtes Weltbild in sich trägt, ohne darin einen Widerspruch zu sehen.

## Das europäische Weltbild seit der Renaissance

Auch die europäische Weltsicht war bis zum Beginn der Renaissance und der Aufklärung ausschließlich von religiösen Vorstellungen bestimmt. Alle Antworten auf die Fragen nach der Herkunft des Menschen und der Schöpfung von Weltall und Natur schienen in der Bibel niedergeschrieben worden zu sein. Ein findiger Theologe, der irische Erzbischof Usher, hatte im 17. Jahrhundert sogar den biblischen Genealogien folgend den genauen Tag der Schöpfung der Welt errechnet: Danach wäre dies der 28. Oktober 4004 v. Chr. gewesen.

Doch mit den Anfängen des Entdeckungszeitalters sowie den nun im Entstehen begriffenen Natur- und Geisteswissenschaften begann sich ab dem 18. Jahrhundert eine neue Sicht der Welt zu entwickeln. Dabei war eine der häufig gestellten Kernfragen die nach dem Alter der Menschheit und der Welt. Die Erkenntnis, dass in anderen Gebieten der Erde Menschen lebten, deren Kulturen sich von denen Europas erheblich unterschieden, überraschte, erstaunte und führte auch zu einer überhöhten Wertschätzung der eigenen Zivilisation. In Verbindung mit der einsetzenden geologischen und archäologischen Forschung erschütterte jedoch diese Einsicht die vorherrschende Weltanschauung. Die Entdeckung und das Erkennen von in meterhohen geologischen Schichtungen gelagerten Versteinerungen ließ den Schluss zu, dass vor den modernen Menschen bereits lange Zeit ausgestorbene Tier- und Menschenarten gelebt hatten. Dies führte zu der bahnbrechenden Erkenntnis, dass der heutige Mensch das Ergebnis einer bereits lange andauernden Entwicklung ist und nicht das Resultat eines einmaligen Schöpfungsaktes.

## Archäologische und naturwissenschaftliche Erkenntnisse

Im frühen 19. Jahrhundert nahm durch die Forschungen des Dänen Christian Thomsen sowie eine neue wissenschaftliche Beweisführung die Einteilung der vorgeschichtlichen Perioden in Stein-, Bronze- und Eisenzeit Gestalt an. Bis heute dient das so genannte Dreiperiodensystem, wenn auch verbessert, als Basis zur Beschreibung von archäologischen Kulturabfolgen. Zu Beginn des 20. Jahrhunderts erkannte man die gleichzeitige Verwendung von Stein und Kupfer und benannte so die zwischen »echter Steinzeit« und »echter Bronzezeit« liegende Periode als »Steinkupferzeit«. Bei außereuropäischen Kulturentwicklungen läßt sich dieses System allerdings oft nicht ohne weiteres anwenden. So verfügte beispielsweise die seit ungefähr 10 000 v. Chr. in Japan einsetzende mesolithische Jomon-Kultur zwar in späteren Perioden über geschliffene Steinwerkzeuge und Keramik, betrieb aber keinen Ackerbau. Dieser erschien erst ab 300 v. Chr. gleichzeitig mit der Verwendung von Bronze und Eisen, so dass nach unserem Entwicklungsschema hier auf das Mesolithikum lückenlos die Bronze- und die Eisenzeit folgen würden.

Dem naturwissenschaftlichen Weltbild verhalf erst das 1859 erschienene bahnbrechende Werk von Charles Robert Darwin, »Über den Ursprung der Arten durch natürliche Zuchtwahl«, endgültig zum Durchbruch. Eines der bis heute am weitesten verbreiteten Missverständnisse in diesem Zusammenhang ist die irrige Vorstellung, dass der Mensch vom Affen abstamme. In Wirklichkeit haben Affe und Mensch zwar einen gemeinsamen Vorfahren, ihre Entwicklungslinien trennten sich jedoch vor 6 Millionen Jahren und nahmen ihren jeweils eigenen Verlauf.

Auch der Neandertaler hat seinen auf evolutionistischen Vorstellungen gegründeten Ruf zu Unrecht. Er gilt nach wie vor als Prototyp des keulenschwingenden Unholds und wird immer als eine Mischung aus Affe und mittelalterlichen Vorstellungen entsprungener Wilder dargestellt. Dabei ähnelte er uns heutigen Menschen vom Äußeren her weitgehend. Die Bearbeitung seiner Steinwerkzeuge zeugt von großem handwerklichem Geschick, zudem besaß er bereits religiöse Glaubensvorstellungen.

Noch heute scheinen viele Menschen nur schwer akzeptieren zu können, dass wir aus dem Tierreich stammen. Doch unsere Verhaltensweisen sind durch einen Evolutionsprozess geprägt, der sich über Jahrmillionen erstreckt. So nimmt es nicht wunder, dass in der Wissenschaft immer wieder heftig und kontrovers diskutiert wird, welche Verhaltensweisen des Menschen gleichsam genetisch programmiert und welche kulturell bedingt sind. Aber auch wenn wir das »Tier in uns« annehmen – komplexe politische, soziale und kulturelle Systeme und Prozesse lassen sich durch die Biologie nicht erklären und verstehen.

## ENTWICKLUNG IST KEINE EINBAHNSTRASSE

Das Dreiperiodensystem geht wie Darwins Theorie von der Entwicklung der Lebewesen von einer an einer bestimmten technologischen Entwicklung festgemachten Entfaltung der Zivilisation aus, die von unten nach oben verläuft. Dieses Denken in gradlinigen Entwicklungsmustern, das technologischen Fortschritt mit erreichter Kulturhöhe gleichsetzt, prägt unser Kulturverständnis bis heute. Es wird der Vielfalt der menschlichen Kulturen jedoch nur bedingt gerecht. Denn auch die Völker, deren technologische Entwicklung anders verlief als die der in der Geschichte prägenden Zivilisationen, oder die Menschen der Steinzeit, deren materielle Kultur vergleichsweise »primitiv« erscheinen mag, haben Strategien und Methoden entwickelt, die ihnen unter den widrigsten Umständen das Überleben ermöglichten. Dies beweisen unter anderem hervorragend gearbeitete Werkzeuge und Waffen oder äußerst detaillierte Naturkenntnisse – ein Wissen, das gerade die moderne Heilkunde zu nutzen im Begriff ist. Reiche mündliche Überlieferungen zeugen von einem ausgeprägten Geschichtsverständnis, unterschiedlichste religiöse Vorstellungen und vielfältige künstlerische Ausdrucksformen von einer aktiven Auseinandersetzung mit dem Menschen und seiner Welt. Und nicht zuletzt zeigen komplexe Sozial-, Verwandtschafts- und Gesellschaftsstrukturen, die mit unserem – vergleichsweise sehr jungen – Verständnis von Nationen kollidieren mögen, dass Menschen von alters her versuchen, das Leben in Gruppen oder großen Verbänden zu organisieren und diese Systeme ständig zu optimieren.

Die Erkenntnisse aus der Völkerkunde verdeutlichen, dass Kulturen, die weder die Nutzung von Eisen, Pflug oder Rad kannten und deshalb nach unseren Maßstäben »steinzeitlich« zu nennen wären, in Bereichen wie Kunst, Religion, Naturkenntnis oder Gesellschaftsstruktur höchstes Niveau erreichten. Die kulturelle Entfaltung des Menschen verläuft also nicht linear von unten nach oben, auf ein »Ziel« hin – sie lässt sich am ehesten mit einer sich in einer Ebene ausdehnenden Flusslandschaft vergleichen. Sie entspringt zwar einer einzigen Quelle, aber die verschiedenen Kulturströme verlaufen nebeneinander her. Manche versickern, andere folgen ihrem eigenen Weg und wieder andere fließen zusammen und bilden einen neuen Strom.

# DER URSPRUNG DER MENSCHHEIT

*Die Evolutionsgeschichte der Menschheit beginnt in den Savannen Ostafrikas,
wo vor etwa sechs Millionen Jahren der gemeinsame Vorfahr von Affe und Mensch lebte. Die weitere Entwicklung
des Menschen ist trotz intensiver Forschung bei weitem auch heute noch nicht klar und eindeutig.*

*Etwa zwei bis drei Millionen Jahre alt ist dieser Schädel eines Australopithecus africanus. Das Skelett des Australopithecus afarensis (rechts) wird auf 3,2 Millionen Jahre datiert und ist in der Fachwelt unter dem Namen »Lucy« berühmt geworden.*

Bislang ist es der Wissenschaft nicht gelungen, die Ursprünge der Menschwerdung eindeutig zu klären. Ständig neue Forschungsergebnisse werfen mehr Fragen auf, als beantwortet werden. Man sollte sich diesen anscheinend äußerst komplexen Vorgang keinesfalls als eine lineare Entwicklung vorstellen, vielmehr weist der Stammbaum des Menschen eine Vielzahl von Haupt- und Nebenlinien auf, die oft nebeneinander herlaufen, sich abspalten oder zu neuen Linien verbinden. Dazu kommt, dass jeden Tag eine neue Entdeckung ein mühsam konstruiertes Gedankengebäude zur Abstammungsgeschichte des Menschen zusammenstürzen lassen kann.

## DIE ERSTEN HOMINIDEN

Bislang wurden die Vertreter der Gattung Australopithecus, was wörtlich übersetzt »Südaffe« bedeutet, als die ältesten Hominiden (»Menschenartigen«) angesehen. Diesen Rang macht ihnen nun der angeblich sechs Millionen Jahre alte »Millenium Man« streitig, der erst vor kurzem in Kenia gefunden wurde, aber dessen Anerkennung durch die Fachwelt bislang noch aussteht. Zudem entdeckte man 1994 mit dem 4 bis 4,5 Millionen Jahre alten Ardipithecus ramidus einen Vorläufer der Gattung der Australopithecinen, der möglicherweise bereits den aufrechten Gang beherrschte.

Zu dem noch nicht zur Gattung Homo (»Mensch«) gerechneten Australopithecus gehört auch die 3,5 Millionen Jahre alte »Lucy«, deren Geschlecht trotz des eindeutig weiblichen Namens noch unklar ist. Neueren Forschungsergebnissen zufolge könnte diese »Ur-Dame« durchaus ein Mann gewesen sein. Die Australopithecinen waren neben ihrer ansonsten eher affenähnlichen Erscheinung mit kleinem Gehirn, schlankem Körperbau und kleinem Wuchs durch ein wichtiges Merkmal gekennzeichnet: den eindeutig aufrechten Gang.

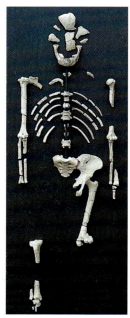

*In den weiten Savannenlandschaften Ostafrikas begann vor Jahrmillionen die Erfolgsgeschichte des Menschen.*

| 6 Mio. v. Chr. | 5,5 Mio. v. Chr. | 5 Mio. v. Chr. | 4,5 Mio. v. Chr. | 4 Mio. v. Chr. | 3,5 Mio. v. Chr. | 3 Mio. v. Chr. |

**6 Mio. v. Chr.**
Gemeinsamer Vorfahr von Affe und Mensch

**4 Mio. v. Chr.**
Ardipithecus ramidus

**3,6 – 3 Mio. v. Chr.**
Australopithecus afarensis

- ▶ Große Erfindungen: Erste Werkzeuge
- ▶ Große Erfindungen: Anfänge der Waffentechnik
- ▶ Mythen, Rätsel und Orakel: Wer war Lucy?
- ▶ Mythen, Rätsel und Orakel: Der Neandertaler
- ▶ Mythen, Rätsel und Orakel: Der Peking-Mensch

## DER URSPRUNG DER MENSCHHEIT

### DER WERKZEUGHERSTELLER

Vor rund 2,5 Millionen Jahren betrat mit dem Homo habilis der erste wirkliche Vertreter der Gattung Homo die Weltbühne. Seinen Namen »geschickter Mensch« verdankt er der Tatsache, dass er als Erster einfache Werkzeuge herzustellen vermochte. Die Verwendung dieser aus Geröll gefertigten so genannten *pebble tools* weist ihn zudem wahrscheinlich als Jäger aus. Die Schädelkapazität des Homo habilis übertraf die des Australopithecus und seine Ober- und Unterkiefer waren weniger entwickelt als bei seinen Vorläufern.

Parallel hierzu erschien vor etwa 1,8 Millionen Jahren der Homo erectus, der »aufrecht gehende Mensch«, dessen eindeutig aufrechte Gangart ihn von seinen noch mehr gebückt gehenden Vorfahren unterschied. Seine Körpergröße umfasste ungefähr 1,68 Meter und sein Gehirnvolumen erreichte mit 1 225 Kubikzentimetern bereits die unteren Werte moderner Menschen. Seine Zähne waren wie die der Menschen geformt. Neben seiner bereits fortgeschrittenen Steintechnologie nutzte er wahrscheinlich bereits vor mehr als 500 000 Jahren das Feuer und breitete sich von Afrika nach Asien und Europa aus.

Die Abstammungslinie vom Homo erectus zum Homo präsapiens scheint klar zu sein. Der Schädel und damit auch das Gehirn des vor 400 000 Jahren auftretenden Homo präsapiens war größer als das seines Vorgängers, auch verfügte sein Gebiss über weniger Zähne. Allerdings wirken die Schädel mit ihrer dicken Schädeldecke und den ausgeprägten Augenwülsten noch sehr massig.

### NEANDERTALER UND MODERNE MENSCHEN

Die Präsapiens-Menschen waren die direkten Vorfahren des vor 200 000 bis 150 000 Jahren in Europa erscheinenden Homo sapiens neanderthalensis – dem Neandertaler. Das wirkliche Aussehen des Neandertalers wich vollständig von dem durch zahlreiche entstellende Rekonstruktionen entstandenen Bild des Wilden ab. Sein Gehirnvolumen war sogar fast etwas größer als das moderner Menschen und er war von kurzer gedrungener Gestalt mit einer Durchschnittsgröße von etwa 1,65 Metern. Das Gesicht war durch Augenwülste, einen ausgeprägten Kiefer sowie durch die große, platte Nase gekennzeichnet, die für die Erwärmung der Atemluft sorgte und somit als Schutz vor Unterkühlung diente. So war der Neandertaler an die periodischen Kälteeinbrüche und das Leben unter den klimatischen Bedingungen in den nördlichen Regionen optimal angepasst.

Unklar ist, wie sich der Wechsel vom Neandertaler zum Homo sapiens sapiens vollzog. Beide, sowohl der Neandertaler als auch der Homo sapiens sapiens, der »sehr vernunftbegabte« oder »moderne« Mensch, stammen vom Homo präsapiens ab. Ob es nun die Folgen kriegerischer Auseinandersetzungen, der verlorene Wettbewerb um das knappe Jagdwild waren oder ein Zusammenspiel von diesen und anderen bisher unbekannten Faktoren, das Aussterben des Neandertalers vor etwa 28 000 Jahren ist eine feststehende Tatsache. Übrig bleibt allein der moderne Mensch, dessen Siegeszug über die Erde von nun an begann. Der Ursprung der »neuen« Unterart der Gattung Mensch liegt vor ungefähr 100 000 Jahren in Afrika. Der moderne Mensch ist graziler gebaut, hat einen langen hohen Schädel und ein hohes Gesicht, dem die Überaugenwülste fehlen. So kann man beim Homo sapiens sapiens in Westeuropa bereits unterschiedliche Typen, darunter den von Cro-Magnon, ausmachen. Sie stellen die Anfänge der zukünftigen Entwicklung zur Vielgestaltigkeit des Homo sapiens sapiens dar.

*Werkzeuggebrauch bei unseren nächsten Verwandten: Mit einem Stöckchen gräbt dieser Schimpanse nach Larven oder Insekten.*

*In Tansania stoßen Forscher bei Ausgrabungen immer wieder auf Millionen Jahre alte Fußabdrücke von Frühmenschen.*

*In der tansanischen Olduvai-Schlucht fanden Prähistoriker bedeutende Fossilien von Australopithecus und Homo habilis.*

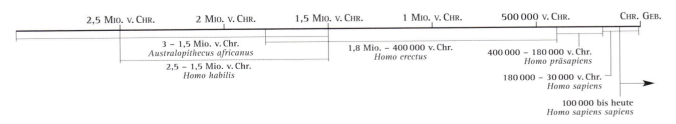

# ABSCHIED VON DEN RASSEN

Im Jahr 1995 verabschiedete die UNESCO eine Stellungnahme, in der sie die Konzepte der so genannten menschlichen Rassenlehre endgültig ad acta legte. Sie zollte damit molekularbiologischen Erkenntnissen Rechnung, die eine ungeheure genetische Vielfalt der Menschen bezeugen. Die Lehre hatte nach besonders augenfälligen und äußerst beliebigen, genetisch jedoch zu vernachlässigenden Unterschieden eine Einteilung der Menschen in »Rassen« konstruiert, die heute in der Wissenschaft als überholt gilt. Dies vor allem, weil die für die »Rassentypen« herangezogenen äußerlichen über die tatsächlichen genetischen Verschiedenheiten der Menschen hinwegtäuschten. Die Genforschung hat gezeigt, dass etwa 90 Prozent dieser Abweichungen innerhalb der »Rassen« anzutreffen sind – und nicht zwischen diesen vermeintlichen Gemeinschaften von angeblich Gleichen.

## MENSCHENRASSEN UND RASSISMUS

Gut und schlecht, Herr und Sklave, zivilisiert und barbarisch – nach diesen und vielen anderen Kriterien wurden Menschen schon immer unterschieden. Im Zuge der europäischen Eroberung und Entdeckung der Welt erlangte die Einteilung der Menschheit durch das Konzept der »Rassen« jedoch eine neue Dimension. Im 18. Jahrhundert klassifizierte der schwedische Naturforscher Carl von Linné (1707 bis 1778) diese wohl als Erster – in Weiße, Rote, Gelbe und Schwarze. Doch niemals gelang es Wissenschaftlern, die sich mit dem Rassenkonzept beschäftigten, allgemein gültige Definitionen der »Menschenrassen« aufzustellen – deren Zahl rangierte in den vorgeschlagenen Einteilungen zwischen drei und 300. Bei der Einteilung der »Rassen« war auch niemals nur die reine Biologie Maß aller Dinge, das Konzept diente zur Rechtfertigung von Ausgrenzung und Herrschaft, Diskriminierung und sogar Völkermord. So war beispielsweise mit der Einteilung der Menschen nach Hautfarben auch eine Wertung verbunden: Entsprechend ihrer Pigmentierung galten die einen als höherwertiger als die anderen, durch diese Einstufung wurde etwa der

*Carl von Linné schuf 1735 mit seiner Systematik der Natur die Basis der biologischen Klassifikation und damit auch die Einteilung der Menschheit in »Rassen«.*

*Auch im demokratischen Deutschland sind trotz der Beschwörung einer »toleranten multikulturellen Gesellschaft« rassistische Vorurteile noch nicht gänzlich aus den Köpfen verschwunden.*

*Eine kleine Auswahl aus sechs Milliarden einzigartigen Personen: Jede Einteilung in »Rassen« ist eine bloß willkürliche und höchst fragwürdige Grenzziehung nach äußeren Merkmalen.*

Genuss von Privilegien gerechtfertigt. Wie willkürlich diese »Farb-Grenzen« gezogen wurden, zeigt das Beispiel der Südeuropäer, die ihrer Hautfarbe nach zwar dunkler als manche Asiaten sind, selbstverständlich aber den »Weißen« zugeordnet wurden. Die tatsächlich helleren Asiaten zählte man zu den »Gelben«. Und auch bei der Klassifizierung der »Rassen« unter dem Apartheidsystem in Südafrika verraten die Ausnahmen sehr viel über die eigentlichen Interessen. Dies zeigt sich offensichtlich an dem Status, der Japanern zugesprochen wurde: Sie erhob man in den Stand von »Ehrenweißen«.

Im Nationalsozialismus wurde der auf dem Konzept der »Rassen« mit ihren detaillierten regionalen »Typen« basierende Rassismus zur Staatsideologie erhoben und diente zur Rechtfertigung des größten Massenmords der Menschheitsgeschichte. Gemäß dieser Rassenideologie standen die zur Herrschaft berufenen »Arier« auf der höchsten Stufe der gesellschaftlichen Hierarchie; als minderwertig angesehene Bevölkerungsgruppen galt es »auszumerzen«. Dabei war es bereits den Vertretern der nationalsozialistischen Rassenideologie klar, dass zum Beispiel das Konzept einer biologisch-genetisch definierten jüdischen »Rasse« vollkommen unhaltbar war. Deshalb erklärten sie diese häufig als eine »Gemeinschaft des Geistes«.

### Instrumentalisierte Biologie

Die »Verbesserung« des, wie es zynischerweise häufig genannt wurde, »Menschenmaterials« zur Lösung sozialer und gesellschaftlicher Probleme war in der ersten Hälfte des 20. Jahrhunderts vergebliches Ziel einiger führender Genetiker aus verschiedensten Ländern. So wurde das Konzept der »Rassen« etwa auch in der Intelligenzforschung oder der Kriminologie herangezogen. Vereinzelte Wissenschaftler haben dies sogar bis heute nicht aufgegeben oder wenden Methoden der Rassenforschung bei der Untersuchung sozialer Phänomene an. So geistern bisweilen auch in modernen Zeiten durch verschiedenste Veröffentlichungen beispielsweise noch Aussagen über vermeintlich deutliche Unterschiede in Begabungsbereichen, die angeblich »rassisch« bedingt seien. Auch schreckt man vor der Zuordnung körperlicher Merkmale zu bestimmten sozialen Gruppen wie etwa Kriminellen oder Homosexuellen nicht zurück. Es werden also auch heute noch immer wieder Erkenntnisse aus der Biologie instrumentalisiert, um historisch gewachsene, komplexe gesellschaftliche Situationen mithilfe einfach gestrickter Erklärungen scheinbar »naturwissenschaftlich« zu analysieren.

### Wir sind sechs Milliarden

Von einzelnen Ausnahmen abgesehen erkennt die Humanbiologie heute an, dass die Gattung Mensch mit ihrer schier unendlich erscheinenden genetischen Vielfalt aufgrund ihrer Evolution und komplexen Bevölkerungsgeschichte nicht aus drei oder 300 »Rassen«, sondern aus über sechs Milliarden Einzelwesen besteht. Mit dem Abschied von den biologischen »Rassen« ist der Rassismus jedoch noch lange nicht überwunden: Denn rassistische Überzeugungen sind, wie das Beispiel der nationalsozialistischen Definition der »jüdischen Rasse« zeigt, nicht von der Existenz biologischer »Rassen« abhängig, sondern erzeugen sich diese selbst.

# Die Besiedelung der Erde durch den Menschen

*Als Urheimat der Menschheit gelten nach wie vor die weiten Savannengebiete Ostafrikas.
Von dort aus machten sich die frühen Menschen zur Besiedelung der ganzen Welt auf.*

*Selbst die unwirtlichen Gebiete des hohen Nordens mit ihrer ewigen Kälte wurden zum menschlichen Lebensraum*

Vor etwa fünf bis sechs Millionen begann die Entwicklungsgeschichte des Menschen – zum großen Teil fand sie in Afrika statt. Dort erhoben sich die Australopithecinen, die »Südaffen«, zum aufrechten Gang und der »geschickte« Homo habilis schuf vor etwa 2,5 Millionen Jahren die ersten Steinwerkzeuge der Menschheit.

### Die erste Auswanderung aus Afrika

Vor spätestens 1,8 Millionen Jahren begann sich der »aufrecht gehende« Homo erectus über Afrika, Asien und Europa auszubreiten. Was ihn dazu bewogen hat, ist ungewiss; möglicherweise zwangen ihn klimatische Veränderungen, die eine Verringerung oder Abwanderung des Wildes bewirkten, zu diesem Schritt. Vor rund einer Million Jahren fand er über den Nahen Osten seinen Weg nach Europa, wo sein Name mit der berühmten, etwa 600 000 Jahre alten Fundstelle von Mauer bei Heidelberg verknüpft ist.

Weit ältere Nachweise des Homo erectus stammen aus Asien, beispielsweise aus den Fundstätten des Sinanthropus von Zhokoudian in Nordchina und des Pithecanthropus von Trinil auf Java. Ging man früher bei diesen Funden von einem Alter von

*Mit seiner enormen Anpassungsfähigkeit gelang es dem Menschen auch, in trocken-heißen Wüstengebieten zu überleben.*

ungefähr 500 000 Jahren aus, so haben jüngste Nachuntersuchungen der javanischen Skelettreste eine Datierung von 1,8 Millionen Jahren ergeben. Die Überreste des mindestens 45 Individuen umfassenden Fundkomplexes von Zhokoudian gingen leider in den Wirren des Zweiten Weltkriegs verloren – wahrscheinlich waren auch sie weitaus älter als bis dahin angenommen. Neuere Fundmeldungen aus China, die von angeblich über zwei Millionen Jahren alten Steinwerkzeugen sprechen, gelten jedoch als unbewiesen und unwahrscheinlich.

### Homo präsapiens und Neandertaler

*Zu den Regionen, in denen sich der Mensch behaupten konnte, zählen auch die Regenwälder Amerikas, Afrikas und Asiens.*

Vor etwa 400 000 Jahren erschien der wahrscheinlich vom Homo erectus abstammende Homo präsapiens in Europa; aus ihm ging vor rund 200 000 Jahren in Europa der »Neandertaler« genannte Homo sapiens neanderthalensis hervor. Dieser gilt bis heute als einziger Hominide, der sich ausschließlich in Europa entwickelt hat. Der Neandertaler verbreitete sich über ganz Europa und von dort aus vor 80 000 Jahren in den Nahen Osten und bis nach Zentralasien, wo sich seine Anwesenheit unter anderem in dem bekannten Grab eines Neandertalerkindes von Teshik Tash widerspiegelt. Die mit dem Neandertaler in Zusammenhang gebrachte materielle Kultur beschränkte sich nach Ankunft des Homo sapiens sapiens in zunehmendem Maße auf bestimmte Rückzugsgebiete etwa in Südwestfrankreich oder Norditalien und fand mit dem allmählichen Aussterben des Homo sapiens neanderthalensis vor rund 28 000 Jahren ihr Ende.

### ... und mache sich die Erde untertan
### Der Homo sapiens sapiens

Vor ungefähr 100 000 Jahren begann, wiederum von Afrika aus, die Zuwanderung des »modernen« Menschen Homo sapiens sapiens, der sich endgültig zum Herrn über die ganze Erde aufschwingen sollte. Sehr wahrscheinlich gelangte diese neue Menschenart über den Sinai, die Landbrücke zwischen Afrika und Asien, in den Nahen Osten. Von dort aus erreichte sie vor etwa 60 000 Jahren den ostasiatischen Raum, einige tausend Jahre später Südostasien und vor ungefähr 50 000 Jahren erstmalig Australien. In das von den Neandertalern bewohnte Europa wanderte der Homo sapiens sapiens vor 40 000 Jahren ein.

**1,8 Mio. v. Chr.** — **1 Mio. v. Chr.** — **500 000 v. Chr.**

**1,8 Mio. v. Chr.**
*Homo erectus verlässt Afrika und erreicht Asien*

**1 Mio. – 800 000 v. Chr.**
*Homo erectus erscheint in Europa*

# Besiedelung der Erde

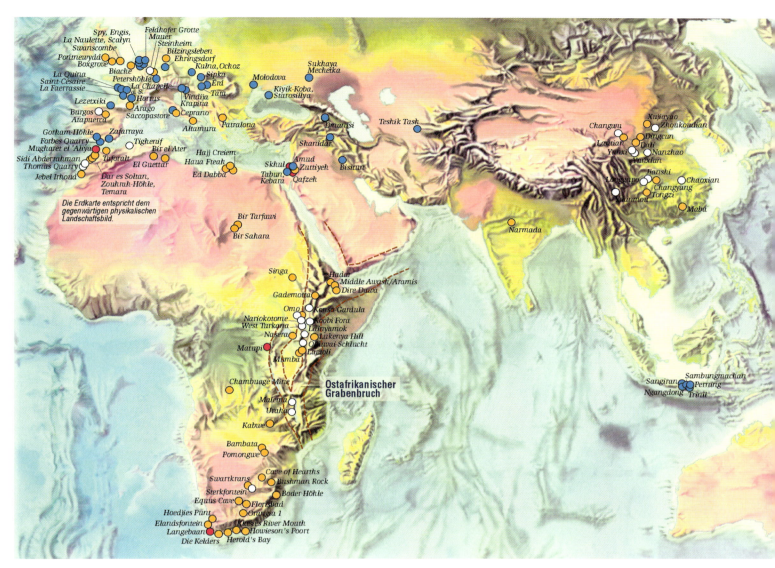

Inwieweit Gruppen unterschiedlicher Menschenarten nebeneinander lebten und wie sie sich zueinander verhielten, ist schwer zu sagen. Neuere Forschungen in Israel haben ergeben, dass dort vor 90 000 Jahren Neandertaler und »moderne« Menschen über einen längeren Zeitraum nebeneinander existiert haben und auch in Europa lebte die Population der Neandertaler anfangs wie im Nahen Osten Seite an Seite mit den Neuankömmlingen. Das Verhältnis zwischen den beiden Bevölkerungen ist jedoch nicht geklärt. Verschiedene Theorien sprechen von einer gewaltsamen Verdrängung der Neandertaler durch den in technologischer Hinsicht überlegenen Homo sapiens sapiens, andere stellen dessen verbesserte Jagdmethoden in den Vordergrund, durch die der Neandertaler den Kampf um das jagdbare Wild verlor und so zum Aussterben verurteilt war. Auch die Frage, ob sich Neandertaler und Homo sapiens sapiens zumindest teilweise vermischt haben, ist bislang nicht eindeutig geklärt – es liegt aber durchaus im Bereich des Möglichen.

Trotz der vor zwei Millionen begonnenen Ausbreitung des Homo erectus und auf ihn folgender Hominiden über weite Teil der Welt gilt es als sicher, dass Amerika erst vom Homo sapiens sapiens besiedelt wurde. Bis vor kurzem nahm man an, dass dies vor etwa 12 000 Jahren geschehen sei.

Diese Auffassung widerlegten jedoch jüngste Funde in Chile, deren Alter auf rund 13 000 Jahre datiert wird. Neuesten Thesen zufolge könnte die Einwanderung sogar an die 25 000 Jahre zurückliegen. Obgleich es nach wie vor als wahrscheinlich gilt, dass die Ankömmlinge vor allem über die Beringstraße aus dem nördlichen Asien auf den riesigen Kontinent eintrafen, sind geringere Einwanderungsschübe aus dem pazifischen Raum nicht auszuschließen. Ob auch noch andere Herkunftsgebiete wie Afrika, Australien oder gar das eiszeitliche Europa (Fund des »Kennewick-Man« in den USA) in Betracht zu ziehen sind, müssen zukünftige gentechnische Forschungen erweisen.

- 🔴 **anatomisch dem modernen Homo sapiens entsprechend** mehr als 50.000 Jahre alt
- 🔵 **Homo neanderthalensis** keine Gemeinsamkeiten mit dem Homo sapiens, 25.000 bis 125.000 Jahre alt
- 🟠 **Homo praesapiens** archaischer Homo sapiens, 35.000 bis 300.000 Jahre alt
- ⚪ **Homo erectus, Homo ergaster, Homo habilis** dem Gegenwartsmenschen anatomisch bereits sehr nahe stehend, 300.000 bis 4 Millionen Jahre alt

*Ursprungsgebiete und nachfolgende Verbreitung der Menschheit*

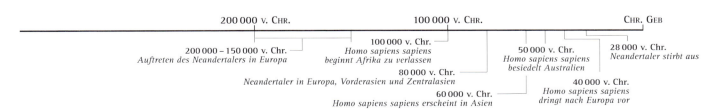

# Faszinierende Vielfalt – Sprachen und Sprachfamilien

*Mehrere Jahrtausende alt ist diese sumerische Keilschrifttafel. Das im alten Mesopotamien gesprochene Sumerisch ist schon lange ausgestorben.*

Wann der erste Mensch Laute von sich gab, die nach unserer heutigen Auffassung die Bezeichnung »Sprache« verdienten, ist nach wie vor ein ungeklärter Punkt in der an Rätseln reichen menschlichen Evolutionsgeschichte. So wissen wir einfach nicht, ob der Homo erectus bereits über eine Sprache verfügte, und über die Kommunikation des Neandertalers gehen die Meinungen noch auseinander. Der neuere Forschungsstand spricht eher für eine »Neandertalersprache«. Sicher ist jedoch, dass sich der »moderne« Mensch zu Beginn der Jungsteinzeit mittels Sprache verständigte. Allerdings ist jede in der Vergangenheit gesprochene Sprache nur dann fassbar, wenn sie entweder durch schriftliche Überlieferung erhalten ist oder bis in die Gegenwart, wenn auch in Abwandlung, gesprochen wird – wie etwa das Baskische. Es stellt die einzige europäische Sprache dar, deren Anfänge im 3. vorchristlichen Jahrtausend oder sogar noch weiter in der Vergangenheit liegen.

### Die indoeuropäischen Sprachen

In Europa verbreiteten sich die indoeuropäischen Sprachen wohl im 3. Jahrtausend v. Chr.; alle zuvor gesprochenen Idiome gingen allmählich unter. Überlebt hat nur das Baskische, das nicht zur indoeuropäischen Sprachfamilie gehört. Reste vorindoeuropäischer Sprachen spiegeln sich in Europa bestenfalls in einigen Flussnamen wider. Doch auch einige der frühen indoeuropäischen Sprachen wie etwa das Illyrische oder das Thrakische sind so gut wie nicht bekannt.

Die heutigen Sprachen Europas gliedern sich in mehrere Sprachgruppen auf. Neben dem Griechischen, dem Keltischen und dem Albanischen, die keiner Gruppe zuzuordnen sind, gibt es hier in ihren jeweiligen Verbreitungsräumen die großen Gruppen der romanischen, germanischen und slawischen Sprachen. Die Verbreitung der indoeuropäischen Sprachen ist jedoch nicht auf Europa beschränkt. Zu den im Altertum in Anatolien und Nordsyrien gesprochenen indoeuropäischen Sprachen, die heute verschwunden sind, gehören auch das Armenische sowie die in Iran und Afghanistan gesprochenen iranischen und die in einer Vielzahl von Dialekten erscheinenden indischen Sprachen. Im Süden Indiens hingegen herrschen die nichtindoeuropäischen Drawida-Sprachen vor.

### Sprachen Asiens

Zu den größten Sprachgruppen in Asien zählt das Chinesische mit seinen zahlreichen Dialekten. Eine weitere große Gruppe ist neben den kaukasischen Sprachen die Altai-Sprachfamilie, die sämtliche türkischen, mongolischen und tungusisch-mandschurischen Sprachen umfasst. Mit dieser Gruppe stehen das Koreanische und das Japanische wahrscheinlich in Beziehung. In Tibet und Myanmar existiert die tibeto-birmanische Sprachfamilie, die übrigen Sprachen Südostasiens werden unter dem Sammelbegriff »austroasiatisch« zusammengefasst. Darunter fallen unter anderem die Thai-, die Mon-Khmer- sowie die Viet-Muong-Sprachen. Die Sprachen Malaysias sowie Indonesiens und des pazifischen Inselraums bezeichnet man als austronesische oder malaiisch-polynesische Sprachen.

*Als einzige europäische Volksgruppe sprechen die Basken eine nicht-indoeuropäische Sprache.*

## Sprachen und Sprachfamilien

*Proto-Keilschriftzeichen auf einer Tafel aus Mesopotamien (um 3000 v. Chr.)*

Dank der schriftlichen Überlieferungen aus dem späten 4. Jahrtausend v. Chr. in Vorderasien ist uns neben dem ausgestorbenen Sumerischen auch die älteste bekannte semitische Sprache, das Akkadische, überliefert. Es hat wie die übrigen semitischen Sprachen seine Wurzeln in Arabien, von wo aus sich diese Sprachfamilie über den ganzen nahöstlichen Raum verbreitete. Zu ihr gehören alle Dialekte des Arabischen sowie das Hebräische und Aramäische. Auch das Altägyptische trägt Züge einer semitischen Sprache, ist jedoch auch mit Elementen afrikanischer Herkunft durchsetzt.

### Afrikanische Sprachen

Fasste die Wissenschaft früher die Sprachen Nord- und Nordostafrikas unter dem Oberbegriff »Hamitisch« zusammen, so ist mittlerweile eine neue sprachwissenschaftliche Einteilung entstanden. Neben dem in Nordafrika weit verbreiteten Arabisch findet man dort die verschiedenen Berbersprachen und die im äthiopischen Hochland sowie in Somalia gesprochenen kuschitischen Sprachen. Die unter dem Oberbegriff »nilo-saharisch« zusammengefasste Gruppe von Sprachen erstreckt sich von Niger über Tschad bis an den Victoriasee. Vom südlichen Westafrika bis nach Südafrika dehnen sich die Niger-Kordofan-Sprachen aus, unter denen die weit verbreiteten Bantu-Sprachen einen großen Raum einnehmen.

### Indianische Sprachen

Die Entwicklung der indianischen Sprachen Nord- und Südamerikas lässt bislang keinerlei Verbindung zu anderen Sprachen erkennen. Die größten Sprachfamilien Nordamerikas sind das im Norden und Nordwesten verbreitete Eskimoisch und Na-Déné, im östlichen Kanada und im Bereich südlich der Großen Seen die Algonkin-Sprachen sowie in den Plains Sioux-Yuchí und im Südwesten und in Mexiko Uto-Aztekisch. Daran schließt sich das Maya in Mittelamerika an, sowie das Chibcha in Mittelamerika und Kolumbien. Weitere wichtige indianische Sprachfamilien Südamerikas sind im andinen Raum Ketschua-Aymará und im zentralen und östlichen Südamerika Aruak sowie Gê und Tupí.

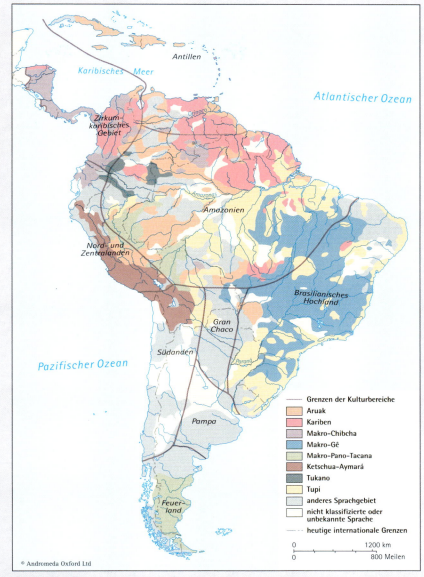

*Sprachgebiete und Kulturbereiche Südamerikas*

#### Die Söhne Noahs und die Indoeuropäer

Die sprachwissenschaftlichen Bezeichnungen »semitisch« und »hamitisch« gehen auf die Namen der Söhne des biblischen Noah zurück: Sem und Ham. In den biblischen Traditionen werden diese als die Stammväter aller »nachsintflutlichen« menschlicher Völker angesehen. Die Bezeichnungen »Indoeuropäer« oder »Indogermanen« werden auf die große Gruppe von Völkern angewandt, deren sprachliche Verwandtschaft im 18. Jahrhundert erkannt wurde. Der Name dieser Sprachgruppe erklärt sich durch ihr Verbreitungsgebiet, dessen Grenzen im Westen von Europa und im Osten von Indien gebildet werden.

# DIE MENSCHEN DER STEINZEIT

*Vor 1 000 000 bis 800 000 Jahren erreichten die ersten Menschen von Afrika aus Europa.
Von Anfang an wussten sie sich wechselnden Umweltbedingungen optimal anzupassen. Am Ende der letzten Eiszeit
vollzog die Menschheit eine entscheidende Veränderung: Sie ging zur produzierenden Lebensweise über.*

*Typische Beispiele für Werkzeuge aus der Altsteinzeit sind diese im Gebiet des spanischen Manzanares gefundenen Faustkeile aus Feuerstein.*

Im Eiszeitalter der Alt- und Mittelsteinzeit wechselten sich Kaltphasen in Zyklen von mehreren zehntausend Jahren Dauer mit Warmphasen ab. Aber auch innerhalb dieser einzelnen Phasen war das Klima Schwankungen unterworfen, so dass extreme Temperaturverhältnisse eher selten waren. In den Kaltphasen schob sich das Eis von der nördlichen Polkappe über Skandinavien nach Großbritannien und ins nördliche Mittel- und Osteuropa; die Alpen, Pyrenäen und Karpaten waren vergletschert. Den klimatischen Umschwüngen folgend, veränderte sich die Tier- und Pflanzenwelt. Die eisfreien Flächen wurden von Mammuts und Rentierherden durchzogen und glichen einer spärlich bewaldeten sibirischen Tundra. In den Warmzeiten herrschten zum Teil dichte Wälder mit üppigem Pflanzenwuchs vor, in denen Waldelefanten, Waldnashörner und Nilpferde lebten.

*Aus der Altsteinzeit stammt diese aus Mammutelfenbein geschnitzte Wildpferdfigur. Sie wurde in Süddeutschland in der Vogelherdhöhle des Lonetals gefunden.*

### ÜBERLEBENSKÜNSTLER DER ALT- UND MITTELSTEINZEIT

Die Menschen jener Perioden führten ein Leben als Jäger und Sammler und stellten sich auf die herrschenden Umweltverhältnisse ein. Eine große Hilfe war das Feuer, das nachweislich seit mindestens 500 000 Jahren genutzt wird und in den von den Kaltphasen besonders betroffenen Gebieten das Überleben ermöglichte. Die Menschen lebten in der Altsteinzeit in Höhlen, unter Felsvorsprüngen und sehr oft in Jagdlagern, die an Gewässern lagen. Windschirme oder zeltähnliche Behausungen boten mit Sicherheit bereits in der Mittleren Altsteinzeit Schutz, wahrscheinlich gaben sie jedoch auch schon in früheren Perioden Obdach. Das Werkzeug- und Waffenarsenal umfasste Faustkeile und Schaber aus Feuerstein, Holzlanzen mit im Feuer gehärteten Spitzen und Geweihhacken. Ab der Mittleren Altsteinzeit, der Zeit des Neandertalers, erreichte die Steinbearbeitung einen Höhepunkt mit sehr schön gearbeiteten Blattspitzen aus Feuerstein.

*Ausgrabungsarbeiten an einer steinzeitlichen Lagerstätte*

### DIE ANFÄNGE DER RELIGION

Wahrscheinlich bediente sich bereits der Homo erectus der Sprache; ob er schon religiöse Vorstellungen entwickelt hatte, konnte bislang noch nicht belegt werden. Die Ausübung einer Religion ist erst bei den Neandertalern eindeutig erkennbar: Sie bestatteten bereits ihre Toten unter Beigabe von Steinwerkzeugen und Lebensmitteln, gelegentlich kleideten sie die Grabgruben mit rotem Ocker aus. Bisweilen unterzogen sie zudem die Schädel der Verstorbenen einer gesonderten Behandlung, was auf ein religiös geprägtes, differenziertes Vorstellungsvermögen schließen lässt.

### EIN KULTURELLER SCHUB

Mit Beginn der Jüngeren Altsteinzeit und dem Vordringen des Homo sapiens sapiens werden die Spuren des menschlichen Geisteslebens zunehmend deutlicher. In der materiellen und geistigen Kultur scheint sich plötzlich ein regelrechter Schub ereignet zu haben, dessen Gründe nach wie vor ungeklärt sind. Neben den immer besseren und vielfältigeren Stein- und Knochenwerkzeugen produzierten die Menschen Anhänger und Schmuck aus Tierzähnen und Knochen, zudem schufen sie erstmals künst-

| ALTPALÄOLITHIKUM | | | | | MITTELPALÄOLITHIKUM |
|---|---|---|---|---|---|
| 2,5 MIO V. CHR | 900 000 V. CHR. | 800 000 V. CHR. | 400 000 V. CHR. | 300 000 V. CHR. | 200 000 V. CHR. |
| | Beginn der Besiedelung Europas | Älteste bisher gefundene Jagdlager | | Erste Bestattungen | Erste Zelthütten und Windschirme nachgewiesen |

## Die Menschen der Steinzeit

In der Grabungsstätte Gönnersdorf, einem Stadtteil von Neuwied, rekonstruierte jungsteinzeitliche Feuerstätte

kleinere Tiere große Bedeutung, zudem siedelten die Menschen an Gewässern und Meeresküsten, um die dortigen natürlichen Ressourcen zu nutzen. Einbäume aus dieser Zeit zeigen, dass Flüsse als Wasserstraßen dienten, und von nun an erfolgte auch die Besiedelung der Inseln an Europas Küsten. Neuartige leichte Hüttenkonstruktionen erschienen, die für einen längeren oder periodischen Aufenthalt am gleichen Ort sprechen. Von einer Sesshaftigkeit kann aber noch keine Rede sein. Es entwickelten sich jedoch Tendenzen zu differenzierteren Wirtschaftsformen, die sich an den veränderten natürlichen Gegebenheiten und den zunehmend kleiner gewordenen Lebensräumen orientierten. Eine erneute und diesmal grundlegende Umstellung der Lebensweise brachte allerdings erst die Jungsteinzeit, die durch Ackerbau und Viehhaltung gekennzeichnet ist.

### Die Jungsteinzeit

Die klimatischen Veränderungen am Ende der letzten Eiszeit markieren einen Wendepunkt in der Menschheitsgeschichte: Der Mensch ging vom Jagen und Sammeln zu einer produzierenden Lebensweise über; Ackerbau und Viehzucht im Wechsel der Jahreszeiten bestimmten von nun an sein Leben. Mit der neuen Lebensweise veränderten sich auch die religiösen Vorstellungen, die sich nun um Fruchtbarkeit, kosmische Vorgänge, den Jahresablauf sowie um Tod und Wiedergeburt drehten. Die Kultur der Jungsteinzeit war bestimmt

lerische Darstellungen – so etwa die weltberühmten Felsmalereien in Frankreich und Spanien, aber auch Skulpturen aus Mammutelfenbein und Stein. Diese naturalistischen oder abstrakten bildlichen Darstellungen geben uns einen Einblick in das Weltbild dieser Menschen, die wohl mithilfe der Magie den Ablauf von Geschehnissen zu beeinflussen versuchten. Neben der künstlerischen Entfaltung fand aber auch ein »Technologieschub« statt: Von ihm künden die Erfindung der Speerschleuder, von Pfeil und Bogen und die Domestikation des Hundes, des ersten Haustiers in der Geschichte der Menschheit.

Ein großer Teil dieser Entwicklungen spielte sich während der letzten Eiszeit vor rund 20 000 Jahren ab, als die Menschen nach wie vor vom Jagen und Sammeln lebten. Ab 10 000 v. Chr. begann sich das Klima erneut zu erwärmen, was zu einer immer dichteren Bewaldung Europas führte. In der Folge starben Herdentiere aus oder wanderten ab und das Jagdverhalten musste sich den Veränderungen notgedrungen anpassen. In dieser »Mittlere Steinzeit« genannten Periode erlangten leichte, mit kleinen Feuersteinsplittern (Mikrolithen) besetzte Jagdwaffen für

von der Sesshaftigkeit und der landwirtschaftlichen Tätigkeit. Charakteristisch sind zudem die aus Stein geschliffenen Geräte sowie die Erfindung der Keramik. Allerdings fand im Nahen Osten in einer Frühphase der Jungsteinzeit noch keine Keramikproduktion statt. Ein wichtiges Unterscheidungsmerkmal neolithischer Kulturen ist die jeweilige Keramik und deren spezielle Verzierung durch Bemalung oder Ritz- beziehungsweise Stichellinien.

Entsprechend Grabungsfunden in Mähren (Tschechische Republik) könnte um 30 000 v. Chr. eine Mammutjägerstation so ausgesehen haben.

| 100 000 v. Chr. | | 50 000 v. Chr. | JUNGPALÄOLITHIKUM 35 000 v. Chr. | MESOLITHIKUM (EUROPA) 10 000 v. Chr. |

*Beginn des Kunstschaffens*
*Erfindung der Speerschleuder und von Pfeil und Bogen*
*Domestikation des Hundes*

*Anfänge der Schifffahrt*
*Anfänge der Hüttenbauweise und der teilweisen Sesshaftigkeit*

*ab 10 000 v. Chr. Beginn der neolithischen Revolution im Nahen Osten*

▶ Religionen und Glaubensformen: Religiosität in der Altsteinzeit
▶ Religionen und Glaubensformen: Religionen der Megalithkulturen
▶ Große Entdeckungen: Die Entdeckung von Çatal Hüyük
▶ Große Entdeckungen: Die Entdeckung des Ötzi
▶ Große Entdeckungen: Erste Werkzeuge

# Die Menschen der Steinzeit

»Schädelplastiken« wie diese aus dem Vorderen Orient waren in der Jungsteinzeit weit verbreitet und standen möglicherweise mit dem Ahnenkult in Verbindung. Die Wandmalerei aus Çatal Hüyük (rechts) zeigt einen Jäger mit weißem Lendenschurz.

## Der Mensch wird sesshaft
## Die Neolithische Revolution

Wo und wann der Mensch zum ersten Mal sesshaft wurde, ist ziemlich sicher belegt. Wie sich dieser Prozess vollzogen hat, jedoch nicht. Im Nahen Osten bildeten das günstige Klima am Ende der letzten Eiszeit, das Vorhandensein domestizierbarer Tiere, nämlich Schafe, Ziegen und Rinder, sowie der Bestand von Pflanzen, wie etwa wilder Weizen und andere, die Voraussetzungen für die so genannte Neolithische Revolution. Sie nahm ab etwa 10 000 v. Chr. ihren Lauf, als halbsesshafte Jägervölker anfingen, wild wachsendes Getreide nicht nur zu sammeln, sondern auch anzubauen. Diese Veränderung der Lebensweise schloss zudem die Anfänge der Tierzucht ein, die sich anscheinend aus der Jagd entwickelte. So sind aus dieser Zeit zahlreiche weitläufige Steinumwallungen bekannt, in die Jäger Herdentiere, wie zum Beispiel Gazellen, trieben, um sie als lebenden Fleischvorrat zu halten.

In der Nähe dieser Gatter fand man Reste von Siedlungen, die zumindest einen Teil des Jahres bewohnt waren. Nach neuesten Forschungen bildeten das heutige Nordsyrien, der Nordirak und die südöstliche Türkei ein Zentrum des frühen Übergangs zur Sesshaftigkeit. Diese führte ziemlich schnell zur Entstehung regelrechter Großsiedlungen. So bestand etwa in Palästina bereits

In der megalithischen Anlage Bend of the Boyne aus der Jungsteinzeit bilden fast 2,5 Meter hohe Sandsteine den 19 Meter langen Gang zur Hauptkammer des so genannten Ganggrabes.

## DIE MENSCHEN DER STEINZEIT

um 7 500 v. Chr. mit Jericho eine stadtähnliche Siedlung, die von einer steinernen Mauer umgeben wurde. Eine andere derartige Siedlung befand sich in Çatal Hüyük in Anatolien, wo puebloartig aneinander gebaute Häuser aus luftgetrockneten Lehmziegeln errichtet wurden.

### DIE MATERIELLE KULTUR

Nach der ersten Phase des keramiklosen Neolithikums setzte ab 7 000 v. Chr. langsam die Produktion von gebrannter Keramik ein. Deren Prototyp waren Gefäße aus luftgetrocknetem Lehm.

Vom Vorderen Orient aus verbreitete sich die Kenntnis von Bodenbau und Viehzucht über das Mittelmeer nach Griechenland, Süditalien und Südfrankreich sowie über den Bosporus und den Balkan schnell nach Europa. Die Geschwindigkeit dieser Entwicklung basierte sicherlich auf Wanderungsbewegungen aus den mittlerweile bevölkerungsreicheren Gebieten in Kleinasien, die sich über den Bosporus entlang der Donau nach Norden vollzogen. Vor allem im Balkanraum blieb der kulturelle Einfluss des Nahen Ostens lange spürbar und drückte sich nicht zuletzt in künstlerischen Motiven aus, die der vorderasiatischen Vorstellungswelt entstammten.

Die materielle Welt der Jungsteinzeit kennzeichneten gewebte Stoffe aus Wolle, zunehmend reicher und vielfältiger verzierte Keramiken sowie Werkzeuge, die nicht mehr allein aus Abschlägen produziert, sondern aus Stein geschliffen wurden. Darüber hinaus errichteten die Menschen nun feste Siedlungen, die sie je nach geografischer Lage aus den unterschiedlichsten Materialien erbauten. Im Nahen Osten verwendete man luftgetrocknete Lehmziegel und Stampflehm für meist mit Flachdächern versehene Häuser, in Europa bildete das in den dichten Wäldern reichlich vorhandene Holz den Baustoff. Die Häuser der ältesten jungsteinzeitlichen Kultur Mittel- und Westeuropas waren bis zu 45 Meter lang und einige Meter hoch, so dass in ihnen wahrscheinlich ganze Großfamilien lebten. Sie beherbergten die Menschen der nach dem charakteristischen Muster auf den Gefäßen benannten Bandkeramikkultur.

### AUSBREITUNG VON ACKERBAU UND VIEHZUCHT

Im Lauf der Jahrhunderte expandierte die jungsteinzeitliche Wirtschaftsform über einen großen Teil der Welt und es entwickelte sich eine Vielzahl neolithischer Lokalkulturen, die sich in unterschiedlichem Maß ausdehnten. In der Alten Welt verbreitete sich die Kenntnis von Bodenbau und Viehzucht sicherlich vom Vorderasiatischen Raum aus und entstand nicht unabhängig auch in anderen Zentren. Jungsteinzeitliche Kulturen erschienen ab 7 000 v. Chr. im Indusgebiet und ab 6 000 v. Chr. breitete sich die neue Wirtschaftsform über Zentralasien bis nach China aus. Dort nahm das Neolithikum im 6. Jahrtausend v. Chr. mit der Yang-Shao-Kultur seinen Anfang. Von Südchina aus fand im 3. Jahrtausend v. Chr. eine weitere Verbreitung in den südostasiatischen Raum statt. Eine Ausnahme bildete Japan, wo die mesolithischen Traditionen verhaftete Jäger-, Fischer- und Sammlerkultur, die so genannte Jomon-Kultur, zwar keinen Ackerbau kannte, aber geschliffene Steinwerkzeuge und Keramik. Deren Anfänge wurden aufgrund von Messungen mit der Radiokarbonmethode auf ungefähr 10 000 v. Chr. datiert. Diese Ergebnisse sind jedoch kein eindeutiger Beweis für das wahre Alter dieser Töpferwaren. In Japan setzte der Bodenbau um 300 v. Chr. gleichzeitig mit der Nutzung von Bronze und Eisen ein, so dass es eine obigen Kriterien entsprechende neolithische Kulturphase dort nicht gab. Auch in Amerika entwickelten sich unabhängig von den Vorgängen in der Alten Welt Kulturen mit jungsteinzeitlichem Charakter, in denen jedoch mangels geeigneter Arten der Tierzucht nur geringe Bedeutung zukam. Im Hochland von Mexiko fand zu Beginn des 7. Jahrtausends v. Chr. ein Übergang zu einer sesshaften Lebensweise in Verbindung mit Bodenbau statt, dieser Schritt erfolgte ab dem 5. Jahrtausend v. Chr. schließlich auch in Südamerika, und zwar im Gebiet der Anden. Dennoch gab es in Amerika wie auch in anderen Teilen der Welt bis in die jüngste Zeit Völker, in deren Lebensweise der Bodenbau keine Rolle spielte.

*Die Steinplatte in der Hauptkammer der prähistorischen Grabanlage Bend of the Boyne (Irland) zieren Rauten und Dreiecke. Sie sind ein typisches Stilmerkmal der Boyne-Kultur.*

*Die in Çatal Hüyük gefundene Marmorfigur stellt wahrscheinlich eine Göttin dar. Der mit Spiralverzierungen dekorierte Becher der jungsteinzeitlichen Bandkeramikkultur wurde im niederbayerischen Kothingeichendorf gefunden.*

▶ **Große Erfindungen:** Anfänge der Waffentechnik
▶ **Handel und Wirtschaft:** Lebensgrundlagen der Altsteinzeit
▶ **Handel und Wirtschaft:** Wirtschaftsform der Jungsteinzeit
▶ **Kunst und Architektur:** Höhlenmalerei
▶ **Mythen, Rätsel und Orakel:** Stonehenge und Avebury

# Die Welt des Altertums

Mehrere Kulturkreise, zwischen denen nur geringer Kontakt besteht – das war die Welt des Altertums. In dieser Epoche bildeten sich in diversen Weltregionen prägende Zivilisationen aus, sei es in Mesopotamien und Ägypten, China und Indien sowie in Amerika. Zeitgleich fanden immer wieder Wanderungsbewegungen statt, die erhebliche Auswirkungen nach sich zogen: So etwa die Besiedelung Ozeaniens von Südostasien aus oder die Ausbreitung der Bantu-Sprecher im Afrika südlich der Sahara. Während wir über einige Entwicklungen aus zahlreichen Quellen gute Erkenntnisse besitzen, bleiben andere noch unerklärt.

schiedliche Entwicklung. Während in Ägypten die Tradition der aufeinander folgenden Dynastien gewahrt wurde, lösten sich in Mesopotamien mehrere konkurrierende Reiche in der Vorherrschaft ab. Im 2. Jahrtausend v. Chr. bildeten sich dann im östlichen Mittelmeerraum verschiedene einflussreiche Zivilisationen aus – so die minoische Kultur auf Kreta, Mykene und das Reich der Hethiter in Anatolien. Zur gleichen Zeit expandierten das Mittlere und später das Neue Reich in Ägypten sowie die Reiche von Akkad, Assur und Babylon in Mesopotamien und beeinflussten und beeinträchtigten ihre Nachbarn.

## MESOPOTAMIEN UND ÄGYPTEN

In Mesopotamien lösten ab dem 4. Jahrtausend v. Chr. einige Zivilisationen einander ab. Ur, Uruk, Lagasch, Sumer und andere Reiche waren aus Stadtstaaten an Euphrat und Tigris hervorgegangen. Diese Kulturen gebrauchten als erste ein Schriftsystem: die Keilschrift. Kurz darauf vereinigten sich im fruchtbaren Niltal mehrere Kleinherrschaften. Auch dort entwickelte man eine Schrift, die mit Pinsel und Tusche gemalt wurde. Ägypten und Mesopotamien gelten deshalb als Wiegen der abendländischen Kultur.

In beiden Kulturkreisen basierte die Fruchtbarkeit der Siedlungsgebiete auf einer alljährlichen Überschwemmung der Flusstäler. Das Überleben unter diesen Bedingungen erforderte einen erheblich höheren Arbeits- und Organisationsaufwand als der Ackerbau der Jungsteinzeit. Das Wasser musste auf eine möglichst große Anbaufläche verteilt, die Ernte koordiniert, die Erträge mussten eingelagert und verteilt werden. Der größere Bedarf an Arbeitskräften und die sozialen und organisatorischen Probleme, die sich hieraus ergaben, erforderten bahnbrechende politische, juristische und technische Entwicklungen – ein zentraler Schritt der Menschheit. Trotz gleicher Probleme nahmen beide Siedlungsräume eine unter-

## CHINA UND INDIEN

Von der abendländischen Antike unberührt hatte sich etwa zeitgleich mit Ägypten in China eine Zivilisation ausgebildet, die eine reiche Staatenwelt hervorbrachte und über ganz Asien ausstrahlte. Die früheste Entwicklung ist nur sagenhaft überliefert. Die Namen zahlreicher Dynastien in konkurrierenden Fürstentümern bestimmen die reiche Tradition chinesischer Legenden. Im 3. Jahrhundert v. Chr. gelang Qin Shihuangdi die Vereinigung des ersten gesamtchinesischen Reiches.

Bereits früher, nämlich ab der Mitte des 3. Jahrtausends v. Chr., entwickelte sich im Industal im Nordwesten Indiens die Harappa-Kultur mit städtischen Siedlungen und eigener Schrift. In der späteren vedischen Kultur des Gangestales bildeten sich kleine, sozial differenzierte Monarchien aus. Ihnen entstammten die Religionsgründer Gautama Buddha und Mahavira Jina. Ab dem 4. Jahrhundert v. Chr. entstanden mit den Mauryas und anderen die bedeutendsten politischen Gebilde des indischen Altertums.

## AMERIKA

In Amerika stiegen im Altertum bedeutende Kulturen auf, die der Forschung bislang noch zahllose Rätsel aufgeben. Bereits in der mittelamerikanischen Präklassik bildeten sich städtisch geprägte Zivilisationen aus, deren wissenschaftliche Erkenntnisse, materielle Kultur und Kunstschaffen Bewunderung hervorrufen. Zu ihren bekanntesten Vertretern zählen die Olmeken. Einflussreiche Kulturzentren entstanden im gleichen Zeitraum auch in Südamerika oder im Süden der heutigen USA.

## GRIECHEN UND PERSER

Im Perserreich, das ab dem 7. Jahrhundert v. Chr. aufstieg, gelang es den Machthabern, auf Dauer verschiedene Völkerschaften in einem riesigen Territorium zu vereinigen. Die persische Expansion in den östlichen Mittelmeerraum fand in der Auseinandersetzung mit den griechischen Stadtstaaten ihre Grenze. Erstaunlich, bedenkt man die gewaltigen Unterschiede der Ressourcen, über die beide Kontrahenten verfügten, und um so verwunderlicher, vergleicht man die straffe persische Organisation unter dem allmächtigen Großkönig mit der komplizierten Entscheidungsfindung in und zwischen den griechischen Staaten. Für die Griechen markierte der Sieg über die übermächtigen Perser einen Wendepunkt. Sie entwickelten ein politisches Bewusstsein, das grundlegend für den Politikbegriff des gesamten Abendlandes werden sollte. In den griechischen Kolonisationsgebieten begegnet uns schon vor den Perserkriegen eine intellektuelle Beschäftigung mit Fragen verschiedenster Art. Neben dem naturphilosophischen Ansatz, der die Frage nach dem Ursprung der Dinge und des Lebens stellte und Erklärungen für Naturerscheinungen suchte, wurde seit dem 6. Jahrhundert v. Chr. in griechischen Stadtstaaten eine Verfassungsdebatte geführt. Mit der anthropozentrischen Wende der Philosophie im 5. Jahrhundert v. Chr. trat neben die Naturphilosophie die Frage nach dem Menschen, der damit genauso im Mittelpunkt des Nachdenkens stand.

Die Unabhängigkeit, die in den Perserkriegen erkämpft worden war, ging im 4. Jahrhundert v. Chr. mit der makedonischen Herrschaft verloren, die wiederum unter Alexander dem Großen das Perserreich zerstörte. Nach Alexanders Tod wurde sein Herrschaftsgebiet, das von der Adria bis in den Hindukusch reichte, zwischen seinen Heerführern aufgeteilt und zerfiel in die so genannten Diadochenreiche, die den Vorderen Orient und das östliche Mittelmeerbecken griechisch kultivierten.

## ROM UND SEINE GEGNER

Im 3. Jahrhundert v. Chr. stieg Rom vom mittelitalischen Handelszentrum zur Hegemonialmacht des gesamten geografischen Raumes auf; in der Auseinandersetzung mit Karthago überschritt es erstmals die Grenzen Italiens. Dem römischen Adel gelang es durch sein Leistungsethos, über Generationen hinweg jeden Gegner zu schlagen und in der Auseinandersetzung mit den Diadochenreichen schließlich den gesamten Mittelmeerraum zu unterwerfen. Daraus resultierten zwar innere Konflikte, die die römische Republik zu einer absoluten Monarchie werden ließen, doch tat dies dem Erfolg der römischen Expansion zunächst keinen Abbruch.

Die Römer verstanden es, die politische und militärische Unterordnung ihrer Untertanen mit einem großen Maß an Freiheiten zu verbinden. Zwar flackerten immer wieder Aufstände gegen die römische Herrschaft auf, doch wurden diese durch die militärisch überlegenen Römer stets niedergeschlagen und fanden darüber hinaus angesichts deren relativ erträglicher Herrschaft auch keine breite Basis. Erst im Verlauf der Spätantike brach das Römische Reich dann aus inneren Gründen unter dem Druck der Völkerwanderung zusammen.

Rom hatte die griechische Kultur im Lauf seiner schrittweisen Eroberungen vollkommen übernommen und war mit den politisch unterlegenen Griechen eine kulturelle Symbiose eingegangen. Aus ihr gingen die Grundlagen für die Renaissance und mit ihr für die Moderne hervor.

## AN DEN WASSERN DES NILS – DIE ÄGYPTER

*Die ältesten Spuren menschlicher Anwesenheit reichen in Ägypten rund 2 Millionen Jahre zurück.
Um 6000 v. Chr. begannen dann neolithische Bevölkerungsgruppen, das fruchtbare Ackerland an den Ufern des Nils
zu kultivieren. Sie schufen so die Grundlagen für die ägyptische Zivilisation.*

*Seit Menschengedenken ist der Nil die Lebensader Ägyptens.*

Die jungsteinzeitlichen und kupferzeitlichen Kulturen Ägyptens standen in engem Kontakt zu denen des Sudans und des Vorderen Orients. Die Anfänge der ägyptischen Zivilisation sind daher das Ergebnis eines Entwicklungsprozesses, bei dem afrikanische und orientalische Elemente miteinander verschmolzen. Die weit zurückreichende Tradition der ägyptischen Kultur wird besonders in vielen Wesensmerkmalen der späteren ägyptischen Religion erkennbar, deren Ausprägungen bereits in den Kulten der Vorzeit Gestalt annahmen. Mit der sich im Lauf des 4. Jahrtausends v. Chr. von Oberägypten her über das ganze Land ausdehnenden Negade-Kultur verbindet sich eine zunehmend ganz Ägypten umfassende kulturelle Einheit. In ihrer Spätphase um 3500 bis 3000 v. Chr. machte sich auch vorderasiatischer Einfluss geltend.

*Statue des Pharaos Djoser in der Nekropole Saqqara nahe der heutigen ägyptischen Hauptstadt Kairo*

### DIE EINIGUNG ÄGYPTENS

In diese »Negade II und III« genannte Zeitspanne fällt die »Vereinigung der beiden Länder«, also Ober- und Unterägyptens. Nach der Geschichtsschreibung des Priesters Manetho erfolgte sie durch einen König namens Menes. Wurde dies früher als historische Tatsache gewertet, sieht man das heute in anderem Licht: Derzeit geht die Forschung von einem länger andauernden und we-

*Über 4000 Jahre alt ist dieses Alabastergefäß des aus der 6. Dynastie stammenden Pharaos Pepi II.; um 2350 v. Chr.*

| 4000 v. Chr. | 3800 v. Chr. | 3600 v. Chr. | 3400 v. Chr. | 3200 v. Chr. | 3000 v. Chr. |
|---|---|---|---|---|---|
| 4000 v. Chr. – 3500 v. Chr.<br>Kupferzeitliche Negade-I-Kultur (Amratien) | | | 3500 v. Chr. – 3000 v. Chr.<br>Negade-II-III-Kultur (Gerzeen)<br>»Vereinigung der beiden Länder«<br>0. Dynastie | | |

# DIE ÄGYPTER

*Sitzbild aus Diorit des Pharaos Chephren, Sohn des Pharaos Cheops und vierter Herrscher der 4. Dynastie (um 2600 v. Chr.). Der Falke ist die Verkörperung des Himmelsgottes Horus.*

der, bei denen zunehmend Re, der Sonnengott von Heliopolis, eine große Rolle spielte. Der Pharao galt von nun an als Inkarnation des Sonnengottes, mit dem er dem Glauben zufolge nach seinem Tod verschmolz. In diesen Zusammenhang gehört auch der Beginn des Pyramidenbaus unter Pharao Djoser. Die Pyramiden wurden als »Himmelsleitern« betrachtet, die dem Aufstieg des Pharao zu Re dienen.

In die Herrschaftszeit des Pharao Djoser von 2690 bis 2670 v. Chr. und seines Baumeisters Imhotep fallen auch die Anfänge der Steinarchitektur, die im Verlauf der ganzen ägyptischen Geschichte auf Grabanlagen und Tempel beschränkt sein wird. Die Bauwerke der Lebenden bestanden aus Holz und luftgetrockneten Lehmziegeln. Allerdings stellten die in Stein ausgeführten Pyramidenanlagen mit Scheinpalästen und Umfassungsmauern ein Abbild der Architektur jener Zeit dar. Die Pyramidenanlagen des Alten Reiches, darunter die berühmten Pyramiden der Pharaonen der von 2639 bis 2504 v. Chr. regierenden 4. Dynastie, des Cheops, des Chephren und des Mykerinos, bezeugen eindrucksvoll den hohen Stand der Baukunst. Ägypten erlebte während des Alten Reiches eine kulturelle Blütezeit, die auch in der Kunst, der Literatur und der Astronomie deutlich wird. Von äußeren Feinden nicht ernsthaft bedroht, unternahmen die Pharaonen Kriegszüge nach Nubien und gegen die Libyer. Die reichen Kupferminen des Sinai wurden ausgebeutet und der Handel erstreckte sich bis nach Vorderasien.

## DIE ERSTE ZWISCHENZEIT

Während der 6. Dynastie machte sich allerdings eine Phase des Niedergangs bemerkbar. Diese hing nicht zuletzt mit der zunehmenden Macht der Provinzbeamten zusammen, die bald als selbstständige Gaufürsten auftraten. Bürgerkriegsähnliche Zustände waren die Folge und schließlich brach die Zentralverwaltung zusammen. Im Gegenzug sahen sich die Nubier und Libyer zu Angriffen ermutigt. Die politischen Wirren zeigen sich auch in den knappen historischen Quellen dieser »Erste Zwischenzeit« genannten Zeitspanne. In den Jahren der 7. und 8. Dynastie »regierten« – jeweils nur für kurze Zeit – eine Vielzahl von Königen, von denen oft nur wenig mehr als der Name bekannt ist. Erst der von der Stadt Herakleopolis aus herrschenden 9. und 10. Dynastie gelang es wenigstens zeitweise, einen größeren Teil des Landes wieder unter Kontrolle zu bringen.

niger kriegerischen Einigungsprozess aus, der zwar in Oberägypten seinen Anfang nahm, aber nicht auf die Kriegszüge eines einzigen Königs zurückzuführen ist. Vielmehr herrschten vor dem wohl historischen Menes, der möglicherweise dem Horus Aha entspricht, wahrscheinlich schon die Könige Narmer, Ka und Skorpion über das ganze Land. Demzufolge ist vor der 1. Dynastie noch eine »Dynastie 0« oder vielleicht gar eine noch davor liegende Dynastie mit weiteren Königen anzusetzen. Wahrscheinlich wurden diese Vorgänge auf den König der 1. Dynastie, Horus Aha, projiziert, weil unter seiner Herrschaft die Einführung des Kalenders erfolgte und die Residenzstadt Memphis gegründet wurde. In die Zeit der Reichseinigung fiel auch die Entwicklung der Hieroglyphenschrift, die für den Aufbau des Staatswesens von enormer Bedeutung war. Während der 1. und 2. Dynastie konsolidierte sich die Einigung des Landes, das erste Kriegszüge nach Nubien sowie gegen die in der Wüstensteppe beheimateten Nomadenstämme unternahm. Zudem wurde nahe der Residenzstadt Memphis in Saqqara die erste Nekropole angelegt, obwohl sich die königlichen Gräber der 1. Dynastie noch im oberägyptischen Abydos befanden.

## DAS ALTE REICH

Mit der 3. Dynastie begann das Alte Reich. In diesem zentralistisch geführten Staatswesen war der König Herr des gesamten Landes und in seinem Auftrag übernahmen Beamte in den einzelnen Gauen die Verwaltung. Die Staatsordnung spiegelte sich auch in religiösen Spekulationen wi-

*Die monumentale Grabpyramide des Pharaos Djoser in Saqqara wurde mutmaßlich von dem genialen Baumeister Imhotep errichtet.*

2800 v. Chr. — 2600 v. Chr. — 2400 v. Chr. — 2200 v. Chr. — 2000 v. Chr.

3032 v. Chr. – 2707 v. Chr.
1. und 2. Dynastie, Thinitenzeit

2707 v. Chr. – 2216 v. Chr.
Altes Reich, 3. bis 6. Dynastie

2216 v. Chr. – 2020 v. Chr.
Erste Zwischenzeit, 7. bis 10. Dynastie

▶ Religionen und Glaubensformen: Religion der alten Ägypter
▶ Kriege und Konflikte: Ägyptische Weltmachtpolitik
▶ Menschen und Ideen: Echnaton
▶ Menschen und Ideen: Ramses II.
▶ Große Entdeckungen: Der Stein von Rosette

# DIE ÄGYPTER

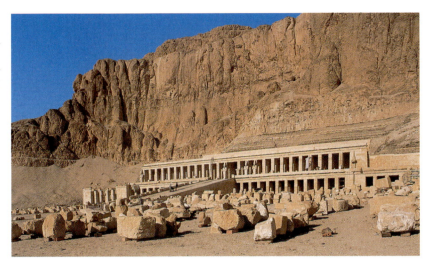

*In der Nähe des alten Theben erstreckt sich vor einer gewaltigen Felswand der dreiterrassige Tempel der Pharaonin Hatschepsut (Reg. 1490 – 1468 v. Chr.).*

## DAS MITTLERE REICH

Gegen Ende der Ersten Zwischenzeit hatten sich in Ägypten zwei sich bekämpfende Machtblöcke gebildet: die in Unterägypten von Herakleopolis aus herrschende 10. Dynastie und die in Oberägypten in Theben an die Macht gelangte 11. Dynastie. Jede Seite versuchte, die noch unabhängigen Gaufürsten Mittelägyptens unter ihre Kontrolle zu bringen. Schließlich gelang es dem thebanischen Herrscher Mentuhotep II. (Reg. 2046–1995 v. Chr.), den letzten König der Herakleopoliten-Dynastie zu schlagen und durch die erneute Vereinigung des Landes das Mittlere Reich zu errichten.

Unter der von Amenemhet I. begründeten 12. Dynastie begann dann erneut der Aufstieg Ägyptens zu solcher Blüte, dass das Mittlere Reich bereits in späterer Zeit als »Klassische Epoche« aufgefasst wurde. Außenpolitisch dehnte sich die ägyptische Oberhoheit in Nubien bis zum 2. Katarakt aus und wurde durch den Bau zahlreicher Festungen gesichert. Den Feldzügen unter Sesostris III. nach Palästina folgte keine dauerhafte Besetzung des Landes; die Beziehungen nach Vorderasien blieben daher friedlicher Natur. Sie beschränkten sich auf den Handel, der hauptsächlich über die phönizische Stadt Byblos abgewickelt wurde und einen regen Kulturaustausch mit sich brachte. Deutlich wird dies in der Kunst Phöniziens und Syriens, die zahlreiche ägyptische Motive übernahm.

Die Macht und der Wohlstand Ägyptens zu jener Zeit zeigten sich auch in den landesweiten umfangreichen Baumaßnahmen und in der Kunst, die neue Höhepunkte erreichte. Die Hauptbautätigkeit der Pharaonen der 12. Dynastie konzentrierte sich jedoch auf die neu gegründeten Städte im Faiyum: Dieses Sumpfgebiet wurde zur Zeit der 12. Dynastie trockengelegt und so das für den Ackerbau zur Verfügung stehende Land beträchtlich vermehrt. In der Folge wurde auch der Regierungssitz in die in der Nähe gelegene Stadt Itj-taui verlegt. Leider sind von diesen Bauten nur spärliche Reste erhalten, darunter die Pyramiden von Hawara, Dahschur und Illahun, in denen sich die Pharaonen gemäß der Traditionen des Alten Reiches beisetzen ließen. Im Gegensatz zu den Pyramiden des Alten Reiches besteht ihr Kern aus luftgetrockneten Lehmziegeln, die von Steinplatten bedeckt waren; ihr Erhaltungszustand ist daher sehr schlecht. Nicht erhalten hingegen sind die 18 Meter hohen, gewaltigen Monumentalskulpturen von Amenemhet III. und das so genannte Labyrinth, das noch von staunenden Reisenden der Antike beschrieben wurde. Seine Funktion ist bis heute unklar.

Über das Alltagsleben dieser Epoche ist man durch die von nun an in den Gräbern erscheinenden naturgetreuen Modelle von Häusern, landwirtschaftlichen und handwerklichen Szenen genau unterrichtet. Daneben stellte das Mittlere Reich auch das »goldene Zeitalter« der altägyptischen Literatur dar, in dem berühmte Werke wie etwa die »Geschichte des Schiffbrüchigen« und die »Abenteuer des Sinuhe« verfasst wurden. Motive dieser Literatur bildeten sogar die Grundlagen für Erzählungen aus »Tausendundeiner Nacht«.

Nach König Amenemhet IV., der keinen männlichen Thronerben hinterließ, führten Thronstreitigkeiten das Ende des Mittleren Reiches herbei. Es folgten zwar nominell die Könige der 13. und 14. Dynastie, doch deren Macht blieb beschränkt. Das Land zerfiel in eine Vielzahl von Kleinfürstentümern und es begann die Zweite Zwischenzeit.

*Modell eines mit 16 Ruderern besetzten ägyptischen Reiseschiffs aus dem Grab des Mentuhotep II. (um 2000 v. Chr.)*

---

2200 v. Chr. — 2100 v. Chr. — 2000 v. Chr. — 1900 v. Chr. — 1800 v. Chr. — 1700 v. Chr.

*2170 v. Chr. – 2020 v. Chr.*
9. und 10. Dynastie in Herakleopolis

*2119 v. Chr. – 2020 v. Chr.*
Herrschaft der 11. Dynastie in Theben

*2020 v. Chr. – 1976 v. Chr.*
Herrschaft der 11. Dynastie in ganz Ägypten, Beginn des Mittleren Reiches

*1976 v. Chr. – 1793 v. Chr.*
12. Dynastie

*1793 v. Chr. – 1550 v. Chr.*
Zweite Zwischenzeit

# Die Ägypter

auch nach Syrien aus; in den daraus folgenden Kämpfen mit den Mitanni und später den Hethitern konnte es seine Machtansprüche meistens erfolgreich verteidigen. Durch diese Kriegszüge kamen große Mengen an Tributen, Sklaven und Kriegsbeute in das Land, das durch diese sowie durch seine ausgedehnten weit reichenden Handelsbeziehungen immer reicher wurde. Dieser Wohlstand wird nicht zuletzt an dem Grabschatz des Königs Tutanchamun deutlich, der auch zahlreiche Stücke fremder Herkunft enthält.

Die Grabanlagen der Könige wurden mit Beginn des Neuen Reiches im Geheimen nahe der Hauptstadt Theben im so genannten Tal der Könige angelegt. Auf diese Weise wollte man sie – vergeblich – vor Räubern schützen. Theben mit seinen Pharaonenpalästen wuchs zu einer Weltstadt an. Unter seinen Sakralbauten stach besonders der gewaltig dimensionierte Tempel des Reichsgottes Amun in Karnak hervor, dessen Priesterschaft zunehmend politische Macht erlangte. Nach einer langen Friedenszeit unter Pharao Amenophis III. kam es unter seinem Sohn und Nachfolger Amenophis IV. im 14. Jahrhundert v. Chr. zu umwälzenden religiösen Neuerungen. Amenophis, der sich später Echnaton nannte, verkündete den Glauben an den neuen Hauptgott Aton und verlegte die Residenz nach Amarna. Doch nach seinem Tod um 1340 v. Chr. erfolgte schon unter seinem Nachfolger Tutanchamun die Rückkehr zum alten Glauben: Die Macht des Reichsgottes Amun und seiner Priesterschaft war wiederhergestellt.

*Zwei kolossale Ramses-Statuen bewachen den Eingang zur Totenstadt im alten Theben.*

## Die Herrscher der Fremdländer

Einen weiteren Aspekt in diesen Machtkämpfen stellte das von den so genannten Hyksos, den »Herrschern der Fremdländer«, besetzte Unterägypten dar. In diese Region waren seit dem Mittleren Reich aus Vorderasien stammende semitische Bevölkerungsgruppen eingewandert, hatten sich an den Rändern des fruchtbaren Landes als Nomaden niedergelassen oder als Arbeiter verdingt. In den folgenden politischen Wirren konnten sich einige von ihnen als Machthaber etablieren. Der Asiate Salitis besetzte Memphis, ließ sich zum Pharao krönen und begründete die 15. Dynastie der »Großen Hyksos«, die zeitgleich mit der 16. Dynastie der »Kleinen Hyksos«, der lokalen Fürsten, verlief.

Die Hauptstadt der Hyksos war das im östlichen Delta gelegene Auaris, von wo sie ihre Macht über weite Teile Unter- und Mittelägyptens ausdehnten. In Oberägypten etablierte sich zeitgleich zur 16. Dynastie die in Theben beheimatete 17. Dynastie, die die Oberherrschaft der Hyksos nicht anerkannte. In dem nun ausbrechenden Krieg erlangten die Fürsten von Theben die Oberhand: Ahmose eroberte Auaris im 16. Jahrhundert v. Chr. und vertrieb die Hyksos aus Ägypten.

## Das Neue Reich

Ägypten war somit erneut unter einem einzigen Pharao vereint. Es begann das Neue Reich, das unter die Großmächte des Nahen Ostens aufstieg. Unter den ersten Pharaonen der 18. Dynastie wurde die ägyptische Oberherrschaft in Nubien wiederhergestellt und das dortige Reich von Kusch zerstört. Ägypten griff nun

*Gipsbüste des Pharaos Echnaton (Amenophis IV.), gefertigt im 14. Jahrhundert v. Chr.*

---

| 1600 v. Chr. | 1500 v. Chr. | 1400 v. Chr. | 1300 v. Chr. | 1200 v. Chr. |

1650 v. Chr. – 1292 v. Chr.
18. Dynastie

1550 v. Chr.
Beginn des Neuen Reiches

1645 v. Chr. – 1550 v. Chr.
17. Dynastie, nur in Theben

1793 v. Chr. – 1648 v. Chr.
13. und 14. Dynastie

1648 v. Chr. – 1539 v. Chr.
15. und 16. Dynastie (Hyksos)

➤ Große Entdeckungen: Ausgrabung einer altägyptischen Stadt
➤ Große Entdeckungen: Entdeckung des Tutanchamun
➤ Große Erfindungen: Papyrus
➤ Große Erfindungen: Wissenschaft und Technik in Ägypten
➤ Handel und Wirtschaft: Wirtschaftliche Grundlagen der Nilkultur

# Die Ägypter

*Kleopatra VII. (Reg. 69–30 v. Chr.), letzte Herrscherin Ägyptens aus der ptolemäischen Dynastie*

## Die Schlacht von Kadesch

Mit den beiden Nachfolgern von Tutanchamun, Eje und Haremhab, endete die 18. Dynastie. Nach dem kinderlosen Haremhab bestieg der von diesem als Nachfolger eingesetzte Militärbefehlshaber Ramses I. den Thron und begründete die 19. Dynastie. Sein Sohn Sethos I. und dessen Nachfolger Ramses II., der etwa von 1279 bis 1213 v. Chr. regierte, führten die Politik Haremhabs fort, indem sie die Vorherrschaft Ägyptens in Syrien wiederherstellten. Dabei führte Ramses II. Krieg gegen die Hethiter und kämpfte mit diesen 1274 v. Chr. in der Schlacht bei Kadesch. Das Ergebnis war eine Aufteilung der Einflusszonen beider Mächte in Syrien sowie der Aufbau freundschaftlicher Beziehungen.

Ramses II. trat in Ägypten hauptsächlich durch seine gewaltigen Bauvorhaben in Erscheinung. Er ließ unter anderem den Tempel von Abu Simbel, das Ramesseum sowie Erweiterungen im Karnaktempel und im Luxortempel errichten. Darüber hinaus gründete er im Ostdelta die Ramsesstadt Pi-Ramesse, die zur neuen Hauptstadt des Landes wurde. Auf Ramses II. folgte Pharao Merenptah, der sich erfolgreich gegen die Libyer und die Seevölker zur Wehr setzte. Auch Pharao Ramses III. führte Feldzüge gegen die Libyer, zudem gelang es ihm schließlich, die Seevölker entscheidend zu schlagen. Die durch diese verursachten Umwälzungen und Zerstörungen im östlichen Mittelmeerraum hatten zum Zusammenbruch des Handelsnetzes geführt, wodurch auch Ägypten in wirtschaftliche Schwierigkeiten geriet. Die letzten Könige der 20. Dynastie versuchten vergeblich, die Krise zu bekämpfen; in der Folge erschütterten politische Unruhen das Land. In dieser prekären Situation trugen libysche Einfälle zur weiteren Destabilisierung bei.

## Libyer und Kuschiten

Mit dem erneuten Auseinanderbrechen Ägyptens begann die Dritte Zwischenzeit. In Unterägypten herrschte von der Stadt Tanis aus die 21. Dynastie, deren bekanntester Herrscher der von 1044 bis 993 v. Chr. regierende König Psusennes I. werden sollte. Der Herrschaftsanspruch der Könige der 21. Dynastie bezog sich zwar auf ganz Ägypten, dennoch war ihre Macht beschränkt, da sich in Oberägypten seit dem Ende der 20. Dynastie in Theben der von

*Die Skulptur stellt Ramses II., den Großen, Pharao der 19. Dynastie, dar (13. Jh. v. Chr.).*

den Hohepriestern des Amun beherrschte »Gottesstaat des Amun« gebildet hatte.

In Tanis war mit dem Ende der 21. Dynastie die Macht auf libysche Fürsten übergegangen, die sich seit längerem im Delta und in Mittelägypten niedergelassen hatten. Scheschonk I. begründete im 10. Jahrhundert v. Chr. die 22. Dynastie und die so genannte »Libyerherrschaft«. Vom Delta aus erweiterte er sein Herrschaftsgebiet und zwang auch den »Gottesstaat von Theben« unter seine Macht; das Amt des Hohepriesters nahm ein Sohn des Königs ein. So wurde die Einheit Ägyptens größtenteils wiederhergestellt. Scheschonk I. unternahm seinen berühmten Feldzug nach Palästina, in dessen Verlauf er im Jahr 927 v. Chr. auch Jerusalem eroberte. Dennoch erreichte Ägypten seine frühere Machtstellung nicht wieder.

Auch die Nachfolger Scheschonks I. besetzten das Amt des Hohepriesters in Theben mit ihren Söhnen, um die Macht über Oberägypten auszuüben. Gegen Ende der 22. Dynastie flackerten erneut politische Unruhen im Land auf. Dem letzten König der 22. Dynastie erwuchs in Padibastet II., dem Begründer der 23. Dynastie, ein Rivale um die Herrschaft, dessen Thronanspruch aber anfänglich nicht überall anerkannt wurde. In der Folge zerfiel Ägypten in eine Vielzahl von Herrschaftsbereichen und Stadtstaaten, die sich untereinander bekriegten.

Erst dem Begründer der 24. Dynastie, Tefnachte aus dem unterägyptischen Sais, gelang es, größere Teile Unter- und Mittelägyptens erneut zu vereinigen. Doch von Süden her drang der König Kaschta des zwischenzeitlich unabhängig gewordenen Reiches von Kusch bis nach Oberägypten vor. Sein Nachfolger Pije eroberte im 8. Jahrhundert v. Chr. in einem energisch geführten Feldzug die unabhängigen Stadtstaaten Ägyptens und zwang Tefnachte zur Unterwerfung. Ganz Ägypten musste nun seine Oberhoheit anerkennen.

Mi Pijes Bruder Schabako begann die 25. Dynastie, die eine Festigung der Herrschaft der Kuschiten über Ägypten mit sich brachte. Ihre große Verehrung des Gottes Amun spiegelt sich in der Einsetzung von königlichen Prinzessinnen als »Gottesgemahlin« des Amun in Theben wider. Ein weiteres Merkmal dieser Zeit ist der starke Einfluss der ägyptischen Kultur auf die Kuschiten, deren Anwesenheit sich wiederum in der ägyptischen Kunst bemerkbar macht.

Bereits König Schabako sah im aufstrebenden Reich der Assyrer einen mächtigen potenziellen Feind vor sich. Sein Nachfolger Schebitko unterstützte eine Koalition syrischer Fürsten und des Königs von Israel gegen die Assyrer, indem er Truppen entsandte. In den folgenden Jahren eroberten die Könige Asarhaddon

| 1600 v. Chr. | 1500 v. Chr. | 1400 v. Chr. | 1300 v. Chr. | 1200 v. Chr. | 1100 v. Chr. | 1000 v. Chr. | 900 v. Chr. | 800 v. Chr. |
|---|---|---|---|---|---|---|---|---|
| | | | 1292 v. Chr. – 1185 v. Chr. 19. Dynastie | 1185 v. Chr. – 1070 v. Chr. 20. Dynastie | | 1070 v. Chr. – 945 v. Chr. 21. Dynastie | 945 v. Chr. – 712 v. Chr. 22. – 24. Dynastie, Libyerherrschaft | |
| | 1550 v. Chr. – 1070 v. Chr. Neues Reich | | | | | 1070 v. Chr. – 712 v. Chr. Dritte Zwischenzeit | | |

# Die Ägypter

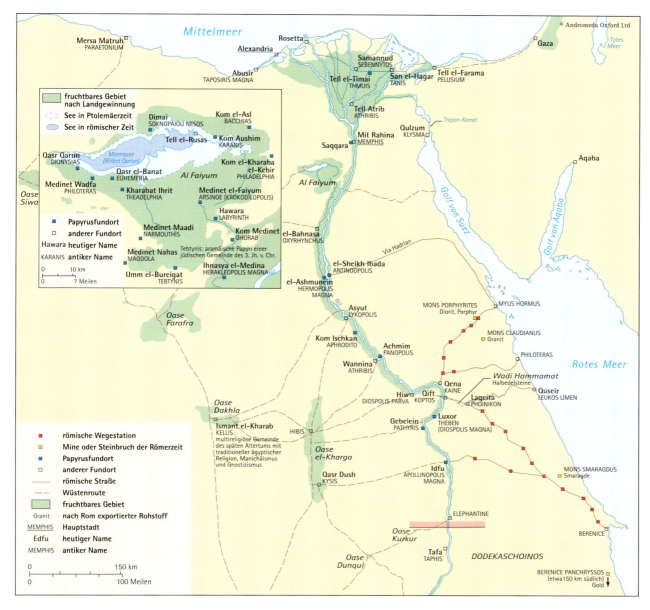

*Ägypten zur Zeit der Ptolemäer und Römer*

und Assurbanipal von Assyrien im Kampf gegen Pharao Taharka Unterägypten und stießen bis Theben vor. Taharkas Nachfolger, Tanutamun, zog sich in das kuschitische Napata zurück. In der Folge setzten die Assyrer Vasallenfürsten ein.

## Die saitische Renaissance

Es war einer jener Vasallenfürsten, der die assyrische Oberherrschaft abschütteln konnte und im 7. Jahrhundert v. Chr. als Begründer der 26. Dynastie das Land erneut unter seiner Herrschaft vereinigte: Psammetich I., der Fürst von Sais. Er erreichte dies nicht zuletzt dank der Hilfe griechischer Söldner, die in großer Zahl angeworben wurden. Während der 26. Dynastie bestanden denn auch sehr enge Kontakte zur griechischen Welt.

Ägypten erlebte eine letzte Blütezeit, wovon auch der Rückgriff auf viele Traditionen des Alten und Mittleren Reiches zeugt. Im Jahr 525 v. Chr. wurde das Land von den Persern erobert und als Satrapie (Provinz) in ihr Weltreich eingegliedert. Nach einer nochmaligen kurzen Phase der Unabhängigkeit blieb Ägypten bis zur Eroberung durch Alexander den Großen 332 v. Chr. unter persischer Herrschaft.

Nach Alexanders Tod bestieg sein General Ptolemaios I. Soter den Thron Ägyptens und gründete die Dynastie der Ptolemäer. Das nun griechisch geprägte Ägypten mit seiner Hauptstadt Alexandria erreichte eine maßgebliche politische und kulturelle Machtstellung in der hellenistischen Staatenwelt, die es jedoch aufgrund innenpolitischer und wirtschaftlicher Krisen sowie des Verlusts der außerägyptischen Besitzungen wieder einbüßte. Das aufstrebende Rom erlangte zunehmend Einfluss im Land und die machtpolitischen Ambitionen der letzten Königin Ägyptens, Kleopatra VII. (69–30 v. Chr.), endeten mit der verlorenen Seeschlacht bei Actium 31 v. Chr.: Ägypten wurde damit dem römischen Weltreich eingegliedert.

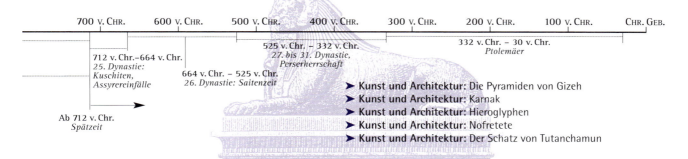

# Erste Herrscher im Zweistromland
# Die Sumerer

*Zwischen Euphrat und Tigris entwickelte sich vor Jahrtausenden die sumerische Kultur, deren Geschichte vor allem aus den Keilschrift-Überlieferungen auf unzähligen Tontafeln bekannt ist. Die Sprache dieser »Leute von ki-engi« diente bis in nachchristliche Zeit als Kult- und Literatursprache.*

*Den kunstvoll gearbeiteten goldenen Dolch mit Lapislazuligriff fand man im Königsfriedhof von Ur (um 2685 bis 2645 v. Chr.).*

*Die Figur des betenden Mannes wurde in Lagasch während der Gudea-Epoche geschaffen (3. Jahrtausend v. Chr.).*

Die Bezeichnung »Sumer« ist die aus der akkadischen, also der assyrisch-babylonischen Sprache entlehnte Bezeichnung für den Süden Mesopotamiens – die Sumerer selbst nannten ihr Land »ki-engi« und sich selbst »Leute von ki-engi«. Ki-engi war somit nicht die Bezeichnung für eine Bevölkerungsgruppe, sondern ursprünglich mit an Sicherheit grenzender Wahrscheinlichkeit die Benennung einer Liga von Städten, die zum Teil gar nicht dem sumerischen Sprachgebiet angehörten.

### Die Frage der Herkunft

Bis heute ist es umstritten, ob die Sprecher des Sumerischen nach Südmesopotamien einwanderten oder schon die Urbevölkerung in diesem Gebiet waren. Diese Frage ist vor allem deshalb schwer zu beantworten, weil das Sumerische mit keiner anderen Sprache verwandt zu sein scheint. So vermuten zahlreiche Forscher, dass zumindest ein Teil der Vorfahren der Sumerer aus dem Westiran stammten – und tatsächlich gibt es archäologische Hinweise, dass gegen Ende des 4. Jahrtausends v. Chr. zahlreiche Siedlungen im Westiran verlassen wurden. Im angrenzenden Südmesopotamien stieg dagegen die Bevölkerung so sprunghaft an, dass dieses Phänomen durch ein natürliches Bevölkerungswachstum nicht erklärbar ist. Spätestens während der ersten Hälfte des 3. Jahrtausends v. Chr. setzten sich wohl die Sprecher des Sumerischen in Südmesopotamien durch. Hierfür spricht, dass die ältesten gefundenen Texte, die sicher einer Sprache zugeordnet werden können, auf Sumerisch geschrieben sind.

### Die altsumerischen Stadtstaaten und Akkad

Da der weitaus größte Teil der Quellen aus der altsumerischen Zeit zwischen 2500 und 2350 v. Chr. aus dem Gebiet des Stadtstaates Lagasch stammt, sind wir am besten über dessen Geschichte informiert. Lagasch bildete zusammen mit mehreren anderen Städten einen Staat, der sich rund 150 Jahre lang fast ständig im Kriegszustand befand. Häufigster Gegner war der im Nordwesten gelegene Nachbarstaat Umma.

Im 24. Jahrhundert v. Chr. überrannte schließlich Lugalzaggesi von Umma den Staat von Lagasch und weitere Kleinstaaten, ehe er von Sargon I. dem Großen besiegt wurde. Dessen Machtbasis lag in Akkad, im semitisch sprechenden Norden Mesopotamiens. In den folgenden rund 150 Jahren wurde der sumerische Süden vom akkadischen Norden beherrscht, ohne jedoch seine kulturelle Eigenständigkeit zu verlieren. Selbst Sargons Tochter Enchedu'anna, die als Priesterin des Mondgottes in Ur im äußersten Süden von Sumer residierte, sammelte sumerische Hymnen und dichtete sogar neue Texte in dieser Sprache.

*Ein Gewicht mit einer Inschrift des Herrschers Schulgi aus der dritten Dynastie von Ur*

# Die Sumerer

*Diese Fundamentsteine aus dem 3. Jahrtausend v. Chr. sind mit Inschriften in Keilschrift versehen.*

Nach dem Ende des Großreiches von Sumer und Akkad zerfiel Mesopotamien im 23. Jahrhundert v. Chr. wieder in zahlreiche Einzelstaaten; ein Teil des Landes wurde von den kriegerischen Gutäern aus dem iranischen Sagrosgebirge kontrolliert. Einige Generationen später regierte mit Gudea der wohl bekannteste sumerische Herrscher in dem wiederum unabhängigen Stadtstaat von Lagasch, der florierende Handelsbeziehungen bis ins Industal unterhielt.

## Der Staat von Ur

Trotz Gudeas heutiger Berühmtheit war es dennoch Utuchengal, dem Herrscher der Stadt Uruk und wahrscheinlichen Zeitgenossen Gudeas, beschieden, die Gutäer im 22. Jahrhundert v. Chr. zu besiegen. Das Erbe Utuchengals trat sein Bruder Urnammu und Gründer der dritten Dynastie von Ur an, der die Stadt am Persischen Golf zur Hauptstadt seines rasch expandierenden Reiches machen sollte. Urnammus Nachfolger Schulgi, Amarsu'ena und Schu-Su'en vergrößerten das Imperium bis ins iranische Bergland sowie weit in den Norden Mesopotamiens und betrieben zudem eine geschickte Bündnis- und Heiratspolitik. Wirtschaft, Architektur, Rechtswesen und Dichtkunst blühten auf. Ein großer Teil der überlieferten sumerischen Literatur wurde wohl in jener Zeit geschaffen.

Das Ende der dritten Dynastie von Ur erfolgte dann kurz nach dem Ende des 3. Jahrtausends v. Chr. unter Ibbi-Sin, dem Erben Schu-Su'ens. Einfälle der Amoriter, die Unabhängigkeitsbestrebungen der verschiedenen Stadtfürsten und wahrscheinlich auch eine ökologische Katastrophe führten schließlich zum Auseinanderbrechen des Staates von Ur. Seine Traditionen wurden dann vor allem in der Dynastie der sumerischen Stadt Isin nachgeahmt, deren Gründer Ischbi-Erra entscheidend zum Niedergang von Ur beigetragen hatte. In der Folgezeit nahmen die Sumerer zwar nach und nach die akkadische Sprache an, doch Mesopotamien blieb weiterhin von der sumerischen Kultur und Religion geprägt.

*Die Statuette mit dem auffälligen Bart stellt einen Fürsten dar (3300–3000 v. Chr.).*

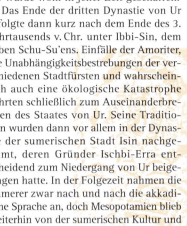

*Aus der Zeit des Gudea von Lagasch stammt diese Dioritstatue. Sie verkörpert einen Herrscher (um 2050 v. Chr.).*

## Das Sumerische

In der Stadt Uruk, dem heutigen Warka im modernen Irak, war im späten 4. Jahrtausend v. Chr. aus vorschriftlichen Formen für das Verwaltungswesen eine Bilderschrift entstanden, aus der sich wiederum die Keilschrift entwickelte. Im Lauf der Zeit wurde das System der Keilschrift immer präziser und die Inschriften aus dieser Zeit liefern Informationen über historische Ereignisse, Kultur und Sprache der Sumerer. Diese gehört zwar demselben Sprachtypus wie etwa die Dravida-Sprachen Indiens oder die Maya-Sprachen an – doch eine Übereinstimmung in der grammatikalische Struktur sagt nichts über eine mögliche Verwandtschaft dieser Sprachen aus. Interessanterweise kannte das Sumerische nicht nur eine Unterscheidung in verschiedene Dialekte, sondern auch eine Männer- und Frauensprache. Letztere wurde vor allem in der Literatur verwendet. Darüber hinaus ging es wohl schon früh einen Sprachbund mit dem Akkadischen ein, wobei sich beide Sprachen gegenseitig beeinflussten. Ein aufgrund jüngster Forschungen vermuteter Sprachbund mit dem Elamischen hingegen könnte darauf hinweisen, dass zumindest ein Teil der Vorfahren der Sumerer aus dem Westiran stammte.

▶ **Religionen und Glaubensformen:** Religion der Sumerer
▶ **Handel und Wirtschaft:** Wirtschaftsleben im sumerischen Uruk
▶ **Kunst und Architektur:** Sumerische Beterstatuen
▶ **Literatur und Musik:** Altorientalische Literatur
▶ **Große Entdeckungen:** Ur – Die Stadt Abrahams

# DIE ZWEITE BESIEDELUNG OZEANIENS

*Der Kulturraum Ozeanien besteht aus den »schwarzen Inseln« Melanesiens, den »vielen Inseln« Polynesiens und den »kleinen Inseln« Mikronesiens. Der überwiegende Teil dieser Inselwelt wurde ab etwa 2000 v. Chr. von einer Gruppe kühner Seefahrer entdeckt: den so genannten Lapita-Leuten.*

*Die so genannten Moais des Ahu Akivi Tempels auf der ab etwa 300 v. Chr. besiedelten Osterinsel. Die rätselhaften Büsten aus Vulkangestein sind 10 Meter hoch.*

Die waghalsigen Entdecker großer Teile Ozeaniens werden heute nach einer Keramikart mit charakteristischen Verzierungen benannt, anhand derer sich die Verbreitung ihrer Besitzer rekonstruieren lässt: Lapita-Leute. Sie waren die Vorfahren der meisten Melanesier, Mikronesier und Polynesier und zählten zum ozeanischen Zweig der riesigen austronesischen Sprachfamilie. Deren Sprecher hatten sich – lange vor den Eroberungsfahrten der Europäer – den größten, zu 99 Prozent mit Wasser bedeckten Lebensraum auf der Erde zu eigen gemacht.

Die Lapita-Leute hatten vor etwa 5000 Jahren Südostasien in hochseetüchtigen Auslegerbooten verlassen. Über die Gründe ihrer Entdeckungsfahrten können wir heute nur noch spekulieren: Überbevölkerung, Konflikte, Religiöses oder einfach Abenteuerlust mögen dazu den Anstoß gegeben haben. Zu ihren Reisen über die Weiten des Meeres traten sie gut ausgerüstet an, denn sie nahmen mit, was sie zum Überleben brauchten: Schweine, Hunde und Hühner sowie die Kulturpflanzen Kokos, Brotfrucht, Banane, Taro und Yams. Auf den neu besiedelten Inseln ließen sich die Kolonisten anfangs an den Küsten nieder, wo sie vom reichen Nahrungsangebot aus dem Meer profitierten; bald machten sie aber auch das Innere der Inseln urbar. Von ihren weit gespannten Tätigkeiten zeugen heute noch Werkzeuge aus Muscheln, Knochen, Holz oder Stein sowie Tempelanlagen und Statuen.

*Das Tiki von Raivavae auf Tahiti, Polynesien. Tikis stellen vergöttlichte Ahnen oder Götter in stark stilisierter Form dar, denen übernatürliche Kräfte innewohnen sollen (etwa 3. Jh. n. Chr.).*

### ETAPPEN DER BESIEDELUNG

Während Neuguinea und Teile der Salomonen zusammen mit Australien vor mehr als 50 000 Jahren besiedelt worden waren, gehörten Mikronesien und Polynesien zu den letzten unbewohnten Regionen der Erde. Sie wurden in zwei Wanderungsbewegungen erschlossen: West-Mikronesien direkt von den Philippinen aus, das restliche Ozeanien einschließlich Kern-Mikronesien weiter südlich über Indonesien. Auf dieser zweiten Route drangen die Lapita-Leute an den Küsten Neuguineas und der Salomonen entlang in den Südpazifik vor, bis sie zu den melanesischen Inselgruppen Vanuatu, Neukaledonien und Fidschi gelangten.

Vor etwa 3500 Jahren hatten die Lapita-Kolonisten schließlich Tonga und Samoa erreicht. Dort entstand die polynesische Kultur, die spätere Aussiedler nach Osten, zu den Marquesas- und Gesellschaftsinseln, mitnehmen sollten. Innerhalb weniger Jahrhunderte breiteten sich die Einwanderer von dort über das »polynesische Dreieck« zwischen Neuseeland, Hawaii und der Osterinsel aus, einem Raum etwa doppelt so groß wie die Vereinigten Staaten. Weil sie noch lange Kontakte und Handel selbst mit entlegenen Kolonien pflegten, bilden die Polynesier – trotz der Größe und ökologischen Vielfalt ihres Lebensraums – bis heute die einheitlichste Kulturfamilie in ganz Ozeanien.

Ausgedehnte Handelsbeziehungen unterhielten aber auch die Menschen Mikronesiens, die durch ausgezeichnete Kenntnisse der Sterne, der vorherrschenden Windrichtungen, Wellenmuster oder Flugbahnen der Seevögel sowie durch ausgefeilte Navigationstechniken die winzigen und verstreuten Landflecken sicher zu finden vermochten. Auf den Marshall-Inseln prägten Bootsführer sich die wichtigsten Routen mithilfe so genannter Stabkarten ein.

### ÖKOLOGISCHE GRENZEN DER INSELWELTEN

So paradiesisch die pazifischen Inseln heute erscheinen mögen, Wirbelstürme, Fluten, Mangel an Trinkwasser und Hungersnöte

| 50 000 v. Chr | 3 000 v. Chr. | 2500 v. Chr. | 2000 v. Chr. | 1500 v. Chr. |
|---|---|---|---|---|
| | etwa 50 000 v. Chr. *Besiedelung Australiens (über Papua-Neuguinea/ Salomonen)* | 3000 – 1500 v. Chr. *Ausbreitung der austronesischen Lapita-Leute aus Südost-Asien in den Pazifischen Ozean* | ab 2. Jahrtausend v. Chr. *Westmikronesien* | etwa 1500 v. Chr. *Fidschi, Tonga und Samoa* ab etwa 1600 v. Chr. *Lapita-Keramik* |

## Zweite Besiedelung Ozeaniens

bedrohten immer wieder das Überleben ihrer Bewohner. Die Kolonisten fanden eine äußerst empfindliche Tier- und Pflanzenwelt vor und mussten, um überhaupt Fuß fassen zu können, in das Ökosystem eingreifen und Land roden. Auf diese Weise entstand die scheinbar ursprüngliche, jedoch weitgehend durch Menschenhand geschaffene Vegetation aus Kokospalmen, Bananenstauden und Südfrüchten, die allein den Neuankömmlingen auf Dauer ihr Überleben sicherte. Auch wenn dies meist gelang, so mussten dennoch besiedelte Inseln bisweilen aufgrund ungünstiger Bedingungen wieder aufgegeben werden – so etwa Pitcairn, das später als Fluchtstätte für die Meuterer der »Bounty« Berühmtheit erlangte. In einigen Fällen, etwa auf der Osterinsel, trugen die Menschen selbst durch Übernutzung der natürlichen Ressourcen zum Niedergang ihrer Kultur bei.

Aus solchen Katastrophen zogen die Siedler jedoch auch nachhaltige Lehren, wie das Beispiel der Maori eindrucksvoll zeigt. Als sie vor einem Jahrtausend Neuseeland entdeckten, fanden sie einen Lebensraum vor, der sich erheblich von ihrer tropischen Herkunftswelt Zentralpolynesiens unterschied. Da sich das rauere Klima für ihre Kulturpflanzen als ungünstig erwies, wandten sich die Maori zunächst dem ertragreichen Fisch- und Vogelfang

*Die weitläufige Inselwelt Polynesiens und Mikronesiens gehörte vor Jahrtausenden zu den letzten unbewohnten Regionen der Erde. Australien, Neuguinea und einige Salomonen-Inseln waren schon vor 50 000 Jahren besiedelt.*

*Parallel mit dem Bootskörper verbundene Schwimmbalken erhöhen die Seetüchtigkeit der Auslegerboote und schützen sie vor dem Kentern.*

zu. Vor allem die riesigen Moas waren eine so leichte Beute, dass die flugunfähigen Vögel innerhalb weniger Jahrhunderte ausgerottet waren. Die Maori mussten ihre Nahrungsversorgung erneut umstellen, gingen auf das Sammeln von Farnwurzeln über und nahmen den Bodenbau wieder auf. Während dieser tief greifenden Veränderungen lernten sie, die begrenzten natürlichen Ressourcen in ihrem Lebensraum angemessen zu nutzen und ihre Kultur blühte auf.

*Die in Ozeanien weit verbreiteten Kokospalmen gehören zu den wichtigsten Kulturpflanzen, die die ersten Siedler aus ihrer Heimat mitbrachten.*

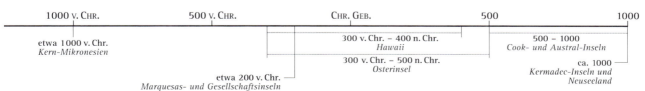

▶ Religionen und Glaubensformen: Die Religionen Ozeaniens

# Weltbevölkerung in früher Zeit

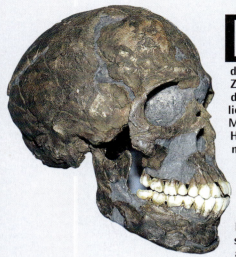

*Etwa 100 000 Jahre alt ist dieser Schädel eines Homo sapiens aus der israelischen Qafzeh-Höhle.*

Der Mensch in seiner heutigen Gestalt als Homo sapiens sapiens ist die einzige noch lebende Art aus der Stammlinie der Hominiden. Zwar trennten sich die Vorläufer des modernen Menschen möglicherweise bereits vor 12 bis 14 Millionen Jahren von anderen Hominiden-Linien, aber zur dominierenden Art unter den Primaten wurden die Vorfahren des heutigen Menschen erst vor etwa 600 000 Jahren. Die ältesten bekannten Skelette, die bereits der Gattung Mensch zugerechnet werden, sind ungefähr 6 Millionen Jahre alt. Fundstätten gibt es in Afrika, auf Java, in China, in anderen Teilen Asiens sowie in Europa. Von den afrikanischen Vorfahren des Menschen sind der in Kenia gefundene und etwa 2,5 Millionen Jahre alte Homo rudolfensis sowie der im heutigen Tansania entdeckte, wohl 1,8 Millionen Jahre alte Homo habilis von Bedeutung: Beide Hominidenarten benutzten bereits Werkzeuge.

*Um 1890 v. Chr. entstand diese Malerei eines »wandernden Semiten« aus dem Grab des Chnumhotep.*

### Vom Homo erectus zum Homo sapiens

Das Alter der beiden bedeutendsten Nachweise der Art Homo erectus wird auf etwa 500 000 Jahre geschätzt. Dies sind der in einer Höhle bei Peking entdeckte so genannte Peking-Mensch und der auf Java gefundene »Java-Mensch«. Zu den ältesten Europäern von der Art Homo heidelbergensis gehören vermutlich die in Spanien entdeckten Überreste von vier Menschen mit einem geschätzten Alter von 780 000 Jahren sowie der Unterkiefer eines bei Heidelberg gefundenen Menschen, der vor etwa 500 000 Jahren lebte.

Die biologische Evolution des Menschen zum Homo sapiens war vor ungefähr 100 000 Jahren abgeschlossen. In Israel wurden menschliche Skelette dieses Alters gefunden, die offenbar zu einer Gruppe gehörten, aus der alle »modernen« Menschen außerhalb Afrikas hervorgegangen sind.

### Über Hunderttausende von Jahren – der Mensch als Jäger und Sammler

Über einen Zeitraum von mehreren hunderttausend Jahren ernährten sich die Menschen ausschließlich durch Jagen, Sammeln und Fischen. Im gesamten Zeitraum der Altsteinzeit, des so genannten Paläolithikums, lebte der Mensch somit in außerordentlich großer Abhängigkeit von der Natur. Für die Bevölkerungsgröße und das Tempo des Bevölkerungswachstums hatte dies erhebliche Konsequenzen, denn Nomaden, die jagen, sammeln und fischen, benötigen ein großes Territorium. Wie viele Menschen sich in einer Region auf diese Weise das Überleben sichern können, ist vor allem vom Klima und vom jeweiligen Ökosystem abhängig – auf jeden Fall ist nur eine geringe Bevölkerungsdichte möglich. Dennoch gab es schon in der Altsteinzeit ein geringes Bevölkerungswachstum. Man hat geschätzt, dass zum Ende der Altsteinzeit, also vor über 10 000 Jahren, auf unserem Planeten zwischen fünf und zehn Millionen Menschen lebten.

### Die Neolithische Revolution

Die Situation änderte sich mit Beginn der Jungsteinzeit, dem so genannten Neolithikum. In dieser Zeit gingen die Menschen zwischen 10 000 und 7 000 v. Chr. im Südwesten Asiens, um 6 000 v. Chr. in Mittelamerika sowie um 3 000 v. Chr. in anderen Teilen Asiens zu Ackerbau und Viehzucht über. Diese »Neolithische Revolution« bedeutete zugleich ein Ende der nomadischen Lebensweise; Teile der Menschheit wurden sesshaft. In den meisten Regionen Europas hatten sich Ackerbau und Viehzucht bis etwa 1 500 v. Chr. verbreitet.

Die sesshafte Lebensweise und die systematische Produktion von Nahrungsmitteln ermöglichten eine höhere Bevölkerungs-

*In der spanischen Höhle Murciélagos bei Granada wurden diese Sandalen (um 3400 v. Chr.) gefunden.*

dichte. Die Weltbevölkerung stieg deshalb bis zur Zeitenwende auf eine Größe von 200 bis 400 Millionen an. Gegenüber dem Beginn der Neolithischen Revolution war die Menschheit bis zu diesem Zeitpunkt rund um den Globus somit auf das Vierzigfache gewachsen.

## Haupttypen früher Zivilisationen

Im Neolithikum entstanden feste Siedlungen, die von einer größeren Zahl von Menschen bewohnt wurden. Hier entwickelten sich arbeitsteilige Lebensformen sowie neue gesellschaftliche Institutionen und Strukturen. Auf die Neolithische Revolution folgte somit eine »urbane Revolution«. Bis zur Zeitenwende entstanden als Folge dieser zwei entscheidenden Entwicklungen vier Haupttypen von Zivilisationen.

Vor allem im Mittelmeerraum, in Ostasien und in Mittelamerika bildeten sich Gesellschaften mit städtischen Siedlungszentren aus, die Agrarwirtschaft und bereits Handel betrieben. Ein anderer Typus dominierte in Nord- und Mitteleuropa und in großen Teilen Asiens. Hier entstanden in isolierten, meist bewaldeten Regionen dörflich strukturierte Kulturen. Nomadische und halb-nomadische Zivilisationen wiederum fanden sich vor 2000 Jahren und danach vor allem im Inneren Asiens und im Sahara-Gürtel sowie im heutigen arabischen Raum. Im selben Zeitraum gab es aber auch vor allem im Afrika südlich der Sahara, in Ozeanien sowie in Nord- und Südamerika bereits Gesellschaften, die als kleinere ethnische Gruppen organisiert waren. Ihre Wirtschaft basierte auf der Jagd, dem Sammeln und dem Fischfang.

*Ausgrabungen in Susa (Südwest-Iran), im 2. Jahrtausend v. Chr. Hauptstadt des Reiches Elam und spätere Residenz altiranischer Herrscher*

# Europa erwacht auf Kreta
# Die minoische Kultur

*Es war der Ausgräber von Knossos, Sir Arthur Evans, der die Bronzezeit auf Kreta nach dem mythischen König Minos benannte. Fantastische Paläste und eine eigene Schrift bezeugen, dass dort in der mittelminoischen Zeit zwischen 2000 und 1550 v. Chr. die erste hoch entwickelte Kultur Europas bestand.*

*Das Fresko aus Knossos mit dem rituellen Stierspringer verdeutlicht die wichtige Rolle, die der Stierkult in der minoischen Religion spielte (16. Jh. v. Chr.).*

Vermutlich brachten Einwanderer aus Anatolien die Kenntnis der Kupferverarbeitung nach Kreta mit. Das neue Material und die neuen Geräte revolutionierten die Landwirtschaft und das Handwerk in der zwischen 2800 und 1900 v. Chr. datierten so genannten Vorpalastzeit. Sumpfige Ebenen wurden trockengelegt, die Bevölkerung vermehrte sich, wuchs zusammen und gab sich neue Gesetze. Der Bedarf an Rohstoffen und Produktionsüberschüsse machten den Handel lebenswichtig. Erstmals entstanden feste Siedlungen mit Steinwänden und Ziegeldächern. Große Kuppelgräber in der Mesara-Ebene bezeugen reiche und mächtige Familien, Höhlenheiligtümer die Bedeutung der Religion. Zu Beginn des 2. Jahrtausends v. Chr. zeichnete sich bereits die neue Epoche mit Machtzentren an der Stelle der späteren Paläste ab.

### Erste Paläste

Nun konzentrierte sich die politische, wirtschaftliche und wohl auch religiöse Macht in Phaistos, Knossos und Malia. Dort entstanden gewaltige Paläste mit einem separat gestalteten Torgebäude, einem großen, gepflasterten Hof im Zentrum und breiten Freitreppen. Ringsum standen mehrstöckige Gebäudetrakte mit Treppenhäusern, Thron- und Kulträumen, Wohneinheiten und Magazinen. Zunächst gab es auch Wehrbauten, doch wurden diese bei Um- und Ausbauten aufgegeben. Der innere Friede war gesichert und äußere Feinde brauchte man dank einer überlegenen Flotte nicht zu fürchten. Die charakteristische Keramik der Zeit zwischen 1900 und 1700 v. Chr. ist mehrfarbig auf dunklem Grund und nach der Kamares-Höhle am Südhang des Iti-Gebirges benannt. Die Schriftzeichen dieser Epoche, Hieroglyphen und die so genannte Protolinear-Schrift, sind bislang nicht entziffert worden. Gleich dem berühmten »Diskos von Phaistos« geben sie immer wieder Anlass zu Spekulationen.

### Die neuen Paläste

Um 1700 v. Chr. zerstörte ein Erdbeben die Paläste, die jedoch umso prächtiger und mit großartigen Fresken geschmückt wiederaufgebaut wurden. Um 1600 v. Chr.

*Schlangengöttin von Knossos; Terrakottaskulptur, 17. Jahrhundert v. Chr.*

## Die minoische Kultur

*Eine Opferungsszene bei einem Begräbnisritual; Detail eines auf Terrakotta gemalten Bildes aus Hagia Triada (15. Jh. v. Chr.).*

kam im äußersten Osten mit Kato Zakros ein weiterer Palast hinzu, daneben entstanden in Gourina, Agia Triada und Chania mehrere »Villen« und dezentrale Verwaltungssitze.

Im ersten Jahrhundert der spätminoischen Zeit schwang sich die Palastkultur zu ihrem Höhepunkt auf. Für die Verwaltung wurde die Linear-A-Schrift entwickelt. Architektur, Kunsthandwerk und Schiffsbau blühten, der Handel von der Ägäis bis Ägypten florierte. In den Palästen und Bergheiligtümern überwogen Stier- und Doppelaxtsymbole mit religiöser Bedeutung und auch die Muttergöttin Rhea wurde verehrt. Kreta geriet somit zum Entwicklungshelfer des mykenischen Festlandes.

Ein Erdbeben um 1500 v. Chr., das mit dem Einsturz der Chaldera von Santorin in Verbindung gebracht wird, leitete den Untergang der Palastzeit ein. Die Kreter waren verunsichert und in Archanes scheint ein weiteres Erdbeben sogar eine rituelle Handlung gestört zu haben. Die Bergheiligtümer wurden aufgegeben, der Stierkult intensiviert und ein göttliches Kind angebetet – möglicherweise war es der Vorläufer des später als Göttervater verehrten Zeus.

### Unter Fremdherrschaft

Inzwischen waren die Lehrlinge zu Meistern geworden: Um 1450 v. Chr. eroberten Mykener Knossos und beherrschten von hier aus ganz Kreta. Wie in ihrer Heimat errichteten sie Kriegergräber, übernahmen aber die minoische Architektur und Verwaltung sowie das minoische Handelsnetz. Ein Jahrhundert später kam es zum gewaltsamen Dynastiewechsel in Knossos. Dort sprach man nun eine griechische Sprache und entwickelte die neue Linear-B-Schrift, die auch auf dem Festland Einzug hielt. Die endgültige Zerstörung kam um 1200 v. Chr. mit der ägäischen Wanderungsbewegung. Reste der alten minoischen Kultur konnten sich lediglich im Osten und in den Höhenlagen noch eine Zeit lang halten.

*Die mächtigen Säulen gehören zur königlichen Wohnung im Ostflügel des Minos-Palastes im Palastkomplex von Knossos.*

*Fries mit figürlichen Darstellungen im Palastkomplex von Knossos*

### Das Labyrinth des Minotauros

In der griechischen Sagenwelt war Minos der Sohn des Zeus und der Europa. Poseidon schickte ihm einen Stier, den er opfern sollte. Doch Königin Pasiphaë verliebte sich in das Tier, ließ sich vom genialen Daidalos ein Gestell in Kuhform bauen und gebar ein Ungeheuer mit Menschenleib und Stierkopf: Minotauros. Für ihn baute Daidalos das Labyrinth, aus dem niemand herausfand. Dort nun hauste das Untier und ernährte sich von jungen Männern und Frauen, die Athen als Tribut zahlen musste. Als Theseus eines der Opfer sein sollte, verliebte sich Prinzessin Ariadne in ihn und gab ihm auf Daidalos' Rat hin Schwert und Faden mit. Theseus tötete den Minotauros und fand mit Hilfe des »Ariadne-Fadens« den Ausgang des Labyrinths. Ariadne floh mit Theseus, blieb aber auf der Insel Naxos beim Gott Dionysos zurück. Auch Daidalos und sein Sohn Ikaros flohen vor den Zorn des Minos mit selbstgebauten Flügeln aus Federn und Wachs. Ikaros stürzte ab, weil er der Sonne zu nahe kam, doch Daidalos entkam und tötete seinen Verfolger Minos mit einer Heißwasserkonstruktion im Badehaus.

Man hat versucht, in der Theseus-Episode historische Ereignisse wiederzuentdecken. So mag die Legende vom Labyrinth in Knossos etwa durch den verschachtelten Grundriss der Palastruine begründet oder verstärkt worden sein. Darüber hinaus zeigen lokale griechische Münzen ein Labyrinth als Symbol.

▶ Religionen und Glaubensformen: Religionen der Minoer und Mykener
▶ Große Entdeckungen: Ausgrabung des Palastes von Knossos
▶ Handel und Wirtschaft: Wirtschaft der Minoer
▶ Kunst und Architektur: Minospalast
▶ Mythen, Orakel und Rätsel: Im Labyrinth des Königs

# Prägende Gesellschaften an Indus und Ganges
# Die Harappa- und die vedische Kultur

*Die bronzezeitliche Kultur des Industals im Nordwesten und die eisenzeitliche Kultur
des Gangestals im Nordosten des indischen Subkontinents stellten die beiden frühesten Ansätze zur Stadtentwicklung
im indischen Altertum dar. Offenbar bildeten sie sich unabhängig voneinander aus.*

*Goldschmuck aus der Ruinenstadt Mohenjo-Daro im Industal*

Die Zivilisation des Industals und die des Gangestals stellen die beiden Eckpunkte der historischen Periode von 2500 bis 500 v. Chr. dar. Sie verbindet vor allem die bisher noch weitgehend ungeklärte Frage nach der Kontinuität in der altindischen Geschichte. Die Rekonstruktion der historischen Entwicklung von den Städten der Harappa-Kultur bis zur urbanen Gesellschaft Nordost-Indiens wird überdies durch eine sehr problematische Quellenlage erschwert.

### Die Harappa-Kultur des Industales

Für die Deutung der um 2500 v. Chr. beginnenden Harappa-Kultur bleibt man fast ausschließlich auf archäologische Hinterlassenschaften angewiesen. Es sind zwar zahlreiche, meist aus Steatit hergestellte und Tiermotive darstellende Siegel mit kurzen Inschriften gefunden worden – die darauf benutzte so genannte Indus-Schrift konnte aber bisher noch nicht entziffert werden. Auch ist noch nicht geklärt, welche der frühen bronzezeitlichen Kulturen

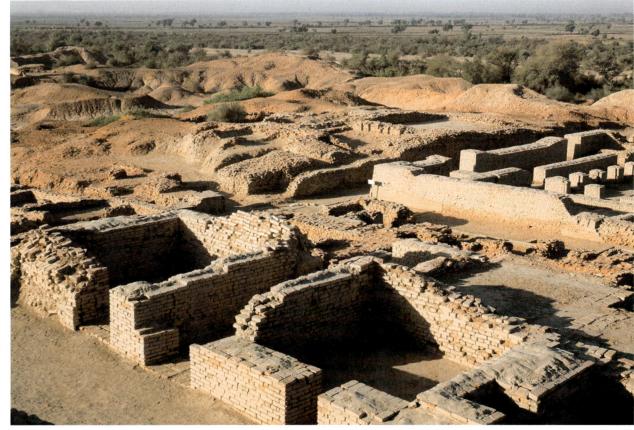

*Neben Harappa selbst war Mohenjo-Daro im pakistanischen Sind eine der wichtigsten Städte der Indus-Kultur. Die schachbrettartig angelegte Stadt war zwischen 2300 und 1750 v. Chr. besiedelt.*

*Das Steatit-Siegel aus Mohenjo-Daro zeigt ein Buckelrind und eine Reihe von Zeichen, deren Bedeutung bisher noch nicht geklärt werden konnte.*

# HARAPPA- UND VEDISCHE KULTUR

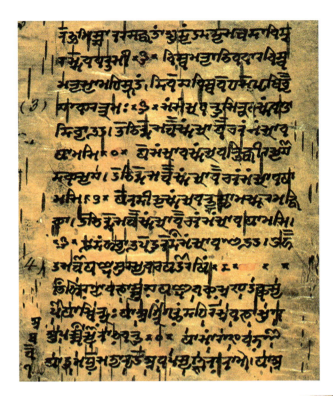

*Eine Manuskriptseite aus dem Atharvaveda, einer Sammlung von Hymnen, Zaubergesängen und Zaubersprüchen sowie zugleich die früheste Niederschrift medizinischer Kenntnisse aus Indien (um 800 v. Chr.)*

die unmittelbaren Vorläufer dieser Zivilisation waren. Vorstädtische Siedlungen, deren Geschichte zum Teil bis ins Neolithikum zurückreichte, existierten um Nal, Mehrgarh und Quetta in Belutschistan, bei Amri und Kot Diji in Sind, in Harappa im Punjab und in Kalibangan in Rajasthan. Die ausgegrabenen Siedlungen der urbanen Industal-Kultur zeigen trotz lokaler Varianten das Bild einer hoch entwickelten Gesellschaft von erstaunlich einheitlicher Prägung.

Am Anfang des 2. Jahrtausends v. Chr. begann der Niedergang der Harappa-Kultur, wofür man lange Zeit die Invasion der so genannten Indo-Aryas verantwortlich machte. Tatsächlich ist jedoch wohl von einer mehrere Jahrhunderte währenden Periode der Regionalisierung und des langsamen Verfalls auszugehen.

## DIE VEDISCHE KULTUR DES GANGESTALS

Erst gegen Ende des 2. Jahrtausends v. Chr. wurde Nordwest-Indien zum Schauplatz der Wanderungsbewegungen halbnomadischer Stämme, deren Dialekte zur indoeuropäischen Sprachfamilie gehörten und die sich selbst Aryas nannten. Verglichen mit den reichen Funden der Industal-Kultur sind die archäologischen Belege für die Indo-Aryas äußerst bescheiden. Aus der Zeit der Ansiedlung der Indo-Aryas im Punjab um 1200 v. Chr. stammt jedoch der Rigveda, der älteste der vier Veden, dessen Sprache als vedisches Sanskrit bezeichnet wird. Diese über Jahrhunderte mündlich tradierte Hymnensammlung enthält umfangreiche Informationen zur Religion, Kultur und Sozialstruktur der vedischen Aryas. Unter ständigen Kämpfen mit der einheimischen Dravida- und Munda-Bevölkerung und unter inneren Auseinandersetzungen um die Vorherrschaft drangen die Indo-Aryas allmählich nach Osten vor und gelangten um 900 v. Chr. in das Ganges-Yamuna-Tal. Aus dieser Zeit stammt die Hymne des Rigveda, in der das berühmte Modell der vier Stände entworfen wird.

Die indo-arischen Stämme waren ursprünglich in je drei soziale Gruppen eingeteilt: Brahmanen (Priester), Krieger und einfache freie Stammesangehörige. Zu den drei genannten indo-arischen Gruppen kam nun eine vierte, niedrigste hinzu, um die einheimische Bevölkerung zu integrieren. Bis ins 6. Jahrhundert v. Chr. hatten sich 16 kleine Staaten im Gangestal herausgebildet, die meist in Monarchien und Aristokratien eingeteilt werden, wobei in den Monarchien das Königtum und das Brahmanentum bereits stärker gefestigt waren.

### DIE VEDISCHE RELIGION

Die Religion der von den Aryas getragenen Gangeskultur bezeichnet man als vedische Religion. Der Begriff leitet sich von dem Veda (sanskritisch »Wissen«) ab, bildeten doch die älteren Teile dieser in Sanskrit verfassten heiligen Schriften die grundlegenden Texte der Religion.

Die vedische Kultur des Gangestals war von ihren religiösen Vorstellungen und Praktiken durchdrungen, in der Religion äußerte sich das Verhältnis des Menschen zu überirdischen Mächten, sie bot aber auch eine Darstellung und Erklärung der diesseitigen und jenseitigen Welt. Der Mensch war den Göttern und höheren Mächten ausgeliefert, konnte aber durch Gebete, religiöse Praktiken und vor allem Opfer für sein Wohlergehen sorgen. Dem Opferkult kam in der vedischen Religion eine überragende Rolle zu, dabei stand das weltliche Wohl im Vordergrund, war doch der Glaube an ein Weiterleben nach dem Tod zunächst nur wenig entwickelt. Die Menschen der vedischen Gangeskultur glaubten an zahlreiche Götter, die vor allem für Naturphänomene, aber auch für ethische Werte standen. Eine der wichtigsten Gottheiten war Indra, Kriegs- wie Gewittergott und Götterkönig.

Die Religion der Gangeskultur kannte keine Tempel, eine zunehmend wichtige Rolle kam dafür der Priesterkaste der Brahmanen zu, weswegen die jüngere Phase der vedischen Religion auch als »Brahmanismus« bezeichnet wird. In der ersten Hälfte des 1. Jahrtausends v.Chr. geriet die vedische Religion, »Vorläuferin« des Hinduismus in eine Krise, aus der dann Buddhismus und Hinduismus hervorgingen.

*Zu den wichtigsten Fundstücken aus Mohenjo-Daro zählt diese knapp 18 Zentimeter hohe Specksteinfigur des »Priesterkönigs«.*

▶ **Religionen und Glaubensformen:** Religion im alten Indien
▶ **Große Entdeckungen:** Entdeckung der Indus-Kultur
▶ **Handel und Wirtschaft:** Wirtschaftliche Blüte der Indus-Kultur

# Nomadische Eroberer – Die Amoriter

*Bereits in Quellen aus dem 3. Jahrtausend v. Chr. werden die im Sumerischen »martu«, im Akkadischen »amurru« genannten Amoriter-Nomaden erwähnt. Die Bezeichnung »Amoriter« für Gruppen, die eine westsemitische Sprache sprachen, leitet sich jedoch von einem Stammesnamen aus dem Alten Testament ab.*

*Das Relief einer Siegesstele zeigt den siegreichen König Schamschi-adad I. von Assyrien (Isin-Larsa, 19. Jh. v. Chr.).*

*Die teilweise mit Gold überzogene Statue aus Larsa stellt den vor einem heiligen Baum betenden König Hammurapi dar (um 1750 v. Chr.).*

In den Texten der sesshaften Sumerer und Akkader erscheinen die ursprünglich aus Syrien stammenden Amoriter als wilde und gesetzlose Steppennomaden, deren Lebensgrundlage die Eselszucht bildete. In der Literatur Mesopotamiens werden sie für den Untergang der Dritten Dynastie von Ur verantwortlich gemacht und tatsächlich berichten Annalen aus Ur vom Bau einer »martu«-Mauer. In dem Chaos nach dem Untergang dieses Reiches wurden die Amoriter sesshaft und integrierten sich in die Gesellschaft des Zweistromlands. Es gelang ihnen sogar, sich in einigen wichtigen Städten mit Herrscherhäusern zu etablieren.

### Die ersten Dynastien

Als erstes Amoriter-Herrscherhaus stieg die Dynastie von Larsa im Süden Mesopotamiens auf. Weitere Amoriter-Dynastien regierten in Babylon, Kisch, Kazallu, Marad, Malgium und Uruk. Wahrscheinlich entstammte sogar Schamschi-adad von Assur einem amoritischen Herrscherhaus. Die Machthaber von Larsa passten sich den bestehenden sumerisch-akkadischen Traditionen schnell an, zudem gaben die nun sesshaften Amoriter ihre eigene Sprache auf und nahmen das Akkadische an.

Als Anfang des 2. Jahrtausends v. Chr. Larsa gegen die ständige Rivalin Isin um die politische Hegemonie in der Region kämpfte, gelang es Gungunum von Larsa (Reg. etwa 1932 – 1906 v. Chr.), die Stadt Ur am Persischen Golf unter seine Kontrolle zu bringen. Diese Metropole spielte nicht nur eine wichtige Rolle im Handel mit Gebieten im heutigen Oman und Indien, sondern war auch Sitz der Herrscher des Großreiches von Ur gewesen. Gungums Vorgänger

2300 v. Chr. — 2250 v. Chr. — 2200 v. Chr. — 2150 v. Chr. — 2100 v. Chr. — 2050 v. Chr.

ca. 2250 v. Chr.
*Der akkadische König Naram-Sin erwähnt die Amoriter als im heutigen Syrien ansässig*

# Die Amoriter

Zabaya hatte den Tempel des Sonnengottes, der zugleich der Stadtgott des eroberten Larsa war, wieder aufgebaut. Dem damaligen Herrschaftsverständnis zufolge hatte er damit die Rechtmäßigkeit seines Anspruches auf das Königtum bewiesen, wurde doch in der mesopotamischen Literatur der Untergang des Reiches von Akkad sogar mit der unrechtmäßigen Erneuerung des Tempels Ekur in der Stadt Nippur begründet. Nippur, Kultstadt des sumerisch-akkadischen Herrschergottes Enlil und geistiges Zentrum Babyloniens, wurde daher auch von Isin und Larsa heiß umkämpft und wechselte im 19. Jahrhundert v. Chr. mehrmals ihren Besitzer.

Währenddessen dehnten die Herrscher von Assur im Norden ihren Einflussbereich über Nordmesopotamien und Syrien aus. Informationen aus dieser Zeit gibt uns ein berühmter Briefwechsel zwischen König Schamschi-adad von Assyrien und seinen Söhnen Ischme-dagan und Jasmah-addu, die er als Gouverneure in den Städten Ekallate beziehungsweise Mari eingesetzt hatte. Schamschi-adad drückt in dieser Korrespondenz seine Besorgnis über die Leistungen seines jüngeren Sohns Jasmah-addu und die Stellung der von ihrem östlichen Nachbarstaat Eschnunna bedrohten Stadt Mari aus. Die väterlichen Befürchtungen waren nicht unbegründet: Tatsächlich zerbrach das Reich nach Schamschi-adads Tod unter den Angriffen Eschnunnas und der mit ihm verbündeten Elamiter aus dem iranischen Bergland. Jasmah-addu wurde daraufhin von Zimri-lim entthront, dessen Vater Jahdun-lim von Schamschi-adad beseitigt worden war.

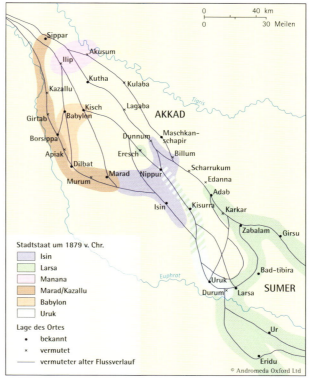

*Das Mesopotamien des 19. Jahrhunderts v. Chr. wurde von einer Reihe bedeutender Stadtstaaten dominiert.*

Dieser rasche Wechsel der Herrscherhäuser war zu jener Zeit nicht ungewöhnlich und trat in nahezu jedem der Teilstaaten Mesopotamiens auf. Nicht immer wurden die Monarchen von verfeindeten Königen gestürzt; häufig verloren sie ihre Macht auch an einen ihrer eigenen Generäle. Allgemein beklagen schriftliche Quellen dieser Zeit die politische Zersplitterung des Landes von Mari im heutigen Syrien bis hin zum Persischen Golf. Trotz wechselnder Bündnisse und Koalitionen blieb es bei der bestehenden Pattsituation der Kleinkönigreiche.

## Die Wegbereiter Babylons

In der zweiten Hälfte des 19. Jahrhunderts v. Chr. machte Kudurmabuk, der zwar einen elamischen Namen trug, wahrscheinlich aber amoritischer Herkunft war, seinen Sohn Warad-sin zum Herrscher von Larsa. Dessen Nachfolger Rim-sin gelang es am Ende des Jahrhunderts, die Unabhängigkeit Uruks zu brechen und schließlich sogar Isin zu erobern. Damit war der wichtigste Gegner Larsas ausgeschaltet, wenngleich das Land weit von einer politischen Einheit entfernt war. Die Tradition des Gottkönigtums von Isin, das auf die Zeit der legendären Dritten Dynastie von Ur zurückreichte, wurde nun wohl unter dem Einfluss der Amoriter aufgegeben, deren Herrschaftsform noch immer von der eher weltlichen Vorstellung ehemaliger Nomaden geprägt war.

Im 18. Jahrhundert v. Chr., in den späteren Jahren der fast sechzig Jahre dauernden Herrschaft Rim-sins, unterwarf Hammurapi von Babylon Larsa. Der ebenfalls aus einer amoritischen Dynastie stammende Herrscher baute ein Imperium auf, dessen Ausdehnung selbst die des alten Reiches von Ur übertraf. Hammurapis Dynastie ging zwar bereits nach etwa 150 Jahren endgültig unter, doch auf seinen Eroberungen basierten der Aufstieg Babylons und die Vorrangstellung, die die Stadt in Mesopotamien bis zu den Seleukiden innehaben sollte.

*In Eschnunna (heute das irakische Tell Asmar) wurde das altbabylonische Terrakottarelief aus dem frühen 2. Jahrtausend v. Chr. gefunden. Es zeigt einen Musiker mit siebensaitiger Harfe.*

| 2000 v. Chr. | 1950 v. Chr. | 1900 v. Chr. | 1850 v. Chr. | 1800 v. Chr. | 1750 v. Chr. |
|---|---|---|---|---|---|
| ca. 2000 v. Chr. *Ende des Reiches der Dritten Dynastie von Ur, Aufstieg von Isin und Larsa* | | 1894 v. Chr. – 1881 v. Chr. *Sumu-abum, erster König der Ersten Dynastie von Babylon* | 1813 v. Chr. *Schamschi-adad I. wird König von Assyrien* | | 1792 v. Chr. – 1750 v. Chr. *Hammurapi, sechster König der Ersten Dynastie von Babylon* |

1794 v. Chr. *Sturz der Dynastie von Isin durch Rim-sin von Larsa*

- ➤ Handel und Wirtschaft: Erste Geldformen in Mesopotamien
- ➤ Handel und Wirtschaft: Handelsnetze im Alten Orient
- ➤ Handel und Wirtschaft: Aufstieg der Kaufleute
- ➤ Literatur und Musik: Altorientalische Literatur

# LAND DER GEGENSÄTZE – DER ALTE IRAN

*Das iranische Hochland wurde seit jeher von extremen Gegensätzen geprägt: Stadt und Land, Nomaden und Sesshafte, Einflüsse aus Mesopotamien und Zentralasien. Immer wieder wechselten sich Phasen der politischen Einheit mit Perioden ab, in denen das Land in unzählige unabhängige Kleinstaaten zerfiel.*

Die meisten Informationen über die vorislamische Geschichte des Irans stammen aus Quellen, die von – zum größten Teil feindlich gesinnten – Außenstehenden verfasst wurden. Sumerer, Babylonier, Assyrer, Griechen, Römer und Byzantiner haben oft verzerrende Beschreibungen über die Geschichte und Sitten der Bewohner des Landes hinterlassen. Doch auch einheimische Überlieferungen wie zum Beispiel die christlichen Märtyrerakten aus der Zeit der Sassaniden lassen die herrschenden Dynastien oft genug und absichtlich in schlechtem Licht erscheinen. Es erfordert daher einen kritischen Umgang mit den Quellen, um eine möglichst wertfreie Geschichte des alten Irans zu schreiben.

*Kopf eines Achämeniden-Herrschers aus Lapislazuli; das Relief rechts zeigt Darius I. (Reg. 522–486 v. Chr.).*

### FRÜHE REICHE UND VÖLKER

Als im 2. Jahrtausend v. Chr. Stämme indoeuropäischer Sprachzugehörigkeit in den Iran einsickerten, trafen diese Vorfahren der Meder und Perser in einen bereits besiedelten Raum. Schon aus dem 3. Jahrtausend v. Chr. wissen wir von regen Beziehungen zwischen den Kleinstaaten des Irans und der mesopotamischen Tiefebene; sehr häufig waren dies kriegerische Auseinandersetzungen. So spielten etwa die Gutäer eine aktive Rolle beim Untergang des Reichs von Akkad und die Könige der dritten Dynastie von Ur übten auf die Kleinstaaten entlang der östlichen und nordöstlichen Peripherie ihres Reichs beständigen militärischen Druck aus. Daneben gab es aber auch diplomatische Kontakte oder gar politisch motivierte Heiraten zwischen den Herrscherhäusern des Irans und der Dynastie von Ur.

Die mesopotamischen Quellen über den Iran aus dem 3. und 2. Jahrtausend v. Chr. nennen zahlreiche Ortsnamen, die sich bislang nur sehr schwer bestimmten archäologischen Provinzen zuordnen lassen. Während etwa Elam relativ gut bekannt ist, ist beispielsweise die Verbindung von Anshan mit Tall-i-Malyan noch umstritten. Anhand der archäologischen Forschungsergebnisse lassen sich vier Kulturen voneinander abgrenzen: Elam im Westen, Gurgan im Norden, Namazga im Nordosten und die Helmand-Kultur im Osten. Dort befindet sich in Sistan die Ausgrabungsstätte von Shahr-i-Sochta. Die Siedlung an der Lapislazuli-Handelsstraße nach Afghanistan war eine der größten Städte im späten 3. Jahrtausend v. Chr.

*In Persepolis (Iran) erhebt sich hinter den Ruinen des Hundertsäulensaales an einem Hang die in den Felsen gemeißelte Grabanlage von Artaxerxes II. (Reg. 404–358 v. Chr.).*

### DIE MEDER

Viel später, im 1. Jahrtausend v. Chr., hatten sich die medischen Stämme in der Gegend von Hamadan anscheinend so gut

*Kleidung und Haartracht lassen erkennen, dass es sich bei diesen Kriegern auf einem Relief an der Südtreppe des Darius-Palastes in Persepolis um persische Gardisten handelt.*

etabliert, dass sie für die assyrischen Könige zu wichtigen Vertragspartnern aufstiegen. Als sie nicht mehr durch die Skythen bedroht wurden, konnten sich die Meder gegen ihre ehemaligen Oberherren wenden. Unter Kyaxares eroberten sie gemeinsam mit babylonischen Truppen um 612 v. Chr. das assyrische Ninive. Doch obwohl sich das medische Reich beständig vergrößerte, fiel es bereits 550 v. Chr. unter Kyaxares' Nachfolger Astyages an Kyros II. von Persien.

### AUFSTIEG DER ACHÄMENIDEN

Assyrische Quellen aus dem 9. Jahrhundert v. Chr. erwähnen ein Land Pars(u)a im Norden des Irans – möglicherweise war dies der damalige Aufenthaltsort derjenigen Stämme, die man drei Jahrhunderte später weiter südlich, in der heutigen Provinz Fars, antrifft. Dieses Gebiet gehörte ursprünglich zu elamischem Territorium und noch Kyros II. führte den auf Elam zurückgehenden Herrschertitel »König von Anshan«, nach dem Namen einer Hauptstadt dieser Region. Auch in den später eroberten Gebieten behielten die Achämeniden die Politik bei, sich in die lokale Herrschertradition zu integrieren. So regieren sie in Ägypten als Pharao und in Babylon als babylonischer König und übernahmen auch alle mit den Herrschertiteln verbundenen kultischen Pflichten.

Bereits 547 v. Chr. besiegte und eroberte Kyros das von König Krösus regierte Lydien und acht Jahre später Babylon. Noch im selben Jahr entließ Kyros die mesopotamischen Juden aus dem Exil und gestattete ihnen den Wiederaufbau des Tempels. Die damalige Verkehrssprache im Achämeniden-Reich, das Aramäische, hat in Teilen des Alten Testaments bis heute überlebt. Wenngleich die spätere Geschichtsschreibung Kyros zum Musterbild eines idealen, ritterlichen Königs hochstilisierte, steckte hinter der Befreiung der Juden wohl auch politisches Kalkül: Er brauchte einen Pufferstaat gegen Ägypten, das unter seinem Sohn und Nachfolger Kambyses II. 525 v. Chr. erobert wurde.

#### BEKENNTNIS ZUM VIELVÖLKERSTAAT

Die Regenten des achämenidischen Hauses stellten sich nicht nur in der Kunst gerne als Herrscher über ein aus zahlreichen unterschiedlichen Völkern gebildetes Reich dar. So verzeichnen auch etliche Bauinschriften, woher die Handwerker stammten, die bestimmte Arbeiten an Repräsentationsbauten ausführten. Beim Bau der Paläste wurden die Fertigkeiten der besten Spezialisten aus allen Teilen des Reiches vereint – sie waren sein Abbild im Kleinen. Die offiziellen Inschriften zum Beispiel in Persepolis und Bisutun waren in altpersischer, elamischer und akkadischer Sprache verfasst. Die von Darius I. erfundene altpersische Keilschrift wurde ausschließlich zu Repräsentationszwecken verwendet; Wirtschaft und Verwaltung des Reiches wickelte man stets in Fremdsprachen ab. Unterworfenen Völkern ließ man ihre Schrift und Sprache; sie schuldeten dem Herrscher lediglich Tribut. In einer Kanzlei wurden die Erlasse der Herrscher in die jeweiligen Sprachen und Schriften übersetzt und übertragen. Zu keiner Zeit haben die Achämeniden versucht, aus den Besiegten Perser zu machen. Im Gegenteil – in Babylon etwa integrierte sich Kyros II. recht geschickt in die lokale Tradition königlicher Bauprogramme für babylonische Götter.

*Diese Schrifttafel entstand im 6. Jahrhundert v. Chr. als Darius' I., der Große, in Persien herrschte.*

➤ **Religionen und Glaubensformen:** Altiranische Religionen
➤ **Kriege und Konflikte:** Entstehung des persischen Großreiches
➤ **Kriege und Konflikte:** Perserkriege
➤ **Kriege und Konflikte:** Die Parther
➤ **Große Entdeckungen:** Ausgrabung von Persepolis

## DER ALTE IRAN

### DAS ACHÄMENIDEN-REICH UNTER DARIUS UND SEINEN NACHFOLGERN

Nach Kambyses II. Ermordung 522 v. Chr. folgte ihm Darius I. aus einer Seitenlinie des Achämeniden-Clans auf den Thron. Die dreisprachigen Inschriften von Bisutun berichten von politischen Unruhen nach Kambyses' Tod wie auch von Darius' Siegen über die »Lügenkönige« in den abtrünnigen Reichsteilen. Ein strenges Hofzeremoniell vergrößerte die Distanz zwischen den Untertanen und diesem tatkräftigen Herrscher, der für die persische Sprache eine Schrift einführte und das Land in »Satrapien« genannte Provinzen einteilte. Darius errichtete darüber hinaus zahlreiche neue Residenzen, etwa in Persepolis und Susa, die er wie Kaiserpfalzen zeitweise aufsuchte. Aus moderner Sicht sicherlich am bedeutsamsten war jedoch wohl die Einführung des Geldes. Darius dehnte das Imperium im Osten bis zum Indus und nach Turkestan, im Westen bis nach Libyen und Kusch. In einer Katastrophe für die persischen Truppen endete die Schlacht von Marathon 490 v. Chr., eine erneute Invasion Griechenlands unter Darius' Nachfolger Xerxes I. zehn Jahre später wurde bei Salamis zurückgeschlagen. Mehr Erfolg hatte Xerxes bei der Niederschlagung von Revolten in Ägypten und Babylon, das zum Teil in Trümmer gelegt wurde. Nach seiner Ermordung 465 v. Chr. begann eine Periode immer wieder aufflackernder innerer Wirren und Aufstände, die sich jedoch nicht auf alle Provinzen erstreckten. Als schließlich Darius III. 336 v. Chr. den Thron bestieg, war das Reich bis auf den Verlust Choresmiens intakt und stabil.

### ALEXANDER DER GROSSE UND DIE SELEUKIDEN

Nach dem Sieg von Kyros II. über Lydien führten die sich überschneidenden persischen und griechischen Interessen in Kleinasien zu langwierigen Auseinandersetzungen. Diese gipfelten 331 v. Chr. in der Schlacht von Gaugamela und der Übernahme der Königsmacht durch Alexander den Großen. Die historischen Quellen lassen erkennen, dass Alexander bemüht war, sich legitim in die Kontinuität des persischen Königtums zu integrieren. Nach seinem Tod fielen die östlichen Landesteile an die Seleukiden, die ihr Reich zunächst relativ intakt hielten. Als es im 2. Jahrhundert v. Chr. unter dem Druck der Römer von Westen und der Parther von Osten immer schwächer wurde, sahen sich immer mehr Klientelkönige ermutigt, eigene Interessen zu verfolgen. Diese Epoche erscheint in der späteren sassanidischen Tradition als Zeit der »Teilkönige«.

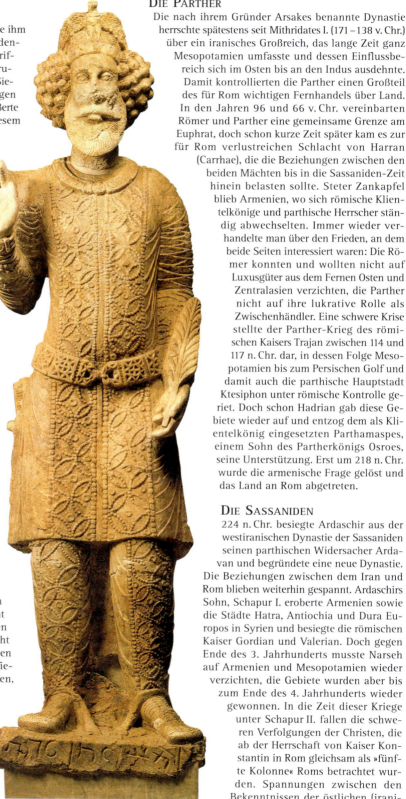

*Marmorstatue des Partherkönigs Sanatrukes I. (Reg. 167 – 190 n. Chr.)*

### DIE PARTHER

Die nach ihrem Gründer Arsakes benannte Dynastie herrschte spätestens seit Mithridates I. (171 – 138 v. Chr.) über ein iranisches Großreich, das lange Zeit ganz Mesopotamien umfasste und dessen Einflussbereich sich im Osten bis an den Indus ausdehnte. Damit kontrollierten die Parther einen Großteil des für Rom wichtigen Fernhandels über Land. In den Jahren 96 und 66 v. Chr. vereinbarten Römer und Parther eine gemeinsame Grenze am Euphrat, doch schon kurze Zeit später kam es zur für Rom verlustreichen Schlacht von Harran (Carrhae), die die Beziehungen zwischen den beiden Mächten bis in die Sassaniden-Zeit hinein belasten sollte. Steter Zankapfel blieb Armenien, wo sich römische Klientelkönige und parthische Herrscher ständig abwechselten. Immer wieder verhandelte man über den Frieden, an dem beide Seiten interessiert waren: Die Römer konnten und wollten nicht auf Luxusgüter aus dem Fernen Osten und Zentralasien verzichten, die Parther nicht auf ihre lukrative Rolle als Zwischenhändler. Eine schwere Krise stellte der Parther-Krieg des römischen Kaisers Trajan zwischen 114 und 117 n. Chr. dar, in dessen Folge Mesopotamien bis zum Persischen Golf und damit auch die parthische Hauptstadt Ktesiphon unter römische Kontrolle geriet. Doch schon Hadrian gab diese Gebiete wieder auf und entzog dem als Klientelkönig eingesetzten Parthamaspes, einem Sohn des Partherkönigs Osroes, seine Unterstützung. Erst um 218 n. Chr. wurde die armenische Frage gelöst und das Land an Rom abgetreten.

### DIE SASSANIDEN

224 n. Chr. besiegte Ardaschir aus der westiranischen Dynastie der Sassaniden seinen parthischen Widersacher Ardavan und begründete eine neue Dynastie. Die Beziehungen zwischen dem Iran und Rom blieben weiterhin gespannt. Ardaschirs Sohn, Schapur I. eroberte Armenien sowie die Städte Hatra, Antiochia und Dura Europos in Syrien und besiegte die römischen Kaiser Gordian und Valerian. Doch gegen Ende des 3. Jahrhunderts musste Narseh auf Armenien und Mesopotamien wieder verzichten, die Gebiete wurden aber bis zum Ende des 4. Jahrhunderts wieder gewonnen. In die Zeit dieser Kriege unter Schapur II. fallen die schweren Verfolgungen der Christen, die ab der Herrschaft von Kaiser Konstantin in Rom gleichsam als »fünfte Kolonne« Roms betrachtet wurden. Spannungen zwischen den Bekenntnissen der östlichen (irani-

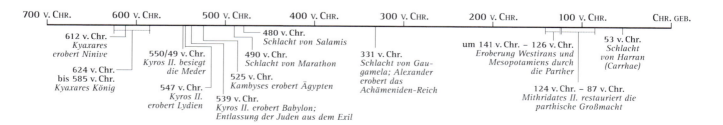

[51]
## DER ALTE IRAN

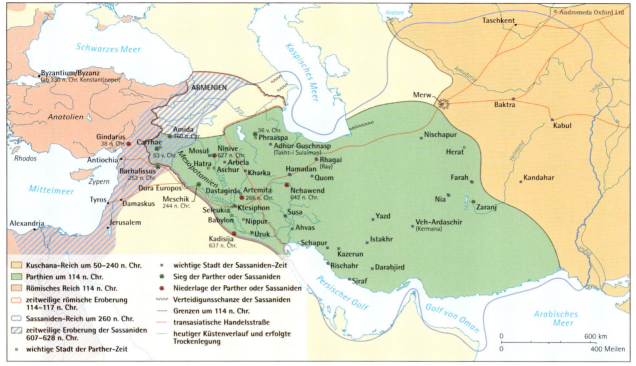

*Das iranische Großreich unter Parthern und Sassaniden*

zu einer Verbesserung der Situation. Im 6. Jahrhundert kam es unter Chosroes I. Anoscharwan und Hormizd IV. zu Kontakten mit den einwandernden Türken. Deren Khane konnten durch Bündnisse und Auseinandersetzungen mit Byzanz und Persien den Grundstein für die spätere Präsenz der Türken in beiden Ländern sowie in den Gebieten der westlichen Seidenstraße legen; sie ermöglichen den Persern jedoch auch die Beseitigung der Hephthaliten. Hormizds Nachfolger, Chosroes II., errang noch einmal beträchtliche Siege über Byzanz, ehe er zwischen 626 und 628 dem oströmischen Kaiser Herakleios unterlag und vom eigenen Adel ermordet wurde. Das geschwächte Sassanidenreich erlitt unter seinem letzten König, Jezdegerd III., im Jahr 642 in der Schlacht von Nehawend die entscheidende Niederlage gegen die arabischen Eroberer. Jezdegerd zog sich in den Ostiran zurück und wurde dort neun Jahre später ermordet.

*Detailansicht eines Schwertkämpfers vom Partherdenkmal in Ephesus (um 170 n. Chr.)*

schen) und der westlichen (aniranischen) Reichsteile hatte es aufgrund der unterschiedlichen Moralvorstellungen ohnehin wohl immer gegeben. Sie entzündeten sich beispielsweise an der von den Zoroastrern empfohlenen, von den Christen aber verdammten Geschwisterehe. Die äußere Bedrohung durch die kriegerischen Hephthaliten wie auch die Trennung der persischen Christen von ihren westlichen Brüdern führte im 5. Jahrhundert jedoch

*Palast des Sassaniden-Herrschers Ardaschir I. (Reg. 224–241 n. Chr.) im Firuzabad, Iran*

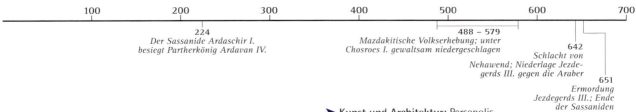

▶ Kunst und Architektur: Persepolis

# Die Bronzezeit

*Aus dem spanischen Cova Teralla stammt dieses glockenförmige Keramikgefäß der Bronzezeit.*

*Aus den Langdolchen entwickelten sich in der mittleren und späteren Bronzezeit die ersten Schwerter.*

In seiner langen Geschichte dienten dem Menschen rund zwei Millionen Jahre lang Stein, Holz und Knochen als einzige Materialien zur Herstellung von Waffen und Werkzeugen. Mit seiner Sesshaftwerdung im Nahen Osten vor ungefähr 10 000 Jahren begann auch gleichzeitig der zunehmend schnellere Fortschritt der technologischen Entwicklung. Eine wichtige Rolle bei diesem Prozess spielte die Nutzung der Metalle, von denen zuerst Gold und Kupfer bekannt waren. Beide Metalle kommen in gediegenem, also reinem Zustand in der Natur vor und sind somit relativ leicht zu erkennen. Für Gerätschaften lässt sich jedoch nur Kupfer verwenden, nicht aber das zu weiche Gold.

### Ein neuer Werkstoff

Bereits in der Jungsteinzeit erschienen um 6500 v. Chr. im anatolischen Çatal Hüyük die ersten kleinen aus Kupfer gefertigten Gegenstände. Die Verwendung des Kupfers scheint auch mit der Technik der Keramikherstellung in Beziehung zu stehen, da mit dem Einsetzen der Produktion von Keramik auch die ersten Fundstücke aus Kupfer auftauchten. Möglicherweise gelangten beim Brennvorgang, bei dem hohe Temperaturen erzeugt werden, kupferhaltige Erze in das Feuer und wurden ausgeschmolzen.

Obwohl Kupfer schon in der Jungsteinzeit stellenweise in geringem Maß genutzt wurde, legt man den Beginn der Chalkolithikum oder Aeneolithikum genannten Kupfersteinzeit erst in die Epoche, in der die Kupferproduktion zunahm. Die Verbreitung und die Nutzung des neuen Metalls vollzog sich über einen Jahrhunderte langen Zeitraum. Im Nahen Osten fing die Kupferproduktion um 5500 v. Chr. an. Von dort breitete sich die Metalltechnologie relativ schnell aus, so dass auf dem Balkan schon ab 4500 v. Chr. Kupferverhüttung in größerem Maß betrieben wurde. Gegen 3500 v. Chr. erschien Kupfer zwar auch im mitteleuropäischen Raum, die Kupfersteinzeit begann dort aber erst ab etwa 2700 v. Chr.

### Die Bronze

Die Weiterverarbeitung des gewonnenen Kupfers erfolgte ausschließlich über die Gusstechnik. Kupfer enthält oft natürliche Beimengungen von Arsen, das der Gusseigenschaft des Metalls förderlich ist. Als dies einmal bekannt war, mengte man dem Kupfer Arsen bei und produzierte so die so genannte Arsenbronze. Die echte Bronze erhält man aber erst durch die Zugabe von Zinn, wobei sich das optimale Mischungsverhältnis auf neun Teile Kupfer und einen Teil Zinn beläuft. Diese Legierung setzte sich im Vorderen Orient langsam ab

*Der aus Nephrit gefertigte chinesische Klangstein stammt aus einem Shang-Königsgrab bei Anyang.*

# Die Bronzezeit

3000 v. Chr. durch und von dort verbreitete sich die Kenntnis dieser Metalllegierung über die Alte Welt. Die frühe Bronzezeit hatte begonnen.

## Bergbau und Handel

Die zur Herstellung von Bronze benötigten Komponenten Kupfer und vor allem Zinn sind relativ selten. Kupfer findet sich in Europa auf der Iberischen Halbinsel, in den deutschen Mittelgebirgen, den östlichen Alpen und den Karpaten; der Nahe Osten deckte seinen Kupferbedarf aus den Lagerstätten am Sinai, in Anatolien und dem Kaukasus. Das in Vorderasien verwendete Zinn dürfte aus dem Kaukasus oder Turkmenistan gestammt haben, die wichtigste europäische Lagerstätte befindet sich in Cornwall. Die Bestimmung von weiteren Zinnlagerstätten erweist sich als schwierig, da im Altertum durchaus an anderen, nicht mehr bekannten Stellen vorhandene kleine Vorkommen restlos abgebaut wurden, die heute nicht mehr nachweisbar sind.

Aufgrund der verteilten Rohstoffvorkommen verhalf die aufkommende Bronzemetallurgie auch dem Fernhandel zu einem Aufschwung. Dies zeigt sich etwa in der Verbreitung unterschiedlichster Kulturgüter. So gab es bereits im 3. Jahrtausend v. Chr. Beziehungen zwischen der Ägäis und Spanien und später fanden Gegenstände aus dem mykenischen Griechenland ihren Weg nach Mitteleuropa. Der hohe Wert des Metalls schloss eine massenhafte Verwendung von vornherein aus, es diente daher hauptsächlich der Oberschicht zur Herstellung von Waffen, Schmuck, Kunst- und Kultgegenständen sowie Gefäßen. Obwohl seit der Verbreitung der Bronze auch Werkzeuge produziert wurden, so fertigte man besonders im bäuerlichen Bereich doch lange noch zahlreiche Gegenstände des persönlichen Bedarfs nach wie vor aus Stein und Holz.

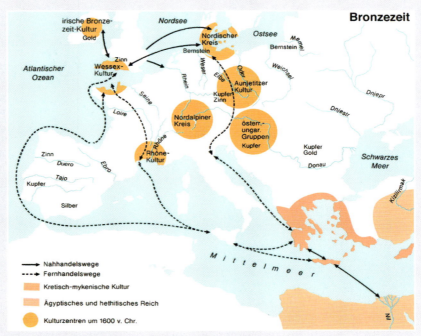

*Bronzezeitliche Kulturkreise und Handelswege Mitte des 2. Jahrtausends v. Chr. in Europa, Nordafrika und Kleinasien*

## Spezialisten der Metallverarbeitung

Die Verarbeitung des Metalls, das Prospektieren, Brechen, Schmelzen und Gießen der Erze wurde zur Aufgabe der Berufsgruppe der Metallhandwerker, die ihr Berufsgeheimnis sorgfältig hüteten und so zu einer angesehenen oder besonderen sozialen Stellung gelangten. Vor allem die mit dem Guss beschäftigten Handwerker und ihr Umgang mit dem Feuer rückte deren Tätigkeit in die Nähe der Magie und des Übernatürlichen, da sie aus dem toten Metall Gegenstände unterschiedlichster Form erschufen. Anfangs benutzte man zum Guss offene Formen aus Ton oder Stein, die sich zu komplizierten Schalenformen entwickelten. Eine andere Methode war der Guss in der so genannten verlorenen Form, der sich für komplizierte Gegenstände wie Statuen oder Ähnliches besser eignete. Bei diesem Verfahren wird ein Wachsmodell mit einem hitzebeständigen Kern mit einer Lehmschicht überzogen und anschließend ausgeschmolzen. Der so entstandene Hohlraum dient als Gussform für das Metallobjekt.

*Bronze war ein wertvolles Material und wurde deshalb häufig für Kultgegenstände verwendet. Diese aus Bronze gefertigte, mit Blüten und Vögeln verzierte Kultstandarte wurde im anatolischen Alaca Hüyük gefunden, wo bereits in der Jungsteinzeit die Bronzemetallurgie bekannt war (2300 bis 2100 v. Chr.).*

▶ **Kriege und Konflikte:** Krieg und seine frühen Formen im Altertum
▶ **Große Erfindungen:** Das Schwert
▶ **Handel und Wirtschaft:** Bewässerungsfeldbau
▶ **Handel und Wirtschaft:** Neue Techniken und ökonomische Folgen

# Eine mesopotamische Grossmacht Assyrien

*Im nördlichen Mesopotamien erstreckte sich entlang des Tigris das Kernland der Assyrer.
Noch heute können wir im Alten Testament über das Schreckensregime ihres Großreiches lesen, das sich von Ägypten
bis in den heutigen Iran erstreckte und im 7. Jahrhundert v. Chr. ein gewaltsames Ende nahm.*

*Das Alabaster-Wandrelief aus Ninive ist ein hervorragendes Beispiel für die Blütezeit der assyrischen Kunst. Es stellt König Assurbanipal auf der Löwenjagd dar (um 650 v. Chr.).*

*Harfenspieler; Detail eines Wandreliefs aus dem Palast des Königs Assurbanipal in Ninive (7. Jh. v. Chr.).*

Bereits um 2700 v. Chr. gründeten die akkadisch-sprachigen Assyrer die nach ihrem Hauptgott benannte Stadt Assur. Bedeutend älter ist jedoch ihre spätere Hauptstadt Ninive. Im späten 3. Jahrtausend v. Chr. gehörte Assur zum akkadischen Reich; später unterstand es der Herrschaft der dritten Dynastie von Ur.

### Die altassyrische Zeit

Zu den berühmtesten altorientalischen Quellen zählen die Dokumente der assyrischen Händlerkolonie der Stadt Kanisch im heutigen Anatolien, die aus dem 19. Jahrhundert v. Chr. datieren. Überlieferungen berichten, dass am Ende dieses Jahrhunderts Schamschi-adad I. in Assur zum König aufstieg, die von seinem Vorgänger eingeleitete Eroberungspolitik fortsetzte und seine Herrschaft bis nach Babylonien ausdehnte. Doch dieses erste assyrische Reich überlebte seinen Gründer nur um wenige Jahre. Bereits Hammurapi von Babylon, anfänglich wohl ein Vasall des Assyrers, konnte in seiner späteren Regierungszeit Assur und Ninive zu den ihm unterstellten Städten zählen.

Danach verliert sich die assyrische Geschichte bis ins 15. vorchristliche Jahrhundert im Dunkeln. Während dieser Epoche war Assur wohl lediglich ein Stadtstaat, der den berühmten Amarna-Briefen zufolge zum Vasallenstaat des nordmesopotamischen Mitanni-Reichs geriet. Ansprüche auf assyrisches Territorium erhob zudem Babylon.

### Die mittelassyrische Zeit

Im 14. vorchristlichen Jahrhundert stieg Assyrien unter Assuruballit I. erneut zu einer unabhängigen Macht auf. Danach

| 1900 v. Chr. | 1800 v. Chr. | 1700 v. Chr. | 1600 v. Chr. | 1500 v. Chr. | 1400 v. Chr. | 1300 v. Chr. |
|---|---|---|---|---|---|---|
| **Ende des 19. Jh. v. Chr.** *Altassyrische Handelskolonien in Anatolien* | | | | **14. Jh. v. Chr.** *Unabhängigkeit von Mitanni unter Assuruballit I.* | | **Anfang 13. Jh. v. Chr. bis Mitte 11. Jh. v. Chr.** *Ära des mittelassyrischen Großreiches* |

# Assyrien

gelang es Adadnirari I. und Salmanassar I. bis zur Mitte des 13. Jahrhunderts v. Chr. gegen den Widerstand der Babylonier und Hethiter, Mitanni zu zerschlagen und den assyrischen Einflussbereich zu vergrößern. Die bedeutendste Persönlichkeit der mittelassyrischen Epoche war jedoch Tukulti-Ninurta I. Dieser Herrscher des von nun an als Großmacht geltenden Assyrien ließ aus dem von ihm eroberten Babylonien nicht nur wahre Menschenmassen deportieren, sondern auch Keilschrifttexte in riesiger Zahl nach Assur bringen. In der Folgezeit wurde Assyrien stark durch die Kultur Babyloniens geprägt.

Nach Tukulti-Ninurtas Regentschaft stagnierte die Expansion Assyriens für etwa hundert Jahre, zugleich veränderte sich die politische Landschaft im Vorderen Orient durch den Einbruch der so genannten Seevölker. Erst Tiglatpileser I. konnte ab dem 12. Jahrhundert v. Chr. die Eroberungspolitik Tukulti-Ninurtas erfolgreich fortsetzen. Doch die von ihm unterworfenen Gebiete gingen seinen Nachfolgern abermals verloren. Von diesem Zeitpunkt an schweigen die Quellen abermals für einhundert Jahre.

## Die neuassyrische Zeit

Im 9. Jahrhundert v. Chr. stieg Assyrien mit seiner neuen Hauptstadt Kalchu (Nimrud) vor allem unter Assurnasirpal II. und Salmanassar III. erneut zur Hegemonialmacht auf, deren Einfluss sich nun wieder auf weite Gebiete des Vorderen Orients erstreckte. Eine weitere Expansion stoppte letztlich eine Koalition aus aramäischen, phönizischen und palästinischen Truppen. Auch wenn Salmanassars Nachfolger Schamschi-adad V. Siege über die Babylonier verzeichnete, ging vor allem seine Gemahlin Schammuramat, die nach seinem Tod die Regentschaft übernahm, in die Geschichte ein: Ihr Name lebt in der Semiramis-Legende bis heute fort.

Der tatkräftige Herrscher Tiglatpileser III. (Reg. 745 – 727 v. Chr.) organisierte das Reich neu und leitete aufgrund der Bedrohung durch Aramäer und Urartäer eine neue Phase in der Eroberungspolitik ein. Doch gerade die Aramäer sollten im Laufe der Zeit die assyrische Gesellschaft auch auf friedliche Weise immer stärker unterwandern. Zwar können wir heute nicht exakt nachvollziehen, wie weit sie das Reich aramisierten – wir wissen jedoch, dass ihr Einfluss beträchtlich war.

Nachdem unter Sargon II. (Reg. 721 – 705 v. Chr.) eine neue Dynastie an die Macht gelangt war, erschütterten unter der langen Regentschaft seines Sohnes Sanherib, der die Hauptstadt des Reiches nach Ninive verlegte, Aufstände in Babylonien und Palästina das Reich. Nach ihm bestieg mit Asarhaddon (Reg. 680 – 668 v. Chr.) ein facettenreicher Herrscher den Thron, der zwar abergläubisch und kränklich war, jedoch auch als entschlossener Feldherr agierte und zudem eine versöhnliche Politik gegenüber dem Süden verfolgte. Möglicherweise auf Betreiben seiner babylonischen Mutter veranlasste er den Wiederaufbau Babylons. Der letzte bedeutende Herrscher Assyriens war sein Sohn Assurbanipal (Reg. 668 – 627 v. Chr.). Er baute in Ninive eine riesige Bibliothek auf, die noch immer die wertvollste Quelle für die Geistesgeschichte Mesopotamiens darstellt. Wohl noch vor seinem Tod begann der unaufhaltsame Niedergang des assyrischen Reiches, das wenige Jahre später kurz nach der Eroberung von Assur und Ninive durch die verbündeten Babylonier und Meder sein unwiderrufliches Ende fand.

*Einen Eindruck der einstigen Pracht der assyrischen Paläste vermitteln auch heute noch die kunstvollen Steinreliefs.*

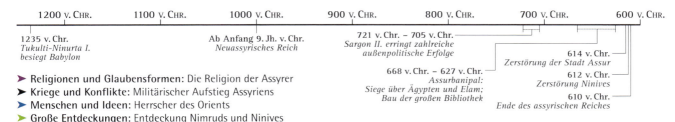

| 1200 v. Chr. | 1100 v. Chr. | 1000 v. Chr. | 900 v. Chr. | 800 v. Chr. | 700 v. Chr. | 600 v. Chr. |
|---|---|---|---|---|---|---|
| 1235 v. Chr. Tukulti-Ninurta I. besiegt Babylon | | Ab Anfang 9. Jh. v. Chr. Neuassyrisches Reich | | 721 v. Chr. – 705 v. Chr. Sargon II. erringt zahlreiche außenpolitische Erfolge | 668 v. Chr. – 627 v. Chr. Assurbanipal: Siege über Ägypten und Elam; Bau der großen Bibliothek | 614 v. Chr. Zerstörung der Stadt Assur  612 v. Chr. Zerstörung Ninives  610 v. Chr. Ende des assyrischen Reiches |

➤ **Religionen und Glaubensformen:** Die Religion der Assyrer
➤ **Kriege und Konflikte:** Militärischer Aufstieg Assyriens
➤ **Menschen und Ideen:** Herrscher des Orients
➤ **Große Entdeckungen:** Entdeckung Nimruds und Ninives
➤ **Literatur und Musik:** Altorientalische Literatur

# Das Tor Gottes
# Babylon und Babylonien

*Im Lauf der Geschichte war Babylon Hauptstadt zweier Großreiche und die erste Großstadt der Erde.
Es wurde komplett zerstört und später wieder aufgebaut und wäre unter Alexander dem Großen fast noch Zentrum
eines Weltreiches geworden.*

Bab-ili, »Tor des Gottes«, so nannten ihre Bewohner die Stadt, die wir heute nach der aus dem Griechischen stammenden Namensform »Babylon« bezeichnen. Die bereits in sumerischen Quellen des ausgehenden 3. Jahrtausends v. Chr. erwähnte Siedlung verlieh dem mittleren und südlichen Teil Mesopotamiens seinen Namen: Babylonien.

### Die erste Dynastie

Aus den Wirren, die auf den Untergang des Reiches der dritten Dynastie von Ur folgten, ging Babylon nach zwei Jahrhunderten fast ständiger Fehden unter ihrem Herrscher Hammurapi im 18. Jahrhundert v. Chr. als Sieger hervor. Durch geschickte Politik verstanden es Hammurapi und seine Vorgänger, aus einer unbedeutenden Provinzstadt ein Großreich zu schaffen. Zudem betrieb Hammurapi eine stabile Innenpolitik, wodurch Wirtschaft, Wissenschaft und Literatur florierten; die Grundlage für die dominierende kulturelle Rolle Babylons noch lange nach dem Untergang seiner Dynastie war gelegt. Noch heute ist der Herrscher vor allem für seinen Gesetzeskanon, den Codex Hammurapi, bekannt – es ist jedoch umstritten, ob dieser jemals zur Anwendung kam.

Obwohl Hammurapis Sohn Samsu-iluna einen Aufstand der südbabylonischen Städte brutal unterdrückte, konnte sich in Südbabylonien eine eigene Dynastie etablieren, weshalb sich in der Folgezeit das politische Geschehen in Richtung Nordmesopotamien verlagerte. Im frühen 16. Jahrhundert v. Chr. zerstörten und plünderten die Hethiter Babylon und aus den folgenden rund 150 Jahren sind aus Babylo-

*Aus Marmor ist der Urkundenstein des Marduk-opal-iddina, König von Babylon (um 715 v. Chr.).*

nien keine direkten Nachrichten überliefert. In dieser Zeit etablierte sich anscheinend die nächste babylonische Dynastie: die Kassiten. Von diesem Nomadenvolk aus den iranischen Bergen finden sich seit der Zeit Samsu-ilunas in babylonischen Quellen Hinweise, dass es in großer Zahl in die mesopotamische Tiefebene einwanderte.

### DIE KASSITEN

Schriftliche Dokumente sind erst ab dem Kassiten-Herrscher Kara-indash (etwa 1415 v. Chr.) wieder erhalten. Dieser ist vor allem durch die in babylonischer Sprache verfassten Amarna-Briefe der 18. Dynastie in Ägypten bekannt, die ein wichtiges Zeugnis für die bedeutende kulturelle Rolle Babyloniens seit der Dynastie Hammurapis darstellen. Die in den Briefen beschriebenen regen diplomatischen Beziehungen lassen annehmen, dass die großen Militärmächte im Vorderen Orient – Ägypten, Mitanni im heutigen Syrien, das Hethiter-Reich und Babylon – zu einem befriedigenden politischen Arrangement gefunden hatten.

Im späten 13. Jahrhundert v. Chr. überfiel und plünderte Tukulti-Ninurta I. von Assyrien Babylon. Das eroberte Babylonien übte in der Folge einen starken kulturellen Einfluss auf die Siegermacht aus. In der Mitte des 12. Jahrhunderts v. Chr. führten wiederholte Konflikte mit den Elamern aus dem heutigen Iran und den Assyrern schließlich zum Ende der Kassiten-Dynastie.

### BABYLONIEN IM 1. JAHRTAUSEND V. CHR.

In der Folge herrschten mehrere politisch unmaßgebliche Dynastien, von denen nur die zweite Dynastie von Isin mit Nebukadnezar I. (um 1126 bis etwa 1105 v. Chr.) einige Bedeutung erlangte. Als Babylonien im 8. Jahrhundert v. Chr. unter Tiglatpileser III. von Assyrien Teil einer vom assyrischen König ausgeübten Doppelmonarchie wurde, wurden etwa zur gleichen Zeit im Südteil des Reichs die Chaldäer sesshaft. Sie schwangen sich mit Unterstützung der Elamer in Babylon zu Herrschern auf, doch die Stadt wurde von den Assyrern mehrmals zurückgewonnen, bis sie 689 v. Chr. durch den assyrischen König Sanherib bis auf die Grundmauern zerstört wurde. Nach dessen Ermordung beschloss sein auf Versöhnung bedachter Sohn Asarhaddon, sie wieder aufzubauen.

Als sich unter Assurbanipal am Ende des 7. Jahrhunderts v. Chr. das assyrische Reich aufzulösen begann, kam der Chaldäer Nabopolassar an die Macht. Im Jahr 612 v. Chr. zerstörten die Babylonier zusammen mit ihren Verbündeten die assyrische Hauptstadt Ninive; und unter Nebukadnezar II. wurde Babylon zum zweiten Mal in seiner Geschichte eine Großmacht. Das Land erlebte eine Zeit kultureller Blüte, doch schon unter Nebukadnezars Sohn Nabonid setzte der Niedergang ein.

Im folgenden Jahrhundert fiel Babylonien an die Perser unter Kyros II. Das stolze Babylon wurde zur Provinz und begrüßte gut zwei Jahrhunderte später Alexander den Großen als messianischen Befreier. Unter den Seleukiden entwickelte sich Babyloniens Oberschicht zum Teil nach griechischem Vorbild, Babylon verlor jedoch unter ihnen wie unter den nachfolgenden Herrschaften der Parther und der Sassaniden vom 2. Jahrhundert v. Chr. bis ins 2. Jahrhundert n. Chr. an Bedeutung. Im späten 1. Jahrhundert n. Chr. bestand die Stadt größtenteils wohl nur noch aus verlassenen Ruinen und im 3. Jahrhundert n. Chr. wurde sie schließlich endgültig aufgegeben. Ihr Andenken überlebt jedoch in drei Weltreligionen bis heute.

*Das mit Emailziegeln geschmückte Ischtar-Tor Nebukadnezars II. (um 570 v. Chr.) steht im Pergamonmuseum in Berlin.*

*Ausgrabungsstätte des Ischtar-Tors in Babylon, Irak*

**········ KEIN SPRACHENGEWIRR IN BABYLON ········**
Die Sprache Babyloniens und Assyriens war bis zur Mitte des 1. Jahrtausend v. Chr. das Akkadische, danach wurde es vom Aramäischen als Umgangssprache abgelöst, überlebte aber bis ins 3. Jahrhundert n. Chr. als Gelehrtensprache. Die Bezeichnung »Akkadisch« leitet sich vom Großreich von Akkad am Ende des 3. Jahrtausends v. Chr. her, dessen herrschende Dynastie ebenfalls akkadisch sprach. Das Akkadische, Teil der semitischen Sprachfamilie, war ab dem 2. Jahrtausend v. Chr. die Diplomaten- und wohl auch Handelssprache im gesamten Vorderen Orient.

▶ Religionen und Glaubensformen: Die Religion der Babylonier
▶ Kriege und Konflikte: Militärischer Aufstieg Babylons
▶ Menschen und Ideen: Hammurapi
▶ Große Entdeckungen: Auf der Suche nach Babylon
▶ Kunst und Architektur: Ischtartor

# Ein anatolisches Imperium
## Das Reich der Hethiter

*Kaum ein anderes frühzeitliches Volk hat derart viele unterschiedliche Einflüsse anderer Kulturen so offen und selbstsicher auf- und übernommen wie die Hethiter. Doch gerade diese Fähigkeit ermöglichte ihnen letztendlich wohl, die Herrschaft über ein riesiges Reich zu erringen.*

*In den Ruinen von Hattusa, der einstigen Hauptstadt des Hethiter-Reiches, haben Kunstwerke, wie hier das Relief am Yazilikaya-Heiligtum, die Jahrtausende überdauert.*

*Die Ruinenstätte von Hattusa erstreckt sich über rund 2,7 Quadratkilometer. Im Bild ist der zwischen dem Großen Tempel und der Burg gelegene Bezirk Amberlikaya sichtbar.*

In den Jahren 1906 und 1907 brachten Ausgrabungen deutscher Forscher in der Nähe des etwa 150 Kilometer östlich von Ankara gelegenen Dorfes Boghazköy Spuren einer untergegangenen Kultur ans Tageslicht, die wir heute als die hethitische bezeichnen. Entdeckt wurden monumentale Bauwerke und Befestigungsanlagen sowie zahlreiche in einer unbekannten Sprache beschriebene Tontafeln, die schon bald entziffert werden konnten. Das Interesse der Forscher war geweckt und unzählige nachfolgende Grabungen bestätigten, dass es sich bei der Ruinenstadt um Hattusa handelte. Sie war die Hauptstadt des einst mächtigen Hethiter-Reiches gewesen, dessen Kernland im zentralanatolischen Hochland, im Gebiet des Flusses Kizil Irmak lag. Fast all unsere Kenntnisse über dieses Volk verdanken wir den Ausgrabungen in der alten Hauptstadt, in der Aufzeichnungen aus den umfangreichen hethitischen Bibliotheken und Archiven vielfach die Jahrtausende überstanden haben: Bis heute wurden über 25 000 Keilschrifttafeln in Hattusa gefunden.

3500 v. Chr. — — — — — — — — — — — 2000 v. Chr.

— Mitte 3. Jahrtausend v. Chr.
*Die Hethiter erobern das Land der Hatti*

# DAS REICH DER HETHITER

## HERRSCHAFTSGRÜNDUNG IN ZENTRALANATOLIEN

Die Hethiter waren eine indoeuropäische Völkergruppe. Weit entfernt von ihrem europäischen Ursprungsland siedelten sie sich über den Kaukasus kommend in der Nähe Mesopotamiens an und ließen sich anschließend um die Mitte des 3. Jahrtausends v. Chr. im zentralanatolischen Siedlungsgebiet der Hatti nieder. Die eindeutig mesopotamisch geprägte Kultur der Hethiter weist darauf hin, dass sie eine lange Zeit im Osten gelebt haben müssen.

Der Titel der hethitischen Könige war »labarnas«, »Herrscher«. Er leitet sich vom Namen des wahrscheinlichen Begründers des hethitischen Reiches ab, König Labarnas. Dieser etwa um 1600 v. Chr. regierende Machthaber vergrößerte das Reich über die alten Grenzen hinaus.

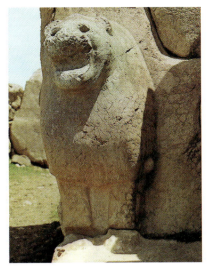

»Der König möge wohlauf sein ... und sein Land möge diesseits das Meer und jenseits das Meer zur Grenze haben.« Gemäß dem althethitischen Gebet strebten bereits die frühen Machthaber danach, das Reich im Norden bis zum Schwarzen Meer und im Süden bis zum Mittelmeer auszudehnen. Dabei bewirkten Konflikte mit den kriegerischen Kaschkasch-Völkern, dass das nördliche Grenzgebiet besonders schwer zu sichern war. Diese wenig friedfertigen Nachbarn sollten in den späteren Jahrhunderten immer wieder weit auf das Gebiet der Hethiter vordringen – einmal kamen sie sogar bis in die Hauptstadt Hattusa.

## DIE EXPANSION – AUFSTIEG ZUR GROSSMACHT

Die ersten großen Eroberungsfeldzüge bis nach Nordsyrien und Mesopotamien fanden unter den Nachfolgern von Labarnas, Hattusili und Mursili I., statt. Durch Mursili I., der Babylon eroberte und zerstörte, fand die dortige Hammurapi-Dynastie ihr Ende. Mursili konnte jedoch die Inbesitznahme derart weit entfernter Gegenden nicht lange aufrechterhalten, zudem entstanden durch die Abwesenheit des Herrschers am hethitischen Hof tödliche Intrigen, denen der siegreiche Eroberer nach seiner Rückkehr zum Opfer fiel. Nach Mursilis Ermordung begann ein dunkles Zeitalter, das von innenpolitischen Machtkämpfen bestimmt war und in dem das hethitische Reich allmählich zerfiel.

Mit Suppiluliuma I. bestieg dann 1380 v. Chr. der größte Feldherr und bedeutendste König der Hethiter den Thron. Er machte das hethitische Reich zur Großmacht, indem er das zunehmend mächtigere Reich der Mitanni in Syrien und Mesopotamien unterwarf und zu einem Vasallenstaat degradierte. Zudem band er die Randgebiete des Hethiter-Reiches mit Staatsverträgen und verstand es, durch geschickte Politik andere Kleinstaaten als Verbündete zu gewinnen. In der Folge erreichte das hethitische Reich seine größte Ausdehnung von der ägäischen Küste im Westen bis zum oberen Euphrat im Osten und im Süden bis nach Syrien. Es war zu einer mit Ägypten und Assyrien gleichberechtigten Großmacht aufgestiegen – doch Auseinandersetzungen mit Ägypten, das seine Vormachtstellung in Syrien eingebüßt hatte, waren vorprogrammiert. Konfliktstoff boten die Fürsten der noch in Syrien liegenden ägyptischen Provinzen, die mit den Hethitern liebäugelten.

*Einer der Löwen des so genannten Löwentors in Hattusa (14. Jh. v. Chr.)*

Als Suppiluliuma I. nach fast vierzigjähriger Regierungszeit an der Pest starb, folgte ihm sein Sohn Mursili II. auf den Thron. Dieser in den Annalen als mächtiger König gepriesene Herrscher konnte die Reichsgrenzen weiter festigen. Doch weitere Konflikte

*Die großen Vorratsbehälter stammen aus Lagerhäusern um den Großen Tempel in Hattusa.*

mit den Ägyptern führten unter dem Herrscher Muwatalli (um 1300 v. Chr.) schließlich bei Kadesch zu einer historischen Schlacht, bei der Pharao Ramses II. nur knapp entkommen konnte. In der Folge schlossen um 1270 v. Chr. Ägypten und das Hethiter-Reich einen Friedensvertrag, doch auch dieser wohl erste Staatsvertrag zwischen zwei Großmächten konnte den Untergang des Hethiter-Reiches nicht aufhalten: Keine 70 Jahre später wurde es durch den Ansturm der so genannten Seevölker, die aus dem Westen kommend in Kleinasien und den Vorderen Orient eindrangen, vernichtet.

*Auf einer Felskuppe in der Oberstadt von Hattusa erinnert eine zehnzeilige, rund 3200 Jahre alte Inschrift an Suppiluliuma II., den mutmaßlich letzten Herrscher der Hethiter.*

---

**etwa 1600 v. Chr.**
Labarnas wird der erste König

**etwa 1580 – 1530 v. Chr.**
Die Hethiter dringen bis nach Syrien und Babylon vor

**1380 – 1346 v. Chr.**
Unter Suppiluliuma I. wird das Land zur Großmacht. Eroberung Syriens; Gründung von Vasallenstaaten

**1285 v. Chr.**
Historische Schlacht zwischen den Ägyptern und den Hethitern

**etwa 1270 v. Chr.**
Friedensvertrag zwischen Ägypten und dem Hethiter-Reich

**etwa 1200 v. Chr.**
Untergang des Hethiter-Reiches

▶ Religionen und Glaubensformen: Die Religion der Hethiter
▶ Kriege und Konflikte: Kriege der Hethiter

# KRIEGER UND HÄNDLER – DIE MYKENER

*Nach ihrer Einwanderung Anfang des 2. Jahrtausends v. Chr. errichteten indoeuropäische Stämme im Griechenland der mittleren Bronzezeit neue Machtzentren, unter denen Mykene die Vorrangstellung einnahm. Nach der mykenischen Kultur wurde die späte Bronzezeit (etwa 1600 – 1150 v. Chr.) benannt.*

In der griechischen Mythologie galt Mykene als Sitz des Königs Agamemnon, der die griechischen Streitmächte gegen Troja geführt haben soll. Doch auch wenn wir dies bislang dem Reich der Sagen zuordnen müssen, so zeigen doch die mächtigen Mauern der Ende des 19. Jahrhunderts von Heinrich Schliemann ausgegrabenen befestigten Stadt, die zahlreichen in Gräbern gefundenen Waffen sowie die Kampf- und Kriegsdarstellungen, dass die Mykener ein kriegerisches Volk waren.

*Detailansicht des Löwentors in Mykene, das den Haupteingang zur Burg bildete (14. Jh. v. Chr.)*

*In den königlichen Schachtgräbern von Mykene wurden neben Waffen auch Kunstwerke aus Gold und Silber gefunden.*

# Die Mykener

Unsere Kenntnisse über die mykenische Kultur verdanken wir unter anderem den zahlreichen zeitgenössischen Dokumenten aus den umfangreichen Archiven, die in Mykene, Knossos, Pylos und Theben gefunden wurden. Die Texte sind in der so genannten Linear-B-Schrift verfasst, die die Mykener um 1400 v. Chr. aus Kreta übernommen hatten. Erhalten sind überwiegend Listen, die für die Verwaltung erstellt worden waren; die Tafeln von Pylos führen über hundert verschiedene Berufe auf. Die Entzifferung der Linear-B-Schrift durch den englischen Architekten Michael Ventris 1952 erbrachte eine Sensation: Denn das Mykenische entpuppte sich als eine frühgriechische Sprache.

*Die in einem der mykenischen Schachtgräber gefundene goldene Gesichtsmaske eines mykenischen Herrschers wurde von Heinrich Schliemann zu Unrecht als die des legendären Königs Agamemnon angesehen.*

Im 16. Jahrhundert v. Chr. wurden die Könige von Mykene in Schachtgräbern beigesetzt. Das so genannte Gräberrund A wurde sogar in die Stadtmauer einbezogen. Hier glaubte Schliemann, in die Goldmaske des mythischen Königs Agamemnon geblickt zu haben – zu Unrecht, wie sich herausstellen sollte. Später zog man Kuppelgräber vor, die monumentale Ausmaße annehmen konnten. Beispiel hierfür ist das nach dem mythischen König Atreus benannte »Schatzhaus«, dessen langer Zugang mit rechtwinklig gearbeiteten Quadern verkleidet war. Sein von Halbsäulen flankiertes Tor war reich mit plastischen Ornamentbändern geschmückt und führte in eine Kammer mit 15 Metern Durchmesser. Weitere bedeutende Kuppelgräber sind in Vapphio bei Sparta, in Pylos, im attischen Acharnai und in Orchomenos erhalten.

## Mykenische Händler im Mittelmeer

Mykenes Aufstieg zum Handels- und Herrschaftszentrum war eng mit dem Untergang der minoischen Kultur verbunden. Zunächst war den Mykenern ein Ausgreifen auf die Ägäis verwehrt, denn Kretas Flotte beherrschte die Meere. Als die Macht des Inselreichs im 15. Jahrhundert v. Chr. abrupt endete, erbte das auf der Peloponnes gelegene Herrschaftszentrum die kretischen Handelsbeziehungen und die lukrativen Niederlassungen rund um die Ägäis, in der Levante und im Westen bis nach Sizilien und Spanien.

Ende des 12. Jahrhunderts v. Chr. setzte eine zweite indoeuropäische Einwanderungswelle ein, die in der Geschichtsschreibung die »Dorische Wanderung« genannt wird. Sie fiel mit dem allmählichen Machtverfall der mykenischen Zentren zusammen, den Naturkatastrophen, Epidemien und interne kriegerische Auseinandersetzungen ausgelöst hatten. Um 1100 v. Chr. waren die Paläste verlassen. Mit dem Untergang der mykenischen Kultur gingen auch die Kenntnisse ihrer Schrift und das hoch entwickelte Wissen ihrer Menschen über Technik, Wasserbau und Architektur, ihr Handwerk und ihre Kunst verloren.

## Paläste und Gräber

Die bekanntesten mykenischen Paläste sind Mykene selbst und Tiryns in der Argolis, Pylos im Südwesten der Peloponnes, die Athener Akropolis sowie Theben und Orchomenos mit der Felsenfestung Gla in Böotien. Ihre Blütezeit begann um 1600 v. Chr. unter kretischem Einfluss. Am besten ist der Palast von Pylos erhalten, der um 1300 v. Chr. als Ersatz für einen älteren Palast errichtet worden war und seinerseits einhundert Jahre später abbrannte. Kernstück des Palastes war die Königshalle, das so genannte Megaron. Durch zwei Vorräume erreichte man einen großen, von vier Säulen gestützten Raum mit rundem Feuerplatz und einem erhöhten Thron. Ringsum lagen Archive, Wohn- und Magazintrakte mit Duftölflaschen und eingemauerten Ölkrügen. Ein kleiner Raum mit Abfluss diente vielleicht als Toilette und im Bad war eine bemalte Badewanne aus Ton eingelassen.

## Kunst und Handwerk

Die Paläste schmückten bunte Fresken und in den Werkstätten produzierte man Schmuckstücke mit granuliertem Gold, kunstvolle Einlegearbeiten, Elfenbeinschnitzereien, Schalen aus Bergkristall, Ketten aus von der Ostsee importiertem Bernstein und über Matrizen getriebene Goldbleche. Ausgespro-

*Mit einer Jagdszene verzierte Klinge eines Bronzedolches (16. Jh. v. Chr.)*

chen vielfältig in Form und Verzierung war die Keramik, von unglaublicher Präzision und Schönheit sind die Kultgefäße *(Rhytoi)* in Form von Tierköpfen. Den im 15. Jahrhundert v. Chr. dominierenden naturalistischen Stil ergänzten im 12. Jahrhundert v. Chr. erzählende Szenen.

## ······· Heinrich Schliemann (1822–1890) ·······

Der legendäre Entdecker von Troja war ein Selfmademan, der vom Bürogehilfen zum Millionär aufstieg und sich über 18 Sprachen selbst beibrachte. 1870 promovierte er als Archäologe in Paris. Schliemann, der 1883 die Ehrendoktorwürde in Oxford erhielt, begründete die archäologischen Grabungsmethoden und arbeitete mit führenden Wissenschaftlern seiner Zeit, schuf sich jedoch mit seiner unabhängigen und kompromisslosen Art auch Feinde. Er finanzierte seine Grabungen aus eigener Tasche und pflegte den Mythos, wie er seit der Kindheit Troja suchte und mit Homers »Ilias« in der Hand auch fand. Auf den Spuren des antiken Reiseschriftstellers Pausanias erforschte er zudem die Heimat der griechischen Helden und brachte mit seinen Grabungen in Ithaka, Orchomenos, Mykene und Tiryns die bis dahin unbekannte mykenische Epoche ans Tageslicht zurück.

*Ein »Krater« genanntes Tongefäß mit Kriegerdarstellungen von der Akropolis in Mykene (1200 v. Chr.)*

- ▶ **Religionen und Glaubensformen:** Religionen der Mykener und Minoer
- ▶ **Kriege und Konflikte:** Mykenische Expansion
- ▶ **Handel und Wirtschaft:** Frühgriechische Hauswirtschaft
- ▶ **Kunst und Architektur:** Schatzhaus des Atreus
- ▶ **Literatur und Musik:** Ilias und Odyssee

# China vom archaischen Königtum bis zum Mittelalter

*Rund 2000 Jahre sollten vergehen, bis sich China von den Anfängen der legendären Xia-Dynastie unter den Qin-Herrschern erstmals zum Einheitsstaat entwickelte. Doch das Kaiserreich zerfiel im Mittelalter ab dem 3. Jahrhundert n. Chr. erneut und wurde erst im 6. Jahrhundert unter den Sui wieder eins.*

Hält man sich an die traditionelle chinesische Geschichtsschreibung, so unterstand China in seinen Anfängen in Folge den Dynastien der Drei Erhabenen und der Fünf Kaiser, der Xia und der Shang. Unser heutiges – auch noch vorläufiges – Bild von der frühen Entwicklung Chinas sieht jedoch anders aus: Bodenfunde legen nahe, dass sich der erste Herrschaftsverband chinesischer Kultur über Teile Nord- und Mittelchinas erstreckte und einer Reihe regional geprägter jungsteinzeitlicher Kulturen nachfolgte. Dabei konnte bislang selbst die Frage der Geschichtlichkeit des Xia-Königtums noch nicht entschieden werden, das traditionell von 2205 bis 1766 datiert wird: Denn im möglichen Territorium der Xia, West-Henan, verläuft in diesem Zeitraum auch die Erlitou-Kultur.

### DIE REICHE DER SHANG UND ZHOU

Das erste historisch belegte Herrscherhaus Chinas ist die Dynastie der Shang. Sie erweiterte ihren Einflussbereich von ihrem Zentrum am Mittellauf des Huang He (»Gelben Fluss«) im heutigen West-Henan in Teile des heutigen Shanxi, Hebei und Shandong. Darüber hinaus beeinflusste sie auch die noch nicht der chinesischen Kultur angeglichenen, als »barbarisch« angesehenen Regionen außerhalb der zivilisierten »Mitte«: Shaanxi im Westen und Teile Mittelchinas. Zum Herrschaftsverband zählten zudem Lehen, die vom König an Verwandte, Minister und unterworfene »barbarische« Fürsten verliehen wurden.

Im 12. Jahrhundert vor unserer Zeitrechnung überfielen die Zhou-Vasallen, die mit dem Berg- und Hügelland Shaanxi im Westen belehnt waren, erfolgreich die Königsdomäne der Shang in der fruchtbaren Ebene des Huang He. Ausgehend von ihrem Kerngebiet um das heutige Xi'an erweiterten sie als Nachfolger der Shang die Zahl der Lehen auf viele Hundert. Oft waren dies jedoch nur kleine Domänen mit angrenzenden Äckern. Etwa 200 Jahre später gliederten sie zudem die durch Feldzüge und Wanderungsbewegungen eroberten Kulturregionen Hubei und Sichuan im Süden dem Lehnsverband an.

Ausgelöst durch Angriffe äußerer Feinde und Druck aus Nordwesten, der zum Verlust ihres alten Stammlands Shaanxi führte, begann im 8. Jahrhundert vor unserer Zeitrechnung der wirtschaftliche Niedergang der Zhou. Sie mussten schließlich ihre Metropole nach Osten verlegen. In dieser »Frühlings- und Herbstperiode« genannten Epoche wurde zudem die Königsmacht der Östlichen Zhou-Dynastie auf lediglich rituelle Funktionen eingeschränkt.

In diesem Zeitraum traten an der Peripherie des nordchinesischen Kernlands große Territorien auf den Plan, die kleine Lehen gewaltsam annektierten. Rund 250 Jahre später entwickelte diese Militärpolitik eine Eigendynamik in der Zeit der »Kämpfenden Staaten«: Sie führte zur Machtkonzentration in Händen weniger Potentaten, während das Zhou-Königshaus endgültig in der Bedeutungslosigkeit versank. Es hatte mit dem Einigungsprozess Chinas nichts mehr zu tun.

Alle Kampfstaaten legitimierten ihre Waffengewalt mit dem Streben nach politischer und kultureller Einheit des »alles unter dem Himmel« genannten Reichs – hier zeichnet sich bereits die chinesische Staatsideologie ab, die bis zum Ende des Kaiserreichs gültig sein sollte. Um 300 v. Chr. begann der Endkampf der sieben verbliebenen Staaten, aus dem 221 v. Chr. das militaristisch organisierte Qin siegreich hervorging. Sein Kerngebiet lag in der ehemaligen Domäne der Westlichen Zhou-Dynastie.

### DIE ERSTE PERIODE DES EINHEITSSTAATS: QIN- UND HAN-DYNASTIE

Der erste Kaiser der Qin-Dynastie, Qin Shihuangdi, schaffte die ehemaligen Lehnsterritorien ab und führte eine einheitliche Verwaltungsstruktur ein, die auf Landpflegereien und Kreisen basierte. Dennoch war der Feudalismus und damit verbunden die Tendenz zur regionalen Aufgliederung nicht tot. Mit Beginn des zweiten Einheitsreichs, der Han-Dynastie, lebte er in neuer Gestalt wieder auf – als gemischtes, aus selbständigen Titularkönigtümern und Landpflegereien bestehendes System. Erst als unter Kaiser Wu der absolutistische Zentralstaat ausgestaltet wurde,

*Bevor sich ein weit reichender chinesischer Herrschaftsverband bildete, lebten in Mittel- und Nordchina wahrscheinlich verschiedene jungsteinzeitliche Kulturen. Hier eine Vase aus dem Neolithikum.*

| 2400 v. Chr. | 2200 v. Chr. | 2000 v. Chr. | 1800 v. Chr. | 1600 v. Chr. | 1400 v. Chr. | 1200 v. Chr. | 1000 v. Chr. |

2205 v. Chr. – 1766 v. Chr.
*legendäre Xia-Dynastie*

16. Jh. v. Chr. – 11. Jh. v. Chr.
*Shang-Dynastie*

➤ Religionen und Glaubensformen: Die Religion des alten China
➤ Religionen und Glaubensformen: Konfuzianismus
➤ Religionen und Glaubensformen: Daoismus
➤ Kriege und Konflikte: Expansion Chinas unter den Qin und Han
➤ Menschen und Ideen: Denken im alten China

## CHINA BIS ZUM MITTELALTER

war die Gefahr der Regionalisierung gebannt, die von kaiserlichen Sippen in den Königreichen betrieben wurde.

Weitaus größere Probleme bereiteten hingegen die Angriffe von Steppennomaden, die in einer Konföderation unter den ostasiatischen Hunnen, den so genannten Xiongnu, zusammengeschlossen waren. Bis ins frühe 2. Jahrhundert führten die Han mit ihnen Kriege und griffen in deren Verlauf erstmals über ihren Kulturraum bis nach Innerasien ins Tarimbecken hinaus. Dort errichteten sie eine lose, wenngleich nicht dauerhafte Kolonialherrschaft. In diese Zeit fiel auch die planvolle Expansion nach Nordosten, in die Mandschurei und nach Korea sowie in den weiten Süden.

Gegen Ende der Dynastie gewannen die trennenden Kräfte erneut die Oberhand und führten das Ende der ersten Einheitsstaatsperiode herbei. Die Gründe für den Zerfall waren vielschichtig: Sie reichten von der Schwächung der Zentralmacht durch Machtkämpfe einzelner Interessengruppen über das Versagen der Bürokratie bis hin zur Agrarkrise und Bürgerkrieg. Ehrgeizige Militärmachthaber nutzten das Machtvakuum und gründeten mithilfe von Fremdvölkern, die im Nordwesten sesshaft gemacht wurden, eigene Dynastien.

*In diesem bronzenen Ritualgefäß aus der Zeit der Shang-Dynastie wurde Wein aufbewahrt (14. – 11. Jh. v. Chr.).*

*Zu den Fundstücken aus der Zeit der Shang-Dynastie zählen auch diese Bronzemaske und der mit Schriftzeichen versehene Schildkrötenpanzer.*

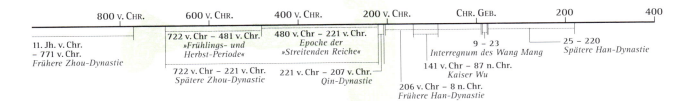

CHINA BIS ZUM MITTELALTER

## DAS CHINESISCHE MITTELALTER

Innenpolitisch stand das 3. Jahrhundert im Zeichen regionaler Militärdiktaturen der so genannten Drei Reiche. Diese Dynastien herrschten in drei landwirtschaftlich unabhängigen Zentren: Wei in den Flusstälern des Huang He und Wei He im Norden, Shu im südwestlichen Sichuan, Wu in der Region des mittleren und unteren Tales des Chang Jiang (Jangtsekiang). Auch wenn sie in ihren Machtbereichen eine staatlich gelenkte Ansiedlungspolitik betrieben, gelang es keinem der drei Teilreiche, die brennenden sozialen Probleme zu lösen und eine vom Volk mitgetragene Herrschaft zu etablieren.

Ende des 3. Jahrhunderts wurde China unter der Westlichen Jin-Dynastie erneut für nur wenige Jahre wiedervereinigt. In dieser Episode kam eine neue, auch in der Verwaltung autarke Feudalschicht auf und die sozialen Ungleichheiten nahmen zu. Bürgerkrieg, Naturkatastrophen, gefolgt von Hungersnöten und erneute Einfälle von Grenzvölkern, unter anderem der Xiongnu des Nordens und Nordwestens, führten zum Auseinanderbrechen des Reichs in Nördliche und Südliche Dynastien. Diese durchliefen fortan eine nahezu dreihundertjährige getrennte Entwicklung.

Im zumeist zersplitterten Norden herrschte eine Abfolge von nicht weniger als 20 Staaten, die überwiegend von hirtennomadischen Fremdvölkern mit unterschiedlichen Sprachen und Kulturen gegründet wurden. Die jeweils dünnen Schichten der Eroberer überlagerten zunächst die chinesischen Ackerbauern. Im Laufe der Zeit gingen sie jedoch durch kulturelle Angleichung und Mischehen in der chinesischen Bevölkerung auf. Lediglich die Toba-Wei-Dynastie konnte den Norden zumindest zeitweise vereinen, die erobernden Toba führten wahrscheinlich eine Konföderation von turksprachigen Stämmen. Dieses dauerhafteste der Eroberrerreiche hinterließ die deutlichsten Spuren in Nordchina. Das Kulturgut der Fremden verschwand erst vollständig, als die chinesische Dynastie der Sui die Reichseinheit 589 wiederherstellte.

Der Süden erfuhr eine andere Entwicklung. Als die Westliche Jin-Dynastie zerfiel, kam es zu einem Exodus von Angehörigen der chinesischen Oberschicht und deren Sippen aus dem Norden. 70 bis 80 Prozent der Beamten flohen in zwei Hauptströmen nach Mittelchina und in weiter entfernte Gebiete. Ein Flüchtlingsstrom ergoss sich in die östlichen Küstenregionen, nach Anhui, Zhejiang und Fujian, der andere in den Südwesten, nach Sichuan, Yunnan und bis nach Annam.

Kennzeichnend für die Südlichen Dynastien, die in der Geschichtsschreibung als »Sechs Dynastien« geführt werden, war die Konzentration von Großgrundbesitz. Besonders ausgeprägt war dieser Prozess in der Region der früheren Wu-Dynastie, wo gleichsam eine Föderation reicher Sippen herrschte. Diese Landaristokratie unterlief die Staatsgewalt und spielte ihre Macht gegen die schwachen Kaiser aus, die häufig nur eine Marionettenfunktion ausübten. Während der gesamten Epoche gelang es keinem Herrscherhaus, die Zentralmacht zu festigen. Die Ära endete mit

*Das etwa 25 Zentimeter große Jadeschmuckstück oder Amulett wurde bei der ehemaligen chinesischen Hauptstadt Luoyang in Henan gefunden (um 250 v. Chr.).*

*Bronzener Drachenkopf aus der Zeit der Zhou-Dynastie (um 770 v. Chr.)*

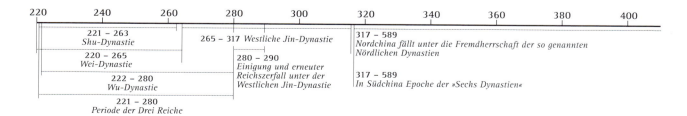

*China zur Zeit der Shang- und der frühen Zhou-Dynastie*

der von Norden ausgehenden Reichseinigung durch den aus einer adligen Militärfamilie hervorgegangenen Kaiser der Sui-Dynastie.

## WIRTSCHAFT UND GESELLSCHAFT BIS ZUM EINHEITSSTAAT

Seit der Jungsteinzeit bildete der Ackerbau die wirtschaftliche Grundlage. Die Königsherrschaft über die sesshafte Bevölkerung in der Shang- und frühen Zhou-Zeit beruhte auf Machtdelegation, das heißt auf Belehnung: Gegenseitiges Vertrauen und nicht Verwaltungskontrolle hieß das Leitmotiv.

Im Frühfeudalismus der Shang- und der Westlichen Zhou-Dynastie war die Lehnsinvestitur ein widerrufbarer, nicht erblicher Auftrag zur Heeresfolge, Loyalität und Kontrolle der Bevölkerung des jeweiligen Landes. Der Oberschicht mit dem König an der Spitze stand das Volk – Bauern, Handwerker und Kaufleute – gegenüber. Das wirtschaftliche Wohl des Staates hing von den an die Scholle gebundenen Bauern ab. Zu deren direkten Lasten gehörten Abgaben, die aus Naturalien und Arbeitsleistungen auf den jeweiligen Königs- oder Fürstenfeldern bestanden. Für ihr eigenes Überleben blieben den Bauernfamilien nur die Erträge ihrer kleinen Privatparzelle. Die Bauern mussten darüber hinaus indirekte, außergewöhnliche Leistungen erbringen. Dies waren Fronarbeiten für öffentliche Großprojekte, wie etwa Deich- und Kanalbauten, sowie Heeresdienste. Da die Bauern Kleidung und Geräte selbst herstellten, blieben die halbfreien Handwerker und Kaufleute auf die Fürstenhöfe beschränkt.

Dieses Feudalsystem zerfiel in der Mitte der Zhou-Zeit aus vielfältigen Gründen. Verantwortlich hierfür waren der Regionalismus, der durch die Bildung neuer Staaten an der Peripherie entstand, die Intensivierung der Landwirtschaft durch Eisengerätschaften sowie das Aufkommen der Geldwirtschaft. Diese verdrängte das System der Leistungen durch Dienste: Ende des 7. Jahrhunderts v. Chr. sind erstmals fest umrissene Steuersummen in Naturalien in einem der Teilstaaten im heutigen Shandong bezeugt. Damit fiel die Bodengebundenheit, sie wurde durch Geld ersetzbar. In der Unterschicht bewirkten diese Veränderungen meist eine Flucht der Bauern von der Scholle, in selteneren Fällen kam es zum bäuerlichen Landerwerb.

In der Oberschicht führte die Anhäufung von Überschussprodukten zu einer Machtkonzentration und zur Kapitalbildung. Dieses Geld floss in den Kauf von Grund und Boden.

Mit dieser Entwicklung ging die soziale Deklassierung vieler Adelsfamilien einher. Die besitzlos Gewordenen verdingten sich an großen Fürstenhäusern, die oft Tausende von Gefolgsleuten hatten. Konfuzius, der wie die meisten Staatsphilosophen der Zhou-Zeit dieser Schicht entstammte, nannte diese Fürstendiener mit adliger Erziehung *shi*, »Edle«. Erst in der Han-Zeit steht dieser Terminus für den literarisch Gebildeten, den konfuzianischen »Gelehrten«. Die *shi* dienten als Höflinge, Gesandte, Offiziere, Verwalter oder Berater. Aus ihrer Schar wählten die zentralistisch regierten Staaten neu eroberter Gebiete, in denen es keine Lehnsstruktur gab, ihre Verwaltungsbeamten aus. Als konsequente Anpassung an die veränderten sozialen und wirtschaftlichen Verhältnisse gewann zunehmend ein rationalistisches, sich in Gesetzen und Verordnungen niederschlagendes Denken die Oberhand.

*Im typischen Stil der Zhou-Ära gestaltetes Weihrauchgefäß*

*Die reich verzierte Sakralbronzefigur in Form einer gehörnten Eule diente als Aufbewahrungsgefäß für Opferwein.*

420 — 440 — 460 — 480 — 500 — 520 — 540 — 560 — 580 — 600

**420 – 534**
*Zeitweise Einigung des Nordens unter der Toba-Wei-Dynastie*

**589**
*Einigung Chinas unter der Dynastie der Sui*

▶ Menschen und Ideen: Konfuzius
▶ Menschen und Ideen: Laotse
▶ Menschen und Ideen: Erster Erhabener Kaiser Chinas
▶ Große Erfindungen: Erfindungen in China
▶ Große Erfindungen: Papier

# CHINA BIS ZUM MITTELALTER

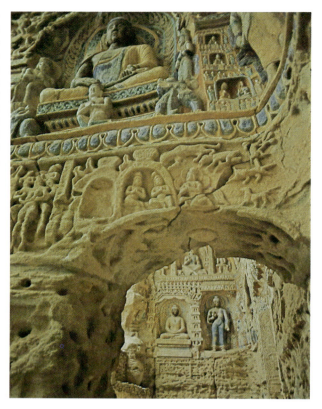

*Unter der Wei-Dynastie wurden nahe deren zeitweiliger Hauptstadt Datong die Felsengrotten von Yungang zwischen 386 und 534 n. Chr. mit buddhistischen Kolossalstatuen und Felsmalereien ausgestattet.*

## NEUE FORMEN IN WIRTSCHAFT UND VERWALTUNG

In den zwei Jahrhunderten vor Beginn unserer Zeitrechnung entstanden die Wirtschafts- und Sozialstrukturen, die für die Kaiserzeit kennzeichnend blieben. An die Stelle des früheren Erbadels trat in der Han-Zeit die führende Oberschicht der Geld- und Verwaltungsaristokratie. Wirtschaftspolitik bedeutete in erster Linie Agrarpolitik. Ziel war, das Maximum an Steuereinnahmen aus dem bewirtschafteten Ackerland zu erlangen. Dies konnte jedoch nur gelingen, wenn die Eigentumsverhältnisse für Grund und Boden dies zuließen. Soziales und wirtschaftliches Barometer waren die Bauern, deren Verzweiflung angesichts der elenden Lage sich nicht selten in Aufständen Luft machte.

Als verlängerter Arm der Staatsmacht fungierte der in wesentlichen Elementen vom kurzlebigen ersten Einheitsstaat der Qin übernommene Verwaltungsapparat. Durch ihn wurden die Geld- und Naturalsteuern eingetrieben sowie die Fron- und Wehrdienste organisiert. Dieses Administrationssystem erhielt unter Kaiser Wu seine Grundzüge, die über Jahrhunderte richtungsweisend sein sollten. Die Amtsträger wurden anfänglich nur durch Empfehlung rekrutiert, später stand diesem Auswahlverfahren mit Gründung der Beamtenakademie ein einfaches Examenssystem zur Seite. Es verfiel allerdings gegen Ende der Han-Dynastie und lebte erst gegen Ende des 6. Jahrhunderts unter den Sui wieder auf. Um die vorschlagenden Beamten scharten sich fortan Karrierehungrige und letztendlich spielten bei der Auswahl der Kandidaten Loyalitäten eine größere Rolle als durch Prüfung nachgewiesene Leistung. Auf diese Weise regenerierte sich der Geld- und Verwaltungsadel fortlaufend aus den eigenen Reihen.

Im Mittelalter bewahrte sich vor allem im Norden das zentralistische Verwaltungsprinzip, das teilweise durch eine staatlich gelenkte Ansiedlungspolitik ergänzt wurde. Man schuf Agrarkolonien und vollzog Umsiedlungen. Als jedoch die nomadische Bevölkerung zunehmend sesshaft wurde, musste die herrschende Schicht der Eroberer auf chinesische Verwaltungsmethoden zurückgreifen. Im Süden konnte sich das zentralstaatliche Prinzip nur schwer durchsetzen – die regierenden Dynastien waren hierfür zu schwach.

## LANDBESITZ UND VERARMUNG

Ab Ende des letzten vorchristlichen Jahrhunderts kennzeichneten zwei Entwicklungen die wirtschaftliche Struktur der chinesischen Gesellschaft: das Anwachsen von Großgrundbesitz und die wachsende Verarmung der Bauern, die zunehmend als Pächter oder Hörige ihr Dasein fristeten. Für die grundbesitzende Oberschicht hat sich der schillernde Begriff »Gentry« eingebürgert. Dieser wird jedoch so unterschiedlich gehandhabt wie die Frage, welche kapitalkräftigen Gruppen im Einzelnen Land erwarben. Die Begriffsbestimmung wird zum Beispiel erschwert, weil die Bildung von Grundbesitz in den einzelnen Regionen unterschiedlich verlief. Zudem erfuhren auch wohlhabende Personen – seien es kaiserliche Sippen oder Günstlinge, Clane der höheren Beamten oder Industriellen und Kaufleute – soziale Abstiege, die häufig über ein oder zwei Generationen verliefen. Die Landkonzentration, zu der nicht zuletzt auch der beträchtliche Grundbesitz der buddhistischen Klöster beitrug, setzte sich im Mittelalter verstärkt fort. Reformansätze und Agrargesetze verdeutlichen, dass die Abnahme der vom Fiskus zu erfassenden Bevölkerung zum beherrschenden Thema wurde.

Nach den damaligen wirtschaftspolitischen Grundsätzen war der Eigentümer im Prinzip dem Staat gegenüber steuer- und dienstpflichtig. Aufgrund der immer wieder erneuerten und erweiterten Privilegien gingen dem Staat erhebliche Einnahmen und Leistungen verloren. So waren erstmals seit dem 2. Jahrhundert v. Chr. die Großgrundbesitzer selbst und die von ihnen Abhängigen von Geldsteuer, Arbeits- und Wehrdienst befreit. Auch

*Das farbenprächtige Langrollenbild zeigt das Leben im Kaiserpalast der Han-Dynastie (206 v. Chr. bis 220 n. Chr.).*

die Klöster nahmen in der Zeit der Nördlichen und Südlichen Dynastien viele Landpächter unter ihre Fittiche, denen ebenfalls Steuer und Fron erlassen wurden. Ein abhängiger Pächter zahlte bis zu 30 oder 40 Prozent mehr staatliche Grundsteuer, als sein Grundherr zu entrichten hatte. Die Überschüsse flossen in Grund und Boden oder in landwirtschaftliche und industrielle Betriebe. Die Agrarpolitik zielte unter anderem darauf ab, die Abwanderung der freien Bauern entweder zu Großgrundbesitzern oder zu vagabundierenden Räuberbanden und zu Aufständischen zu verhindern. Durch andere Ansätze sollten zusätzliche Finanzmittel nicht auf Kosten der Bauern, sondern durch Staatsmonopole erlangt werden. So führte man beispielsweise bereits im 2. Jahrhundert v. Chr. erstmals ein Monopol auf Salz und Eisen ein. Darüber hinaus gab es durchaus Versuche, eine gerechte Landverteilung durchzusetzen. Gegen Ende der früheren Han-Zeit sollten zum Beispiel Verordnungen die zulässigen Höchstgrenzen von Landbesitz festlegen, konnten jedoch nicht realisiert werden. Während des Interregnums von Wang Mang wurde Land eingezogen und neu verteilt. Das erste Bodenausgleichsgesetz kam Ende des 3. Jahrhunderts n. Chr. kurz nach der Wiedervereinigung unter den Jin. Die festgesetzten Landzuteilungsquoten unterschieden allerdings zwischen dem gemeinen Volk und den Beamten. Dieses Prinzip galt auch für ein Ende des 5. Jahrhunderts erlassenes Gesetz der Toba-Wei. Bei diesem in Grundzügen angewandten Edikt der »gleichmäßigen Landverteilung« wurde zwischen befristetem, personengebundenem Nießbrauch von Ackerland und Dauerbesitz von baumbestandenem Gartengelände unterschieden. Doch mit der Wiederbesiedlung des Nordens reichte das verfügbare Ackerland nicht aus und ein Jahrhundert später mussten die Quoten gesenkt werden. Dennoch nahm der Großgrundbesitz zu. Die Reichen erwarben theoretisch unverkäufliches Erbeigentum und sogar teilweise zum Nießbrauch überlassenes Land von in Not geratenen Bauern. Im 6. Jahrhundert griff schließlich die das Reich einigende Sui-Dynastie das von den Toba-Wei begründete Bodenausgleichssystem auf und praktizierte es in etwas abgeänderter Form weiter.

*Ende des 3. Jahrhunderts v. Chr. wurde die Chinesische Mauer an der Nord- und Nordwestgrenze Chinas als eines der gigantischsten Bauwerke der Welt zum Schutz gegen die Nomadenvölker aus den weiten Steppengebieten des Nordens errichtet.*

·········· **EIN BOLLWERK FÜR DIE EWIGKEIT** ··········

An der Nord- und Nordwestgrenze Chinas erstreckt sich das wohl einzige Bauwerk der Welt, das auch vom All aus deutlich zu sehen ist: Die Rede ist von der gewaltigen Chinesischen Mauer. Der größte Teil dieser insgesamt rund 2 400 Kilometer langen Befestigungsanlage wurde unter Qin Shihuangdi, dem ersten Kaiser der Qin-Dynastie, Ende des 3. Jahrhunderts v. Chr. errichtet – zum Schutz gegen die nomadischen Steppenvölker, die immer wieder das chinesische Kaiserreich bedrohten. Das teilweise mit Backsteinen überzogene, mit vielen Wehrgängen und Wachtürmen versehene Bollwerk aus Erde, Lehm und Steinen wurde in den folgenden Jahrhunderten von späteren Dynastien instand gehalten, neu gemauert, verbessert und verlängert. Bis heute sind einige hundert Kilometer dieser gigantischen Mauer intakt geblieben.

▶ **Große Erfindungen:** Porzellan
▶ **Handel und Wirtschaft:** Aufschwung unter der Han-Dynastie
▶ **Kunst und Architektur:** Terrakotta-Armee
▶ **Literatur und Musik:** Prosaliteratur im alten China
▶ **Literatur und Musik:** Musik im alten China

# Von den Hebräern zur jüdischen Diaspora

*Nach der Bibel wuchsen die Hebräer bereits in der Zeit der Patriarchen zu einem Volk zusammen – wahrscheinlich fand dieser Prozess jedoch später während der Flucht aus Ägypten oder gar nach der Landnahme in Kanaan statt. Historisch greifbar ist erst die Regentschaft König Davids um 1000 v. Chr.*

*Die »Goldene Haggada«, eine jüdische Buchmalerei aus Katalonien, zeigt Szenen aus dem Alten Testament (um 1320/30).*

*Aus dem »Regensburger Pentateuch« (rechts) stammt diese jüdische Buchmalerei, welche die Übergabe der Gesetzestafeln an Moses darstellt (um 1300).*

Mit dem Auszug aus Ägypten beginnt die Volkwerdung der Hebräer – so lautet jedenfalls die Meinung vieler Bibelforscher. Gemäß dem »Buch der Bücher« erlebten die Hebräer auf dieser Wanderung im Gefolge ihres Führers Moses die Offenbarung Gottes auf dem Berg Sinai. Gott schloss dort mit dem Volk einen Bund und übergab Moses die Gesetzestafeln mit den zehn Geboten.

Der so genannte Exodus wirft jedoch einige Fragen über sein Wie und Wann auf. Da die Bibel die ägyptischen Städte Ramses und Pitom erwähnt, wird er in die Regierungszeit des Pharao Ramses II. im 13. Jahrhundert v. Chr. eingeordnet. Allerdings handelte es sich dabei wohl nicht um ein einziges Ereignis, sondern eher um eine anhaltende Wanderungsbewegung semitischer Stämme aus Ägypten. Darüber hinaus stammen die Gebote nicht aus der Zeit Moses', sondern sind viel jünger und wurden später in den alten biblischen Auszugstext eingebaut.

### Nach dem Exodus
### Landnahme und Richterzeit

Nach vierzig Jahren Wanderung durch die Wüste ließen sich die von Josua geführten Hebräer in Kanaan nieder. Die Bibel beschreibt diese Landnahme als gewaltsame Eroberungen. Das Buch Richter berichtet von wiederholten bewaffneten Konflikten zwischen den Bewohnern der Stadtstaaten und den zuwandernden Stämmen, die in Kriegszeiten als Verbündete von charismatischen Befehlshabern, den Richtern, angeführt wurden. Die Forschung ist sich jedoch weitgehend einig, dass diese Einnahme in einem langen, meist friedlichen Prozess verlief. Demzufolge wanderten semitische Stämme aus Ägypten, dem Sinai und Mesopotamien in die ländlichen Gebiete Kanaans ein und ließen sich dort zwischen den Stadtstaaten nieder.

### Die Monarchie

Die Stammesvereinigung war jedoch auf Dauer weder den feindlichen Kanaanitern noch den mächtigen Philistern in der Küstenebene gewachsen. Die Einführung einer zentralen Monarchie geriet zur Notwendigkeit. Zum Herrscher über die Gemeinschaft der Stämme wurde der vom letzten Richter und Propheten Samuel zum ersten König über Israel gesalbte Saul aus dem Stamm Benjamin. Er drängte die Philister zurück und konnte auch östlich des Jordan Siege feiern, beging jedoch nach einer Niederlage gegen die Philister um 1004 v. Chr. Selbstmord. Sein Nachfolger David aus dem Stamm Juda besiegte nicht

*Auf dieser äthiopischen Miniatur spielt König David die Leier (15. Jh.).*

# Die Hebräer

nur die Philister und die verbliebenen unabhängigen Kanaaniterstaaten, sondern konnte auch die Völker östlich des Jordan unterwerfen. Die von ihm eroberte Jebusiterstadt Jerusalem stieg zur Hauptstadt und zum ersten Kultzentrum des Landes auf. Hier wurde nun die Bundeslade mit den Gesetzestafeln des Moses aufbewahrt.

Unter Davids Sohn und Nachfolger Salomo stabilisierte sich die Herrschaft der Dynastie. König Salomo konzentrierte sich auf den Handel und eine rege Bautätigkeit, für die er hohe Steuern erhob und auch aus dem eigenen Volk Fronarbeiter rekrutierte. Im ganzen Land entstanden Verwaltungsstädte und in Jerusalem der Tempel.

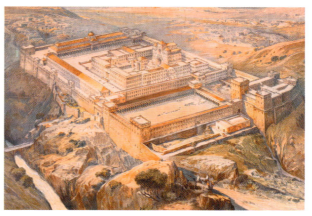

*Rekonstruktion des Tempels von Jerusalem, der unter König Salomo erbaut wurde*

## Aus dem geteilten Reich in die Diaspora

Uralte Stammeskonflikte, aber auch die Steuer- und Fronarbeiterpolitik ließen das Reich nach dem Tode Salomos um 930 v. Chr. auseinanderbrechen. Während sich die zehn Nordstämme unter Jerobeam zum Königreich Israel mit der Hauptstadt Sichem, später Samaria, zusammenschlossen, entstand im Süden das von Salomos Sohn Rehabeam regierte Reich Juda mit Jerusalem als Hauptstadt. Durch blutige Bruderkriege um territoriale und religiöse Fragen erschüttert, waren die beiden geschwächten Staaten schließlich zu Bündnisschließungen gegen äußere Bedrohungen gezwungen.

Das in der Folge von neun verschiedenen Dynastien regierte Nordreich Israel konnte nur zweihundert Jahre seine Unabhängigkeit genießen. Der innenpolitisch instabile Staat wurde 722 v. Chr. von den Assyrern erobert und vollständig unterworfen. Große Teile der Bevölkerung wurden nach Assyrien deportiert, im Gegenzug siedelte man Fremde an, die sich mit der verbliebenen Bevölkerung vermischten. Noch heute gedenkt man wehmütig der zehn untergegangenen Stämme.

Das von Königen aus dem Hause Davids geführte Südreich Juda wurde 587 v. Chr. von den Neubabyloniern erobert. Diese nahmen unter der Führung von König Nebukadnezar II. Jerusalem nach zweijähriger Belagerung ein, zerstörten die Stadt und den Tempel und führten einen großen Teil der Bevölkerung in die babylonische Gefangenschaft. Dort, in der Diaspora, bildeten die Vertriebenen eine autonome Gemeinschaft, die weiterhin an ihrem Glauben an den einen Gott festhielt.

### Die Hebräer in Kanaan

Die Stammväter oder Patriarchen, die die Bibel in der Genesis so malerisch beschreibt, werden von Forschern als Sinnbilder der nomadischen Lebensweise in der Vorzeit des Volkes Israel gesehen. Abraham, Isaak und Jakob waren wohl keine historischen Gestalten, sondern symbolisieren die semitische Wanderung aus dem Zweistromland nach Westen. Abraham wurde von Gott sowohl eine reiche Nachkommenschaft als auch der Besitz des Landes Kanaan verheißen; aus den zwölf Söhnen seines Enkels Jakob gingen die zwölf Stämme Israels hervor. Die Amarna-Briefe aus dem 14. Jahrhundert v. Chr., eine bedeutende Korrespondenz kanaanäischer Vasallenfürsten mit dem Ketzerpharao Echnaton, bezeugen die Bedrohung der Stadtstaaten Kanaans durch semitische Nomaden namens Habiru. Manche Forscher setzen diese mit den Hebräern gleich.

*Die Zerstörung der Mauern von Jericho; Holzschnitt aus der niederdeutschen Bibel von Steffen Andres (1494)*

- ▶ Religionen und Glaubensformen: Das Judentum
- ▶ Religionen und Glaubensformen: Geschichte des auserwählten Volkes
- ▶ Kriege und Konflikte: Israeliten erobern Jerusalem
- ▶ Menschen und Ideen: David
- ▶ Menschen und Ideen: Salomo

# KÖNIGE DER MEERE – DIE PHÖNIZIER

*Das legendenumwobene Volk der Phönizier stellte die wagemutigsten Seefahrer des Altertums.
Von ihrem winzigen Mutterland aus befuhren sie das Mittelmeer und gründeten zahlreiche westliche Kolonien, immer
auf der Suche nach edlen Metallen und strategisch günstigen, für Häfen geeigneten Buchten.*

*Die Löwenskulptur aus Basaltstein stammt aus den Ruinen der bedeutenden phönizischen Handelsstadt Byblos (4.–6. Jh. v. Chr.).*

*In der phönizischen Kolonie Karthago wurden diese drei Anhänger in Form von bärtigen Köpfen gefunden (4. bis 3. Jh. v. Chr.).*

Phönizien liegt im Gebiet der syrisch-libanesischen Küstenebenen, in der Levante. In seinem goldenen Zeitalter umfasste es den schmalen Landstrifen zwischen der Mündung des Nahr el Asi, des einstigen Orontes, im Norden und dem Karmelgebirge im Süden, der Nordspitze des heutigen Israels. Begrenzt wird die Region im Osten durch lang gestreckte Gebirgszüge, die zum Teil direkt aus dem Meer aufsteigen, wie das Libanongebirge. Die schmale Küstenebene wird von zahlreichen Flüssen, die tiefe Schluchten gegraben haben, durchquert und ist von Küstenbuchten, die sich als Häfen geradezu anbieten, gesäumt. Diese naturräumlichen Gegebenheiten haben die Geschichte des Landes entscheidend geprägt. Sie bewirkten, dass Phönizien aus relativ isolierten, durch tiefe Täler voneinander getrennten Stadtstaaten bestand und das Meer schon früh zur zentralen Verkehrsader wurde.

## VON DER STEINZEIT BIS ZUM GOLDENEN ZEITALTER

In das bereits ab der Steinzeit besiedelte Phönizien drangen im 4. und 3. Jahrtausend v. Chr. semitische Einwanderer in mehreren Wellen ein. Ende des 3. Jahrtausends v. Chr. erlag die Region dem Ansturm der Amoriter. Die hier ansässigen Einwohner nannte man fortan Kanaaniter.

Die traditionell engen Beziehungen mit Ägypten waren fortan unterbrochen und wurden erst 400 Jahre später, um 1900

| 2400 v. Chr. | 2200 v. Chr. | 2000 v. Chr. | 1800 v. Chr. | 1600 v. Chr. | 1400 v. Chr. |
|---|---|---|---|---|---|
| | *2300 – 2100 v. Chr. Die Amoriter besetzen Phönizien, Palästina, Syrien und Mesopotamien* | | | *1750 – 1525 v. Chr. Herrschaft der Hyksos* | *ab 1525 v. Chr. Ägyptische Provinz unter der 18. Dynastie, Besetzung durch Amoriter und Hethiter, Rückeroberung Phöniziens durch Sethos I. und Ramses II.* |

# Die Phönizier

v. Chr., wieder aufgenommen. Zwischen etwa 1750 und 1525 v. Chr. brachten die Hyksos das Land unter ihre Gewalt. Unter den Pharaonen der 18. Dynastie wurde es ägyptische Provinz, gelangte zeitweilig unter die Herrschaft der Hethiter und der Amoriter des Hinterlandes und wurde unter den ägyptischen Pharaonen Sethos I. und Ramses II. zurückerobert. Doch dann sollte ein entscheidendes Ereignis den Charakter dieses Volkes grundlegend verändern: Um 1200 v. Chr. drangen große Völkerhorden, die Dorer, in Griechenland ein und vertrieben die dort ansässigen Ägäer. Diese breiteten sich wiederum im östlichen Mittelmeerraum aus, überrannten das Königreich der Hethiter, griffen die Ägypter an und ließen sich letztendlich in Phönizien nieder. Dort kam es zur Assimilation der auch »Seevölker« genannten Ägäer mit den einheimischen Kanaanitern. Dieses »neue« Volk, das oft als die eigentlichen »Phönizier« bezeichnet wird, wuchs zu einer mächtigen und unabhängigen Seefahrer- und Handelsnation heran und gründete Kolonien im gesamten Mittelmeerraum. Das »goldene Zeitalter« hatte begonnen.

*Diese Darstellung einer Maske wurde auf die Schale eines Straußeneis gemalt. Sie diente wohl als Amulett.*

Zu den eigenen Handelserzeugnissen zählten das für den Schiffbau verwendete Bauholz aus den riesigen Zedernwäldern des Libanons, das bis nach Ägypten verschifft wurde, Goldschmiedearbeiten und Elfenbeinschnitzereien, der berühmte Purpurfarbstoff, der aus der Purpurschnecke gewonnen wurde, und Glas, das die Phönizier erfunden hatten. Auf der Suche nach wertvollen Metallen segelten diese kühnen Seefahrer entlang den Mittelmeerküsten bis zum Atlantik, gründeten Kolonien im heutigen Spanien (Cadiz), Tunesien (Utica, Karthago), auf Sardinien und Sizilien. Nach dem griechischen Geschichtsschreiber Herodot sollen sie sogar ganz Afrika umsegelt sowie zu den Britischen Inseln gelangt sein. Wichtigste Kolonie der Punier – wie die Phönizier des westlichen Mittelmeerraums genannt werden – war das um 814 v. Chr. gegründete Karthago.

Im phönizischen Mutterland endete das »goldene Zeitalter« im 9. Jahrhundert v. Chr. mit dem Einmarsch der Assyrer; in der Folge wurde die Kolonisierung verstärkt. In den anschließenden Jahrhunderten geriet die syrisch-libanesische Levante unter babylonische, persische, griechische und römische Herrschaft.

## HANDEL UND KOLONISATION

Die bedeutendsten phönizischen Hafenstädte waren Byblos, Tyros, Sidon, Arados, Berytus und Ugarit. Die wechselvolle Geschichte dieser Städte lässt sich wunderschön an der eklektischen Kunst der Phönizier ablesen, die viele Stilmerkmale der umliegenden und Einfluss ausübenden Länder – Ägypten, Griechenland, Mesopotamien – aufnahm und auf sehr originelle Weise assimilierte. Eine herausragende kulturelle Leistung der Phönizier ist die Erfindung des Alphabets. Die älteste Inschrift aus dem 13. Jahrhundert v. Chr. ist auf dem mit kunstvollen Reliefs verzierten Sarkophag des Ahiram, König von Byblos und Zeitgenosse Ramses II., erhalten.

## STUMMER HANDEL

Einen guten Einblick in die Gepflogenheiten des punischen Mittelmeerhandels erhält man bei Herodot. Er berichtet anschaulich, wie die Karthager den so genannten stummen Handel betrieben. Dabei luden sie ihre Waren an der Küste eines fremden Landes ab, entzündeten ein Feuer, um die Einheimischen anzulocken, und verschwanden wieder. Die Einheimischen kamen herbei, begutachteten die Waren und legten daneben das Gold, das sie dafür zahlen wollten. Die Karthager kehrten zurück und prüften ihrerseits, ob ihnen der Preis genügte. Dieser Vorgang wurde so lange wiederholt, bis sich beide Seiten einig waren.

*Das Relief auf dem in Byblos gefundenen Sarkophag des Königs Ahiram zeigt den Herrscher auf seinem Thron, einen Tisch mit Opfergaben, seinen Sohn und Höflinge (13. Jh. v. Chr.).*

| 1200 v. Chr. | 1000 v. Chr. | 800 v. Chr. | 600 v. Chr. | 400 v. Chr. | 200 v. Chr. | Chr. Geb. |
|---|---|---|---|---|---|---|
| um 1200 v. Chr. *Einfall der Seevölker, »Goldenes Zeitalter«, Gründung von Kolonien im westlichen Mittelmeer* | ab 900 v. Chr. *Herrschaft der Assyrer* | 814 v. Chr. *Gründung von Karthago (218 zerstört)* | | 6. – 4. Jh. v. Chr. *Phönizien unter babylonischer und persischer Herrschaft* | 332 v. Chr. *Alexander der Große erobert Phönizien* | 64 v. Chr. *Phönizien wird römische Provinz* |

➤ **Religionen und Glaubensformen:** Die Religion der Kanaanäer
➤ **Menschen und Ideen:** Hannibal
➤ **Große Entdeckungen:** Karthago
➤ **Handel und Wirtschaft:** Wirtschaftliche Rolle der Phönizier

# Kulturen Altamerikas
## Eine chronologische Einteilung

*Ein aus Rohr gefertigter und mit Federmosaik verzierter aztekischer Schild*

Die Beringstraße zwischen Alaska und Sibirien, die sibirische Nomaden vor Jahrtausenden während der Eiszeit beschritten haben sollen, wird bisher als gesicherter Weg der ersten Einwanderer nach Amerika angesehen. Im Jahr 1937 entdeckten Archäologen bei Clovis im US-Bundesstaat New Mexico über 10 000 Jahre alte Speerspitzen, deren Verbreitung schließlich über den ganzen nordamerikanischen Kontinent festgestellt wurde. Da lange Zeit keine älteren kulturellen Zeugnisse gefunden wurden, galten die so genannten Clovis-Menschen als die amerikanischen Ureinwohner. Mittlerweile fanden jedoch Forscher in Monte Verde in Chile und in Cactus Hill im Bundesstaat Virginia Steinwerkzeuge und Holzkohlenreste, deren Alter sogar noch sehr viel weiter zurückreicht. Neben der Einwanderung über die Beringstraße rücken immer mehr transpazifische Fahrten, die eine kulturelle Verbindung zu anderen Kontinenten beweisen sollen, in den Mittelpunkt der wissenschaftlichen Diskussion. Mittlerweile gilt es als sicher, dass die Besiedelung der amerikanischen Kontinente in mehreren Etappen erfolgte und wohl schon vor 25 000 Jahren begann.

*Aus der aztekischen Hauptstadt Tenochtitlán stammt diese Skulptur der Mondgöttin Coyolxauhqui (14.–16. Jh.).*

### Mesoamerikanische Kulturen

In Mesoamerika, dem kulturellen Großraum mit Teilen von Mexiko und Zentralamerika, unterscheiden die Forscher zwischen Präklassik (2300 v. Chr. – 100 n. Chr.), Klassik (100 n. Chr. – 900 n. Chr.) und Postklassik (900 – 1521 n. Chr.). Dieser chronolo-

*Die »Akropolis« in Tikal – von etwa 200 v. Chr. bis um 900 n. Chr. das größte Zeremonialzentrum der Maya in Guatemala*

*Steinskulptur der San-Agustín-Kultur, der ältesten bekannten Kultur in der Region des heutigen Kolumbien (ab etwa 600 v. Chr.)*

gischen Bestimmung der Wissenschaft folgt eine geografische Gliederung in Zentrales Hochplateau, Golfküste, Oaxaca, Westgebiete und Maya-Gebiete.

Die Präklassik wird auch als formative Periode bezeichnet und in frühes, mittleres und spätes Präklassikum unterteilt. In dieser Epoche lebten sesshafte Gruppen in Dörfern zusammen und bauten Nutzpflanzen wie Mais, Bohnen, Kürbis und Baumwolle an. Gegen Ende dieser Phase sorgte zunehmend die Entwicklung von Bewässerungssystemen für wirtschaftlichen Aufschwung und erste urbane Siedlungen. Damit einher ging die Erfindung der Schrift und die Berechnung der beiden Kalender mit 260 und 365 Tagen. Die Olmeken an der Golfküste gelten heute als die erste prägende Kultur Mesoamerikas. In die Präklassik fallen die Anfänge des Stadtstaates Teotihuacán in Zentralmexiko, des Zentrums Monte Albán in Oaxaca und die Frühphase der Maya-Kultur.

Das Klassikum steht für die Blütezeit Teotihuacáns und der Maya. Urbane Zentren mit bedeutendem Bevölkerungsanstieg verbreiteten großräumig ihren Stil und Einfluss. Am Ende der Periode steht die kriegerische Gewalt als charakteristisches Merkmal.

Ein Kennzeichen der Postklassik ist das Auftreten von regionalen Entwicklungen wie die Tolteken und ihr Zentrum Tula oder das aztekische Reich mit der Hauptstadt Tenochtitlán, die aber weniger dauerhaft und regional begrenzt sind. Die Postklassik endet 1521 mit dem Eindringen der spanischen Eroberer und ihrer Zerstörung des aztekischen Großreiches.

## SÜDAMERIKANISCHE KULTUREN

In Südamerika spricht man im Allgemeinen von »Horizonten« oder »Perioden«, um die Entwicklung zwischen 1800 v. Chr. und 1532 n. Chr. zu beschreiben. Geografisch wird zwischen Küstengebiet und Hochland unterschieden.

Zu den wichtigsten Neuerungen des Formativums (1800 bis 200 v. Chr.) zählt der intensive Feldbau und damit einhergehend der Anstieg der Bevölkerung. In diese Phase fällt die Entwicklung der Kulturzentren Chavín, Cupisnique und Paracas.

Die Kultur der Moche und Nazca wird der frühen Zwischenperiode von 200 v. Chr. bis 550 n. Chr. zugeschrieben. Die Menschen lebten zunehmend in einer geschichteten Gesellschaft und stellten die Verehrung des Raubtiers, zum Beispiel des Jaguars, in den Mittelpunkt ihrer religiösen Verehrung.

Ähnlich wie in Mesoamerika begann in der nachklassischen Zeit eine Phase, die auch als »Städtebauperiode« bezeichnet wird. Die Konzentration der Menschen in Großsiedlungen führte zu einer städtebaulichen Planung und zu der Herausbildung einer Klassengesellschaft.

Der Aufstieg der Stadt Tiwanaku unweit des Südufers des Titicacasees begann um 100 v. Chr. und reichte über den Mittleren Horizont (550–900 n. Chr.) bis in die Späte Zwischenperiode (900 bis 1470 n. Chr.). Huari gehörte von 650 bis 800 n. Chr. mit ungefähr 30 000 Einwohnern zu den größten Städten der zentralen Anden. In die Späte Zwischenperiode fällt auch die Kultur der Chimú an der Nordküste. Der Späte Horizont um 1500 n. Chr. ist der komplexen Kultur der Inkas mit ihrem Zentrum Cuzco vorbehalten.

*Detail einer Malerei der Maya aus dem Roten Tempel im mexikanischen Cacaxtla. Abgebildet sind verschiedene Personen und Tiere der altamerikanischen Mythenwelt.*

### BEGRIFFE DER HISTORIKER

Die Geschichte der »Neuen Welt« wird entsprechend der »Alten Welt« in chronologische Phasen eingeteilt. Die Wissenschaft spricht von verschiedenen Horizonten, Perioden oder Epochen wie etwa dem Formativum und meint damit bestimmte Zeitabschnitte, in denen sich spezifische Stile sowie wirtschaftliche und gesellschaftliche Strukturen formierten. Impulse durch Einwanderer, verschiedene geografische und klimatische Gegebenheiten sowie andere Faktoren bewirkten, dass sich die altamerikanischen Zivilisationen unterschiedlich entwickelten.

▶ Kriege und Konflikte: Tolteken, Azteken, Inkas
▶ Große Entdeckungen: Tempel der Maya
▶ Große Entdeckungen: Teotihuacán
▶ Mythen, Rätsel und Orakel: Geheimnisvolles Erbe der Inka
▶ Mythen, Rätsel und Orakel: Olmekische Skulpturen und Schriftzeichen

# MAISZÜCHTER IM KAUTSCHUKLAND
# DIE OLMEKEN

*Olmeken, »Bewohner des Kautschuklandes«: Mit diesem Nahua-Wort bezeichneten einst die Azteken die Bewohner der Golfküste. Der Name steht heute für eine frühe mesoamerikanische Kultur, deren Einfluss von Mexiko bis nach Mittelamerika reichte.*

*Zu den eindrucksvollsten olmekischen Kunstwerken zählen die monumentalen, aus Basalt gehauenen Kolossalköpfe, die bis zu drei Meter hoch und bis zu 25 Tonnen schwer sind.*

In den heutigen mexikanischen Bundesstaaten Veracruz und Tabasco erstreckte sich ab dem 2. Jahrtausend v. Chr. entlang der Küste des Golfs von Mexiko das ausgedehnte Siedlungsgebiet einer mesoamerikanischen Kultur, deren Träger wir heute Olmeken nennen. Das erste ihrer wohl größten und wichtigsten Zeremonial- und Siedlungszentren entstand ab etwa 1200 v. Chr. in San Lorenzo, das von dem um etwa 1000 v. Chr. erstarkenden La Venta abgelöst wurde. Dort lebten um etwa 600 v. Chr. vermutlich rund 350 000 Menschen.

Die wirtschaftliche Grundlage der Olmeken bildeten Fischfang, Handel und nicht zuletzt der Anbau von Mais, welcher aufgrund des Klimas und der fruchtbaren Böden zweimal im Jahr geerntet werden konnte. Die gesicherte Ernährung erlaubte, dass aus kleineren Ansiedlungen im Lauf der Zeit stadtähnliche Zentren mit Ballspielplätzen und Höfen für öffentliche Zeremonien entstanden und ermöglichte zudem die Beschäftigung mit Kunst und Wissenschaft, die etwa die Anfänge eines Schrift- und Kalendersystems hervorbrachte. Die hervorragende wirtschaftliche Situation bildete aber auch die Grundlage für die Entwicklung einer hierarchisch geordneten Gesellschaft. Deren Oberhaupt übte neben seiner politischen Führerrolle wahrscheinlich auch eine sakrale Funktion aus und legitimierte seinen Thronanspruch wohl durch die Abstammung von übernatürlichen Wesen, wie sie etwa der Jaguar symbolisierte.

## Das Geheimnis der Steinskulpturen

Berühmte Hinterlassenschaften der Olmeken sind die in einem einzigartigen Stil gefertigten Steinmonumente: riesige Köpfe, Altäre, Figurinen und Stelen, die auf regelmäßigen Körpern wie Kuben, Prismen oder Pyramiden ruhen. Das Hauptmotiv bilden Menschen mit runden, vollen Gesichtern, breiten Nasen und wulstigen Lippen, die häufig aber auch Jaguar-, Schlangen- oder Vogel-Schlangen-Masken tragen. Besonders eindrucksvoll sind die wuchtigen, von den olmekischen Künstlern aus Basalt gehauenen monumentalen Köpfe mit beinahe kindlich anmutenden Gesichtern und helmartigen Mützen, zu deren bekanntesten Beispielen 18 Kolossalhäupter aus San Lorenzo, La Venta und Tres Zapotes zählen. Heute geht die Forschung davon aus, dass die bis zu drei Meter hohen und zwischen 6 und über 25 Tonnen schweren Statuen Herrscher, Götter oder Tote verkörpern.

Der typisch olmekische Stil kam darüber hinaus auch in Figuren, Reliefs und Schnitzereien aus Edelsteinen zum Ausdruck; so etwa in den Figuren mit birnenförmigen Köpfen und den Babygesichtern, den so genannten *baby faces*. Und wahrhaft olmekisch sind die Pyramidenbauten mit ihren gewaltigen Ausmaßen.

Stil und Fertigung der Kunstwerke und Bauten geben uns zurzeit noch zahlreiche Rätsel auf. So kennen wir bislang noch keine Vorbilder für ihre künstlerische Darstellungsart und auch für die Pyramiden hat man bisher keine entsprechenden Vorformen gefunden. Darüber hinaus ruft die künstlerische und handwerkliche Perfektion der Steinbearbeitung Erstaunen hervor, da sowohl San Lorenzo als auch La Venta im steinlosen Schwemmland der Küste liegen und die nächste Basaltquelle 125 Kilometer entfernt ist. Vielleicht wurden die Monolithen dort grob behauen und anschließend auf dem Wasserweg zu ihrem Bestimmungsort transportiert.

Möglicherweise lichten neuere Ausgrabungsfunde im zentralmexikanischen Hochland dieses Geheimnis. So wurden etwa in Tlacozotitlan am Río Balsas im heutigen Bundesstaat Guerrero Steinbauwerke gefunden, die in vielen Einzelheiten an den Stil von San Lorenzo erinnern und in eine Zeit um 1600 bis 700 v. Chr. datiert werden. Die Funde bestärken diejenigen Forscher, die dort und nicht an der Küste das Herkunftsgebiet der Olmeken vermuten. Sie gehen davon aus, dass die Olmeken ihre hoch entwickelte Fertigkeit in der Steinbearbeitung nur in einem derart mineralreichen Gebiet ausgebildet haben konnten – bewiesen ist diese These jedoch noch nicht.

## Die Ausbreitung des olmekischen Stils

Umstritten sind auch die Gründe für die Verbreitung der olmekischen Tradition, deren Fortführungen und Einbindungen in andere lokale Kulturen als epi-olmekische Kulturen bezeichnet werden. So ist der olmekische Einfluss zum Beispiel auf das im Maya-Hochland gelegene Zentrum Kaminaljuyú nachweisbar, andere wichtige Zentren der Epigonen-Olmeken liegen im mexikanischen Chiapas, in El Salvador und Guatemala. Woher diese so genannten Olmeken kamen, ist bis heute

ebenso ungeklärt wie die Frage, warum ihre Ausstrahlungskraft im Spät-Präklassikum erlahmte. Kontrovers diskutiert wird zudem, ob sie eine »Mutterkultur« darstellten oder Teil einer gesamtkulturellen Entwicklung waren. Weder ihr Name noch ihre Sprache haben sich erhalten.

*Die hoch entwickelte Kunstfertigkeit der Olmeken in der Steinbearbeitung zeigt sich auch in den Reliefs, hier an einer Stele. Typisch für den olmekischen Stil ist die ausgeprägte Ornamentik.*

*Basaltskulptur eines sitzenden Priesters in La Venta (Park La Venta, Villahermosa, Mexiko)*

........... **Opfer für eine unbekannte Religion** ...........
Funde von Rochenstacheln, Knochenahlen oder Obsidiannadeln lassen auf Riten schließen, in denen Blut abgezapft und geopfert wurde; Darstellungen auf Keramiken aus dem zentralen Hochland deuten auf Menschenopfer hin. Ob Opfer und Riten Naturgewalten wie Regen, Feuer und Sonne, der Verehrung von Totentieren wie Jaguar, Kaiman und Schlange oder einem einzigen Schöpfergott galten, ist nicht zu rekonstruieren. Bemerkenswert ist die dominierende Rolle des Jaguars in den Darstellungen, die auf seine besondere Bedeutung in Religion und Mythologie hinweisen. Aufgrund der Kenntnisse über spätere mesoamerikanische Religionen geht man davon aus, dass die Jaguar-Mensch-Wesen Gottheiten oder Schamanen verkörperten.

▶ **Religionen und Glaubensformen:** Die Religionen Mesoamerikas
▶ **Kunst und Architektur:** Olmeken-Köpfe
▶ **Mythen, Rätsel und Orakel:** Olmekische Skulpturen und Schriftzeichen

# KRIEGERISCHE KÜNSTLER
## DIE HUAXTEKEN

*Sie ließen sich von den aztekischen Herrschern nicht in deren Großreich einverleiben, widersetzten sich den spanischen Eroberern und schockierten die christlichen Missionare durch ihre Nacktheit. In die Geschichte gingen die huaxtekischen Verwandten der Maya jedoch vor allem als großartige Bildhauer ein.*

*Die Figur auf der huaxtekisch-totonakischen Stele aus der postklassischen Periode trägt den charakteristischen Kopfputz und ist mit Tätowierungen versehen.*

*Formschön gearbeitetes huaxtekisches Gefäß von der Isla del Idolo im mexikanischen Bundesstaat Veracruz (13. – 16. Jh.)*

In vorspanischer Zeit siedelten die Huaxteken im Norden des heutigen mexikanischen Bundesstaates Veracruz sowie in Teilen der angrenzenden Staaten Tamaulipas und San Luis Potosí. Ihr Hauptzentrum lag im Einzugsbereich des Rio Pánuco. Nach diesem Fluss werden die Entwicklungsphasen der Region benannt, die in die sechs Perioden Pánuco I bis VI eingeteilt werden. Das ehemalige Siedlungsgebiet der Huaxteken war bislang nur selten Ziel archäologischer Forschungen, eine Ausnahme bildet lediglich die wichtigste huaxtekische Stadt Tamuín, die rund 90 Kilometer westlich des heutigen Tampico gelegen ist. Dort gruben Wissenschaftler Erdhügel aus, die bis ins 9. Jahrhundert datiert werden konnten. Sie enthielten Muschelornamente und Waffen, die auf einen Kontakt der Huaxteken mit Völkern aus Regionen der heutigen USA schließen lassen. Die einzelnen Entwicklungsperioden sowie die kulturellen Einflüsse, die auf die Huaxteken einwirkten, lassen sich an ausgegrabenen Töpferwaren ablesen.

### VERWANDTE DER MAYA

Die Huaxteken genannten Einwanderer, die vermutlich um etwa 1000 v. Chr. in die Nordregion der mexikanischen Golfküste kamen, waren Träger der präklassischen Maya-Kultur. Sie nahmen in der Folge eine eigenständige kulturelle Entwicklung und kannten im Gegensatz zu ihren Verwandten weder Schrift noch Kalendersystem. Ihre Sprache bildete einen Zweig der Maya-Sprachen. Sie wird heute noch von den rund 60 000 Nachfahren der Huaxteken gesprochen, die meist als Kleinbauern an der mexikanischen Golfküste ansässig sind.

# Die Huaxteken

Obgleich die Huaxteken niemals eine militärische Expansionskraft wie einige andere mesoamerikanische Kulturen entwickelten, gelang es dennoch den Azteken nicht, ihre zähen, angeblich nackt kämpfenden Krieger zu besiegen. Und auch der spanische Eroberer Hernán Cortés hatte Schwierigkeiten, dieses Volk zu unterwerfen.

## HUAXTEKISCHE STEINMETZKUNST

Die Huaxteken bildeten eine vergleichsweise einfache Architektur aus, von der nur wenige Beispiele erhalten sind. Tempel oder Paläste wurden nach einem runden Grundriss errichtet und, wie ein heute noch erhaltenes Gebäude in Tamuín zeigt, mit Wandmalereien im Mixteca-Puebla-Stil geschmückt.

Jedoch nicht die Architektur, sondern die Bildhauerei war das bevorzugte Metier der huaxtekischen Künstler, deren hervorragende Kunstfertigkeit über 400 Skulpturen aus Sandstein belegen. Ihr meisterhaftes Können kommt vor allem im Hauptthema, der menschlichen Figur, zum Ausdruck. Eindrucksvolles Charakteristikum dieser Plastiken ist die starre Haltung der Figuren bei gleichzeitiger Stärke des Ausdrucks. Die wunderschönen Steinmetzarbeiten entstanden zwischen 1000 und 1250 n. Chr. in der Pánuco V genannten Phase. In diese postklassische Periode fällt der eigentliche Höhepunkt der huaxtekischen Entwicklung, in der neben der Bildhauerei auch die Keramikkunst mit ihrem charakteristischen schwarzen, formenreichen Dekor zur Blüte gelangt.

Je nach Geschlecht und körperlichen Eigenheiten der dargestellten Person folgten die Künstler einem bestimmten Formen- beziehungsweise Symbolkanon. Oft zeigen die Skulpturen großflächige Tätowierungen, die Berichten zufolge von den Huaxteken als Körperschmuck bevorzugt wurden. Experten vermuten, dass alle weiblichen Plastiken Versinnbildlichungen der Göttin und Erdmutter Ixcuina-Tlazolteotl darstellen. Die Frauenfiguren stehen aufrecht mit nackten Brüsten, falten die Hände über dem Bauch zusammen und tragen den charakteristischen Kopfputz der Huaxteken. Dieser besteht aus einem bisweilen mit Schlangenköpfen versehenen Fächer und mehreren unterschiedlichen Elementen wie einem rechteckigen Block oder einer konischen Mütze.

Während sich die Frauenskulpturen sehr ähneln, zeigen die männlichen Figuren größere Unterschiede. So weist die Gruppe der Nackten ohne Kopfschmuck oder mit eng anliegenden Mützen deutlich deformierte Schädel auf. Diese entsprachen dem huaxtekischen Schönheitsideal und wurden in Natura durch künstliche Verformung erreicht. Andere Figuren sind züchtig in Lendenschurze gehüllt, haben runde Pflöcke durch die Ohren gesteckt und eine Mütze auf dem Kopf. Diese Insignien weisen auf den Gott Ehecatl-Quetzalcoatl hin. Manche Skulpturen stellen Bucklige dar oder Männer, die Kinder oder ein Skelett auf ihrem Rücken tragen. Völlig einzigartig in der mesoamerikanischen Kunst sind männliche Figuren mit einem Stab oder einer Schlange in den Händen. Diese Darstellungen könnten sich auf den Feuergott beziehen; der Stab wäre dann ein Feuerbohrer.

### DIE CHRONOLOGIE DER HUAXTEKISCHEN KULTUR

Die archäologischen Funde der nördlichen Golfküste werden in die Phasen Pánuco I bis VI eingeteilt, die der gängigen chronologischen Einteilung der mesoamerikanischen Entwicklung in Präklassik, Klassik und Postklassik folgen. Bis heute ist nicht klar, wann die Huaxteken sich von ihren Maya-Verwandten abspalteten. Sie wanderten vermutlich um 1000 v. Chr. in die Golfzone ein. Die weiblichen Tonfiguren dieser präklassischen Phase (Pánuco I und II) entsprechen Idolen anderer frühklassischer Kulturen. In der klassischen Periode zwischen 200 und 900 n. Chr. (Pánuco III und IV) stand das Gebiet unter dem Einfluss der Teotihuacán-Kultur und der mittleren Golfzone. Die Huaxteken formten daraus ihren eigenen Stil und erreichten in der postklassischen Periode (vor allem in Pánuco V zwischen 1000 und 1250 n. Chr.) den Höhepunkt ihres kulturellen Schaffens.

*Der »Jüngling aus Tamuín«, eine Skulptur aus der postklassischen Periode, stellt wahrscheinlich eine Sonnengottheit dar.*

*Aus der postklassischen Periode stammt auch dieser große huaxtekische Krug in Gestalt einer knienden Frau.*

▶ Religionen und Glaubensformen: Die Religionen Mesoamerikas

# JÄGER, BAUERN, STÄDTEBAUER
# FRÜHE NORDAMERIKANISCHE KULTUREN

*Bei ihrer Ankunft auf dem amerikanischen Kontinent sahen die weißen Eindringlinge
die Indianer meist als »gefährliche Wilde«, die man mit aller Macht bekämpfen, zivilisieren und missionieren musste.
Zu spät erkannte man den faszinierenden schöpferischen Reichtum der präkolumbischen Kulturen.*

Vor etwa 25 000 Jahren gelangten die nomadischen Vorfahren der Indianer von Asien auf den amerikanischen Kontinent. Sie kamen über die Beringstraße, die bis vor etwa 9000 Jahren eine Landbrücke zwischen Sibirien und Alaska bildete. Belegt ist das durch sprachliche und kulturelle Gemeinsamkeiten sowie genetische Übereinstimmungen zwischen den Völkern Nordasiens und den Indianern.

### DURCH DIE WEITEN AMERIKAS GEN SÜDEN

Vermutlich gab es drei Einwanderungswellen in zeitlichen Abständen. Heute versucht man anhand der bisweilen geringen sprachlichen Gemeinsamkeiten – allein in Nordamerika gab es weit über 500 verschiedene Indianersprachen – die einstigen Wanderungsbewegungen nachzuvollziehen. Dabei lassen sich drei Gruppen feststellen: Zuerst kamen die so genannten Paläoindianer, dann die Athapaskisch-Sprachigen (zum Beispiel Navajo) und zuletzt die Eskimo-Aleuten, die heute noch die stärksten Gemeinsamkeiten mit ihren sibirischen Nachbarvölkern aufweisen. Zunächst lebten die präkolumbischen Menschen Nordamerikas als Jäger, Sammler und Fischer; ihre Beutetiere waren Mammuts, Bisons und andere Wildtiere.

In den Wüstengegenden des heutigen US-amerikanischen Südwestens, wo durch Klimaveränderungen und jahrhundertelange Bejagung das Großwild selten geworden war, begannen die Cochise-Leute vor rund 3500 Jahren mit dem Anbau von Mais, Bohnen und Kürbissen. Der intensive Maisanbau, den ihre Nachfahren der Hohokam-Kultur um 300 v. Chr. aus dem mesoamerikanischen Raum übernahmen, gilt als die entscheidende Grundlage für die Herausbildung komplexer Zivilisationen in dieser Region Amerikas.

### KULTURVERMITTLER ZWISCHEN NORD UND SÜD DIE HOHOKAM

Das Zentrum der Hohokam-Kultur lag im Salt-River-Becken im heutigen Arizona. Im Lauf der Jahrhunderte schufen seine Bewohner ein Netz von Bewässerungskanälen entlang des Gila und des Salt River, das sich über mehr als 400 Kilometer erstreckte. Mit diesem ausgeklügelten Feldbausystem machten sie die Wüste urbar und kultivierten über eine halbe Million Quadratkilometer Land. Die Hohokam lebten in Lehmhäusern, die um öffentliche Plätze angeordnet waren; bekannte Ruinenstädte, die auf ihre Blütezeit ab etwa 600 n. Chr. zurückgehen, sind Snaketown, Los

*Auf diesem Fragment einer Tonschale aus der Hohokam-Kultur sind Tänzer bei einem Zeremonialtanz dargestellt.*

# FRÜHE NORDAMERIKANISCHE KULTUREN

Muertos und Casa Grande. Ihre Zivilisation erreichte ihren Höhepunkt unter dem Einfluss in der benachbarten Anasazi-Kultur.

Durch den intensiven Landbau schufen sich die Menschen Freiraum für künstlerische, ja sogar für sportliche Aktivitäten. Sie begründeten eine großartige Keramiktradition mit roten geometrischen Mustern auf ockerfarbenem Grund und gravierten erlesene Muster in Muschelschalen und Stein. Ihr Ballspiel, das vermutlich rituellen Zwecken diente, übten sie auf eigens dazu angelegten, hofartig eingegrenzten Spielfeldern aus.

Um 1450 zwangen jedoch wahrscheinlich lang anhaltende Dürren die Hohokam dazu, ihre Siedlungen aufzugeben. Um diese Zeit drangen auch kleine Gruppen nomadisierender Athapasken in ihr Gebiet ein, Vorfahren der Apache und Navajo. Die Hohokam gelten als Vorfahren der heute in Arizona ansässigen Pima und Tohono O'odham (Papago). Sie begründeten eine stolze Tradition, die jenen Völkern dazu verhalf, auch trotz der brutalen Verdrängung durch die spanischstämmigen Siedler die Grundzüge ihrer Kultur in die heutige Zeit zu retten.

### GEHEIMNISVOLLE ERDHÜGEL

Die bedeutendste präkolumbische Zivilisation außerhalb des Kulturareals im Südwesten waren die Moundbuilders (»Erdhügelbauer«) im östlichen Waldland, das von Minnesota und Ontario im Westen bis zum Atlantik und im Süden bis nach North Carolina reicht. Auf die Adena-Kultur (1000 – 300 v. Chr.) folgte dort von etwa 300 v. Chr. bis mindestens 200 n. Chr. die Hopewell-Kultur.

Ihre Lebensgrundlagen bildeten die Jagd, das Sammeln von Wildfrüchten sowie der Anbau von Kürbissen und Mais, den sie von den Völkern im Südwesten übernommen hatten.

Der durch regen Tauschhandel und den Maisanbau entstandene Wohlstand bewirkte, dass sich im Lauf der Zeit eine hierarchische Ordnung durchsetzte. Als Residenz- und Begräbnisstätten für ihre Häuptlinge sowie zu kultischen Zwecken errichteten die Stammesangehörigen so genannte Mounds (Erdwallanlagen). Die dazu erforderlichen Erdbewegungen bedeuteten einen gewaltigen Kraftakt, da die Erde in Körben herangetragen werden musste. In späteren Jahrhunderten erhielten die Erdhügel vielfach die Form von Tieren, die heute als Kult- oder Sippenzeichen gedeutet werden. Der berühmteste von ihnen ist der Große Schlangenhügel in Ohio, der sich über mehr als 200 Meter erstreckt.

### HANDWERKSKUNST
### IN DER ÖSTLICHEN WALDREGION

Die Hopewell-Indianer gelangten durch ein über den ganzen Kontinent gespanntes Handelsnetz an Kostbarkeiten wie Obsidian, Silber, Muscheln oder Grizzlyzähne. Sie fertigten daraus minuziöse Muschelgravuren, Schmuck und kunstvolle Schnitzereien, die vielfach eigens als Grabbeigaben hergestellt wurden. Bemerkenswert sind die röhrenförmigen Pfeifen in Tiergestalt, die auf Rauch-Rituale hinweisen, wie man sie später mit dem typisch indianischen Brauch der »Friedenspfeife« verbindet.

*Wie ihre Vorfahren, die Menschen der Adena-Kultur, errichteten die Träger der Hopewell-Kultur vielgestaltige Grabhügel für die Verstorbenen der Oberschicht. Zu den berühmtesten zählt der Große Schlangenhügel im heutigen US-Bundesstaat Ohio.*

▶ Religionen und Glaubensformen: Die Religionen Nordamerikas

# Frühe südamerikanische Kulturen Chavín und Nazca

*Eine in den peruanischen Anden gelegene Kultstätte verlieh einer Kultur ihren Namen, die in den Jahrhunderten vor der Zeitenwende über weite Teile Südamerikas ausstrahlte: Chavín de Huántar.
Die spätere Nazca-Kultur hinterließ mit ihren Scharrbildern eines der aufregendsten Rätsel der Wissenschaft.*

*Der als »Castillo« oder »Großer Tempel« bezeichnete Hauptkomplex der Ruinenstätte von Chavín bedeckt eine Grundfläche von 5400 Quadratmetern.*

Im Jahr 1553 entdeckten die spanischen Eroberer in den Zentralanden ein teilweise zerstörtes und verlassenes Zeremonialzentrum, das heute den Namen der Ortschaft Chavín de Huántar trägt. Die Indianer der Umgebung erklärten, die Bauten aus Steinquadern seien vor langer Zeit von Riesen errichtet worden. Sie betrachteten die Tempelruinen nach wie vor als heiligen Ort.

### Kultstätte und Kultur – Chavín

Die beeindruckenden Steinbauten der Kultstätte, die wohl eine namhafte Wohnbevölkerung aufwies, dürften in mehreren Phasen errichtet worden sein. Die ältesten Gebäude stammen aus der Zeit um 900 v. Chr., dem Formativum, und sind wie die anderen Bauten von zahlreichen Galerien und Gängen durchzogen. Im Inneren einer großen quadratischen Pyramide führt ein Labyrinth zu dem so genannten El Lanzón. Diese über vier Meter hohe Steinstele ist mit einer durch ein Tier-Mensch-Wesen dargestellten Götterfigur versehen und das älteste Kultobjekt, das man bisher dort gefunden hat. Weitere überaus wichtige Monumente sind der Tello-Obelisk und die Raimondi-Stele.

Das Zeremonialzentrum war namensgebend für die so genannte Chavín-Kultur, die zwischen 850 und 200 v. Chr. ihre Blütezeit erreichte und mit der Ausprägung eines bestimmten Stils und religiösen Weltbilds in enger Verbindung steht. Die Ausstrahlungskraft der Chavín-Kultur erstreckte sich über Hunderte von Kilometern bis in den Raum von Paracas und wirkte an der Küste am nachhaltigsten auf die Cupisnique-Kultur ein.

### Der Jaguar als Symbol der Stärke

Abbildungen auf Steinreliefs und bemalten Geweben belegen, dass männliche und weibliche Figuren mit Zeptern in den Händen zu den wichtigsten Göttern der Religion der Chavín-Kultur zählten. Sie werden als Mischwesen mit gedrungenen, menschenähnlichen Körpern, gewaltigen Krallen und Reißzähnen dargestellt. Diese Attribute verweisen auf den Jaguar, der in jener Zeit in das Zentrum des Weltbildes rückte. Als Sinnbild für das Machtvolle und Gewaltige verkörperte er, auf den Menschen übertragen, Autorität und Herrschaft. Noch heute erzählen die Indianervölker Amazoniens von der Fähigkeit der Schamanen, die Gestalt des Jaguars anzunehmen. In Chavín de Huántar entstand möglicherweise erstmals eine religiöse Ideologie, die alle Kulturen einer weiten Region vereinte.

### Die Nazca-Kultur am Rio Nazca

An der Südküste Perus entwickelte sich zwischen 200 v. Chr. und 600 n. Chr. in den Tälern des Río Ica und des Río Nazca eine Kultur, deren Einflussbereich im Norden bis zum Río Cañete und im Süden bis zum Río Acarí reichte. Ihr Aufstieg wurde durch die Entwicklung eines Bewässerungssystems begünstigt, mit dessen Hilfe der Wüstenboden und die kargen Täler in fruchtbares Land verwandelt werden konnten.

Berühmte Erzeugnisse der Nazca-Kultur sind die kunstvollen Keramiken und Textilien, die sich durch Vielfarbigkeit und einen Reichtum an Motiven auszeichnen. Diese durchliefen im Lauf der Jahrhunderte verschiedene Entwicklungen, konnten bislang jedoch noch nicht endgültig entschlüsselt werden. Genauere Erkenntnisse über die Gesellschaft und ihr religiöses Weltbild blieben uns deshalb noch verborgen. Da Menschenköpfe zu den wich-

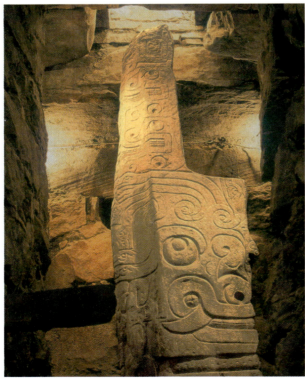

*Der Granitmonolith El Lanzón ist wohl das größte Heiligtum in Chavín. Im breiteren unteren Teil des Blocks ist ein fratzenhaftes Gesicht zu erkennen: Aus dem Mund ragt ein Reißzahn hervor, das Nasenloch ist als Höhlung ausgearbeitet.*

*Eine Grabmaske der Nazca-Kultur*

## CHAVÍN UND NAZCA

*Das Geheimnis der Scharrbilder von Nazca – hier die Darstellung eines Vogels, möglicherweise eines Kondors – konnte bis heute nicht gelüftet werden.*

tigsten Symbolen gehören, spielte in der Nazca-Kultur anscheinend der Besitz von Trophäenköpfen eine große Rolle. Diese wurden im Kampf den unterlegenen Kriegern abgeschlagen und anschließend präpariert. Sie sollten durch ihre Kraft das Wohl der Familie sichern und die Erträge der Felder und des Fischfangs steigern. So sind etwa Kugelgefäße zum Teil mit Trophäenköpfen bemalt, die man an den geschlossenen Augen und den durch Querstriche versiegelten Mündern erkennt. Männerköpfe – wohl von Kriegern, Herrschern, Schamanen oder Priestern – befinden sich vor allem auf Keramikbechern.

### DAS GEHEIMNIS DER RIESENBILDER

Die Nazca-Kultur wurde jedoch weniger durch ihre hervorragende Keramikkunst denn durch ihre rätselhaften Wüstenbilder weltberühmt. Durch sie entstand in der Pampa de San José über Generationen hinweg das größte und zugleich eines der schönsten Kunstwerke der Welt. Riesige Scharrzeichen oder Geoglyphen, die zwischen 15 und mehrere hundert Meter messen, zerfurchen den gelblichen Wüstenboden; spitzwinkelige Dreiecke, lang

gezogene Trapeze, Spiralen, Zickzackmuster oder schnurgerade Linien ziehen sich über große Entfernungen hinweg. Dazu kommen Bilder von Tieren, Pflanzen und menschenähnlichen Wesen. Da man die Figuren aufgrund ihrer Größe am besten aus der Luft erkennt, stellen sie möglicherweise Botschaften an höhere Wesen dar. Ob diese jedoch an einen Sonnengott, vergöttlichte Gestirne, Ahnen oder andere übernatürliche Kräfte gerichtet wurden, wird sich wohl nie klären lassen.

Die Geoglyphen wurden durch die jahrzehntelangen Forschungen der deutschen Mathematikerin Maria Reiche bekannt, die die Tierfiguren als Sternzeichen in einer Art astronomischem Kalender deutete. Ihrem Einsatz ist es zu verdanken, dass die Scharrbilder erhalten und mittlerweile von der UNESCO als schützenswertes Kulturerbe anerkannt wurden.

*Die bis heute erhaltenen Mumien der Nazca-Kultur geben Zeugnis von einem ausgeprägten Bestattungskult.*

········· **LANDEBAHNEN FÜR AUSSERIRDISCHE?** ·········
Im Zusammenhang mit den rätselhaften Linien der Nazca-Kultur gibt es neben seriösen wissenschaftlichen Deutungen auch mehr oder weniger gewagte, ja absurde Spekulationen. So behauptete der Schweizer Bestsellerautor und Filmemacher Erich von Däniken in seinem Buch »Erinnerungen an die Zukunft« (1968, verfilmt 1969), bei den Scharrbildern von Nazca handele es sich um Markierungen von Landebahnen für außerirdische Raumschiffe.

▶ Mythen, Rätsel und Orakel: Linien von Nazca

# ÄGYPTENS MÄCHTIGER NACHBAR
# DAS REICH KUSCH

*Im nordöstlichen Afrika war Kusch neben Ägypten das zweite bedeutende Reich. Neueste archäologische Forschungen haben gezeigt, wie sehr der abendländische Blick bislang die reiche Geschichte Nubiens bei der Betrachtung der großen antiken Kulturen des östlichen Mittelmeerraumes vernachlässigt hat.*

*Pyramidenfeld bei Meroë, der Hauptstadt des Reiches Kusch im heutigen Sudan. Hier wurden die Könige bestattet.*

Mehr als tausend Jahre lang hatten die Ägypter ihr Nachbarreich Nubien unter Kontrolle. Sie beuteten den Reichtum der Region aus und transportierten vornehmlich Gold, Elfenbein, Tierhäute und Holz Richtung Norden. Als die Ressourcen in Nubien selbst erschöpft waren, versklavte man zunehmend mehr Menschen, um die Gütertransporte aus immer weiter südlich gelegenen Regionen durchführen zu können. Aber je länger die Wege wurden, desto schwieriger wurde es für Ägypten, seine Autorität in diesen fernen Gebieten aufrechtzuerhalten. Und als politische Auseinandersetzungen die Führung Ägyptens gegen Ende des Neuen Reiches um etwa 1000 v. Chr. schwächten, übernahmen nubische Fürsten selbst Teile des Handels und kontrollierten schließlich die gesamte Handelsroute. Gestützt auf das ägyptische Herrschaftsmodell gründeten sie einen eigenen mächtigen und unabhängigen Staat, der von den Ägyptern »Kusch« genannt wurde. Die moderne Forschung unterteilt die Geschichte dieses Reiches in zwei Phasen: das Reich von Napata bis etwa 300 v. Chr. und das anschließende Reich von Meroë bis zum 4. Jahrhundert n. Chr.

### HERRSCHAFT IN ÄGYPTEN

Als Meister des Zwischenhandels wurde Kusch reich durch die Schätze der anderen. Es vereinigte Eigenständiges und Fremdes und verschmolz einheimische Traditionen mit äußeren Anregungen. In dieser Verbindung von nubischen und ägyptischen Elementen spiegeln sich die jahrhundertelange ägyptische Herrschaft und das afrikanische Erbe Nubiens wider. Die Könige bauten Grabpyramiden in der Nähe ihrer Hauptstadt Napata am Fuß des heiligen Berges Jebel Barkal, eines freistehenden Tafelberges von knapp 100 Metern Höhe. Dieser galt als Wohnstätte

*Statue des Pharaos Taharqo, der vor dem Himmelsgott Horus kniet (8. Jh. v. Chr.).*

*Schrein eines von Pharao Taharqo aus der 25. ägyptischen Dynastie erbauten Amuntempels (7. Jh. v. Chr.).*

des Sonnengottes Amun. Wie die ägyptischen Pharaonen galt auch der König von Kusch als Sohn dieser Gottheit, die häufig in Widdergestalt dargestellt ist.

Durch ihre weit reichende politische und wirtschaftliche Kontrolle wurden die Könige von Kusch schließlich so mächtig, dass sie im 8. Jahrhundert v. Chr. sogar Ägypten selbst eroberten. Mehr als sechzig Jahre lang herrschten sie über das Nachbarreich. Diese Periode wurde als 25. oder Äthiopische Dynastie bekannt und endete erst mit der Invasion assyrischer Armeen. Die Könige von Kusch zogen sich daraufhin wieder nach Nubien zurück und richteten ihr Verwaltungszentrum zuerst erneut in Napata, später in der südlichen Provinzstadt Meroë ein.

### Ein afrikanisches Handelsimperium

Nach dem Verlust der Herrschaft über Ägypten blieb das Reich von Kusch noch gut eintausend Jahre bestehen. Auf seinem Territorium lebte keine einheitliche Bevölkerung, sondern es wurde von unterschiedlichen Gruppen bewohnt. Zu den ägyptischen und afrikanischen Kulturelementen gesellten sich schließlich auch noch hellenistisch-römische Einflüsse; doch trotz aller Verschmelzungsprozesse durchlebte Kusch eine eigenständige Entwicklung und wies ein eigenes Selbstverständnis auf. Nicht zuletzt belegt dies die Abkehr vom Ägyptischen als alleiniger Schriftsprache zugunsten des Meroitischen. Vorher hatten die Kulturen Nubiens über Jahrtausende hinweg darauf verzichtet, für ihre Sprachen eigene Schriften zu entwickeln, obwohl ihnen durch den engen Kontakt mit Ägypten die vielfältigen Möglichkeiten des Schriftgebrauchs vertraut waren.

Seinen Wohlstand erlangte das Reich vor Kusch durch den Handel. Grundlage der Wirtschaft war jedoch der Anbau von verschiedenen Getreidesorten, Sesam und von Baumwolle, die als wichtiger Exportartikel nach Ägypten diente. Große, runde Wallanlagen ermöglichten das Speichern von Regenwasser in großen Mengen. Neben Rindern, Schafen und Ziegen züchtete man auch Pferde, die hohe Wertschätzung erfuhren. Möglicherweise wurde die Pferdezucht vom Königtum kontrolliert. Pferde waren wichtig für die Versorgung der Kavallerie und ein bedeutender Exportartikel in den vorderasiatischen Raum.

Für den Untergang des meroitischen Königtums im 4. Jahrhundert n. Chr. waren möglicherweise Angriffe des Reichs von Aksum verantwortlich. Das Ende des Reichs von Kusch wird meist in dem Zeitraum vermutet, in dem auch die königlichen Bestattungen nicht mehr in Meroë stattfanden. Archäologisches meroitisches Material aus späteren Zeiten wurde jedoch noch an verschiedenen Orten gefunden.

### Ein Reich der Künstler

In Kusch lebten und wirkten begnadete Architekten und Bildhauer. Dies zeigt sich in riesigen Tempelanlagen mit Kolossalstatuen ebenso wie in den königlichen Grabpyramiden, die verschwenderisch mit prächtigen Kunstwerken aus Gold, Silber und Felskristall ausgestattet waren. Die Goldschmiedekunst und die Keramik wurden in Kusch zu absoluter Meisterschaft gebracht. Besonderer Erfindungsreichtum offenbart sich auch in der Vasenmalerei, die trotz fremder Einflüsse eine eigenständige Bildsprache entwickelte.

# Durch die Jahrtausende quer über den Kontinent – Die Bantu

*Aufgrund lang anhaltender Wanderungen sind die Bantu-Sprachen heute in weiten Teilen Afrikas verbreitet. Ihre Sprecher gehören zwar einer gemeinsamen Sprachgruppe an, leben jedoch in so unterschiedlichen Gesellschaften, dass man keineswegs von »der Bantu-Kultur« oder gar »den Bantu« sprechen kann.*

*Im meisterhaften Realismus gefertigt: Terrakottafigur der Nok-Kultur (Nigeria)*

*Traditionelles bäuerliches Anwesen einer bantusprachigen Ethnie in Sambia*

Bei den Kongo am Atlantischen Ozean und bei den Xhosa an der Südspitze Afrikas heißt *bantu* »Menschen« – bei den Swahili in Ostafrika *watu* und den Duala in Kamerun *bato*. Aufgrund solch auffallender Ähnlichkeiten nannten Sprachwissenschaftler eine ausgedehnte Sprachgruppe Afrikas nach diesem grundlegenden Wort: Bantu. Zu ihr zählen Hunderte von Sprachen mit unzähligen Dialekten, die miteinander etwa so verwandt sind wie die germanischen Sprachen. Ihr riesiges Verbreitungsgebiet reicht von der Bucht von Benin bis zum Indischen Ozean und umfasst Zentralafrika wie auch das südliche Afrika. Heute zählen schätzungsweise 100 Millionen Menschen aus kulturell, wirtschaftlich und sozial stark unterschiedlichen Gesellschaften zur Bantu-Sprachgemeinschaft.

### Der Ursprung liegt im Westen

Gesicherte Aussagen über die genaue Herkunft der Bantu-Sprachen, die Ursachen und Art ihrer vor Jahrtausenden begonnenen Ausbreitung sowie deren ungefähre Datierung sind kaum zu treffen. Das so genannte Proto-Bantu, das von den Vorfahren der heutigen Bantu-Völker gesprochen wurde, hatte seinen Ursprung wohl im Osten Nigerias an der Grenze zu Kamerun im Gebiet zwischen den Flüssen Cross und Benue. Von dort aus breiteten sich Bantu-Stämme wahrscheinlich im Zuge einer Wanderungsbewegung zunächst sehr langsam ostwärts ins heutige Kamerun sowie südlich ins heutige Gabun aus und stießen allmählich nach Zentralafrika vor. Die folgende Einwanderung ins östliche und südliche Afrika ging hingegen vermutlich relativ schnell vonstatten.

Sowenig man über das Warum der riesigen Verbreitung der Bantu-Sprachen weiß, sowenig weiß man auch über das Wann. In Nigeria weisen Gegenstände der bantusprachigen Nok-Kultur ein Alter von etwa 3000 Jahren auf, doch sind dies nur die ersten uns bekannten archäologischen Funde. Und wahrscheinlich siedelten Bantu-Stämme bereits vor 2000 Jahren an der Ostküste des Kontinents.

Letztendlich kann man auch über die Gründe, weshalb die in den Einwanderungsgebieten ansässigen Menschen Bantu-Spra-

# BANTU

chen übernehmen, nur Vermutungen anstellen. Vielleicht schrumpften die dortigen Gesellschaften durch von den Bantu eingeschleppte Krankheitserreger, gegen die sie keine Widerstandskräfte ausgebildet hatten. Möglicherweise entwickelten sich die neuen Siedlungen der Bantu-Stämme aber auch zu Zentren innerhalb der lokalen Gruppen und setzten somit neue Maßstäbe. Durch Heiraten mit den Alteingesessenen konnten die Einwanderer ihre Sprache durchsetzen und mit jenen verschmelzen.

## SPRACH-ARCHÄOLOGIE

Durch den rekonstruierten Wortschatz des Proto-Bantu und archäologische Forschungen kann man heute Rückschlüsse über das Leben der damaligen Menschen ziehen. Viele von ihnen waren Fischer und benutzten Kanus, Fischhaken und Netze. Sie jagten große und kleine Tiere und sammelten in den Wäldern Früchte, pflanzten Yamswurzeln, Palmen und Hirse an. Sie trugen Rindenstoffe und webten vielleicht bereits die Raffiafasern auf einem Webstuhl zu Tuchen, wie sie auf Figuren der Nok-Kultur zu sehen sind. Sie züchteten Ziegen und hielten Rinder, die sie aber nicht auf ihre Wanderungen mitnahmen. Sie stellten Töpferwaren her, fertigten ihre Werkzeuge offenbar aus Holz und Stein und schufen wohl bereits Holzskulpturen. In ihren Dörfern lebten sie vorwiegend mit Verwandten zusammen und die Siedlungen wurden vielleicht von einem Rat der Älteren oder einem Oberhaupt angeführt. Religiöse Experten waren Heiler und zugleich Wahrsager; zudem glaubte man an übernatürliche Mächte und an Hexen, die Unbill verursachten.

Auch über die weitere frühe Entwicklung der Bantu sprechenden Völker und Kulturen gibt es nur spärliche Belege. Sprachwissenschaftliche Forschungen haben ergeben, dass sich bestimmte Pflanzen, Geräte oder Techniken erst verbreiteten, nachdem sich aus dem Proto-Bantu verschiedene Sprachen entwickelt hatten. Dies gilt etwa für eine Kochbananenart, die heute in Afrika ein Grundnahrungsmittel darstellt, oder die Bearbeitung von Eisen. Arabischen Quellen aus dem 8. Jahrhundert n. Chr. verdanken wir die ersten Aufzeichnungen von Bantu-Wörtern sowie Informationen über die Besiedlung von Sansibar und dem angrenzenden Festland; archäologische Ausgrabungen bringen die Überreste mächtiger Reiche zutage, die etwa in Simbabwe ab dem 12. Jahrhundert entstanden waren. Da die afrikanische Archäologie noch in den Kinderschuhen steckt und erst zaghaft Neuland auf diesem Kontinent betritt, wird sicherlich noch so manche bislang unbekannte Kultur aus dem Boden auferstehen.

*Wanderungsbewegungen der Bantu-Sprecher von 2000 v.Chr. bis 500 n.Chr.*

### DIE NOK-KULTUR

Im heutigen Zentralnigeria bestand von etwa 1000 v. Chr. bis 1000 n. Chr. eine Kultur, die nach einem Dorf namens Nok benannt wurde. In dessen Umgebung wurden die ersten Aufsehen erregenden Terrakotta-Figuren im charakteristischen Stil der Nok-Kultur gefunden. Die mittlerweile an mehreren Ausgrabungsorten entdeckten Skulpturen sind die ältesten bekannten figuralen Werke in Afrika südlich der Sahara und werden aufgrund ihrer oft aufwendigen Frisuren und Kopfbedeckungen oder ihres Schmucks als Darstellungen von Herrschern, Königinnen, Priestern oder anderen hoch gestellten Persönlichkeiten gedeutet. Darüber hinaus haben archäologische Forschungen ergeben, dass die Nok-Kultur zu den ältesten Eisen verarbeitenden Kulturen der Welt zählt.

*Halb Vogel, halb Mensch; Terrakottafigur der Nok-Kultur*

# DIE EISENZEIT

In der Menschheitsgeschichte stellt die Eisenzeit die Periode dar, in der sich die Technologie der Eisenbearbeitung entwickelte. Die zunehmende neuartige Nutzung des Eisens für Waffen und Werkzeuge übte entscheidenden Einfluss auf alle Lebensbereiche des Menschen und den Verlauf der Geschichte aus. Der Beginn der Eisenzeit wird im Nahen Osten ab 1200 v. Chr. und in Mitteleuropa ab 800 v. Chr. angesetzt, Gegenstände aus Eisen kannte man jedoch schon lange zuvor. Der widerstandsfähige, wegen seiner Seltenheit äußerst wertvolle Werkstoff fiel in den Epochen vor der eigentlichen Eisenzeit gelegentlich wohl bei der Verhüttung von Kupfer an oder wurde aus Meteoriten gewonnen. Zu den bisher ältesten bekannten Eisenobjekten gehört ein Dolch aus der Mitte des dritten vorchristlichen Jahrtausends, der aus Alaca Hüyük in der Türkei stammt. Im Nahen Osten wurden zudem kleinere Eisengegenstände aus der Zeit um 2000 v. Chr. gefunden, so etwa der berühmte Eisendolch des Tutanchamun aus dem 14. Jahrhundert v. Chr. In Europa hingegen tauchen gelegentlich Eisengegenstände auf, deren Fertigung ab Mitte des 2. Jahrtausends v. Chr. datiert wird.

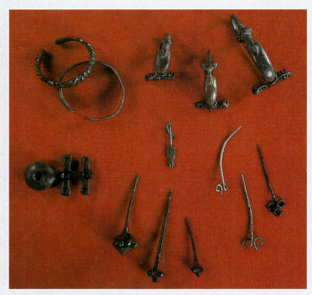

*Eisenzeitliche Schmuckstücke aus der Pipinsburg bei Osterode am Harz; Niedersächsisches Landesmuseum, Hannover.*

### DIE VERBREITUNG DES EISENS

Bis heute ist ungeklärt, wo die Eisentechnologie zum ersten Mal in größerem Maße Anwendung fand. Obwohl schriftliche Quellen aus dem 13. Jahrhundert v. Chr. in das Reich der Hethiter weisen, scheint dabei auch das Kaukasusgebiet eine entscheidende Rolle gespielt zu haben. Die Wanderung der so genannten Seevölker im östlichen Mittelmeerraum am Ende der Spätbronzezeit und die Zerstörung des Handelsnetzes, das für die Herstellung von Bronze von großer Wichtigkeit war, mag zur schnellen Verbreitung der Eisentechnologie im Verlauf des ersten vorchristlichen Jahrtausends beigetragen haben. Ab 800 v. Chr. findet sich die Eisenbearbeitung in Europa, Zentralasien, Indien und China sowie einige Jahrhunderte später in Südostasien. In Afrika entstand ab 300 v. Chr. mit dem Reich von Meroë ein Eisenproduktionszentrum, von wo aus sich die Kunst der Eisenbearbeitung über weite Teile Afrikas ausbreitete. Dort fand in bestimmten Gebieten der direkte Übergang von der Jungsteinzeit in die Eisenzeit ohne die Kenntnis von Bronze statt.

### EISENGUSS UND SCHMIEDEPRODUKTE

Auch in China entwickelte sich die Eisentechnologie ab 600 v. Chr. sehr schnell, was Einzelfunde von aus Stahl gefertigten Schwertern belegen. Bis etwa 200 v. Chr. spielte jedoch Bronze weiterhin eine große Rolle. Der im damaligen China bereits seit langem perfektionierte Bronzeguss und die weit reichende Erfahrung im Brennen von Keramik ermöglichten den Umgang mit sehr hohen Temperaturen. Dies führte zur Erfin-

*In der Eisenzeit wurde auch die Verarbeitung von Bronze weiter betrieben und zur höchsten Vollendung gebracht. Der berühmte bronzene Kultwagen aus Strettweg stammt aus dem 7. Jahrhundert v. Chr.*

# Die Eisenzeit

dung des Eisengusses, der in Europa erst im Mittelalter möglich wurde.

Im Europa des ersten vorchristlichen Jahrtausends gelten die Kelten als Meister der Eisenbearbeitung. Ihre in großer Zahl gefertigten Eisengegenstände sind innovativ und zum Teil von höchster Qualität - wahrscheinlich geht die Technik der Damaszierung und die Erfindung des Kettenhemds auf sie zurück.

Die Vorteile des Eisens gegenüber der Bronze liegen klar auf der Hand: Im Gegensatz zu Bronze war Eisen fast überall zu finden und somit wesentlich billiger zu produzieren. Die dadurch mögliche Fertigung einer größeren Vielfalt und Menge an Waffen und Werkzeugen spiegelte sich auch in der allgemeinen kulturellen Entwicklung wider. So erlaubte etwa die Ausrüstung mit Eisenwaffen den Einsatz großer Heere, die einem mit Bronzewaffen ausgerüsteten Gegner waffentechnisch überlegen waren. Auf diese Weise stieg Assyrien zur starken Militärmacht auf und auch die Römer benötigten zur Ausrüstung ihrer Legionen gewaltige Mengen an Eisen und Stahl.

Das Werkzeug des Schmiedes wurde in der Eisenzeit entwickelt und ist bis heute im Wesentlichen unverändert. Gleich dem Bronzegießer umgab diesen der neuen Technologie verschriebenen Handwerker eine Aura des Übernatürlichen, die dem Schmied in fast allen Kulturen der Welt ein hohes Ansehen verschaffte. Dies zeigt sich auch in den germanischen Heldensagen, wie etwa der Wielandsage.

## SCHMIEDEEISEN, STAHL, GUSSEISEN

Die in so genannten Rennöfen gewonnene Eisenluppe war von zäher Konsistenz und enthielt zahlreiche Verunreinigungen und Schlacke. Um diese zu beseitigen, musste das Roheisen glühend ausgeschmiedet werden. Das Ergebnis war ein relativ weiches, elastisches Schmiedeeisen, das für einfache Werkzeuge Verwendung fand, aber nicht sehr widerstandsfähig war. Um Stahl zu gewinnen, wurde das Eisen durch längeres Aufkohlen im Schmiedefeuer mit dem hierfür notwendigen Kohlenstoffanteil von mindestens 0,05 Prozent angereichert. Die Härte steigerte man zudem durch Abschrecken. Gusseisen, das einen Kohlenstoffanteil von über zwei Prozent enthält, ist nicht schmiedbar. Wegen seiner Brüchigkeit wurde es nicht für Werkzeuge und Waffen verwendet.

Das aufwendige Damaszieren wurde ausschließlich für Schwertklingen angewandt. Hierbei verschweißte der Schmied kohlenstoffreiche und kohlenstoffarme Eisenstäbe miteinander, wobei das so entstandene Schichtenpaket anschließend öfter aufgeglüht und dabei gedreht und gefaltet wurde. Der so entstandene Stahl war von bester Qualität, da er Elastizität und Härte miteinander verband.

### DATEN ZUR EISENZEIT

| | |
|---|---|
| Mitte 3. Jahrtausend v. Chr.: | Eisendolch aus Alaca Hüyük |
| Um 2000 v. Chr.: | Eisengegenstände im Nahen Osten |
| 14. Jahrhundert v. Chr.: | Eisendolch des Tutanchamun |
| 1200 v. Chr.: | Beginn der Eisenzeit im Nahen Osten |
| 800 v. Chr.: | Beginn der Eisenzeit in Mitteleuropa, keltische Eisenverarbeitung |
| 600 v. Chr.: | Eisentechnologie in China |
| 300 v. Chr.: | Eisenproduktion in Meroë |
| ab 200 v. Chr.: | Eisenguss in China |
| Mittelalter: | Eisenguss in Europa |

*Diese Eisenschmelzöfen des 3. und 2. Jahrhunderts v. Chr. befinden sich in Entremont nördlich von Aix-en-Provence, dem einstigen Hauptort und Heiligtum der kelto-ligurischen Saluvier.*

➤ **Kriege und Konflikte:** Krieg und seine frühen Formen im Altertum
➤ **Große Entdeckungen:** Hallstattkultur
➤ **Große Erfindungen:** Eisen
➤ **Handel und Wirtschaft:** Neue Techniken und ökonomische Folgen

# Die Wiege der europäischen Kultur
# Die Griechen von der archaischen Zeit bis zum Hellenismus

*Nach dem Untergang Mykenes entstand im 11. Jahrhundert v. Chr. mit der Einwanderung der Dorer die griechische Kultur. Mit ihren Errungenschaften in Geisteswesen, Politik und Kunstschaffen sollte sie entscheidenden Einfluss auf alle nachfolgenden europäischen Zivilisationen ausüben.*

Die mykenische Zivilisation endete mit Kriegen und Naturkatastrophen. Die Paläste verödeten, höfische Kultur und Schrift gingen verloren. In die Region wanderten weitere indoeuropäische Völker ein und verschmolzen mit der einheimischen Be-

*Der Staatsmann Solon (um 640–560 v. Chr.) aus dem athenischen Königsgeschlecht der Medontiden schuf 594 v. Chr. eine neue Verfassung und führte bedeutende Staats- und Sozialreformen durch.*

völkerung. Die immigrierten Dorer brachten die Eisenverarbeitung und die Brandbestattung mit und entwickelten die mykenische Keramik weiter.

### Die Homerische Zeit

Um 1050 v. Chr. kolonisierte das neugeborene griechische Volk auch die ägäischen Inseln und die kleinasiatische Küste. Attika, das von den Wirren der »Dunklen Jahrhunderte« verschont geblieben war, übernahm die kulturelle Führungsrolle. Die Verzierungen der Vasen aus jener Zeit – konstruierte Muster, Kreise und Mäander – gaben dieser Ära ihren Namen: Geometrische Epoche.

Im 8. und 7. Jahrhundert v. Chr. löste fast überall der grundbesitzende Adel das Königtum ab. Seine ritterlichen Ideale drückten sich in Jagd, Sport und Krieg aus. Ein entscheidender Schritt war Anfang des 8. Jahrhunderts v. Chr. die Schöpfung des griechischen Alphabets, das aus dem phönizischen entwickelt wurde und bereits ab 776 v. Chr. wurde in Olympia im Zusammenhang mit den dort stattfindenden Olympischen Spielen eine Siegerliste geführt. Fast alle bedeutenden Kultstätten entstanden in dieser Zeit, viele davon an alten Stätten Mykenes. Dessen alte Legenden hielt Homers »Ilias« fest und nur wenig später spiegelte die »Odyssee« die Abenteuer der Entdeckungsfahrer wider, die je nach Bedarf Seeraub oder Handel trieben.

### Kolonien und Städte

Ab Mitte des 8. Jahrhunderts v. Chr. gründeten die Griechen Handelsniederlassungen und Kolonien im Mittelmeer und im Schwarzen Meer. Koordiniert wurde diese Expansion vom Heiligtum in Delphi, durch dessen Orakel des Apollon die Griechen göttlichen Rückhalt suchten. Neue Einflüsse kamen ins griechische Mutterland, orientalische Ornamente und Fabelwesen schmückten die korinthischen Vasen, die im 7. Jahrhundert v. Chr. die attische Keramik überflügelten. Der zunehmende Handel führte dazu, dass man Edelmetall und schließlich geprägte Münzen als Tauschware verwendete.

Zur gleichen Zeit nahm auch die politische Landschaft Gestalt an. Die Kleingliedrigkeit der natürlichen Umwelt förderte die Bildung kleiner Stadtstaaten, die sich als Personalverband ihrer Bürger verstanden. Bevölkerungswachstum, Erbteilung und die kostspielige Umstellung auf den Olivenanbau führten zu sozialen Spannungen. Im Gegenzug förderte die Einführung der »Phalanx«, wie die geschlossene Schlachtreihe gleich gerüsteter Kämpfer genannt wurde, die Gleichheit und schwächte die Unterschiede zwischen Führungs- und Mittelschicht ab. Extrembeispiel für eine derartige Gesellschaft war Sparta. Nun wurden die Gesetze aufgeschrieben und staatliche Ämter entstanden. Doch in vielen Städten spannten einzelne Adlige das aufstrebende Bürgertum ein, um sich über ihre Standesgenossen zu erheben und zu Tyrannen aufzuschwingen.

### Die Archaische Zeit

Im 6. Jahrhundert v. Chr. gingen Philosophen wie Thales im kleinasiatischen Ionien dem Wesen der Natur auf den Grund. Dichter und Politiker wurden als Persönlichkeiten fassbar, Künstler signierten erstmals ihre Werke. Die Städte wetteiferten miteinander durch monumentale Tempelbauten und in der Großplastik wurde ein für das ganze Hellenentum verbindliches Menschenbild entwickelt, das mit dem archaischen Lächeln Selbstbewusstsein und

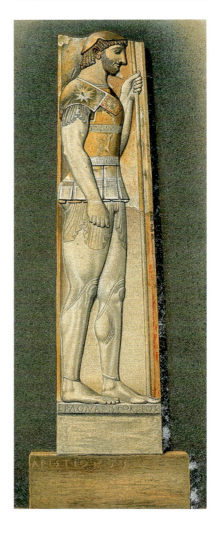

*Die spätarchaische Grabstele des Aristion des Bildhauers Aristokles zeigt einen Hopliten (Schildträger) mit attischem Helm und Beinschienen (um 500 v. Chr.).*

| 1150 v. Chr. | 1050 v. Chr. | 1000 v. Chr. | 950 v. Chr. | 900 v. Chr. | 850 v. Chr. |

*1150 v. Chr. – 1050 v. Chr.*
*Submykenische Zeit*

*1050 v. Chr. – 900 v. Chr.*
*Protogeometrische Zeit*

*900 v. Chr. – 700 v. Chr.*
*Geometrische Zeit*

▶ Religionen und Glaubensformen: Die Religion der Griechen
▶ Kriege und Konflikte: Perserkriege
▶ Kriege und Konflikte: Der Peloponnesische Krieg
▶ Kriege und Konflikte: Kriege Alexanders und der hellenistischen Reiche
▶ Menschen und Ideen: Politische Theorie der klassischen Antike

## Die Griechen

Harmonie ausstrahlte. Zum Vorreiter der künstlerischen Entwicklung wurde wieder Athen, das im 6. Jahrhundert v. Chr. unter der Alleinherrschaft der Peisistratiden stand. Dort griff man die technischen Neuerungen Korinths auf und entwickelte die schwarzfigurige Keramik mit ihrer erzählenden Bilderwelt, wodurch die archaische Bildhauerkunst auf ihren höchsten Stand gehoben wurde. Die rotfigurige Vasenmalerei, die den Künstlern größere Entfaltungsfreiheit bot, löste ab etwa 530 v. Chr. die schwarzfigurige ab; die Bildhauerkunst wurde um die Wende zum 5. Jahrhundert naturalistischer.

In Athen schufen die Reformen des Kleisthenes von 507 v. Chr. die Voraussetzung für die Entstehung der Demokratie. Der historische Einschnitt zur klassischen Zeit aber waren die Perserkriege. Großkönig Dareios hatte bereits Nordgriechenland und viele Inseln erobert, als sein Heer 490 v. Chr. bei Marathon an der Phalanx Athens scheiterte. Sein Nachfolger Xerxes rückte 480 v. Chr. ein. Die griechische Allianz konnte den Engpass der Thermopylen nicht halten, doch der Seesieg vor Salamis brachte die Wende. Das persische Heer wurde ein Jahr später bei Plataiai vernichtet, das kleine Griechenland hatte der Großmacht getrotzt.

*Griechenland im 5. Jahrhundert v. Chr.*

*Porträtbüste des athenischen Staatsmannes und bedeutenden Redners Perikles (um 495 bis 429 v. Chr.)*

## DIE KLASSISCHE ZEIT
### ATHENS GOLDENES ZEITALTER

Die junge Demokratie schuf in Athen ein neues, dynamisches Klima. Wer in jener Zeit politischen Erfolg suchte, konnte sich nicht auf seine Abstammung verlassen, sondern musste die Wähler auf seine Seite ziehen und ihren Vorteil im Auge behalten. Darüber hinaus hatten die Athener durch ihren entscheidenden Beitrag zum Sieg in den Perserkriegen außenpolitisches Selbstvertrauen gewonnen. Als sich Sparta aus der Verantwortung zurückzog, fiel deshalb Athen die Führung im Attisch-Delischen Seebund zu. In diesem schlossen sich im Jahr 478 v. Chr. die Anrainer der Ägäis zusammen.

Diese Führungsrolle bildete zugleich die Voraussetzung für Athens kulturelle Höchstleistungen im 5. Jahrhundert v. Chr. Die Tragödien von Aischylos, Sophokles und Euripides entstanden und werden ebenso wie die Komödien des Aristophanes heute noch aufgeführt. Dieser band den Alltag und die menschlichen Schwächen in große politische Themen ein. Perikles, der in der Zeit nach der Jahrhundertmitte eine fast unangefochtene Führungsposition innehielt, zog Philosophen und Künstler an und war die maßgebliche Triebfeder beim Ausbau der Akropolis durch den Parthenon-Tempel und die Propyläen. Der weit gereiste Geschichtsschreiber Herodot aus Halikarnassos beschrieb die Perserkriege samt ihrer bis in die mythische Vorzeit zurückreichenden Vorgeschichte. Er schuf somit das erste systematische Geschichtswerk in Prosa.

Aus der großen Zahl der meisterhaften Bildhauer ragen der Athener Phidias und der aus Argos stammende Polyklet heraus. Sie suchten nach einem Menschenbild, das für alle Zeiten gültig sein sollte und damit eben »klassisch« wurde. Von den Werken der berühmten Maler Mikon und Polygnot haben wir leider nur Beschreibungen, dagegen bietet die rotfigurige Vasenmalerei ein wichtiges Bilderbuch der klassischen Gesellschaft, ihrer Mythen und ihrer Lebenswirklichkeit.

### DER KONFLIKT ZWISCHEN SPARTA UND ATHEN

Athen war bald abhängig von den Vorteilen des Seebundes und unterdrückte Austrittstendenzen mit Gewalt. Die Stadt wurde zum Tyrannen. Als im Jahr 462 v. Chr. Ephialtes den Adelsrat entmachtete und im darauf folgenden Jahr Kimon, der Sohn des Marathonsiegers Miltiades, durch das Scherbengericht verurteilt wurde, brach der Konflikt mit Sparta um die Vorherrschaft in Griechenland aus. Der nach einem Misserfolg verbannte Athener General Thukydides nahm den 431 bis 404 v. Chr. ausgefochtenen Peloponnesischen Krieg zwischen den beiden Machtblöcken als Paradebeispiel für menschliche Verhaltensweisen. Er wurde so zum Begründer der analytischen Geschichtsschreibung. Fehlentscheidungen der beeinflussbaren Volksversammlung führten die Athener in die Katastrophe. Im Jahr 404 v. Chr. mussten sie kapitulieren und die »Dreißig Tyrannen« von Spartas Gnaden hinnehmen. Aber schon im darauf folgenden Jahr stellte Thrasybulos die Demokratie und die Unabhängigkeit Athens wieder her.

### WECHSELHAFTE VORHERRSCHAFT DIE SPÄTKLASSISCHE ZEIT

Der Krieg hatte den Seebund zerschlagen. Er hatte aber auch gezeigt, dass eine einzelne Polis, wie die Stadtstaaten genannt wurden, ohne Bündnispartner nicht mehr bestehen konnte. Athen erneuerte 377 v. Chr. den Seebund, Theben einigte Böotien, besiegte 371

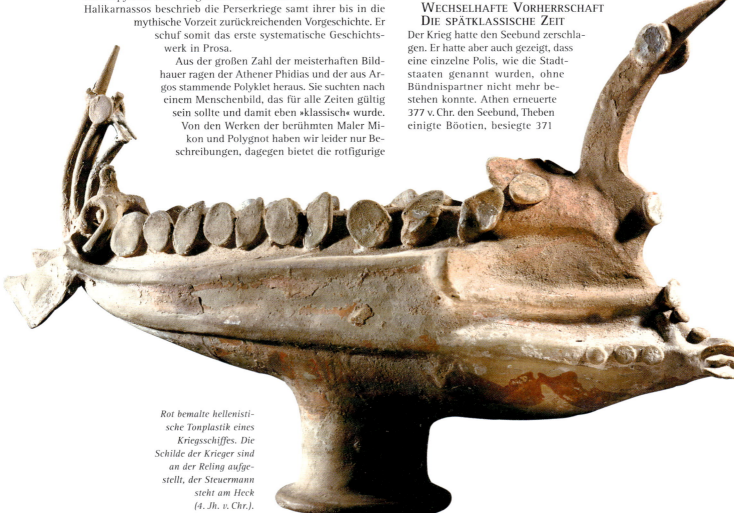

*Rot bemalte hellenistische Tonplastik eines Kriegsschiffes. Die Schilde der Krieger sind an der Reling aufgestellt, der Steuermann steht am Heck (4. Jh. v. Chr.).*

v. Chr. unter dem genialen Feldherrn Epameinondas die Spartaner und gewann für ein Jahrzehnt die Vorherrschaft über ganz Griechenland. Entscheidend war eine taktische Neuerung: die schiefe Schlachtordnung. Bei dieser wurde das ganze militärische Gewicht auf einen Flügel gelegt und die gegnerische Schlachtreihe von der Seite her aufgerollt. Epameinondas stärkte Arkadien und Messenien und beendete damit die spartanische Hegemonie in der Peloponnes für immer.

Das Zentrum der Kunst und Kultur aber sollte Athen bleiben. Neben der Werkstatt des Lysippos aus Sikyon waren es vor allem athenische Bildhauer wie Praxiteles, die überall die besten Aufträge erhielten, und das Attische setzte sich als Einheitssprache durch. Zwar war der Philosoph Sokrates 399 v. Chr. wegen Gottlosigkeit zum tödlichen Schierlingstrank verurteilt worden, doch seine Nachfolger Platon und Aristoteles lenkten Philosophie und Wissenschaft in neue Bahnen und gründeten Schulen, die miteinander in fruchtbarer Konkurrenz standen.

### MAKEDONIEN SETZT SICH DURCH

Im Norden dämmerte zur gleichen Zeit ein neues Zeitalter herauf: Philipp II. (359 bis 336 v. Chr.), der König von Makedonien, unterwarf Päonien, Thessalien und Thrakien. Das Sprachrohr seiner Gegner in Griechenland war der Athener Demosthenes, dessen Reden gegen Philipp als »Philippika« sprichwörtlich geworden sind. Im Jahr 338 v. Chr. fiel in der Ebene bei Chaironeia die Entscheidung: Philipp und sein Sohn Alexander schlugen die vereinte Armee Thebens und Athens. Ganz Griechenland wurde in den Korinthischen Bund gezwungen, den Makedonien kontrollierte. Zwar behielten die Städte in der Regel ihre alte Staatsform bei, doch ihre Selbständigkeit war für immer dahin.

*Hoplit (bewaffneter Fußsoldat) mit Schild, Helm und Speer; attische Vasenmalerei um 500 v.Chr.*

Schon Philipp II. propagierte den Krieg gegen Persien, vorgeblich, um Vergeltung für den bereits 150 Jahre zurückliegenden Feldzug des Xerxes zu üben. Nach seiner Ermordung 336 v. Chr. war es Alexander, der den Plan ausführte. Die Art und Weise, wie der erst 22-Jährige in nur acht Jahren ein Weltreich von der Sahara bis über den Indus hinaus schuf, inspirierte alle Eroberer der Nachwelt mit der Idee der Weltherrschaft. Alexander wollte Griechenland und den Orient miteinander verschmelzen, doch das Ergebnis war in erster Linie die Ausbreitung der griechischen Kultur und Sprache. Diese erfolgte nicht zuletzt durch eine große Zahl von Stadtgründungen, deren bekannteste Alexandria in Ägypten war.

#### OSTRAKISMOS, DAS SCHERBENGERICHT

Mit dem Scherbengericht konnten die Athener des 5. Jahrhunderts v. Chr. einen unliebsamen Mitbürger für zehn Jahre verbannen. Die Prozedur war einfach: Jeder Stimmberechtigte schrieb einen Namen auf eine »ostrakon« genannte Scherbe. Manche Wähler beschimpften die Kandidaten durch Zusatzbemerkungen als Verräter, Geizhals oder Dummkopf oder warfen ihnen Arroganz, Ehebruch oder Bestechlichkeit vor. Wer die meisten Stimmen erhielt, musste ungeachtet seines Standes gehen, so etwa auch so bedeutende Männer wie Aristeides, Themistokles und Kimon. Bei Ausgrabungen wurden Tausende dieser Scherben gefunden; sie stellen eine wichtige historische Quelle dar.

*Gemme mit eingeschnittener Darstellung eines Kriegsschiffs (5. Jh. v. Chr.)*

▶ Menschen und Ideen: Sokrates
▶ Menschen und Ideen: Platon
▶ Menschen und Ideen: Aristoteles
▶ Menschen und Ideen: Alexander der Große
▶ Große Entdeckungen: Naturwissenschaftliche Lehrsätze um 550

*In Pergamon gefundene Büste Alexanders des Großen (356 – 323 v. Chr.), der ab 336 v. Chr. als makedonischer König regierte*

*Ruinen der berühmten Bibliothek in Pergamon (heute Bergama, Türkei), der Hauptstadt des Pergamenischen Reiches*

## Die neue Weltordnung im Hellenismus

Als Alexander der Große 323 v. Chr. im Alter von nur 33 Jahren starb, hinterließ er ein riesiges Reich. Seine Generäle, die Diadochen, teilten es nach langen Kriegen untereinander auf. Der griechische Städtebund probte nach Alexanders Tod noch einmal den Aufstand, unterlag aber im Lamischen Krieg und musste trotz weiteren Widerstands die Herrschaft der Makedonen hinnehmen. Doch noch immer stellten die Städte einen Machtfaktor dar und wurden aus politischen Gründen von den Königen umworben. Das Schlagwort der »Freiheit für Griechenland« war in aller Munde. Es bedeutete jedoch nur, dass derjenige die Herrschaft faktisch ausübte, der diese Freiheit in Worten gewährte. Als einziger Stadtstaat konnte Rhodos dank seiner beherrschenden Flotte und Wirtschaftsmacht die Unabhängigkeit bewahren.

In Makedonien, Kleinasien, Syrien und Ägypten entstanden Königreiche und Dynastien: neue Zentren mit einer enormen wirtschaftlichen Kraft. Die Könige zogen die Geistesgrößen ihrer Zeit an sich und sammelten Wissen und Kunstwerke. Auf diese Weise entstanden etwa die sagenhaften Bibliotheken in Pergamon und Alexandria. Am Hof wurde goldenes und silbernes Tafelgeschirr verwendet, das in den Keramikwerkstätten nachgeahmt wurde. Die rotfigurige Vasenverzierung hatte ausgedient und wurde nur noch in Italien eine Zeit lang weitergeführt. Die Architektur war verfeinert und auf Repräsentation bedacht, die Paläste schmückten Fresken und Mosaiken.

Die Herrscher wetteiferten durch Stiftungen in gesamtgriechischen Heiligtümern oder in den Stadtstaaten miteinander und bevorzugten vor allem eine prachtvolle Ausgestaltung öffentlicher Platzanlagen. Wissenschaft und Philosophie wurden nicht mehr nur um ihrer selbst willen, sondern auch im Hinblick auf ihre praktische Anwendbarkeit betrieben, wie es der Mechaniker Archimedes oder die Ärzteschulen auf Kos und in Alexandria vorführten. Auch die Dampfkraft war bereits bekannt, wurde aber nicht industriell genutzt, da Handwerk und Sklavenarbeit billiger waren.

## Die Griechen

*Rekonstruierte Westseite des Pergamonaltars mit dem berühmten, den Kampf der Götter gegen die Giganten darstellenden Fries (180–159 v. Chr.)*

gab in guter hellenistischer Tradition eine Freiheitserklärung für alle griechischen Städte ab. Damit ging Rom aber auch die Verpflichtung ein, diese Freiheit zu verteidigen, und wurde damit auch immer tiefer in die griechischen Auseinandersetzungen in Kleinasien hineingezogen. Als Philipps V. Sohn Perseus versuchte, die Vormachtstellung Makedoniens wiederherzustellen, zwang er Rom geradezu, Griechenland unter seine direkte Kontrolle zu bringen. 168 v. Chr. machte der Konsul Lucius Aemilius Paullus Makedonien zur römischen Provinz. Gleiches geschah 146 v. Chr. nach einem Aufstand und nach der völligen Zerstörung von Korinth mit dem Gebiet des Achäischen Bundes. In der Folge erlitt ein hellenistisches Reich nach dem anderen das gleiche Schicksal.

Der neue Rationalismus erfasste auch die Kunst. Nicht mehr das Allgemeingültige, sondern das Vergängliche und der Ausdruck von Emotionen standen im Vordergrund: Alter und Tod, Freude und Schmerz. Berühmte Beispiele hierfür sind die Statuengruppe des Laokoon oder der Pergamonaltar. In der Philosophie blieb Athen führend. Epikur begründete seine private Tugendlehre, Zenon die rationalistische Schule der Stoa.

Auf dem griechischen Festland dominierten nach wie vor die makedonischen Könige, während die Inseln stärker unter dem Einfluss der Seemächte, vor allem Ägyptens, standen. Im 3. Jahrhundert v. Chr. organisierten sich große Teile Griechenlands neu und bildeten im Norden der Peloponnes den Achäischen, in Mittelgriechenland den Aitolischen Bund. Dessen Hauptverdienst war die Abwehr des Keltensturmes von 279 v. Chr. König Pyrrhos von Epiros wetteiferte zeitweise mit Makedonien und ließ sich 281 v. Chr. von Tarent gegen die Römer zu Hilfe rufen. Seine sprichwörtlichen »Pyrrhossiege« fielen jedoch so knapp und verlustreich aus, dass er sich wieder zurückziehen musste.

### Die Auseinandersetzung mit Rom

Zunächst hatten die Römer gar nicht die Absicht, die Adria zu überqueren. Nur die illyrischen Seeräuber wiesen sie gelegentlich in ihre Schranken. Weil aber Philipp V. von Makedonien den Römern gerade dann den Krieg erklärte (215–205 v. Chr.), als der Karthager Hannibal vor ihren Toren stand, ergriffen sie bei nächster Gelegenheit Partei gegen ihn. Den Zweiten Makedonischen Krieg beendete Titus Quinctius Flamininus 197 v. Chr. und

### Wer hat wen erobert?

Das bäuerliche, bodenständige Rom hatte die Kontrolle übernommen, wurde jedoch im Gegenzug ab dem 2. Jahrhundert v. Chr. immer stärker von der griechischen Kultur beeinflusst. Griechische Kunstwerke waren ein begehrtes Beutegut. Künstler, Haussklaven, Lehrer und hochgestellte Geiseln kamen nach Rom und wurden römische Bürger. Hatte im Hellenismus die zeitgenössische Kunstproduktion und das Angebot an klassischen Originalen das Repräsentationsbedürfnis und den Sammeltrieb der Herrscher noch befriedigen können, stieg jetzt das Interesse an klassischer Bildung und Kunst bei der römischen Führungsschicht sprunghaft an. Mit der Erfindung einer dreidimensionalen Abgreifmaschine um 100 v. Chr. explodierte das Kopistenwesen; neue Statuentypen entstanden im klassischen Stil oder wurden im Eklektizismus aus charakteristischen Stilelementen zusammengesetzt. Wer etwas auf sich hielt, studierte wie etwa der Redner und Staatsmann Cicero in Athen. Der römische Kaiser Nero reiste durch Griechenland und ließ sich als Sänger feiern, und beginnend mit Hadrian trugen die Herrscher Roms einen Bart – das Vorbild dafür sollen die griechischen Philosophen abgegeben haben. Politisch war Griechenland in der Bedeutungslosigkeit versunken, doch seine Kultur setzte sich durch.

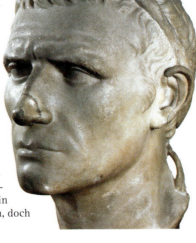

*Marmorkopf des makedonischen Königs des Seleukidenreichs Antiochos III., der Große (um 242–187 v. Chr.)*

*Tönerner Ausweis eines Geschworenen am athenischen Gerichtshof (4. Jh. v. Chr.). Die Ausweise nannten den Geschworenen, seinen Vater und seine Gemeinde.*

.......... **Die Bibliothek von Alexandria** ..........
Das wissenschaftliche Zentrum in Alexandria, der Hauptstadt des ptolemäischen Ägyptens, war den neun Musen geweiht und hieß deshalb Museion. Seine Bibliothek umfasste fast eine Million Bände. Ein Teil davon ging verloren, als Caesar 47 v. Chr. in Alexandria belagert wurde. Danach wurde die Bibliothek durch Bestände aus Pergamon ergänzt und noch bis in die arabische Zeit hinein bis zu ihrem endgültigen Untergang genutzt.

▶ **Große Erfindungen:** Erfindungen in Griechenland
▶ **Handel und Wirtschaft:** Soziale Verhältnisse in Griechenland
▶ **Handel und Wirtschaft:** Athen als See- und Handelsmacht
▶ **Kunst und Architektur:** Akropolis
▶ **Literatur und Musik:** Ilias und Odyssee

# Eine mediterrane Seemacht – Karthago

*Phönizische Flüchtlinge aus dem alten Libanon gründeten im 9. Jahrhundert v. Chr. in Nordtunesien die Stadt Karthago. Sie legten damit den Grundstein für die phönizische Oberherrschaft im westlichen Mittelmeerraum.*

*Eine Terrakotta-Maske der Punier genannten Karthager aus dem 4. Jahrhundert v. Chr.*

Über die abenteuerliche Gründung Karthagos erfahren wir aus den königlichen Chroniken der phönizischen Stadt Tyros. Demnach floh Prinzessin Elissa, Tochter des Königs Mutto von Tyros, aus der Stadt im heutigen Libanon über das Meer nach Westen, nachdem ihr Bruder Pygmalion ihren Gatten hatte ermorden lassen. Elissa reiste nach Zypern, wo sich ihrem Gefolge ein Hohepriester und achtzig für die heilige Prostitution auserwählte Frauen anschlossen. Nach einer strapazenreichen Odyssee durch das Mittelmeer erreichten die Flüchtlinge 814/13 v. Chr. den heutigen Golf von Tunis, wo sie die Stadt Karthago gründeten. Da die einheimische Bevölkerung den Neuankömmlingen nur so viel Land zugestand, wie eine Ochsenhaut umfasst, wandte die kluge Elissa eine List an: Sie schnitt die Haut in schmale Streifen, nähte diese zusammen und legte sie um einen Hügel herum aus. Auf diese gewitzte Weise erhielt sie ein großflächiges Siedlungsgebiet. Die Geschichte der Gründung Karthagos, die eng verknüpft ist mit der Kolonisation des Mittelmeers und dem abenteuerlichen und letztendlich tragisch endenden Leben Elissas, ist eine der berühmtesten Legende der Antike. Sie wurde nicht nur von griechischen und römischen Historikern immer wieder erzählt, sondern hat auch bis heute zahlreiche Maler, Schriftsteller und Musiker inspiriert. Auch wenn wir über den Wahrheitsgehalt dieser Legende nichts wissen, so ist doch das Gründungsdatum 814/13 v. Chr. trotz fehlender archäologischer Befunde aus dieser Zeit allgemein anerkannt.

## Das karthagische Reich

Karthago stieg zu einer mächtigen Stadt auf und wurde zur wichtigsten und größten Kolonie der Phönizier im westlichen Mittelmeer. Die Karthager gründeten Handelszentren und Stützpunkte auf der Iberischen Halbinsel, Sizilien, Korsika, Sardini-

*Nach der vollständigen Zerstörung der punischen Metropole 146 v. Chr. entstand ein Jahrhundert später das römische Karthago. Von diesem zeugen noch heute eindrucksvolle Ruinen, wie hier die Überreste eines Pferdestalls.*

| 850 v. Chr. | 800 v. Chr. | 750 v. Chr. | 700 v. Chr. | 650 v. Chr. | 600 v. Chr. | 550 v. Chr. | 500 v. Chr. |

814/13 v. Chr.
Gründung Karthagos

480 v. Chr.
Hamilkars Niederlage bei Himera (Sizilien)

# KARTHAGO

*Das Reich von Karthago im 5. Jahrhundert v.Chr.*

en, den Balearen und an den Küsten Nordafrikas. In Abgrenzung zum phönizischen Mutterland bezeichnet man die Menschen dieses Kulturkreises als Punier.

Leider gibt es so gut wie keine schriftlichen Quellen, die die zeitliche Reihenfolge der karthagischen Expansion beschreiben. Auch ist bei einigen Niederlassungen umstritten, ob sie nun frühen phönizischen oder punischen Ursprungs sind. Fest steht jedoch, dass das karthagische Reich bald die Oberhoheit im westlichen Mittelmeer gewann, was in den folgenden Jahrhunderten immer wieder zu kriegerischen Zusammenstößen mit den konkurrierenden Griechen führte, insbesondere auf Sizilien.

## DIE PUNISCHEN KRIEGE

Es war denn auch ein Vorfall auf Sizilien, der 264 v. Chr. den Ausbruch des Ersten Punischen Krieges zwischen Rom und Karthago auslöste. Bis dahin waren beide Mächte Jahrhunderte lang freundschaftlich verbunden gewesen. Das unterlegene Karthago verlor nicht nur seinen Einfluss auf Sizilien, sondern auch die Inseln Sardinien und Korsika. In der Folge verstärkten die Karthager ihre Herrschaft über Spanien. Rom, das dem nicht tatenlos zusehen wollte, erklärte deshalb Karthago 218 v. Chr. erneut den Krieg. Dieser Zweite Punische Krieg, der bis 201 v. Chr. andauerte, war dem römischen Geschichtsschreiber Livius zufolge »der denkwürdigste aller Kriege, die je geführt worden sind«. Der karthagische Feldherr Hannibal, der der römischen Invasion in Spanien und Afrika zuvorkommen wollte, überquerte in einer spektakulären Aktion mit 50 000 Mann und zahlreichen abgerichteten Kriegselefanten die Alpen und fiel in Norditalien ein. In der Folge besiegte er 218 v. Chr. das römische Heer an der Trebia, im darauf folgenden Jahr am Trasimenischen See und wiederum ein Jahr später in der berühmten Entscheidungsschlacht von Cannae, bei der fast 50 000 römische Soldaten fielen. Als das Römische Reich kurz

vor dem Untergang stand, kam die Wende. Rom gewann langsam wieder die Oberhand in Italien; römische Truppen unter General Cornelius Scipio eroberten Sizilien, weite Teile Spaniens und landeten 204 v. Chr. in Nordafrika. Hannibal kehrte nach Afrika zurück und verlor 202 v. Chr. bei Zama die entscheidende Schlacht gegen die römischen Legionen Scipios. Der danach ausgehandelte Friedensvertrag beschnitt die politische und wirtschaftliche Macht Karthagos erheblich. Es verlor Spanien, musste sich verpflichten, nur mit Einwilligung Roms Krieg zu führen, und hatte seine Flotte auf 10 Galeeren zu reduzieren. Provokationen der mit Rom verbündeten Numidier führten schließlich 149 v. Chr. zum dritten Krieg mit Rom, der drei Jahre später mit der völligen Zerstörung Karthagos und dem Untergang des karthagischen Reiches endete. Die punische Metropole wurde bis auf die Grundmauern niedergebrannt; auf ihren planierten Überresten sollte erst hundert Jahre später wieder eine neue Stadt erbaut werden: das römische Karthago.

*Im römischen Karthago zierte dieses schöne Fußbodenmosaik das »Haus der Pferde«.*

### LICHT IM DUNKEL DER GESCHICHTE

Seit Mitte des 19. Jahrhunderts brachten archäologische Ausgrabungen allmählich Erkenntnisse über die untergegangene punische Kultur. Zusammen mit den Quellen antiker römischer und griechischer Geschichtsschreiber konnte man sich nach und nach ein Bild vom Leben dieses Mittelmeervolkes machen. Aufsehen erregend war die Entdeckung der punischen Nekropole Karthagos mit Tausenden von Gräbern und aufschlussreichen Beigaben. Zudem wurden Fundamente von Heiligtümern, Tempeln und Wohnhäusern sowie Reste des ehemaligen punischen Kriegshafens freigelegt. Eine Rekonstruktion ergab, dass er zur Zeit der Punischen Kriege Trockendocks für bis zu 180 Schiffe umfasste.

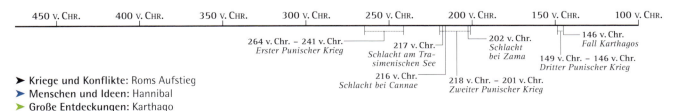

▶ Kriege und Konflikte: Roms Aufstieg
▶ Menschen und Ideen: Hannibal
▶ Große Entdeckungen: Karthago
▶ Handel und Wirtschaft: Wirtschaftliche Rolle der Phönizier

# Langschwert und Druidenstab
# Das keltische Jahrtausend

*Mit Wagemut schreckten die keltischen Krieger selbst vor dem mächtigen Rom nicht zurück – doch waren sie keineswegs nur eine »wilde Horde«: Der hohe Zivilisationsgrad der keltischen Stämme zeigt sich in ihren innovativen Handwerkstechniken, erlesenen Kunstwerken und faszinierenden Mythen.*

*Das teilweise rekonstruierte keltische Fürstengrab Kilchberg bei Tübingen stammt aus dem zur Hallstatt-Zeit gerechneten 6. Jahrhundert v. Chr. Das Hügelgrab hat einen Durchmesser von 13 Metern.*

Obwohl sich die frühesten Berichte über die Kelten erst bei den griechischen Geschichtsschreibern Hekataios von Milet und Herodot aus dem 6. und 5. Jahrhundert v. Chr. finden, reicht ihre Geschichte doch viel weiter zurück. Die Vorfahren der Kelten bildeten zwar keine einheitliche Volksgruppe, entwickelten jedoch bereits zwischen dem 13. und 8. Jahrhundert v. Chr. in Abgrenzung zu anderen Stämmen der spätbronzezeitlichen Urnenfelderkultur eine gemeinsame keltische Stammeskultur und Sprachgemeinschaft. In der so genannten Hallstatt-Zeit vom 8. bis 5. Jahrhundert v. Chr. teilten sich Kelten und Germanen den Raum nördlich der Alpen. Die Kelten siedelten im heutigen Frankreich und im gesamten süddeutschen Raum bis nach Böhmen, die Germanen dagegen im heutigen Dänemark, in Norddeutschland und Schweden.

## Aufstieg und Niedergang der keltischen Herrschaft

Vermutlich bereits ab dem 7. Jahrhundert v. Chr. verbreiteten sich keltische Stämme von Frankreich aus Richtung Süden bis nach Spanien; im Norden setzten sie nach Britannien und Irland über. In der so ge-

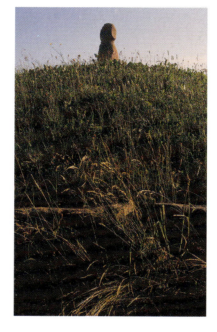

nannten La-Tène-Kultur, die im 5. Jahrhundert v. Chr. auf die Hallstatt-Kultur folgte, löste sich schließlich die kulturelle Einheit der Kelten endgültig auf und ihr Siedlungsgebiet erreichte seine größte Ausdehnung.

Keltische Stämme ließen sich in der Po-Ebene nieder und drängten von dort aus gen Süden. Dort stießen die »Gallier«, wie sie bei Caesar in seinem Geschichtswerk »De bello Gallico« genannt werden, zwar auf den Widerstand der Römer – und doch geschah das Unglaubliche. Der keltische Heerführer Brennus brachte dem hoch gerüsteten römischen Legionärsheer in der entscheidenden Schlacht an der Allia 387 v. Chr. eine vernichtende Niederlage bei und ließ anschließend sogar die Stadt Rom plündern. Erst 52 v. Chr. gewannen die Römer mit ihrem Sieg über den keltischen Heerführer Vercingetorix wieder die Oberhand. Die Kelten glichen seitdem ihre Kultur der römischen an.

Auch im östlichen Mitteleuropa expandierten die von den Griechen und in der Bibel als »Galater« bezeichneten Kelten, zogen in den Balkanraum Richtung Griechenland und eroberten 278 v. Chr. Delphi. Doch war ihre Vormachtstellung nie von langer Dauer, da es ihnen nicht gelang, funktionierende Herrschaftsstrukturen zu entwickeln. Am längsten hielt sich das Keltentum noch in den westlichen Randzonen des romanisierten Europa: in der Bretagne, in Wales, Schottland und insbesondere in Irland.

*Zu den berühmtesten keltischen Kunstwerken zählt der in einem Moor auf Jütland gefundene Kessel von Gundestrup. Der versilberte, mit Goldauflagen verzierte Kupferkessel wurde im 1. Jahrhundert n. Chr. gefertigt.*

# Die Kelten

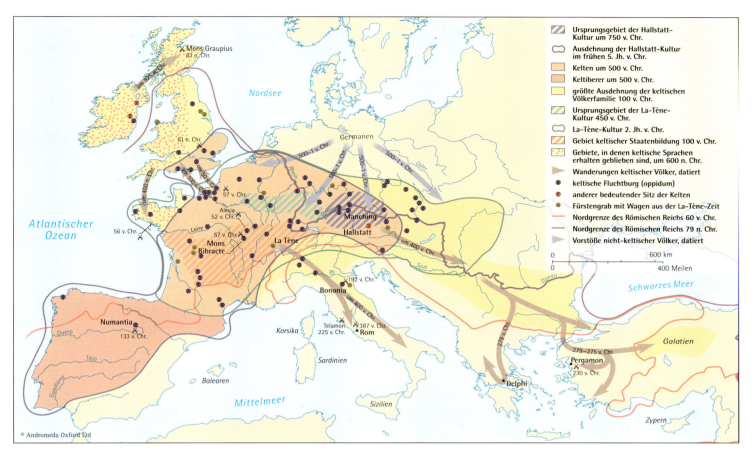

## Die keltische Gesellschaft

In Friedenszeiten waren die Kelten Ackerbauern und Viehzüchter. Sie lebten in Stammesverbänden, die sich wiederum in einzelne Sippen untergliederten. Ihre durch Pfahlwerk- und Wallanlagen befestigten Siedlungen, die von den Römern später *oppida* (Einzahl: *oppidum*) genannt wurden, legten sie auf Anhöhen rund um den Herrensitz ihres Häuptlings an. Anschauliche Beispiele für diese Siedlungsformen sind die Heuneburg aus der späten Hallstatt- und frühen La-Tène-Zeit oder das Oppidum von Manching. Sie sind beide an der Donau gelegen.

Ab etwa 700 v. Chr. bildete sich eine aristokratische Kriegerschicht mit einem Häuptling oder Fürsten an der Spitze aus. Ihre hohe Stellung und die ihnen entgegengebrachte Verehrung bezeugen die mit wunderbaren Goldschmiedewerken, Bronze-, Silber- und Eisenarbeiten reich ausstaffierten Hügelgräber, in denen sie bestattet wurden. Darunter rangierten die freien Bauern und Krieger und am Ende der gesellschaftlichen Rangfolge stand die Masse des halbfreien Volks sowie der Unfreien. Außerhalb der Hierarchie befanden sich die Druiden, die zugleich Richter, Fürstenberater und Priester waren.

## Die keltische Kunst

Die keltische Kunst äußerte sich ab etwa Mitte des 6. Jahrhunderts v. Chr. in kunstvoll verzierten handwerklichen Gegenständen und Figuren und erlebte unter etruskischem und skythischem Einfluss ihre erste Blütezeit. Kostbare Gegenstände aus Gold und Bronze dienten vor allem als Grabbeigaben. Durch die Wanderzüge und auch Vermischungen mit anderen Kulturen verschwand die Einheit der keltischen La-Tène-Kultur. Der Kunststil wurde nun abstrakter, die Menschendarstellung wurde zugunsten des Ornaments aufgegeben; als Schmuckelemente verwendeten die keltischen Meister farbige Emaileinlagen und polierte Metallfelder. In Britannien und Irland nahm die keltische Kunst eine eigenständige Entwicklung und erlebte im 6. Jahrhundert durch die Verschmelzung mit germanischen Motiven, wie etwa verschlungenen Bändern oder Tieren, und später mit christlichen Einflüssen eine neue Blüte, die sich besonders eindrucksvoll in der Buchmalerei präsentiert. Zu den schönsten Beispielen der irischen Buchkunst zählen die illuminierten Handschriften etwa des »Book of Durrow« oder des »Book of Kells«.

## ·············· Mythen und Mysterien ··············

Die Kelten verehrten Naturkräfte und unzählige Gottheiten und glaubten an eine Form der Wiedergeburt oder zumindest an ein Weiterleben der Seele nach dem Tod. Als Kriegervolk huldigten sie aber auch grausamen Göttern, denen sie vermutlich sogar Gefangene als Menschenopfer darbrachten. Die Druiden lernten die Göttermythen und geheimen Anweisungen zu den kultischen Handlungen in einer etwa 20 Jahre dauernden »Lehrzeit« auswendig, denn es war verboten, die heiligen Verse niederzuschreiben. Aus diesem Grund sind keine schriftlichen Zeugnisse der religiösen Mysterien von den Kelten selbst hinterlassen. Außer den Druiden, mit deren Tod auch ihr geheimes Wissen unterging, gab es jedoch auch Barden und Geschichtenerzähler, die historische Ereignisse, Mythen und Heldensagen mündlich überlieferten.

*Die Karte zeigt Siedlungsgebiete und Wanderungsbewegungen der Kelten ab dem 13. Jahrhundert v. Chr.*

▶ Religionen und Glaubensformen: Die Religion der Kelten
▶ Große Entdeckungen: Hallstattkultur
▶ Große Entdeckungen: Entdeckung des Fürstengrabes von Hochdorf

# Ein rätselhaftes Volk
## Die Etrusker

*An die einst Italien beherrschenden Etrusker erinnern außer archäologischen Funden geografische Benennungen: Die römische Bezeichnung der Etrusker, »tusci«, verlieh der Toskana ihren Namen und das Meer zwischen Italien, Korsika und Sardinien heißt nach den »Tyrrhenern«, wie sie die Griechen nannten, Tyrrhenisches Meer.*

*Eine kunstvoll gearbeitete vergoldete etruskische Silberschale mit szenischen Darstellungen: eine Löwenjagd, mit einem Stier kämpfende Löwen, ein Zug von Kriegern und ein Feldherr auf seinem Wagen (675 – 650 v. Chr.)*

Entsprechend den Behauptungen antiker Schriftsteller hielt man die Etrusker lange Zeit für Einwanderer aus dem Osten. Doch obwohl sie tatsächlich Einflüssen aus östlichen Regionen unterstanden, entwickelten sie sich dennoch vor allem aus der Villanova-Kultur, die im früheisenzeitlichen Italien des 11. bis 8. Jahrhunderts v. Chr. im Kontakt mit Mitteleuropa und dem östlichen Mittelmeer entstanden war. Die Siedlungen der Villanova-Kultur, meist auf geschützten Bergrücken in fruchtbarem Ackerland und nahe großen Gewässern gelegen, bildeten häufig die Keimzellen etruskischer Städte, wie uns handwerkliche Entwicklungen zeigen. Dort ging die zunächst grobe, so genannte Impasto-Keramik der Villanova-Menschen im 8. Jahrhundert v. Chr. nahtlos in die typisch etruskische, Bucchero genannte Keramik über.

### Aufstieg und Niedergang

Die Etrusker lebten in selbständigen Stadtstaaten, die sich in ihrem ursprünglichen mittelitalienischen Herrschaftsgebiet zu einem Bund zusammenschlossen. Diese Organisationsform der Bündnisbildung behielten sie auch bei, als sie sich in die Po-Ebene und nach Kampanien ausbreiteten. Die einzelnen Städte wurden zunächst von Königen, dann von Aristokratien regiert. Im Gegensatz zu den Frauen ihrer Nachbarvölker genossen die etruskischen Frauen innerhalb ihrer Kultur eine vergleichsweise eigenständige und gleichberechtigte Stellung.

Wichtigste Grundlage des Wohlstands der Etrusker bildeten die Erzvorkommen in der Toskana und auf Elba, aus denen sie Silber, Kupfer und vor allem Eisen gewannen. Die Metallproduktion war so üppig, dass im 19. Jahrhundert die Schlacken der Antike erneut aufbereitet wurden.

*Das üppig verzierte »Grab der Reliefs« aus der Nekropole von Cerveteri, einem ehemaligen etruskischen Stadtstaat (3. Jh. v. Chr.).*

derauferstehung«. Die antike Tradition ist für das heutige Griechenland ein Kern des nationalen Selbstverständnisses.

## DIE WIEDERENTDECKUNG GRIECHENLANDS

Durch den Fall von Byzanz 1453 wurde der Kontakt zwischen Griechenland und Europa unterbrochen – die Renaissance war von der römischen Antike inspiriert. Die Humanisten lasen zwar griechische Quellen, doch noch 1584 fragte der Tübinger Professor Martin Kraus in Konstantinopel nach, ob Athen überhaupt noch existiere. Französische Gesandte lieferten im 17. Jahrhundert erste Reiseberichte und betonten die Überlegenheit der griechischen Kunst; die Engländer Jacob Spon und George Wheler stellten umfangreiche Abbildungen vor. Mit dem venezianischen Vorstoß 1687, bei dem der Parthenon gesprengt wurde, rückte Griechenland wieder verstärkt ins Bewusstsein. 1733 gründeten in England die Absolventen der »Grand Tour«, der für Gentlemen obligatorischen Bildungsreise, die »Society of Dilettanti«. Sie finanzierten die Reisen von James Stuart und Nicholas Revett sowie die systematische Dokumentation griechischer Altertümer in großen Tafelbänden (1782–1794), welche die europäische Architektur revolutionierten. Lord Elgin brachte alle plastischen Kunstwerke des Parthenons nach England und bewirkte damit Gleiches für die Bildhauerei. In allen Bereichen waren Griechenland und seine Kultur Gegenstand romantischer Verklärung oder Basis wissenschaftlichen Denkens und die Wiederentdeckung der griechischen Weltanschauung hat wesentlich zur Entwicklung der neuzeitlichen Gesellschaft beigetragen.

*Herodot (um 485 – um 425 v. Chr.), Begründer der kritischen Geschichtsschreibung*

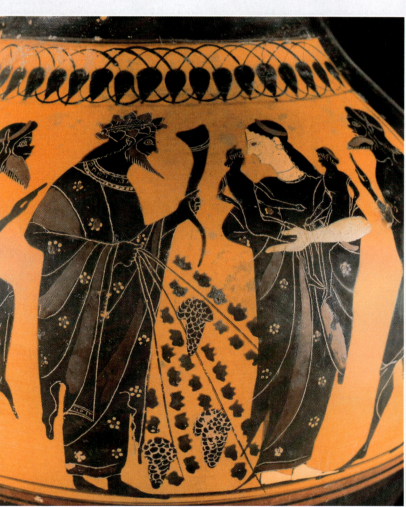

*Die Darstellungen auf der schwarzfigurigen griechischen Amphore zeigen den Gott Dionysos und Leto, Tochter der Titanen Koios und Phoibe und Mutter der Artemis und des Apollon.*

### DIE GÖTTER GRIECHENLANDS

Da ihr noch die schöne Welt
  regieret,
An der Freude leichtem Gängelband
Selige Geschlechter noch geführet,
Schöne Wesen aus dem Fabelland!
Ach, da euer Wonnedienst noch
  glänzte,
Wie ganz anders, anders war es da!
Da man deine Tempel noch
  bekränzte,
Venus Amathusia!

Da der Dichtung zauberische Hülle
Sich noch lieblich um die Wahrheit
  wand,
Durch die Schöpfung floss da
  Lebensfülle,
Und was nie empfinden wird,
  empfand.
An der Liebe Busen sie zu drücken,
Gab man höhern Adel der Natur,
Alles wies den eingeweihten
  Blicken,
Alles eines Gottes Spur.

Schöne Welt, wo bist du? Kehre
  wieder,
Holdes Blütenalter der Natur!
Ach, nur in dem Feenland der Lieder
Lebt noch deine fabelhafte Spur.
Ausgestorben trauert das Gefilde,
Keine Gottheit zeigt sich meinem
  Blick;
Ach, von jenem lebenswarmen Bilde
Blieb der Schatten nur zurück.

Friedrich Schiller, 1788

▶ Menschen und Ideen: Weltbild der klassischen Antike
▶ Menschen und Ideen: Politische Theorie der klassischen Antike
▶ Menschen und Ideen: Aristoteles
▶ Kunst und Architektur: Griechische Tempel
▶ Literatur und Musik: Ilias und Odyssee

# Eroberer mit Pferd und Bogen – Die Skythen

*Die Skythen zählten zu den bedeutendsten Reitervölkern aus dem Osten, deren Vordringen in Europa stets große Besorgnis hervorrief. Aufgrund ihrer meisterhaften Fertigkeit im Bogenschießen sowie ihrer mit dem Pferd verbundenen Lebens- und Kampfweise wurden sie von den Griechen »Pferdebogner« genannt.*

*Der reitende Bogenschütze auf dieser attischen rotfigurigen Schale ist durch seine Kleidung als Skythe zu erkennen (520–510 v. Chr.).*

Die Bezeichnung »Skythen« geht auf die Griechen zurück, die das angriffslustige Reitervolk seit dem 5. Jahrhundert vor unserer Zeitrechnung gut kannten. Die Skythen selbst nannten sich gemäß dem griechischen Geschichtsschreiber Herodot »Skoloten«. Sie gehörten zur ostiranischen Völkergruppe und waren ursprünglich vermutlich in der Gegend östlich des Aralsees beheimatet.

Die wirtschaftliche Grundlage der Skythen, die keine Schrift besaßen und Münzen erst in ihrer Spätzeit prägten, bildeten große Herden. Sie züchteten überwiegend hornlose Rinder, aber auch verschiedene Pferderassen. Als Reittiere verwendeten sie jedoch ausschließlich Braune oder Füchse. Die Tiere waren zwar im Vergleich zu heutigen Warmblutpferden klein und leicht gebaut, gehörten aber dennoch in jener Zeit zu den größten Vertretern ihrer Gattung. An Größe und Kraft übertrafen sie bei weitem die Pferde, die den Germanen und Kelten zur Verfügung standen, und steigerten so die Kampfstärke der Skythen.

## Expansion und Untergang

Um 700 v. Chr., so berichten armenische und griechische Überlieferungen, fielen skythische Reiter in das nördliche Schwarzmeergebiet ein und vertrieben die dort ansässigen Kimmerier. Einige Abteilungen der Skythen verfolgten diese sogar bis in den Vorderen Orient und kehrten erst einige Jahrzehnte später zu ihren Verwandten am Schwarzen Meer zurück. Die militärischen Erfolge der Skythen beruhten nicht nur auf ihren überlegenen Pferden, sondern auch auf der außerordentlich hohen Treffsicherheit, mit der ihre Bogenschützen vergiftete Pfeile verschossen. Grabfunde belegen, dass sie ihre Gegner häufig durch einen Schuss mitten zwischen die Augen töteten. Ursprünglich schnitten skythische Krieger gefallenen Feinden die Köpfe ab und nahmen sie als Trophäe mit, in späterer Zeit beschränkte man sich aber auf den Skalp des Getöteten.

In Skythien herrschten verhältnismäßig wenige Könige, die aber offenbar ohne nennenswerte Schwierigkeiten ihr riesiges

*Die mit skythischen Kriegern dekorierte Vase stammt aus dem 4. Jahrhundert v. Chr.*

*Den goldenen Kamm aus dem frühen 4. Jahrhundert v. Chr. schmücken Kampfszenen aus einem skythischen Heldenepos.*

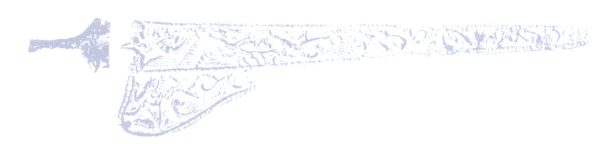

# Die Skythen

*In Sibirien wurde dieses skythische Goldkunstwerk gefunden. Der Panther im so genannten Rolliertypus wurde um 600 v. Chr. gefertigt.*

ihre Toten anscheinend nur im Frühling und im Herbst bestatteten, mussten die Verstorbenen einbalsamiert werden, bevor sie in Hügelgräbern zur letzten Ruhe gebettet werden konnten. Nicht selten erreichten diese die stattliche Höhe von dreistöckigen Wohnhäusern und wiesen eine Basis von über 100 Metern Durchmesser auf.

## Geheimnisvolle Amazonen

Bei den Grabfunden der Skythen gaben mehrere Frauengräber Rätsel auf, da sie auch Waffen enthielten – eiserne Messer, Lanzenspitzen und Köcher mit bronzenen Pfeilspitzen. Offenbar gab es bei den Skythen Kriegerinnen, die eine besondere Gruppe in der Gesellschaft bildeten, innerhalb deren Frauen im Allgemeinen ein sehr untergeordnetes Dasein führten. Vielleicht sind diese Amazonen auch als die Überreste eines Matriarchats zu deuten. Ihrer Weiblichkeit blieben sich die Kriegerinnen sicherlich durchaus bewusst und wollten sie auch im Totenreich offensichtlich nicht verleugnen: In den Gräbern lagen neben allen Skeletten Bronzespiegel, Schmuck und verschiedenfarbige Schminke.

Territorium regierten. Das Reich war in vier Gaue eingeteilt, für die vom König ernannte Statthalter verantwortlich waren. Ihnen oblag die Eintreibung der Abgaben ihres Distrikts und einiger griechischer Städte an der Schwarzmeerküste. Die Westgrenze ihres Herrschaftsbereiches lag im 5. Jahrhundert v. Chr. bei den Karpaten, doch stießen die Skythen schon früher über diese Grenze hinaus weiter nach Westen vor. Skythische Reiter erreichten sogar die Mark Brandenburg, wie ein im Jahre 1882 entdecktes Fürstengrab zeigt.

Die ihrem Herrschaftsgebiet näher gelegenen Gebiete wurden von den Skythen infiltriert, doch bevor sie in diesen Regionen nachhaltig wirken konnten, gerieten sie am Schwarzen Meer durch die mit ihnen stammesverwandten Sarmaten in Bedrängnis. Diese drangen um 346 v. Chr. in größeren Gruppen in Skythien ein, woraufhin der Skythenkönig Ateas einen Teil seines Volkes in die Landschaft südlich der Donaumündung führte. Durch diesen Vorstoß fühlte sich jedoch Philipp II. von Makedonien bedroht. Um ein weiteres Vordringen der Skythen zu verhindern, stellte er sie im Frühsommer 339 v. Chr. in der Nähe der Donau und besiegte sie. Der Großteil der geschlagenen Skythen zog sich auf die Halbinsel Krim zurück, wo sich bis ins dritte nachchristliche Jahrhundert ein skythisches Königreich hielt. Währenddessen besetzten die Sarmaten die Steppen nördlich des Schwarzen Meeres und vermischten sich mit den zurückgebliebenen Skythen. Weiter im Westen wurden skythische Gruppen von der einheimischen Bevölkerung so vollständig aufgesogen, dass sie nur wenige Spuren hinterließen.

### Feuer und Tiere, Himmel und Erde, Sonne und Mond

Als Hauptgottheit verehrten die Skythen Tabiti-Vesta, die Herrin des Feuers und der Tiere. In der skythischen Kunst wurde sie oft als halb weibliches, halb schlangenförmiges Wesen abgebildet, das zwischen ihren heiligen Tieren, dem Raben und dem Hund, steht. Zudem huldigten sie dem Himmelsgott Papeus, der Erdgöttin Apia, dem Sonnengott Oetosyros und der Mondgöttin Artimpaasa.

Wie andere Nomadenvölker glaubten die Skythen an Hexerei und an die übernatürliche Kraft von Amuletten. Altäre oder Götterbilder spielten dagegen in ihrer Religion keine Rolle. Da sie

*Römische Marmorkopie der verwundeten Amazone, die von dem berühmten griechischen Bildhauer Kresilas für das Artemisheiligtum in Ephesos geschaffen worden war (5. Jh. v. Chr.)*

# Der Ort, wo man zum Gott wird
## Teotihuacán

*Auch 1300 Jahre nach ihrem Untergang hat die einstige Metropole Teotihuacán an Anziehungskraft nicht verloren: Noch zu Beginn des 20. Jahrhunderts vollzog die indianische Bevölkerung auf den Pyramiden der Stadt, »in der die Götter geschaffen wurden«, religiöse Riten.*

*Kunstvolle Reliefarbeiten zieren in Teotihuacán den Palast des Quetzalpapaloti.*

Seit dem Jahr 1885 strömen Archäologen in das 50 Kilometer nordöstlich von Mexikos Hauptstadt gelegene Tal von Teotihuacán zu einem Grabungsareal, das mittlerweile riesige Ausmaße angenommen hat. Die bislang dort entdeckten Funde geben Zeugnis von einer sagenhaften Metropole, die in ihrer Blütezeit um die Wende zum 6. Jahrhundert rund 200 000 Bewohner beherbergte. Mit einer Ausdehnung von 23 Quadratkilometern erstreckte sich die Stadt über eine weitere Fläche als Rom. Dem damaligen Zentrum der frühmittelalterlichen Alten Welt, Konstantinopel, stand sie zudem in Prunk und Pracht in nichts nach.

Obwohl diese Grabungsstätte zu den am besten untersuchten archäologischen Fundorten Mexikos gehört, sind erst zehn Prozent des Areals freigelegt. Man weiß heute nicht, wie die Herrschaftsstruktur der Bevölkerung dieser Stadt aussah und warum diese ab etwa 700 n. Chr. unterging. Darüber hinaus ist nicht einmal bekannt, wie diese Metropole hieß – denn der Name Teotihuacán, »der Ort, wo man zum Gott wird«, stammt von den Azteken, die bei ihrer Einwanderung nach Zentral-Mexiko im 12. Jahrhundert nur noch Ruinen vorfanden.

### Eine geplante Stadt

Die ersten Siedlungsspuren der Stadt stammen aus der Zeit um etwa 500 v. Chr. Seinen Aufstieg in den Jahrhunderten danach verdankte Teotihuacán seiner guten geografischen Lage, reichen Grundwasserreserven und fruchtbaren Böden. Die Bewohner errichteten ihr urbanes Zentrum nach einem rasterförmigen Plan mit breiten Straßen, Pyramiden, Tempeln und zusammenhängenden Mehrfamilienhäusern. Die Hauptachse, *miccaotli* oder »Straße der Toten«, zieht sich über zwei Kilometer hin und verbindet die drei wichtigsten Gebäude. An ihrem Anfang im Norden steht die Mondpyramide, in der Mitte er-

# TEOTIHUACÁN

hebt sich die gewaltige Sonnenpyramide und den Schlusspunkt bildet die »Zitadelle« mit der Pyramide Quetzalcóatls. Die einheitliche Stadtplanung setzt sich in der Architektur der Paläste oder Wohnkomplexe fort. Sie folgen dem so genannten Talud-Tablero-Schema, bei dem abwechselnd ein rechteckig vorspringendes Mörtelpaneel (Tablero) über einer abfallenden Böschung (Talud) aus dem gleichen Material verbaut wurde.

Wegen der Fülle der wunderbaren, mehrfarbigen Malerei wird Teotihuacán auch die »Stadt der Farben« genannt. Die Künstler verzierten nicht nur die Zeremonialgebäude im Zentrum, sondern brachten ihre Bilder auch an den Innen- und Außenwänden der Wohngebäude in der Peripherie auf. Obwohl die Religion das zentrale Thema bildete, erzählen die Gemälde auch von der Alltagswelt, von Gebräuchen, Kleidung, Schmuck, Fauna und Flora.

## DIE AUSSTRAHLUNGSKRAFT DER METROPOLE

Die Basis für die Entwicklung der Stadt Teotihuacán bildete die Landwirtschaft. Der rasante Aufstieg der Metropole dürfte an der wirtschaftlichen Stärke, die auf der Ausbeutung, Verarbeitung und dem Vertrieb der reichen Obsidianvorkommen fußte, der über-

zeugenden Herrschaftsform und nicht zuletzt der kriegerischen Expansion gelegen haben. So gruben die Archäologen neben zahlreichen Töpfereien Hunderte von Obsidianwerkstätten aus, deren Erzeugnisse auf weit verzweigten Handelswegen Verbreitung fanden.

Die Ausstrahlungskraft von Teotihuacán in den mesoamerikanischen Raum war enorm und reichte weit über das Hochland von Zentral-Mexiko hinaus. Selbst in der Maya-Stadt Tikal im fernen Guatemala hatten die Teotihuanacos ein eigenes Viertel und umgekehrt war die Stadt ein Anziehungspunkt für verschiedene ethnische Gruppen. Im so genannten Oaxaca-Viertel entdeckte man Gebrauchskeramik und Begräbnissitten der Zapoteken, im »Viertel der Kaufleute« fand man Keramiken, die den Einfluss der Golfregion belegen.

Der Export allein kann jedoch den Einfluss der Metropole nicht erklären; ihre Macht lag wohl in der Überlegenheit des politischen Systems begründet. Die städtische Bevölkerung übernahm priesterliche, handwerkliche, militärische oder administrative Aufgaben und war deshalb von der Versorgung mit Lebensmitteln und sonstigen Gütern aus dem Umland abhängig. Erstaunlicherweise hat man, obwohl Teotihuacán seit 1885 erforscht wird, noch kein einziges Königsgrab aufspüren können. Dabei ist es verblüffend, dass in diesem hoch differenzierten Gesellschaftssystem kein Schriftwesen existierte. Dominierendes Kommunikationsmittel war offensichtlich die Malerei mit ihren vielschichtigen Bedeutungen.

Der Staat von Teotihuacán erweiterte seinen Machtbereich aber auch durch kriegerische Expansion. Wandgemälde zeigen mit Speer und Steinschleuder ausgerüstete Krieger in Tierkleidung und auch auf Stelen in Tikal und Yaxhá im Maya-Tiefland sind Krieger aus Teotihuacán wiedergegeben. Bisher konnten die Archäologen keine eindeutige Erklärung für den Untergang des mächtigen Stadtstaates ausfindig machen. Die Theorien reichen von der Invasion feindlicher Gruppen über Hungersnöte, eine innere Rebellion der unterdrückten sozialen Schichten bis zur gewaltsamen Unterbrechung des Handelsnetzes durch feindliche Gruppen.

### FROMME HÄNDLER

Die Gesellschaft Teotihuacáns war von starker Religiosität geprägt. Dafür sprechen die zahlreichen Pyramiden und Tempel und der sakrale Inhalt der Fresken, deren Symbolsprache schwer zu interpretieren ist. Der wichtigste Gott war Tlaloc, der Gott des Wassers und der Landwirtschaft; darüber hinaus wurden Quetzalcóatl, der als Gefiederte Schlange symbolisierte Gott des Windes, und Xipe Totec, der Gott des Frühlings und der Vegetation, verehrt.

*Diese Grabmaske aus Teotihuacán ist mit einem Mosaik aus Türkissteinen verziert.*

*An der »Straße der Toten«: Blick von der Mond- auf die gewaltige Sonnenpyramide*

▶ Religionen und Glaubensformen: Religionen Mesoamerikas
▶ Große Entdeckungen: Entdeckung Teotihuacáns
▶ Kunst und Architektur: Teotihuacán
▶ Mythen, Rätsel und Orakel: Teotihuacán

# Staatengründer am Weissen Berg
# Die Zapoteken

*Im mexikanischen Bundesstaat Oaxaca begannen 1931 Archäologen mit der Freilegung einer Tempelstadt auf dem Bergmassiv des Monte Albán. Sie fanden heraus, dass die früheren Bewohner, die Zapoteken, die Spitze des »Weißen Berges« komplett abgetragen und eine riesige Zeremonialzone errichtet hatten.*

*Auf dem Plateau des Monte Albán errichteten die Zapoteken riesige Pyramiden.*

Die Geschichte des nur wenige Kilometer südwestlich der Hauptstadt des Bundesstaats Oaxaca gelegenen Monte Albán steht zugleich für die Phasen der kulturellen Entwicklung des südlichen Mexiko und für die Geschichte der Zapoteken. Die ältesten Funde im Tal von Oaxaca werden auf 8000 v. Chr. datiert und bezeugen eine frühe Sammler- und Pflanzerkultur. Zwischen 1500 und 1000 v. Chr. steigerte die künstliche Bewässerung der Felder die landwirtschaftlichen Erträge und Orte wie San José Mogote oder Tierras Largas wuchsen auf über 1500 Einwohner an. Bis heute ist nicht geklärt, in welcher Epoche die Zapoteken in Oaxaca in Erscheinung traten. Im Allgemeinen werden sie eng mit der Geschichte des Monte Albán in Verbindung gebracht, wobei man den Beginn ihrer kulturellen Entwicklung auf etwa 400 v. Chr. ansetzt. Die chronologische Einteilung ihrer Zivilisation erfolgt auf der Basis von Keramikfunden und gliedert sich ab diesem Zeitpunkt bis zur Ankunft der Spanier im Jahr 1521 in die Phasen Monte Albán I bis V. Noch heute leben rund 400 000 Nachkommen dieser mesoamerikanischen Kultur in Südmexiko. Sie nennen sich selbst jedoch nicht Zapoteken, sondern *Penizaa* – »Wolkenvolk«.

*Diese Figur eines sitzenden Jaguars wurde in einem Tempel auf dem Monte Albán gefunden.*

### Die ersten Jahrhunderte

Zwischen 400 v. Chr. und 200 n. Chr. entwickelten sich verschiedene unabhängige Staaten, die durch Heiratsallianzen und Handel miteinander verbunden waren. Die Zapoteken begannen mit dem Ausbau des Monte Albán, indem sie die zeremoniale Zone, die *Grand Plaza*, einebneten und das 750 Meter lange und 300 Meter breite Areal pflasterten. Die Ränder säumten verschiedene Pyramidenbauten. In dieser Zeit entstand die *Galería de los Danzantes*, in Steinreliefs gemeißelte, uns seltsam anmutende Figuren, die möglicherweise Tanzende oder Kriegsgefangene darstellen. Stelen mit kalendarischen Zeichen oder Daten und Inschriften auf Monumenten belegen, dass die Zapoteken einen 260 Tage umfassenden Kalender kannten und eine eigene Schrift besaßen.

### Blütezeit und postklassische Periode

Um 200 n. Chr. wuchs der städtische Komplex und erreichte eine Ausdehnung von fünf bis sechs Quadratkilometern. Die Zapoteken eroberten alle umliegenden besiedelten Hügel wie El Gallo, Atzompa oder Monte Albán Chico und regierten in der Folge über ein Areal, das in dieser Phase schätzungsweise 45 000 bis 75 000 Einwohner beherbergte. Während die Elite in den beiden großen zeremonial-administrativen Distrikten Atzompa und Grand Plaza residierte, lebte die restliche Bevölkerung auf den umliegenden Hügeln und Berghängen und hatte kaum Zugang zu den Zentren.

In den zapotekischen Erzeugnissen aus Töpferei, Architektur, Skulptur und Wandmalerei ist zu Beginn dieser Epoche deutlich der Einfluss der Metropole Teotihuacán spürbar, in der

# Die Zapoteken

Zapoteken ein eigenes Viertel bewohnten. Nach dem Untergang des nordöstlich von Mexiko-Stadt gelegenen Stadtstaats um 700 n. Chr. begann die Blütezeit der klassischen zapotekischen Kultur. Es entstand ein charakteristischer künstlerischer Stil, der wenig Einflüsse von außen erkennen lässt, umgekehrt jedoch auf das Tal und darüber hinaus ausstrahlte.

In der postklassischen Periode entstand mit dem 40 Kilometer südwestlich der heutigen Stadt Oaxaca gelegenen Mitla ein neues Zentrum, das zum Sitz der Priesterschaft wurde. Die Tempel, Paläste, Häuser und Gräber von Mitla sind einzigartig im gesamten mesoamerikanischen Raum. Beeindruckend ist hier etwa der »Palast der Säulen« mit seinen steinernen Mosaikfriesen. Er besteht aus über 100 000 Steinen und weist mehr als 40 verschiedene geometrische Muster auf.

In diesem Zeitraum wurde Monte Albán schließlich von den Zapoteken aufgegeben und die Mixteken übernahmen in der Region die führende Rolle. Sie nutzten den Monte Albán zur Bestattung ihrer hoch gestellten Persönlichkeiten.

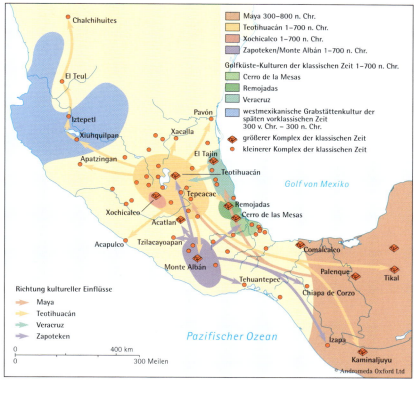

*Gegenseitige Beeinflussung der mesoamerikanischen Kulturen*

## Die Urnen

Ein Charakteristikum der zapotekischen Kunst bilden die so genannten Bestattungsurnen, deren Grundform sich bereits in Phase Monte Albán I entwickelte. Diese zylindrischen Gefäße aus lichtgrauem Ton mit aufgesetzten Figuren sind 7 bis 150 Zentimeter hoch und wurden in großer Anzahl in den Gräbern, Tempeln, Nischen und Toreingängen von Monte Albán gefunden. In keiner der Urnen befanden sich menschliche Überreste in Form von Knochen oder Asche. Anhand der Motive der Gefäßfiguren können drei Gruppen unterschieden werden: Die dargestellten Götter stehen mit Fruchtbarkeit und Feldbau in Verbindung, so etwa der Regengott Cojico oder der Maisgott Pitao Cozobi, die zu den gängigsten Motiven gehören. Die Urnen der Begleiterfiguren verkörpern Männer und Frauen jeglichen Alters und stehen in der Regel im Halbkreis um die zentrale Gottheit oder Person. Sie sind vermutlich Bildnisse des Gefolges. Die Jaguarurnen stellen das ganze Tier oder Teile wie Kopf oder Fuß mit Klauen dar.

### Die Chronologie des Weissen Berges

Die vorspanische Geschichte des Tales von Oaxaca wird von der Forschung in fünf Perioden eingeteilt, die nach dem Zentrum Monte Albán benannt sind. Monte Albán I (400 v. Chr. bis 100 v. Chr.) und Monte Albán II (100 v. Chr. – 200 n. Chr.) gehören zur formativen Periode Mesoamerikas. In dieser Zeit begann der Ausbau des Zeremonialzentrums. Monte Albán III (200 – 900) umfasst die klassische Periode mit der Blütezeit der Zapoteken. Monte Albán IV (900 – 1390) und V (1390 bis 1521) werden zur Postklassik gerechnet. In dieser Phase übernahmen immer mehr die Mixteken die Herrschaft und die militärische Komponente gewann die Oberhand. Beeinflusst von Krieg und Menschenopfer entwickelte sich ein neuer Stil.

*Die Tonfigur stellt den zapotekischen Maisgott Pitao Cozobi in Gestalt eines Menschen dar.*

▶ Religionen und Glaubensformen: Die Religionen Mesoamerikas

# ZEIT DER GROSSEN DYNASTIEN
## DAS INDISCHE ALTERTUM

*Die Großreiche der Mauryas, Satavahanas, Kushanas und Guptas waren die bedeutendsten politischen Gebilde des indischen Altertums. Ihre geografische Lage zeigt, dass die urbane Entwicklung des Subkontinents lange eher eine Geschichte des Nordens als des Südens war.*

Ein wichtiger Anhaltspunkt für die Datierung der altindischen Geschichte ist der Feldzug Alexanders des Großen, der in den Jahren 326 und 325 v. Chr. in Nordwest-Indien endete. Im Nordosten herrschte zu dieser Zeit die Dynastie der Nandas von Magadha, die gegen 320 v. Chr. von Chandragupta, dem Begründer der Maurya-Dynastie, entthront wurden.

*Relief aus der Gupta-Zeit am Vishnu-Tempel in Deogarh*

### DIE MAURYA-DYNASTIE

Chandragupta und sein Sohn Bindusara eroberten weite Gebiete im Westen und Süden des Subkontinents und schufen damit ein indisches Großreich. Bedeutende Quellen für diese Zeit sind das Staatsrechtslehrbuch des Kautilya und der Bericht des seleukidischen Gesandten Megasthenes.

Ashoka (Reg. etwa 270–232 v. Chr.), der dritte und bekannteste Maurya-König, ist vor allem durch seine in Säulen und Felsen gemeißelten Edikte berühmt geworden. Diese Inschriften, die er in allen Teilen seines Reiches anbringen ließ, stellen – außer den nicht entzifferten Harappa-Siegeln – die ältesten indischen Schriftdenkmäler dar. Zunächst hatte Ashoka die Eroberungspolitik seiner Vorgänger fortgesetzt; in seinem 13. Felsenedikt behauptete er dann jedoch, aus Reue über einen blutigen Feldzug nach Kalinga seinen Lebenswandel geändert zu haben. Ashoka förderte fortan den Buddhismus, propagierte aber in seinen Inschriften nicht die buddhistische Lehre, sondern allgemeine sittliche Werte. Nach Ashokas Tod zerfiel das heterogene Maurya-Reich recht schnell. Um 185 v. Chr. wurde der letzte Maurya-König von dem Begründer der Shunga-Dynastie ermordet. Die Shungas (184–72 v. Chr.) verloren die gesamten westlichen Reichsteile an die Seleukiden und büßten dann auch die Herrschaft über den Osten ein.

### DIE SATAVAHANA-DYNASTIE

Die aufstrebende Dynastie der Satavahanas besiegte die Nachfolger der Shungas, die Kanvas, und begründete im Hochland des Dekan ein Reich, das bis ins 2. Jahrhundert n. Chr. bestand und sich von der West- bis zur Ostküste Zentralindiens erstreckte. Die Angehörigen der Dynastie waren sowohl Förderer des Brahmanismus als auch des Buddhismus. Letzteres belegen vor allem die buddhistischen Bauten in Nasik, Karle, Kanheri und Amaravati. Unter den Satavahanas nahm der Überseehandel mit dem Römischen

*Löwenkapitell der Ashoka-Säule, 3. Jahrhundert v. Chr.*

| 350 v. Chr. | 300 v. Chr. | 250 v. Chr. | 200 v. Chr. | 150 v. Chr. | 100 v. Chr. | 50 v. Chr. | Chr. Geb. | 50 n. Chr. | 100 |

325 v. Chr. – 185 v. Chr.
*Maurya-Dynastie*

etwa 200 v. Chr. – 225 n. Chr.
*Satavahanas-Dynastie*

etwa 200 v. Chr. – 75 n. Chr.
*Indo-Griechen, Indo-Skythen, Indo-Parthen*

# Das indische Altertum

Reich seinen Aufschwung; außerdem spielte dieses Dekan-Reich eine kulturelle Vermittlerrolle zwischen Nord- und Südindien.

## Indo-Griechen, Indo-Skythen und Kushanas

Nordwest-Indien wurde zwischen dem 2. Jahrhundert v. Chr. und dem 1. Jahrhundert n. Chr. von indo-griechischen, indoskythischen und indo-parthischen Königen regiert. Nachdem die Indo-Skythen oder Shakas aus dem Nordwesten verdrängt worden waren, hielt sich einer ihrer Zweige, die Dynastie der Westlichen Kshatrapas, noch vom 1. bis zum 4. Jahrhundert n. Chr. an der indischen Westküste. Dort standen sie mit den Satavahanas in fortwährenden Auseinandersetzungen um die Hoheit über die bedeutenden Küstenstädte.

Nordwest-Indien wurde wahrscheinlich im 1. Jahrhundert n. Chr. von den Kushanas erobert, die bereits im Nordosten des heutigen Afghanistan ein Reich gegründet hatten. Die Chronologie der Kushanas gehört zu den größten Streitfragen der indischen Geschichte. Heftig umstritten ist vor allem, ob die zweihundertjährige Kushana-Herrschaft schon im 1. oder erst im 2. Jahrhundert n. Chr. ihren Anfang nahm. Unter den Königen Kanishka I., Huvishka und Vasudeva I. erlebte mit der Stadtkultur und dem Fernhandel auch der Buddhismus eine schöpferische Blütezeit, die sich besonders in den Kunstschulen der Region Gandhara im Nordwesten und um Mathura bei Delhi zeigte.

## Die Gupta-Dynastie

Im 4. Jahrhundert n. Chr. verlagerte sich der Schwerpunkt der politischen Entwicklung Nordindiens in die zentrale Gangesebene. Nach dem Niedergang des Kushana-Reiches gelang es den Königen der Gupta-Dynastie noch einmal, bis ins 6. Jahrhundert weite Teile Nord- und Mittelindiens in einem Großreich zu vereinigen. Die Gupta-Zeit gilt vor allem auf kulturellem Gebiet als »goldenes Zeitalter«; in diese Periode fiel auch die mit einer erneuten Zunahme brahmanischen Einflusses einhergehende Blüte der Sanskrit-Literatur. Wirtschaftlich deuteten sich aber Verfallserscheinungen an.

Die so genannte Gupta-Ära setzte wohl 320 n. Chr. ein, als mit Chandragupta I. der erste bedeutende Gupta-König den Thron bestieg. Nach ihm unternahm sein Sohn Samudragupta (Reg. 335 bis 380) Eroberungszüge im Norden und auf dem Dekan und dessen Sohn Chandragupta II. (Reg. 380 – 414) siegte über die Westlichen Kshatrapas. Dadurch erlangten die Guptas Zugang zur indischen Westküste und damit zum Seehandel. Unter Skandagupta (Reg. 455 – 470) begannen erneut Einfälle von Fremdvölkern, den »Weißen Hunnen« oder Hephthaliten. Diese unsichere politische Lage förderte Ablösungstendenzen in den Randprovinzen. Nach dem Zerfall des Gupta-Reiches war Nordindien dann für einige Jahrhunderte durch die Existenz einer großen Zahl frühmittelalterlicher Regionalreiche gekennzeichnet.

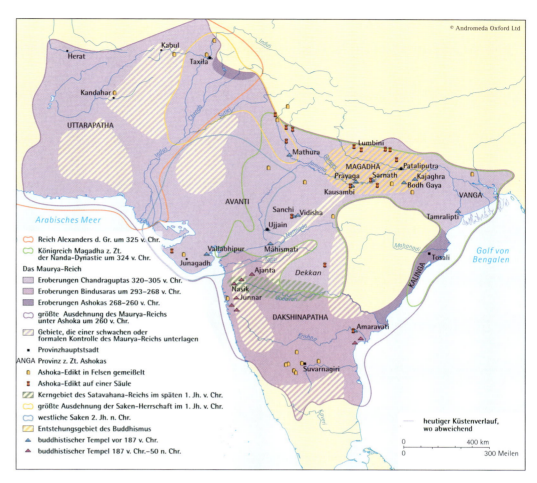

*Indien zur Zeit der Maurya-Dynastie*

*Die Goldmünze (links oben) zeigt Kanishka, den bedeutenden Herrscher der Kushana-Dynastie (2. Jh. n. Chr.).*

*In der Gupta-Zeit ab dem 4. Jahrhundert n. Chr. erlebte die Sanskrit-Literatur eine Blütezeit. Die hier abgebildete Miniatur aus einer späteren Ära ist eine Handschrift des »Bhogatava Pourana« (Das Leben Krishnas).*

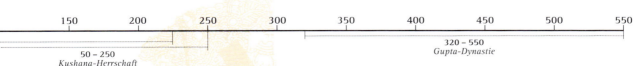

- ▶ Religionen und Glaubensformen: Der Hinduismus
- ▶ Religionen und Glaubensformen: Der Buddhismus
- ▶ Kriege und Konflikte: Entstehung des Maurya-Reiches
- ▶ Kriege und Konflikte: Militärische Einigung Indiens unter den Guptas
- ▶ Handel und Wirtschaft: Wirtschaftliche Blüte der Gupta-Zeit

# Reiterscharen aus dem Osten
## Die Hunnen

*Die Hunnen waren nicht die ersten jener Völker, die die Römer unterschiedslos »Barbaren« nannten. Doch im Vergleich zu den germanischen Stämmen, die bisher vereinzelt in das Römische Reich eingedrungen waren, stellten diese eurasischen Nomaden eine weitaus größere Gefahr dar.*

*Noch nach Jahrhunderten galt der Vormarsch der Hunnen als Symbol des Schreckens und ihre Kriegsführung beflügelte die Fantasie von Künstlern. Schlacht zwischen Hunnen und Alanen; Holzstich, 1873.*

Erste Erwähnung finden die Vorfahren der Hunnen in chinesischen Quellen des 3. Jahrhunderts vor unserer Zeitrechnung. Laut diesen Berichten befanden sich die Weidegründe der Xiongnu, der »Hun-Barbaren«, in der heutigen Mongolei. Kaiser Hu sandte ab 133 v. Chr. mehrere Heere gegen die bedrohlichen Steppenreiter aus, die gegen die Chinesen hohe Verluste erlitten. In der Folge teilten sich die Xiongnu in zwei große Gruppen und zogen nach Süden beziehungsweise nach Westen und Nordwesten. Vier Jahrhunderte später eroberte die südliche Abteilung die damalige Hauptstadt Nordchinas, Loyang, und herrschte dort bis zum Jahr 350, ehe sie von der Tang-Dynastie geschlagen werden konnte.

*Porträt des Hunnenkönigs Attila, der in deutschen Dichtungen auch Etzel genannt wurde (Kupferstich, 1820)*

### Invasion in Europa

Etwa zur gleichen Zeit wurde die andere Gruppe vom Steppenvolk der Sien-pi nach Westen getrieben und überquerte schließlich in den 370er Jahren die Wolga. Nach dem Sieg über die Alanen zerschlugen sie das Reich der Ostgoten am Schwarzen Meer und besetzten 384 die Ungarische Tiefebene, wo sie das Zentrum ihres Reiches errichteten.

Im Sommer 395 überquerten große Abteilungen der Hunnen den Kaukasus und verwüsteten Teile des Vorderen Orients; gleichzeitig fielen hunnische Scharen in Mösien, dem heutigen Bulgarien, ein. Hier lösten sie eine in der Antike bis dahin unbekannte Panik aus und zahlreiche Völker flohen aus dem Karpatenbecken in die Mittelmeerländer. Die Römer, deren Reich

# Die Hunnen

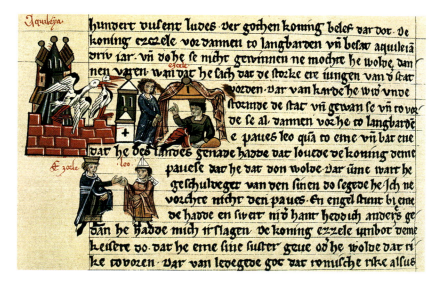

nach dem Tode Theodosius' des Großen 395 geteilt worden war, standen dieser Völkerflut zunächst ohnmächtig gegenüber.

Während der hunnische Großkönig Ruga 422 einen jährlichen Tribut von Ostrom erzwang, warb der weströmische Heermeister Galliens, Flavius Aetius, hunnische Hilfstruppen an. Diese Einheiten rieben 436 das Heer der Burgunder fast bis zum letzten Mann auf. Die grausamen Kämpfe sollten später im Nibelungenlied verewigt werden.

## Das Reich unter Attila

Nach Rugas Tod fand das hunnische Reich unter seinen Nachfolgern Bleda und Attila seine größte Ausdehnung. Die Neffen Rugas regierten zuerst zusammen, bis Attila, der in deutschen Dichtungen auch als König Etzel erscheint, 445 seinen Bruder ermordete und sich mit Hilfe von Verbündeten des ostgermanischen Stamms der Gepiden zum Alleinherrscher aufschwang. Zwei Jahre später griff der neue Großkönig zusammen mit den Gepiden und anderen germanischen Verbündeten Ostrom an, das keinen Tribut mehr entrichten wollte. Der Gegner konnte aber nur zum Rückzug gezwungen werden.

Ein Thronstreit im gallischen Westgotenreich bot schließlich im Jahr 451 Attila den willkommenen Vorwand, nach Westeuropa vorzudringen. Während die Masse der hunnischen Reiter vergeblich versuchte, die Grenzsperren der Sassaniden im Kaukasus zu überwinden, wälzte sich gleichzeitig Attilas überwiegend aus Germanen bestehendes Heer plündernd nach Westen. Im Juli 451 prallte dieses westlich der gallischen Stadt Trecas, dem heutigen Troyes, auf ein römisch-germanisches Heer. In dieser berühmten Schlacht auf den Katalaunischen Feldern wurde Attila geschlagen und zum Rückzug gezwungen.

Auch wenn die hunnische Gefahr erstmals gebannt schien, waren Attilas Expansionsbestrebungen damit nicht beendet: 452 ergriff er erneut die Initiative und drang in Oberitalien ein. Der Vorstoß endete jedoch mit einem raschen Rückzug, als oströmische Truppen das hunnische Zentrum in der Ungarischen Tiefebene bedrohten. Attila bereitete sofort einen Vergeltungsfeldzug vor, starb aber im Frühjahr 453. Sein Nachfolger Ellak fiel im Kampf gegen aufrührerische Gepiden und sein Reich löste sich auf. Zahlreiche Hunnen traten in die Dienste Ostroms und wurden als Wehrbauern mit der Grenzverteidigung betraut. In der Folge gingen sie in verschiedenen anderen Völkern auf.

## Doch Europäer?

Übereinstimmend wurden die Hunnen als Nomaden beschrieben, die in Zelten lebten und keine Stallungen errichteten. Auf diesen extrem flexiblen Lebensstil ausgelegt war beispielsweise auch die Essenszubereitung: Gekocht wurde für die ganze Gruppe in riesigen Kesseln, wie sie zu Dutzenden bei Ausgrabungen entdeckt worden sind. Der militärische Erfolg dieser männlich dominierten Gesellschaft basierte vor allem auf ihrer exzellenten, der nomadischen Kultur entsprungenen Reiterei.

Autoren der Spätantike schilderten wiederholt die mongolischen Gesichtszüge der Hunnen, doch ist diese Aussage sicher mit Vorsicht zu genießen. Denn archäologische Forschungsergebnisse von Schädeln und Skeletten aus Hunderten von freigelegten Gräbern zeigen deutlich, dass die Mehrzahl der Hunnen – etwa 80 Prozent – europäischer Abstammung war. Dies wohl, weil sie auf ihren weit reichenden Eroberungszügen andere Völker vereinnahmten und im Gegenzug deren Besonderheiten übernahmen.

*Papst Leo I. führt Friedensverhandlungen mit Attila; Miniatur aus der Sächsischen Weltchronik (13. Jh.).*

*Verzierte hunnische Bronzekessel aus dem 4. bis 5. Jahrhundert*

## Meisterschützen und phänomenale Reiter

Wahre Meisterwerke der damaligen Kriegstechnik waren die aus elastischem Holz gefertigten und mit Knochenplatten versteiften Bögen der Hunnen sowie die bis dato in Europa völlig unbekannten dreiflügeligen eisernen Spitzen ihrer Pfeile. Nach langem Suchen konnten die Römer schließlich das Geheimnis der reiterischen Überlegenheit der Hunnen aufdecken, die auf ihren Pferden saßen, als wären sie mit ihnen zusammengewachsen: Spezielle Sättel mit vorne und hinten hochgezogenem Sattelknauf ermöglichten den hierfür erforderlichen bequemen und festen Sitz.

▶ Kriege und Konflikte: Kriege der Hunnen und Slawen
▶ Menschen und Ideen: Attila
▶ Literatur und Musik: Nibelungenlied
▶ Mythen, Rätsel und Orakel: Die Nibelungen

# Peruanische Keramikmeister
# Die Moche-Kultur

*Moche oder Mochica – so wird eine nahe der heutigen Stadt Trujillo gelegene Flussoase im Nordwesten Perus genannt. Sie gab einer an der Küste gelegenen Kultur den Namen, deren Entwicklung vor der Zeitenwende einsetzte und gegen 750 n. Chr. zu Ende ging.*

*Die Keramiken der Moche zählen zu den Meisterwerken vorkolumbischer Kunst. Mit ihren plastischen Darstellungen dokumentierten sie Menschen in verschiedensten Situationen, ein eindrucksvolles Beispiel hierfür ist das mit einer Gebärszene versehene Gefäß.*

Obwohl die Mochica ausgezeichnete Metallarbeiten aus Gold, Silber und Kupfer schufen, so verdanken sie dennoch ihren Ruf den prachtvollen Keramikgefäßen, die sie in erstaunlicher Menge hinterließen. Durch ihre höchste bildnerische Qualität zählen sie zu den hervorragendsten Leistungen der vorkolumbischen Kunst. Die Töpfer jener Epoche schufen unzählige Gefäße, die sie mit Bemalungen, Ritz- und Strichzeichnungen sowie plastischen Darstellungen schmückten. Die Bildwerke zeigen Menschen bei fast allen erdenklichen Tätigkeiten, die auf die Krüge gesetzten modellierten Figuren stellen Gottheiten, Tiere und Pflanzen dar.

## Phasen der Moche-Kultur

Die Begeisterung für das bildnerische Werk der Mochica ist einhellig, umstritten ist in der Fachwelt allerdings die Auswertung und Interpretation des umfangreichen Materials. Die Keramiken lassen sich in Entstehungsphasen gliedern, die auch als Kriterien zur Einteilung der Geschichte der Moche dienen. Heute spricht man von drei Stufen der Moche-Entwicklung: der frühen Mo-

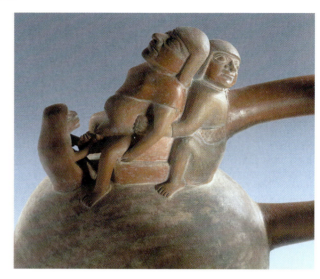

che-Zeit von etwa 100 v. Chr. bis 300 n. Chr., der anschließenden Blütezeit bis etwa 600 und der späten Zeit, die bis ungefähr 800 andauerte.

Während der Blütezeit dehnte sich die Moche-Kultur im Süden bis zum Río Nepeña oder womöglich sogar bis zum Río Huarmey aus. Ihr Ende wurde wohl durch starke Klimaschwankungen bewirkt. In dieser Ära folgten auf eine jahrzehntelange Trockenzeit über Jahre hinweg heftige Regenfälle, die zu verheerenden Schlammlawinen führten und vielen Menschen das Leben kostete. So ging in den südlichen Tälern der Moche-Einfluss um die Wende zum 7. Jahrhundert zurück.

*Dieses meisterhaft gearbeitete figürliche Tongefäß ist ein eindrucksvolles Beispiel für den hohen Stand der Keramikkunst der Moche-Kultur.*

*Nicht nur die Keramik-, sondern auch die Metallkunst erreichte in der Moche-Kultur höchste Qualität, wie dieser aus Gold gefertigte Vogel zeigt.*

## Die Moche-Kultur

### Kunst für die Elite

Wie sich die Elite in der Moche-Gesellschaft ausbildete, lässt sich nur vermuten. Fest steht, dass in den letzten Jahrtausenden vor der Zeitenwende zahlreiche Indianergruppen zum Feldbau übergingen und ein ausgeklügeltes Bewässerungssystem der Felder die Grundlage für die Landwirtschaft bildete. Bestimmte Familien nutzten wohl ihre technischen und organisatorischen Kenntnisse und verschafften sich Privilegien bei der Wasserverteilung - dadurch konnten sie eine höhere gesellschaftliche Stellung erreichen und entwickelten sich allmählich zu einer Oberschicht.

Die Herrscher der Moche-Zeit legten Wert darauf, ihre Macht und ihr Prestige glanzvoll zu repräsentieren und traten als Förderer des Handwerks und der Künste auf. Hierfür brachten Händler wertvolle Rohstoffe aus entfernten Regionen an die Höfe. Aus dem Gebirge trafen Lama-Karawanen ein, seegängige Flöße segelten die Küste entlang. In den Jahrhunderten nach 300 bestand eine Verbindung zu den Zapoteken im mexikanischen Oaxaca.

Ende des 20. Jahrhunderts sorgte die Entdeckung der von Räubern verschont gebliebenen Herrschergräber von Sipán im Tal des Río Reque für Aufsehen, die aus der Zeit um das Jahr 300 stammen. Sie bieten ein Bild vom Reichtum mancher Mitglieder der Oberschicht und bekunden damit die starke hierarchische Differenzierung der Gesellschaft. Die Archäologen förderten neben Mosaiken glanzvolle Gegenstände aus Gold, Silber, Kupfer und vergoldetem Kupfer, aus Lapislazuli und Türkis, aus Baumwolle und Keramik zu Tage. Dazu fanden sie Kriegsgerät wie Keulen, Lanzen, Speere und Speerschleudern, Rüstungen und Standarten.

Die Herrscher ließen sich von ihren Untertanen aus Adobe-Ziegeln Terrassenbauten errichten, die religiösen Zwecken dienten. Auf ihnen standen einst Tempel, die heute meist zerstört sind; bisweilen ließen sich Machthaber in diesen Adobe-Pyramiden zur letzten Ruhe betten. Als die beiden bekanntesten Bauwerke gelten die Sonnen- und Mondpyramide am Rande des Moche-Tales:

*Die riesige Sonnenpyramide, die sich am Rand des Moche-Tales befindet, ist mit farbigen Freskomalereien verziert.*

gewaltige Stufenpyramiden, die mit mehrfarbigen Fresken geschmückt sind.

### Kunst im Dienst der Religion

Ein Großteil der Moche-Kunst war der Religion oder der Darstellung weltlicher Szenen gewidmet. Gottheiten und Dämonen wurden oftmals mit Reißzähnen ausgestattet und können als Symbole für Raubtiere, besonders den Jaguar, gedeutet werden. Die Glaubensvorstellungen jener Zeit sahen die Götter jedoch nicht nur als machtvolle und hilfreiche Unterstützer, sondern auch als gefährliche Bedrohung an. Sie forderten als Gegenleistung manchmal die wertvollsten Gaben: So zeigt eine wiederholt in den Keramiken dargestellte Bergszene den Tod eines Menschen, der so auf einem Gipfel liegt, dass seine Haare gleich einem Wasserfall den Abhang herabströmen. Manchmal ist neben ihm eine sitzende Gottheit dargestellt, wodurch ein religiöses Opfer angedeutet wird. Bei anderen Beispielen scheint die Szene eine Hinrichtung zu schildern; bisweilen ist der Körper enthauptet. Zu den realistischen Darstellungen gehören auch Bilder, auf denen Skelette auftreten und unterschiedlichen Tätigkeiten nachgehen, was als Hinweis auf einen Ahnenkult gewertet werden kann.

#### PORTRÄTS
##### AUS EINER FERNEN VERGANGENHEIT

Die Porträtkrüge der Moche, in Tonmodeln hergestellte Kopfgefäße, gelten als Meisterwerke der vorkolumbischen Kunst. Die Künstler fertigten zunächst ein Modell und schöpften dabei entweder aus ihrer Fantasie oder porträtierten bestimmte Persönlichkeiten. In manchen Fällen geht die Detailgenauigkeit bis hin zur Nachbildung von Narben. Das Modell wurde mit einer Tonschicht versehen, angetrocknet, in zwei Hälften geschnitten und schließlich gebrannt. Mit dieser Form konnten beliebig viele Kopien hergestellt werden. Dazu füllten die Töpfer die Formteile mit Ton und fügten die beiden Hälften wieder zusammen. Anschließend wurden die Krüge kunstvoll bemalt.

*Schmuck wie diese elegante Halskette und Metallarbeiten wie dieser anthropomorphe Kopf begleiteten die Verstorbenen der Oberschicht als Grabbeigaben ins Jenseits.*

# Nach der Zeitenwende – Die Welt begegnet sich

Nach der Zeitenwende veränderte sich allmählich die globale Landkarte. Die bislang kulturell voneinander abgeschlossenen Weltregionen und die in ihnen beheimateten Zivilisationen begannen langsam miteinander Kontakt aufzunehmen. Zwar hatte es solche Berührungen schon vorher gegeben, doch jetzt wurden sie intensiver und regelmäßiger. Die Zivilisationen dehnten sich stetig weiter aus und erreichten trotz einer häufig geringen Geschlossenheit eine bemerkenswerte Stabilität. Am Ende dieser fast 1800 Jahre dauernden Epoche steht die Verschmelzung verschiedenster Kulturräume zu einer Welt – damit findet die Neuzeit ihren Anfang. Die Einzelgeschichten der Weltkulturen fügen sich jetzt zur Weltgeschichte zusammen.

## Die Völkerwanderung

Ab dem 2. Jahrhundert entwickelten sich im Inneren des eurasischen Kontinents entscheidende Bevölkerungsbewegungen. Große ethnische Gruppen verließen ihre angestammten Siedlungsgebiete, um dem Druck nachziehender Mächte auszuweichen. Die für das Römische Reich und den Mittelmeerraum beobachtbaren Auswirkungen nennt die historische Forschung heute »Völkerwanderung«. Die damit verbundenen Völker - Goten, Wandalen, Franken, Awaren und andere - waren nicht eigentlich Aggressoren, sondern suchten als Vertriebene nach neuen Lebensräumen. In Europa entwickelte sich aus den Reichen der Völkerwanderung die christliche Staatenwelt mit den Wurzeln der heutigen Nationalstaaten.

Aber auch in Asien reagierte man auf diese weitflächigen Wanderzüge und ihre Auswirkungen: So sollte etwa die große Chinesische Mauer aus dem 6. Jahrhundert einfallende »Barbaren« abwehren und die Hunnen, der Schrecken der Römer, fielen nicht nur in Europa ein. Heere dieser Nomaden zerstörten das Gupta-Reich in Indien und bedrohten darüber hinaus das Sassaniden-Reich in Baktrien. Im Westen mussten sie sich dagegen den Germanen und den Römern 451 in der berühmten Schlacht auf den Katalaunischen Feldern geschlagen geben. Der weit im Osten gelegene Kern ihres Machtbereiches wurde schließlich von den aufkommenden Türken unterworfen.

## Die Ausbreitung des Islams

Im ganzen Vorderen Orient und im südlichen Mittelmeerraum trat ab dem Jahr 622 mit beispielloser Geschwindigkeit eine neue Religion ihren Siegeszug an: der Islam. Hier verbanden sich auf äußerst erfolgreiche Weise politische Macht, die Glaubensvorstellungen Mohammeds und die Kultur der arabischen Halbinsel. Bei ihrer Expansion integrierten die Araber die eroberten Gebiete bemerkenswert intensiv, wovon die orientalische Prägung Südspaniens noch heute Zeugnis gibt.

Die Ausbreitung des Islams zog jedoch auch auf dem afrikanischen Kontinent erhebliche Auswirkungen nach sich, wo in den Jahrhunderten nach der Zeitenwende Aksum entscheidende Bedeutung erlangt hatte. Südlich der Sahara stiegen dort im Westen mächtige Reiche wie etwa Ghana oder Mali auf, deren Einfluss und Wohlstand auch auf dem Handel mit muslimischen Kaufleuten gründete. Als Religion der Fernhändler hielt der muslimische Glaube vor allem in den Oberschichten schnell Einzug und prägte Gesellschaft und Politik dieser Staaten. Und auch das Handelsimperium der Swahili an der Ostküste Afrikas wurde unter islamischen Vorzeichen errichtet.

## Das europäische Mittelalter

In der »Mittelalter« genannten Epoche fand im christlichen Europa ein vorsichtiger Austausch mit der islamischen Welt statt, die aber aus religiösen Gründen argwöhnisch betrachtet wurde. Ab dem 12. und 13. Jahrhundert begann der kleine Kontinent dann über seine Grenzen hinauszugreifen. Allmählich streifte man dort die von den christlichen Institutionen geförderte Enge der Vorstellungen ab. Gegen Ende der Antike war die Kirche zum politischen Faktor geworden. Ihre so gewonnene Macht wollte sie sowohl im geistigen Bereich als auch politisch-territorial ausweiten und festigen. Gegen Ende des Mittelalters gelang dies immer weniger, denn die beginnende Renaissance öffnete die Welt und veränderte das Weltbild der mittelalterlichen Menschen. Religiöse Vorstellungen brachen auf – die Reformation schickte ihre Boten voraus. Naturwissenschaftliche Fragen wurden erstmals gestellt und nicht mehr aus der Bibel beantwortet.

Entscheidende Meilensteine in dieser Entwicklung waren die Kreuzzüge und die Fahrten Marco Polos. In der Folge wurde das Mittelmeer wieder als der Verkehrsweg gesehen, der es in der Antike immer gewesen war. Ostasien galt als Land ungeheuren Reichtums, das zu besuchen und erforschen sich lohnte; nur vage waren die Vorstellungen über das riesige chinesische Reich oder das weit entfernte Japan. Da der Handel mit diesen fernen Welten gewaltige Gewinne versprach, suchten die italienischen Handelsstädte, die Portugiesen und die Spanier Seewege nach Asien und dessen Schätzen. Durch Zufall stieß Christoph Kolumbus bei einer dieser Unternehmungen auf einen völlig neuen Kontinent, der sich als wenigstens ebenso lukrativ erweisen sollte wie eben jenes Indien, das er nicht gefunden hatte: Amerika. Die hoch entwickelten Zivilisationen, die dort bis dahin bestanden hatten, fielen innerhalb kurzer Zeit den Konquistadoren zum Opfer.

## AMERIKA

In Amerika hatten sich unbeeinflusst von den Geschehnissen in Europa und Asien vielfältige Kulturen ausgebildet. In Mittelamerika entstanden mächtige Reiche, zu deren berühmtesten das der Maya zählt. Im 12. und 13. Jahrhundert stiegen dann die Azteken zur dominierenden Macht im mittelamerikanischen Raum auf. Ihr Imperium wurde 1521 von dem spanischen Konquistador Hernán Cortés zerstört. Gleiches widerfuhr den Inkas, die im 15. Jahrhundert im Südwesten des Kontinents ein riesiges Reich erobert hatten. 1532 wurden sie von Francisco Pizarro vernichtend geschlagen. Auch in Nordamerika waren in den Jahrhunderten vor der europäischen Eroberung verschiedenste Kulturen aufgestiegen und zum Teil wieder untergegangen. Die einfallenden Spanier und andere Europäer fanden dort vor allem ackerbauende Gesellschaften vor. Einige von ihnen veränderten aufgrund des Drucks der Siedler und Eroberer mithilfe der von den Spaniern eingeführten Pferde ihre Lebensweise völlig und wurden zu nomadisierenden Bisonjägern.

## OSTASIEN

Der Islam hatte nicht nur bis nach Afrika, sondern auch weit nach Asien ausgegriffen. Die muslimische Expansion hatte auf dem riesigen Kontinent die Türken zum Übertritt zu dem neuen Glauben veranlasst und war mit den Mongolen kollidiert. Der ungeheure Machtbereich des Tschingis Chan reichte vom Schwarzen Meer und der südrussischen Ebene bis nach China, das der Mongolenherrscher unterworfen hatte. Sein Enkel Kublai Chan regierte das riesige Reich von seiner Hauptstadt, dem heutigen Peking, aus. Die mongolische Herrschaft prägt die chinesische Kultur bis heute. Ihr waren jahrhundertealte Traditionen der zahlreichen chinesischen Herrscherhäuser vorausgegangen.

So erfolgreich die Mongolen im eurasischen Raum waren – Kublais Versuche, Japan zu erobern, scheiterten wiederholt. Dort hatte sich über Jahrhunderte hinweg eine chinesisch beeinflusste, dennoch eigenständige Kultur gebildet. Nach einem ersten Kontakt im 16. Jahrhundert entzog sich die japanische Zivilisation bis ins 19. Jahrhundert hinein erfolgreich europäischen Einflüssen.

# 2000 Jahre bis zur Unabhängigkeit Vietnam

*Auch heute noch assoziieren die meisten Menschen mit dem südostasiatischen Staat in erster Linie den Vietnamkrieg. In der langen Geschichte des Landes setzte dieser mörderische Konflikt jedoch nur den Schlussstrich unter einen zweitausendjährigen Befreiungskampf gegen verschiedene Kolonialmächte.*

*In der Kaiserstadt Hue versammelten sich vor der 1833 als Thronhalle erbauten »Halle der höchsten Harmonie« die Würdenträger vor Beginn der kaiserlichen Audienzen.*

Der erste geschichtlich verbürgte Staatsverband auf vietnamesischem Boden entstand bereits im 3. Jahrhundert v. Chr. mit dem Reich Au Lac. Das im Delta des Roten Flusses gelegene Reich wurde von dem später errichteten Nam Viet umschlossen. Das Jahr 111 v. Chr. markiert mit der Eroberung des bis dahin unabhängigen Nam Viet durch die chinesische Han-Dynastie einen der tiefsten Einschnitte in der über zweitausendjährigen Geschichte Vietnams. Für mehr als ein Jahrtausend sollte es fortan unter der direkten Oberherrschaft der Chinesen stehen. Mit welcher Herablassung die neuen Machthaber auf ihre Untertanen herabschauten, drückt sich bereits in dem Namen aus, den sie der neugewonnenen Provinz gaben: *Giao Chi*, »Land der Barfüßigen«.

Doch Vietnam profitierte auch während der über tausendjährigen Besatzungszeit in erheblichem Maß von der Kultur Chinas, die einen tief greifenden Einfluss ausübte. So wurde etwa ein zentralisiertes und effizientes Verwaltungssystem aufgebaut und die Übernahme chinesischer Techniken in der Landwirtschaft stellte einen der wichtigsten Fortschritte während dieser Zeit dar.

### Unabhängigkeit und Bürgerkrieg

Als Anfang des 10. Jahrhunderts die chinesische Tang-Dynastie unterging, war die Zeit für die Unabhängigkeit Vietnams gekommen: 938 wurde das eigenständige Reich Dai Viet im Norden des heutigen Vietnam gegründet. Streng genommen entwickelte sich dies jedoch erst mit dem Aufkommen der Ly-Dynastie Anfang des 11. Jahrhunderts zu einem funktionierenden Staatsverband mit Gesetzwesen, effizienter Verwaltung und stehendem Heer. Thang Long, das heutige Hanoi, stieg zur Hauptstadt des Reiches auf, in dem der Buddhismus zur Staatsreligion erhoben wurde. Ab dem 10. Jahrhundert begannen die Vietnamesen darüber hinaus mit ihrer Wanderung nach Süden. Im Verlauf dieser Expansion kam es zu mehreren Kämpfen mit den in Zentralvietnam ansässigen Cham.

Nach dem Sieg des Feldherrn Le Loi über die Chinesen wurde Dai Viet unter der Le- und der Mac-Dynastie (1428 bis 1672) zu einem zentralistischen Verwaltungsstaat nach konfuzianischem Vorbild ausgebaut. Als eine Folge verlor der Buddhismus seine vorherrschende Stellung. Nachdem Anfang des 16. Jahrhunderts die ersten Europäer Vietnam erreicht und Handelsniederlassungen gegründet hatten, entflammte zwischen den zwei führenden Dynastien des Landes, Nguyen und Trinh, ein erbitterter Kampf um die Vorherrschaft im Land. Dieser eskalierte 1627 zu einem fast fünfzigjährigen Bürgerkrieg und führte schließlich zur Tei-

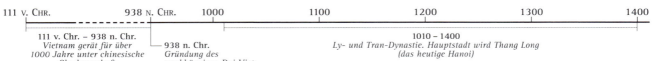

# Vietnam

lung des Landes entlang des Giang-Flusses. Das 1674 gegründete Saigon entwickelte sich schnell zur bedeutendsten Handelsstadt des Südens.

## Die Tay-Son-Revolte und das Kaiserreich von Hue

Als 1771 eine Hungersnot drohte, gelang es drei Brüdern die allgemeine Unzufriedenheit fast aller Bevölkerungsschichten auszunutzen. Die von ihnen initiierte und nach ihrem Herkunftsort benannte Tay-Son-Revolte stürzte das Land für die nächsten dreißig Jahre in einen blutigen Bürgerkrieg, aus dem die Nguyen als Sieger hervorgingen. Nachdem sie das Land erfolgreich zurückerobert hatten, gründeten sie 1802 das Kaiserreich von

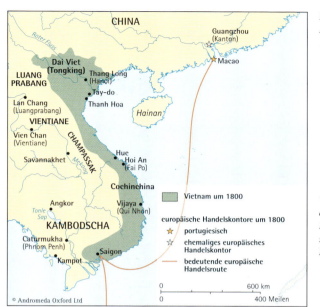

*Das Kaiserreich Annam (Vietnam) 1783*

*Vergoldete Statue des Kaisers Khai Dinh in seinem Mausoleum in der Kaiserstadt Hue*

Genfer Friedenskonferenz entlang des 17. Breitengrades geteilt. Während im Norden die Kommunisten unter Ho Chi Minh die Regierung übernahmen, etablierte sich im Süden mithilfe der USA der Katholik Ngo Dinh Diem als Präsident. Er verhinderte die im Genfer Vertrag vereinbarten Wahlen und erklärte den Katholizismus zur Staatsreligion. Die Situation verschärfte sich und die von den nordvietnamesischen Kommunisten unterstützte südvietnamesische Befreiungsfront (FNL) brachte weite Teile des Südens unter ihre Kontrolle. Im 1965 ausbrechenden Vietnamkrieg gelang es den USA trotz massiver Flächenbombardements und des Einsatzes von über einer halben Million Soldaten nicht, den

*US-Soldaten führen im Vietnamkrieg gefangen genommene Nordvietnamesen ab.*

Hue, das bis 1945 Bestand haben sollte. Das wiedervereinigte Land hieß nun zum ersten Mal in seiner Geschichte »Vietnam«. Es erstreckte sich über ein Territorium, das in etwa der Staatsfläche des heutigen Vietnam entsprach.

Als die Nguyen-Kaiser von Hue im Laufe ihrer Regierungszeit immer mehr zu Marionetten der französischen Kolonialmacht gerieten, regte sich zunehmend der Widerstand, an dessen Spitze die Kommunisten traten. Nach der Kapitulation der japanischen Truppen, die zuvor die französische Verwaltung gestürzt hatten, rief Ho Chi Minh am 2. September 1945 die Demokratische Republik Vietnam aus.

## Freiheitskampf gegen Frankreich und die USA

Ein Jahr später begann der Erste Indochinakrieg, der mit der Niederlage von Dien Bien Phu am 7. Mai 1954 die französische Kolonialherrschaft in Indochina beendete. Vietnam wurde auf der

vietnamesischen Widerstand zu brechen. Einen entscheidenden Wendepunkt in diesem Konflikt brachte die Tet-Offensive im Frühjahr 1968, während der die FNL über 60 Städte eroberte. Die Einnahme Saigons am 30. April 1975 besiegelte schließlich den Sieg der nordvietnamesischen Kommunisten über das von den USA unterstützte Südvietnam. Das Ende des Krieges markierte zugleich das Ende des vietnamesischen Kampfes um Unabhängigkeit.

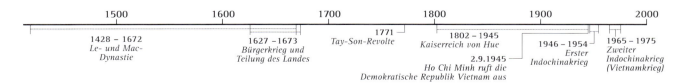

- ➤ Kriege und Konflikte: Vietnamkrieg
- ➤ Kriege und Konflikte: Folgen des Vietnamkriegs
- ➤ Menschen und Ideen: Ho Chi Minh

# Eine antike Weltmacht in Äthiopien
# Das Reich Aksum

*Als sich die Geschicke des nubischen Reichs Meroë ihrem Ende zuneigten, entstand kurz nach der Zeitenwende im Hochland des heutigen Äthiopien eine neue politische und wirtschaftliche Macht: Aksum. Als eines der vier wichtigsten Reiche der Welt wurde es um das 5. Jahrhundert beschrieben.*

*Äthiopische Christen versammeln sich an den Thronrelikten in Aksum. Die behauenen Steine trugen einst vermutlich die Baldachine der Königsthrone.*

Günstige Umweltbedingungen und der Zugang zum Roten Meer führten in der Zeit um Christi Geburt zum Aufstieg eines der mächtigsten Reiche der antiken Welt: Aksum. Voraussetzung hierfür waren die damaligen klimatischen Bedingungen im äthiopischen Hochland, die eine äußerst ertragreiche Landwirtschaft ermöglichten. Terrassenfeldbau und Bewässerungssysteme erlaubten, dass sogar auf schlechten Böden zwei Ernten pro Jahr eingebracht werden konnten.

### Aufstieg durch Handel

Entscheidend für die Blüte des Reiches war aber vor allem sein Zugang zum Roten Meer. Als Drehscheibe des interkontinentalen Handels wurde Aksum um Christi Geburt mächtiger als Ägypten und Kusch und das wirtschaftlich stärkste dieser drei großen Reiche am Nil. Von der Hafenstadt Adulis im Gebiet des heutigen Eritrea aus wurden beträchtliche Mengen unterschiedlichster Güter aus dem äthiopischen Hochland und aus Nubien in ein Seehandelsnetz eingespeist, das bis nach Indien und China, zum Schwarzen Meer und nach Spanien reichte. Gehandelt wurde vor allem mit Luxusgütern wie Elfenbein, Rhinozeroshorn, Flusspferdhäuten, Goldstaub, Weihrauch und sogar lebenden Elefanten. Eine weitere Quelle des Reichtums stellten Sklaven aus dem Hinterland dar. Zum Höhepunkt seiner Macht im 4. und 5. Jahrhundert besaß Aksum eine riesige Ausdehnung und erstreckte sich von der Sahara im Westen über das Rote Meer bis auf die Arabische Halbinsel im Osten. In zeitgenössischen persischen Berichten wird es neben Persien selbst, Rom und China als eines der vier wichtigsten Reiche der Welt geschildert. Darüber hinaus beschreiben antike Quellen die Hauptstadt Aksum als »Metropolis«. Sie belegen damit die Größe und Bedeutung dieser Stadt, da der Begriff sonst sehr sparsam verwendet wurde. Die Hauptstadt war das Zentrum des Reiches, von hier aus wurde die Ausbeutung des Hinterlandes kontrolliert und die Erweiterung der unmittelbaren Machtsphäre über das Rote Meer hinaus bis auf die Arabische Halbinsel gesteuert.

### Eigenständig bis zum Untergang

Aksum befand sich nahe genug am Roten Meer, um Einflüsse von dort aufzunehmen, war aber gleichzeitig durch seine Lage im Hochland weit genug davon entfernt, um sich selbstbestimmt und kulturell eigenständig entfalten zu können. So entwickelten die Aksumiten die einzige einheimische Schrift Afrikas und mit Münzen aus Gold, Silber und Kupfer sorgten sie für die einzigen Münzprägungen im Afrika südlich der Sahara bis zur Einführung arabischer Geldstücke an der Ostküste im 10. Jahrhundert. Andererseits übernahm Aksum das Christentum bereits im 4. Jahrhundert – nur kurze Zeit nach Rom – und unterhielt enge Beziehungen nach Byzanz. Diese Verbindungen spiegeln sich vor allem auch in der aksumitisch-christlichen Kunst dieser Zeiten wider.

Bereits zwischen dem 1. und 3. Jahrhundert n. Chr. wurden in Aksum spektakuläre Steinpaläste errichtet und gewaltige Granit-Monolithen, die als Flachreliefs gearbeitete religiöse Symbole zierten, markierten die Grabstätten der Herrscher. Größe und Pracht der Bauten und die Verschiedenartigkeit und Menge der importierten Luxusgüter bezeugen den einstigen Reichtum der Oberschicht. Schmiedearbeiten aus wertvollen Metallen, Glas und Keramik, erlesene Stoffe und Kleider sowie Wein, Öle, Düfte und Gewürze wurden in großen Mengen verwendet. Doch möglicherweise war es gerade der in

*Eine der gewaltigen Stockwerkstelen von Aksum ragt 23 Meter hoch in den Himmel. Durch die deutliche Gliederung gleicht sie der Fassade eines neunstöckigen Hochhauses.*

## DAS REICH AKSUM

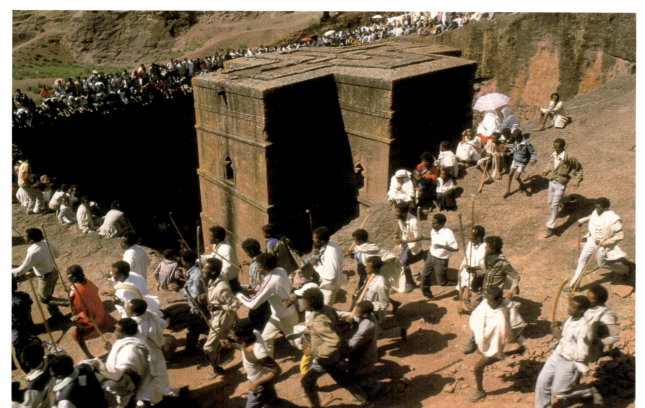

*Auf die einstige Macht Aksums beriefen sich die Herrscher der Zangwe-Dynastie, deren Herrscher Lalibela den Bau der weltberühmten Felsenkirchen initiierte.*

Aksum herrschende Luxus, der sein Ende beschleunigte. Ab dem 4. Jahrhundert führten die massive Abholzung der Wälder und die hohe Bevölkerungszahl zu einer erheblichen Belastung der natürlichen Umwelt. Infolge von Erosion und Überbeanspruchung der Böden wurde der lange Zeit Segen spendende Regen zum Fluch, da die heftigen Wolkenbrüche die fruchtbare Erde von den kahlen Hügeln schwemmten.

Endgültig zu sinken begann Aksums Stern, als um das 7. Jahrhundert Kriegswirren im östlichen Mittelmeer dazu führten, dass im Byzantinischen Reich die Nachfrage nach Luxusgütern abnahm. Sie hatten bis dahin eine der Haupteinnahmequellen von Aksum gebildet. Schließlich erlangte Persien die Kontrolle über Südarabien und die Handelsrouten nach Indien. Als die Araber Adulis, den wichtigsten Seehafen des Reiches, zerstörten, war Aksum vom Roten Meer und dessen Reichtum abgeschnitten. Seiner Bedeutung als Drehscheibe des interkontinentalen Handels und somit seiner wirtschaftlichen Grundlage beraubt, spielte das Reich nach 800 n. Chr. nur noch als Symbol königlicher und religiöser Autorität eine Rolle. Daran knüpften jedoch die Herrscher der Zangwe-Dynastie an, die Aksum im 11. Jahrhundert eroberten. Einer ihrer Könige, Lalibela, gab den Auftrag für die berühmten, aus den Felsen gemeißelten Steinkirchen, die noch heute seinen Namen tragen. Und auch die Dynastie von Kaiser Haile Selassie, die im Jahr 1270 die Macht erlangte, führt ihren Ursprung auf Aksum zurück.

### DER KOLOSS VON AKSUM

Die einstige Bedeutung des Reiches kann man heute noch anhand seiner Hinterlassenschaften erahnen. Einer der Granit-Monolithen, die die Grabstätten der Herrscher markierten, ist 33 Meter hoch und besitzt ein Gewicht von über 700 Tonnen. Er ist wohl der größte jemals von Menschen bewegte und aufgerichtete Stein der Welt – wozu eine riesige Anzahl an Arbeitern wie auch ausgefeilte technische Hilfsmittel benötigt wurden.

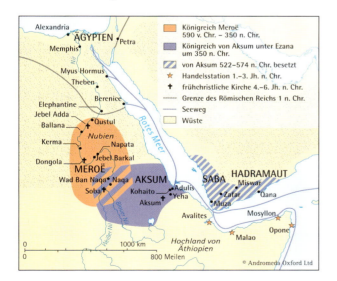

*Das Reich Aksum und das benachbarte Reich Meroë*

# DIE HANDELSMÄCHTE FUNAN UND CHAMPA

*In den ersten Jahrhunderten unserer Zeitrechnung entstanden zwischen Indien und den Küsten Südostasiens Seehandelsverbindungen, über die sich auch indische Religion und Kultur verbreiteten. Ohne diese entscheidenden Einflüsse wäre der Aufstieg der Handelsreiche Funan und Champa kaum denkbar gewesen.*

*Relief an der Außenwand eines Tempelturms in My Son, dem religiösen Zentrum der Cham. Die gefalteten Hände der Figur symbolisieren die Anbetung der Gottheit, welcher der Tempel geweiht ist. Meist handelt es sich um Shiva, der durch ein Lingam, ein Sinnbild seiner Schöpferkraft, dargestellt wurde.*

Südostasiatische Machtzentren lagen häufig im Einzugsgebiet großer Flussdeltas wie des Roten Flusses im Norden Vietnams oder des Menam in Thailand. Wasserwege waren Handelsstraßen, so auch in Funan, das sich im ausgedehnten Mündungsdelta des Mekong im Süden Vietnams erstreckte und als Vorgänger der Khmer-Reiche gilt. Seine exzellente Lage am Südchinesischen Meer ließ Funan, das zwischen dem 3. und 6. Jahrhundert zu einem der mächtigsten Staaten Südostasiens aufstieg, zu einer wichtigen Drehscheibe im internationalen Seehandel werden - mit weltweiten Verbindungen von China über Indien und Persien bis ins Römische Reich.

### FUNANS INTERNATIONALER HANDEL IM DELTA DES MEKONG

Obwohl aus Funan keine eigenen schriftlichen Überlieferungen erhalten sind und bis heute nicht einmal die Bedeutung seines Namens geklärt werden konnte, so besitzen wir dennoch aus chinesischen Reisebeschreibungen Kenntnisse vom Leben in jener Zeit. Die Überlieferungen vermitteln einen lebendigen Eindruck vom sagenhaften Reichtum der Herrscher und ihrem Überfluss an Gold, Silber, Hölzern und Gewürzen. Das vielfältige archäologische Fundmaterial aus Oc Eo und Angkor Borei am unteren Mündungsarm des Mekong lässt vermuten, dass sich dort die Hauptstadt und der wichtigste Umschlagplatz Funans befand. Dieses Gebiet war durch ein ausgefeiltes Kanalsystem erschlossen, das die Anlage von fruchtbaren Reisbaukulturen ermöglichte.

### HANDEL BRINGT WANDEL

In der ethnischen Vielfalt der Handelspartner begegneten sich verschiedenste Kulturen, von denen sich die indische als einflussreichste Kraft erwies. Bereits zu Beginn unserer Zeitrechnung waren Händler aus dem Subkontinent auf der Suche nach Handelsbeziehungen in die südostasiatische Region gekommen. Angetrieben von rein wirtschaftlichen Erwägungen, galt ihr Interesse weder der Missionierung noch der Kolonisierung. Doch gemäß dem Prinzip »Teile die Religion dessen, mit dem du Handel treibst« zeigten sich die den

| 100 | 200 | 300 | 400 | 500 | 600 | 700 | 800 |

2. oder 3. Jahrhundert
*Gründung von Funan und Champa*

Mitte 6. Jahrhundert
*Funan geht im Reich von Zhenla auf*

## Die Handelsmächte Funan und Champa

Funan-Herrschern vorausgegangenen Fürsten empfänglich für den Geist Indiens. Auf diesem Nährboden verbreiteten sich Verwaltung und Schrift, vor allem jedoch Religion und Kastensystem. Diese erwiesen sich als die bestimmenden Grundlagen für die spätere streng feudale Gesellschaftsordnung und zentralistische Regierungsform Funans. Um die Mitte des 6. Jahrhunderts endete die Regierungszeit des letzten Königs von Funan, das chinesischen Aufzeichnungen zufolge im Reich von Zhenla aufging.

### Die Seemacht der Cham

Zur gleichen Zeit blühte nordöstlich von Funan im Gebiet des heutigen Zentral- und Südvietnam das Reich der Cham auf. Die Vorfahren seiner Bewohner stammten von einer malaio-indonesischen Volksgruppe ab, die ab dem späten 2. Jahrhundert zu dem in chinesischen Quellen genannten Reich Lin Yi gehörte. Die Namen Cham und Champa als Bezeichnung ihres Reiches tauchen erst im 7. Jahrhundert in Sanskritinschriften auf.

Aufgrund seiner beherrschenden Rolle im lukrativen Gewürzhandel stieg das Cham-Reich zu einer bedeutenden Seemacht auf. Von ihrem Haupthafen am Fluss Thu Bon nahe der heutigen zentralvietnamesischen Stadt Hoi An aus kontrollierten seine Bewohner mit einer riesigen Flotte den Handel unter anderem mit Japan, China, Indonesien und Indien. Zu den begehrten Gütern zählten Sklaven, die zusammen mit Beutegut – denn die Cham waren auch berüchtigte Piraten – verkauft wurden.

Staat und Gesellschaft gründeten auf religiösen Glaubensvorstellungen, die ab etwa dem 2. Jahrhundert mit der indischen Kultur Eingang in das Weltbild der Cham gefunden hatten und eine weitaus stärkere Ausprägung erfuhren als in Funan. Der Herrscher, der als eine Verkörperung des hinduistischen Hauptgottes Shiva angesehen wurde, vereinigte alle weltliche und sakrale Macht in sich. Dieses Prinzip des Gottkönigtums legitimierte die Macht des Monarchen an der Spitze einer streng hierarchischen Gesellschaftsordnung, die sich am indischen Kastenwesen orientierte.

### Geweihte und entweihte Städte

Das umfassende Machtverständnis der Cham-Herrscher fand Ausdruck in imposanten Tempeltürmen und heiligen Stätten wie dem südwestlich von Da Nang gelegenen Kultzentrum My Son. Die Bomben des Vietnamkriegs legten die einst prächtige Tempelstadt mit ihren zahlreichen Sakralbauten in Schutt und Asche. Unweit davon lag Singhapura, die einstige Hauptstadt des Nordreiches Amaravati. Es war das bedeutendere der beiden Teilreiche, aus denen das gesamte Herrschaftsgebiet bestand. Nachdem König Indravarman II. Mitte des 9. Jahrhunderts den Buddhismus zur Staatsreligion erklärt hatte, wurde die weiter südlich gegründete Hauptstadt Indrapura, das heutige Dong Duong, religiöses Zentrum der Cham-Könige.

Als sich das Reich Annam weiter nach Süden ausbreitete, verlegten die Cham ihre Hauptstadt Ende des 10. Jahrhunderts 300 Kilometer weiter nach Süden und benannten sie in Vijaya um. Ständige Kriege mit den Khmer schwächten das Reich, das nach der Zerstörung Vijayas und der Invasion von Annam 1471 in tributpflichtige Fürstentümer zerfiel. Heute leben noch etwa 80 000 Nachfahren der Cham im südlichen Zentralvietnam.

*My Song war ab dem 4. Jahrhundert das kulturelle und religiöse Zentrum der Cham. Von den einst 70 Tempeltürmen aus Backstein sind nach Zerstörungen im Vietnamkrieg nur 20 übrig geblieben. Ihre verzierten Giebel und Reliefs aus Sandstein lassen indischen Einfluss erkennen.*

Mitte 9. Jahrhundert
*Einführung des Buddhismus im hinduistischen Cham-Reich als Staatsreligion*

1145
*Invasion der Khmer*

1471
*Nach dem Einfall Annams zerfällt Champa*

# Entfaltung im Schatten Chinas
# Japan bis Ende der Heian-Zeit

*In Japan spielt die Suche nach den Anfängen der eigenen Kultur eine herausragende Rolle. Buchtitel wie etwa »Wer sind die Japaner?« erfreuen sich ungebrochener Popularität. Liegt das daran, dass manche Details der Vorgeschichte und Entstehung Japans noch immer im Dunkeln liegen?*

*Alte japanische Münze: Techniken der Metallbearbeitung fanden in Japan in den Jahren 300 bis 600 Eingang.*

P räzise Berichte über die Verhältnisse im Inselreich liefern Aufzeichnungen chinesischer Gesandtschaften aus den ersten Jahrhunderten nach der Zeitenwende, die mit ihren Schiffen den südlichen und westlichen Teil des Archipels besuchten. Ihnen zufolge war das Territorium in viele kleine Fürstentümer zersplittert, die untereinander Krieg führten. Die mächtigsten dieser Kleinstaaten unterhielten Tributbeziehungen zu China, dessen politische und kulturelle Überlegenheit in ganz Ostasien die Verhältnisse bestimmte. Chinesische Quellen berichten auch, dass ein Staat namens Yamatai unter der Führung der Herrscherin Himiko zu besonderer Macht gelangt war. Bis heute beschäftigt die japanische Geschichtsschreibung die Frage, wo genau dieses Yamatai gelegen haben mag.

Nach dem Tode Himikos wurde über ihrem Grab ein großer Hügel errichtet. Und Hügelgräber, die auf Japanisch *kofun* heißen, gaben der Epoche von etwa 300 bis 600 auch ihren Namen. Sie ist geprägt vom Zustrom festländischer Einwanderer, die hoch entwickelte Technologien, wie etwa die Metallbearbeitung oder die Keramikherstellung, auf den japanischen Inseln einführten und dort daher äußerst willkommen waren. Die Hügelgräber besaßen gewaltige Ausmaße, häufig übertrumpfte ihr Umfang den der ägyptischen Pyramiden. Berühmt ist das südlich von Osaka gelegene *kofun* des Fürsten Nintoku, das mit einer Länge von etwa 470 Metern und einer Höhe von über 30 Metern wahrhaft gigantische Abmessungen aufweist.

### Die Entstehung des höfischen Staates

Spätestens im 6. Jahrhundert hatte sich in der Yamato-Ebene südlich von Nara ein Machtzentrum herausgebildet, das über weite Teile West-Japans herrschte und die Keimzelle des japanischen Staates bildete. Bis zum Ende des folgenden Jahrhunderts gelang es seinen Führern, die Vormachtstellung durch geschicktes Taktieren und gezielte Nutzung der festländischen Kultur Chinas zu behaupten. Dazu gehörten nicht nur Architektur, Schriftsystem und Verwaltungsaufbau, sondern auch Buddhismus, Konfuzianismus und Taoismus. All das war zwar bereits durch langjährige Kontakte mit dem Festland zum Teil bekannt, doch im 7. und 8. Jahrhundert wurde der Kulturimport zur offiziellen Politik erklärt.

Zu erster Blüte gelangte der höfische Staat Japans während der Nara-Zeit zwischen den Jahren 710 und 784. In dieser Epoche wurde die Hauptstadt Nara nach chinesischem Vorbild zum administrativen Zentrum ausgebaut. Darüber hinaus entstanden in jeder Provinz Niederlassungen der staatlichen Bürokratie, die für den Transport der Abgaben in die Hauptstadt verantwortlich waren.

*Die japanische Schriftstellerin Murasaki Shikibu, Ehrendame am Hof von Kyoto, verfasste im 11. Jahrhundert die berühmte »Geschichte vom Prinzen Genji«.*

| 200 | 300 | 400 | 500 | 600 | 700 |
|---|---|---|---|---|---|
| | 3. Jahrhundert<br>*Herrscherin Himiko* | | 300 – 600<br>*Zeit der Hügelgräber (Kofun-Periode)* | | |

# JAPAN BIS ENDE DER HEIAN-ZEIT

Blick auf den Kasuga-Schrein in Nara der im 8. Jahrhundert in der damaligen japanischen Hauptstadt entstand

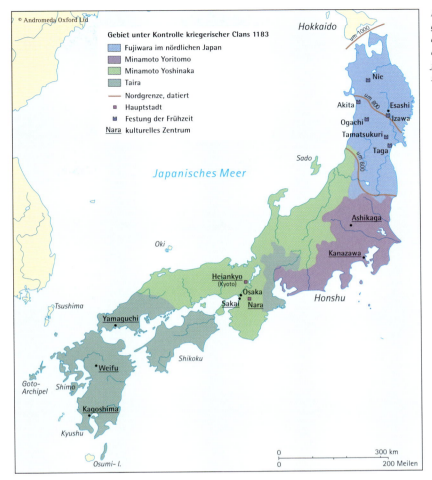

Japan zum Ende der Heian-Zeit

## PRINZ GENJI UND DER AUFSTIEG DER SAMURAI

Die staatliche Protektion des Buddhismus führte in Nara zu großer Machtfülle des Klerus. Dies mag einer der Gründe gewesen sein, die Hauptstadt Ende des 8. Jahrhunderts von Nara nach Heiankyo zu verlegen, wie das etwa 40 Kilometer nördlich gelegene Kyoto genannt wurde. Kyoto blieb bis zum 19. Jahrhundert Sitz des Tenno und Hauptstadt Japans. In der Heian-Zeit von 794 bis 1185 gelangte die höfische Kultur zu unvergleichlicher Blüte – vor allem, weil der unmittelbare chinesische Einfluss stark zurückgedrängt wurde. Alles, was an Kultur, Gelehrsamkeit und Institutionen übernommen worden war, unterzog man nun einer intensiven »Japanisierung«. Ganz besonders deutlich wird dies in der Literatur. Die japanische Dichtkunst und die vor allem von adeligen Frauen getragene Prosaliteratur entwickelten ästhetische Maßstäbe, an denen sich die japanische Kultur bis in die Gegenwart orientiert. Mit der im frühen 11. Jahrhundert von Murasaki Shikibu, Ehrendame am Hof von Kyoto, verfassten »Geschichte vom Prinzen Genji« *(Genji monogatari)* entstand ein komplexes Sittengemälde höfischen Lebens. Auf politischer und wirtschaftlicher Ebene führte die »Japanisierung« der Institutionen hingegen zu Zersplitterung und regionaler Autonomie. In den Provinzen machten sich die eingesetzten Statthalter zunehmend selbständig und der Fluss der Steuerabgaben in die Hauptstadt wurde so häufig unterbrochen.

Da sich die Idee einer allgemeinen Wehrpflicht nicht hatte durchsetzen können, musste der höfische Staat seit dem 11. Jahrhundert auf berittene Milizen zurückgreifen, um Aufständen und Autonomiebestrebungen in den Provinzen Herr zu werden. So gelangten Hofadel und Tenno de facto immer stärker in die Abhängigkeit dieser Milizen, aus denen sich professionelle Kriegerverbände entwickelt hatten – die Samurai betraten die politische Bühne. Um die Mitte des 12. Jahrhunderts war der Niedergang des höfischen Staates offenkundig. Hofadelsfamilien und rivalisierende Fraktionen des Tenno-Clans waren heillos zerstritten und selbst in Kyoto kam es zu bewaffneten Kämpfen, die von den Samurai der Familien Taira und Minamoto ausgefochten wurden. Selbst ursprünglich von kaiserlichem Geblüt, hatten sie seit Jahrhunderten in Ost-Japan ihre Machtbasis konsolidiert und Vasallen um sich geschart. Als 1185 nach fünfjährigem Kampf schließlich die Minamoto siegten, war damit nicht nur das Ende der glanzvollen Heian-Zeit gekommen: Die Samurai hatten unübersehbar ihren Anspruch auf politische Herrschaft in Japan angemeldet.

Die drei Shinto-Gottheiten des Lichts. Der Shintoismus ist die japanische Volks- und Nationalreligion, die Sonnengöttin Amaterasu gilt als Ahnherrin des japanischen Kaiserhauses.

- 710 Nara wird Hauptstadt
- 794–1185 Heian-Zeit
- Um 1000 Blüte der höfischen Kultur
- Anfang des 11. Jahrhunderts »Geschichte vom Prinzen Genji«
- Mitte des 12. Jahrhunderts Kämpfe in Kyoto
- 1185 Sieg der Minamoto

▶ Religionen und Glaubensformen: Buddhismus in Japan
▶ Kunst und Architektur: Todaiji-Tempel

# HERKUNFT UNBEKANNT – DIE SLAWEN

*Woher kamen die Slawen, wo befand sich ihre Urheimat?
Diese Frage wurde nicht nur von Historikern, Archäologen oder Linguisten immer wieder gestellt.
Bislang konnte sie von niemandem mit absoluter Sicherheit beantwortet werden.*

Einer populären wissenschaftlichen These zufolge lag die Urheimat der Altslawen vor über 2500 Jahren irgendwo in der Region zwischen dem Weichselbogen und dem Fluss Bug, im Gebiet der heutigen westlichen Ukraine oder des modernen Polen. Ebenso weit verbreitet ist aber auch die Ansicht, dass die Slawen ursprünglich aus einer viel weiter östlich gelegenen Region stammten und von asiatischen Nomadenvölkern immer mehr nach Westen verdrängt wurden. Fest steht jedoch, dass die Slawen, die im 2. und 3. Jahrhundert nach Westen bis über die Elbe und Saale vorgedrungen waren, zu Beginn des 6. Jahrhunderts mit dem Vormarsch der Awaren zu kämpfen hatten. Diese besetzten in jener Zeit die Gebiete nördlich des Schwarzen Meeres und zwangen die dort ansässigen slawischen Stämme weiter nach Osteuropa auszuwandern. Ein Teil von ihnen traf dort auf baltische und skandinavische Völker, vermischte sich mit ihnen und drang schließlich in finnische Gebiete vor – nach Karelien bis zum Ilmensee oder bis zum Fluss Oka im heutigen Russland.

### DIE WEST- UND OSTSLAWEN

Auch wenn zeitgenössische Quellen nur spärliche Berichte liefern, so weiß man doch, dass ab etwa dem Jahr 600 allmählich verschiedene Gruppen von Slawen anhand ihrer Siedlungsgebiete unterschieden werden können. Die Ostslawen, die sich zwischen den Flüssen Dnjestr und Dnjepr, zwischen der Düna und dem Ilmensee niederließen, sind die Vorfahren der heutigen Russen, das heißt Weißrussen, Großrussen und Ukrainer. Die Westslawen, die bis an die Elbe und sogar bis zu den Ostalpen vordringen konnten, sind die Ahnen der Polen, Pomoraner, Sorben, Tschechen und Slowaken. Die Sprachforschung kann dabei immer wieder zur Erhellung der slawischen Geschichte beitragen: So wurden etwa aus den *Poleni* – den »Feldbewohnern« –, die sich zwischen den Flüssen Weichsel und Oder ansiedelten, die heutigen Polen.

Über die damaligen Sitten und Gebräuche dieser Stämme ist nur wenig bekannt. Es ist aber anzunehmen, dass sich ihr Leben nicht wesentlich von dem russischer Bauern im Mittelalter unterschied. Sie lebten vom Ackerbau, von der Vieh- und von der Bienenzucht, waren Jäger oder Fischer. Als einer der wenigen zeitgenössischen Geschichtsschreiber liefert uns der byzantinische Chronist Prokopios im 6. Jahrhundert eine Beschreibung der Slawen: »Die Slawen ... stehen unter keinem Monarchen, sondern sie haben, von alten Zeiten her, eine demokratische Regierung ... Sie erkennen den Urheber des Blitzes für den einzigen Gott und alleinigen Herrscher der Welt ... sie wohnen in schlechten und zerstreuten Hütten und ziehen oft von einem Ort zum anderen ... «

*Swatopuluk (um 830 – 894) war König des bis 906 bestehenden Großmährischen Reiches. Es war der erste große slawische Staat in Mähren, Böhmen und Südpolen; Kupferstich von Gerard de Groos nach Karel Skreta (1610 – 1674).*

## DIE SÜDSLAWEN

Die Auswanderung und spätere Landnahme der südslawischen Stämme ab dem 6. Jahrhundert steht in engem Zusammenhang mit dem Untergang des Oströmischen Reiches. Trotz verzweifelter Verteidigung schaffte es das Imperium nicht, sich auf Dauer vor den verschiedenen aus dem Osten heranrückenden Völkern erfolgreich zu schützen. Ab dem 6. Jahrhundert wanderten slawische Verbände von Mitteleuropa aus nach Süden bis weit in den Balkan hinein ein. Sie sind die Ahnen der heutigen Serben, Kroaten, Slowenen und Bulgaren.

Unter ihnen nahmen die Bulgaren, die erstmals um die Mitte des 4. Jahrhunderts erwähnt werden, eine Sonderstellung ein. Sie gründeten, zunächst unter Führung des Turkobulgaren Kuvrat, im Jahr 635 nördlich des Schwarzen Meeres das erste Großbulgarische Reich, das schon Mitte des 7. Jahrhunderts von den turkotarischen Chazaren zerstört wurde. Es sollte jedoch Kuvrats Nachfolger, Asparuch, gelingen, die Donau zu überqueren und um 680 zwischen Balkangebirge und Dnjestr das Donaubulgarische Reich mit der Hauptstadt Pliska zu gründen. Dieses erste von Byzanz unabhängige Reich in dieser Region verdeutlicht, wie sehr die Slaweninvasionen die politische Landschaft der Balkanhalbinsel veränderten. Der neue Staat war so mächtig, dass der by-

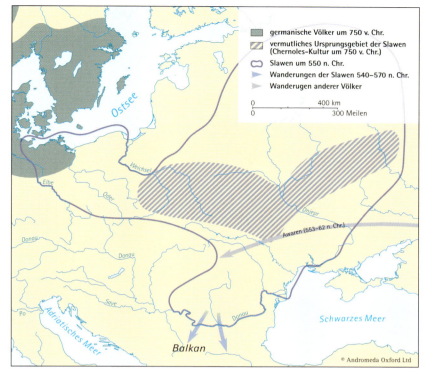

*Wanderung und Verbreitung der Slawen zwischen dem 8. Jahrhundert v. Chr. und dem 6. Jahrhundert n. Chr.*

zantinische Kaiser Konstantin IV. ihn nicht nur anerkennen, sondern ihm auch Tribut entrichten musste. Und die Lage der Byzantiner sollte sich sogar noch verschlimmern: Die bulgarischen Herrscher, die sich mittlerweile »Chan« nennen ließen, wurden für das Reich immer gefährlicher. So gelang es etwa Chan Krum Anfang des 9. Jahrhunderts, Thrakien und Makedonien zu erobern, die künftige Hauptstadt Sofia zu besetzen und in Adrianopel einzumarschieren.

## DER ZUGANG ZUR ADRIA

Die Balkanslawen siedelten sich jedoch nicht nur in Richtung zum Schwarzen Meer an, slawische Stämme breiteten sich von Osten aus auch zur Adria hin aus. Die Vorfahren der heutigen Kroaten gerieten im Zuge dieser Wanderung im 7. Jahrhundert mit den Awaren in Konflikt, die im Jahr 626 einen vergeblichen Versuch unternommen hatten, Konstantinopel zu erobern. Die Slawen konnten sich um 640 von der awarischen Herrschaft befreien und gründeten in der Folge eigene Staaten. Im gleichen Zeitraum entwickelte sich das Fränkische Reich Karls des Großen zu einem bedeutenden Nachbarn der slawischen Stämme in den Ostalpen und an der dalmatinischen Küste.

### EIN SARGNAGEL FÜR DAS BYZANTINISCHE REICH

Die Slawen trugen mit ihrem Einfall auf dem Balkan maßgeblich dazu bei, das Byzantinische Reich ab der Regierungszeit Kaiser Justinians im 6. Jahrhundert zu schwächen und seinen Untergang zu beschleunigen. Vornehmliches Ziel der Slawen war es, den Zugang zum Mittelmeer zu erhalten. So belagerten sie 617 und 619 Thessaloniki, das sich anschickte, die zweite Metropole des Imperiums zu werden. Der Überlieferung zufolge überlebte Thessaloniki nur dank der Gnade seines Stadtpatrons, des Heiligen Demetrius.

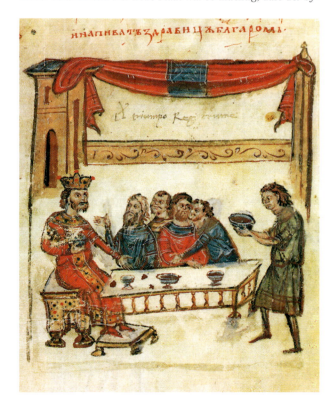

*Krum, Chan der Bulgaren (Reg. 802–814), feiert seinen Sieg über den byzantinischen Kaiser Nikephoros I. (Miniatur um 1345).*

▶ **Religionen und Glaubensformen:** Religion der baltischen und slawischen Völker
▶ **Kriege und Konflikte:** Kriege der Hunnen und Slawen

# Dynastien im Goldenen Zeitalter
## Die Maya

*Entgegen der landläufigen Meinung waren die Maya kein einheitliches Volk, sie bildeten auch kein homogenes Reich. Die Bezeichnung bezieht sich noch heute auf über zwei Dutzend indianische Gruppen, deren Vielfalt durch gemeinsame Sprache und religiöse Vorstellungen geeint wird.*

*In Chichén Itzá auf der Halbinsel Yucatán flankiert die »Gruppe der tausend Säulen« den monumentalen Tempel der Krieger.*

Die Vorfahren der Maya lebten um 1500 v. Chr. im Hochland von Guatemala. Von dort breiteten sie sich in dem Gebiet aus, das immer noch als Maya-Territorium gilt: die Hochlandzone mit dem Hochland von Guatemala und dem südlichen Teil des heutigen mexikanischen Bundesstaates Chiapas sowie der westlichen Hälfte von El Salvador und Honduras. Dazu kommen die südliche Tieflandzone mit den mittleren und nördlichen Teilen des Bundesstaates Chiapas, Petén in Guatemala und dem heutigen Belize sowie die nördliche Tieflandzone in den mexikanischen Bundesstaaten Yucatán, Quintana Roo und Campeche.

Die Maya sind jedoch nicht nur eine vergangene, sondern auch eine lebendige indigene Kultur. In Chiapas, Yucatán und vor allem in Guatemala bilden die Nachfahren dieser einst so mächtigen Dynastien über die Hälfte der Bevölkerung. Heute sind sie meist verarmte, rechtlose Bauern, die besonders im 20. Jahrhundert massiven Verfolgungen ausgesetzt waren.

### Die Blütezeit der Maya

Im »Goldenen Zeitalter« der Maya zwischen 300 und 900 n. Chr. erblühte ihre Kultur vor allem im südlichen Tiefland. Man nimmt an, dass verheerende Ausbrüche des Vulkans Ilopango um 250 n. Chr. erheblich zum Aufstieg der Maya-Kultur im Tiefland beitrugen, als Asche und Bimsstein weite Teile El Salvadors und des östlichen Guatemalas unter sich begruben. Florierende Zentren wie das im guatemaltekischen Maya-Hochland gelegene Kaminaljuyú, heute ein Stadtteil von Guatemala-Stadt, wurden so sehr in Mitleidenschaft gezogen, dass sie in Bedeutungslosigkeit versanken. Tausende Menschen flohen, ein Teil gelangte in das südliche Tiefland.

Die Einwanderer verbanden ihre zivilisatorischen Errungenschaften mit den dortigen Kulturen und entwickelten einen neuen Stil.

*Aus der klassischen Periode stammt diese Terrakotta-Figurine eines Mannes mit auffälligem Hut (Jaina, Mexiko, 300 – 650 n. Chr.).*

Dieser zeigte sich unter anderem in einer baulichen Anlage, die zum Prototyp der Maya-Architektur geriet. Sie bestand aus einer rechteckigen Plattform, auf der an drei oder vier Seiten gestufte Steinpyramiden oder lang gestreckte Plattformen mit krönenden Häusern standen. Nach dieser Grundkonzeption errichteten die Maya sowohl ländliche Gehöfte als auch städtische Prunkbauten.

Auffällig für die klassische Periode ist die Erweiterung der Farbpalette und der lustvolle Umgang mit leuchtenden Farben. Die Künstler der Maya bemalten die steilen Pyramiden und den prunkvollen Fassadenschmuck der Tempel, entwarfen großartige Wandgemälde und verzierten Tongeschirr mit fantastischen Szenen aus der Unterwelt. Die Fresken bieten nicht nur Kunstgenuss, sondern auch Einblick in das alltägliche Leben der damaligen Zeit.

### Aufstieg und geheimnisvoller Untergang der Dynastien

Der kulturelle Aufschwung der Maya ging einher mit der Herausbildung einer gesellschaftlichen Elite. Dem Hochadel entstammten die Könige der Stadtstaaten, die Statthalter der untergeordneten Städte und der höhere Klerus. Die erste Dynastie wurde wahrscheinlich um 200 n. Chr. in Tikal, im Herzen des Maya-Tieflands gegründet. Zu diesem Zeitpunkt beginnen die ersten datierten Inschriftendenkmäler. In diesem im heutigen Guatemala gelegenen Zentrum lebten Schätzungen zufolge über 10 000

*Im Nationalpark von Palenque erhebt sich vor der Kulisse des dichten Regenwaldes die prächtige Pyramide, deren Spitze der Tempel der Inschriften bildet.*

# Die Maya

Menschen und wurden auf über 15 Quadratkilometern 3000 Bauten errichtet.

Nach 200 Jahren war das gesamte Tiefland von einem Netz von Fürstentümern überzogen. Zu den bedeutendsten Städten gehörten Yaxchilán, Copán und Palenque. Ende des 9. Jahrhunderts wurde die Bautätigkeit in den Städten vollständig eingestellt und bestehende Bauwerke dem schnell wuchernden Urwald überlassen. Ob der Niedergang der klassischen Maya-Kultur in Zusammenhang mit aus dem Gebiet des heutigen Mexiko einwandernden Gruppen steht, ist bisher ein ungelöstes Rätsel.

## GRUNDLAGEN DER KULTUR MATHEMATIK UND SCHRIFT

Fundamentaler Schlüssel zum Verständnis der Maya-Kultur ist ihre Auffassung von Universum und Zeit. Es gab nichts, was sie nicht mathematisch erfassten. Ihr grundsätzliches Interesse an der Zeit führte zur Schaffung der so genannten Stelen, den großen Steinsäulen mit Hieroglyphen-Inschriften. Dort hielten sie astronomische Angaben über den Lauf von Mond und Sternen, die Namen ihrer Städte und Herrscher fest.

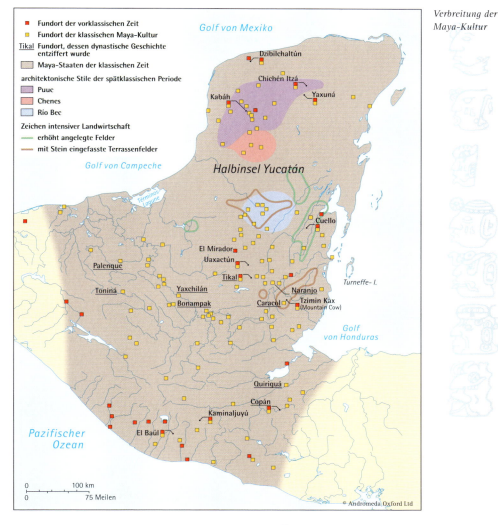

Verbreitung der Maya-Kultur

Die Maya-Schrift umfasst mehr als fünfhundert verschiedene Zeichen, die in Stein gemeißelt, auf Putz oder Keramik gemalt oder in Büchern aus Feigenbaumrinde geschrieben wurden. Von diesen zusammenfaltbaren Kodizes haben nur drei überlebt. Sie werden in Dresden, Paris und Madrid aufbewahrt und enthalten wahrscheinlich im Wesentlichen religiöse und herrschaftliche Ereignisse.

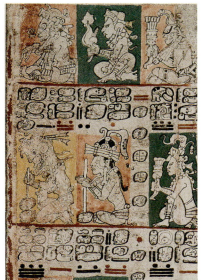

### ZEITQUALITÄTEN ÖFFENTLICHE UND PERSÖNLICHE KALENDER

Die Maya kannten den Jahreskalender mit einer Monatseinteilung auf der Grundlage eines Sonnenjahrs von 365 Tagen. Entsprechend ihres Zahlensystems hatte das Jahr 18 Abschnitte von jeweils zwanzig Tagen, die restlichen fünf Tage wurden am Ende angehängt. Während der Jahreskalender öffentlichen Zwecken diente, wurde der Wahrsagekalender für persönliche Anliegen verwendet. Er dauert nur 260 Tage und scheint auf dem Phänomen der menschlichen Schwangerschaftsperiode zu beruhen. Noch heute ist bei den Indianern im Hochland von Guatemala dieser Kalender in Gebrauch, um gemeinsam mit dem Bohnenorakel die günstigen Tage für bestimmte Vorhaben zu errechnen.

*Die kunstvollen Maya-Stelen im honduranischen Copán zeigen auf der Vorderseite meist die Figur eines Priesterfürsten, dessen Geschichte an den Seiten in Hieroglyphen festgehalten wurde.*

*Der Codex Dresdensis ist eines von lediglich drei auf Rinde geschriebenen, kunstvollen Maya-Büchern, die die Zeit überdauert haben.*

▶ Religionen und Glaubensformen: Die Religionen Mesoamerikas
▶ Große Entdeckungen: Tempel der Maya
▶ Mythen, Rätsel und Orakel: Die Kultur der Maya

# Kaiser auf zwei Kontinenten
# Das Byzantinische Reich

*Byzanz: Brücke zwischen Abend- und Morgenland, bis 1453 Bollwerk gegen den Islam.
Die eigenständige Entwicklung des Oströmischen Reiches spiegelt sich in Architektur, bildender Kunst und Literatur und einem byzantinischen Kunststil wider, der Renaissance und Humanismus in Westeuropa inspirierte.*

*Jesus auf den Weltenthron, zu seiner Linken sitzt Kaiserin Zoe. Byzantinisches Mosaik in der Hagia Sophia, Istanbul*

Das Byzantinische Reich entstand im 4. Jahrhundert aus der östlichen Hälfte des Römischen Kaiserreichs. Dort erkannte Kaiser Diokletian schon Ende des 3. Jahrhunderts, dass sich das ausgedehnte und uneinheitliche Staatsgebilde kaum mehr von einem Einzelnen kontrollieren ließ und führte deshalb die so genannte Tetrarchie, die Viererherrschaft, ein. Seinem Nachfolger Konstantin dem Großen gelang es nach seiner Ausrufung zum Kaiser im Jahr 306, das westliche Reich unter seiner Herrschaft wieder zu vereinen und 324 nach schweren Kämpfen mit dem Ostteil des Imperiums erneut zusammenzufügen. Mit ihm wurde der Kaiserthron wieder erblich; es etablierten sich Dynastien. Der erste christliche Kaiser ließ zudem die Stadt Byzanz zur Kapitale Konstantinopel ausbauen – die Herrschaft verlegte sich in den Osten des Imperiums.

## Ost und West – Der grosse Schnitt

Nach dem Tod des Alleinherrschers Theodosius' des Großen im Jahr 395 erfolgte die endgültige Teilung des Römischen Reichs in einen oströmischen und einen weströmischen Staat. Das neu entstandene Westreich umfasste Italien, Illyrien, Pannonien, Gallien, Britannien, Spanien und die afrikanischen Besitzungen, das Ostreich Griechenland, Kleinasien, Syrien und Ägypten.

Die Kaiser in Ostrom erhoben nominell noch lange Anspruch auf die Regierungsgewalt über das gesamte Reich, dennoch entwickelten sich die beiden Staaten allmählich auseinander. So war zwar das Christentum 391 von Theodosius zur Staatsreligion in seinem gesamten Herrschaftsbereich erhoben worden, doch unterschieden sich Religionsauffassung und -ausübung im Lauf der Zeit immer stärker. Der Westen nahm durch seine Verschmelzung mit dem Germanentum nach 476 einen deutlich anderen Weg, bis schließlich der Trennungsakt 812 mit der Anerkennung Kaiser Karls des Großen durch Ostrom staatsrechtlich besiegelt wurde. Im Osten war die Autokratie, die absolute Herrschaft des Kaisers, staatstragend, hier bestand das Imperium Romanum auf griechisch-hellenistischer Grundlage als Byzantinisches Kaiserreich mit entsprechendem Hofzeremoniell weiter. Die oströmischen Herrscher »von Gottes Gnaden« griffen wiederholt in tief theologische Streitigkeiten ein, um die für den inneren Frieden bedeutungsvolle Glaubenseinheit zu erreichen. Sie beriefen die ersten acht Konzilien zur Festlegung von Fragen des Glaubens und des Ritus ein und sandten Mönche und Missionare aus Byzanz nach Osteuropa, um das griechisch geprägte Christentum unter den nicht christlichen Slawen zu verbreiten.

Darüber hinaus erlebte der Osten im Gegensatz zum Weströmischen Reich einen neuen ökonomischen Aufschwung. Die Geldwirtschaft erholte sich von der Inflation und konsolidierte sich vor allem durch den von Konstantin eingeführten Solidus. Diese bis zur Mitte des 11. Jahrhunderts stabile Goldwährung bildete eine der Voraussetzungen für den blühenden Handel am Goldenen Horn.

## Aufstieg, Eroberungen, Bedrohungen

Konstantin der Große hatte im Mai 330 das alte Byzantion unter dem neuen Namen Konstantinopel oder auch »Nea Roma« (Neues Rom) zu seiner Residenz erhoben. Wie klug die Wahl der Bosporusstadt an der Schnittstelle zwischen Asien und Europa war, erwies sich in den folgenden Jahrhunderten stets aufs Neue: Während der 1100 Jahre vor ihrer Einnahme durch die Osmanen fiel die mauernbewehrte Metropole nur einmal in Feindeshand.

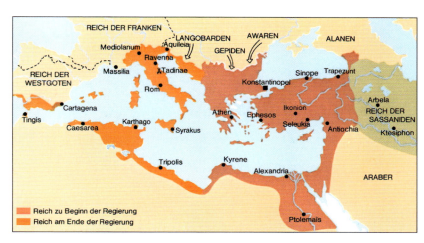

*Das Byzantinische Reich unter Kaiser Justinian I.*

*Taufe Christi. Byzantinisches Mosaik im griechischen Kloster Daphni*

Kaiser Justinian I. gelang es in der Mitte des 6. Jahrhunderts noch einmal, das alte Römische Reich zu einen und ihm die einstige Größe zurückzugeben: Seine Generäle Narses und Belisar, auch Belsazar genannt, konnten Nordafrika, Italien und einen Teil Spaniens erobern. Für innere Ordnung sorgte er durch die Kodifizierung des römischen Rechts im Codex Iustinianus und Corpus Iuris Civilis. Auch mit herrlichen Bauten wie etwa der einzigartigen Kirche der »Heiligen Weisheit«, der Hagia Sophia in Konstantinopel, machte sich der bedeutende Herrscher unsterblich.

Seine Nachfolger konnten nur einen kleinen Teil der Eroberungen halten, Italien etwa fiel an die aufstrebenden Langobarden. In der Folgezeit sah sich Byzanz erst durch die persischen Sassaniden und anschließend durch deren arabische Bezwinger schweren Bedrohungen ausgesetzt, die mit hohen Menschen- und Gebietsverlusten einhergingen. Zu Beginn des 9. Jahrhunderts entspannte sich die Lage, das Reich hatte sich so weit konsolidiert, dass es Übergriffen von Arabern und Bulgaren auf sein Kernland erfolgreich standhielt. Unter der 867 von Basileios I. begründeten und bis 1059 regierenden Makedonen-Dynastie erlebte Byzanz wieder eine Periode von Macht und Expansion: Man eroberte Kreta, Zypern und Ostkleinasien und drang bis nach Jerusalem vor. Später wurde Bulgarien annektiert und Armenien besetzt.

*Im Hauptraum der Hagia Sophia in Istanbul prangen auf riesigen runden Schildern in goldener Schrift die Namen Allahs, Muhammads und der ersten Kalifen.*

············ **Was ist byzantinisch und** ············
**Byzantinismus?**

Der Begriff »byzantinisch« wurde in der Neuzeit geprägt, um die historische Sonderrolle von Byzanz zu betonen und zugleich dessen politische wie auch kulturgeschichtlich-religiöse und künstlerische Eigenständigkeit zu bezeichnen. Herrscher und Bevölkerung von Byzanz jedoch blieben und nannten sich stets »romaioi« – Römer. Der abschätzige und inzwischen veraltete Begriff »Byzantinismus« stand früher für Kriecherei und Lakaientum. Seine Wurzeln liegen im prunkvollen asiatisch-orientalischen Hofzeremoniell, das Gottähnlichkeit und Gottesgnadentum des Kaisers betonte. Dies entrückte ihn gleichsam der irdischen Sphäre und damit auch seinem Volk, das seine Verehrung nur mit Gesten der Unterwürfigkeit ausdrücken konnte.

➤ **Religionen und Glaubensformen:** Die großen Kirchenspaltungen
➤ **Kriege und Konflikte:** Der Kampf um Byzanz
➤ **Kriege und Konflikte:** Siegeszug der Seldschuken
➤ **Kriege und Konflikte:** Aufstieg des Osmanischen Reiches
➤ **Menschen und Ideen:** Konstantin der Große

[140]

DAS BYZANTINISCHE REICH

*Die byzantinische Kaiserin Theodora mit ihrem Hofstaat; Mosaik in der Kirche San Vitale in Ravenna (um 547)*

## GLAUBENSFRAGEN, BILDERSTÜRMER, KIRCHENSPALTUNG

Um die Mitte des 11. Jahrhunderts wandelte sich das Bild: Mit dem italienischen Bari verlor das Byzantinische Reich sein letztes Bindeglied zum Westen, außerdem sah es sich durch die Einfälle der Seldschuken in äußerster Bedrängnis. Diese hatten in der Schlacht vor Memtzikert 1701 einen überlegenen Sieg davongetragen. Kaiser Alexios I., erster Herrscher aus dem Hause der Komnenen, wandte sich nun an den Papst in Rom und bat um Hilfe im Krieg gegen die Heiden.

Urban II. zeigte sich zum Beistand geneigt – allen vorangegangenen Konflikten zum Trotz, die seit dem 8. Jahrhundert beträchtlich zugenommen hatten: Der Allmachtsanspruch des Kaisers in Byzanz und des Patriarchen von Konstantinopel standen gegen das junge Frankenreich und die Forderung des römischen Papstes nach dem Primat, dem Vorrang des Stuhles Petri über den Patriarchen von Ostrom. Hinzu kam die durch den so genannten Bildersturm oder Ikonoklasmus verursachte Uneinigkeit innerhalb der Ostkirche selbst. Das zwar nicht im Koran verankerte, aber durch die Worte des Propheten Muhammad überlieferte Verbot der bildlichen Wiedergabe von Lebewesen war in der arabischen Machtsphäre bereits um 700 durchgesetzt. Allmählich gewann die arabische Bilderfeindlichkeit auch bei den Christen in der östlichen Hälfte des Byzantinischen Reiches eine starke Anhänger-

*Die Miniatur aus den »Chroniques abrégés« (1462) zeigt die Eroberung Konstantinopels durch die Kreuzfahrer 1203.*

mit dem Germanentum nach 476 einen deutlich anderen Weg, bis schließlich der Trennungsakt 812 mit der Anerkennung Kaiser Karls des Großen durch Ostrom staatsrechtlich besiegelt wurde. Im Osten war die Autokratie, die absolute Herrschaft des Kaisers, staatstragend, hier bestand das Imperium Romanum auf griechisch-hellenistischer Grundlage als Byzantinisches Kaiserreich mit entsprechendem Hofzeremoniell weiter. Die oströmischen Herrscher »von Gottes Gnaden« griffen wiederholt in tief theologische Streitigkeiten ein, um die für den inneren Frieden bedeutungsvolle Glaubenseinheit zu erreichen. Sie beriefen die ersten acht Konzilien zur Festlegung von Fragen des Glaubens und des Ritus ein und sandten Mönche und Missionare aus Byzanz nach Osteuropa, um das griechisch geprägte Christentum unter den nicht christlichen Slawen zu verbreiten.

Darüber hinaus erlebte der Osten im Gegensatz zum Weströmischen Reich einen neuen ökonomischen Aufschwung. Die Geldwirtschaft erholte sich von der Inflation und konsolidierte sich vor allem durch den von Konstantin eingeführten Solidus. Diese bis zur Mitte des 11. Jahrhunderts stabile Goldwährung bildete eine der Voraussetzungen für den blühenden Handel am Goldenen Horn.

## AUFSTIEG, EROBERUNGEN, BEDROHUNGEN

Konstantin der Große hatte im Mai 330 das alte Byzantion unter dem neuen Namen Konstantinopel oder auch »Nea Roma« (Neues Rom) zu seiner Residenz erhoben. Wie klug die Wahl der Bosporusstadt an der Schnittstelle zwischen Asien und Europa war, erwies sich in den folgenden Jahrhunderten stets aufs Neue: Während der 1100 Jahre vor ihrer Einnahme durch die Osmanen fiel die mauernbewehrte Metropole nur einmal in Feindeshand.

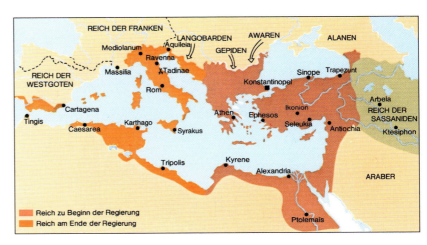

*Das Byzantinische Reich unter Kaiser Justinian I.*

*Taufe Christi. Byzantinisches Mosaik im griechischen Kloster Daphni*

Kaiser Justinian I. gelang es in der Mitte des 6. Jahrhunderts noch einmal, das alte Römische Reich zu einen und ihm die einstige Größe zurückzugeben: Seine Generäle Narses und Belisar, auch Belsazar genannt, konnten Nordafrika, Italien und einen Teil Spaniens erobern. Für innere Ordnung sorgte er durch die Kodifizierung des römischen Rechts im Codex Iustinianus und Corpus Iuris Civilis. Auch mit herrlichen Bauten wie etwa der einzigartigen Kirche der »Heiligen Weisheit«, der Hagia Sophia in Konstantinopel, machte sich der bedeutende Herrscher unsterblich.

Seine Nachfolger konnten nur einen kleinen Teil der Eroberungen halten, Italien etwa fiel an die aufstrebenden Langobarden. In der Folgezeit sah sich Byzanz erst durch die persischen Sassaniden und anschließend durch deren arabische Bezwinger schweren Bedrohungen ausgesetzt, die mit hohen Menschen- und Gebietsverlusten einhergingen. Zu Beginn des 9. Jahrhunderts entspannte sich die Lage, das Reich hatte sich so weit konsolidiert, dass es Übergriffen von Arabern und Bulgaren auf sein Kernland erfolgreich standhielt. Unter der 867 von Basileios I. begründeten und bis 1059 regierenden Makedonen-Dynastie erlebte Byzanz wieder eine Periode von Macht und Expansion: Man eroberte Kreta, Zypern und Ostkleinasien und drang bis nach Jerusalem vor. Später wurde Bulgarien annektiert und Armenien besetzt.

*Im Hauptraum der Hagia Sophia in Istanbul prangen auf riesigen runden Schildern in goldener Schrift die Namen Allahs, Muhammads und der ersten Kalifen.*

### WAS IST BYZANTINISCH UND BYZANTINISMUS?

Der Begriff »byzantinisch« wurde in der Neuzeit geprägt, um die historische Sonderrolle von Byzanz zu betonen und zugleich dessen politische wie auch kulturgeschichtlich-religiöse und künstlerische Eigenständigkeit zu bezeichnen. Herrscher und Bevölkerung von Byzanz jedoch blieben und nannten sich stets »romaioi« – Römer. Der abschätzige und inzwischen veraltete Begriff »Byzantinismus« stand früher für Kriecherei und Lakaientum. Seine Wurzeln liegen im prunkvollen asiatisch-orientalischen Hofzeremoniell, das Gottähnlichkeit und Gottesgnadentum des Kaisers betonte. Dies entrückte ihn gleichsam der irdischen Sphäre und damit auch seinem Volk, das seine Verehrung nur mit Gesten der Unterwürfigkeit ausdrücken konnte.

▶ **Religionen und Glaubensformen:** Die großen Kirchenspaltungen
▶ **Kriege und Konflikte:** Der Kampf um Byzanz
▶ **Kriege und Konflikte:** Siegeszug der Seldschuken
▶ **Kriege und Konflikte:** Aufstieg des Osmanischen Reiches
▶ **Menschen und Ideen:** Konstantin der Große

*Die byzantinische Kaiserin Theodora mit ihrem Hofstaat; Mosaik in der Kirche San Vitale in Ravenna (um 547)*

## GLAUBENSFRAGEN, BILDERSTÜRMER, KIRCHENSPALTUNG

Um die Mitte des 11. Jahrhunderts wandelte sich das Bild: Mit dem italienischen Bari verlor das Byzantinische Reich sein letztes Bindeglied zum Westen, außerdem sah es sich durch die Einfälle der Seldschuken in äußerster Bedrängnis. Diese hatten in der Schlacht vor Memtzikert 1701 einen überlegenen Sieg davongetragen. Kaiser Alexios I., erster Herrscher aus dem Hause der Komnenen, wandte sich nun an den Papst in Rom und bat um Hilfe im Krieg gegen die Heiden.

Urban II. zeigte sich zum Beistand geneigt – allen vorangegangenen Konflikten zum Trotz, die seit dem 8. Jahrhundert beträchtlich zugenommen hatten: Der

Allmachtsanspruch des Kaisers in Byzanz und des Patriarchen von Konstantinopel standen gegen das junge Frankenreich und die Forderung des römischen Papstes nach dem Primat, dem Vorrang des Stuhles Petri über den Patriarchen von Ostrom. Hinzu kam die durch den so genannten Bildersturm oder Ikonoklasmus verursachte Uneinigkeit innerhalb der Ostkirche selbst. Das zwar nicht im Koran verankerte, aber durch die Worte des Propheten Muhammad überlieferte Verbot der bildlichen Wiedergabe von Lebewesen war in der arabischen Machtsphäre bereits um 700 durchgesetzt. Allmählich gewann die arabische Bilderfeindlichkeit auch bei den Christen in der östlichen Hälfte des Byzantinischen Reiches eine starke Anhänger-

*Die Miniatur aus den »Chroniques abrégés« (1462) zeigt die Eroberung Konstantinopels durch die Kreuzfahrer 1203.*

schaft, während der Westen fast durchweg bilderfreundlich blieb. Der Bilderstreit brach offen aus, als Kaiser Leon III., Mitglied einer Familie aus dem arabisch beeinflussten Nordsyrien, das berühmte Christusbild von der Bronzetür des Kaiserpalastes entfernte. Die Zeit des Ikonoklasmus währte von 726 bis 842, verlief in zwei Phasen und spaltete Klerus und Bevölkerung im ganzen Reich. Das 754 von Kaiser Konstantin V. einberufene Konzil verurteilte die Bilderverehrung scharf: Die göttliche Natur Christi sei mit einer Darstellung im Bild nicht vereinbar. Nachdem die Konzilsbeschlüsse öffentlich waren, begann die gnadenlose und systematische Zerstörung unschätzbarer Kunstwerke, von Ikonen, Fresken und Mosaiken mit figürlichen Darstellungen in Offizial- und Sakralgebäuden. Das erlaubte Musterrepertoire beinhaltete nur noch das Kreuz, Pflanzen und geometrische Motive.

Doch der Bildersturm wurde auch für das Abendland zukunftsweisend: Die Einmischung des Papstes in die Auseinandersetzungen zwischen den bilderfeindlichen Kaisern und bilderfreundlichen Patriarchen der Ostkirche führte zum ersten großen Bruch. Dieser wurde erst durch die Synode von 843, die dem Ikonoklasmus ein Ende setzte, gekittet. Die schweren Zerwürfnisse ließen den Papst nun immer deutlicher von Byzanz, seinem einstigen Verbündeten gegen die Langobarden, abrücken. Seine Hinwendung zum jungen Frankenreich hatte mittelbar, kaum fünfzig Jahre später, die Errichtung des westlichen Kaiserreiches unter Karl dem Großen zur Folge.

Das große Schisma, die endgültige Spaltung von Ost- und Westkirche, wurde im Jahr 1054 vollzogen, nachdem mit Papst Leo IX. und Konstantinopels Patriarch Michael Kerullarios zwei Dick- und Hitzköpfe aufeinander geprallt waren. Unmittelbarer Anlass für den Konflikt waren schwer wiegende theologische Streitfragen, den wahren Grund aber bildete das Problem der Oberherrschaft über die gesamte Christenheit, die beide für sich beanspruchten. Als der Papst Kerullarios und seine Getreuen exkommunizierte, antwortete der von seinem Patriarchen beeinflusste Kaiser Konstantin IX. Monomachos mit einem Gegenbann für den Papst und dessen Gesandten – die Kirchenspaltung war damit eine vollendete Tatsache.

### KRIEGER IN CHRISTI NAMEN: DIE KREUZFAHRER

All dies stellte Papst Urban II. hintan, als er 1095 zum ersten Kreuzzug aufrief. »Dieu li volt« (Gott will es) lautete das Motto und Männer verschiedenster Herkunft und mit unterschiedlichsten Motiven folgten seinem Ruf zur Errettung der christlichen Urstätten vor den Ungläubigen. Nachdem die Kreuzfahrer 1099 Jerusalem erstürmt hatten, wurde nach einem grauenvollen Blutbad das christliche Königreich Jerusalem etabliert und während der nächsten 200 Jahre von immer neuen Glaubensrittern verteidigt. Erst 1291 hatten die Kriege und Raubzüge im Namen Christi ein Ende, als die Muslime Akkon, das letzte christliche Bollwerk, zurückerobern konnten.

Zunächst hatte Byzanz von den Kreuzzügen profitiert und Teile Kleinasiens wiedererhalten. Doch dann wandten sich die Kreuzritter plötzlich gegen die christliche Rivalin: 1204 eroberten, verheerten und plünderten sie Konstantinopel; Teile ihrer Beute sind noch heute in Venedig zu bewundern. Als sie ihr Lateinisches Kaiserreich errichteten, mussten die byzantinischen Herrscher ins Exil nach Nicäa ausweichen. Zwar konnte Kaiser Michael VIII. Palaiologos, Stammvater der letzten byzantinischen Dynastie, 1261 Konstantinopel zurückerobern, auch erlebte Byzanz unter seinen neun Nachfolgern noch einmal eine kulturelle Blüte, doch waren Verwüstungen und Blutverlust zu groß: Ostrom sollte sich nie mehr davon erholen.

### DIE OSMANEN UND DER ABGESANG

Am Anfang des 14. Jahrhunderts hatte ein bis dahin unbedeutender Stammesführer namens Osman in Nachbarschaft zu Byzanz nahe dem heutigen Eskisehir ein Fürstentum gegründet. Die nach ihm benannten Osmanen eroberten turkmenische Kleinfürsten-

*Sultan Mehmed II. Fatih (1429 – 1481), der osmanische Eroberer Konstantinopels*

tümer und »bedienten« sich territorial immer wieder beim durch die Verheerungen der Kreuzritter stark geschwächten Byzantinischen Reich.

Im weiteren Verlauf entstand eine rasch aufstrebende und immer gefährlichere Macht, die seit 1354 auch das europäische Festland heimsuchte und weite Teile des Balkans bezwang. Nach zwei vergeblichen Anläufen um 1400 und 1422 gelang den Osmanen am 29. Mai 1453 unter ihrem Sultan Mehmed II. Fatih »dem Eroberer« die seit langem ersehnte Einnahme Konstantinopels. Mit der Erfüllung des in der islamischen Welt seit Jahrhunderten gehegten Wunschtraumes wurde nicht nur das Ende des Byzantinischen Reiches, sondern auch das Ende des Mittelalters eingeläutet.

#### BANN GEBROCHEN

Das erste Treffen zwischen Führern der orthodoxen und der römisch-katholischen Kirche seit 1439 fand 1964 in Jerusalem zwischen Papst Paul VI. und dem Patriarchen Athenagoras I. statt. Diese beiden Kirchenrepräsentanten hoben schließlich 1965 in Rom und 1968 in Istanbul die gegenseitige Exkommunikation von Papst und Patriarch mit ihrer jeweiligen Anhängerschaft durch Urkunden, so genannte Bannbullen, formell auf – eine erste Annäherung zwischen den 1054 gespaltenen Kirchen.

▶ Handel und Wirtschaft: Konstantinopel
▶ Kunst und Architektur: Hagia Sophia
▶ Kunst und Architektur: Ikonen

# DAS EUROPÄISCHE MITTELALTER

*Junimesse im französischen Saint-Denis; Miniatur aus einem mittelalterlichen Pontifikale*

In der europäischen Geschichtsschreibung bezeichnet das »Mittelalter« in der Regel die Epoche zwischen etwa dem 6. und dem 16. Jahrhundert. Der Begriff wurde von deutschen Historikern des 17. Jahrhunderts geprägt, um einen Zeitraum einzugrenzen, der vor der Neuzeit lag und sich von der Antike abhob. In dieser rund eintausend Jahre andauernden Ära entstand durch die Verschmelzung von Elementen der römischen, germanischen und slawischen Kulturen sowie des Christen- und Judentums eine neue europäische Kultur und Staatenwelt.

### DIE NACHFOLGER ROMS

Am Beginn dieser Epoche stehen der Zerfall des römischen Imperiums und die Völkerwanderung der Germanen. Während aus der Osthälfte des einstigen Römischen Reichs das byzantinische Kaiserreich mit Herrschaftssitz in Konstantinopel, dem heutigen Istanbul, entstand, übernahm im Jahr 476 der Heruler Odoaker vom letzten weströmischen Kaiser Romulus Augustulus die Herrschaft über das Weströmische Reich. Odoaker wurde 493 vom Ostgotenkönig Theoderich dem Großen besiegt und ermordet; der spätere König von Italien versuchte unter seiner Regentschaft ostgotische und römische Elemente zu einer neuen Kultur zu verschmelzen. Doch gleich dem Reich der Wandalen, die in Nordafrika dem östlichen Imperium getrotzt hatten, wurde das Ostgotenreich im 6. Jahrhundert von Byzanz zerstört.

### FRANKEN ALS ERBAUER EUROPAS

Im gleichen Zeitraum legte das Merowinger-Reich den Grundstein für den Aufstieg des Frankenreichs zur europäischen Großmacht. Ein entscheidender Faktor war hierbei der Übertritt Chlodwigs I. zum katholischen Glauben. Auf den Erfolgen des fränkischen Merowinger-Reichs aufbauend, konnte das europaweite Reich Karls des Großen seine größte Macht entfalten und Karls Kaiserkrönung zu Weihnachten 800 zeigte seinen Anspruch auf Universalherrschaft gegenüber dem etablierten Kaisertum in Byzanz und dem Papsttum. Der Karolinger zentralisierte nicht nur seine Herrschaft durch die Ernennung Aachens zur Hauptstadt, sondern schuf auch eine einheitliche Liturgie sowie die karolingische Minuskel als Einheitsschrift.

In Karls Reich lässt sich bereits die typische Dreiteilung des mittelalterlichen Gesellschaftssystems erkennen. Diese als gottgewollt angesehene Ordnung basierte auf dem Adel als Kämpfer für die Verteidigung der Herrschaft, dem für das Seelenheil zuständigen Klerus und der Bauernschaft als Ernährer. Durch das Lehnswesen, in dessen Rahmen der König zeitweilig oder dauerhaft Grundherrschaft an den Adel vergab, entwickelte sich das äußerst komplexe Feudalsystem. Auf der untersten Stufe dieses von Freiheiten, Treuepflichten, Abhängigkeiten und Abgaben gekennzeichneten Systems stand die breite Masse der unfreien Bauern und Leibeigenen.

### DER KAISER ALS SCHUTZHERR DER KIRCHE

Im 10. Jahrhundert ging die Herrschaft im aufsteigenden Ostfränkischen Reich von den Franken auf die Sachsen über. Unter der Regentschaft Ottos des Großen erlitten die Ungarn 955 auf dem Lechfeld bei Augsburg eine entscheidende Niederlage. Der Verteidiger des Kirchenstaates wurde 962 zum Kaiser des Heiligen Römischen Reichs gesalbt und trat die Nachfolge der karolingischen Kaiser als Schutzherr der Kirche an.

*Darstellung der Getreideernte in einer Handschrift des »Speculum Virginum« (Jungfrauenspiegel, um 1200)*

# Das europäische Mittelalter

*Eine Ladenstraße in einer mittelalterlichen Stadt (Buchmalerei) spiegelt das Aufkommen einer bürgerlichen Kultur.*

Templerorden wurde vom Papst und vom französischen König vernichtet, der Deutsche Orden baute einen eigenen Staat in Nordosteuropa auf. Die Johanniter blieben bis heute der so genannten Caritas, der Nächstenliebe und dem Dienst am Nächsten, treu.

Caritas und Medizin nutzten jedoch nichts bei der großen Pest. Der »schwarze Tod« wütete im 14. Jahrhundert in Europa mit verheerenden Folgen. Erst Mitte des 15. Jahrhunderts erreichten Bevölkerungszahl und Wirtschaftskraft wieder den Stand vor der schrecklichen Epidemie. Dies war die Zeit der revolutionären Erfindung des Buchdrucks, dessen Auswirkungen bis ins Medienzeitalter reichen. Papsttum und Kaisertum hatten ihre Bedeutung in der christlich geprägten Welt Europas verloren und standen vor Reformen und Reformation.

*Der römisch-deutsche Kaiser Heinrich VII. auf seinem Feldzug nach Italien 1310; Miniatur aus dem Codex Balduinensis*

Der von Otto begründete enge Bezug zu Rom, wo der Kaiser vom Papst gekrönt wurde, und zum italienischen Raum kennzeichnete die Politik bis ins 14. Jahrhundert. Den Höhepunkt bildete die Stauferzeit, als Friedrich Barbarossa (1122 – 1190) in sieben Italienzügen gegen Papst und Mailand Machtpolitik betrieb und Friedrich II. (1194 – 1250) in Süditalien und auf Sizilien, wo er sich meistens aufhielt, ein geradezu modern anmutendes Staatswesen aufbaute.

## Europäische Stadt- und Adelskultur

In diese Zeit fällt der Aufstieg des Stadtbürgertums als politischer Faktor. In den mittelalterlichen europäischen Städten bildeten sich durch Wirtschaftswachstum, Handel und Geldwirtschaft ein neues gesellschaftliches und wirtschaftliches Potenzial und eine eigene Stadtkultur aus. Zuerst in Norditalien, danach auch nördlich der Alpen genossen Architektur, Kunst und Literatur sowie Bildung große Förderung und Universitäten wurden gegründet. Auf diesen Entwicklungen basiert unsere heutige europäische Stadtkultur.

Aber auch die Adelskultur entwickelte sich weiter: Von Frankreich aus schufen die Troubadoure mit Hilfe der Minneliteratur die besondere Welt des Rittertums und im Heiligen Land entstanden bei den Kreuzzügen Ritterorden, die in Europa weiterwirkten. Der durch sein Bankenwesen reich und mächtig gewordene

### ········· STADTLUFT MACHT FREI... ·········

...aber städtisches Recht muss auch im Mittelalter eingehalten werden, wie ein Eintrag im Straßburger Urkundenbuch zeigt:

1. Nach dem Beispiel anderer Städte wurde Straßburg mit der Auszeichnung begründet, dass Jedermann, Auswärtiger wie Einheimischer, in ihr zu jeder Zeit und von jedermann Frieden haben soll ...; doch muss er der städtischen Gerichtsbarkeit gehorsam sein und zur Verfügung stehen. (Urkundenbuch der Stadt Straßburg, 1879, Nr. 616)

▶ Religionen und Glaubensformen: Christentum im Mittelalter
▶ Religionen und Glaubensformen: Papst und Kaiser
▶ Kriege und Konflikte: Krieg im Frühmittelalter
▶ Kriege und Konflikte: Krieg im Hoch- und Spätmittelalter
▶ Kunst und Architektur: Gotische Kathedralen

# Umwälzungen in Europa
# Die germanische Völkerwanderung

*Eroberungen und schlechte wirtschaftliche Bedingungen verursachten bereits vor der Zeitenwende germanische Fluchtbewegungen in das Römische Reich. Der Zusammenbruch des Ostgotenreichs Ende des 4. Jahrhunderts war schließlich der Auslöser für eine Völkerwanderung, die den Niedergang Roms einleitete.*

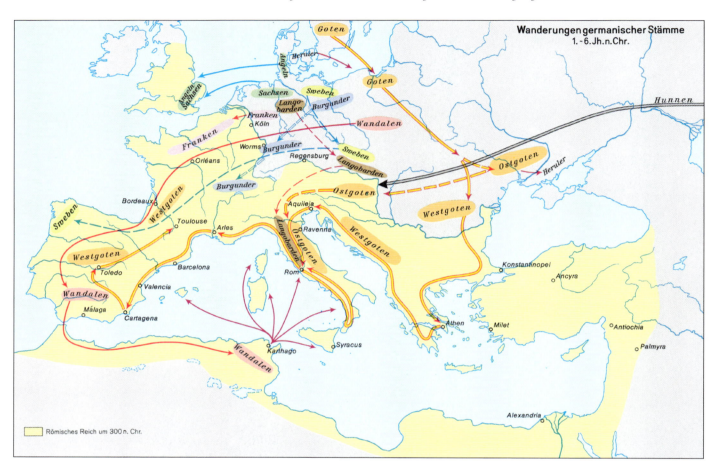

*Germanische Völkerwanderung, 1.–6. Jahrhundert n.Chr.*

*Im Archäologischen Freilichtmuseum Oerlinghausen rekonstruierte germanische Häuser*

Flucht – sei es vor überlegenen Gegnern oder schlechten Lebensbedingungen – war fast immer der Auslöser für die Wanderungsbewegungen größerer Bevölkerungsgruppen. Wirtschaftliche Gründe waren es denn auch, die etwa die Vorstöße der jütländischen Kimbern und Teutonen in das Römische Reich am Ende des zweiten vorchristlichen Jahrhunderts verursachten. Gleiches gilt, begünstigt durch eine lange Phase politischer und militärischer Schwäche des römischen Imperiums, für die noch begrenzten Einfälle der Alemannen. Durch sie verlor das Römische Reich bis zum Jahr 260 n.Chr. in Südwestdeutschland Gebiete östlich des Rheins und nördlich der Donau.

### Die eigentliche Völkerwanderung

Unter germanischer Völkerwanderung im engeren Sinne versteht man die Ereignisse, die auf die Entwicklungen der Siebzigerjahre des 4. Jahrhunderts folgten und bis 568 andauern sollten. In den Jahren 375 und 376 vernichteten die Hunnen das Ostgotenreich des Ermanarich am Schwarzen Meer und in Südrussland. Alanen und Goten flohen daraufhin panikartig nach Westen. Die folgenden wellenartigen Übergriffe germanischer Stämme nach Westen erschütterten im Gegensatz zu älteren Völkerbewegungen das gesamte Imperium Romanum einschließlich seiner Randgebiete und Nachbarregionen. Sie führten schließlich zum Ende des Weströmischen

# GERMANISCHE VÖLKERWANDERUNG

Reiches, zum Aufstieg von Ostrom beziehungsweise Byzanz und zur Ausbildung germanischer Staaten innerhalb der alten römischen Grenzen. Mit wechselnden Schauplätzen dauerten diese Vorgänge, in die auch andere Völker wie Hunnen und Sarmaten eingebunden waren, mindestens zwei Jahrhunderte. Sie erfassten ganz Europa. Die Entwicklung ist Teil eines komplexen Prozesses, der durch innere Probleme des spätantiken römischen Staates gefördert wurde.

## KRISE DES SPÄTANTIKEN RÖMISCHEN STAATES

Im 4. Jahrhundert entzündeten sich im römischen Staat außenpolitisch-militärische, soziale und innere Probleme. Symptomatisch ist der Konflikt zwischen Arianern, denen zunächst fast alle missionierten Germanen angehörten, und orthodox-katholischen Christen. Zwar wurde im Jahr 325 im ersten ökumenischen Konzil von

*Die hohe Stellung des Bestatteten zeigt der aufwendig gearbeitete Goldschmuck aus dem Fürstengrab von Aarsiev auf der dänischen Insel Fünen (3. Jh.).*

Nicäa der Arianismus als häretisch, von der offiziellen Lehre abweichend, verurteilt, dennoch hielten Auseinandersetzungen zwischen beiden Richtungen an. Der in sich nicht ganz homogene Arianismus sah Jesus im Gegensatz zur katholischen Lehre des Athanasius nicht wesensgleich mit Gottvater und lehnte den Dreieinigkeitsgedanken ab. Kaiser Theodosius der Große erklärte 381 noch einmal das orthodox-katholische zum für alle Untertanen verbindlichen Bekenntnis und verbot 392 nicht christliche Kulte, was die Reichseinheit förderte. Nach seinem Tod im Jahr 395 erhielten seine beiden Söhne Honorius und Arcadius als Herrscher den Westen beziehungsweise den Osten des Römischen Reichs. Durch das schon seit längerem übliche Prinzip der Teilung von Herrschaftsbefugnissen wurde verschiedenen ethnischen, sozialen und historischen Grundlagen entsprochen, aber auch die gegenseitige Entfremdung der Reichshälften gefördert. Im Westen gewannen germanische militärische Oberbefehlshaber an politischer Bedeutung, im Osten erstarkte die zivile Verwaltungsspitze.

## KULTURELLER AUSGLEICH

Während des Übergangs von der Spätantike zum frühen Mittelalter kam es, gefördert durch die Völkerbewegungen, in vielen Teilen des Weströmischen Reiches zum Ausgleich anfangs sehr unterschiedlicher Gesellschaftssysteme beziehungsweise germanischer und provinzialrömischer Kultur. Wenn auch bisweilen mit längerer Verzögerung und von Region zu Region in unterschiedlichem Maß, führte dies dazu, dass Germanen das an Rom orientierte katholische Bekenntnis übernahmen – und darüber hinaus die lateinische Schrift und Sprache in Verwaltung, kirchlichen, rechtlichen und wissenschaftlichen Belangen sowie Elemente des Kunsthandwerks und der Architektur.

## GERMANISCHE STAATENBILDUNG

Der Abzug der regulären römischen Truppen aus Britannien um 410 und ältere, auf dem spätantiken Föderatenwesen beruhende Verbindungen begünstigten dort die Einwanderung kontinentaler Gruppen aus Friesen, Franken und vor allem Angelsachsen. Sie bildeten bald eigene Königreiche. Nach der Machtübernahme Theoderichs in Italien 493 war das gesamte römische Westreich im Besitz germanischer Stämme. Wandalen besaßen Nordafrika, Sardinien und Korsika und den Westen Siziliens. Westgoten siedelten in Spanien und im südlichen und westlichen Gallien, in Nordwestspanien saßen Sweben. An der Rhône hatte sich ein neues Burgunderreich gebildet und im restlichen Gallien wuchs unter Chlodwig I. das Fränkische Reich zur einzigen mitteleuropäischen Großmacht mit Bestand.

*Dieser germanische Bronzehelm mit Hörnern und angedeuteten Augen wurde nahe dem dänischen Virkso in einem Moor gefunden.*

### FATALE LEGENDENBILDUNG

Die Faszination an der germanischen Völkerwanderung hat vielfältige Gründe. Zahlreiche Schriftquellen ost- und weströmischer Gelehrter berichten über drei Jahrhunderte komplexer und dramatischer Ereignisse, die das Ende des römischen Weltreiches einleiteten und die Grundlage des bestehenden Europa schufen. Die Geschichten taugen für Legenden, aber auch zur Ausbildung ideologisch verpackter Klischees. Aktualität besitzen diese wegen des Wirtschaftsgefälles zwischen den verschiedenen Weltregionen sowie der von polemischer Diskussion geförderten Angst vor Einwanderung. Im Nationalsozialismus dienten etliche Episoden als Beweis vermeintlicher Überlegenheit und Kampfeskraft der Germanen. Die Wanderungen sind jedoch kein Kapitel frühen Deutschtums, sondern Bestandteil europäischer Geschichte. Sie geben Zeugnis von der Anziehungskraft eines Imperiums, dessen überlegene Wirtschaft Aussicht auf bessere Lebensbedingungen bietet.

▶ Religionen und Glaubensformen: Die Religion der Germanen
▶ Kriege und Konflikte: Kriege und germanische Völkerwanderung
▶ Menschen und Ideen: Alarich
▶ Literatur und Musik: Nibelungenlied
▶ Mythen, Rätsel und Orakel: Die Nibelungen

# Staatengründer in Nordafrika – Die Wandalen

*Wandalismus: blinde Zerstörungswut. In dieser abwertenden Bedeutung wurde der Begriff erstmals 1794 in Frankreich gebraucht. Den Wandalen wird er keinesfalls gerecht. Immerhin errichtete der germanische Stamm das früheste selbständige Reich innerhalb des Römischen Reichs.*

Um die Zeitenwende siedelten die ostgermanischen Wandalen im Oder-Warthe-Gebiet. Zu ihnen zählten die Teilstämme der Hasdingen und Silingen, von denen sich die Bezeichnung Schlesien ableitet. Während der von 166 bis 188 tobenden Markomannenkriege ließen sich die Hasdingen am Ostabhang des Karpatenbogens nieder und später siedelten sie südlich davon im Theißgebiet. Ab dem Jahr 275 bis in das 4. Jahrhundert kam es zu Konflikten mit Westgoten um die von Römern aufgegebene Provinz Dacia, dem Banat. Nach einer schweren Niederlage gegen die Westgoten um 335 wurden unter dem römischen Kaiser Konstantin dem Großen Wandalen in Pannonien angesiedelt.

*Im Juni des Jahres 455 eroberten und plünderten die Wandalen unter Geiserich die Stadt Rom (Holzstich nach Zeichnung von Heinrich Leutermann).*

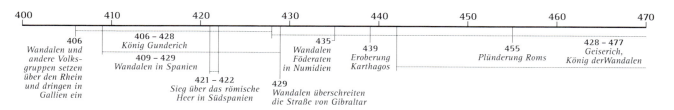

400 — 410 — 420 — 430 — 440 — 450 — 460 — 470

**406** Wandalen und andere Volksgruppen setzen über den Rhein und dringen in Gallien ein

**406 – 428** König Gunderich

**409 – 429** Wandalen in Spanien

**421 – 422** Sieg über das römische Heer in Südspanien

**435** Wandalen Föderaten in Numidien

**429** Wandalen überschreiten die Straße von Gibraltar

**439** Eroberung Karthagos

**455** Plünderung Roms

**428 – 477** Geiserich, König der Wandalen

# Die Wandalen

## Die Wanderung nach Westen

Im Jahr 401 zog Stilicho, der Heermeister und zugleich höchste militärische Beamte, die römischen Reichstruppen von der Rhein- und Donaugrenze ab. Stilicho, väterlicherseits wandalischer Abstammung, brauchte sie, um Italien vor den Westgoten zu schützen. In der Folge überschritten Wandalen, Alanen, swebische Quaden und Volksgruppen aus Pannonien 406 den Rhein und drangen in Gallien ein. Doch König Godegisel fiel im Kampf gegen Franken und die Lage der Eindringlinge blieb unsicher. 409 überschritten Wandalen daher die Pyrenäen und plünderten Spanien. Da sie sich so selbst die Lebensgrundlage entzogen und bald Seuchen und Hungersnöte auftraten, suchten sie die vertragliche Einigung. 411 wurde daraufhin den Hasdingen und Sweben, die bis 585 ein selbständiges Reich besaßen, in Galicien als römischen Föderaten Land zugewiesen. Gleiches erreichten die Alanen in den Provinzen Lusitania und Carthagenensis, die etwa den Mittelteil der Iberischen Halbinsel ausmachten, und die Silingen von 411 bis 428 in Andalusien. Ein im Auftrag des Kaisers ausgeführter westgotischer Angriff unter König Wallia endete 418 mit einer vernichtenden Niederlage der Silingen. Bevor die Westgoten auch für die Hasdingen zur Bedrohung wurden, zog Wallia ab. Der Sieg über das römische Heer in den Jahren 421 und 422 brachte schließlich ganz Südspanien mit seinen Häfen unter wandalische Herrschaft.

*König Geiserich (Reg. 428 – 477) führte 429 die Wandalen nach Nordafrika und eroberte 439 Karthago. Rom musste die besetzten Gebiete abtreten und Geiserich schuf ein unabhängiges Wandalenreich (Holzstich von 1869).*

## Das Reich in Nordafrika

Nach dem Tod König Gunderichs führte 429 der hasdingische König Geiserich etwa 80 000 Wandalen, Alanen und Angehörige anderer Völker nach Nordafrika, das zu jener Zeit immer noch die bedeutendste Kornkammer des Weströmischen Reiches war. Nach einem ersten Friedensschluss im Jahre 435 überließ man ihnen als Föderaten Numidien; Hauptstadt wurde vier Jahre später Karthago. Als auch der neu gewonnene Bereich 442 von Rom beziehungsweise Byzanz vertraglich abgetreten wurde, gehörte alles Land fortan dem König. Siedlungsschwerpunkt war nun die Provinz Zeugitana um Karthago.

Wie später die Ostgoten unter Theoderich beließen die Wandalen römische Verwaltungsstrukturen, ersetzten aber einen Teil der senatorischen Oberschicht. Das Verhältnis zu Westrom war verhältnismäßig gut – Geiserichs Sohn Hunerich etwa heiratete Eudokia, die Tochter Kaiser Valentinians III. Und auch mit dem Osten des Reiches war man vor allem unter König Hilderich um Ausgleich bemüht.

Mithilfe ihrer seit Anfang des 5. Jahrhunderts aufgebauten starken Flotte eroberten die Wandalen die Balearen, Korsika und das westliche Sizilien. Zudem unternahmen sie Kriegs- und Beutezüge an die Küsten des westlichen Mittelmeeres im Südwesten Spaniens, nach Sardinien sowie Unter- und Mittelitalien. 455 plünderten sie unter Geiserich zwei Wochen lang Rom. Der Grund war möglicherweise Rache an der Ermordung Valentinians III.

Um 500 war das nordafrikanische Reich in Bemühungen um das pangermanische Bündnissystem Theoderichs des Großen eingebettet; König Thrasamund war mit Amalfrida, der Schwester des Ostgotenkönigs, verheiratet. Wandalen waren wie Goten arianische Christen und standen damit im Gegensatz zu den katholischen romanischen Völkern, was zu Spannungen und Diskriminierungen von Seiten der Wandalen führte. Nach Geiserichs Tod begann aus vielfältigen Gründen der Niedergang des Reiches. Verantwortlich waren die geringe Anzahl von Stammesangehörigen, die isolierte Lage, die zunehmenden Konflikte mit Mauren und nordafrikanischen Nomadenstämmen, aber auch der Gegensatz zu den katholischen Romanen sowie zwischen dem Adel und einem seit Geiserich nahezu absolutistischen Königtum. Hunerichs Nachfolger Gunthamund gab die verschärfte Arianisierungspolitik auf und auch Thrasamund bemühte sich um Ausgleich mit den Katholiken. Seine Ermordung 533 veranlasste Ostrom zum Eingreifen: Das Wandalenreich wurde im Rahmen der Restaurierungsversuche Justinians I. von seinem Feldherr Belisar zerschlagen und Nordafrika wieder dem Oströmischen Reich eingegliedert. Der letzte König Gelimer erhielt in Kleinasien Exil und Teile der wandalischen Truppen wurden den oströmischen eingegliedert.

*Im 5. und 6. Jahrhundert übernahm das nordafrikanische Wandalenreich eine Vormachtstellung im westlichen Mittelmeerraum. Das Mosaik aus Karthago zeigt einen Wandalen zu Pferd.*

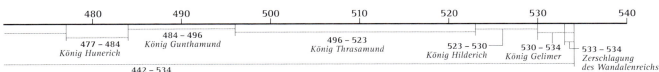

▶ Kriege und Konflikte: Kriege und germanische Völkerwanderung

# Auf eigenen Wegen
# Iren und Skoten

*Irland blieb von den kontinentalen Völkerbewegungen im 4. Jahrhundert sowie von der römischen Weltherrschaft weitgehend verschont. Daher konnten die irischen Kelten, darunter die nordirischen Skoten, ein von Rom unabhängiges keltisches Christentum ausprägen, das sie später in die Welt trugen.*

Bis heute ist es ungeklärt, wie das Christentum nach Irland kam. Das erste belegbare Datum der irischen Geschichte ist das Jahr 431, in dem der Papst den Missionar Palladius nach Irland sandte. Detaillierter überliefert ist hingegen das Wirken des heiligen Patrick aus Britannien, der selbst eine Bekenntnisschrift und Briefe hinterließ. Im Jahr 432 landete er in der nordirischen Provinz Ulaid, dem heutigen Ulster, und gründete mit dem Kloster Armagh das Zentrum des irischen Christentums. Seine Mission fiel auf fruchtbaren Boden, denn die keltische Kultur war offen für die christliche Lehre, die sich mit keltischen Traditionen verbinden und verbreiten ließ,

*Das reich verzierte Book of Kells (Buch von Kells) ist eines der bedeutenden mittelalterlichen Evangeliare. Die keltischen Einflüsse zeigen sich vor allem in den prächtigen Ornamenten und Initialen (um 800).*

ohne Märtyrer zu fordern. Auf der dünn besiedelten Insel entstanden Klöster, die nicht nur Mittelpunkt des religiösen, sondern auch des kulturellen und wirtschaftlichen Lebens wurden.

### Das goldene Zeitalter

Im Jahr 563 ging der Mönch Columban der Ältere (521 – 597) auf die Hebrideninsel Iona, die damals zu dem nordostirischen Königreich Dál Riata gehörte, und baute dort ein Kloster auf, das zum Ausgangspunkt der keltischen Missionierung Britanniens und des Kontinents werden sollte. Von dort bekehrte Columban die Pikten im Norden Britanniens. Columban der Jüngere (um 543 – 615) brachte schließlich das altirische Mönchswesen in das Reich der Franken auf den Kontinent; andere Prediger kamen bis nach Grönland, Rom, Kiew oder Ägypten. Im 7. und 8. Jahrhundert erreichte der irische Einfluss auf die europäische Christenheit seinen Höhepunkt.

Doch die Einfälle nicht christlicher Wikinger im 9. Jahrhundert bereiteten dem ein jähes Ende: Die Skandinavier blieben und gründeten erste Städte – angefangen 841 mit Dublin –, führten die Geldwirtschaft und den Handel zur See ein. Der

*Der heilige Brendan auf Seereise; Buchmalerei aus dem 13. Jahrhundert. Durch ihre Missionstätigkeit übten irische Mönche erheblichen Einfluss auf die europäische Christenheit aus.*

## IREN UND SKOTEN

*Das Reliquiar des heiligen Patrick und ein Glockenreliquiar (beides 5. Jh.)*

Widerstand der Iren gipfelte 1014 im Sieg von Clontarf bei Dublin unter dem Hochkönig Brian Boru (941 – 1014), der weiteren Eroberungen durch die Wikinger ein Ende bereitete.

### KELTISCHE REICHSGRÜNDUNGEN IN BRITANNIEN

Bereits ab dem 3. Jahrhundert hatten Verbände der Skoten die Westküste von Nordbritannien besiedelt und waren dabei auf die kriegerischen Pikten gestoßen. Andere etwas südlicher einwandernde irische Stämme wurden von Germanen, die das Land von Osten kommend einnahmen, in den Westen gedrängt. Sie bildeten dort keltische Reiche in Strathclyde, Wales, Devon und Cornwall oder flüchteten von dort in die Bretagne.

Erst im Jahr 843 gelang es dem 859 verstorbenen Skotenkönig Kenneth Mac Alpin die Piktenstämme zu unterwerfen; zum schottischen Reich vereint fielen sie nach Nordengland ein. Unter Duncan I., der 1034 bis 1040 regierte, reichte Schottland im Süden bis zum Firth of Forth und dem Firth of Clyde.

Während Cornwall im 9. Jahrhundert mit dem Eindringen der Angelsachsen seine politische Unabhängigkeit verlor, konnten sich die walisischen Provinzen innerhalb jenes Grenzwalls behaupten, den König Offa von Mercien (757 – 796) zur Abgrenzung zwischen den Kymren und den Angelsachsen hatte errichten lassen. Im Jahr 1055 wurde das Reich unter Gruffudd ap Llywelyn schließlich erstmals vollständig geeint und um das benachbarte Hereford erweitert.

### DIE NORMANNISCHE EROBERUNG

Nachdem Wilhelm der Eroberer 1066 in der Schlacht von Hastings England eingenommen hatte, musste in der Folge auch der 1093 verstorbene Schottenkönig Malcolm III. die militärische Überlegenheit und Lehnsoberhoheit des Normannenkönigs anerkennen. Knapp 80 Jahre später brachen 1169 anglonormannische Adelige von Pembrokeshire – eines der wenigen normannisch kontrollierten Gebiete in Wales – ins von Machtkämpfen gebeutelte Irland auf, um einem Provinzkönig zu Hilfe zu eilen. Nach ihrem Sieg erlangten sie als Gegenleistung die Oberhoheit über irisches Land und führten feudale Verhältnisse sowie die römische Kirche ein. Irland wurde eine Lordschaft von England; die neuen Herren dominierten in Ulster und den Wikingerstädten, während im übrigen Irland Sprache und Recht gälisch blieben. Darin kann man bereits den Beginn jener Entwicklung sehen, die im 20. Jahrhundert die Teilung Irlands herbeiführte.

### KELTISCHE MYTHOLOGIE

Die Zeugnisse inselkeltischer Mythologie haben vielfach bis in die heutige Zeit überdauert: Menhire, Dolmen, Cromlechs und Steinsetzungen, wie die Anlage von Stonehenge, sowie Handschriften, Sagen und Chroniken geben Aufschluss über die keltische Helden- und Götterverehrung, über die Kriegergesellschaften, ihr hierarchisches Kastenwesen und die Ehrung der Frau. Träger der religiösen und mythischen Überlieferung waren lange die Druiden, Kultzentrum war Tara. Überlieferungen wie der Sagenzyklus vom christlichen König Artus, der die Normannen in England besiegt, und die Legende vom heiligen Brendan, der als Missionar den Ozean überquert und auf fernen Inseln landet, vermitteln, wie der keltische Heldentypus in christlicher Zeit fortlebt.

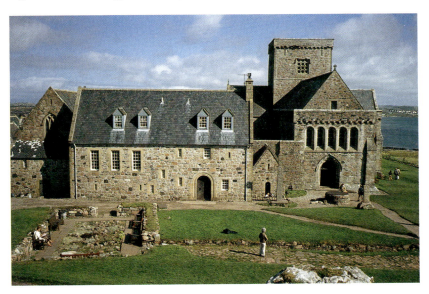

*Die Hebrideninsel Iona war Ausgangspunkt der christlich-keltischen Missionierung. Die Abtei der presbyterianischen Gemeinschaft stammt aus dem 12. Jahrhundert.*

# Von Britannien zu England
## Angeln, Sachsen und Jüten

*Bis zum Jahre 410 war Britannien ein Außenposten des römischen Weltreiches gewesen. Mit Abzug der Legionen, die zur Verteidigung Roms gegen die Goten gebraucht wurden, eroberten ab 450 Angeln, Sachsen und Jüten jene Teile der sich selbst überlassenen Insel, wo sie das zukünftige England formen sollten.*

*Wilhelm I., der Eroberer; Buchmalerei aus dem ersten Viertel des 14. Jahrhunderts*

*Ausschnitt aus dem berühmten Teppich von Bayeux, der die normannische Eroberung des angelsächsischen Reichs schildert (um 1080)*

Britanniens neue Herren waren ab dem 5. Jahrhundert Angehörige westgermanischer Stämme, über die wir unterschiedlich viel wissen. So ist etwa über die Jüten nur wenig überliefert, sicher ist jedoch, dass sie ursprünglich an der Westküste Jütlands siedelten, bevor sie mit den Angeln und Sachsen nach Britannien zogen. Die Angeln hingegen sind schon in Tacitus' um 98 verfasster Schrift »Über den Ursprung und die Gebiete der Germanen«, der berühmten »Germania«, belegt. Sie waren einer der Stämme, die damals in der Landschaft des heutigen östlichen Schleswig-Holsteins siedelten.

Die Sachsen schließlich waren bereits um etwa 150 dem Geografen Ptolemäus bekannt, als sie nördlich der Elbe im heutigen Holstein ansässig waren. Sie schlossen sich mit verwandten Stämmen zu einem Großstamm zusammen, der bis zum 4. Jahrhundert bis zum Niederrhein und zur Weser vordrang. Ihre Geschichte teilt sich im 5. Jahrhundert. Während die an der Nordsee lebenden Verbände gen Westen segelten, um die Briten zu unterwerfen, dehnten die verbleibenden Sachsen ihren Herrschaftsbereich erfolgreich auf dem Kontinent aus. Als sie an die Grenzen des aufsteigenden Frankenreichs stießen, löste dies 772 die Sachsenkriege Karls des Großen aus, der die Sachsen nach 33 Jahren Kampf unterwarf und mit aller Grausamkeit christianisierte. Innerhalb des Frankenreichs bildeten sie ein Stammesherzogtum und behielten bis zu dessen Auflösung 1180 auch im späteren Deutschen Reich eine führende Stellung.

### Landnahme und Reichsgründungen in Britannien

Um 450 riefen die Briten die Sachsenfürsten im Kampf gegen die kriegerischen Pikten aus dem Norden und Skoten aus Irland um Hilfe an. Die siegreichen Germanen beanspruchten nun ihrerseits das Land und die Führerschaft. Immer mehr Angeln, Sachsen und Jüten kamen nach und drängten die ansässige keltische Bevölkerung sowie die zuwandernden irischen Völkerverbände in die westlichen Landesteile und die Bretagne ab. Die nicht christlichen Eindringlinge gewannen als Völkergruppe trotz des erbitterten Widerstands der christlichen Briten bald die Oberhand in Süd- und Mittelbritannien. Erst etwa 550 gelang es dem legendären König Arthur, die weitere Landnahme der Germanenstämme zu stoppen.

Die Stämme gründeten sieben Königreiche: Das erste errichteten die Jüten in Kent 473, es folgten die sächsischen Reiche Essex, Sussex, Wessex, Northumbrien und die anglischen Reiche East Anglia und Mercien. Das römische Verwaltungswesen wich nun vollends einer patriarchalischen Gesellschaftsordnung und dem germanischen Gewohnheitsrecht. Die höchste Gewalt in allen Rechtsangelegenheiten fiel einer Volksversammlung, dem so genannten Thing, zu, die auch die Könige wählte. Die Reiche blieben ihren Religionen verhaftet, bis sie im 7. Jahrhundert gleich-

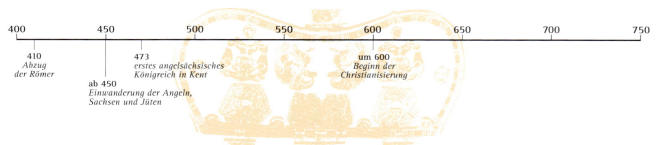

| 400 | 450 | 500 | 550 | 600 | 650 | 700 | 750 |

**410** Abzug der Römer

**ab 450** Einwanderung der Angeln, Sachsen und Jüten

**473** erstes angelsächsisches Königreich in Kent

**um 600** Beginn der Christianisierung

## Angeln, Sachsen, Jüten

zeitig von irischen Mönchen und durch päpstliche Missionierung unter vielen Rückschlägen christianisiert wurden. Obwohl sie eine kulturelle Einheit bildeten, die man später vereinfachend als angelsächsisch bezeichnete, begannen sie schon bald gegeneinander um die Vorherrschaft zu kämpfen.

### Das Werden Englands

Eine starke Führung war insbesondere in der Zeit der Wikingerüberfälle wichtig. Nachdem sich Dänen in der großen Invasion 865 in weiten Teilen des angelsächsischen Reiches festgesetzt und ihre Herrschaft durch Einführung des dänischen Rechts, dem so genannten Danelag, gefestigt hatten, vermochte erst Alfred der Große von Wessex nach zahlreichen Kriegen die Dänen schließlich 886 aufzuhalten und Territorium zurückzuerobern. Er wurde daraufhin von allen Angelsachsen, auch von denen, die unter dänischer Herrschaft standen, als Führer anerkannt. Ein Reich entstand, in dem zweierlei Recht galt, bis neue Kämpfe um die Herrschaft ausbrachen. In der Folge gliederte der Dänenkönig Knut der Große 1016 die Angelsachsen in sein dänisches Großreich ein, das außerdem noch Norwegen, Grönland und Schottland umfasste. Angelsachsen und Dänen waren damit in einem Staat integriert und blieben es auch, als das Großreich unter Knuts Söhnen wieder zerbrach.

1066 brachte Wilhelm der Eroberer in der Schlacht von Hastings das angelsächsische Reich unter die normannische Krone. Die neue französisch sprechende Führungsschicht führte das Feudalsystem und eine römisch-katholische Kirchenordnung in ihrem neuen Herrschaftsgebiet ein, das sie, abgeleitet von dem Stammesnamen der Angeln, schließlich als England bezeichneten. Es wurde das Kernland des zukünftigen Großbritanniens.

*Auf der Insel Holy Island im Nordosten Englands befand sich eine der ersten Siedlungen der Angelsachsen. Im dortigen Kloster Lindisfarne wurde um 698 das berühmte Evangeliar von Lindisfarne geschrieben, das die Hochblüte der Buchmalerei Englands und Irlands markiert.*

- 789 erste Wikingerüberfälle
- 865 Däneninvasion
- 871–899 Alfred der Große wird erster König aller Angelsachsen
- 1016–1035 Britannien wird Teil des dänischen Großreichs Knuts des Großen
- 1066 normannische Eroberung

▶ Kriege und Konflikte: Kriege und germanische Völkerwanderung
▶ Literatur und Musik: Beowulf

# Europäische Staatengründer – Die Goten

*Auf die spätantike Überlieferung hinterließ der Hauptstamm der Germanen den nachhaltigsten Eindruck. Während die antike Kultur des Westens im Ostgotenreich eine letzte Blüte - oder erste Renaissance - erfuhr, vollzog das westgotische Reich in Spanien den Übergang von der Spätantike zum Mittelalter.*

*Theoderich der Große auf einer goldenen Schaumünze*

*Darstellung von westgotischen und Herrschern aus Navarra. Miniatur aus dem spanischen Kloster von Albeida (10. Jh.)*

Im 1. und 2. Jahrhundert lebten die Goten an der unteren Weichsel und deren Mündung in die Ostsee. Dann teilte sich der Stamm: Die Terwingen oder Versier – Westgoten – siedelten westlich des Dnjestr und Pruth, östlich davon bis jenseits des Dons lagen die Gebiete der Greuthungen und Ostrogoten, der Ostgoten. 274 überließ Kaiser Aurelian den Westgoten die Provinz Dacia nördlich der Donau. Von hier aus waren sie eine ständige Bedrohung der Balkanprovinzen, es kam aber auch zu friedlichen Kontakten mit den Römern. So wurde 341 etwa der arianische Kleriker Wulfila, der um 370 mit der Wulfilabibel eine gotische Übersetzung der Bibel schuf, zum gotischen Missionsbischof geweiht.

## Westgoten in Italien, Gallien und Spanien

Nach einem hunnischen Sieg über die Westgoten überschritten im Jahr 376 Stammesteile die römische Reichsgrenze an der Donau. In der Folge entzündeten sich Konflikte mit den Römern. Nachdem Fritigern 378 das römische Heer bei Adrianopel besiegt hatte, bannte Kaiser Theodosius 382 kurzfristig die Gefahr: Er erkannte die Westgoten als Föderaten an und ließ sie in der Dobrudscha und in Nordbulgarien siedeln. Im Jahr 408 fiel Alarich I., der vergeblich die Übergabe der Provinz Noricum gefordert hatte, zum zweiten Mal in Italien ein und eroberte zwei Jahre später Rom. Es sollten nur weitere zwei Jahre vergehen, bis Alarichs Schwager Athaulf die Westgoten nach Gallien führte. Dort schloss sein Nachfolger Wallia mit Rom einen Föderatenvertrag und erhielt Aquitanien zugewiesen, das die Grundlage für das nun entstehende westgotische Tolosanische Reich bildete. Von dort aus fassten die Westgoten ab 475 in Spanien Fuß. Im Jahr 508 eroberte der fränkische König Chlodwig I. die tolosanische Hauptstadt Toulouse. Den nunmehr mit Theoderich verbündeten Westgoten verblieb nur der spanische Anteil ihres Reiches mit der Hauptstadt Toledo.

*Die Eroberung Roms durch Alarich I. im Jahr 410. Holzstich nach einer Zeichnung von Hermann Knackfuss*

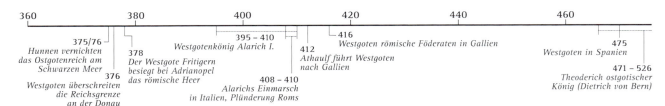

360 — 380 — 400 — 420 — 440 — 460

- 375/76 Hunnen vernichten das Ostgotenreich am Schwarzen Meer
- 376 Westgoten überschreiten die Reichsgrenze an der Donau
- 378 Der Westgote Fritigern besiegt bei Adrianopel das römische Heer
- 395 – 410 Westgotenkönig Alarich I.
- 408 – 410 Alarichs Einmarsch in Italien, Plünderung Roms
- 412 Athaulf führt Westgoten nach Gallien
- 416 Westgoten römische Föderaten in Gallien
- 475 Westgoten in Spanien
- 471 – 526 Theoderich ostgotischer König (Dietrich von Bern)

# Die Goten

Im spanischen Reich der Westgoten glichen sich die gotische und alteingesessene Provinzbevölkerung zunehmend an; eine weitgehende Romanisierung trat ein. Begünstigt wurde dies durch den Übertritt der Westgoten vom Arianismus zum Katholizismus im Jahr 589, durch die Bewahrung der spätantiken Verwaltungsstruktur und die Aufhebung des Mischehenverbots. Dennoch zerrütteten in der zweiten Hälfte des 7. Jahrhunderts Bürgerkriege das Reich. 711 begann die arabische Eroberung Spaniens, die bereits 725 abgeschlossen war. Doch im Norden Spaniens formierte sich bald Widerstand. Mit Beginn des Königreichs Asturien 718, das sich seit Alfons II. als Fortsetzung des Westgotischen Reiches verstand, war der Übergang zur nun bis 1492 von der Reconquista, der christlichen Wiedereroberung des arabischen Spanien, geprägten spanischen Geschichte vollzogen.

## Das ostgotische Reich in Italien

Nach Attilas Tod 453 wurden Ostgoten unter Kaiser Markian zunächst als Föderaten in Pannonien angesiedelt. Von dort aus führte sie 474 der Amaler Theoderich an die untere Donau. Im Auftrag Kaiser Zenos brach er 488 mit etwa 100 000 Mann nach Italien auf, um es von Odoaker für den oströmischen Kaiser zurückzuerobern. Der Skire zog sich nach Ravenna zurück, das Theoderich nach dreijähriger Belagerung einnahm. 498 ernannte Kaiser Anastasius I. Theoderich zum König über Italien, Dalmatien, Rätien und Noricum. Ab 511 stand zudem das Westgotenreich unter seiner Vormundschaft.

*Diese prächtige westgotische Königskrone stammt aus dem Spanien des 7. Jahrhunderts und befindet sich im Archäologischen Nationalmuseum in Madrid.*

Im rechtlich zum römischen Imperium zählenden Reich der Ostgoten wurde ihnen und ihren Gefolgsleuten ein Drittel des Grundbesitzes zugewiesen. Sie besaßen eine eigene Rechtsprechung, waren keine römischen Staatsbürger und allein ihnen unterstand der Wehrdienst. Die Zivilverwaltung und Struktur der katholischen Kirche blieb unangetastet in römischer Hand. Im Unterschied zu den Romanen waren die Ostgoten Arianer. Trotz dieser Gegensätze konsolidierten sich unter Theoderich die Verhältnisse in Italien – seine Bemühungen um eine pangermanische Föderation wurden jedoch von machtpolitischen Interessen der Franken und Oströmer gleichermaßen vereitelt.

Nach Theoderichs Tod 526 begann der Niedergang des Reiches. Für ihren noch unmündigen Bruder Athalerich übernahm Theoderichs Tochter Amalasuntha die Regentschaft. Sie entfremdete sich jedoch durch ihre probyzantinische Einstellung von der ostgotischen Oberschicht. Nachdem sie einige ihrer Hauptgegner hatte ermorden lassen, fiel sie selbst 535 der Blutrache zum Opfer. Für den oströmischen Kaiser Justinian I. bot dies willkommene Gelegenheit, Italien zurückzuerobern. 555 fiel mit Compsa (Conza) die letzte Festung der Ostgoten und Italien wurde noch einmal für 13 Jahre bis zur Einwanderung der Langobarden uneingeschränktes Herrschaftsgebiet Ostroms.

*Das Diptychon stellt die römische Prinzessin und westgotische Herrscherin Galla Placidia (390–450) mit ihren Söhnen Valentian und Stilicho dar (Holzrelief aus dem 5. Jh.).*

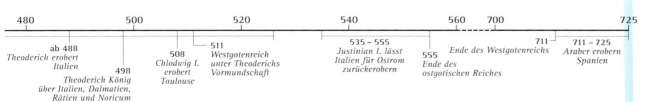

| 480 | 500 | 520 | 540 | 560 | 700 | 725 |
|---|---|---|---|---|---|---|
| ab 488 Theoderich erobert Italien | 498 Theoderich König über Italien, Dalmatien, Rätien und Noricum | 508 Chlodwig I. erobert Toulouse — 511 Westgotenreich unter Theoderichs Vormundschaft | 535–555 Justinian I. lässt Italien für Ostrom zurückerobern | 555 Ende des ostgotischen Reiches | 711 Ende des Westgotenreichs | 711–725 Araber erobern Spanien |

▶ Kriege und Konflikte: Kriege und germanische Völkerwanderung

# Weltbevölkerung im 1. Jahrtausend nach der Zeitenwende

Über die Entwicklung der Weltbevölkerung im 1. Jahrtausend n. Chr. ist relativ wenig bekannt. Zwar gab es schon im Altertum eine Reihe von Volkszählungen – zum Beispiel in China und Japan, in Ägypten und im Römischen Reich –, aber die Herrscher und ihre Verwaltungen waren damals nicht so sehr an der Zahl der Untertanen und an gesellschaftlichen Strukturen interessiert, sondern versuchten in erster Linie potenzielle Steuerzahler und wehrfähige Männer zu erfassen. Bisweilen galt das Interesse auch der Abschätzung des Nahrungsmittelbedarfs. Dennoch erlauben solche Zählungen eine Hochrechnung. Die Quellen lassen davon ausgehen, dass zu Beginn des 1. Jahrtausends n. Chr. auf unserem Planeten ungefähr 160 Millionen Menschen gelebt haben dürften. Bis zum Jahre 1000 vergrößerte sich die Weltbevölkerung dann auf etwa 320 Millionen Menschen. Das heißt, dass sich die Menschheit zwischen den Jahren 0 und 1000 verdoppelte.

*Ein Steuereinnehmer beim Empfang von Abgaben; römische Skulptur, 2./3. Jh. n. Chr.*

## Das Jahrtausend der Völkerwanderung

Für das geringe Bevölkerungswachstum in jener Epoche sind verschiedene Ursachen verantwortlich: politische Umbrüche und wirtschaftliche Krisen, die die Produktion von Nahrungsmitteln stark beeinträchtigten sowie große Wanderungen nomadischer und halbnomadischer Völkerschaften. Eine wichtige Rolle spielten aber auch Seuchen und Epidemien, die weite Teile der Welt heimsuchten.

Die großen Wanderungen, die Teile des ersten christlichen Jahrtausends prägten, gaben jener Epoche auch ihren Namen: »Zeit der Völkerwanderung«. Ihren Beginn markiert der Zug der Hunnen aus Asien nach West- und Mitteleuropa, wo sie im Jahre 375 n. Chr. ankamen. Der Niedergang und Zerfall des Römischen Reichs führten danach zwischen England, Oberitalien, Spa-

*Im 3. Jahrhundert, als in Palmyra (Syrien) diese Prachtstraße errichtet wurde, verzeichneten Westasien und Ägypten einen Bevölkerungsanstieg.*

nien und Nordafrika zur Gründung mehrerer Nachfolgestaaten, die von germanischen Völkerschaften beherrscht wurden. Zwischen der Ostsee und der Adria siedelten sich slawische Gruppen an. Ihnen folgten Awaren und Magyaren, die nach 955 auf dem Gebiet des heutigen Ungarn sesshaft wurden. In Nordafrika, auf der Iberischen Halbinsel und in Westasien kam es ab dem 7. Jahrhundert zur Eroberung großer Regionen durch die Araber. Diese Landnahme war mit der Ausbreitung des Islams verbunden. Diese Umbrüche veränderten nicht nur die politische Landkarte des Mittelmeerraums, sondern zogen auch enorme demographische Auswirkungen nach sich.

In den ersten Jahrhunderten nach dem Tod des römischen Kaisers Augustus im Jahr 14 n. Chr. war die Bevölkerung Europas und des gesamten Mittelmeerraums zunächst langsam gewachsen. Dass der Anstieg der Einwohnerzahl trotz des allgemeinen wirtschaftlichen Aufschwungs und einer längeren Zeit des Friedens nicht stärker ausfiel, hat mit der wirtschaftlichen und gesellschaftlichen Organisation der Antike zu tun, zu deren wesentlichen Merkmalen die Sklaverei zählte. Die Sklaven, deren Reihen Kriegsgefangene und Verschleppte aus neu eroberten Gebieten immer wieder neu auffüllten, durften nicht heiraten und auch keine Familien gründen. Mit dem Ende der Expansion des Römischen Reichs und seinem anschließenden Niedergang stieß diese Wirtschafts- und Gesellschaftsform an eine klare Grenze.

»Der Triumph des Todes« von Pieter Bruegel dem Älteren. Seuchen und Kriege verursachten im 1. Jahrtausend n. Chr. den frühen Tod von unzähligen Menschen.

### DER NIEDERGANG DES IMPERIUM ROMANUM
In Europa führten die Völkerwanderung und der Zerfall des Römischen Reichs zu einem deutlichen Bevölkerungsrückgang. Dies war nicht in erster Linie das Ergebnis kriegerischer Auseinandersetzungen, sondern unmittelbare Folge des Zusammenbruchs der alten politischen Ordnung im westlichen Teil des Römischen Reichs. An die Stelle von Latifundien, die agrarische Überschüsse produzierten und damit größere Stadtbevölkerungen ernähren konnten, trat eine bäuerliche Subsistenzwirtschaft, die hauptsächlich der Selbstversorgung diente. Das Ende der Pax Romana und der weitgehende Rückgang der antiken Geldwirtschaft bewirkten in Teilen des Mittelmeerraums und Europas vorübergehend einen Zusammenbruch des Fernhandels und der Versorgung mit Lebensmitteln. Dies führte in der Folge zum Niedergang und damit zur Entvölkerung vieler in römischer Zeit entstandener Städte.

### KÄMPFE, EROBERUNGEN UND SEUCHEN
Während ganz Westasien und Ägypten noch bis etwa zum Ende des 4. Jahrhunderts ein leichtes Bevölkerungswachstum verzeichneten, bremsten in China und Indien während des 1. Jahrtausends Machtkämpfe und Eroberungszüge zwischen einzelnen Fürstentümern, interne dynastische Auseinandersetzungen sowie Einfälle zentralasiatischer Reiternomaden das Bevölkerungswachstum.

Große politische Umbrüche und ihre negativen wirtschaftlichen Folgen waren jedoch nicht die einzigen Ursachen für den geringen Anstieg der Bevölkerung in jener Periode der Weltgeschichte. In der zweiten Hälfte des 6. Jahrhunderts und im frühen 7. Jahrhundert verbreitete sich im Mittelmeerraum und später auch in weiten Teilen Asiens und Nordafrikas eine ansteckende Krankheit, die in der Regel tödlich ausging. Diese beinahe weltweite Epidemie ging als die »Pest des Justinians« in die Annalen ein. Schätzungen zufolge dürften im Lauf der Zeit zwischen 50 und 100 Millionen Menschen dieser schrecklichen Seuche zum Opfer gefallen sein.

Im hoch entwickelten Römischen Reich – hier das Relief einer Postkutsche – wuchs die Bevölkerung nur langsam.

########## **WACHSTUM DER WELTBEVÖLKERUNG** ##########

| Zeitraum | Zunahme Mio. von | auf | Verdopplung in Jahren |
|---|---|---|---|
| 7000 – 4500 v. Chr. | 10 | 20 | 2500 |
| 4500 – 2500 v. Chr. | 20 | 40 | 2000 |
| 2500 – 1000 v. Chr. | 40 | 80 | 1500 |
| 1000 – Christi Geburt | 80 | 160 | 1000 |
| Christi Geburt – 900 n. Chr. | 160 | 320 | 900 |
| 900 – 1700 n. Chr. | 320 | 600 | 800 |
| 1700 – 1850 n. Chr. | 600 | 1200 | 150 |
| 1850 – 1950 n. Chr. | 1200 | 2500 | 100 |
| 1950 – 1987 n. Chr. | 2500 | 5000 | 37 |

# Vom Stammesverband zum Kaiserreich
# Das Frankenreich

*Mit zielstrebiger Machtpolitik gründete der Merowinger Chlodwig ein fränkisches Großreich auf dem Boden des untergehenden römischen Imperiums; die Karolinger erlangten unter Karl dem Großen die Kaiserwürde. Auf den Reichsteilungen seiner Erben basierte die Entstehung Deutschlands und Frankreichs.*

*König Chlodwig I. aus dem Geschlecht der Merowinger (um 466–511) errichtete das Großreich der Franken; Kupferstich von Nicolas III de Larmessin (1679).*

Der Stammesverband der Franken bildete sich aus westgermanischen Stämmen des Niederrheingebiets, so etwa den Chamaven, Chattuariern, Brukterern, Amsivariern und Saliern. Römische Quellen erwähnen die *Franci*, die »Freien« oder »Tapferen«, schon um die Mitte des 3. Jahrhunderts. Die Franken drangen allmählich nach Westen auf römisches Gebiet vor und traten vielfach in römische Dienste.

Während die Franken nach dem fränkischen Bischof und Historiker Gregor von Tours aus Pannonien an den Rhein gelangt sein sollen, setzt der Geschichtsschreiber Fredegar im 7. Jahrhundert ganz andere Akzente: Er weist den Franken eine Herkunft aus Troja zu und stellt sie so den Römern, die sich über die Aeneassage ebenfalls von den Trojanern herleiteten, gleich.

Um die Mitte des 5. Jahrhunderts hatten die fränkischen Heerführer als Föderaten Roms ein Gebiet besiedelt, das ungefähr das heutige Belgien, das Mosel- und das Rheingebiet umfasste. Nach dem Untergang des Weströmischen Reiches 476 unterwarfen sie das nördliche Gallien bis zur Loire. Unter den fränkischen Heerführern tat sich im 5. Jahrhundert besonders Childerich hervor, der als Heermeister die römischen Statthalter Aetius und Syagrius unterstützte und als Childerich I. zu einem von Rom anerkannten regionalen Kleinkönig wurde.

### Zur Grossmacht unter Chlodwig I.

Unter seinem Sohn und ab 482 Nachfolger Chlodwig I. begann die eigentliche Großmachtbildung der Franken. Unter seiner Herrschaft und der seiner Nachfolger fielen die Barrieren zwischen den fränkischen Eroberern und der galloromanischen Bevölkerung. Eine allmähliche kulturelle Verschmelzung setzte ein. Langfristig kam dabei dem romanischen Element in den westlichen und dem germanischen Element in den östlichen Reichsteilen ein größeres Gewicht zu. Die Herausbildung einer Sprachgrenze lässt sich dabei erstmals an den Straßburger Eiden ablesen, die das Bündnis zwischen dem ostfränkischen Ludwig II., dem Deutschen, und dem westfränkischen Karl II., dem Kahlen, beschworen. Sie wurden 842 in Altfranzösisch und Althochdeutsch verfasst.

Chlodwigs Herrschaft kennzeichnete ein ausgeprägter Expansionswillen. Bereits 486/487 beseitigte er die letzten Überreste römischer Herrschaft unter dem Statthalter in Gallien, Syagrius, bei Soissons, das sein erster Hauptort werden sollte. In der Folge unterwarf und beseitigte er mit List und Gewalt skrupellos alle anderen fränkischen Kleinkönige. Sein Herrschaftsgebiet zwischen Somme und Loire erweiterte er zwischen 496 und 507 um den südwestgallischen Teil des tolosanischen Westgotenreichs und im Osten um das thüringische Kleinreich in der Belgica, das Burgunderreich und das Reich der Alemannen.

Gebremst wurde diese Expansion zunächst durch die Einbeziehung des Fränkischen Reichs in das Bündnissystem Theoderichs des Großen. Dieser wollte die germanischen Reiche auf dem Boden des ehemaligen Weströmischen Reichs in einer Allianz gegen Ostrom verbinden. Hierzu heiratete Chlodwig die katholische Nichte des Burgunderkönigs Gundobad, Gundechilde, und Chlodwigs Schwester wurde mit dem Ostgotenkönig vermählt.

### Der katholische Herrscher

Doch konnte dies Chlodwig nicht allzu lange von weiteren Eroberungen abhalten. Übergriffe der Alemannen auf rheinfränkisches Gebiet dienten ihm als Vorwand für eine Hilfsexpedition, die ihren Höhepunkt 498 in der Schlacht von Zülpich fand. Der Legende nach soll Chlodwig dort für den Fall seines Sieges die Taufe gelobt haben – diese erfolgte nach gewonnener Schlacht durch den Bischof Remigius von Reims an Chlodwig und angeblich 3 000 seiner Anhänger. Tatsächlich waren jedoch wohl eher machtpolitische Erwägungen und der Einfluss seiner katholischen Frau für diese Ent-

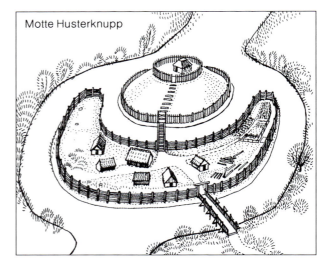

*Motten, die Vorläufer der späteren Burgen, bestanden aus einem aufgeschütteten Erdhügel mit einem umzäunten Wohnturm.*

# Das Frankenreich

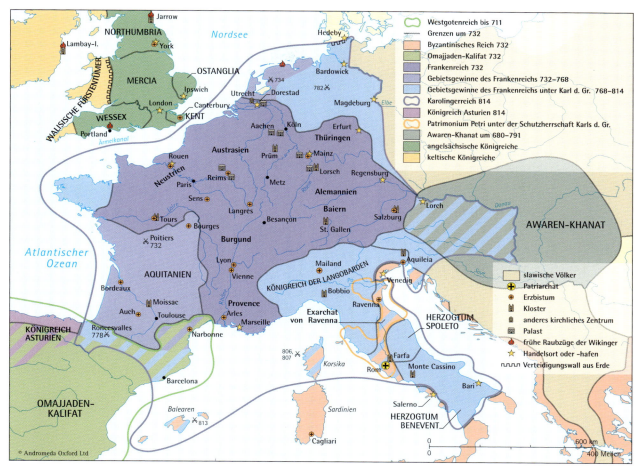

Die frühmittelalterliche »Staatenwelt« Europas wurde vom Frankenreich dominiert, das weite Teile des Kontinents umfasste.

terstützung der galloromanischen Geistlichkeit, die er zur Konsolidierung seiner Herrschaft in den neuen Gebieten heranzog. Diesem Zweck diente auch die Einrichtung einer fränkischen Reichskirche auf der Synode von Orléans 511, die dem König nach byzantinischem Vorbild das Recht vorbehielt, dem Eintritt in den Klerus und zum Bischofsamt zuzustimmen. Der inneren Ordnung dienten auch die Übernahme des römischen Verwaltungssystems und die Aufzeichnung des fränkischen Volksrechts, die *Lex salica* im gleichen Jahr. Auch außenpolitisch brachte der Übertritt zum katholischen Glauben scheidung ausschlaggebend. Außenpolitisch wurde dadurch der Gegensatz zu den arianischen Nachbarreichen vertieft, dagegen gewann Chlodwig im Innern die Un-

Vorteile. Als Verbündeter des oströmischen Kaisers konnte so der Feldzug von 507/08 gegen die Westgoten als Glaubenskrieg gegen die Arianer stilisiert werden. Wie sehr aus römischer Perspektive das Frankenreich immer noch als Bestandteil des Imperiums gesehen wurde, zeigt sich an der Überreichung des Königsornats und der Verleihung des Ehrenkonsulats an Chlodwig durch kaiserliche Abgesandte nach der erfolgreichen Beendigung dieses Feldzuges. Als Chlodwig 511 in seiner neuen Hauptstadt Paris starb, hatte er die Grundlagen für die weitere Entwicklung des frühmittelalterlichen Europa gelegt.

## AM ENDE DER MACHT

Der fränkische Geschichtsschreiber Einhard beschrieb im 9. Jahrhundert in seiner Biografie Karls des Großen das Ende der Merowinger: »Das Geschlecht der Merowinger ... endete wie bekannt mit König Childerich (III.), der auf Befehl des römischen Papstes Stephan (II.) abgesetzt, geschoren und ins Kloster geschickt wurde ... die Macht und die Reichsgewalt waren in den Händen der höchsten Beamten des Palastes, die Hausmeier hießen, und denen die ganze Regierung oblag. Dem König war nichts übrig geblieben, als dass er, zufrieden mit dem bloßen Königsnamen, mit langem Haupthaar und ungeschorenem Bart auf dem Throne saß, um die Herrscherfigur zu spielen.«

*Mittelalterliche Kleidung der Franken und Karolinger; Lithografie von 1890*

▶ **Religionen und Glaubensformen:** Christentum im Mittelalter
▶ **Kriege und Konflikte:** Kriege und germanische Völkerwanderung
▶ **Kriege und Konflikte:** Militärischer Aufstieg des Frankenreichs
▶ **Kriege und Konflikte:** Reichsbildung Karls des Großen
▶ **Menschen und Ideen:** König Chlodwig

## DAS FRANKENREICH

*Fein gearbeiteter Anhänger in Form eines Kreuzes (Westdeutschland, um 800)*

### DIE MEROWINGER

Die Merowinger herrschten bis 751 über das Frankenreich. Mythischer Urahn der Dynastie war der Halbgott Merowech, der der Legende zufolge aus der Verbindung mit einem Meerungeheuer hervorgegangen war. Die daraus hergeleitete Geblütsheiligkeit der Herrscherfamilie, symbolisiert durch das lange Haupthaar der Könige, blieb auch nach Chlodwigs Taufe tragendes Element des merowingischen Königtums.

Gemäß dem wichtigen fränkischen Strukturprinzip der Reichsteilungen wurde das Reich nach Chlodwigs Tod unter seinen vier Söhnen aufgeteilt. Deren vier Hauptresidenzen lagen in der Mitte des ehemaligen Herrschaftsgebiets des Syagrius. Zudem erhielt jeder Sohn einen eigenen Herrschaftsbereich in den eroberten Gebieten. Damit teilten sich die Erben also Kernland und erobertes Gebiet südlich der Loire.

*Ornamentierter Schmuck eines Schildes aus dem 7. Jahrhundert; San Pietro Stabio, Italien*

Außenpolitisch setzten Chlodwigs Nachfolger dessen Expansionspolitik fort. 531 fiel das Thüringerreich und bis 534 das Burgunderreich an die Franken. Doch auf Dauer überwogen die Nachteile der Teilungspraxis, die ständige Streitigkeiten nach sich zog. Nach dem Tod Dagoberts I. im Jahr 638 oder 639 verlor das durch blutige Familienfehden geschwächte merowingische Königtum seine Macht zunehmend an den Adel, an dessen Spitze die Hausmeier traten. Aus den Reichsteilen bildeten sich zwei weitgehend selbständige politische Einheiten: Neustrien mit dem Zentrum Paris und Austrasien mit den Hauptorten Reims und später Metz.

### DER AUFSTIEG DER KAROLINGER

*Die Miniatur aus den »Grandes chroniques de France« zeigt die vier Söhne des Frankenkönigs Chlodwig I.: Childebert I., Chlotar I., Chlodomir und Theoderich (14. Jh.).*

Unter den Hausmeiern traten besonders die Familien der Arnulfinger und Pippiniden hervor, von denen die Karolinger abstammen. Ihre Vormachtstellung begründete der austrasische Hausmeier Pippin II., der Mittlere, dem mit dem Sieg bei Tertry über das neustrische Heer die Wiedervereinigung des fränkischen Reiches gelang. Pippins Sohn Karl Martell, der »Hammer«, erkämpfte sich nach 714 die Herrschaft über das Gesamtreich und siegte 732 über ein arabisches Heer bei Poitiers und Tours. Darüber hinaus konnte er die Reichseinheit gegenüber den Teilreichen Aquitanien, Burgund, Provence, Alemannien, Thüringen und Baiern wieder herstellen. Karl Martell unterstützte die angelsächsische Mission, wobei er die Klöster auch zur Stärkung der Reichsgewalt nutzte. Unter seiner Herrschaft zeigten sich zudem Ansätze zur Bildung einer berittenen Kriegerschicht, mit der die Anfänge des Feudalwesens verbunden waren. Als der Merowinger Theuderich IV. 737 starb, setzte Karl Martell keinen neuen König ein. Zwar nahm er den Königstitel nicht an, teilte aber wie ein merowingischer Regent das Reich bei seinem Tod 741 unter seine Söhne auf: Karlmann regierte fortan in Austrasien und Pippin der Jüngere in Neustrien.

Im Jahr 747 übernahm Pippin die Alleinherrschaft, verbannte 751 mit Billigung des Papstes den 743 eingesetzten merowingischen König Childerich III. ins Kloster und ließ sich in Soissons zum König ausrufen. Mit der Salbung durch Papst Stephan II. 754 wurde dem neuen karolingischen Königtum bewusst eine dem germanisch geprägten Königtum der Merowinger entgegengesetzte Legitimation verliehen. Das päpstliche Interesse bestand dabei zunächst in einem Rückhalt gegen die Langobarden, die Pippin erfolgreich bekämpfte. Die dabei eroberten Gebiete verlieh er dem Papst als Besitz der Kirche – diese so genannte Pip-

| 450 | 500 | 550 | 600 | 700 | 750 |

Um 498 – Taufe Chlodwigs
482–511 – Chlodwig I., König der Franken
511 – Synode von Orléans
687 – Schlacht bei Tertry
751–768 – Pippin III., der Jüngere

▶ **Menschen und Ideen:** Karl der Große
▶ **Handel und Wirtschaft:** Fronhofwirtschaft
▶ **Handel und Wirtschaft:** Münzreform und Handel im Karolingerreich
▶ **Kunst und Architektur:** Pfalzkapelle

pinische Schenkung bildete die Grundlage des Kirchenstaates.

Den Höhepunkt seiner Macht erlebte das Frankenreich unter Pippins Sohn Karl dem Großen. Dieser erweiterte in den Sachsenkriegen die Grenzen des Reiches bis an die Elbe, eroberte die langobardische Krone und wurde schließlich 800 von Papst Leo III. zum Kaiser der Römer gekrönt. Sein Großreich versuchte Karl durch die Schaffung von Grenzmarken, eine Intensivierung der »Kapitularien« genannten Reichsgesetze und durch Vereinheitlichung der Reichsverwaltung zu festigen. Diese wurde nach Abschaffung der Stammesherzogtümer weitgehend einem Dienstadel, den Grafen, überantwortet. Zudem förderte er die Kirche durch den Ausbau der Bistumsorganisation, Schenkungen, Festigung des Zehntgebots und durch seine Sorge für Reformen des kirchlichen und klösterlichen Lebens.

*Fränkischer Schmuck des 7. Jahrhunderts – Haarnadel, Fibel und Brosche*

## DIE ERBEN KARLS DES GROSSEN

Doch auch unter den Karolingern bedrohte die Teilungspraxis die Einheit des Reiches. Karl selbst hatte 806 eine Herrschaftsteilung vorgesehen. Da bei seinem Tod lediglich Ludwig der Fromme überlebte, blieb die Reichseinheit vorläufig gewahrt. Ludwig, der noch stärker als sein Vater auf die Kirche als Stütze seiner Herrschaft zurückgriff, versuchte 817 die Nachfolge in der so genannten *Ordinatio Imperii* zu regeln. Diese sah ein Mitkaisertum Lothars I. und ein Unterkönigtum der jüngeren Söhne vor. Doch durch seine Bevorzugung seines jüngsten Sohnes Karls des Kahlen löste er selbst die Streitigkeiten aus, die langfristig zur Teilung des Reichs führten. Nach dem Tod Ludwigs verbündeten sich Ludwig der Deutsche und Karl der Kahle gegen Lothar, der kaiserliche Rechte und Vorrang beanspruchte. Ihr Beistandspakt ist in den Straßburger Eiden von 842 überliefert. Der Bruderkrieg wurde 843 mit dem Teilungsvertrag von Verdun beigelegt. Lothar I. erhielt das Mittelreich mit Italien und einem Territorium, das von der Nordsee bis zur Rhône und den Ostalpen reichte, Karl der Kahle bekam den westlichen, Ludwig der Deutsche den östlichen Teil. Nominell blieb die Reichseinheit gewahrt. Nachdem sich Italien und Burgund bald darauf vom Mittelreich gelöst hatten, wurde das übrig gebliebene Lotharingien 870 im Vertrag von Meersen zwischen Karl dem Kahlen und Ludwig dem Deutschen aufgeteilt. Karl sicherte sich 875 die Kaiserwürde, aber die beabsichtigte Vereinigung von West- und Ostfränkischem Reich gelang nur noch für kurze Zeit (885–887) unter Kaiser Karl III. Die in den Verträgen von Verdun und Ribemont zwischen den Teilreichen nach Westen verschobene Grenze blieb über das Mittelalter hinaus im Wesentlichen bestehen. In einem langen, bis ins 11. Jahrhundert dauernden Prozess entstanden aus den Teilreichen das mittelalterliche Deutschland und Frankreich.

Im West-Frankenreich konnten sich die Karolinger nominell noch bis 987 an der Macht halten, als mit der Salbung Hugo Capets zum westfränkischen König die Herrschaft der Kapetinger begann. Im Ostteil strebte der Karolinger Arnulf von Kärnten nochmals kaiserliche Macht an. Nach dessen Tod ging das Königtum mit dem Konradiner Konrad I. zwar noch an einen Franken über, doch dessen Nachfolger Heinrich I. begründete die Herrschaft der sächsischen Liudolfinger.

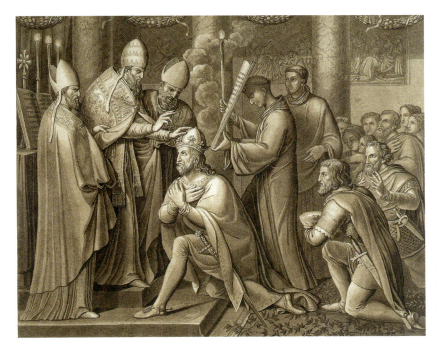

*Papst Leo III. krönt Karl I., den Großen (747–814), am 25.12.800 im römischen Petersdom zum Kaiser.*

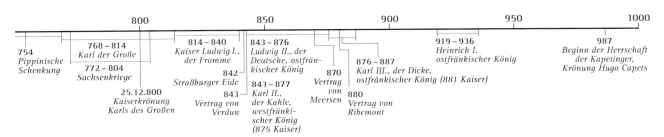

- 754 Pippinische Schenkung
- 768–814 Karl der Große
- 772–804 Sachsenkriege
- 25.12.800 Kaiserkrönung Karls des Großen
- 814–840 Kaiser Ludwig I., der Fromme
- 842 Straßburger Eide
- 843 Vertrag von Verdun
- 843–877 Karl II., der Kahle, westfränkischer König (875 Kaiser)
- 843–876 Ludwig II., der Deutsche, ostfränkischer König
- 870 Vertrag von Meersen
- 876–887 Karl III., der Dicke, ostfränkischer König (881 Kaiser)
- 880 Vertrag von Ribemont
- 919–936 Heinrich I. ostfränkischer König
- 987 Beginn der Herrschaft der Kapetinger, Krönung Hugo Capets

# GERMANENHERRSCHAFT IN ITALIEN
## DAS LANGOBARDENREICH

*Als letzter der germanischen Stämme, die nach Italien im Zuge der Völkerwanderung vordrangen, errichteten die »Langbärte« die dauerhafteste germanische Herrschaft südlich der Alpen. Die Erinnerung an ihr Reich ist im Namen der größten italienischen Nordregion, der Lombardia, bewahrt.*

*Die reich verzierte Eiserne Krone der Langobarden aus dem Domschatz in Monza. Der Name stammt von dem eisernen Innenreif, der einer Legende nach aus einem Nagel vom Kreuz Christi geschmiedet wurde.*

Von einem sagenhaften skandinavischen Ursprungsort aus gelangten die Langobarden an den Unterlauf der Elbe, wo sich um die Zeitenwende ihr Siedlungsgebiet erstreckte. Von dort aus drangen sie Jahrhunderte später über Mähren nach Pannonien, dem heutigen Nordwestungarn, vor und regierten dort von 508 bis 567 in einem eigenen, von Awaren und Gepiden bedrängten Königreich.

### DER MARSCH NACH ITALIEN

Im Jahr 568 brach der Stamm unter seinem Heerkönig Alboin mit rund 200 000 Kriegern, Frauen und Kindern über die Julischen Alpen in das italienische Herrschaftsgebiet des byzantinischen Kaisers ein und eroberte im raschen Siegeszug Friaul, Venetien, die Po-Ebene und bis 580 weite Teile Mittel- und Süditaliens. Für die folgenden fast 180 Jahre war die politische Landkarte Italiens neu gestaltet: Während die Langobarden über die eroberten Gebiete ein Königreich mit der Hauptstadt Pavia errichteten, blieb nur ein schmaler Gürtel längs der römischen Via Flaminia in oströmischem Besitz. Sie war die Verbindung zwischen Ravenna, dem Sitz des byzantinischen Statthalters in Italien, und Rom.

Die Bewohner der eroberten Gebiete erlitten unter den Langobarden eine harte Fremdherrschaft. Fruchtbares Land wurde eingezogen, alte Rechte wurden für ungültig erklärt. Darüber hinaus vertieften kulturelle Gegensätze die Kluft zwischen den katholischen Einheimischen und den Invasoren, die mehrheitlich der christlichen Glaubensrichtung der Arianer angehörten.

### ZWANG ZUR EINHEIT

Politische Zerrissenheit kennzeichnete in den folgenden Jahren das germanische Königreich. Der von einer Volksversammlung gewählte König musste sich gegenüber den bis zu 36 Herzogtümern behaupten und konnte nur auf seine persönliche Gefolgschaft, die Gasindi, sowie auf die Arimanen bauen. Diese freien Krieger hatten gegen Waffendienst und Zinsleistung Siedlerstellen erhalten. Zur Durchsetzung von politischen Zielen wurde Mord zum Mittel der Wahl, so etwa im Jahr 572 an König Alboin und 574 an seinem Nachfolger Kleph.

Durch die Wirren der folgenden Jahre erhielt Ostrom die Chance, von Ravenna aus verlorenes Land zurückzugewinnen, scheiterte aber 576 in offener Feldschlacht. Nur wenige Jahre später er-

*Ein Meisterwerk der frühchristlichen Goldschmiedekunst ist der reich mit Edelsteinen verzierte Bucheinband des Evangeliars der Königin Theodolinde aus dem Domschatz von Monza (um 600).*

## DAS LANGOBARDENREICH

litten dann die Langobarden 584 eine Niederlage bei dem Versuch, in der Provence und über die Alpenpässe ins merowingische Franken vorzudringen. Nachdem sich 589 die Franken mit dem oströmischen Kaiser Tiberius II. verbündet hatten, rückten die Merowinger im Jahr 590 in Italien ein.

Im von zwei Seiten bedrohten Langobardenreich waren die Machthaber nun zur Einheit gezwungen. Der zum König erhobene Authari, ein Sohn des ermordeten Kleph, verbündete sich mit dem Herzog von Bayern und heiratete dessen katholische Tochter Theodolinde. Authari glückte ein Waffenstillstand mit den Franken, jedoch konnte er den Friedensvertrag mit Frankenkönig Childebert nicht mehr unterzeichnen. Er starb – wahrscheinlich vergiftet – im Herbst 590.

Theodolinde gelang es nach Autharis Tod, einen Teil der Langobarden zum Katholizismus zu bekehren. Ihr zweiter Ehemann, König Agilulf, schloss schließlich mit den Franken Frieden, musste dabei jedoch mit der Anerkennung fränkischer Oberherrschaft eine verhängnisvolle Klausel akzeptieren. Um seine Macht zu festigen, ließ er Herzöge, die sich zuvor auf die Seite der Gegner geschlagen hatten, zumeist beseitigen und durch eigene Gefolgsleute, die Gastalden, ersetzen. Doch auch nach der Wahl seines Sohnes Adoloald zum ersten katholischen Herrscher (616 – 626) blieben sowohl die politische Stärke der Herzöge als auch der arianisch-katholische Gegensatz bestehen. Dennoch wurde das Reich allmählich romanisiert und erlebte eine kulturelle Blütezeit.

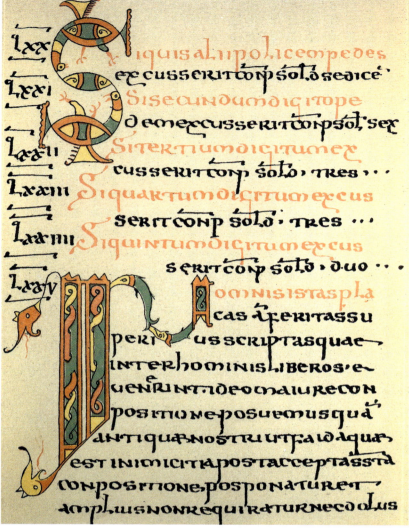

*Die älteste Handschrift (um 671 bis 736) der langobardischen Gesetze beinhaltet das Edikt des Langobardenkönigs Rothari aus dem Jahr 643.*

### ENDSTATION PAVIA

Den Höhepunkt seiner Macht erlangte das Königreich unter Liutprand (712 – 744), der als bedeutendster Herrscher und Reformator der Langobarden gilt. Die Regierungszeit seines Nachfolgers Aistulf (749 – 756), des Eroberers von Ravenna, läutete das Ende der Langobardenherrschaft ein. Als Aistulf im Jahr 754 Rom bedrohte, holte Papst Stephan II. Hilfe beim fränkischen König Pippin III., der unter Berufung auf die Klausel im fränkisch-langobardischen Frieden von 590 in Italien eingerückt war. Aistulf war gezwungen, die eroberten oströmischen Gebiete herauszugeben; sie gingen mit der berühmten Pippin'schen Schenkung an den Papst. Sein Nachfolger Desiderius versuchte eine Rückeroberung, musste sich aber im Jahr 774 in Pavia nach einjähriger Belagerung Karl dem Großen ergeben. In der Folge wurde das Langobardenreich mit dem Fränkischen Reich vereinigt.

#### ········· AUGE UM AUGE ·········
Der Plan zur Ermordung König Alboins durch Höflinge wurde von seiner einem Gepidengeschlecht entstammenden Gattin Rosamunde ersonnen. Heute bekäme sie für diese Tat mildernde Umstände: Ihr Ehemann hatte Rosamundes Vater Kunimund eigenhändig erschlagen und sie gezwungen, aus einem aus dessen Hirnschale gefertigten Pokal zu trinken.

*Aus der kulturellen Blütezeit des Langobardenreichs stammt der »Altar von Ratchis« in Cividale. Die Stirnseite zeigt eine Darstellung von Christus (8. Jh.).*

➤ **Kriege und Konflikte:** Kriege und germanische Völkerwanderung
➤ **Kunst und Architektur:** Tempietto in Cividale

AWAREN UND MAGYAREN

# ASIATISCHE KRIEGER IM ZENTRUM EUROPAS
# AWAREN UND MAGYAREN

*Nach dem Rückzug der Römer aus dem Karpatenbecken entwickelte sich am Ufer
der Donau bald das Machtzentrum der Hunnen, das sich jedoch nur gut zwanzig Jahre hielt. Doch auch
die nachfolgenden Großreiche sollten von asiatischen Völkern errichtet werden.*

*Die heute im Ungarischen Nationalmuseum in Budapest aufbewahrte Stephanskrone wurde nach der von Papst Silvester II. an den ersten ungarischen König, Stephan I., übersandten Krone gefertigt. Von 1526 bis 1918 war sie im Besitz der Habsburger.*

Nachdem die Völkerwanderung schon vor dem Tod des Hunnenkönigs Attila im Jahr 453 germanische Stämme in das Gebiet des heutigen Ungarn geführt hatte, gesellten sich zu ihnen im weiteren Verlauf Slawen sowie weitere Germanen. Über hundert Jahre später sollte es den vermutlich türkisch-mongolischen Awaren gelingen, eine neue Oberherrschaft in der Region zu errichten.

### DIE HERRSCHAFT DES AWARISCHEN CHANS

Das Reitervolk der Awaren drang auf seiner Wanderung nach Europa von seiner zentralasiatischen Urheimat zunächst in die Kaspische Senke und später weiter nach Westen vor. Im Jahr 558 standen die Krieger schließlich vor Ostrom, wo man sie vorerst als Verbündete – oder eher als Söldner – gegen die Slawen gewann. Die Awaren erwiesen sich im Kampf als äußerst erfolgreich. Zunächst rangen sie auftragsgemäß die Slawen nieder und im Jahr 566 zusammen mit den Langobarden die Gepiden. Kurz darauf ergriffen die einstigen langobardischen Verbündeten selbst die Flucht und zogen nach Italien.

Nur wenig später richteten sich die Awaren zwischen Donau und Theiß ein und eroberten sich ein mächtiges Reich, das von einem »Chan« genannten Herrscher regiert wurde. Dieser residierte in der Mitte einer befestigten Zeltstadt, in der die Behausungen der Untertanen ringförmig um das Prunkzelt des Chans platziert waren. Ihre Anordnung ergab sich aus der gesellschaftlichen Stellung ihrer Bewohner: Je näher deren Unterkunft am Zelt des Herrschers stand, desto höher war der Status des Besitzers.

Ende des 6. Jahrhunderts reichte das Herrschaftsgebiet der Awaren unter Baian Chan von der Elbe bis zum Dnjepr und von der

*Die Ende des 9. Jahrhunderts nach Byzanz vorgedrungenen Magyaren unterstützten den byzantinischen Kaiser im Kampf gegen die Bulgaren (Miniatur aus dem 14. Jh.).*

Adria bis zur Ostsee. Darüber hinaus erpresste der Chan inzwischen immense Tributzahlungen von Byzanz.

Doch so plötzlich wie die Eroberer die europäische Bühne betraten, so gründlich gingen sie auch unter. Nach dem Tod Baians schwächten Kämpfe im Inneren und Angriffe von außen das Reich; Bulgaren, Tschechen und Mähren konnten sich von der Fremdherrschaft befreien. Schließlich vernichtete Karl der Große in einer Reihe von Schlachten, deren letzte im Jahr 803 tobte, endgültig die militärische Macht der Awaren. Das Riesenreich fiel in sich zusammen.

## EIN REITERVOLK WIRD SESSHAFT – DIE MAGYAREN

In den Jahren 895 und 896 kamen abermals aus Asien über die Karpaten Reiterstämme, deren Siegeszug dem der Awaren drei Jahrhunderte zuvor glich. Auch sie schlossen sich gleich nach ihrer Ankunft Byzanz an, das erneut einen Angriff gegen die Bulgaren plante, um anschließend die Ufer von Donau und Theiß für sich selbst zu reklamieren.

Ursprünglich waren die Magyaren im 5. Jahrhundert als finnisch-ugrisches Hirtenvolk vom südlichen Ural aufgebrochen. Zeitweise gehörten sie dem Chasaren-Reich an, später ließen sie sich für eine gewisse Zeit an Don und Dnjepr nieder, wo sie von den Petschenegen bedrängt wurden. Aufgrund dieser Bedrohung beschlossen im Jahr 893 sieben Stämme die gemeinsame Auswanderung. Schon eine ganze Generation lang hatten Magyaren-Krieger von ihren Streifzügen im Karpatenbecken berichtet und genau dorthin sollte nun die Reise gehen.

*Krönung Stephans I. zum ersten König von Ungarn durch Papst Silvester II.; Gemälde von Pierre Joseph Verhaghen*

In dieser Zeit galt im Stamm noch das System der zwei Fürsten: Während der *kende* als geistig-sakrales Oberhaupt agierte, fungierte der *gyula* als soldatischer Befehlshaber. Als jedoch die Stammesverbände schließlich von drei Seiten in die ungarische Ebene vordrangen, hatte der Anführer Árpád das Doppelfürstentum bereits abgeschafft, seinen Stamm an die Spitze gestellt und sich selbst zum Großfürsten erhoben.

In seiner neuen Heimat kam das noch weitgehend nomadische Volk jedoch keineswegs schnell zur Ruhe. Überall in Europa tauchten unvermittelt berittene Krieger auf und verbreiteten in den berüchtigten Ungarneinfällen Angst und Schrecken. Zwar konnte König Heinrich I. die »Teufelsbrut« bei Riade in Thüringen besiegen, doch erst Otto der Große bereitete 955 auf dem Lechfeld den Raubzügen gen Westen ein Ende; nach Osten hin geschah dies 970 mit der Niederlage vor Byzanz.

Die Herrschaftsübernahme von Großfürst Géza zwei Jahre später bewirkte einschneidende Veränderungen. Der neue Regent ließ sich taufen, holte Missionare ins Land und arrangierte die Hochzeit seines Sohnes István (Stephan) mit der Tochter des bayerischen Herzogs Heinrich II. – die Magyaren sollten endgültig sesshaft werden. István führte als Großfürst die Politik seines Vater fort. Er zwang seine Untertanen zum Christentum und ließ sich am 25. Dezember 1000 zum ersten König Ungarns krönen. Ein Jahr später erhielt er aus Rom die Stephanskrone übersandt und damit auch den päpstlichen Segen.

····· DIE FRAGE DER MAGYARISCHEN HERKUNFT ·····
Der Stammesmutter Emese erscheint eines Nachts im Traum ein riesiger Greifvogel, der Turulvogel, und vereint sich mit ihr. Emese gebiert Álmos, den Vater des Eroberers Árpád und des Stammvaters des ersten ungarischen Königsgeschlechts der Árpáden... Neben dieser alten Sage sind zahllose andere Deutungen zur Herkunft der Magyaren vorgebracht worden. Diese reichen von der Abstammung von Attila selbst bis zur Verwandtschaft mit Türken oder Basken. Vor allem auf kulturelle Ähnlichkeiten stützt sich die – ebenfalls wenig akzeptierte – Annahme, dass zwischen Awaren und Magyaren eine Verbindung bestand. Nach dieser These hätte letztlich das gleiche Volk zweimal das Karpatenbecken erobert.

*Auf dem Ulrichskreuz (1492) ist die berühmte Schlacht auf dem Lechfeld bei Augsburg zwischen den Ungarn und einem deutschen Heer unter König Otto I. dargestellt. Im Mittelpunkt der Kampfszene steht der Augsburger Bischof Ulrich.*

[164]
CHINA VON DER SUI- ZUR SONG-DYNASTIE

# KÄMPFERISCHER MILITÄRADEL UND ZIVILER BEAMTENSTAAT
## CHINA VON DER SUI- ZUR SONG-DYNASTIE

*Die Sui hatten China wiedervereint. Unter den Tang begann die chinesische »Renaissance«, deren Wesenszüge sich im 11. Jahrhundert voll entfalteten. In der Folge zählte China aufgrund seiner wirtschaftlichen, sozialen und kulturellen Errungenschaften zu den bedeutendsten Kulturkreisen der damaligen Welt.*

*Besonders seit der Song-Zeit wurde in China der Beamtenapparat ausgebaut, um ein Gegengewicht zur Militäraristokratie zu schaffen. Die Tracht der Beamten spiegelte ihren Rang wider: links ein Beamter 1. Klasse, rechts ein Militärbeamter 2. Klasse.*

Es war der Gründer der Sui-Dynastie, der 589 die etappenweise Wiedervereinigung des Reichs vollenden konnte. Ehrgeizige Bauprogramme – Paläste, Kanäle, Erweiterung der Großen Mauer – und Feldzüge nach Zentralasien, Korea und Vietnam führten jedoch schnell zum Untergang des Herrscherhauses. Die nachfolgenden tatkräftigen Machthaber der frühen Tang-Dynastie konnten die Einheit bewahren. Im Spätmittelalter wandelte sich China durch Expansion nach Zentralasien und innerchinesische Kolonisation zur Großmacht. Durch seinen Wohlstand, seine hoch entwickelten Institutionen und kulturellen Leistungen geriet es zum Vorbild für die Nachbarstaaten.

### DAS AUSGEHENDE MITTELALTER

Die Wende vom eroberungswilligen Imperium der Tang zum nach innen orientierten bürokratischen Nationalstaat der Song bahnte sich im 8. Jahrhundert an. Durch die Expansion waren um das Jahr 750 Militärgouvernements mit Söldnereinheiten entstanden, die auch von nichtchinesischen Generälen verwaltet wurden. Die Kontrolle der Gouverneure, die zunehmend Eigeninteressen verfolgten, entglitt der Zentralgewalt. Politisch katastrophale und historisch weit reichende Folgen hatte eine von dem nichtchinesischen Militärgouverneur An Lushan und dessen Nachfolger im Nordosten geführte Revolte (755–763): Das Abwehrsystem an der Peripherie brach zusammen und die Kontrolle über die Zugangswege nach Zentralasien und alle anderen Erwerbungen waren um 790 verloren. Obwohl der Aufstand niedergeworfen wurden, erholte sich die zentralstaatliche Ordnung bis zum Untergang der Tang-Dynastie nicht mehr. Der Regionalismus setzte sich im 10. Jahrhundert in Gestalt der »Fünf Dynastien«

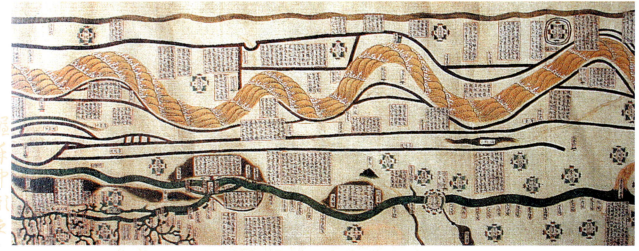

*Der Große oder Kaiserkanal wurde unter der Sui-Dynastie erneuert und ausgebaut.*

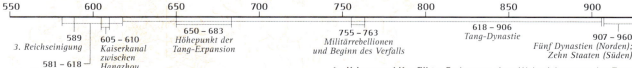

550 — 600 — 650 — 700 — 750 — 800 — 850 — 900

- **581–618** Sui-Dynastie
- **589** 3. Reichseinigung
- **605–610** Kaiserkanal zwischen Hangzhou und Peking
- **650–683** Höhepunkt der Tang-Expansion
- **755–763** Militärrebellionen und Beginn des Verfalls
- **618–906** Tang-Dynastie
- **907–960** Fünf Dynastien (Norden); Zehn Staaten (Süden)

▶ **Kriege und Konflikte:** Eroberung eines Weltreichs unter den Tang
▶ **Menschen und Ideen:** Hui Zong
▶ **Große Entdeckungen:** Chinesische Entdeckungen
▶ **Handel und Wirtschaft:** Wirtschaftliche Blüte unter den Song
▶ **Kunst und Architektur:** Chinesische Landschaftsmalerei

## China von der Sui- zur Song-Dynastie

*In den charakteristischen Farben des Blau-Grün-Stils der Malerei der Tang-Zeit ist das Bild »Ming Huangs Reise« gehalten. Ming Huang, auch Xuanzong, war der sechste Kaiser der Tang-Dynastie (Reg. 712 bis 756).*

im Norden und der aus Militärbezirken hervorgegangenen »Zehn Staaten« im Süden fort.

### Die neue Welt der Song

Als die Macht der Militärs beschnitten worden war, bestanden knapp 60 Jahre später Voraussetzungen zur Wiedervereinigung. Doch das Song-Territorium umfasste nicht einmal das gesamte chinesische Siedlungsgebiet und war von starken Staaten umgeben. Das tibeto-birmanische Reich Dali im heutigen Yunnan blieb bis zum Mongolensturm Mitte des 13. Jahrhunderts uneinnehmbar. Mit den Staaten im Norden erkauften sich die Song durch Tribute eine Koexistenz. Im Nordwesten war dies das tangutische Xixia, im Norden der sich von der Westmongolei und Teilen des heutigen Nord-Hebei mit Peking bis nach Korea erstreckende Kitan-Staat Liao. Anfang des 12. Jahrhunderts griffen die den Kitan folgenden Tschurtschen der Jin-Dynastie das schwache Song-Reich an und eroberten Nordchina bis zum Huai He. Dieser bildete bis zur Eroberung Gesamtchinas durch die Mongolen im 13. Jahrhundert die Nordgrenze des auf Süd-China reduzierten Rumpfstaats der Südlichen Song-Dynastie.

### Aufschwung zur Moderne

In China vollzogen sich zwischen dem 8. und 13. Jahrhundert erhebliche gesellschaftliche und wirtschaftliche Veränderungen. So verlor gegen Ende des 8. Jahrhunderts die Militäraristokratie, aus der sich vornehmlich die Beamten rekrutiert hatten, ihre Machtstellung. In der Folge wurden die Verwaltung, die auf einer differenzierten Gewaltenteilung beruhte, und das Prüfungssystem der Beamten ausgebaut. Den größten Einfluss auf die Staatsführung hatten die »Mandarine« in der Song-Zeit. Sie wussten ihre politische Macht durch die ökonomische Basis von Grundbesitz abzusichern. Selbst die seit der Revolte des An Lushan mit Misstrauen betrachtete Armee, in der seit dem 8. Jahrhundert Berufssoldaten dienten, war dem zivilen Beamtenapparat unterstellt. Die radikale Umorientierung von den kämpferischen Traditionen der tangzeitlichen Militäraristokratie zum zivilen Geist des Beamtenstaats äußerte sich unter anderem in der Koexistenzpolitik mit den nördlichen Randvölkern.

Die Agrarstruktur beruhte bis Mitte des 8. Jahrhunderts auf dem mittelalterlichen »Bodenausgleichssystem«: Land wurde periodisch an Einzelpersonen neu verteilt und die Besteuerung basierte auf der Personenzahl eines Haushalts. Sie bestand aus Naturalabgaben, Fronarbeiten und Militärdiensten. Diese Direktbesteuerung war jedoch nach den Wirren der Militärrevolte ausgehöhlt. Sie wurde durch ein neunstufiges Steuerklassensystem ersetzt, das von der Größe des Grundbesitzes abhing. Die fortan zweimal jährlich zu entrichtende Geldsteuer bedeutete, dass die bestehenden Besitzverhältnisse endgültig festgeschrieben wurden. Großgrundbesitz der Song-Zeit war durch Gutshöfe und von Pächtern und Landarbeitern bearbeitete Wirtschaftseinheiten gekennzeichnet.

Der gegen Ende des 8. Jahrhunderts einsetzende Wandel beflügelte die chinesische Ökonomie auf beispiellose Weise. Der Wirtschaftsschwerpunkt lag nun im Süden, die Landwirtschaftsproduktion verdoppelte sich, Handel, regionale Industrien und Geldwirtschaft erblühten. Die Städte entwickelten sich zu neuen Wirtschaftszentren. Urbane Kultur- und Vergnügungszentren, in denen Schauspieler, Geschichtenerzähler, Sängerinnen, Prostituierte, Restaurant- und Teehausbesitzer ihr Auskommen hatten, gehörten ebenso zu dieser bürgerlichen Welt wie Grundbesitzer, Kaufleute und Handwerker.

*Der Kaiserkanal ist seit über 1400 Jahren in Betrieb und gehört heute zum größten Kanalsystem der Welt.*

| 950 | 1000 | 1050 | 1100 | 1150 | 1200 | 1250 | 1300 |

- 960–1126 *Nördliche Song; 4. Reichseinigung; reduziertes Reichsgebiet*
- seit 1076 *regelmäßige Beamtenprüfungen*
- 1115–1234 *Jin-Dynastie (Tschurtschen); ab 1127 in ganz Nordchina*
- 1127–1279 *Südliche Song-Dynastie*
- 937–1125 *Liao-Dynastie (Kitan) im Norden*
- 1034–1227 *Xixia-Dynastie (Tanguten) im Nordwesten*

# In der Nachfolge Mohammeds
# Die arabischen Kalifate

*Nach dem Tode Mohammeds 632 traten die Kalifen – von »chalifa«, Nachfolger – die weltliche und geistliche Führerschaft auf der Arabischen Halbinsel an. Für viele Muslime gilt die Ära der ersten vier Kalifen als das goldene Zeitalter des Islams, der sich in einem wahren Siegeszug verbreiten sollte.*

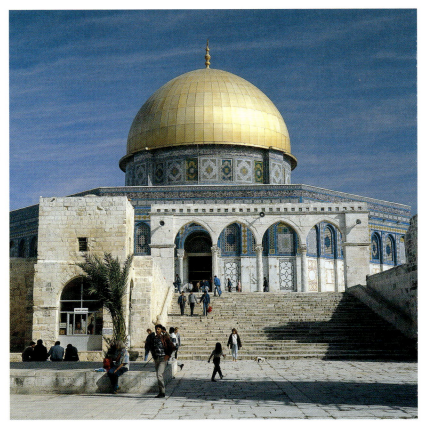

*Nach der Kaaba in Mekka eines der wichtigsten Heiligtümer und bedeutende Pilgerstätte des Islam ist der im 7. Jahrhundert errichtete Felsendom in Jerusalem. Er steht über dem heiligen Felsen, von dem Mohammed aus in den Himmel geritten sein soll.*

Nachdem mehrere arabische Stämme in Medina die weltliche und geistliche Autorität Mohammeds anerkannt hatten, stieg die Stadt zum Zentrum der muslimischen Gemeinschaft auf. Nach der Einnahme Mekkas im Jahr 630 erstreckte sich die Führerschaft des Propheten fast über die gesamte Arabische Halbinsel. Der Tod Mohammeds barg jedoch erhebliches Konfliktpotenzial, da er keine Anweisungen über die Führung der muslimischen Gemeinde hinterlassen hatte.

### Konflikte um das Kalifat

Die ersten vier Nachfolger Mohammeds, die so genannten Kalifen, wurden von einer Ratsversammlung aufgrund ihrer besonderen Verdienste gewählt. Manche Muslime hielten aber nur den vierten Kalifen Ali und die aus seiner Ehe mit der Prophetentochter Fatima entsprungene Linie von Imamen, »Vorstehern«, für legitime Herrscher – denn in der Nachkommenschaft Alis vererbe sich eine besondere religiöse Erleuchtung, die in ihm selber und vor allem in dem Propheten ihren Ursprung habe. Die *Schiat Ali*, die Partei Alis oder Schiiten, sollte aber schon bald in verschiedene Zweige zerfallen, da es immer wieder Auseinandersetzungen um die Bestimmung der Imame gab. Eine weitere Gruppe forderte hingegen, wie in den ersten Jahren nur die hervorragendsten Muslime durch Wahl zum Kalifen zu bestimmen. Diese Fraktion nannte sich Kharridjiten – »die sich zurückziehen«.

Jedoch weder die Schiiten noch die Kharridjiten konnten sich gegen den Damaszener Gouverneur Moawija aus dem arabischen Clan der Omajjaden durchsetzen, der als fünfter Kalif die omajjadische Dynastie begründete. Nach heftiger Kritik an derem von vielen Muslimen als »unislamisch« empfundenen Herrschaftsstil konnte dann eine weitere Dynastie, die Abbasiden, das Kalifat übernehmen. Diese wurden von der muslimischen Mehrheit, den Sunniten, unter anderem deshalb anerkannt, weil sie aus dem Clan des Propheten stammten. Im Gegensatz zu den Schiiten verstand die sunnitische politische Theorie den Kalifen lediglich als Wahrer des islamischen Rechtes und sprach ihm keine besondere religiöse Erleuchtung zu.

### Die Herrschaft der Omajjaden und Abbasiden

Der politische Einfluss der sunnitischen Kalifen war immer begrenzt. Der zweite Kalif Omar schuf ein Namensregister, in dem die Beuteanteile festgelegt wurden, die die an den muslimischen Eroberungszügen beteiligten Stämme nach Medina abzuführen hatten. Er vermochte aber ihre Autonomie ebenso wenig zu brechen wie sein Nachfolger Othman. Die in Damaskus residierende Omajjaden-Dynastie konnte sich lediglich auf einige verbündete Stämme im syrisch-ägyptischen Raum stützen, legte allerdings die Grundlagen einer staatlichen Ordnung, die für die Folgezeit prägend bleiben sollten. Die Omajjaden übernahmen in ihrem Herrschaftsbereich die etablierten byzantinischen und persischen Verwaltungen einschließlich des Personals, setzten aber das Arabische als offizielle Sprache durch. Darüber hinaus schufen sie ein einheitliches Münzwesen und versuchten, wenn auch ohne großen Erfolg, sich mithilfe von Söldnertruppen von den oftmals illoyalen arabischen Stammeskriegern militärisch unabhängig zu machen.

Die abbasidischen Kalifen führten diese Entwicklungen im ersten Jahrhundert ihrer Herrschaft fort. Das auf dem Koran und den Überlieferungen des Propheten – Hadith – begründete Recht wurde von den islamischen Gelehrten nunmehr systematisch ausformuliert. Die Armee und die Provinzgouverneure rekrutierten sich fast

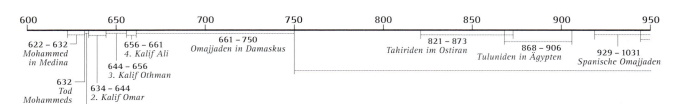

# Die arabischen Kalifate

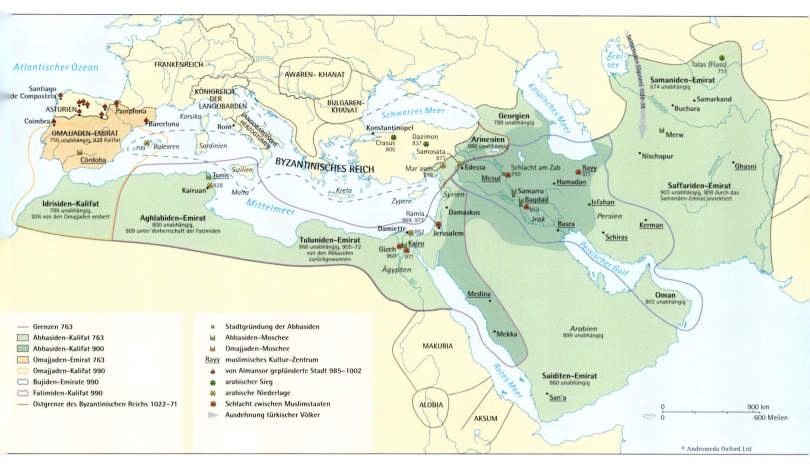

ausschließlich aus türkischstämmigen Söldnern.

## REGIONALISIERUNG UND NIEDERGANG DER KALIFATE

Im 9. Jahrhundert übernahmen einige Söldnerführer die politisch-militärische Kontrolle über verschiedene Regionen des Kalifats. Im Ostiran etablierten sich die Tahiriden und in Ägypten begründete Ibn Tulun die Dynastie der Tuluniden. In Syrien konnten arabische Stämme ihre Unabhängigkeit behaupten, während der Irak und damit auch der Herrschersitz in Bagdad selber unter die Kontrolle der persisch-stämmigen Bujiden – ebenfalls ehemalige Militärführer – gerieten. Diese Lokalherrschaften wurden von Turkstämmen verdrängt, die aus Zentralasien in den muslimischen Raum eingewandert waren. Zu diesen zählten auch die Seldschuken, die schließlich im 11. Jahrhundert den Irak eroberten und sich damit zum »Schutzherren« des Kalifen aufschwangen. In ihrer Herr-

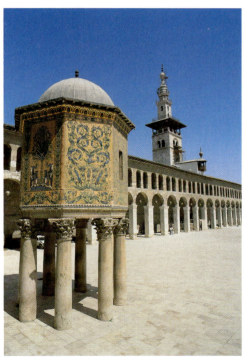

schaftszeit festigte sich die sunnitisch-islamische Kultur und vor allem das damit verbundene Bildungswesen im Osten der muslimischen Welt. In Spanien entstand im 10. Jahrhundert ein Kalifat aus Nachkommen der syrischen Omajjaden, während das schiitische Fatimidenkalifat in Ägypten zum wichtigsten Konkurrenten der sunnitischen Herrscher von Bagdad wurde.

Das sunnitische Kalifat fand mit der Eroberung Bagdads durch die Mongolen im Jahr 1280 sein Ende. Die schiitischen Gruppen hingegen sahen die Nachfolgelinien ihrer Imame bereits früher als abgeschlossen an: Für die iranischen Zwölferschiiten endete sie beispielsweise schon mit dem zwölften Imam. Dem Glauben dieser größten schiitischen Gruppe zufolge ist dieser jedoch nicht gestorben, sondern lebt in »Verborgenheit« weiter und wird eines Tages als Mahdi, als Messias, wieder auftreten und die muslimische Gemeinschaft vereinen.

*Die arabisch-islamische Welt und ihre politische Entwicklung im frühen Mittelalter*

*Innenhof der Omajjaden-Moschee in Damaskus mit dem Schatzhaus des Kalifen al-Walid.*

| 1000 | 1050 | 1100 | 1150 | 1200 | 1250 | 1300 |
|---|---|---|---|---|---|---|

945–1055 Bujiden in Bagdad
973–1071 Fatimiden in Ägypten
1055–1092 Höhepunkt der Seldschuken in Bagdad
750–1258 Abbasiden in Bagdad
1280 Mongolische Eroberung Bagdads

▶ Religionen und Glaubensformen: Der Islam
▶ Religionen und Glaubensformen: Ausbreitung des Islams
▶ Kriege und Konflikte: Siegeszug des Islams
▶ Menschen und Ideen: Mohammed
▶ Handel und Wirtschaft: Wirtschaftlicher Aufstieg der islamischen Welt

# Entstehung und Verbreitung der islamischen Kultur

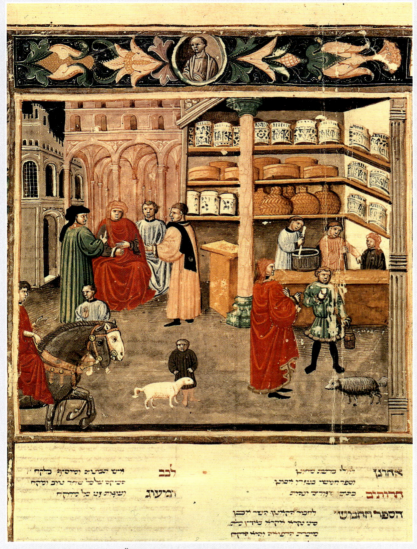

*Miniatur einer hebräischen Übersetzung des »Kanons der Medizin« des persischen Philosophen und Arztes Avicenna (um 980 – 1037), dessen arabischer Name Ibn Sina lautet (15. Jh.)*

**E**ine eigenständige islamische Kultur entwickelte sich nach der Etablierung der arabisch-islamischen Herrschaft zwischen Spanien und Indien Anfang des 8. Jahrhunderts. Zunächst waren die Muslime in den betreffenden Regionen in der Minderheit, da so genannte Schriftbesitzer, Angehörige monotheistischer Offenbarungsreligionen (Judentum und Christentum), ihrem Glauben treu bleiben durften. Doch schon bald konnte der Islam in großer Zahl Gläubige in seinen Reihen begrüßen, die zuvor anderen Religionen angehört hatten. Gleichzeitig drängte die Arabisierung die im Mittelmeerraum dominierende griechische Sprache zurück, während sich weiter östlich das Persische behaupten konnte und zur zweitwichtigsten islamischen Sprache aufstieg. Nach der abbasidischen Machtübernahme 750 gewannen vor allem persischstämmige Muslime immer mehr an Einfluss. Sie stellten weitgehend die Gruppe der Verwaltungsbeamten – bis hinauf in den Rang des Ministers – und waren als Gelehrte maßgeblich am Aufbau der »klassischen« islamischen Kultur beteiligt.

### Der Koran als Zentrum der Kultur

Ein zentrales Anliegen der muslimischen Gelehrten war die Interpretation der sprachlich häufig schwierigen koranischen Offenbarung. Hierzu dienten arabische Sprachwissenschaften und die Erforschung der altarabischen Poesie, aus der viele ansonsten undeutbare Begriffe des Korans erschlossen werden konnten. Ein weiteres Mittel zur Koraninterpretation war das Studium der Biografie des Propheten. Daraus erwuchs die Wissenschaft der Hadith genannten Überlieferungen über den Propheten. Da die Gültigkeit einer Überlieferung vor allem nach der Glaubwürdigkeit der Überlieferer bemessen wurde, studierte man auch deren Leben intensiv.

Der Jurist ash-Shafii (767 – 820), etablierte schließlich Koran und Hadith als die beiden wichtigsten Rechtsquellen. Bei Fällen, die nicht durch diese Quellen geregelt werden konnten, kam die Technik des Analogieschlusses zur Anwendung, indem man die Lösung ähnlicher Vorkommnisse zum Vorbild nahm. Bevor ein Rechtssatz anerkannt wurde, musste zudem eine gewisse Anzahl von Gelehrten zur Übereinstimmung gelangen.

Im theologischen Bereich setzten sich die Muslime nicht nur mit »ungläubigen« Kritikern auseinander, sondern hatten auch interne Konflikte zu lösen. Man debattierte Fragen wie: »Ist der Mensch frei zu handeln oder durch Gottes Willen determiniert?«, oder »Kann der Mensch selber Gut und Böse erkennen oder ist er dazu auf die Offenbarung durch Gott angewiesen?« Nach heftigen Kämpfen setzte sich mit der nach dem Gelehrten al-Ashari (873 – 935) benannten ascharitischen Schule der Theologie eine von Kompromissen geprägte Lehre durch. Sie wird zumindest von den sunnitischen Muslimen bis heute getragen. Die Schiiten, die im Gegensatz zu den Sunniten nur den vierten Kalifen Ali und seine Nachkommen als rechtmäßigen Herrscher anerkennen, entwickelten eigene Rechtslehren und theologische Vorstellungen. Diese konnten bei extremen Glaubensrichtungen bis zur Gnosis, der Gotteserkenntnis, gehen. Mit der islamischen Mystik, dem Sufismus, trat eine weitere Tendenz hervor, die zwar die Dogmen der Theologen und die Normen der Rechtsgelehrten nicht notwendig ablehnte, jedoch nach einer spirituellen Vertiefung der Unterwerfung unter Gott (arabisch: *Islam*) strebte.

### Fremde Einflüsse

»Sucht das Wissen und sei es in China, denn die Suche nach Wissen ist eine Pflicht für jeden Muslim.« Dieser Ausspruch des Propheten Mohammed kennzeichnet einen der wichtigsten Grundsätze der frühen islamischen Kultur, die sich ohne die Übernahme zahlreicher antiker Traditionen nicht auf diese Weise hätte herausbilden können. Bereits die Omajjaden-Kalifen (661–750), vor allem jedoch die Abbasiden (750–1258) förderten die Übersetzung griechischer, indischer und anderer Texte in das Arabische. Dadurch wurden die Muslime beispielsweise mit aristotelischer Philosophie und Naturwissenschaft, mit der Heilkunde des bedeutenden antiken Arztes Galen (um 129 – etwa 199 n. Chr.) und dem astronomischen Wissen des Ptolemäus bekannt. Die oft christlichen Übersetzer waren auch selber als Forscher tätig und schufen ein hoch differenziertes islamisches Wissenschaftssystem. Eingang in die Lehrpläne der Medresen, der Schulen, fanden jedoch nur die »islamischen« Wissenschaften der Korandeutung, Hadith-Wissenschaft, Sprachlehre, Theologie und vor allem der Rechtsprechung, während die »antiken« Wissenschaften entweder im Auftrag von Herrschern oder privat betrieben wurden. Seit dem 13. Jahrhundert gerieten sie zunehmend in Vergessenheit.

*Ein Beispiel für die spanisch-arabische Kunst ist diese Bronzefigur eines Bisamhirsches aus Córdoba (10. Jh.).*

*Tanzende Derwische aus einem dem Sufismus zugehörigen Derwischorden; persische Buchmalerei, 1485*

### Kulturentwicklung nach dem 13. Jahrhundert

Man spricht heute oft von einer Dekadenz der islamischen Kultur nach dieser Zeit, während andererseits das bis dahin rückständige Europa im ausgehenden Mittelalter zu einem großen kulturellen Aufschwung ansetzte. Die Gründe dafür sind umstritten. Erklärungsversuche kreisen um verschiedene Fragestellungen, so etwa: »Steht die islamische Religion etwa kulturellem Fortschritt entgegen oder liegt die Ursache in unsicheren politischen Verhältnissen einer zunehmend zersplitterten islamischen Welt?« Jedenfalls fanden seit der Blütezeit der »klassischen« islamischen Kultur keine fundamentalen Neuerungen mehr statt, das Erbe wurde zum Teil bewahrt, zum Teil in Details weiterentwickelt. Einen Bruch in etlichen Bereichen der islamischen Kulturgeschichte brachte erst die Übernahme europäischer Kulturelemente ab dem späten 18. Jahrhundert mit sich.

▶ Menschen und Ideen: Avicenna
▶ Menschen und Ideen: Islamische Philosphie
▶ Große Entdeckungen: Entdeckungen der Araber
▶ Kunst und Architektur: Löwenhof der Alhambra
▶ Literatur und Musik: Literaturen des islamischen Mittelalters

# Das Geheimnis der Felsenbewohner
# Die Anasazi-Kultur

*In den unwirtlichen Wüstengebieten des US-amerikanischen Südwestens erblühte um das Jahr 700 in der grandiosen Urlandschaft der Canyons die Anasazi-Kultur. Das Rätsel ihres plötzlichen Untergangs löste bei den amerikanischen Archäologen eine wahrhaft kriminalistische Spurensuche aus.*

*Im Schutz mächtiger Felsüberhänge errichteten die Anasazi Wohnkomplexe wie Cliff Palace (Nationalpark Mesa Verde, Colorado).*

Der Lebensraum der Anasazi-Kultur umfasste in ihrer Blütezeit das Gebiet der heutigen US-Bundesstaaten Arizona, New Mexico, Utah und Colorado. Zentren entwickelten sich im Chaco Canyon, auf dem Mesa-Verde-Plateau und im Kayenta-Gebiet. Südlich dieser Region bestand die Kultur der Hohokam, die ein Bindeglied zu den prägenden Zivilisationen Mexikos und Südamerikas darstellte. Diese kannten bereits vor der Anasazi-Kultur den Bewässerungsfeldbau und die Töpferkunst und wohnten in Lehmhäusern. Die Anasazi – in der Sprache der Navajo bedeutet das »Alter Feind-Vorfahr« – trieben mit den Hohokam Handel und erhielten dabei entscheidende Anregungen: Ab etwa dem Jahr 700 entspross daraus ihre eigenständige Kultur der Cliff Dwellers, der »Felsenbewohner«.

## DIE ANASAZI-KULTUR

Die Cliff Dwellers begannen ebenfalls mit der Errichtung von Häusern aus Stein und Adobe (Lehmziegeln), die um öffentliche Plätze herum angesiedelt waren. In Anklang an ihre bisherige Bauweise hielten sie dabei an den unterirdisch angelegten Kulträumen, den Kivas, fest. Etwa ab dem Jahr 900 gipfelte ihre Baukunst in mehrstöckigen Dorfanlagen aus Sandstein, von denen viele im Schutz der gigantischen Felsüberhänge der Canyons angelegt wurden. Sie wirken mit ihren nahezu fensterlosen Außenmauern wie uneinnehmbare Festungen. Die terrassenartig angelegten Kastenhäuser selbst waren nur mit Leitern und über Falltüren im Dach zugänglich. Die berühmteste Felsenstadt, Cliff Palace, umfasste bis zu 200 Räume und 23 Kivas. Pueblo Bonito im Chaco Canyon, eines der beeindruckendsten Felsendörfer und vermutlich zugleich auch »Hauptstadt« und religiöses Zentrum, beherbergte einst sogar mehrere tausend Bewohner.

*Bei den Anasazi gehörte die Töpferei zu den Tätigkeiten der Frauen. Hier eine Tonschale mit Tiermotiv.*

Die Cliff Dwellers hinterließen keine schriftlichen Zeugnisse, sondern nur faszinierende Felsbilder. Man weiß daher kaum Authentisches über ihre Bräuche, soziale Ordnung und religiösen Vorstellungen, denn ihre Zivilisation war beim Eintreffen der Europäer schon lange untergegangen. Dennoch lassen sich stimmige Rückschlüsse aus der Lebensweise ihrer Nachfahren, der Pueblo-Indianer, ziehen. Man nimmt heute an, dass die Anasazi-Gesellschaft ebenfalls strikt gemeinschaftlich ausgerichtet war und sich aus Clans zusammensetzte, die aus monogam lebenden Familien gebildet wurden. Den Frauen kam eine bedeutende Stellung zu, denn Haus und Felder waren ihr persönliches Eigentum, das sie an die Töchter weitervererbten. Dagegen fielen die kultischen Funktionen in dieser nach strengen religiösen Gesetzen lebenden Gemeinschaft ausschließlich den Männern zu.

### EIN ARCHÄOLOGISCHES PUZZLESPIEL

Das Anasazi-Gebiet ist eine Fundgrube für Archäologen, denn in dem trockenheißen Klima haben sich viele Alltagsgegenstände aus Keramik, Holz, Leder, ja sogar Vorräte und Haushaltsabfälle gut erhalten. Das Schicksal der Cliff Dwellers, die ihre Behausungen Ende des 13. Jahrhunderts fluchtartig verließen, erinnert an das mysteriöse »Abtauchen« der Maya in Mesoamerika. Ob sie zu diesem Schritt Dürrekatastrophen, wie sie etwa für die Jahre 1275 bis 1299 nachgewiesen wurden, Bürgerkriege, räuberische oder gar kannibalistische Überfälle – bis vor kurzem verdächtigte man die Navajo oder Apachen – oder vielleicht eine religiös motivierte Weltuntergangsfurcht antrieben, wird sich vielleicht nie klären lassen.

### ALLTAGSLEBEN IN DEN ERSTEN APARTMENTANLAGEN NORDAMERIKAS

Mais sowie im Gartenfeldbau gezogene Melonen, Kürbisse, Paprika und Bohnen dienten den Cliff Dwellers als Nahrungsgrundlage. Als Haustiere hielten sie Hunde und Truthähne, deren Federn sie zu Schmuckzwecken verwendeten. Frauen und Kinder sammelten Wildfrüchte, die Männer bewirtschafteten die bewässerten Mais-, Baumwoll- und Gemüsefelder auf dem Canyongrund. Zur Jagd zogen sie mit Pfeil und Bogen oder der *atlatl* genannten Speerschleuder; Kaninchen wurden Opfer trickreicher Netzfallen. Die Männer widmeten sich der hoch entwickelten Webkunst. Korbflechterei und Töpfern hingegen fielen neben der Nahrungszubereitung und der Sorge für die Kinder in den Aufgabenbereich der Frauen. Außerdem fertigten sie die auf dem felsigen und dornigen Untergrund unentbehrlichen Sandalen aus Yuccafasern, die auch für Seile verwendet wurden. Ihre engmaschigen Körbe dienten durch das Eintauchen erhitzter Steine sogar als Kochgefäße. Ebenso kunstvoll waren ihre Keramiken mit den typischen geometrischen Schwarz-Weiß-Mustern.

*Das in einem großen Halbkreis angelegte Pueblo Bonito im Chaco Canyon (US-Bundesstaat New Mexico) war vermutlich politisches und religiöses Zentrum der so genannten Cliff Dwellers.*

*Zahlreiche archäologische Funde ermöglichen Einblicke in Kultur und Alltagsleben der Anasazi. Diese aus Knochen gefertigten Ahlen und Nadeln dienten zum Nähen von Häuten und Fellen.*

### REGENZAUBER UND GEISTERTÄNZE

In der Kiva, dem unterirdischen Kultraum, spielten sich die geheimen Zeremonien ab – so etwa die Initiationsriten der Knaben bei ihrer Aufnahme in die Männerbünde. Bei rituellen Festen wurden die kachinas, die Geister, durch Maskentänzer verkörpert. Die größte Sorge der Anasazi galt stets einer guten Ernte: In Bitt- und Opferzeremonien baten die Tänzer um Regen oder dankten für das Gedeihen der Maissaat. Die Anasazi glaubten an ein Fortleben der Seele nach dem Tod und verehrten die Geister ihrer Ahnen sowie Naturgottheiten – vor allem den Sonnengott und die Erdmutter, die sie auch Spinnenfrau nannten.

▶ Religionen und Glaubensformen: Die Religionen Nordamerikas

# Tempelbauer am grossen Strom
## Die Mississippi-Kultur

*Um den Beginn des 8. Jahrhunderts entstand im Gebiet des Mississippi eine bedeutende Zivilisation, die trotz Ähnlichkeiten mit mesoamerikanischen Kulturen einzigartig genannt werden kann.
Reste großer Siedlungen und riesige Tempelhügel zeugen von ihrer einstigen Bedeutung.*

*Charakteristisch für die Kunst der Mississippi-Kultur sind Keramikgefäße mit menschlichen Gesichtern oder in Form von Köpfen (um 1000).*

Im Jahr 1818 entdeckte man in der Nähe von St. Louis Tempelhügel, die von einer Zivilisation in der Nachfolge der Hopewell-Kulturen des Mittelwesten geschaffen worden waren. Erbauer dieser riesigen Erderhebungen waren Menschen der Mississippi-Kultur, die sich ab Anfang des 8. Jahrhunderts im Tal des großen Stroms entfaltete und in der Folge allmählich entlang des Arkansas, Ohio und Tennessee verbreitete.

### Wohlstand durch Landwirtschaft

Es dauerte jedoch bis in die 1920er Jahre, bevor an der anderen Seite des breiten Stroms die Überreste einer Cahokia genannten Siedlung mit regelrecht städtischen Ausmaßen gründlich untersucht wurden. Schätzungs-

weise 10 000, manchen Forschungen zufolge sogar 20 000 Menschen sollen einst hier gelebt haben. Intensiver Anbau von besonders ertragreichen Mais-, Bohnen- und Kürbissorten auf dem fruchtbaren Schwemmland der Flüsse und ausgeprägte Handelskontakte ermöglichen die Ernährung solch großer Bevölkerungen.

Die hoch entwickelte Landwirtschaft setzte zudem Arbeitskräfte frei für den Bau ausgedehnter Städte mit umfangreichen Kultbezirken, wie sie auch im heutigen Alabama, Oklahoma und Georgia errichtet wurden. So mussten allein für den größten Hügel Cahokias, auf dem einst ein strohgedeckter Tempel stand, über 600 000 Kubikmeter Erde bewegt werden. Immerhin bedeckt er eine Grundfläche von rund sechs Hektar, über die er sich 34 Meter erhebt. Einen riesigen

*So könnte das Leben in Cahokia vor etwa 1000 Jahren ausgesehen haben. Die Existenz der Palisadenzäune wurde nachgewiesen, die Bekleidung der Menschen hingegen beruht auf Vermutungen.*

# DIE MISSISSIPPI-KULTUR

Platz weiter östlich umgaben kleinere Erdhügel, Vorratshäuser und Behausungen. Der gesamte Kultbezirk war von Palisaden mit Toren und Wachtürmen umfriedet.

Zeugnis von der Mississippi-Kultur geben jedoch nicht nur die bemerkenswerten Siedlungsreste, sondern auch eindrucksvolle Kunstobjekte. Am bekanntesten sind Schmuckstücke aus fein gravierten Muschelscheiben, die Mischwesen aus Raubvögeln und Menschen darstellen. Zu höchster Blüte entwickelte sich die formenreiche Keramikkunst, für die vor allem Gefäße mit menschlichen Gesichtern oder in Form von Köpfen charakteristisch sind. Bisweilen weisen diese Spuren von Kriegsbemalung und Tätowierung auf, oft scheinen die abgebildeten Personen zu weinen – möglicherweise ein Hinweis auf den Zusammenhang von Tränen, Regen und Wasser in der Kosmologie der Mississippi-Völker.

## POLITIK UND RELIGION

Die politische Ordnung der Mississippi-Kultur kann heute nicht mehr nachvollzogen werden. Offensichtlich waren die Machtverhältnisse schwankend und die rivalisierenden Häuptlinge wetteiferten untereinander um Ansehen und Einfluss. Späteren spanischen Berichten zufolge lebten ihre Nachfahren im Zustand dauernder Gruppenkonflikte. Die Welt am großen Strom bestand aus ständig wechselnden Bündnissen unter Nachbarn, kurzen Kriegen und dem Austausch von Prestige- und Gebrauchsgütern.

Die heute schwer verständlichen religiösen Vorstellungen der Mississippi-Völker hingen eng mit dem Häuptlingstum zusammen. Vermutlich stützte sich die Macht des Oberhauptes auf drei Säulen: seine Familie und Verwandten, die Priesterschaft, die sich um die Ahnenverehrung und die Begräbnisriten kümmerte, und das Abhalten von öffentlichen religiösen Zeremonien auf den Tempelplattformen für die breite Bevölkerung.

## DIE SPANISCHE ZERSTÖRUNG

Als um 1540 spanische Abenteurer unter der Führung von Hernando de Soto von Florida aus zum Mississippi vorstießen, trafen sie auf befestigte Siedlungen mit Tempelhügeln. Die plündernden Spanier staunten über Lager voll kupferbeschlagener Keulen und Streitäxte in den Heiligtümern der Häuptlinge, fanden aber nicht die erhofften Goldschätze. Der von Grausamkeiten begleitete Einfall der Spanier bedeutete das Ende der Mississippi-Kultur: Nicht nur Mord und Brandschatzen, sondern auch

*Der spanische Konquistador Hernán de Soto (1486–1542) stieß ab 1539 von Florida aus bis zum Mississippi vor, wo er verstarb.*

eingeschleppte Krankheiten dezimierten die Bevölkerung so stark, dass die Mississippi-Kultur ihre vormalige Bedeutung verlor. Lediglich etwa 5000 bis 6000 Natchez konnten als Repräsentanten dieser großen Zivilisation überleben.

## DIE NATCHEZ

»Krieger der hohen Klippe« nannten sich die Natchez, deren Name sich aus den Choctaw-Wörtern *nahni-sakti chata* zusammensetzt. Am Unterlauf des Mississippi angesiedelt, gerieten sie ab 1711 zunehmend in Konflikt mit den Franzosen der Kolonie Louisiana und wurden 1731 – fast vollständig vernichtet – vertrieben. Bemerkenswert war ihr Sonnenkult und die stark geschichtete Sozialstruktur, die die Gesellschaft in zwei Klassen trennte: die Aristokratie und das »gemeine Volk«, auch »Stinker« genannt. Als diese wurden sie jedoch nicht angesprochen, mussten doch alle Angehörigen der höheren Ränge einen »Stinker« ehelichen. Heute leben nur noch wenige Nachfahren der Natchez im US-Bundesstaat Oklahoma.

### ··········· SCHÖNSEIN VERHEISST ERFOLG ···········

Bei den Natchez und vielen anderen Völkern des Mississippi-Tales begann man sofort nach der Geburt eines Jungen, seinen Kopf zu verformen. Die Mutter steckte den Hinterkopf des Säuglings in eine kleine, mit Leder gefütterte Mulde der Kindertrage und legte dann auf die Stirn ein von ledernen Riemen gehaltenes Brett, um den noch weichen Schädel extrem lang zu formen. Später legte man dem Kind auch nachts eine Schädel pressende Vorrichtung an. Diese Prozedur wurde bis ungefähr zum 10. Lebensjahr durchgeführt. Die Indianer glaubten, dass die Verformung des Kopfes die Knaben besonders scharfsichtig werden ließ und sie somit gute Jäger abgeben würden.

*Der Monks Mound ist der größte der 120 zum Schutz vor Angriffen und Überschwemmungen aufgeschütteten Erdhügel von Cahokia. Er nimmt eine Fläche von neun Fußballfeldern ein.*

▶ Religionen und Glaubensformen: Die Religionen Nordamerikas
▶ Mythen, Rätsel und Orakel: Die Cahokia Mounds

# LEGENDÄRES LAND DES GOLDES
## DAS ALTE REICH GHANA

*Im heutigen Mali und Mauretanien erstreckte sich eines der ältesten Reiche Westafrikas. Ghanas Aufstieg zeugt von der einstigen Bedeutung dieser Region und des Transsahara-Handels. An den Ruhm des Reiches anknüpfend, hat der heutige Staat Ghana trotz fehlender historischer Beziehungen seinen Namen übernommen.*

*Von Kumbi Saleh, der einstigen Hauptstadt des Königreichs Ghana, ist heute nur noch eine Ruinenstätte verblieben. Sie liegt im heutigen Mauretanien, in etwa 120 Kilometer Entfernung von dem Ort Néma.*

Obwohl in arabischen Quellen bereits ab dem 8. Jahrhundert erwähnt, verlieren sich die weit zurückliegenden Ursprünge des Sahel-Reiches im Dunkel der Geschichte. Das »Land des Goldes«, wie es die Chronisten nannten, lag am südlichen Ende der westlichen Transsahara-Route, die die einfachste Durchquerung der Wüste ermöglichte. Bereits um 734 transportierten auf diesem Weg arabische Karawanen beträchtliche Mengen an Gold aus dem Sudan nach Nordafrika.

Ghana stieg in den folgenden beiden Jahrhunderten zu einem mächtigen Staatswesen auf, das im 11. Jahrhundert seine Blütezeit erlebte. Unter der Kontrolle des Adels sicherte es den innerafrikanischen Zwischen- und Transsahara-Handel, wobei vor allem Gold, aber auch Sklaven und Kola-Nüsse gegen Salz und andere nordafrikanische Waren eingetauscht wurden.

Das Reich erstreckte sich im Norden der zwei auseinander laufenden Bögen der Flüsse Senegal und Niger bis zum Rand der Sahara. In diesem riesigen Gebiet unterstanden diverse Regionen nicht direkt der herrschenden Dynastie aus dem Volk der Soninke, sondern mussten lediglich Abgaben entrichten – zeitweise sollen sogar die Herrscher des berühmten Handelszentrums Awdaghost tributpflichtig gewesen sein. Innerhalb des Kerngebietes

entstand eine hierachische Gesellschaft mit verschiedensten Machtpositionen, wobei die hohe Institution des großen Rats des Königs neben einheimischen Würdenträgern auch freigelassene Sklaven und Söhne besiegter Könige umfasste.

### SAGENHAFTER REICHTUM

Der Wohlstand und die Sicherheit des Reiches überraschte und beeindruckte selbst die arabischen Reisenden, die nicht nur Afrika, sondern auch europäische Länder wie etwa Spanien besucht hatten. Der Goldreichtum des Landes überwältigte die arabischen Chronisten. In den Quellen aus der Zeit der Jahrtausendwende bezeichnen sie den König von Ghana als den reichsten Mann der Welt, in dessen Besitz sich ein Stück Gold von der Größe eines riesigen Steins befinde. In diesen Schriften genießt Ghana den Ruf eines sagenhaften Landes, in dem das Gold wie Rüben in der Erde wachse. Sicher sind sich die Autoren dabei über die Abbaumethode des Edelmetalls in diesem afrikanischen Eldorado: »Man zieht es bei Sonnenaufgang aus der Erde«.

Auch die schätzungsweise 30 000 Bewohner umfassende Hauptstadt des Reiches wird in arabischen Quellen bewundernd beschrieben. Der spanisch-arabische Chronist Abu Ubayd al-Bakri schildert sie 1086 als imposante Stadt, mit Häusern aus Stein und zwölf Moscheen. Obwohl der König selbst nicht zum Islam übergetreten war, arbeiteten zahlreiche Muslime als Rechtsgelehrte und Schreibkundige an seinem prunkvollen Hof. Haupteinnahmen des Herrschers waren neben Tributzahlungen die in Gold erhobenen Handelszölle. Nach al-Bakri mussten zudem alle Goldklumpen, die im Reich gefunden wurden, an den Herrscher abgegeben werden – den Goldstaub überließ er dem Volk. Darüber hinaus wurde Handel mit südlichen Regionen geführt, in denen die bedeutendsten Goldfelder lagen.

### DER NIEDERGANG

Seit dem 9. Jahrhundert führte das Reich immer wieder Krieg gegen nomadisierende Berberstämme, die die Salzlager kontrollierten und den Transsahara-Handel von Marokko über Awdaghost nach Ghana unter ihre Herrschaft zu bringen versuchten. Die sich ausdehnende islamische Berber-Dynastie der Almorawiden griff mit Unterstützung islamisierter Nachbarn Ghanas das Reich an, eroberte es 1076 und verpflichtete die Bevölkerung zu Tributzahlungen. Der bereits unter Kaufleuten und Teilen der Aristokratie verbreitete Islam breitete sich in der Oberschicht aus.

Die direkte Herrschaft der Almorawiden dauerte nur elf Jahre, doch erreichte das Reich danach seine einstige Bedeutung auch als großes Handelszentrum nicht wieder. Dies vor allem, weil seit dem 11. Jahrhundert die einst günstige Lage des Reiches am Rande der Sahara unter der Ausdehnung der Wüste litt. Anfang des 13. Jahrhunderts wurde die Hauptstadt Ghanas von den ehemals abhängigen Soso erobert, die ebenfalls Soninke waren. Zahlreiche arabische, berberische und Mandingo-Kaufleute verließen daraufhin das einst berühmte Handelszentrum und gründeten 1224 weiter nördlich Walata als neue Niederlassung. 1240 unterwarf der legendäre Herrscher Sundjata von Mali das Reich Ghana und verleibte es sich als Provinz seines Reiches ein.

*Gold bildete die Grundlage für den sagenhaften Reichtum des mittelalterlichen Reiches Ghana.*

### EIN PRÄCHTIGER HOFSTAAT

Eine anschauliche Beschreibung des königlichen Hofes liefert al-Bakri 1067: »Der König hat einen Palast und eine Reihe von Kuppeldachhäusern, die alle von einer Art Stadtmauer umgeben sind. Der König schmückt seinen Hals und seine Arme wie eine Frau und trägt eine hohe goldverzierte Kappe [...]. Er hält Audienz und hört Beschwerden gegen seine Beamten unter einem Kuppeldach, neben dem zehn Pferde mit Decken aus Goldstoff stehen. Hinter dem König stehen zehn Pagen mit goldverzierten Schildern und Schwertern, und auf seiner Rechten sind die Söhne der Vasallenkönige des Landes. Sie tragen prachtvolle Kleidung und ihre Zöpfe sind mit Goldfäden durchflochten. Vor dem Tor des königlichen Kuppeldaches wachen Hunde, die den König fast niemals verlassen. Sie tragen goldene und silberne Halsbänder, geschmückt mit Glöckchen aus den gleichen Materialien.«

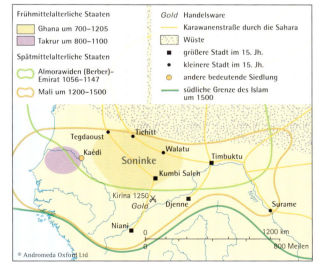

*Archäologischen Funden zufolge bestand das Reich Ghana bereits vor dem 8. Jahrhundert. Im 11. Jahrhundert wurde es von den Almorawiden angegriffen und fand nie mehr zu seiner einstigen Größe zurück. Im 13. Jahrhundert fiel es an das Reich Mali.*

# Fernhändler in Ostafrika
# Die Swahili

*Rohstoffe und Sklaven waren die wichtigsten Güter, die von Ostafrikas Küste ab dem 8. Jahrhundert nach Übersee gebracht wurden – im Gegenzug importierte man Fertigwaren aus (fast) aller Welt. Auf afrikanischer Seite kontrollierten die Swahili den Fernhandel und gelangten so zu enormem Wohlstand.*

An der ostafrikanischen Küste blickt der Fernhandel auf eine lange Geschichte zurück. So beschreibt schon ein antiker griechischer Bericht aus dem 1. Jahrhundert n. Chr. ein dort gelegenes Handelszentrum und seit dem 2. Jahrhundert bestanden Handelsbeziehungen mit Arabien, seit dem 6. Jahrhundert mit Indien. Spätestens ab dem 8. Jahrhundert siedelten sich schließlich arabische Kaufleute an der Küste zwischen dem Süden des heutigen Somalia und dem Norden des modernen Mosambik sowie auf den vorgelagerten Inseln an. Später wanderten auch politisch motivierte Emigranten sowie Kaufleute aus Persien und sogar aus Indien zu. Es begann die große Zeit der ostafrikanischen Küste.

### Elfenbein und Sklaven, Glas und Porzellan

Seetüchtigere Schiffe und eine verbesserte Navigationstechnik waren die entscheidenden Faktoren für die Ausweitung des afrikanisch-asiatischen Fernhandels ab etwa dem 9. Jahrhundert. Unter Ausnutzung der Monsunwinde konnten Schiffe von Arabien, dem Persischen Golf und sogar Indien und China in den Monaten Dezember bis März an die ostafrikanische Küste segeln und vorzugsweise im April oder August war eine Reise in umgekehrter Richtung möglich.

Da die Küste zwischen Mogadischu bis zur Höhe von Sansibar vergleichsweise leicht anzulaufen war, erstarkten vor allem dort die Handelsniederlassungen, die zugleich Umschlagplätze des Seehandels sowie Endstationen des innerafrikanischen Zwischenhandels waren. Von diesem Küstenabschnitt wurden aus dem Hinterland bezogene Waren wie Elfenbein und Leopardenfelle verschifft. Aber auch Sklaven gerieten zur begehrten Handelsware zunächst für die islamische Welt, wo die Versklavung von Muslimen verboten war. Bedarf bestand jedoch auch andernorts. Viele Afrikaner wurden zudem nach Indien oder sogar China transportiert. Im 18. und sogar verstärkt im 19. Jahrhundert wurde die »Ware Mensch« schließlich zum bedeutendsten Exportgut in die Neue Welt. Das südlicher, im heutigen Tansania gelegene Kilwa war zwar schwieriger zu erreichen, lockte hingegen die Kaufleute mit Gold und Kupfer aus dem südlichen Afrika. Im Gegenzug verlangten die afrikanischen Handelspartner arabische und persische Luxusgüter wie Parfüm, Schmuck oder Gold-, Silber- und Glaswaren, indische Baumwolltuche sowie Porzellan und Seidenstoffe aus China. Die Waren aus dem Reich der Mitte erreichten die Küste jedoch nur selten direkt, sondern meist über viele Etappen und Zwischenhändler. Das Transportwesen lag dabei in den Händen arabischer, persischer und indischer Kaufleute.

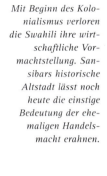

*Mit Beginn des Kolonialismus verloren die Swahili ihre wirtschaftliche Vormachtstellung. Sansibars historische Altstadt lässt noch heute die einstige Bedeutung der ehemaligen Handelsmacht erahnen.*

## GESCHÄFTSTÜCHTIGE KÜSTENBEWOHNER

Während der Handel erstarkte, entwickelte sich an der Küste eine Mischbevölkerung, die – abgeleitet von dem arabischen Wort *sawahili*, »Küstenbewohner« – Swahili genannt wurde. Die arabischen, persischen und indischen Einwanderer hatten sich mit den einheimischen Bewohnern vermischt und waren zu einer eigenen, seit dem 13. Jahrhundert islamisierten Kultur verschmolzen. Diese kannte ein eigenes, vom Arabischen abgeleitetes Schriftsystem und sprach eine eigenständige Bantu-Sprache: das Kiswahili.

Die Niederlassungen der Swahili, deren Kaufmannsschicht der Küsten- und Zwischenhandel nach Zentral- und Südafrika oblag, entwickelten sich bis ins 15. Jahrhundert zu blühenden Zentren. Paläste aus Stein, prachtvolle Moscheen und eingeführte Luxuswaren zeugen vom Wohlstand der Küstenstädte und der seit dem 13. Jahrhundert entstandenen Stadtstaaten.

*Nur spärliche Ruinen zeugen von der einstigen Pracht des Sultanspalastes auf Sansibar. Die Insel stieg unter Sayyid Said bin Sultan von Maskat (1804–1856) zum bedeutendsten Handelsplatz im Süden der ostafrikanischen Küste auf.*

## DIE PORTUGIESEN LEITEN DEN NIEDERGANG EIN

Die reichen Handelszentren weckten die Begierde der im Jahre 1497 an der Swahili-Küste gelandeten Portugiesen. Sie erlangten trotz erbitterten Widerstandes bald die Oberhoheit über die Küstenstädte und deren Handel, wurden jedoch Ende des 17. Jahrhunderts wieder vertrieben. Fortan konkurrierten Araber, Swahili und Europäer um die wirtschaftliche und politische Vormacht in den verschiedenen Küstengebieten. Um 1850 schließlich wurden Sansibar und Pemba unter dem omanischen Sultan Sayyid Said zum bedeutendsten Handelsplatz der ostafrikanischen Küste.

Ende des 19. Jahrhunderts kam das Siedlungsgebiet der Swahili unter europäische Kolonialherrschaft. Tanganjika wurde deutsches Schutzgebiet, die Insel Sansibar und Kenia unterstanden hingegen Großbritannien, das sich zudem mit Italien die somalische Küste teilte. Mosambik blieb unter portugiesischer Kolonialverwaltung. Im Zuge der Kolonialisierung wurde das alte Wirtschafts- und Gesellschaftsgefüge in Ostafrika vollkommen zerstört. Mit Zerschlagung des interkontinentalen ostafrikanischen Fernhandels verloren die Swahili endgültig ihre wirtschaftliche Vormachtstellung.

*Auf Sansibar zählen seit Mitte des 19. Jahrhunderts auf Plantagen angebaute Gewürznelken zu den wichtigsten Exportgütern.*

## KISWAHILI, DIE LINGUA FRANCA OSTAFRIKAS

Das Kiswahili ist nicht nur die Muttersprache der heute mehrere Millionen zählenden Swahili: Bereits seit dem 18. Jahrhundert entwickelte es sich zur bedeutendsten Handelssprache des ostafrikanischen Hinterlandes. Heute zählt die mit zahlreichen arabischen Lehnwörtern versetzte Bantu-Sprache mit über vierzig Millionen Sprechern zu den bedeutendsten Verkehrssprachen im Küstengebiet und im Hinterland zwischen Somalia und Mosambik, wird aber auch im Landesinneren etwa in Uganda und dem Osten der Demokratischen Republik Kongo verwendet. Kiswahili wird heute in lateinischer Schrift geschrieben.

# EINFLUSSREICHE KARAWANENHÄNDLER
# KANEM-BORNU UND HAUSA

*Zwischen dem Tschadsee und dem Niger erlangten das Reich Kanem-Bornu und die Stadtstaaten der Hausa vornehmlich durch die Kontrolle des Karawanenhandels Macht und Bedeutung. Als eine Folge davon ist in Westafrika das Hausa noch heute als Handelssprache weit verbreitet.*

*Haus in Kano, einst einer der Stadtstaaten der Hausa, die über Jahrhunderte den Karawanenhandel kontrollierten*

Wohl im 8. Jahrhundert entstand nordöstlich des Tschadsees das Reich Kanem, dessen wirtschaftliche Grundlage die Einnahmen aus der Kontrolle der Fernhandelsrouten bildeten. Der regierenden Sefuwa-Dynastie gelang es in den folgenden Jahrhunderten, ihr Herrschaftsgebiet in die Wüste auszudehnen – offensichtlich spielte der Islam dabei eine wichtige Rolle. Nachdem dieser Ende des 11. Jahrhunderts unter dem Regenten Hume zur Religion der Machthaber geworden war, führte wahrscheinlich Humes Nachfolger, ein zweimaliger Mekkapilger, die für die Expansion unabdingbare Reiterarmee ein. Diese bestand zunächst aus arabischen Kriegern und später aus Sklaven.

## KANEMS EXPANSION

Nach zahlreichen Kriegen hatte Kanem zu Beginn des 13. Jahrhunderts unter Dunama Dibalemi seine größte Ausdehnung erreicht und die Kontrolle über die Transsahara-Route erlangt. Seine Armee, eine der größten Streitkräfte der Epoche, war mit einem Reiterheer von mehreren zehntausend Mann und einem noch weitaus größeren Fußvolk ausgestattet. Sie wurde jedoch nicht nur für Eroberungszüge eingesetzt, sondern bot auch den Karawanen Schutz vor Überfällen. Große Festungen, deren Überreste in heute verlassenen Landstrichen noch immer vorhanden sind, dienten als Stützpunkte.

Das Ansehen Kanems gründete auf seiner militärischen Macht und auf intensiven wirtschaftlichen und politischen Beziehungen, die bis nach Nordafrika und Ägypten bestanden. Zudem versammelten sich dort zahlreiche islamische Schriftgelehrte, wodurch das Reich zum Brennpunkt islamischer Kultur im mittleren Sudan aufstieg.

## VON KANEM ZU KANEM-BORNU

Das große Reich konnte jedoch nicht lange gehalten werden. Streitigkeiten und Abspaltungsbestrebungen resultierten aus König Dibalemis Entscheidung, einzelne Gebiete erfolgreichen Heerführern zu unterstellen. Destabilisierend wirkten zudem der Widerstand von Teilen des Adels gegen die verstärkte Islamisierung

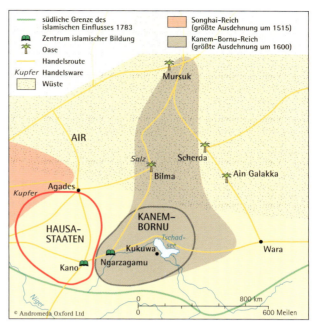

*Kanem-Bornu und die Hausa-Staaten*

und Aufstände von Vasallen. Schließlich zwangen Ende des 14. Jahrhunderts die Bulala, Vasallen im Süden des Reiches, die Herrscher zur Aufgabe von Kanem und regierten es bis Ende des 15. Jahrhunderts. Die alten Herrscher ließen sich weiter westlich in Bornu nieder. Sie konnten Kanem im 16. Jahrhundert wieder zurückerobern, die alten Grenzen sichern und sogar etwas erweitern, residierten aber weiter in Bornu. Von innerfeudalen Kriegen erschüttert, erlebte das nun Kanem-Bornu genannte Reich ab dem 17. Jahrhundert seinen Niedergang.

## DIE HANDELSSTAATEN DER HAUSA

Im Nordwesten des heutigen Nigeria sowie in Teilen der modernen Republik Niger entwickelten sich etwa ab dem Jahr 1000 die Stadtstaaten der Hausa. Diese mit dicken Befestigungsmauern umgebenen Städte waren bedeutende Handels- und Marktzentren, die offenbar ab dem 14. Jahrhundert verstärkt dem Einfluss des Islam unterstanden. Als selbständige Verwaltungs- und Herrschaftsbezirke dominierten sie ihr weites Umland.

Anfang des 16. Jahrhunderts kontrollierte in diesen Staaten eine breite Schicht reicher Kaufleute den Karawanenhandel über Aïr und die Kupferminen von Takedda nach Nordafrika. Hoch geschätzte Waren dieses Fernhandelssystems waren Kupfer, das nach Süden exportiert wurde, und die in eigenen Werkstätten gefertigten Metall- und Lederwaren sowie indigo-gefärbte Baumwollstoffe, für die diese Region bis heute berühmt ist. In den Webereien und Färbereien arbeiteten Sklaven aus Kriegszügen oder Tributzahlungen.

Im 16. Jahrhundert vertieften sich die Unterschiede in den Bevölkerungen der Staaten, doch nach zeitweiliger Eroberung durch das Songhai-Reich schlossen sich die sich zuvor befehdenden Städte enger zusammen und verwendeten das Hausa als gemeinsame Sprache. Die nun offiziell als »Hausa-Staaten« bezeichneten Städte entwickelten zudem ein gewisses »nationales« Zusammengehörigkeitsgefühl, das sich jedoch bald wieder abschwächte. Im 17. und 18. Jahrhundert rückten verschiedene Hausa-Städte als wichtigste Knotenpunkte des Karawanenhandels und damit politische Zentren in den Vordergrund. Katsina konkurrierte als blühendes Handelszentrum und Mittelpunkt der Islamschulen mit Kano um die Vormachtstellung bei der Kontrolle des Transsahara-Handels. Im 18. Jahrhundert festigte Gobir seine politische Führung unter den Hausa-Staaten, die aber weiterhin untereinander uneinig und in unzählige Streitigkeiten verstrickt blieben.

*Nach traditionellen Methoden wird heute noch in der Region der Hausa das Färben von Textilien praktiziert.*

### KÖNIGE MIT ARBEITSTEILUNG

Mündlichen Überlieferungen zufolge gab es im 16. Jahrhundert sieben Hausa-Stadtstaaten, die vom Sohn und den sechs Enkeln einer Herrscherin der Handelsstadt Daura gegründet wurden und unterschiedliche Aufgaben unter sich aufgeteilt hatten: Die Herrscher von Kano und Rano galten als »Könige des Indigos«, da dort vor allem Indigo-Stoffe hergestellt wurden. Gobir sorgte als »König der Truppen« für den Schutz der anderen Hausa-Städte etwa gegen die ständige Bedrohung durch die nördlichen Tuareg und Tubu. Zaria versorgte als »Beherrscher der Sklaven« die anderen Stadtstaaten mit Sklaven. Zwei der Städte galten als »Könige des Marktes«. Daneben berichten die Überlieferungen noch von sieben »unrechtmäßigen« Herrschaftsbereichen, in denen die Hausa lediglich eine Minderheit darstellten: Kebbi, Zamfara, Jauri, Ilorin, Nupe, Gwari und Kororofa.

# Händler, Eroberer und Staatengründer
## Waräger und Normannen

*Wikinger und Wikingernachfahren traten keineswegs bloß als plündernde Horden auf. Die Geschichte der Waräger und Normannen beweist, dass sie auch bei Staatsgründungen mitwirkten oder sie gar selbst ausführten.*

*Die Wikingerausgrabungen im neufundländischen L'Anseaux-Meadows (Kanada) sind Zeugnis der wohl ersten europäischen Siedlung in Nordamerika. Der Maler Christian Krogh stellte 1893 die Landung des Wikingers Leif Eriksson an der amerikanischen Küste in sturmumtoster See dar.*

Wahrscheinlich ist es das altnordische Wort *var* für »Eid«, von dem sich die Bezeichnung Waräger für die Wikinger, die an den baltischen Küsten landeten oder ihre Boote über die großen Ströme Russlands lenkten, ableitet. Die Mitglieder einer wikingischen Fahrgemeinschaft gelobten sich nämlich gegenseitige Hilfeleistung – und »Waräger« bedeutete »Kaufleute-Bruderschaft«.

### Erschliessung des Ostens

In der Wikingerzeit von etwa 800 bis 1050 erweiterten diese verschworenen Händler-Gemeinschaften von ihrem Stammland Schweden aus die seit der Bronzezeit mit dem Osten bestehenden Handelsverbindungen. Waräger errichteten Mitte des 9. Jahrhunderts am Ladoga-See den Handelsplatz Aldjuborg (heute Staraja Ladoga) und erschlossen von dort aus über die großen Flusssysteme Russlands Handelsgebiete bis zum Kaspischen Meer, wo Verbindung zu den innerasiatischen Handelsstraßen und der Route nach Bagdad bestand, und bis ans Schwarze Meer, an dessen Küste sie Verkehr mit Konstantinopel (Byzanz) aufnahmen. Entlang der Wasserstraßen gründeten sie Stützpunkte unter anderem in Nowgorod, in Kiew und auf der Insel Berezanji im Dnjepr-Delta.

Obwohl die Waräger vor allem am friedlichen Handel interessiert waren, blieben Kampfhandlungen nicht aus: Am Unterlauf des Dnjepr etwa mussten sie sich regelmäßig gegen Überfälle der dort ansässigen Petschenegen wehren und mit Byzanz stand das Handelsimperium von Kiew häufiger auf Kriegsfuß. Die kriegerische Tüchtigkeit der Skandinavier beeindruckte die Byzantiner indes so sehr, dass sie sie ab der zweiten Hälfte des 10. Jahrhunderts als Söldner in Dienst nahmen. Die Warägergarde gewann bald Ruhm als Eliteformation.

Über die Rolle der Waräger als Staatengründer ist lange debattiert worden. Neueste Ausgrabungen zeigen deutlich die Ausdehnung und Bedeutung der Warägersiedlungen in Russland. So wirkte die skandinavische Händleroberschicht zumindest sicher an den Staatsbildungsprozessen mit – sowohl bei der Herrschaft der Rurikiden in Nowgorod als auch im Reich von Kiew, das als Keimzelle des heutigen Russlands angesehen wird.

### Normannen in Nordfrankreich, England und Süditalien

»Nordmanni« nannten die fränkischen Chronisten die rauen Männer aus dem Norden, die ab Ende des 8. Jahrhunderts an den Küsten Westeuropas erschienen. Diese Bezeichnung blieb an den Wikingern aus Dänemark und Norwegen haften, die sich um das Jahr 900 an der Seine-Mündung niederließen. Ihr Führer Rollo schloss im Jahr 911 einen Vertrag mit dem westfränkischen König Karl III., dem Einfältigen, der ihm die Gebiete des künftigen Herzogtums Normandie übertrug. Rollo wurde Gefolgsmann des Königs und ließ sich taufen. In der Folge übernahmen die Normannen das fränkische Recht und auch die französische Sprache.

1066 griffen die Normannen in Erbschaftsauseinandersetzungen in England ein. Herzog Wilhelm II. besiegte den englischen König Harald Godwinsson in der Schlacht von Hastings und ließ sich als Wilhelm I., der Eroberer, zum König von England krönen. Normannische Führungsschicht und unterlegene Angelsachsen wuchsen mit

*Das restaurierte Wikingerschiff aus dem norwegischen Oseberg war um 850 in Gebrauch.*

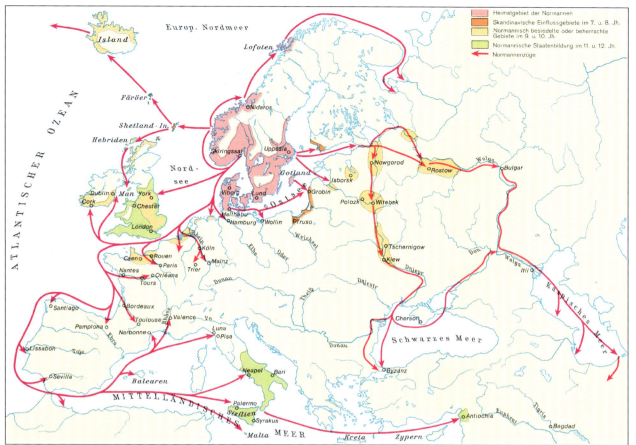

*Von Nordeuropa aus zogen Waräger und Normannen bis weit in den Osten und Süden des Kontinents sowie nach Asien, Nordafrika und Amerika.*

der Zeit zusammen; diese Verbindung verlieh dem englischen Nationalcharakter sein besonderes Gepräge.

In Süditalien heuerten bereits im Jahr 1016 Städte, die die byzantinische Hegemonie abschütteln wollten, Normannen als Söldner an. Im Laufe der Zeit siedelten sich diese und immer mehr ihrer Landsleute an. Mitglieder der normannischen Familie Hauteville schufen sich im 11. Jahrhundert aus Ländereien, die sie Byzantinern und Sarazenen abgenommen hatten, eigene Herrschaften in Apulien, Kalabrien und auf Sizilien. Roger II. (1095–1154) schließlich fügte 1130 die normannischen Grafschaften und Fürstentümer zum Königreich Sizilien zusammen, das westlich-lateinische, griechische und arabische Traditionen vereinte. Der Normannenstaat wurde zentralistisch gelenkt und von einem effizienten Beamtenapparat verwaltet. Diese »modernen« Strukturen wurden von den Staufern übernommen, die nach der Heirat von Heinrich VI. und Konstanze, der letzten Erbin des Hauses Hauteville, ab 1194 im Königreich Sizilien regierten. Ähnlich wie in England verschmolzen auch in Italien die Normannen schnell mit der einheimischen Bevölkerung und gingen bis zur Wende des 12./13. Jahrhunderts vollständig in ihr auf.

### DIE SCHLACHT VON HASTINGS

Die Heere, die am 14. Oktober 1066 bei Hastings in der Grafschaft East Sussex aufeinander trafen, waren mit jeweils etwa 8000 Mann gleich groß, jedoch unterschiedlich gegliedert. Die Normannen unter Herzog Wilhelm besaßen neben der Infanterie starke Kontingente von Bogenschützen und vor allem eine Reitertruppe von etwa 2000 Mann. Die Angelsachsen unter König Harald Godwinsson dagegen wiesen nur Fußkämpfer und eine Handvoll Bogenschützen auf. Dennoch sah es zuerst lange so aus, als sollte die Normanneninvasion an diesem Tag ihr Ende finden. Alle Angriffe prallten an dem Schildwall der Angelsachsen ab, die sich auf eine Hügelstellung zurückgezogen hatten. Erst als diese den vermeintlich geschwächten Gegner angriffen, wendete sich das Blatt zu dessen Gunsten. Einzeln vorgepreschte angelsächsische Trupps wurden umzingelt und niedergemacht. Dann erfolgte nach acht Stunden erbittertem Kampf ein letzter, entscheidender Generalangriff der Normannen. König Harald fiel, sein Heer wurde auseinander getrieben. Als letzte leisteten die Leibgardisten des angelsächsischen Königs, die Huskarle, vergeblichen Widerstand.

*Die Darstellungen auf dem berühmten Teppich von Bayeux (um 1080) schildern den Eroberungszug Herzog Wilhelms und seinen Sieg über König Harald im Jahr 1066; der Ausschnitt zeigt die Überfahrt der normannischen Truppen.*

▶ Kriege und Konflikte: Wikinger, Normannen und Waräger
▶ Große Entdeckungen: Entdeckungen der Wikinger
▶ Große Entdeckungen: Entdeckung eines Runensteins

# WELTWEITE VERFLECHTUNGEN

*Getreide- und Tuchhandel im 14. Jahrhundert – Handel bestimmte im Mittelalter wie zu anderen Zeiten auch die internationalen Verflechtungen.*

Den Fernhandel bestimmten einst nicht überlebenswichtige oder alltägliche Dinge, sondern Luxusgüter wie Gold, Elfenbein, Perlen, Salz, Seide, Pelze, Gewürze, Tee oder gar Tulpenzwiebeln. Die »Notwendigkeit des Überflüssigen«, um mit den Worten von Voltaire zu sprechen, sorgte dafür, dass in allen Weltgegenden und zu allen Zeiten bestimmte Güter begehrt waren, die mühsam aus entfernten Regionen beschafft werden mussten und den Kaufleuten oft märchenhafte Gewinne einbrachten.

## WELTENVERBINDENDE HANDELSROUTEN

Auf dem ältesten Handelsweg Europas wurde in der Jungsteinzeit Feuerstein transportiert, der zur Fertigung von Werkzeugen und Waffen diente. Vor 7000 Jahren schifften Händler diesen damals teuersten Rohstoff in Einbäumen über Flüsse vom niederbayerischen Abensberg bis ins heutige Prag. Bernstein, das »Gold des Nordens«, gelangte vor etwa 5000 Jahren auf Flüssen und Landwegen bis nach Italien. Der Handel mit Sklaven besaß bereits während der ersten beiden vorchristlichen Jahrhunderte in Rom große Bedeutung. Vor allem Gallier verkauften Kriegsgefangene oder Schuldsklaven nach Italien und aus dem östlichen Mittelmeer gelangte manches Opfer der Piraterie auf den römischen Sklavenmarkt. Eine der bekanntesten frühen Fernhandelsrouten ist die Seidenstraße zwischen China und dem Mittelmeerraum. Ab etwa 100 v. Chr. wurde auf dieser über 6000 Kilometer langen Strecke die begehrte chinesische Seide über

*Das Gemälde Samuel Scotts aus dem 18. Jahrhundert zeigt die Warenzollabfertigung am Old Custom's House Quay an der Themse in London.*

Zwischenstationen in Indien und Arabien transportiert. Der Venezianer Marco Polo brachte später aus China eine Ware mit, die heute aus unserem Leben nicht mehr wegzudenken ist: Nudeln.

Nicht nur Handelswege waren oft nach dem Haupthandelsgut benannt, sondern auch manches Herkunftsgebiet: »Goldküste« hieß die Küste des heutigen Ghana und bis heute hat sich die Bezeichnung »Elfenbeinküste« erhalten. Als »Pfefferküste« war einst ein westafrikanischer Küstenstrich in Europa bekannt. Die damalige wirtschaftliche Bedeutung dieses heute alltäglichen Gewürzes verdeutlicht der Spottname »Pfeffersack« für einen erfolgreichen Kaufmann.

Während indonesische, chinesische, indische und arabische Schiffe schon um die Zeitenwende auf den Weltmeeren kreuzten und Sklaven oder Elfenbein aus Afrika nach Arabien, Persien und sogar nach China gegen Keramik oder Tuche gehandelt wurden, verfügten die Europäer erst ab dem 15. Jahrhundert über hierfür geeignete Schiffe und ausreichende Kenntnisse.

### Handelsketten und Handelsvereinigungen

Oft war es den Händlern nicht möglich oder zu beschwerlich, direkt zu den Produktions- und Herkunftsgebieten der gesuchten Waren vorzudringen. Und so gingen die Güter durch die Hände zahlreicher Zwischenhändler, die jedoch ihre Geheimnisse zu wahren verstanden. Die letzten in der Handelskette hatten daher oft nur sehr vage Vorstellungen, woher die von ihnen gehandelten Waren genau stammten. Gräuelmärchen von Menschenfressern, Ungeheuern und unüberwindlichen Bergen sollten zusätzlich Konkurrenten abschrecken und von den lukrativen Ursprungsregionen fernhalten.

Fernhandel war meist ein äußerst lohnendes, aber auch ein sehr risikoreiches Geschäft, denn nur selten waren die Land- und Wasserwege sicher. So kontrollierten im ersten vorchristlichen Jahrhundert Piraten zeitweilig das gesamte Mittelmeer und machten Handelsfahrten nahezu unmöglich. Zum Schutz vor Seeräubern, Überfällen und Konkurrenten sowie zur Bewältigung der vielfältigen Transportprobleme schlossen sich Kaufleute zu mächtigen Vereinigungen zusammen. Ein berühmtes Beispiel ist die mittelalterliche Hanse. Sie war anfangs ein Zusammenschluss reisender Kaufleute und später einiger Städte.

### Handel und kultureller Wandel

Durch den Fernhandel entstanden an strategisch günstigen Lagen, etwa Furten an größeren Flüssen, Städte, die zu wichtigen Umschlagplätzen wurden. Sie erzielten ein beträchtliches Einkommen aus Zöllen, Hafen- und Liegegebühren sowie den Dienstleistungen, die von durchreisenden Kaufleuten und Schiffsbesatzungen in Anspruch genommen wurden.

Fernhandelswege wie die Weihrauch- und Seidenstraße, die Gewürz-, Pelz- und Elfenbeinrouten durchzogen oft Kontinente, verliefen über Weltmeere und verknüpften blühende Wirtschaftszentren. Der Aufstieg und Niedergang von Weltreichen war nicht nur in Europa, sondern auch auf anderen Kontinenten eng mit dem Handel verknüpft. Das afrikanische Reich Aksum etwa erlebte seinen Aufstieg und Niedergang durch den Handel mit Rom. Städte und Stadtstaaten stiegen durch ihre Lage und ihre Waren zu bedeutenden Handelszentren auf, die mehrere Weltregionen versorgten. Einst wichtige Metropolen versanken in der Bedeutungslosigkeit, wenn der Handel mit diesen Gütern zum Erliegen kam oder sich die Handelsrouten verlagerten.

Die Fernhandelsrouten waren immer auch Kulturstraßen. Jahrhundertelang bestehende Verbindungen prägten die an ihnen gelegenen Gebiete. So verbreitete sich der Islam in Afrika entlang

*Jakob Fugger und sein Buchhalter – die Fugger spielten im 16. Jahrhundert eine überragende Rolle im internationalen Fernhandel.*

der Transsahara-Route, auf der Gold aus dem Westen Afrikas gegen Salz aus dem Norden eingetauscht wurde. Durch diese wirtschaftlichen Kontakte wurden auch Technologien und andere Kenntnisse weitergetragen, so etwa unser aus Arabien stammendes Zahlensystem. Dem Fernhandel verdanken wir unzählige Dinge fremden Ursprungs, die heute nicht mehr aus unserer Kultur wegzudenken sind: Hierzu zählen beispielsweise Nudeln, Kartoffeln oder Reis, Pfeffer, Ingwer oder Zimt, Tee, Kaffee oder Kakao. Durch bessere Transportverbindungen verlagerte sich der Fernhandel von Luxusgütern auf den Umschlag von Massenwaren, die heute aus fernen Ländern oft billiger bezogen werden können als aus der näheren Umgebung.

### Nutzen und Schaden

Für die Menschen vieler Regionen hatte der Fernhandel auch schreckliche Folgen. Berühmtestes Beispiel ist der Sklavenhandel in Afrika. Durch ihn wurde das Leben vieler Menschen über Jahrhunderte hinweg beeinträchtigt und vernichtet – für den Profit einiger weniger. Auch fanden im Gefolge von Fernhandel unzählige Kriege oder Eroberungen weiter Gebiete statt.

▶ Handel und Wirtschaft: Reiseberichte und Wirtschaftsbeziehungen

# Götter – Könige – Gottkönige
# Die Reiche der Khmer

*Nahezu acht Jahrhunderte wurden die mächtigen Königreiche der Khmer von aufeinander folgenden Dynastien regiert. Von der einstigen Stärke, dem Selbstverständnis und der kulturellen Blüte dieser südostasiatischen Monarchien zeugen die imposanten Tempelanlagen von Angkor im heutigen Kambodscha.*

K urz vor Beginn unserer Zeitrechnung wanderten die Khmer aus der südchinesischen Provinz Yünnan entlang des Mekong in die Region ein – vermutlich waren sie etwa im 2. Jahrhundert die Gründer des Reiches Funan. Durch rege Handelskontakte mit indischen Kaufleuten waren sie tief greifenden kulturellen Einflüssen aus dem Subkontinent ausgesetzt, die sich entscheidend auf ihr Machtverständnis und späteres Staatswesen auswirkten.

*Ausschnitt aus dem 35 Meter langen und 3 Meter hohen Fries an dem Tempel Bayon in Angkor Thom.*

Ende des 6. Jahrhunderts ging das indisierte Funan im Khmer-Königreich von Chenla auf. Die neuen Herrscher dehnten ihre Einflusssphäre auf weite Gebiete im heutigen Thailand und Laos aus und gründeten ihre Hauptstadt im Herzen Kambodschas am »Großen See« Tonle Sap. Das aus einer späteren Reichsteilung hervorgegangene Land-Chenla gewann bald die Vormachtstellung gegenüber Wasser-Chenla im Süden, das seine Eigenständigkeit an Java verlor. Jayavarman II. schließlich eroberte in seiner langen Regierungszeit (802 – 850) den südlichen Reichsteil zurück. Er vereinte die Khmer in einem Staat und verlegte seine Hauptstadt Hariharalaya zuerst nach Angkor und dann nach Roluos 20 Kilometer südöstlich vor Angkor. Während der folgenden klassischen Periode Angkors entfaltete sich über fast 500 Jahre die Macht der Khmer, von denen die heutigen Kambodschaner abstammen.

## Sakraler Mikrokosmos, weltliche Kontrolle

Den absoluten Herrschaftsanspruch der Monarchen legitimierte das unter Jayavarman II. eingeführte Gottkönigtum »Devaraja«.

*Aus dem 6. Jahrhundert und somit aus der Prä-Angkor-Periode stammt dieser aus Sandstein meisterhaft gefertigte Buddha-Kopf.*

**500 — 600 — 700 — 800 — 900 — 1000**

**6. – 8. Jahrhundert**
*Mehrere gescheiterte Versuche zur Gründung eines Nationalstaates*

**802**
*Gründung des ersten Khmer-Reichs unter Jayavarman II.*

**Ende 9. Jahrhundert**
*Angkor wird unter Jaschovarman I. Hauptstadt; Anlage des östlichen Stausees*

**Ab 944**
*Angkor wird ständige Hauptstadt*

**Um 1000**
*Angkor über 1 Mio. Einwohner*

**Mitte 11. Jahrhundert**
*Anlage des westlichen Stausees*

# KHMER

*Die Luftaufnahme verdeutlicht die riesigen Ausmaße des gesamten Komplexes von Angkor Vat.*

Thronintrigen und ein bürgerkriegsähnliches Chaos. Das nunmehr erheblich geschwächte Reich wurde durch die Cham besetzt und erst Jayavarman VII. (1181–1212) konnte den Khmer-Staat wieder stabilisieren. Er eroberte Angkor zurück, gründete nahe der alten Hauptstadt die neue Residenz Angkor Thom und führte den Buddhismus ein. Jayavarman VII. ging zudem als ein zu immer größeren Bauprojekten getriebener Herrscher, vor allem jedoch als Gründer sozialer Einrichtungen wie Schulen und Krankenhäuser in die Geschichte ein. Nach seinem Tod setzte der stete Niedergang der Khmer-Reiche ein.

Die weltliche und spirituelle Macht konzentrierte sich im gottähnlich verehrten König, der als Nachkomme der hinduistischen Götter Shiva oder Vishnu galt. Dem Glauben zufolge, dass die Seele eines verstorbenen Herrschers eins werde mit dem Gott, dem eine bedeutende Kultstätte geweiht ist, dienten Tempel auch als Mausoleen. Dieses indisch geprägte Weltbild bestimmte die gesamte Anlage der Städte und Tempel, die dem heiligen hinduistischen Kosmosberg Meru nachgebildet wurden. Auf dem Tempelberg lag der Wohnsitz der Götter, während die Menschen in der umgebenden Landschaft zwischen Wasser und Bergen lebten, die ihre Entsprechung in den großen Kanälen, Stauseen und Stadtmauern fanden.

Ein für die damalige Zeit hochmoderner Staatsapparat mit Armee, Polizei und strukturierter Verwaltung ermöglichte den Königen die Kontrolle und Machtausübung in einem ausgedehnten Reich, das zeitweise fast die gesamte Halbinsel Indochinas und Teile des heutigen Thailands umfasste. In riesigen Städten, die im Abendland nur im andalusischen Córdoba des 10. Jahrhunderts ihresgleichen kannten, lebten in manchen Epochen wohl rund 1 000 000 Einwohner. Die Versorgung der beträchtlichen Bevölkerung war durch effiziente Bewässerungstechniken und gewaltige künstlich angelegte Stauseen sichergestellt. Nur so konnten die Niederschlagsmengen im Rhythmus des Monsuns und des wechselnden Wasserstands des großen Sees Tonle Sap insbesondere für den Reisbau kanalisiert und gespeichert werden. Darüber hinaus stellte das reiche Fischvorkommen im Tonle Sap eine weitere wichtige Nahrungsquelle dar.

## GLANZ UND UNTERGANG

Gleich anderen großen Zivilisationen erlebten auch die Khmer-Reiche Höhen und Tiefen einer wechselvollen Geschichte, die eng mit einigen herausragenden Herrscherpersönlichkeiten verknüpft ist. Den Höhepunkt seiner Macht und seine größte Ausdehnung erreichte das Khmer-Reich unter Suryavarman II. (1113–1150), der den grandiosen Tempel Angkor Vat als größtes sakrales Bauwerk der Welt zum Erbe gab. Kunst und Architektur verschmelzen hier zu einer eindrucksvollen Darstellung weltlicher und sakraler Macht. Seiner Herrschaft folgten

*Die im 12. Jahrhundert gegossene Bronzefigur einer knienden Göttin wurde im Tempel Bayon in Angkor Thom gefunden.*

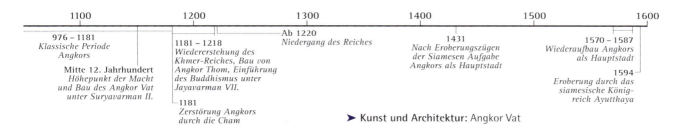

976–1181
*Klassische Periode Angkors*

Mitte 12. Jahrhundert
*Höhepunkt der Macht und Bau des Angkor Vat unter Suryavarman II.*

1181–1218
*Wiedererstehung des Khmer-Reiches, Bau von Angkor Thom, Einführung des Buddhismus unter Jayavarman VII.*

1181
*Zerstörung Angkors durch die Cham*

Ab 1220
*Niedergang des Reiches*

1431
*Nach Eroberungszügen der Siamesen Aufgabe Angkors als Hauptstadt*

1570–1587
*Wiederaufbau Angkors als Hauptstadt*

1594
*Eroberung durch das siamesische Königreich Ayutthaya*

▶ Kunst und Architektur: Angkor Vat

# KULTURBRINGER UND KRIEGER
## DIE TOLTEKEN

*Nach dem Fall von Teotihuacán wurde die mesoamerikanische Geschichte für die nächsten Jahrhunderte von den Tolteken geprägt. Die Azteken, die sich selbst als direkte Nachkommen der Tolteken sahen, bewunderten ihre Kultur sowie ihren Reichtum und verehrten sie als Erfinder von Kunst und Wissenschaft.*

*Quetzalcóatl, die »gefiederte Schlange«, eine der wichtigsten Gottheiten Mesoamerikas, wurde von den Tolteken als Kulturheros verehrt.*

Die toltekische Bevölkerung, die etwa um die Wende zum 9. Jahrhundert nördlich des Tales von Mexiko siedelte, setzte sich zum Teil aus Immigranten zusammen. Zu ihr gehörten die Nahuatl sprechenden Nonoalcas von der Golfküste sowie die Tolteken-Chichimeken aus dem Norden. Rund 85 Kilometer vom heutigen Mexiko-Stadt entfernt bewohnten sie ein kleines städtisches Zentrum, das später als Tula Chica in die Geschichte eingehen sollte; etwa 950 gründeten sie weiter südlich mit Tula Grande eine neue Hauptstadt.

### DER AUFSTIEG TULAS

Innerhalb der nächsten zwei Jahrhunderte gelang es den Tolteken, das auch »Tollan« genannte Tula als pompös ausgestattete Hauptstadt mit weit reichendem Einfluss aufzubauen. Ihre Blüte gründete vornehmlich auf der Ausbeutung und Verarbeitung der reichen Obsidianvorkommen von Pachuca. Vom Aufstieg und Fall dieser sagenumwobenen Metropole berichteten die Azteken voll Bewunderung den spanischen Eroberern in mythenbeladenen Erzählungen.

Im 12. Jahrhundert erstreckte sich Tula auf mehr als 16 Quadratkilometern und beherbergte über 70 000 Einwohner. Das monumentale Zeremonialzentrum der Stadt wurde von einem großen Hauptplatz beherrscht, um den sich Ballspielplätze, Paläste und zwei Pyramiden gruppierten.

### EIN BLUTIGES HERRSCHAFTSSYSTEM

Von Tula aus eroberten sich die Tolteken ein Reich, das sich südwärts durch das Tal von Mexiko erstreckte, im Norden die heutigen Bundesstaaten Guanajuata, Jalisco und Michoacán sowie Teile der Golfküste Yucatáns und der Pazifikküste von Chiapas und Guatemala umfasste. An der Spitze des Imperiums mit seinen tributpflichtigen eroberten Gebieten stand ein als Gott und oberster Priester verehrter Herrscher.

Dem idyllischen Bild, das die Azteken von den Tolteken als friedliches Volk zeichneten, widersprechen zahlreiche bis heute erhaltene bildliche und figürliche Darstellungen. So zieren etwa das bedeutendste Bauwerk Tulas, die Pyramide B, Reliefs, auf denen Jaguare, Kojoten, Adler und Schlangen menschliche Herzen verspeisen; und hinter dieser Pyramide finden sich auf der *coatepantli*, der »Schlangenmauer«, Darstellungen von menschlichen Skeletten, die von riesigen Klapperschlangen gefressen werden. Neben einem der drei Ballspielplätze ragt zudem das *tzompantli* (»Schädelgerüst«) empor, auf dem die Schädel der Geopferten aufgespießt wurden. Offensichtlich bildeten nicht Religion und Handel, sondern militärische Macht den Grundpfeiler der toltekischen Herrschaft. Motive von Kriegern sind allgegenwärtig: Manchmal formieren sie sich zum Kampf oder treten als gewaltige, fünf Meter hohe Atlanten auf, die einst das Dach eines Tempels trugen. Andere Fresken zeigen Ballspieler, denen der Kopf abgeschlagen wird. Von der gewaltsamen Eroberung Yucatáns zeugen die Wandgemälde im »Tempel der Krieger« in Chichén Itzá.

Mitte des 12. Jahrhunderts ging das toltekische Imperium für immer unter. Es ist jedoch nicht bekannt, was genau zu seinem Verfall führte. Aus frühen Quellen wissen wir nur von internen Machtstreitigkeiten, an deren Ende die Zerstörung von Tula stand.

### QUETZALCÓATL UND DIE EROBERUNG YUCATÁNS

Legende und Historie vermischen sich in den Überlieferungen über den vorletzten Herrscher in Tula, der aztekischen Quellen zufolge Topiltzín, »unser geliebter Prinz«, hieß. Er nahm den Namen des Gottes Quetzalcóatl an, wurde zum Kulturheros und Gestalter der *toltecayotl*, der »Gesamtheit der Schöpfungen der Tolteken«. Den Traditionen zufolge wurde der Herrschergott Quetzalcóatl nach internen Machtstreitigkeiten aus Tula vertrieben und erreichte schließlich mit seinen Anhängern Yucatán, wo sich der Maya-Stadtstaat Chichén Itzá befand.

Zwischen Maya und Tolteken entstand eine kulturelle Symbiose. So brachten die Tolteken bestimmte Stilmerkmale nach Yucatán, etwa die so genannte Chac-Mol-Skulptur, eine liegende Figur, die als Opferaltar vor den Pyramiden und auf den Tempelplattformen stand. Darüber hinaus führten sie den Bau der Schädelstätten für die Köpfe der Geopferten und Kriegsfriese als Schmuck an Versammlungshallen und Pyramidenwänden ein. Vermutlich nahm unter ihrem Einfluss die Opferung von Menschen zu und wurde die zentralmexikanische Institution der Kriegsorden etabliert. Die Maya hingegen verfügten offensichtlich über bessere künstlerische Fertigkeiten, denn die Architektur von Chichén Itzá wirkt wie eine verfeinerte Kopie der Bauwerke von Tula. In der zweiten Hälfte des 13. Jahrhunderts brach die Herrschaft der Tolteken in Yucatán zusammen, Chichén Itzá wurde zerstört und verlassen.

*Die »Chac Mol« genannten liegenden Figuren dienten als Opferaltäre. Zu den berühmtesten Chac Mol zählt der Opferstein vor dem Eingang des Tempels der Krieger in Chichén Itzá.*

#### QUETZALCÓATLS RÜCKKEHR

Im Pantheon der mesoamerikanischen Religionen der klassischen Zeit tritt Quetzalcóatl, die »gefiederte Schlange«, als wohl schillerndster Gott auf. Sein Symbol ist eine ikonographische Verschmelzung der Elemente Schlange und Federn des Quetzalvogels. Der Name des Schöpfergotts steht in enger Verbindung mit dem toltekischen Herrscher Topiltzín, der auf seinem Weg nach Yucatán als Quetzalcóatl viele Wundertaten vollbracht haben soll. Den Legenden zufolge verbrannte er sich an der Küste des Golfes von Mexiko selbst und wurde zum Morgenstern. Bei allen Völkern Mesoamerikas blieb die Erinnerung an Quetzalcóatl als Inbegriff des weisen Menschen und als Ursprung von Macht und Herrschaft stets lebendig. Die Erwartung, dass er eines Tages zurückkehren würde, schien 1519 in Erfüllung zu gehen: In diesem dem Quetzalcóatl heiligen Jahr legte Hernán Cortés an der Küste des Golfs von Mexiko an. Der vermeintliche Gott erwies sich jedoch als grausamer Zerstörer.

*Die Atlanten von Tula, mehrere Meter hohe Steinskulpturen, trugen früher das Dach eines Tempels (9. Jh.)*

▶ Religionen und Glaubensformen: Die Religionen Mesoamerikas
▶ Kriege und Konflikte: Tolteken, Azteken und Inkas

# Das Regenvolk vom Ort der Wolken
# Die Mixteken

*Die Kodizes der Mixteken sind die einzigen vor der Conquista entstandenen Bilderhandschriften Amerikas, die der Zerstörungswut der spanischen Eroberer entgingen. Damit hinterließen die Bewohner der Mixteca eine unschätzbare Quelle über die Geschichte des mesoamerikanischen Raumes.*

*Ende des 16. Jahrhunderts schuf ein mixtekischer oder möglicherweise aztekischer Meister diese zweiköpfige Schlange. Der Körper ist als Türkismosaik auf einem Holzkern gefertigt, Rachen und Zähne aus Muschelschalen sind eingelegt.*

Im heutigen Mexiko leben noch über 300 000 Nachkommen der Mixteken, deren Vorfahren sich wiederum *ñun dzavui*, »Regenvolk«, nannten. Dzavui war der Name der von ihnen verehrten Gottheit, die dem Regengott Tlaloc der Nahua-Völker, dem Gott Cosijo der Zapoteken und dem Gott Chac der Maya entsprach.

Als die Spanier im frühen 16. Jahrhundert in das südliche Zentralmexiko vordrangen, erreichten sie ein Gebiet, das bei seinen Bewohnern *ñu ñudzahui*, »Ort der Wolken«, und bei den Nahuatl sprechenden Azteken *mixtlan* hieß. Die Spanier bezeichneten die gesamte Region beiderseits der Grenzen der heutigen mexikanischen Bundesstaaten Puebla und Oaxaca als *Mixteca*. Heute umfasst die Mixteca Alta die Gebirgsregion Oaxacas im Osten und die Mixteca Baja das trockene Tiefland in Nord-Oaxaca; die Mixteca Costa liegt im tropischen, heißen Tiefland an der Atlantikküste.

*Aus dem Schatz des berühmten »Grab 7« auf dem Monte Albán stammt dieses silberne Schmuckstück in Form einer kleinen Maske.*

### DIE BLÜTEZEIT DER MIXTEKISCHEN KULTUR

Ihren kulturellen Höhepunkt erreichte die Mixteca in den Jahrhunderten zwischen 1000 und 1520. In dieser Ära drangen zu Beginn des 13. Jahrhunderts die Mixteken in das Tal von Oaxaca ein, besetzten die zapotekischen Zentren Monte Albán und Mitla und etablierten ihre politische Schaltstelle in Culiapan. Berühmtes Zeugnis aus dieser Zeit ist das auf dem Monte Albán gelegene »Grab 7«, in dem über 500 Juwelenstücke, Jadeketten, Gold- und Silberarmbänder, Goldglocken und Perlschnüre gefunden wurden. Diese Grabstätte eines mixtekischen Fürsten gehört mit seinen reichen Kunstschätzen zu den spektakulärsten Funden der postklassischen Periode in Amerika.

Von der Blütezeit der Mixteken zeugen jedoch nicht nur der offensichtliche Reichtum ihrer Führerschicht und der »Mixteca-Puebla« genannte vortreffliche Kunststil in den Keramik- und Goldschmiedearbeiten, sondern auch die berühmten Kodizes, ihre landwirtschaftlichen Techniken und ihre beeindruckende Architektur. Sie besaßen zudem ein ausgefeiltes Kalendersystem, das sowohl den mesoamerikanischen 260-Tage- als auch den 365-Tage-Kalender umfasste. Diesem System zufolge bestand ein Jahr aus 18 Monaten mit jeweils 20 Tagen und einem angefügten 5- beziehungsweise 6-Tage-Monat. Sowohl die Tage als auch die Monate hatten eigene Namen. Jeweils 13 Jahre wurden zu

# Die Mixteken

*Szenen aus dem Leben des mixtekischen Fürsten »Acht Hirsch Jaguarkralle« sind im Codex Zouche-Nuttall festgehalten.*

einer Periode zusammengefasst, die wiederum zu einem Zyklus von 52 Jahren gehörte.

Diese Errungenschaften sind umso erstaunlicher, als die mixtekische Gesellschaft kein ausgewiesenes berufliches Spezialistentum kannte, wie es zum Beispiel in Teotihuacán bestand. Außer den Mitgliedern der Aristokratie trug jeder Mixteke zur Grundversorgung der Gesellschaft bei. Handwerkliche Spezialisten führten ihre Profession demzufolge nur zeitweise aus. Ungeachtet dessen entstand in der Mixteka eine hochkarätige Kunst, die sich vor allem in der Metallbearbeitung, der Keramik und der Federbearbeitung niederschlug.

*In den Ruinen der Kultstätte auf dem künstlich abgeflachten Monte Albán wurden 1932 in der Grabstätte eines mixtekischen Fürsten spektakuläre Kunstschätze gefunden.*

## KÖNIG, ADEL, BAUERN, LEIBEIGENE

Das mixtekische Herrschaftsgebiet setzte sich aus zahlreichen kleinen Königreichen zusammen, die *cacicazgos* genannt wurden. Innerhalb der stark geschichteten Gesellschaft bestimmte die Geburt den gesellschaftlichen Status einer Person.

An der Spitze der *cacicazgos* standen der *cacique* und die *caciqua*, die aus der erblichen Führungsschicht entstammten. Diese Herrschaftsschicht hielt die unumschränkte Macht inne, zog Tribute ein, besaß das meiste Ackerland und ließ es von Leibeigenen bearbeiten. Die *caciques* durften spezielle Kleidung tragen, bekamen ein besonderes Essen und unterhielten sich in einer eigenen Sprache. Bei den religiösen Kulten spielten sie eine Schlüsselrolle.

Die *cacicazgos* waren in kleinere Orte unterteilt, in denen die so genannten *principales*, Angehörige des niederen erblichen Adels, regierten. Diese konnten auf königliche Vorfahren zurückblicken, hatten aber durch Heirat außerhalb der Königsklasse einen Status als *cacique* verloren.

Die breite Masse bildeten die Bauern und landlosen Pächter, die Tribute abführen mussten. Sie bewirtschafteten die landwirtschaftlichen Nutzflächen und Terrassenfelder und pflanzten vor allem Mais, Bohnen und Kürbisse an. Die produzierten Überschüsse gelangten in den Handel und wurden gegen Bodenschätze und andere Waren, die nicht in der Region produziert werden konnten, eingetauscht. Zu den begehrten Gütern zählten Salz, Obsidian, hochwertige Kleidung, Schmuck, wertvolle Steine oder Federn. Der Austausch erfolgte entweder im direkten Handel zwischen Produzent, Händlern und Verbrauchern oder lief über monopolistische Unternehmen der *caciques*.

### GEMALTE GESCHICHTE

Neben den herausragenden Metallarbeiten und Keramiken hinterließen die Mixteken einige prächtige Kodizes, die zum Teil in Wien, in London und im Anthropologischen Museum in Mexiko-Stadt aufbewahrt werden. Die bedeutendsten dieser auf Hirschleder aufgetragenen Bilderhandschriften sind der Codex Zouche-Nuttall von 1350 und der Codex Vindobonensis von 1357. Die bis zu 13 Meter langen Bahnen konnten nach Art der Leporelloalben zusammengefaltet und auf ein handliches Format gebracht werden. Auf ihnen sind historische Schilderungen und Herrschergenealogien abgebildet, zudem geben sie einen Einblick in das Leben, die Zeremonien, die Bräuche und das Verwandtschaftssystem der mixtekischen Oberschicht, ihre Tracht und ihre Waffen. Aus den Kodizes geht beispielsweise hervor, dass ein Herrscher den Namen seines Geburtstages und einen persönlichen Namen trug, der ihm im Alter von 7 Jahren von einem Priester gegeben wurde.

▶ Religionen und Glaubensformen: Die Religionen in Mesoamerika

# NACHKOMMEN DER SONNE
## DIE INKA

*In der kurzen Zeit ihrer Herrschaft errichteten die Inka von ihrem Machtzentrum Cuzco aus ein Imperium, dessen komplexes Verwaltungssystem noch heute fasziniert. Bei Ankunft der Spanier reichte es vom Hochland Ecuadors im Norden bis Mittelchile im Süden, vom Pazifik im Westen bis zu den Anden im Osten.*

*Die aus riesigen Steinblöcken zusammengefügten, bis zu 18 Meter hohen Wehrmauern der Inkafestung Sacsayhuaman nördlich von Cuzco (Peru) sind insgesamt über 540 Meter lang.*

Einem alten Mythos der Inka zufolge kamen vier Brüder und vier Schwestern aus einem Ort namens Tambotoco, der etwa 30 Kilometer südlich der späteren Hauptstadt Cuzco gelegen haben soll. Und tatsächlich gibt es dort eine Höhle, die als möglicher Ursprungsort der Legende identifiziert wurde und als wichtiges Heiligtum der Inka galt.

Die Angehörigen der inkaischen Abstammungsgruppen führten ihren Ursprung auf die Geschwister Manco Cápac und Mama Ocllo zurück, die gemäß den Überlieferungen zu dieser Gruppe aus Tambotoco gehörten. Diese zwei Ahnen der Inka-Dynastie fanden bei ihrer Ankunft am Zusammenfluss von Río Chunchullmayo, Río Tullumayo und Río Huatanay, an der Stelle des späteren Cuzco, mehrere Gruppen vor, die teilweise bereits seit langem dort lebten und von den Inka entweder getötet oder unterworfen wurden. Damit begann die Geschichte der Metropole Cuzco und die Ausdehnung des Inka-Reiches, die nach wissenschaftlichen Erkenntnissen wohl um das Jahr 1200 ihren Anfang nahm.

Insgesamt sollen elf Generationen von Manco Cápac bis Atahualpa die Geschicke der Inka und der Stadt Cuzco bestimmt haben. Doch erst ab dem neunten Inka-Herrscher, Pachacutec Yupanqui, der 1438 den Thron bestieg, liegen gesicherte Daten über das Imperium vor, das von den Inka selbst in Anlehnung an die vier Himmelsrichtungen Tawantinsuyu, »Gesamtheit der vier Weltgegenden«, genannt wurde. Die zusammengehörenden Regionen hießen Cuntisuyu,

*Die für den Feldbau genutzten Terrassenanlagen in Machu Picchu konnten nur durch eine straffe Arbeitsorganisation errichtet und erhalten werden.*

# Die Inka

mit seiner Begleittruppe im Dezember 1533 Cuzco erreichte, hatte somit leichtes Spiel. Er nützte die schwelenden Thronstreitigkeiten zwischen den Brüdern und beschleunigte durch seine brutale Unterwerfung und Zerstörung der Stadt das Ende des großen Inka-Imperiums.

### Der Inka ist der Herrscher

Ursprünglich bezog sich die Bezeichnung *Inca* nicht auf ein Volk oder auf einen Staat, sondern war der Titel des Herrschers und stand für ein Adelsgeschlecht. Später wurde der Begriff auf das gesamte Eroberervolk übertragen, dessen eigentlicher Name unbekannt ist.

Der Führer des Staates wurde *Sapan Inca* oder *Sapan Intiq Churin*, »Der einzige Sohn der Sonne«, genannt. Er galt als die politische und religiöse Verkörperung des Reiches Tawantinsuyo. Seine Untertanen verehrten ihn deshalb wie einen lebendigen Gott oder *huaca*, als ein übernatürliches Wesen, dem niemand ins Gesicht zu sehen wagte. Nur den höchsten Adeligen war es gestattet, ein Wort mit ihm zu wechseln. In offiziellen Gesprächen dienten sie dem Inka als Vermittler zum gewöhnlichen Volk. Die engste Umgebung erwies dem Herrscher höchste Ehrerbietung

*Die Zeremonial- und Wohnbauten der heutige Ruinenstadt Machu Picchu wurden aus gewaltigen Steinblöcken errichtet. Hier lebten einst rund 10 000 Menschen.*

»Land im Westen«, Antisuyu, »Land im Osten«, Chinchaysuyu, »Land im Norden« und Qollasuyu, »Land im Süden«. Die Metropole Cuzco stellte den politischen und religiösen Mittelpunkt, den »Nabel der Welt«, dar. Das in einem Tal auf etwa 3 500 Meter Höhe gelegene Machtzentrum war von zahlreichen Orten mit großer zeremonieller Bedeutung umgeben.

### Ausdehnung und Untergang des Reichs

Nach heutiger Auffassung war Pachacutec Yupanqui der eigentliche Gründer der Reichs, das somit nur rund ein Jahrhundert lang seine höchste Macht entfaltete, in seinem Kerngebiet möglicherweise jedoch schon hundert Jahre früher die Herrschaft innehielt. Der charismatische Herrscher nannte sich Pachacutec oder Pachacuti, »Weltenwende« oder »Umwälzung« – dieser Name wurde zum Programm. Als ein Mann mit vielen Fähigkeiten vereinigte er strategische Begabung, Organisationstalent und politisches Geschick. Im Südosten eroberte er die Länder bis zum Titicacasee und im Nordwesten bis Ayacucho, zudem ließ er die gewachsene Stadt Cuzco komplett umbauen. Dabei legte er den Umriss eines Pumas zugrunde, der noch im 19. Jahrhundert im Stadtplan gut zu erkennen war.

Die Expansionspolitik seines Vaters wurde von Tupac Inca Yupanqui konsequent fortgesetzt. Seine größte Ausdehnung erreichte das Imperium unter dessen Sohn Huayna Capac. Nach dessen Tod 1525 schwächten Machtkämpfe zwischen Huascar und Atahualpa das Reich bis in seine Grundfesten. Francisco Pizarro, der

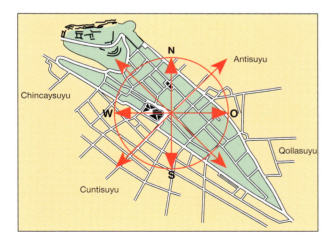

und näherte sich ihm in äußerster Unterwürfigkeit, die sie durch eine Last auf dem Rücken und den zu Boden gesenkten Blick ausdrückte.

Auf Reisen wurde der *Sapan Inca* in einer goldenen Sänfte getragen und von den Untertanen mit Opfergaben beschenkt. Sie ehrten ihn mit den gleichen Zeremonien und Gesten wie die übernatürlichen Wesen Sonne oder Donner, indem sie ihn etwa durch das Verbrennen von Opfergaben symbolisch ernährten. Die Inka-Elite nannte sich selbst *intipchurin*: »Angehörige der Gruppen, die ihre Abstammung auf die Sonne zurückführen«.

*In Cuzco, der von der UNESCO zum Weltkulturerbe erklärten einstigen Hauptstadt des Inka-Reichs, sind auch heute noch die Spuren der Inka gegenwärtig. Zahlreiche Häuser wurden auf den Mauern der alten Inkastadt erbaut.*

#### GROSSE OHREN
##### ZEICHEN VON WÜRDE UND MACHT

Die höchsten Würdenträger auf politischem, wirtschaftlichem, religiösem und militärischem Gebiet entstammten der Inka-Dynastie. Sie gründeten jeweils eigene Untergruppen, die panaka hießen. Bei Ankunft der Spanier war der Verband der dynastischen Nachkommen in elf panakas unterteilt, die ihre Herkunft auf einen der elf Nachfahren Manco Cápacs zurückführten. Verbindendes Element dieser Gruppen waren wohl bestimmte Initiationsriten, zu denen etwa das Durchbohren der Ohrläppchen der Jungen gehörte. In die künstlich erweiterten Löcher steckten sie einen goldenen Zylinder als Ohrschmuck. Die Spanier nannten die so Geweihten »orejones« oder »Großohren«.

*Pachacutec Yupanqui ließ im 15. Jahrhundert Cuzco vollständig umgestalten. Der Grundriss der Stadt wurde dabei dem Umriss eines Pumas angeglichen.*

- ▶ Religionen und Glaubensformen: Die Religion der Inka
- ▶ Kriege und Konflikte: Tolteken, Azteken und Inka
- ▶ Kriege und Konflikte: Spanische Eroberung Mittel- und Südamerikas
- ▶ Große Entdeckungen: Machu Picchu
- ▶ Handel und Wirtschaft: Raubzüge der Konquistadoren

*Die goldene Krone aus der Zeit des Inka-Reichs wurde im ecuadorianischen Cuenca gefunden, wo die einstige Inka-Stadt Tomebamba lag.*

## DIE STRUKTUR DES REICHES

Tawantinsuyu stellte keine Einheit dar, sondern war eine riesige Konföderation ethnischer Gruppen mit jeweils eigenen kulturellen und sprachlichen Merkmalen. Die Inka bedienten sich bei ihren Eroberungen häufig bereits vorhandener wirtschaftlicher, sozialer und politischer Institutionen und formten sie für ihre Zwecke um. Die unterworfenen Völker durften zwar ihre Sprache und Kultur behalten, zur offiziellen Amtssprache wurde jedoch das Ketschua erhoben, dessen sich ab dem 16. Jahrhundert auch Missionare und spanische Verwaltungsbeamte bedienten. Noch heute wird Ketschua in weiten Teilen der Anden gesprochen.

In den vier Teilen des Imperiums regierten eigene Vizekönige, die in Cuzco residierten. Diese Hauptregionen waren in verschiedene Provinzen mit eigenen Hauptstädten untergliedert und wurden ihrerseits wiederum von Gouverneuren verwaltet. Um den Zusammenhalt des Reiches zu festigen, spielten Heiratsallianzen eine wichtige Rolle. Zur kleinsten sozialen Einheit, *ayllu*, gehörte eine Anzahl von Familien, die nicht unbedingt miteinander verwandt waren.

Von den Inka bedrängte Stämme schätzten häufig die angebotenen wirtschaftlichen Vorteile sowie die militärische Sicherheit und unterwarfen sich meist freiwillig. Lokale Herrscher behielten ihr Amt, wenn sie ohne Gegenwehr die Oberhoheit der Inka anerkannten. Die Untertanen leisteten keine Tributzahlungen in Form von Gütern, sondern wurden zum *mita* genannten Arbeitsdienst herangezogen, der bei den Männern den Militärdienst mit einschloss.

## SICHERUNG UND VERWALTUNG

Zur Sicherung des Reiches gehörte ein dichtes Straßennetz von ungefähr 40 000 Kilometern Länge. Eine Hauptstraße verlief von Cuzco nach Quito in 3 000 bis 4 300 Meter Höhe quer durch die Anden, die andere schlängelte sich entlang der Küste bis nach Südkolumbien. Diese beiden Hauptachsen waren durch zahlreiche Querstraßen in Ost-West-Richtung miteinander verbunden. Meldeläufer brachten in kürzester Zeit Nachrichten nach Cuzco beziehungsweise an jeden anderen Ort des Reiches. Auch Truppenverlegungen ließen sich aufgrund dieser guten Verbindungen rasch durchführen.

Mithilfe eines *quipu* genannten Zeichensystems konnten die verschiedenen Arten von Informationen, die für die Verwaltung des riesigen Reiches notwendig waren, aufgezeichnet werden. Von einer Hauptschnur oder einem Hölzchen hing eine Anzahl von Schnüren mit Knoten herab, mit denen sich zum Beispiel Zahlen notieren ließen. Weitere Angaben erhielt man durch die Farben oder die Farbkombinationen

*Machu Picchu: Neben dem Palast der Prinzessin erhebt sich der Torreón mit dem nach Südosten weisenden Sonnenfenster. Im Hintergrund ragt die Kuppe des Huayna Picchu empor.*

## Die Inka

der Schnüre, durch Drehung der Schnurfäden nach links oder rechts und durch die Form der Knoten. Dieses Zeichensystem war nicht notwendig an eine bestimmte Sprache gebunden und eignete sich deshalb sehr gut für ein politisches Gebilde, in dem zahlreiche Kulturen vereint waren.

### Sonne und Mond, Gold und Silber, Mann und Frau

Cuzco selbst galt als heiliger Ort, der von Geschöpfen bewohnt war, die ihre Abstammung auf die Sonne zurückführten. Der Beiname *capac* belegte nicht nur den königlichen, sondern auch den übernatürlichen Status der Herrscher. Diese galten als irdische Stellvertreter der Sonne und somit des Sonnengottes Inti, der dem Glauben zufolge das männliche Prinzip verkörperte und mit dem Gold in Verbindung stand. Die Hauptfrau eines Inka repräsentierte hingegen die Mondgöttin Killa und somit das mit dem Edelmetall Silber assoziierte weibliche Prinzip.

In den eroberten Gebieten ließen die Inka an wichtigen Orten Sonnentempel errichten und die unterworfenen Völker mussten den Sonnenkult anerkennen. Die Verehrung lokaler Gottheiten wurde jedoch nicht verboten, sofern die bevorzugte Stellung des Sonnengottes respektiert wurde.

*Waka* oder auch *huaca* war der gemeinsame Begriff für Götter, Dämonen und vergöttlichte Ahnen sowie für deren heilige Stätten und Orte, Tempel und Schreine. In ihren religiösen Zeremonien wandten sich die Indianer an die Gestirne und lokale Gottheiten. Besondere Aufmerksamkeit schenkte man der Erdmutter Pachamama sowie dem mächtigen Donner- und Sturmgott Illapa. Die Vertreter der übernatürlichen Mächte, die angebetet wurden, waren keinem Gut-Böse-Schema zugeordnet und konnten sowohl hilfreich als auch gefährlich sein.

Kontrovers diskutiert wird die Bedeutung des Begriffs *viracocha*, der einerseits als Name des Kulturheros und Schöpfergottes der Inka gilt, anderseits als Titel gedeutet wird – denn mit dieser Ehrenbezeichnung versah man Götter oder Personen, die sowohl Ordnungen zu schaffen als auch zu zerstören vermochten.

### Baumeister und andere Künstler

Besonders beeindruckende Hinterlassenschaften der Inka sind die Stadtanlagen mit ihrer außergewöhnlichen Steinbearbeitung. Ohne Mörtel fügten die Baumeister der Inka riesige, unregelmäßig geschnittene Steinblöcke millimetergenau zusammen. Der Transport erfolgte vermutlich durch Stricke und Körperkraft, die Bearbeitung mit Kieseln, da weder das Rad noch Eisen bekannt waren. Steinmetze gewannen an überragender Bedeutung, waren an den wichtigen Großbauten beteiligt und fertigten kleine Objekte für den Alltag an. Einige dieser Künstler und Architekten wurden unter den Spaniern beim Bau von Kirchen und Palästen eingesetzt.

Die Inka-Herrscher beanspruchten als Symbol der Götter Sonne und Mond die gesamten Silber- und Goldvorkommen des Reiches und ließen diese nach Cuzco bringen. Da die Spanier den größten Teil der aus diesen Edelmetallen gefertigten Kunstwerke raubten und einschmolzen, sind nur wenige Stücke erhalten geblieben. Sie stammen in der Mehrzahl aus Grabbeigaben.

Das Konzept der unterschiedlichen Teile, die erst im Zusammenspiel ein Ganzes ergeben, wird in den Textilien durch helle und dunkle Komponenten repräsentiert, die miteinander im Gleichgewicht sein sollen. Diese Dualität der Farben, *missa* genannt, findet sich auch in der Bemalung der Keramik und bei der Verwendung von Gold und Silber im Kunsthandwerk. Darüber hinaus wurden auch bei den Opfern an die Götter in bestimmten Fällen Lamas und Alpakas mit heller und dunkler Färbung des Fells ausgewählt.

#### Eine rätselvolle Stadt – Machu Picchu

Die mythische Stadt Tambotoco, Herkunftsort der Inka, wird oft auch mit der faszinierenden Ruinenstadt am Machu Picchu, dem »Alten Gipfel«, in Verbindung gebracht. Sie steht auf einem Bergkamm, der an drei Seiten jäh zum Río Urumba abfällt und bietet einen herrlichen Blick auf die umliegenden Berge. Um einen zentralen Platz gruppieren sich Wohnviertel und Zeremonialbezirke mit rund 200 Gebäuden. Es gibt keine Anzeichen dafür, dass diese Stadt jemals gewaltsam erobert oder geplündert wurde, darüber hinaus fehlen Anhaltspunkte, wann und warum die Bevölkerung die Stadt verließ. Die Wissenschaft spekuliert, ob es sich hier um den letzten Zufluchtsort der Inka, Vilcabamba, eine uneinnehmbare Festung gegen feindliche Völker oder gar um ein Kultzentrum handelte, in dem auch astronomische Beobachtungen getätigt wurden.

▶ Kunst und Architektur: Inka-Architektur
▶ Mythen, Rätsel und Orakel: Geheimnisvolles Erbe der Inka

*Nach seinem Sieg über seinen Bruder Huascar 1532 schwang sich Atahualpa zum Alleinherrscher des Inka-Reichs auf. Bereits ein Jahr später wurde er von dem spanischen Eroberer Francisco Pizarro hingerichtet, das Inka-Imperium war dem Ende geweiht.*

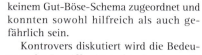

*Das aus Silber gefertigte Lama stammt aus dem heute zu Bolivien gehörenden Teil des einstigen Inka-Reiches (15. Jh.). Silber verkörperte das weibliche Prinzip.*

# DER AUFSTIEG EINER GROSSMACHT
# VOM KIEWER RUS ZUM RUSSISCHEN REICH

»Das ist die Erzählung der vergangenen Jahre, woher das russische Land kam, wer als erster in Kiew zu herrschen begann, und wie das russische Land entstand. So wollen wir diese Erzählung beginnen.«

*Der legendäre warägische Heerführer Rurik gilt als Stammvater der reichsgründenden Rurikiden (Aquarell von Herman Willem Koekkoek, um 1900).*

*Die Söhne von Wladimir I., Boris von Rostow und Gleb von Murom, wurden 1015 von ihrem Bruder Swjatopolk ermordet und 1071 heilig gesprochen (russische Ikonenmalerei aus der 2. Hälfte des 14. Jh.).*

So beginnt die älteste bekannte Aufzeichnung der russischen Frühgeschichte, die wohl im 11. Jahrhundert verfasste Nestorchronik oder »Erzählung der vergangenen Jahre«. Sie lehrt, dass sich das Kiewer Rus oder Kiewer Reich als erstes russisches Staatsgebilde im Südwesten um das bedeutende wirtschaftliche Zentrum Kiew herausbildete, während im Norden die Stadt Nowgorod kulturell erblühte. Ein gewisser Oleg, Nachfolger des aus Skandinavien stammenden Warägers Rurik, hatte Kiew 882 erobert und sich dort wegen der günstigen geografischen Lage niedergelassen. Kiew, so meint der Chronist, sollte als die Mutter der russischen Städte angesehen werden, denn Oleg besiegte zunächst den Norden des Landes und Nowgorod, eroberte dann etliche Städte im Süden und zwang die dort ansässigen slawischen Stämme zur Tributabgabe. Doch Oleg hatte mehr im Sinn: Sein Zug nach Süden zielte auf die Kaiserstadt Konstantinopel. Er beschloss 907, die Metropole zu erobern, und erreichte mit seinen Attacken, dass ihm diese 911 und 944 äußerst günstige Handelsverträge einräumten. So waren Rurik und Oleg die ersten Herrscher der Dynastie der Rurikiden, die bis 1598 das Land regieren sollte.

## DIE TAUFE OLGAS UND WLADIMIRS

Im Jahr 959 fand ein Ereignis statt, dessen Auswirkungen die Geschicke Russlands entscheidend beeinflussen sollten. Prinzessin Olga, die die Regentschaft für ihren minderjährigen Sohn Swjatoslaw führte, ließ sich in Konstantinopel nach byzantinischem Ritus taufen. Ihr folgte einige Jahre später der seit 980 als Alleinherrscher regierende Großfürst von Kiew, Wladimir I., genannt »der Große«. Wladimir, der dem byzantinischen Kaiser Basileios II. gegen die Bulgaren zu Hilfe geeilt war, trat zum Christentum über. Im Gegenzug bekam er dafür die Schwester des Kaisers, Anna, zur Frau. Der christliche Glaube wurde zur Staatsreligion Russlands, das Kult, Kirchenverfassung und Dogmen der byzantinischen Mutterkirche übernahm.

Zunächst war die russische Kirche dem griechischen Patriarchen in Konstantinopel untergeordnet, selbst als Großfürst Jaroslaw zwischen 1037 und 1041 die auch Hagia Sophia von Kiew genannte Sophienkathedrale bauen ließ und prächtige Gotteshäuser in der Stadt entstanden. Die Übernahme des byzantinischen Machtkonzepts, das dem Christentum eine große Rolle im Staatswesen einräumte, zog weit reichende Folgen nach sich: Es

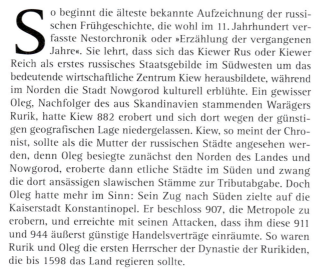

# Vom Kiewer Rus zum Russischen Reich

begründete später den russischen Anspruch, das »Dritte Rom« zu sein.

## Der Mongolensturm

Die anfänglich so glanzvolle Geschichte des Kiewer Reiches währte jedoch nicht lange. Zwar behielt Kiew als Sitz des Metropoliten von ganz Russland und als Residenz des Großfürsten eine unbestreitbare Vormachtstellung, doch die anderen Teilfürstentümer machten diese Rolle Kiew zunehmend streitig. Die Großfürstenwürde war nicht mehr allein in Kiew verankert, sondern wanderte auf der Suche nach dem Mächtigsten von Stadt zu Stadt. Zu Beginn des 13. Jahrhunderts hatten sich im Südwesten und im Nordosten neue Fürstentümer gebildet, die sich gegeneinander bekämpften.

Um die Mitte des 13. Jahrhunderts ereilte das Land eine Katastrophe, dessen Folgen Russlands Geschichte für Jahrhunderte prägen sollten: Mongolische Armeen erstürmten das Land in einem grausamen und zerstörerischen Eroberungszug. Am Fluss Kalka kam es 1223 zu einer vernichtenden Niederlage der Fürsten von Halitsch und Wolynien, 1237 fiel Rjasan und 1240 wurde das prächtige Kiew erobert, nachdem die wichtigsten russischen Städte gefallen waren. Der Weg nach Westeuropa war nunmehr für den Mongolen Batu Chan frei.

## Die Goldene Horde und der Aufstieg Moskaus

Die Herrschaft der Tataren im so genannten Chanat der Goldenen Horde dauerte bis ins 15. Jahrhundert. Sie bedeutete für Russland eine Epoche des Niedergangs, in der das Land politisch, kulturell und wirtschaftlich weitgehend jegliche Bedeutung verlor. Die Fürsten waren gezwungen, in die von Batu 1242 errichtete Hauptstadt Sarai nahe dem heutigen Wolgograd zu reisen, um dem Chan zu huldigen und von ihm die Regierungsbefugnis zu erlangen. Lediglich die Kirche genoss wohl aufgrund ihrer Machtauffassung und Huldigung der Herrschenden eine privilegierte Stellung.

*Das Kiewer Rus im 10. und 11. Jahrhundert*

Im 14. Jahrhundert entwickelte sich das Moskauer Fürstentum aufgrund verschiedener Faktoren langsam zu einem der mächtigsten Staatsgebilde im Lande. Die günstige geografische Lage, der Machtinstinkt der Fürsten, deren Skrupellosigkeit gegenüber dem mongolischen Herrscher und schließlich die erfolgreiche Unterstützung, die die russische Kirche Moskau im Kampf gegen das Fürstentum Twer gewährte, trugen zu seinem Aufstieg bei. Die Zusammenarbeit von Kirche und Moskauer Fürsten zeigte sich auch darin, dass Fürst Iwan Kalita (Reg. 1325–1341) den Sitz des Metropoliten der russischen Kirche von Wladimir nach Moskau verlegen ließ – und sich in der Folge mit dem Segen der Kirche »Großfürst der ganzen Rus« nannte.

### Iwan wird Zar

Bereits in der zweiten Hälfte des 15. Jahrhunderts avancierte das Fürstentum Moskau, das damals ungefähr 300 000 Quadratkilometer umfasst haben mag, zum unbestrittenen Mittelpunkt des großrussischen Reiches. Den diplomatischen Fähigkeiten Iwans III. (Reg. 1462–1505) war es zu verdanken, dass er den Mongolen bald keinen Tribut mehr zahlte. Der Herrscher konnte außerdem ganz neue Akzente setzen, indem er den Fall Konstantinopels 1453 ausnützte, um das byzantinische Erbe der alten Kaiserstadt zu fordern und seinen Titel zu übernehmen: Zar.

*Der später heilig gesprochene Großfürst Wladimir I. von Kiew führte Ende des 10. Jahrhunderts in Russland das Christentum als Staatsreligion ein (russische Buchmalerei aus der Radziwill-Chronik, Ende 15. Jh.).*

➤ Kriege und Konflikte: Expansion des Moskowiterreiches
➤ Kriege und Konflikte: Nordischer Krieg
➤ Kriege und Konflikte: Russisch-türkische Kriege
➤ Kriege und Konflikte: Russlandfeldzug Napoleons
➤ Kriege und Konflikte: Krimkrieg

*Kupfernes Fünfkopekenstück mit den Initialen der Kaiserin Katharina II., der Großen (1791)*

### DER SCHRECKLICHE: IWAN IV.

Von 1547 bis 1584 litt Russland unter der von äußerster Grausamkeit geprägten Herrschaft des Enkels Iwans III. Sie brachte dem Thronerben Zar Iwan IV. den Beinamen »der Schreckliche« ein, unter dem er in die Geschichte eingehen sollte. Iwan hatte am Anfang seiner Herrschaft erfolgreich gegen die Mongolen gekämpft und Handelsbeziehungen mit England aufgebaut. Aber er verwandelte sich im Laufe seiner Regierungszeit in einen grausamen Tyrannen. Er misstraute dem alten Adel, den Bojaren, schränkte dessen Machtbefugnisse immer mehr ein und veranlasste die Verfolgung von dessen Angehörigen. Seine ab 1550 eingeleiteten Reformen dienten vor allem dazu, die Zarenmacht zu stärken, die Verwaltung zu manipulieren und das Heer so umzugestalten, dass es immer für den neuen Adel dienstbereit sein konnte. 1570 erreichte der Terror einen Höhepunkt, als die Leibgarde des Zaren den Gipfel ihrer Macht erlangte und die Bauern endgültig als Leibeigene deklariert wurden. Als Iwan 1584 starb, hinterließ er ein unheilvolles Erbe.

### DIE ZEIT DER WIRREN

Die Zeit nach Iwans Tod war dann von zahlreichen sozialen Unruhen, politischer Desorganisation und erbitterten Machtkämpfen um die Staatsführung gekennzeichnet. In die russische Geschichte ging sie als *smuta*, als »Zeit der Wirren«, ein. Eine wichtige Rolle spielte hierbei die Familie der ersten Frau Iwans IV., Anastasia Romanowna, die den neuen Zaren Boris Godunow nicht akzeptieren wollte. Vor allem der Neffe Anastasias, der ehrgeizige Fjodor Romanow, intrigierte so lange, bis man Godunow und seine Frau ins Kloster verbannte. Im Januar 1613 entschloss man sich schließlich auf einer Landesversammlung, den Sohn Fjodors, Michail, zum neuen Zaren zu ernennen. Damit war die Herrschaft der Rurikiden beendet, mit dem bis 1645 herrschenden Michail Fjodorowitsch begann der Aufstieg der Romanows, die bis 1917 das Russische Reich regieren sollten.

### PETER DER GROSSE UND KATHARINA II.

Als Peter I. 1682 offiziell zum Zaren proklamiert wurde, zählte er gerade zehn Jahre; er musste jedoch den Thron mit seinem debilen, 1696 verstorbenen Halbbruder Iwan V. teilen und unterstand der Regentschaft seiner Halbschwester Sophia. Diese konnte er 1689 stürzen und so die Herrschaft bis zu seinem Tod 1725 übernehmen.

Zar Peter wurde der »Handwerksmeister auf dem Thron« genannt. Er umgab sich zunehmend mit ausländischen Beratern und Freunden und leitete mit harter Hand die an Europa orientierte Modernisierung Russlands sowie die Expansion des Reichs ein. Erste Kriegszüge richteten sich 1696 gegen die Osmanen, die er besiegte. 1697 unternahm er eine Auslandsreise nach Westeuropa. Der in der russischen Geschichte bis zu diesem Zeitpunkt einmalige Vorgang wurde an allen europäischen Höfen als Sensation gewertet.

Peter, der sein Reich endgültig nach Westen orientieren wollte, setzte 1703 mit der Gründung von Sankt Petersburg ein

*Zar Nikolaus II. mit seiner Familie*

## VOM KIEWER RUS ZUM RUSSISCHEN REICH

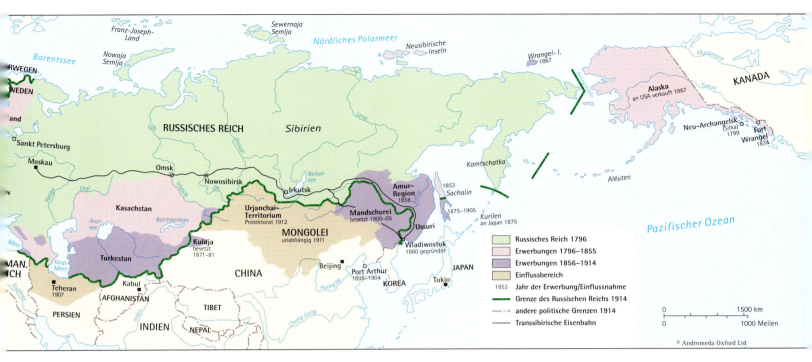

*Das Russische Reich 1796–1914*

Zeichen: Es lag an der Mündung des Flusses Newa in die Ostsee – am »Fenster nach Europa«. In der mit Hilfe ausländischer Baumeister errichteten neuen Hauptstadt baute er aus dem Nichts eine Ostseeflotte auf, die am Ende seiner Herrschaft 32 Linienschiffe, 16 Fregatten und etliche Galeeren umfasste. Den Zugang zum freien Meer erkämpfte er sich im Großen Nordischen Krieg (1700 bis 1721) gegen die Schweden. Russland hatte nun die Vormacht im Ostseeraum gewonnen und stieg zur europäischen Großmacht auf. Nach dem Friedensschluss mit den Schweden 1721 nahm der Zar als Peter »der Große« den Titel »Kaiser« an. Damit war in Russland ein neues, europäisches Kaisertum geschaffen worden.

Peter führte Russland nicht nur zur Großmacht, sondern leitete auch zahlreiche innere Reformen in die Wege, die von Katharina II., einer der Aufklärung verpflichteten deutschen Prinzessin von Anhalt-Zerbst, aufgegriffen wurden. Unter ihrer von 1762 bis 1796 dauernden Herrschaft wurde unter anderem die Verwaltungsreform fortgesetzt, Wirtschaft und Militär modernisiert. Katharina, die mit ihrer expansiven Machtpolitik gegen Schweden, Polen und das Osmanische Reich Russlands Großmachtstellung ausbauen konnte, änderte jedoch nicht die bestehende Gesellschaftsordnung. Der Adel wurde durch weitere Privilegien gestärkt, die Leibeigenschaft hingegen ausgeweitet und verschärft. 1773/74 ließ sie den von Jemeljan Pugatschow angeführten Kosaken- und Bauernaufstand blutig niederschlagen.

### REVOLUTION UND REAKTION

Während die innenpolitischen Reformen im Sand stecken blieben, wurde die Entwicklung des Reiches durch die liberalen Ideale des Westens beeinflusst, die von jungen Offizieren während des Feldzuges des Zaren Alexanders I. (Reg. 1801–1825) in Paris aufgegriffen worden waren. Sie führten 1825 zu einem Putschversuch der Dekabristen, einer vor allem von Offizieren geführten Vereinigung von Revolutionären. Der »Dekabristenaufstand« brach in Sankt Petersburg aus, als man Alexander I. schon tot glaubte und sein Bruder Nikolaus I. (Reg. 1825–1855) noch nicht zum Kaiser proklamiert worden war. Die Revolte scheiterte und führte zu einer der repressivsten Epochen in der russischen Geschichte, die Russland den Beinamen »Gendarm Europas« einbrachte; im Gegenzug erstarkten revolutionäre konspirative Kreise. Nachdem Zar Alexander II. (Reg. 1855–1881), der 1861 mit der Bauernbefreiung die schwierigste der notwendigen Reformen eingeleitet hatte, einem Attentat zum Opfer gefallen war, verschärfte sich die Lage unter Alexander III. (Reg. 1881–1894). Dieser stand ebenso wie später Nikolaus II. (Reg. 1894–1917) unter dem Einfluss von Konstantin Pobedonoszew, einem Vertreter der Autokratie und des russischen Nationalismus. Das Regime behauptete sich durch Zensur und Polizeiterror. Russifizierungsprogramme führten zur Unterdrückung von Minderheiten und 1882 zu Pogromen gegen Juden. Unter den Intellektuellen und den Fabrikarbeitern, die unter berüchtigten Arbeits- und Lebensbedingungen litten, fanden hingegen die revolutionären marxistischen Ideen steigenden Zuspruch.

### AM VORABEND DER GROSSEN REVOLUTION

Nihilisten wie Basarow, der Held des Romans »Väter und Söhne« (1862) von Iwan Turgenjew, Anarchisten, Marxisten wie Georgij Plechanow oder die radikal sozialistischen Narodniki, die »Volkstümler«, bereiteten den Boden vor, auf dem schließlich die Ideen von Wladimir Iljitsch Uljanow, genannt Lenin, gedeihen konnten. Im Januar 1905 wurde Russland von der ersten großen Revolutionsbewegung des Jahrhunderts erfasst. Als am so genannten Blutsonntag rund 200 000 Menschen in Sankt Petersburg für bessere ökonomische und politische Bedingungen demonstrierten, schossen die Truppen des Zaren in die friedliche Menge; im ganzen Land kam es nun zu Aufständen und Streiks. Im Juni 1905 meuterte in Odessa die Besatzung des berühmten Panzerkreuzers »Potemkin«, ein Jahr später die Ostseeflotte. Im Oktober 1905 versprach Zar Nikolaus II. bürgerliche Freiheiten – zu spät.

▶ Kriege und Konflikte: Der Erste Weltkrieg
▶ Kriege und Konflikte: Revolutionen in Russland
▶ Menschen und Ideen: Peter der Große
▶ Menschen und Ideen: Katharina die Große
▶ Menschen und Ideen: Nikolaus II.

[198]
DAS HEILIGE RÖMISCHE REICH

# 900 BEWEGTE JAHRE
## DAS HEILIGE RÖMISCHE REICH

*Unter den letzten Herrschern aus der Dynastie der Karolinger wurde die Teilung des Fränkischen Reiches durch die Verträge von Verdun (843), Meersen (870) und Ribemont (880) besiegelt. Schließlich bildete sich aus der westlichen Hälfte Frankreich und aus der östlichen entstand das Deutsche Reich.*

*Papst Alexander III. empfängt Kaiser Friedrich I. Barbarossa; Fresko, Rathaus Siena*

*Auf dem Huldigungsbild aus dem Evangeliar Ottos III. thront der Kaiser zwischen je zwei geistlichen und weltlichen Standesvertretern (Reichenau, 10. Jh.).*

Es war der fränkische Herzog Konrad I. (Reg. 911 – 918), der als erster nichtkarolingischer König das östliche Imperium zu einen versuchte. Zwar vermochte er sich nicht gegen die mächtigen Stammesherzöge durchzusetzen, konnte aber den einflussreichsten Landesherren zu seinem Nachfolger bestimmen. So war es der Sachsenherzog Heinrich I., der 919 bis 936 die Rechsregierung besaß. Er führte die Sachsen an die Spitze des Reichs, das nun häufig den Namen der Sachsen und Franken trug.

Heinrich leitete in den letzten Jahren seiner Amtszeit eine Innenpolitik ein, die sein Sohn, der 936 bis 973 regierende Otto I. der Große, noch konsequenter verfolgte: Gegen die Herzöge verbündete er sich mit der Reichskirche, übertrug Bischöfen und Reichsäbten staatliche Hoheitsrechte sowie Territorialbesitz und machte sie zu Vasallen. Dafür wirkte er bei der Wahl der Bischöfe und ihrer Investitur, ihrer Einsetzung in das geistliche Amt, mit.

### DIE SÄCHSISCHEN UND SALISCHEN KAISER

Nachdem Otto I. 955 auf dem Lechfeld einen entscheidenden Sieg über die Ungarn erfochten und die Slawen bis zur Oder befriedet hatte, folgte er einem Hilferuf Papst Johannes' XII. nach Rom. Dieser krönte 962 den Verteidiger des Kirchenstaates gegen den italienischen König Berengar II. zum Kaiser. Otto hatte damit die karolingische Krone nach Deutschland geholt, sie aber wieder an das Papsttum gebunden.

# DAS HEILIGE RÖMISCHE REICH

Das Deutsche Reich gewann unter Otto I. die Vormachtstellung in Europa und erlangte seine Einheit – die Voraussetzung für die folgende kulturelle Blütezeit der so genannten ottonischen Renaissance war gegeben. Großartige Dombauten entstanden, die Entwicklung einer deutschen Literatur nahm ihren Lauf und Klöster wie Fulda, Corvey, St. Gallen oder Reichenau entfalteten sich zu geistigen und künstlerischen Zentren. Das sächsische Königshaus erlosch jedoch mit dem von 1002 bis 1024 regierenden Heinrich II.

Den sächsischen Herrschern folgten bis 1125 die Salier zunächst mit Konrad II. und von 1039 bis 1056 mit Heinrich III. Er erwies sich als starker Herrscher, der souverän auch in kirchliche Belange hineinregierte. Doch eine wirksame Gegenkraft wuchs heran: die nach dem französischen Kloster Cluny benannte kluniazensische Reformbewegung. Sie wandte sich gegen die Verweltlichung des kirchlichen Lebens und forderte die Unterstellung der Klöster unter den Papst. Heinrich begrüßte die Reformbewegung, verkannte aber, dass sie zu Spannungen mit der weltlichen Macht führen musste.

## DER BUSSGANG NACH CANOSSA

Der 1056 bis 1106 herrschende Heinrich IV. bekam diesen Konflikt sogleich zu spüren. Als er fünfjährig die Nachfolge Heinrichs III. antrat, übernahm seine Mutter die Vormundschaft, später der Erzbischof Anno von Köln. Der Streit mit dem Reformpapst Gregor VII. entzündete sich an der Investitur, der Einsetzung des Mailänder Erzbischofs. Dieses Recht beanspruchte Heinrich IV. gegen den Papst für sich. Als Heinrich Papst Gregor 1076 auf der Wormser Reichssynode absetzen ließ, bannte dieser den Herrscher. Die deutsche Fürstenopposition erhielt dadurch erheblichen Auftrieb und Heinrich musste deshalb 1077 den demütigenden Bußgang nach Canossa antreten, damit der Papst den Bann aufhob.

## REFORM UND KREUZZUG

Die kluniazensische Reform verursachte jedoch nicht nur den Bruch zwischen Kaiser und Papst, sie war auch Zeichen einer neuen Religiosität, die das christliche Bewusstsein für die Bedrohung des Heiligen Landes durch die Seldschuken schärfte. Aufrufe zur Befreiung der orientalischen Christen führten daher 1096 bis 1099 zum 1. Kreuzzug, den Hetzkampagnen und Ausschreitungen gegen die als »Gottesmörder« verleumdeten Juden begleiteten.

Geistliche Ritterorden wie die Templer, Johanniter und der Deutsche Orden entstanden und griffen auch in die deutsche Politik ein. Der von 1106 bis 1125 regierende letzte Salier Kaiser Heinrich V. konnte im Wormser Konkordat des Jahres 1122 den Investiturstreit um die Amtseinsetzung der auch weltliche Macht ausübenden Bischöfe letztendlich nur durch einen Kompromiss beilegen. Während der Klerus die Einsetzung in das geistliche Amt mit den christlichen Symbolen Ring und Stab vornahm, übertrug der Kaiser mit dem weltlichen Symbol des Zepters die profanen Rechte. Die Stellung der römisch-deutschen Kaiser war nach dem Streit gegenüber Papst und Fürsten nicht mehr so gefestigt wie zuvor.

*Die vermutlich um 962 gefertigte, aus acht Goldplatten bestehende, mit Perlen, Edelsteinen und Bildern verzierte Reichskrone der römischen Kaiser ist ein Meisterwerk der Goldschmiedekunst. Das Achteck ist ein Symbol des himmlischen Jerusalems.*

### HEILIGES RÖMISCHES REICH

Der Titel »Heiliges Römisches Reich« (Sacrum Romanum Imperium) wird für das Reich verwendet, das im 9./10. Jahrhundert aus dem Ostfränkischen Reich hervorgegangen war und bis 1806 bestand. Bereits Otto I. empfing vom Papst die Kaiserkrone als Symbol der Herrschaft über das römische Weltreich. Unter Konrad II. setzte sich 1034 die offizielle Bezeichnung Romanum Imperium für das Kaiserreich durch, das aus Deutschland, Reichsitalien und Burgund bestand. Der Name Sacrum Imperium fand seit 1157 in Urkunden von Friedrich I. Barbarossa Verwendung und betonte die christliche Tradition des Kaisertums seit Konstantin dem Großen. Der Titel Sacrum Romanum Imperium erschien erstmals 1254. Der Zusatz »deutscher Nation« (Nationis Germaniae) wurde erst unter Friedrich III. im 15. Jahrhundert zur Einschränkung üblich, als der Anspruch auf Reichsitalien und Burgund zur Fiktion geworden war.

*Heinrich IV. mit seinen Söhnen Heinrich (V.) und Konrad sowie drei Kirchenfürsten; Miniatur aus dem Evangeliar von St. Emmeram (11. Jh.).*

▶ Religionen und Glaubensformen: Papst und Kaiser
▶ Religionen und Glaubensformen: Weg des Martin Luther
▶ Kriege und Konflikte: Wiederherstellung des Römischen Reiches durch Otto den Großen
▶ Kriege und Konflikte: Kampf der Staufer um Italien

*Siegel mit Rudolf I. von Habsburg (Reg. 1273–1291), dem ersten habsburgischen König des Heiligen Römischen Reiches und Begründer der Habsburger-Dynastie.*

## DIE DYNASTIE DER STAUFER

Nach der Regierung des sächsischen Kaisers Lothar III. von Supplinburg (1125 bis 1137) übernahm mit Konrad III. eine in den vorangegangenen Jahrzehnten erstarkte schwäbische Dynastie den Thron. Es begann die von faszinierenden kulturellen Leistungen geprägte Ära der Staufer: In der Baukunst wurde die Romanik Maria Laachs oder der Dome von Mainz und Worms von der Gotik etwa der Elisabethkirche in Marburg abgelöst. In der Dichtkunst schufen die deutschen Minnesänger ein reiches Werk. Im »Sachsenspiegel« wurde das Volksrecht aufgezeichnet und die Scholastiker suchten nach der Vereinigung von Wissen und Glauben.

Konrads Nachfolger Friedrich I., wegen seines rötlich blonden Barts Barbarossa genannt, stieg zum Idealbild des ritterlichen Herrschers auf. Trotz vieler Kriegszüge bescherte er von 1152 bis 1190 dem Reich eine Zeit ruhiger, fruchtbarer Entwicklung. Die stärksten Konflikte trug er mit dem Welfenherzog Heinrich dem Löwen sowie mit den lombardischen Städten und Papst Alexander III. aus. Es gelang ihm zwar, den Welfen zu unterwerfen, die Niederlage von Legnano (1176) zwang ihn jedoch, die weitgehende Selbständigkeit der oberitalienischen Städte anzuerkennen. Zudem scheiterte sein Versuch, die Herrschaft des Kaisertums über das Papsttum zu errichten. 1189 brach er zum 3. Kreuzzug auf, bei dem er in Kleinasien ertrank.

Sein Sohn Heinrich VI. (Reg. 1190 bis 1197) heiratete die normannische Erbin Konstanze und erweiterte so die Macht des Kaisertums auf Unteritalien und Sizilien. Nach seinem frühen Tod kam es 1198 zur Doppelwahl von Philipp von Schwaben und dem Welfen Otto IV. Dieser fand 1208 nach der Ermordung Philipps zunächst allgemeine Anerkennung, geriet dann aber mit Papst Innozenz III. in Konflikt. Innozenz war der Vormund des Kaisersohnes Friedrich und setzte diesen schließlich als deutschen König durch. Als Friedrich II. hielt er von 1212 bis 1250 den deutschen und sizilischen Thron inne. Da er sich auf sein mittelmeerisches Reich konzentrierte und das Gebiet jenseits der Alpen weitgehend seinen Söhnen überließ, förderte er die politische Zersplitterung des Reichs.

Zur Instabilität trug auch der jahrzehntelange Kampf der Staufer mit dem Papsttum bei, der 1245 in der Absetzung des Kaisers durch Papst Innozenz IV. gipfelte. Mit dem Untergang der Staufer begann für das Heilige Römische Reich eine Krisenzeit: Bis 1273 dauert die so genannte

Epoche des Interregnums, ohne Herrscher aus deutschem Adel. In dieser Zeit kristallisierte sich das Kollegium aus sieben Kurfürsten heraus, die bei der Königswahl zu bestimmen hatten. Ihre und die Macht der anderen Fürsten wuchs auf Kosten der Krone.

## DER AUFSTIEG DER HABSBURGER

Erst mit dem bis 1291 regierenden Habsburger Rudolf I. unterstand das Reich wieder einem König aus deutschem Adel. Er konnte die habsburgischen Erblande erheblich ausdehnen, indem er Verwandte mit den gewonnenen Gebieten Österreich, Steiermark, Krain und Kärnten belehnte. Sie wurden zum Kernland der Habsburger. Danach wechselten im Reich vorerst die Dynastien, vor allem Herrscher aus dem Haus der Luxemburger wie etwa Heinrich VII. (Reg. 1308–1313) festigten wieder die Königsmacht und erreichten erneut die Krönung zum Kaiser.

Jetzt gewann der für das Steueraufkommen wichtige Mittelstand an Bedeutung. In den Städten war die Fürstenmacht schon seit dem 13. Jahrhundert zurückgegangen, da die Kaufleute die Stadträte beherrschten und sich dank kaiserlicher

*1519 porträtierte Albrecht Dürer den Habsburger Maximilian I., der ab 1486 König und 1508 bis 1519 Kaiser des Heiligen Römischen Reiches war.*

*Kaiser Karl V. und Isabella von Portugal; Kopie von Rubens nach einem Gemälde von Tizian (um 1628)*

Privilegien von den adligen Stadtherren befreien konnten: »Stadtluft macht frei« wurde ein Rechtsgrundsatz. Dem trug auch die unter dem Luxemburger Karl IV. (Reg. 1347–1378) wieder erstarkte Zentralgewalt im Reich Rechnung. Der Kaiser gründete 1348 die erste Reichsuniversität in Prag, der eine ganze Gründungswelle folgte.

1356 erließ Karl IV. die nach ihrer goldenen Siegelkapsel benannte Goldene Bulle. Sie bestimmte, dass die deutsche Königswahl künftig durch drei geistliche und vier weltliche Kurfürsten mehrheitlich erfolgen sollte. Dieses wichtige Grundgesetz des Reiches blieb bis 1806 in Kraft.

Bevor 1438 mit Albrecht II. wieder ein Habsburger deutscher König wurde, bemühte sich Kaiser Sigismund auf dem von 1414 bis 1418 tagenden Konstanzer Konzil um eine Überwindung des seit 1378 andauernden Schismas, der Spaltung der Kirche durch mehrere Päpste und Gegenpäpste. Auf dem Konzil wurde zudem der tschechische Reformator Jan Hus 1415 abgeurteilt und in der Folge verbrannt. Sein grausames Ende löste die von 1419 bis 1436 anhaltenden Hussitenkriege aus.

Albrecht II. stand am Anfang einer langen Reihe von Herrschern aus dem Hause Habsburg. Ihm folgte von 1440 bis 1493 Friedrich III., dessen lange, aber schwache Regierung keine Stabilität im Reich brachte. Er war der letzte noch in Rom gekrönte Kaiser. Schon sein von 1493 bis 1519 herrschender Nachfolger Maximilian I., genannt der »letzte Ritter«, wurde ohne römische Weihen Kaiser. Außenpolitik war bei ihm vor allem Heiratspolitik: Durch die Ehe mit Maria von Burgund erhielt er weite Gebiete in den Niederlanden und konnte durch weitere Verbindungen seinem Enkel Karl V. Spanien und Sizilien sichern.

*Buchmalerei mit einer Darstellung Karls IV. (eigentlich Wenzel). Karl, der 1346 zum Gegenkönig von Ludwig IV., dem Bayern, gewählt wurde, regierte ab 1347 als König, von 1355 bis 1378 als Kaiser das Heilige Römische Reich.*

### DER SACHSENSPIEGEL

»Ich kann die Leute nicht grundsätzlich vernünftig machen, aber sie immerhin ihre Rechtspflichten lehren; möge mir Gott dabei helfen.« So heißt es in der Vorrede zum Sachsenspiegel, dem möglicherweise ältesten, auf alle Fälle aber bekanntesten deutschen Rechtsbuch. Das Werk wurde um 1224 von dem ostsächsischen Ritter Eike von Repgow verfasst. In einen landrechtlichen und einen lehnsrechtlichen Teil gegliedert, enthält es das ungeschriebene Gewohnheitsrecht der Zeit; ältere Gesetzessammlungen sind nur selten berücksichtigt. Der – wichtigere – landrechtliche Teil behandelt Themen des Verfassungs-, Prozess-, Straf-, Familien- und Vermögensrechts; sogar Ansätze zu einer Art Straßenverkehrsordnung sind zu finden. Eigentlich nur als Aufzeichnung üblichen Rechts konzipiert, stieg Eikes Sammlung bald in den Rang eines Gesetzbuches auf. Über 200 erhaltene Handschriften bezeugen die außerordentliche Bedeutung des Sachsenspiegels.

*Blatt aus der Goldenen Bulle Karls IV. Links der Kaiser mit Kurfürsten, rechts der Erzbischof von Köln*

▶ Kriege und Konflikte: Der Dreißigjährige Krieg
▶ Menschen und Ideen: Friedrich Barbarossa
▶ Menschen und Ideen: Friedrich II.
▶ Menschen und Ideen: Martin Luther
▶ Menschen und Ideen: Friedrich II. von Preußen

# DAS HEILIGE RÖMISCHE REICH

*Maria Theresia, die Königin von Ungarn und Böhmen, im Alter von 26 Jahren; Gemälde von Martin van Meytens (um 1743)*

## NEUE GEISTIGE UND GEISTLICHE WELT

Inzwischen mehrten sich die Zeichen für das Heraufkommen einer neuen Epoche: In Italien entfaltete sich die Renaissance, die »Wiedergeburt« antiker Denk- und Wertetraditionen und von dort aus traten neue Ideen, Stile und Weltbilder ihren Siegeszug durch ganz Europa an.

Eine neue geistige und geistliche Welt erschloss 1517 der deutsche Mönch Martin Luther in Wittenberg mit seinen Thesen. Er wandte sich gegen den Ablasshandel, die Sittenlosigkeit des Klerus sowie den weltlichen Machtanspruch der Kurie und des Papstes. Diese Attacke traf die Amtskirche empfindlich, erfuhr aber dank des seit etwa 1450 durch Johannes Gutenberg verbreiteten Buchdrucks ungeheure Resonanz in der Öffentlichkeit. Die Kirche forderte von Luther vergeblich die Rücknahme der Vorwürfe. Sein sächsischer Landesherr Kurfürst Friedrich III., der Weise, aber ließ den Reformator, über den Reichsacht verhängt worden war, auf der Wartburg in Sicherheit bringen. Dort übersetzte Luther das Neue Testament in ein unübertrefflich bildhaftes, vitales Deutsch.

Herrscher des Reiches war in dieser Zeit Karl V. (Reg. 1519 bis 1556). Bei seiner Wahl hatte er nur dank großzügiger Unterstützung des Handelshauses der Fugger Franz I. von Frankreich verdrängen können, der nun sein erbitterter außen-

*Das Gemälde von Canaletto zeigt das Lustschloss Schönbrunn. Die ehemalige Sommerresidenz der österreichischen Herrscher wurde von 1695 bis 1713 nach Plänen von Fischer von Erlach errichtet.*

politischer Gegner wurde. Aber auch im Innern gärte es. Not und Rechtlosigkeit trieben die Bauern – insbesondere in Schwaben und Franken – zum Aufstand. Luthers Lehre von der »Freiheit eines Christenmenschen«, die der Reformator rein religiös verstand, wurde als Aufruf zum Kampf gegen die Adelswillkür aufgefasst. Nach anfänglichen Erfolgen aber erlitten die ungeschulten Bauernheere schwere Niederlagen.

Nachdem Karl V. 1529 die Türken vor Wien zurückschlagen konnte, waren Kompromisse mit den Lutheranern nicht mehr zwingend. Noch im selben Jahr wurde daher auf dem zweiten Reichstag in Speyer die bisherige Praxis widerrufen, die den Landesherren die Handhabung der lutherischen Lehre überließ. Wegen ihres Protestes dagegen nannte man die evangelischen Stände daraufhin oft auch Protestanten. 1531 vereinigten sie sich im Schmalkaldischen Bund und konnten dank erneuter Türkengefahr vorübergehend das Zugeständnis der freien Religionsausübung erkämpfen.

Obwohl der Kaiser 1547 den Schmalkaldischen Krieg siegreich beendete, erreichte er 1555 nur den Augsburger Religionsfrieden. Nach seiner Abdankung 1556 kam es zur Reichsteilung: Spanien, Burgund, die Niederlande, Mailand und Neapel gingen an seinen Sohn Philipp II. (Reg. 1556 – 1598), das Reich und die Kaiserwürde an seinen Bruder Ferdinand I. (Reg. 1556 – 1564).

## DAS REICH AM BODEN

Nach relativ ruhigen Jahrzehnten verstärkten sich zu Beginn des 17. Jahrhunderts im Reich wieder die konfessionellen Spannungen. 1608 bildete sich die protestantische Union und als Antwort darauf 1609 die katholische Liga. Der Konflikt zwischen diesen Gruppen führte 1618 zum Dreißigjährigen Krieg, der bis zum Westfälischen Frieden 1648 fast ein Drittel der Deutschen das Leben kostete.

Das verwüstete Reich vermochte Ansprüchen etwa seitens des französischen Königs Ludwig XIV. auch wegen der wachsenden Bedrohung durch die Türken wenig entgegenzusetzen. Erst nach dem 1683 erfochtenen Sieg über die Türken vor Wien wurden wieder Kräfte frei, so dass die französischen Begehrlichkeiten schließlich eingedämmt werden konnten.

## DER AUFSTIEG PREUSSENS

Im deutschen Norden konnte mittlerweile der »Große Kurfürst« Friedrich Wilhelm (Reg. 1640–1688) seinen Einfluss verstärken und 1701 wurde sein Sohn Friedrich I. König von Preußen. Dessen Nachfolger Friedrich Wilhelm I. (Reg. 1713–1740) ging als »Soldatenkönig« und Schöpfer des effizienten preußischen Staates in die Geschichte ein. Schließlich führte sein kunstsinniger Sohn Friedrich II., der Große, 1740 bis 1786 Preußen zur Großmacht. Schon zu Lebzeiten volkstümlich als »Der Alte Fritz« verehrt, erwies er sich als tatkräftiger, ja kühner Herrscher. Von 1740 bis 1742 und 1744/45 setzte er die geerbte Militärmaschine bedenkenlos in den Schlesischen Kriegen ein und annektierte die österreichische Provinz. Die von vielen anfänglich unterschätzte österreichische Regentin Maria Theresia (Reg. 1740–1780) fand somit nur in Friedrich II. dem Großen ihren Meister. Die Mutter von 16 Kindern, Gattin des 1745 bis 1765 als deutscher Kaiser amtierenden Franz I., war eine energische und weit schauende Politikerin. Als sie im Siebenjährigen Krieg (1756–1763) im Bündnis mit Frankreich und Russland Schlesien zurückzugewinnen versuchte, scheiterte sie am Feldherrengenie und politischen Glück des Gegners.

Friedrich aber griff danach nie wieder zu den Waffen, sondern verwandte seine ganze Aufmerksamkeit auf den Wiederaufbau des Landes. Preußen, das 1772 bei der 1. Polnischen Teilung Westpreußen gewann, wurde auch wirtschaftlich zu einer Großmacht und profitierte kulturell vom aufgeklärten Absolutismus des Königs. Er betrachtete sich als »erster Diener des Staates«, gewährte Presse- und Konfessionsfreiheit und förderte Kunst und Wissenschaft.

*Der 1663 zu Regensburg eröffnete Reichstag – hier die feierliche Eröffnung – löste sich nicht mehr auf und wurde zum »Immerwährenden Reichstag«.*

Träger von Kultur und Fortschritt waren längst nicht mehr Adel oder Klerus, sondern eine nach Einfluss und Wohlstand strebende Mittelschicht, die mit wachsendem Unmut die Verschwendungssucht der Fürsten sah. Er entlud sich zuerst beim westlichen Nachbarn mit der Französischen Revolution von 1789. Und auch als Napoleon Bonaparte 1799 putschte und erneut eine Monarchie errichtete, war der Vormarsch der Ideen nicht mehr aufzuhalten. Im Gegenteil: Seine Heere verbreiteten sie über ganz Europa und brachten das 900 Jahre alte Heilige Römische Reich Deutscher Nation zum Einsturz: 1806 legte Kaiser Franz II., bereits seit 1804 als Franz I. Kaiser von Österreich, die Krone des Reiches nieder.

### ········· DER AUGSBURGER RELIGIONSFRIEDE ·········

Der konfessionelle Bruch hatte sich heilen lassen. Trotz des Sieges im Schmalkaldischen Krieg musste der Kaiser akzeptieren, dass mehr als ein friedliches Nebeneinander der Konfessionen nicht zu erreichen war. Das sah er als Scheitern an, zog sich aus Deutschland zurück und überließ seinem Bruder Ferdinand I. die Regelung der Streitigkeiten auf dem Reichstag in Augsburg 1555. In direkten Verhandlungen zwischen den Parteien verabschiedete man sich endgültig vom unrealistischen Ziel einer einheitlichen Kirche. Am 25. September nahm der Reichstag eine Kompromissvorlage Ferdinands ohne wesentliche Abstriche an: Den Protestanten wurde »beständiger, beharrlicher, unbedingter, für und für ewig währender« Friede gewährt, den Landesherren die Bestimmung über die Konfession der Untertanen eingeräumt, Andersgläubigen sollte die Auswanderung und der Verkauf ihrer Habe gestattet sein, den Reichsstädten wurde Toleranz gegenüber beiden Konfessionen auferlegt. Die für diese Regelung gefundene griffige Formel »cuius regio, eius religio« (wes die Herrschaft, des die Konfession) stammt erst aus dem Jahre 1599, trifft den Kern des Friedens jedoch gut.

*Kaiser Joseph II. leitete im Sinn des aufgeklärten Absolutismus staatliche, wirtschaftliche und soziale Reformen ein, die er vor seinem Tod 1790 auf Betreiben des Adels und des Klerus wieder rückgängig machen musste.*

▶ Handel und Wirtschaft: Oberdeutsche Handelshäuser
▶ Kunst und Architektur: Kaiserdom zu Speyer
▶ Kunst und Architektur: Bamberger Reiter
▶ Kunst und Architektur: Veitsdom
▶ Literatur und Musik: Simplicissimus

# KRIEGER, GELEHRTE UND MÄZENE
# DIE SHOGUN-HERRSCHAFT IN JAPAN

*Fast siebenhundert Jahre lang wurde die politische Macht in Japan weitgehend vom Schwertadel bestimmt.
Seine Herrschaft symbolisiert das Amt des Shogun, eines ursprünglich vom Kaiserhof
verliehenen militärischen Ehrentitels. Doch trugen die Shogune auch viel zur kulturellen Blüte Japans bei.*

*Als erste Europäer landeten 1542 portugiesische Händler auf der Insel vor Kyushu in Japan.*

Um 1100 trübten Aufruhr und Zerrüttung der staatlichen Ordnung zunehmend den Glanz der höfischen Kultur in Kyoto. Von rivalisierenden Hofadelsgeschlechtern und mächtigen buddhistischen Abteien in Dienst genommen, führten die Samurai aus den Häusern der Taira und Minamoto von 1180 bis 1185 einen blutigen Krieg um die politische und wirtschaftliche Neuordnung des Landes.

### MIT MINAMOTO NO YORITOMO FING ALLES AN

Minamoto no Yoritomo (1147 – 1199), Clanchef der Minamoto, brach nach seinem Sieg mit der bisherigen Tradition: Anstatt die Nähe des Kaiserhofes und der prestigebeladenen Hauptstadt zu suchen, erklärte er die kleine Küstenstadt Kamakura in Ost-Japan zum Sitz seiner »Zeltregierung« *(bakufu),* wie das Shogunat in Anlehnung an das Feldquartier der Krieger auch genannt wurde. Kamakura wurde von Yoritomo planmäßig als Regierungs- und Verwaltungsstadt ausgebaut, bald siedelten sich auch buddhistische Klöster an. Das besondere Verdienst dieses ersten Shoguns bestand darin, der alten Ordnung durch straffe Verwaltung und militärische Kraft noch einmal Geltung verschafft zu haben. Die Ende des 12. Jahrhunderts beginnende Kamakura-Zeit kennzeichnete eine ausgeglichene Machtbalance zwischen Hofadel (Kyoto) und Shogunat (Kamakura) – doch waren es höfische Kreise, die das Rad der Geschichte zurückdrehen und die Alleinherrschaft des Tenno erneut durchsetzen wollten. So wurde das fragile Gleichgewicht zwischen Hof und Shogun im Jahr 1221 zunächst beeinträchtigt und beim zweiten Versuch der Machtübernahme durch den Kaiser 1334 endgültig zerstört.

### MACHTLOSE SHOGUNE

Japan stürzte für über zweihundert Jahre in eine Epoche ständiger Auseinandersetzungen, die ab Mitte des 15. Jahrhunderts in einen fast ununterbrochenen Bürgerkrieg übergingen. In diesen Zeiten zählte auch der Titel des Shoguns nicht mehr viel; das Amt bestand jedoch fort und wurde immer wieder neu besetzt. Im 16. Jahrhundert ging es den Shogunen nicht viel besser als dem Tenno und seinem Hofstaat, der verarmt und von der japanischen Gesellschaft fast vergessen in einer stark zerstörten Hauptstadt sein Dasein fristete. Realpolitischer Einflussnahme weitgehend beraubt, betätigten sich auch die Shogune als Förderer der Künste. Vom aufblühenden Zen-Buddhismus inspiriert, entstanden unter der Patronage des Shogunats Meisterwerke der Tusch-

## SHOGUN-HERRSCHAFT IN JAPAN

malerei und Gartenkunst, entwickelten sich No-Theater und Teezeremonie zu höchster Blüte. Die außerordentliche Dynamik der japanischen Gesellschaft und Kultur in dieser Epoche ging nicht von den alten Zentralgewalten aus, sondern kam gewissermaßen von unten. Samurai von mittlerem oder niederem Rang, reich gewordene Kaufleute, die Bewohner »freier Handelsstädte« und Bauern, die sich in Bünden organisierten, bereiteten im 16. Jahrhundert die Grundlagen einer neuen Ordnung vor. Zum Symbol dieses auch als »Nieder-schlägt-oben« *(gekokujo)* bezeichneten Zeitalters wurde Toyotomi Hideyoshi (1537 – 1598). Er arbeitete sich vom Stallburschen bis zum obersten Feldherrn empor, dem es gelang, das vollkommen zerstrittene Reich zu einen.

### DER ERNEUERER DER TRADITION: TOKUGAWA IEYASU

Die Früchte der militärischen Anstrengungen Hideyoshis erntete jedoch Tokugawa Ieyasu (1543 – 1616). Nachdem er die letzten Hindernisse mit kriegerischen Mitteln ausgeräumt hatte, wurde er 1603 vom Tenno zum Shogun ernannt – ein rein formaler Akt, denn Ieyasu war längst unumstrittener Militärführer und Herrscher im

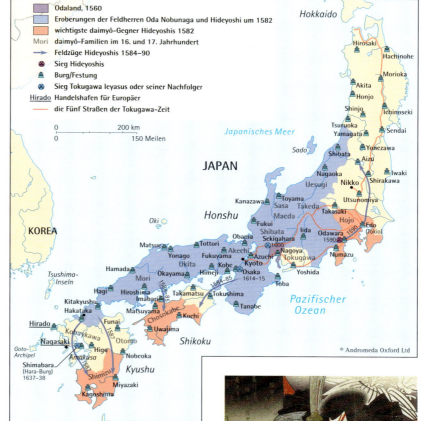

*Einigung Japans unter Hideyoshi*

Land. Ieyasu sah sich als Erbe der Tradition Yoritomos und betrachtete es als die ureigenste Aufgabe des Shoguns, das Reich weise und mit Bedacht zu regieren. Dabei kam es nicht nur auf militärische Fähigkeiten, sondern gleichermaßen auch auf Gelehrsamkeit an. Das Gleichgewicht zwischen beiden zu halten, machte erst den wahren Herrscher aus. Insgesamt 15 Shogune aus dem Hause Tokugawa regierten bis 1867 von Edo – dem heutigen Tokyo – aus, das schon von Ieyasu von einem verträumten Fischerdorf zur Schaltzentrale seiner Macht ausgebaut worden war. Im 18. Jahrhundert war die Millionenstadt zeitweise wohl die größte Metropole der Welt.

Die neokonfuzianisch bestimmte Staatsdoktrin der Tokugawa wies den Samurai und Bauern die ersten beiden Plätze einer ideologisch motivierten sozialen Rangordnung zu. Die als unproduktiv geltenden Kaufleute, ein beachtlicher Teil der Stadtbevölkerung, prägten das Bild der zahlreichen Vergnügungsviertel, die in Osaka, Kyoto und Edo aufblühten. Nach der Mit-

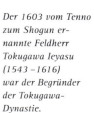

*Samuraikrieger; Holzdruck von Utagawa Kunisada (1786 – 1864)*

te des 18. Jahrhunderts geriet das starr angelegte gesellschaftliche Gefüge zunehmend in Bewegung. Sparappelle der Regierung und ökonomische Reformen nützten nichts. Der Reichtum der Kaufleute und die Verschuldung der Samurai stellte die ideale Ordnung auf den Kopf. Als dann Mitte des 19. Jahrhunderts auch noch britische, russische und US-amerikanische Schiffe die Öffnung des Landes für den Handel forderten, dankte der letzte Shogun, Tokugawa Yoshinobu, ab, um einer neuen Zeit Platz zu machen.

*Der 1603 vom Tenno zum Shogun ernannte Feldherr Tokugawa Ieyasu (1543 –1616) war der Begründer der Tokugawa-Dynastie.*

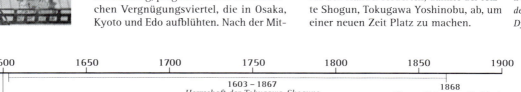

▶ Religionen und Glaubensformen: Buddhismus in Japan
▶ Kriege und Konflikte: Japan, ein Reich in Waffen
▶ Große Entdeckungen: Drang nach Japan
▶ Literatur und Musik: Literatur Japans

# KRIEGER IN OST UND WEST
# SAMURAI UND RITTER

*Mit Speeren bewaffnete Ritter, bereit zum Angriff; Miniatur aus einer Handschrift aus dem letzten Viertel des 12. Jahrhunderts*

Um die Wende des ersten nachchristlichen Jahrtausends bildete sich sowohl in Europa als auch in Japan eine feudale Gesellschaftsordnung aus, die von einem Kriegeradel getragen wurde. Dessen Macht stützte sich auf waffengeübte, berittene und gepanzerte Kämpfer, die ein gemeinsamer Ehrenkodex verband.

Die lange Entwicklung des Rittertums in Orient und Okzident nahm ihren Anfang im Zusammenspiel der Kulturen des Nahen Ostens, Chinas und der Völker der weiten Steppen Zentralasiens. So verfügten bereits um 500 v. Chr. die in den Gebieten nördlich des Schwarzen Meeres lebenden Skythen über gepanzerte Reiter und auch ihre Nachfolger, die Sarmaten und die den Iran beherrschenden Parther, setzten in ihren Kämpfen gegen die Römer auf den Einsatz von schwerer Kavallerie. In der Folge nahmen auch die Römer im Lauf des dritten nachchristlichen Jahrhunderts diese Waffengattung zunehmend in ihr Heer auf. In den Zeiten der Völkerwanderung spielte der schwer gepanzerte Reiter bei den Germanen noch keine Rolle, wohl aber bei den nach Europa eindringenden Hunnen und Awaren sowie bei den Byzantinern.

## DAS ABENDLÄNDISCHE RITTERTUM

In den auf dem Boden des Weströmischen Reiches entstehenden Germanenstaaten, besonders in dem seit dem 8. Jahrhundert dominierenden Frankenreich, herrschte das Prinzip des germanischen Heerkönigtums. In diesem System vergab der Herrscher an sein Kriegergefolge Land als Lehen und erwartete dafür als Gegenleistung den Waffendienst. Aufgrund ihrer ständigen Auseinandersetzungen mit Arabern, Wikingern, Awaren und später den Ungarn sahen sich die Franken – wohl auch nach byzantinischem Vorbild – gezwungen, eine ständig einsatzbereite gepanzerte Kavallerie aufzustellen. Mit den sich aus diesen Gegebenheiten ausbildenden Vorläufern des Rittertum konnte man dem Feind eine wirksame Waffe entgegenstellen.

Um die für damalige Zeiten äußerst kostspielige Ausrüstung aus Pferd, Helm, Ketten- oder Schuppenpanzer, Schild, Schwert und Lanze kaufen und erhalten zu können, benötigte der Krieger Land, das er vom König erhielt. Die damit verbundenen Rechte und Pflichten wurden erblich. Auf diese Weise entstand im Lauf des 9. und 10. Jahrhunderts in ganz Europa der Ritteradel, der sich vom einfachen Volk durch seine Privilegien, das Wohnen in Burgen und einen gemeinsamen Ehrenkodex abhob und dessen Macht erst im 15. Jahrhundert durch die wirtschaftlich erstarkenden Städte und die neuen Feuerwaffen langsam ihr Ende fand.

*Ein Reiter in Waffen; Miniatur aus dem Codex Kapodilista, einer Handschrift aus dem 15. Jahrhundert*

## Aufstieg und Niedergang der Samurai

In Japan verlief die Entwicklung zum Rittertum der Samurai anders. Das sich erst um 300 n. Chr. vom Süden der japanischen Inseln ausdehnende japanische Reich verdrängte die Ureinwohner in den Norden der Inselkette und pflegte seit der Zeitenwende kulturelle Kontakte zu Korea und China. Von hier übernahm man neben anderen Kulturgütern, wie etwa der Schrift, eiserne Schwerter und die von den Steppenvölkern nach Nordchina und Korea vermittelten Körperpanzer. Diese bestanden aus einzelnen miteinander verflochtenen Lamellen und waren typisch für die spätere Rüstung der Samurai. So dienten die Steppenvölker Zentralasiens und die so genannten Seidenstraßen indirekt als Verbindungsglied Japans mit dem Nahen Osten.

*Schmiede fertigen die typisch gekrümmten Samurai-Schwerter; Malerei auf einem japanischen Wandschirm (16. Jh.)*

Der Kriegeradel der Samurai entstand durch die Kämpfe mit den nach Norden zurückweichenden Urbewohnern sowie durch die Zersplitterung des Landes in einzelne Herrschaftsbereiche großer Familien, die in ständigem Streit miteinander lagen. Die Macht der Krieger geriet zwar durch die von den Portugiesen im 16. Jahrhundert nach Japan eingeführten Feuerwaffen vorübergehend ins Wanken, aber nach der Ausweisung aller Europäer aus Japan blieb während der darauf folgenden 200-jährigen Abschottung von der Außenwelt die alte Gesellschaftsordnung unangetastet. Sie hielt sich auch, weil in dieser Periode die Entwicklung der neuen Waffe trotz aller kulturellen und technischen Voraussetzungen nicht weiterbetrieben wurde. Erst im 19. Jahrhundert, mit der Öffnung Japans zum Westen, wurde die mittelalterliche Feudalstruktur des Landes umgewandelt und fand die Ära der Samurai ein Ende.

## Gemeinsamkeiten und Unterschiede

Der Samurai, wörtlich übersetzt »der Diener«, schuldete gleich dem europäischem Ritter seinem fürstlichen Herrn unbedingten Gehorsam. Diese Verpflichtung führte so weit, dass er bei vermeintlichem oder tatsächlichem Versagen sich selbst hinrichten musste. *Seppuku* oder – im Westen bekannter – *harakiri* nannte man die in diesen Fällen angewandte Form des rituellen Selbstmords, bei dem sich der Betreffende den Bauch aufschlitzte. Darüber hinaus war der Samurai mit seinen Standesgenossen durch den strengen Ehrenkodex *bushido*, den »Weg des Kriegers«, verbunden. Die hierdurch aufgestellten Regeln der Höflichkeit, der Philosophie und der Kriegskunst mussten peinlichst genau eingehalten werden.

Im Gegensatz zum europäischen Ritter verachtete der Samurai den Umgang mit Pfeil und Bogen nicht und kämpfte auch nicht ausschließlich zu Pferde. Seine Rüstung war leichter und machte ihn beweglicher, Schilde wurden nicht verwendet. Zum Kampf dienten kurze und lange Schwerter, die Lanze wurde in Fechtweise benutzt und nicht, wie in Europa, um den Gegner aus dem Sattel zu heben.

*Samurai in vollem Panzer, mit Schwert und Lanze bewaffnet (Farbholzschnitt)*

### ········ Symbol des Kriegers – Das Schwert ········

Sowohl in Europa als auch in Japan galt das Schwert als der Inbegriff der Waffe des Kriegers. Es verkörperte die soziale Stellung seines Trägers. Den unteren Schichten der Bevölkerung war es deshalb streng verboten, eine solche Waffe zu führen. In Europa entwickelte sich das Ritterschwert mit langer gerader Klinge aus dem spätrömisch-germanischen Schwert des frühen Mittelalters; in Japan leitete sich das beidhändig zu führende Schwert mit seiner säbelartig gekrümmten Klinge von den langen geraden Eisenschwertern ab, die in den ersten nachchristlichen Jahrhunderten aus Korea in das Inselreich importiert wurden.

➤ Kriege und Konflikte: Krieg im Hoch- und Spätmittelalter
➤ Kriege und Konflikte: Japan, ein Reich in Waffen

# NOMADISCHE HERRSCHER ÜBER EIN WELTREICH
# DIE MONGOLEN

*Temudschin, »Schmied« – so hieß der Begründer eines Weltreiches, das sich im 13. und 14. Jahrhundert über Asien erstreckte. Bekannter ist dieser Herrscher unter seinem Titel: Tschingis Chan. Noch heute assoziiert man mit den Mongolen einen grausamen Eroberungssturm, der über Kontinente hinwegfegte.*

*Begründer des mongolischen Weltreichs war Temudschin (1162 oder 1167 bis 1227), der der Nachwelt vor allem unter seinem Titel Tschingis Chan bekannt ist (persische Miniatur).*

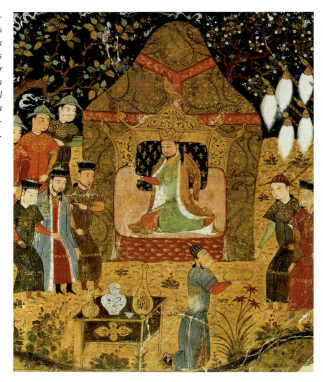

Das Leben der Mongolen unterschied sich grundsätzlich von dem der benachbarten sesshaften Chinesen, die Ackerbau betrieben. Die mongolischen Nomaden lebten damals wie heute mit Pferden, Schafen, Kamelen und Yaks. Die Herden bildeten die wirtschaftliche Grundlage der Klans; ihre Größe bestimmte den Reichtum der jeweiligen Verbände. Eine Winterbevorratung war praktisch unbekannt, im Jahreszeitenwechsel zogen die Stämme vom Sommer- zum Winterweideland. Die soziale Organisationsform waren die Klanverbände, innerhalb derer die Frauen eine gehobene Stellung einnahmen.

Es sind Fakten, aber auch Mythen und Legenden, die sich um die Ursprünge der Mongolen ranken. Festgeschrieben wurde sie unter anderem Ende des 13. Jahrhunderts in der »Geheimen Geschichte der Mongolen«. In ihnen ist auch von einem bestimmten Clan die Rede, der im nördlichen Teil der heutigen Mongolei in der Nähe des Baikalsees lebte. Berühmtester Sohn der *Bordschigid* – der »Wildentenmenschen« – war der Stammesfürst Temudschin, der »Schmied«. Die Legende berichtet, dass er bei seiner Geburt einen Klumpen geronnenen Blutes gehalten habe, leuchtend rot wie Rubin. Die Schamanen deuteten das als gutes Omen und als eindeutiges Zeichen, dass ein außerordentlicher Krieger das Licht der Welt erblickt hatte. Die Deutungen sollten sich bewahrheiten, denn Temudschin baute als der Herrscher Tschingis Chan ein riesiges Reich auf.

*Jagdpartie des Kublai Chan (1215 bis 1294). Der Enkel von Tschingis Chan eroberte das chinesische Song-Reich; chinesisches Rollbild, 1280.*

### DIE URSPRÜNGE

Vor der Geburt Tschingis Chans lag der einstige Hauptsiedlungsbereich der Mongolen in den ostasiatischen Steppen, vor allem in den Flussgebieten von Kerulen und Orchon. Er erstreckte sich über ein weit größeres Territorium als die heutige Mongolei. Zu ihm zählten damals noch südliche Ausläufer des heutigen Sibiriens und die jetzige chinesische autonome Region der Inneren Mongolei.

### DER MONGOLENSTURM

Temudschin, der Zug um Zug fast die gesamte Mongolei unter Kontrolle gebracht hatte, gelang es im Jahr 1206, die einzelnen Stämme Zentralasiens politisch zu einen. Von den Fürsten dieser altaisch-sprachigen, aus Sibirien beziehungsweise Nordchina stammenden tungusischen sowie mongolischen Stämme bekam er den Titel Tschingis Chan – »Weltherrscher« – verliehen. Unter Tschingis Chan, der Traditionelles mit Neuerungen verband und zum Beispiel eine verbindliche Gesetzgebung einführ-

# Die Mongolen

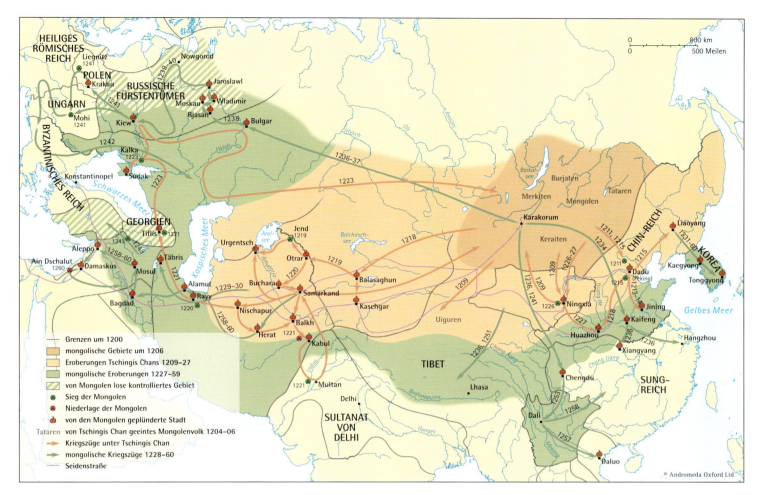

te, begann eine Weltherrschaft, wie es sie in der Geschichte bis zu diesem Zeitpunkt noch nie gegeben hatte. Fast wie eine Naturgewalt stürmten die rund zwei Millionen Mann starken Reiterhorden des mongolischen Führers bis zu hundert Kilometern pro Tag vorwärts. Erst überrollte der große Herrscher mit der außergewöhnlichen militär-strategischen Begabung seine Erzfeinde, so etwa die Tataren oder Merkiten, einen Stamm nahe des sibirischen Baikalsees. Der Unterwerfung der Uiguren, eines innerasiatischen turksprachigen Volksstammes, folgte die Landnahme Nord-Chinas und im Jahr 1215 Pekings. Aufgeheizt durch die schnellen Erfolge zogen die Reitertruppen weiter nach Westen bis ans Kaspische Meer und tief in die russischen Steppen hinein. Unter den Nachfolgern Tschingis Chans reichte der Herrschaftsbereich vom ostchinesischen Meer bis fast an die Ostsee. Ganz China war in die Hände der Mongolen gefallen, wie etwa auch Persien, Korea, Turkestan und das riesige Russische Reich. In Osteuropa kamen sie über Polen und Bulgarien bis nach Ungarn und 1241 unter Batu Chan bis nach Liegnitz im heutigen Polen. Dort endet die Hochzeit des Mongolenreiches mit dem Tod Ögödeis, einem der Söhne Tschingis Chans. Die Mongolen, die auf ihren Eroberungszügen gezielten Terror als Mittel der Kriegsführung einsetzten, wurden wegen ihrer Grausamkeit gefürchtet und verbreiteten Angst und Schrecken. In dem Riesenreich, das Asien mit Europa verband, kam es aber auch zu einem regen Austausch von Kaufleuten, Diplomaten, Würdenträgern oder etwa Abenteurern – zwei Welten waren erstmals nähergerückt.

*Herrschaftsgebiet und Eroberungszüge der Mongolen im 13. Jahrhundert*

## Moderne Nomaden

Für ungewohnte Ohren klingt die mongolische Sprache ein wenig kehlig und rasselnd. Sie zählt zu den so genannten altaischen Sprachen, denen rund 40 mongolische, mandschu-tungusische und Turksprachen angehören. In der heutigen Mongolei spricht zwar jeder Russisch, Amtssprache aber ist entsprechend der größten Gruppe im Land inzwischen Chalcha-Mongolisch. Heute gehören viele Mongolen dem lamaistischen Buddhismus an, doch es gibt noch immer Anhänger des Schamanismus. Und auch die gers, wie die Wohnzelte auf Mongolisch heißen, gehören noch nicht der Vergangenheit an. Die kreisrunden Behausungen bestehen aus einem hölzernen, mit Filzbahnen bedeckten Scherengitter, sind Schlaf-, Wohnraum und Küche in einem. Die heute bequem zusammenfaltbaren Wohnzelte stellte man früher auf dem Weg zu neuen Rastplätzen auf Räder, die von einer ganzen Schar Ochsen gezogen wurden. Damals wie heute ernährt man sich vor allem von einer Art Nudeln und Fleisch, Murmeltiere gelten noch immer als Spezialität. Zur Bevorratung stellen die Nomaden einen steinharten Käse her, aus der beliebten Stutenmilch wird sogar eine Art Schnaps gebraut. Zum Heizen wird der Dung von Tieren gesammelt.

> ➤ Kriege und Konflikte: Mongolische Eroberungen
> ➤ Menschen und Ideen: Tschingis Chan
> ➤ Menschen und Ideen: Timur

# DIE HERREN DER MINEN
# DIE REICHE ZIMBABWE UND MONOMOTAPA

*Mit seinen monumentalen Steinmauern zählt Great Zimbabwe zu den eindrucksvollsten Ruinen Afrikas südlich der Sahara. Es war die Hauptstadt eines Reiches, das durch den lukrativen Goldhandel mächtig wurde. Das begehrte Metall begründete auch Stärke und Wohlstand des nachfolgenden Staates Monomotapa.*

*Die Specksteinfigur Shiri ya Mwari, der »Vogel Gottes«, wurde in den Ruinen von Great Zimbabwe gefunden. Rechts der »Große Tempel« mit dem konischen Turm und Teilen des Mauerrings.*

Ab etwa 900 siedelten sich Vorfahren der Shona, der größten Bevölkerungsgruppe des heutigen Staats Simbabwe, auf der Hochebene zwischen den Flüssen Limpopo und Sambesi an. Sie waren die Erbauer und Herrscher von Great Zimbabwe, der Hauptstadt eines Reiches, das dort um 1150 entstand. Da sein einstiger Name unbekannt ist, wird es das »frühe Zimbabwe« genannt – abgeleitet von den Bezeichnungen der Shona für die Residenzen der Fürsten: *dzimba wa mabwe*, »Häuser aus Stein«, oder *dzimba woye*, »ehrwürdige Häuser«.

### GOLD UND ANDERER LUXUS

Seinen Aufstieg und Reichtum verdankte das frühe Zimbabwe vor allem dem Handel mit Gold, das aus Flüssen ausgewaschen und in Minen mit bis zu 30 Meter tiefen Schächten abgebaut wurde. Strategisch günstig zwischen den Goldstätten und der Ostküste gelegen, profitierte es vom Handel mit den muslimischen Zentren an der Küste und Regionen im heutigen Sambia, Angola und in der Demokratischen Republik Kongo. Neben dem Edelmetall exportierte man Elfenbein, Rhinozeroshorn und Tierfelle und erhielt dafür im Gegenzug Luxusgüter wie syrische Keramik, persisches Glas und chinesisches Porzellan.

Gold spielte im frühen Zimbabwe selbst kaum eine Rolle, seine Wirtschaft gründete auf Feldbau und Viehzucht. Lediglich die Tributzahlungen wurden weitgehend in Gold geleistet – an die politischen und wohl auch religiösen Herrscher des großen Reichs, dem etwa 50 regionale Zentren unterstanden.

### DIE STEINERNE KAPITALE

Die politische und religiöse Hauptstadt Great Zimbabwe erstreckte sich mehr als einen Quadratkilometer über einen von Mauern durchzogenen Hügel- und Talkomplex. Aus backsteingroßen, ohne Mörtel exakt zusammengefügten Granitblöcken wurden die bis zu fünf Meter hohen und zehn Meter dicken Außenmauern ihrer monumentalen Bauwerke errichtet. Nur

*Das mächtige Mauerwerk von Great Zimbabwe mit ornamentalen Steinreihen*

eine große Bevölkerung von wohl bis zu 20 000 Menschen konnte solch umfangreiche Baumaßnahmen bewältigen. Während die Bergruine vermutlich Königsresidenz und Kultzentrum des Reiches war, gibt die Bedeutung der anderen Bauten jedoch Rätsel auf. Vollkommen im Dunkeln liegt beispielsweise die Funktion von zwei etwa zehn Meter hohen massiven Kegeltürmen ohne jeglichen Zugang.

Um 1550 verließen die meisten Bewohner Great Zimbabwe. Schlechte Ernährungsbedingungen mögen hierfür der Grund gewesen sein, bedingt durch eine ökologische Überbeanspruchung des Gebiets. Die Abspaltung von Vasallen beschleunigte vielleicht das Ende des Reichs, dessen Menschen in Scharen nach Norden zogen. Dort gründeten sie in der Tradition von Great Zimbabwe das Königreich Monomotapa, das neben Torwa als Zimbabwes Nachfolgestaat gilt.

## MONOMOTAPA, DER NACHFOLGER IM NORDEN

Das auch als Mutapa bekannte Königreich Monomotapa entstand ab etwa 1450 und umfasste in seiner Blütezeit große Teile der heutigen Staaten Simbabwe und Mosambik. Wie im frühen Zimbabwe gründete sich sein Reichtum vor allem auf dem Goldhandel. In welchem Ausmaß das Edelmetall gewonnen wurde, verdeutlicht die Bedeutung des Wortes *Shona-Wutapa*: Gemeinhin wird es mit »Meisterplünderer« oder »Herr der Minen« übersetzt.

Die Mehrheit der Bevölkerung musste für den *mwene mutapa* genannten Herrscher Gold aus den Flüssen und Minen herbeischaffen sowie militärische Dienste erfüllen; Vasallen leisteten zudem Arbeitsdienste und entrichteten Tribute in Form von Gold, Feldfrüchten und Vieh. Für den regen Handel mit den muslimischen Kaufleuten an der Ostküste, ab dem 16. Jahrhundert auch mit den Portugiesen, war neben Gold Elfenbein bedeutsam.

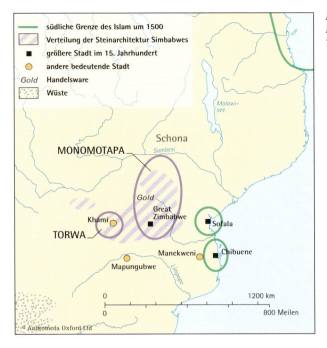

*Die Reiche Monomotapa und Torwa*

Ende des 16. Jahrhunderts begann die Macht des Reiches zu schwinden. Nachbarn überfielen Handelsstädte, der herrschende *mwene mutapa* war vom Adel isoliert. Schließlich erkannte Anfang des 17. Jahrhunderts die Herrscherdynastie die Vorherrschaft der Portugiesen an. Diese kontrollierten das Gebiet zwar nicht vollständig, sicherten sich aber die Rechte auf die Bodenschätze des Landes. 1663 annullierte der Herrscher Mukombwe diese Verträge und vertrieb die Portugiesen. Doch nach seinem Tod im Jahr 1693 zerfiel das Reich allmählich und wurde um 1760 in die Reiche Dande und Chidima geteilt.

Nicht zuletzt wegen des erneuten Vordringens der Portugiesen zersplitterten diese im 19. Jahrhundert endgültig in mehr als 100 unabhängige Shona-Staaten. In den 1890er Jahren eroberten die Briten unter Cecil Rhodes das Gebiet, das in der Kolonialzeit Rhodesien genannt wurde.

### ÜBER GESCHICHTE UND IHRE ZWECKENTFREMDUNG

Für den deutschen Forscher Karl Mauch, der 1871 die sagenhaften Ruinen von Great Zimbabwe erblickte, war es klar: Die biblische Königin von Saba musste die Herrscherin von Zimbabwe gewesen sein. Obwohl er sich später von dieser Aussage distanzierte, festigte sie doch die Legende von Great Zimbabwe als dem sagenhaften Goldland »Ophir« des Alten Testaments. Den weißen Kolonisten Rhodesiens kam die These gelegen, da sie der einheimischen Bevölkerung die Fähigkeit absprach, große Werke zu schaffen. So konnte damit auch die Unterdrückung der Schwarzen gerechtfertigt werden. Man wollte nicht wahrhaben, dass die Bauwerke von Schwarzen errichtet worden waren – trotz wissenschaftlicher Beweise. Als Rhodesien am 18. April 1980 unabhängig wurde, nahm es den Namen Simbabwe an. Nicht nur die Weißen in ihrem Land, alle Welt sollte fortan wissen, dass Simbabwe auf eine große Geschichte zurückblickt.

*Die steinernen Überreste von Great Zimbabwe – hier das Herzstück des eindrucksvollen Ruinenfeldes – zeugen vom Glanz der einstigen Hauptstadt des altafrikanischen Reiches Zimbabwe.*

▶ Mythen, Rätsel und Orakel: Groß-Zimbabwe

# KÖNIGE, KRIEGER, KAUFLEUTE
# DAS REICH BENIN

*Das Königreich Benin im Süden des heutigen Nigeria war Jahrhunderte lang einer der politisch und militärisch stärksten Staaten an der Küste Westafrikas. Die moderne Republik Benin, das vormalige Dahomey, hat mit dem alten Reich nur den Namen gemein, lehnt sich aber an dessen Ruhm an.*

*Auf der bronzenen Zierplatte aus dem Palast des Oba wird der König von zwei Höflingen gestützt. Zu Füßen der Gruppe liegen Leoparden (um 1600).*

Es war Eweka I., der Mitte des 12. Jahrhunderts zum ersten Herrscher von Benin aufstieg – so berichten es die Überlieferungen der herrschenden Königsdynastie. Doch weder die angebliche Herkunft des Regenten aus der heiligen Yoruba-Stadt Ife noch die historischen Ursprünge des Reiches konnten bis heute eindeutig geklärt werden.

Sicher ist jedoch, dass die spätestens seit dem 13. Jahrhundert besiedelte Stadt Benin, heute die etwa eine halbe Million Einwohner zählende Hauptstadt des nigerianischen Bundesstaates Edo, das Machtzentrum des Staates bildete. In dessen Kerngebiet lebten vor allem Bini und andere Edo sprechende Gruppen als Bauern in Dörfern, innerhalb des weiteren Einflussgebietes waren zudem viele andere Bevölkerungsgruppen, wie etwa Yoruba, Igbo oder Ijaw, ansässig.

## AUFSTIEG ZUR WESTAFRIKANISCHEN GROSSMACHT

Im Lauf der Jahrhunderte schwankten Größe und militärische Stärke des Reiches beträchtlich. Als die ersten Europäer 1486 die Region erreichten, war Benin wohl der dominante Staat an der Guineaküste. Im 15. und 16. Jahrhundert erreichte es unter den so genannten Kriegerkönigen den Höhepunkt seiner Macht. Schätzungsweise bis zu eine Million Menschen unterstanden der Einflusssphäre des Reiches, das weite Gebiete im heutigen Nigeria umfasste und einen gesicherten Zugang zum Meer besaß. Seine militärische Stärke gründete auf einem 100 000 Mann starken Heer, von denen 20 000 innerhalb von einem Tag aufgestellt werden konnten.

Obwohl Benin lange Zeit als ein kriegerisches Königtum auftrat, scheinen seine Regenten dennoch eher an Handel, Kriegsbeute und Abgaben als an territorialen Eroberungen interessiert gewesen zu sein. Dies aus gutem Grund: Denn die Menschen in den einverleibten Gebieten unterstanden als Untertanen dem Schutz des Reiches und konnten nicht mehr als Kriegsbeute versklavt werden.

## GEWEHRE, GEFANGENE UND INTERNATIONALER HANDEL

Das wirtschaftliche Rückgrat des Reiches bildete der über Wasser- und Landrouten betriebene Handel mit dem Hinterland. Der rege Warenaustausch mit den Portugiesen, bei dem der transatlantische Menschenhandel eine wichtige Rolle spielte, blieb allein dem König vorbehalten. Um jedoch das Reich nicht nachhaltig zu schwächen, wurde schon bald der Verkauf männlicher Sklaven untersagt. Ab Mitte des 16. Jahrhunderts errichteten auch Engländer, Holländer und Franzosen Handelsbeziehungen, die sich aufgrund des portugiesischen Monopols auf Sklaven vor allem auf Stoffe, Elfenbein, Pfeffer und Palmöl konzentrierten.

*Aus Gelbguss gefertigt ist diese Kopfplastik, die im 18. Jahrhundert zu Ehren eines verstorbenen Oba geschaffen wurde.*

Afrikaner und Europäer traten in diesen Beziehungen als gleichrangige Partner auf. Diplomaten wurden ausgetauscht, portugiesische Soldaten kämpften für das Reich und hohe afrikanische Würdenträger konvertierten zum Christentum. Ausschlaggebend war hierfür vermutlich auch das Verbot des Papstes, Gewehre und Kanonen in »heidnische« Regionen zu exportieren. Als Christen konnten die Führer Benins jedoch Feuerwaffen von den Portugiesen erwerben und somit ihre für den Sklavenhandel notwendige militärische Überlegenheit gegenüber ihren Nachbarn sichern. Die Masse der Bevölkerung konvertierte nicht zum neuen Glauben.

## PRACHT UND NIEDERGANG

An der Spitze des Reiches stand der als Gottkönig verehrte Oba. Er residierte in der Stadt Benin, die Europäer des 17. Jahrhunderts als den meisten Städten ihrer Heimat überlegen beschrieben. Ihre besondere Bewunderung galt dem imposanten Königspalast, an dem die höfische Gieß-

*Größe und Pracht der Hauptstadt des Königreichs Benin vermittelt der Stich aus der Reisebeschreibung von Olfert Dapper (1670).*

und Handwerkskunst aufblühte und der größer als die Stadt Haarlem in den Niederlanden gewesen sein soll. Zum Glanz der Stadt trugen zahlreiche Würdenträger bei, die verschiedenste Ämter ausübten, vielgestaltige Aufgaben erfüllten und erhebliche Privilegien innehielten – aber auch der enorme Reichtum vieler Kaufleute.

Vermutlich ab dem 17. Jahrhundert nahm die Macht Benins beständig ab. Obgleich der Oba genannte Gottkönig als uneingeschränkter Herrscher über Leib und Leben seiner Untertanen galt, wurde er tatsächlich in weiten Phasen von mächtigen Würdenträgern kontrolliert. Streitigkeiten und Erbfolgekriege schwächten das Reich, das im 19. Jahrhundert zunehmend von den östlichen und nördlichen Nachbarn sowie im Süden durch die Briten bedroht wurde.

1897 eroberte eine britische »Strafexpedition« die Stadt Benin und brannte sie größtenteils nieder. Der König wurde verbannt und das Reich dem britischen Protektorat einverleibt. Zwar setzte die britische Kolonialmacht 1914 in der Hoffnung, das Gebiet so leichter regieren zu können, einen neuen Oba ein. Seine vorherige politische Macht erreichte er jedoch nicht mehr.

*Der Leopard symbolisierte die Macht der Könige Benins.*

### WA(H)RE KUNST

Seinen Ruhm in der westlichen Welt verdankt das Reich Benin vor allem den über 2000 Bronze- und Elfenbeinarbeiten aus dem Palast des Oba, die als Kriegsbeute nach England gelangten. Diese meisterhaften Kunstwerke waren die ersten aus Afrika, die von den Europäern als solche gewürdigt wurden. Seit 1897 sorgen sie in Museen und auf dem internationalen Kunstmarkt für Furore. Berühmtheit erlangten vor allem die oft formvollendet gegossenen Platten mit Darstellungen einheimischer Würdenträger, von Europäern und Tieren sowie Menschenköpfe aus Bronze. Auch heute noch schaffen die Gießer in der Stadt Benin neben Arbeiten für Touristen so manches bewundernswerte Glanzstück.

# HERRSCHER IM SAHEL – MALI UND SONGHAI

*Dem alten Reich Mali unterstanden ab dem 13. Jahrhundert die wichtigsten Handelswege im Sahel, vor allem jene zu den Goldfeldern im Süden. Auch das zwei Jahrhunderte später aufstrebende Songhai-Reich erlangte seinen Reichtum durch die Kontrolle dieser Routen.*

Bereits im 11. Jahrhundert existierte am oberen Niger ein kleines Fürstentum namens Mali, dessen Oberschicht islamisiert war. Unter der Führung des legendären Sunjata, der noch heute in zahlreichen Epen besungen wird, begann es im 13. Jahrhundert zu einem mächtigen Reich aufzusteigen. Mali übernahm die Herrschaft über Gebiete des alten Reichs Ghana und wandelte sie in eine Provinz um. Seine Machtentfaltung verdankte es insbesondere der Kontrolle der Handelswege des Sahels; von größter Bedeutung waren dabei die Routen zu den Goldfeldern Galam, Bambuk und Bure im Süden sowie die Oberhoheit über große Karawanenumschlagplätze.

### DAS ALTE REICH MALI

Im 14. Jahrhundert erreichte das Reich unter dem Herrscher Mansa Musa innere Stabilität und seinen Höhepunkt. Durch seine Pilgerreise nach Mekka festigte er darüber hinaus die politischen und wirtschaftlichen Bande zu den östlichen Nachbarn bis nach Ägypten und verlagerte den Schwerpunkt des Transsahara-Handels dorthin. Mali erreichte seine größte Ausdehnung und brachte sogar die Kupferminen im nigerischen Aïr-Gebirge unter seine Herrschaft.

Der Islam, der sich in Westafrika über die Handelswege durch Kaufleute verbreitete und vom Adel angenommen wurde, spielte bei Malis Aufstieg eine wesentliche Rolle. Die völkerübergreifende Religion erleichterte die Beziehungen zu den arabischen Händlern, wodurch die Oberschicht ihre wirtschaftliche Überlegenheit ausbauen und ihre Autorität stärken konnte. Elemente arabischer Kultur wie Schrift und Koranschulen fanden Eingang. So wurden unter Mansa Musa die Städte Gao, Timbuktu und Djenne nicht nur zu bedeutenden Handels- und Gewerbezentren, sondern auch Stätten islamischer Bildung. Prunkvolle Paläste des Adels und große Moscheen wurden errichtet.

Angriffe vor allem der Tuareg im Norden und der Mossi im Süden, aber auch Streitigkeiten des Adels läuteten im 15. Jahrhundert den Niedergang Malis ein. 1433 eroberten Tuareg die Handelszentren Timbuktu und Walata, etwas später die Songhai Djenne. Ende des 17. Jahrhunderts brach das Reich in Kriegen mit den bis dahin abhängigen Bambara völlig zusammen.

### DAS SONGHAI-REICH

Songhais Kerngebiet lag am Mittellauf des Niger, östlich der alten Reiche Ghana und Mali. Im 14. Jahrhundert wurde Songhai ein Vasall Ghanas, konnte sich aber später abspalten. Die meisten Bewohner lebten zunächst vorwiegend von Fischfang und Reisanbau, die Stadt Gao war ab 890 n. Chr. Sitz des Adels.

Seine Blüte erlebte das Songhai-Reich im späten 15. Jahrhundert. 1468 eroberte der herrschende Sonni Ali Timbuktu und vertrieb auch die Tuareg und Mossi. Durch die Eroberung des Handelszentrums Djenne erlangte Songhai die Kontrolle über wichtige Goldfelder des alten Mali und weitere im Norden der Guineaküste. Das Reich erstreckte sich bis nach Walata im Norden und bis zu den Hausa-Staaten im Osten. Obwohl Sonni Ali sich zum Islam bekannte, vertrieb er zahlreiche Gelehrte dieser Religion aus den Städten.

Zum mächtigsten Staatswesen, das es je in Westafrika gegeben hat, wurde Songhai um die Wende zum 16. Jahrhundert unter Askia Muhammed I. Er festigte durch den Islam die innerstaatliche Ordnung und löste die bisherigen Gesellschaftsstrukturen auf. Neben den Handelseinnahmen wurden die Steuern der Bauern und Sklavenarbeiter zur wirtschaftlichen Grundlage des Staates. In dieser Zeit wurde das riesige Staatsgebiet in vier größere Provinzen und einige tributpflichtige Königtümer unterteilt. So reichte Songhai bis ins alte Mali hinein und im Norden bis zu den entlegenen Salz- und Kupfergewinnungsorten. Im Nordosten erstreckte es sich bis an die Grenze von Bornu. Auch einige Hausa-Staaten waren unterworfen. Ein ste-

*Terrakottaskulptur eines Reiters aus dem im 13. Jahrhundert als Handelsstadt gegründeten Djenne*

# Mali und Songhai

hendes Heer aus Sklaven und anderen Berufssoldaten war in festen Garnisonen im ganzen Land stationiert.

Wie Malis Herrscher unternahm auch Muhammed I. mehrere Pilgerreisen nach Mekka und beeindruckte die Ägypter durch die Größe seines Gefolges und seine prunkvolle Verschwendung. In die Städte holte er arabische Gelehrte, Baumeister und Ärzte. Die Islamschulen erlebten eine neue Blüte und an der Universität in Timbuktu wurden neben religiösen Fächern auch Literatur, Geschichte, Geografie, Mathematik und Astronomie gelehrt.

Schließlich schwächten aber auch diesen Staat Streitigkeiten des Adels und Abspaltungen von Vasallen. Ende des 16. Jahrhunderts wollte der Sultan von Marokko den gewinnträchtigen Transsahara-Handel und die Goldfelder unter seine Kontrolle bringen. 1584 eroberte die mit Feuerwaffen ausgerüstete marokkanische Armee die Salzbergwerke von Taghazza, bald darauf Timbuktu, Djenne und Gao. Obwohl nicht völlig besiegt, konnte Songhai seine frühere Macht nicht wiedererlangen. Zahlreiche Vasallen spalteten sich ab, Angriffe und Eroberungen der Tuareg und Fulbe mehrten sich. Und schließlich endete die Blütezeit dieser einst durch den Transsahara-Handel mächtig gewordenen Reiche auch durch die zunehmende Verlagerung des Handels zu den ersten europäischen Stützpunkten an der Küste.

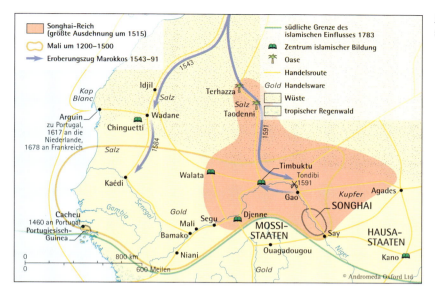

*Die Reiche von Mali und Songhai*

## Mansa Musas Pilgerreise

Die Pilgerreise von Mansa Musa nach Mekka im Jahr 1324 blieb in der islamischen Welt durch ihren großen Prunk und fantastischen Aufwand noch lange legendär. Hoch zu Ross ritt der Herrscher durch Kairo, begleitet von einem riesigen Gefolge und einer Kamel- und Sklavenkarawane. 500 Sklaven trugen gewaltige Mengen an Goldbarren. Mansa Musa und sein Gefolge sollen in Kairo so viel Gold ausgegeben haben, dass der Goldpreis für Jahre verdorben war.

*Djenne war schon früh ein bedeutendes Zentrum des Islams in Westafrika. Bekanntestes islamisches Wahrzeichen in Westafrika ist die – im traditionellen Baustil renovierte – Große Moschee, die rund 3 000 Gläubigen Platz bietet.*

# Bauern, Rinderzüchter und Sklavenhändler
# Reiche in Ost- und Zentralafrika

*Ab dem 14. Jahrhundert entstanden im Zwischenseengebiet Ostafrikas zahlreiche Staaten und Königtümer mit stark hierarchisch geprägten Gesellschaften. In Zentralafrika entwickelten sich seit dem 15. Jahrhundert Königreiche, die durch den transatlantischen Sklavenhandel reich und mächtig wurden.*

*Die moderne Geschichtswissenschaft geht davon aus, dass im Mittelalter Rinderzüchter in das ostafrikanische Zwischenseengebiet einwanderten und dort in der Folge eine Reihe von Staaten gründeten.*

Das Zwischenseengebiet Ostafrikas wird vom Victoria-, Kioga-, Albert-, Rutanzige-, Kivu- und Tanganjikasee umschlossen und erstreckt sich auf den Territorien der heutigen Staaten Uganda, Ruanda, Burundi und Tansania. Der europäischen Geschichtsschreibung zufolge wanderten dort ab dem 13. Jahrhundert nilotisch-sprachige Hima-Rinderzüchter aus dem heutigen Südsudan und Südäthiopien in mehreren Schüben ein. Sie unterwarfen trotz ihrer zahlenmäßigen Unterlegenheit die etwa seit dem 8. Jahrhundert ansässigen, vorwiegend bäuerlichen Bevölkerungen, gaben jedoch ihre eigene Sprache zugunsten der Bantusprachen der eroberten Gruppen auf. Einer verbreiteten Auffassung zufolge gründeten die Rinderzüchter zahlreiche Staaten und Königtümer, in denen sie fast überall die herrschende Schicht stellten – neuere Forschungen widersprechen jedoch dieser Ansicht.

## Historische Wahrheit oder Konstrukt?
## Die frühen Zwischenseenreiche

Mangels schriftlicher und archäologischer Quellen können wir über die frühen Reichsgründungen häufig nur Vermutungen anstellen. Um 1350 errichteten die legendären BaChwezi als erstes Hima-Reich das riesige Kitara, das um 1500 aus heute unbekannten Gründen wieder verschwand. Kurz zuvor hatten die Ba-Hima Buganda gegründet, im 16. Jahrhundert errichteten die Ba-Bito Bunyoro, das im 18. Jahrhundert als mächtigster Staat von Buganda und dem Reich Ankole der BaHinda abgelöst wurde. Buganda, dessen ertragreicher Feldbau ein starkes Bevölkerungswachstum ermöglichte, erwarb durch seine engen Handelsbeziehungen zur Küste Feuerwaffen und konnte durch seine militärische Überlegenheit Anfang des 19. Jahrhundert zur größten Macht aufsteigen.

# REICHE IN OST- UND ZENTRALAFRIKA

In allen Zwischenseenreichen bestand eine ausgeprägte soziale Hierarchie. Das Land gehörte dem König, die Bauern nutzten es gegen Tributzahlungen und Frondienste. Die oft riesigen Rinderherden gehörten meist den herrschenden Klanen. Die stärkste ethnische und soziale Trennung entwickelte sich in Ruanda, das wie Burundi von den Tutsi gegründet worden war. In Ruanda galten die Herrscher als Abkömmlinge der Rinder züchtenden Tutsi, die Mehrheit als bäuerliche Hutu – zumindest der Ideologie nach, denn tatsächlich hielten auch Hutu oft viele Rinder. In Buganda hingegen wurden die Könige mit der bäuerlichen Mehrheit ihrer Untertanen identifiziert, während die Rinderzüchter eine sozial untergeordnete Stellung innehatten.

Der Idee eines gesonderten Ursprungs der Rinder züchtenden Eliten und ihrer Überlegenheit gegenüber den alteingesessenen Bauern stehen ernstzunehmende Argumente entgegen. Denn alle Einwohner eines einstigen Reiches sprechen dieselbe Sprache, zudem sind oft keine der postulierten ethnischen Unterschiede festzustellen. Selbst in Buganda gab es nie eine scharfe Trennung zwischen der herrschenden Hima-Dynastie und den Bauern. Möglicherweise beruhte also die Ausbildung der Gruppen nicht auf verschiedenen ethnischen Ursprüngen, sondern auf wirtschaftlicher Spezialisierung, die im Laufe der Jahrhunderte Veränderungen auf anderen Ebenen nach sich zog. Und auch die frühen Reichsbildungen durch Rinderzüchter werden in der gängigen Geschichtsschreibung nicht überzeugend erklärt. Wahrscheinlich bildete sich erst durch den Handel mit Arabern, Swahili und später Europäern eine herrschende Schicht heraus, die ihre Stellung im Nachhinein durch eine längere Herrschaftsgeschichte rechtfertigte. Hierfür spricht beispielsweise, dass viele Könige auch in der Kolonialzeit weiterwirkten und die einstigen Eliten bis heute Wirtschaft und Politik in einigen der modernen Staaten beeinflussen.

## ZENTRALAFRIKANISCHE KÖNIGREICHE

Als frühestes Reich Zentralafrikas ist das Kongo-Königreich bekannt. Landwirtschaft und Handel bildeten seine wirtschaftliche Grundlage. Wenige Jahre nach dem ersten Kontakt mit den Portugiesen 1483 ließ sich die Oberschicht des Reiches als Christen taufen, wohl auch, weil die Portugiesen an »Heiden« keine Waffen veräußern durften. Im 16. Jahrhundert erreichte das Reich seinen wirtschaftlichen und politischen Höhepunkt, da vor allem aus diesem Gebiet Sklaven von den Portugiesen nach Amerika verbracht wurden. Als der König den Menschenhandel im folgenden Jahrhundert einschränken wollte, schlugen die Europäer seinen Widerstand mit Waffengewalt nieder.

Im südlichen Kongogebiet gründeten um 1500 die Songe das Luba-Reich, das verschiedenste Gruppen wie die eigentlichen Luba, die Kete oder die Hemba vereinigte. Im 16. Jahrhundert hatte sich eine prunkvolle Hofhaltung und eine auch von Europäern hoch geschätzte höfische Kunst entwickelt. Abkömmlinge einer Luba-Herrscherdynastie unterwarfen die benachbarten Lunda und gründeten ein neues Reich. Beide Reiche handelten nicht nur Elfenbein mit den Portugiesen, sondern beteiligten sich vor allem im 17. und 18. Jahrhundert stark am transatlantischen Sklavenhandel. Zu dieser Zeit erreichten beide Reiche die Blüte ihrer Machtentfaltung und unterwarfen zahlreiche Nachbarvölker, bis das Verbot des Sklavenhandels in Europa zu ihrem Niedergang führte. Während das Luba-Reich unter belgischer Kolonialherrschaft bis zur Unabhängigkeit des Kongos weiterbestand, wurde das Lunda-Reich 1898 als Provinz dem Kongo-Freistaat einverleibt.

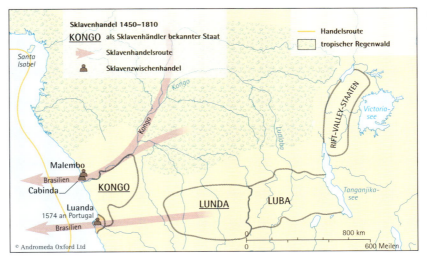

*Sklavenhandel in Zentralafrika*

*Die Reiche Luba und Lunda profitierten im 17. und 18. Jahrhundert stark vom Sklavenhandel. Der Holzstich aus dem Jahr 1844 lässt erahnen, unter welch unmenschlichen Bedingungen die gefangenen Afrikaner in die »Neue Welt« verschleppt wurden.*

> ········· **VON RINDERN UND RASSEN** ·········
> Einst waren Bezeichnungen wie »Niloten« als Teil der »Kuschiten« und diese wiederum als Untergruppe der »Hamiten« mit Wertungen versehen: Die hellhäutigeren »Hamiten« galten als »Kulturbringer« für Ostafrika, doch wurde dabei eine Wirtschaftsform – die Rinderhaltung – mit einer behaupteten »Rasse« und der Sprache in unzulässiger Weise verknüpft. Heute gelten die Begriffe einzig als Spracheinteilungen.

# Türkische Kaiser in Ostrom – Die Osmanen

*Aus einem unbedeutenden kleinasiatischen Fürstentum entwickelte sich ab 1300 eine Großmacht, die nach ihrem Gründer Osman I. Ghasi benannt wurde. Auf dem Höhepunkt seiner Macht erstreckte sich das riesige Osmanische Reich über drei Kontinente; seinen Mittelpunkt bildete das Gebiet der heutigen Türkei.*

*Osman I. Ghasi (1258 – 1326) begründete die nach ihm benannte, bis 1922 herrschende Dynastie der Osmanen.*

Anfang des 13. Jahrhunderts flohen türkische Stämme aus Zentralasien vor den Mongolen nach Kleinasien in das Herrschaftsgebiet der Seldschuken von Rum, wo sie an der Grenze zu Byzanz siedelten. Nach dem Sieg der Mongolen über die Seldschuken 1243 gründeten sie eigene Fürstentümer, darunter befand sich das des Osman Ghasi. Dieser *ghasi* – »Glaubenskämpfer« – erklärte sich an der Wende zum 14. Jahrhundert für souverän. Osman I., nach dem Dynastie und Reich der Osmanen benannt wurden, gelang es, aus traditionellen Stammeskriegern Berufssoldaten zu machen, die nicht mehr von der Viehzucht, sondern von den Einkünften der Ackerbauern lebten. Sein Sohn Orhan, der bis 1360 herrschte, erbte ein stabiles Staatswesen. Er nahm den Byzantinern wichtige Städte wie Nicäa, Nikomedia und vor allem Burssa ab, das zur ersten osmanischen Hauptstadt erhoben wurde. Orhans Eingreifen in die byzantinischen Thronwirren führte erstmals osmanische Truppen ans europäische Ufer und besetzte 1354 Gallipoli, das moderne Gelibolu. Zudem dehnte er seine Macht auch zu Lasten islamischer Nachbarn aus und eroberte 1345 das Fürstentum Karasy an der Ägäisküste und 1354 Ankara.

Die Expansion auf dem Balkan wurde von Murad I. bis 1389 energisch fortgesetzt. 1361 verlegte er die osmanische Residenz nach Adrianopel, das heutige Edirne, und ließ sich *sultan* – »Herrscher« – nennen. Besondere Bedeutung erlangte der 1389 errungene Sieg über die Serben auf dem Amselfeld, der von serbischen Nationalisten bis heute als nationale Katastrophe aufgefasst wird. Die erweiterte osmanische Macht wurde durch die türkische Zuwanderung aus Kleinasien gestützt; aus dieser Zeit stammen die türkischen Minderheiten in Griechenland, in den Gebieten des ehemaligen Jugoslawien und in Bulgarien. In dieser Ära erfolgte zudem ihre Besiedlung der europäischen Türkei.

### Von Kosovo nach Ankara

Murads Sohn und Nachfolger Bajezid I. festigte unter anderem durch die Eroberung Bulgariens 1393 und den Sieg über die Kreuzfahrer 1396 die osmanische Herrschaft auf dem Balkan. In rascher Folge

*Die französische Buchmalerei (1455) zeigt das türkische Heerlager vor Konstantinopel. Die Eroberung der Stadt im Mai 1453 bedeutete das Ende des Byzantinischen Reichs, das Osmanische Reich stieg in der Folge zur Großmacht auf.*

# Die Osmanen

unterwarf er die türkischen Fürstentümer Isfendijar, Ogullary, Germijan, Aidyn und Saruchan in Anatolien, was ihm den Beinamen Yıldırım, »Blitz«, eintrug. Doch schon bald traf der schnelle militärische Erfolge gewohnte Herrscher auf seinen Meister: 1402 fügte ihm der mongolische Eroberer Timur in der Schlacht von Ankara eine schwere Niederlage zu und nahm ihn gefangen; bald darauf starb Bajezid.

Es dauerte fast ein halbes Jahrhundert, bis man die Folgen dieser Niederlage verkraftet hatte. Das Reich drohte in Thronwirren und Aufständen unterzugehen. Unter Mehmed I. und Murad II. kehrte wieder Stabilität ein. Südosteuropa kam 1448 durch die zweite Schlacht auf dem Amselfeld für Jahrhunderte unter osmanische Herrschaft und auch in Kleinasien konnten Erfolge verzeichnet werden.

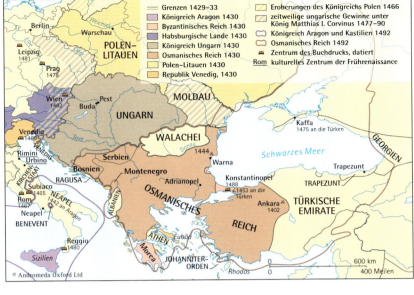

Das Osmanische Reich im 15. Jahrhundert

## DIE EROBERUNG KONSTANTINOPELS

Unter der von 1451 bis 1481 dauernden Regierung des Sultans Mehmed II., der den Beinamen *Fatih*, »Eroberer«, erhielt, wurde die Expansion des Reiches auf den Balkan, nach Anatolien und zur Krim hin fortgesetzt. 1480 landeten seine Truppen sogar in Italien und bedrohten Rom. In Bosnien und Albanien konvertierten bedeutende Teile der Bevölkerung meist freiwillig zum Islam, wodurch beide Länder zu Vorposten des Islams in Europa wurden. Von weltgeschichtlicher Bedeutung war die Einnahme Konstantinopels am 29. Mai 1453. Durch dessen Fall fand das Byzantinische Reich sein Ende und das Osmanische Reich stieg für die nächsten Jahrhunderte zur Großmacht auf, die nicht nur geografisch zentralisiert wurde: An der Spitze des Staates ersetzte die aus der Knabenlese gewonnene Elite Zug um Zug die türkischen Adeligen. Höhepunkt dieses Prozesses war die Hinrichtung des Wesirs Candarli Halil Pascha 1453.

In einer Kombination aus türkischen Vorstellungen, islamischen Prinzipien und oströmischer Kaisertradition erhob Mehmed II. den Anspruch auf Weltherrschaft. Das Fortleben byzantinischer Traditionen wird unter anderem bei der Kaiserkirche Hagia Sophia deutlich: Mit minimalen architektonischen Änderungen, etwa durch Anfügen von Minaretten, wurde sie zur Hauptmoschee Ayasofya des nun islamischen Reiches erhoben. Konstantinopel behielt als *Kustantiniye* seinen Namen – das im Volk gebräuchliche Istanbul wurde erst mit der Republik zur offiziellen Bezeichnung der Stadt.

Unter osmanischer Herrschaft blühte Konstantinopel bald wieder auf. In der verarmten und entvölkerten Stadt wurden neue Bewohner, meist Handwerker und Kaufleute, angesiedelt. Es kamen nicht nur türkische Muslime, sondern auch Griechen, Armenier, Juden aus Spanien und Balkanslawen. Mehmed entfaltete eine rege Bautätigkeit, ließ für sich einen Palast und für den Handel den »gedeckten Basar« anlegen. Von wirtschaftlicher Bedeutung war auch der Bau der Fatih-Moschee mit ihren angeschlossenen Bildungs- und Sozialeinrichtungen.

### DIE KNABENLESE

Kriegsgefangene, die in die Heere eingegliedert wurden, und Sklavenarmeen, die dann selbst ganze Staaten regieren, waren in der islamischen Welt nichts Besonderes. Die Osmanen verfeinerten dieses System auf ihre Weise: Ab dem 15. Jahrhundert ließ der Sultan auf dem Balkan talentierte Knaben aus den Reihen seiner christlichen Untertanen zum Wehrdienst verpflichten, zum Islam konvertieren, im Palast erziehen und zu so genannten Janitscharen ausbilden. Sie bildeten die yeni ceri, die »neue Truppe«. Bewährten sie sich, stand einer Karriere nichts im Wege. Die meisten Großwesire stammten aus ihren Reihen! Zu Beginn des 18. Jahrhunderts wurde das dewschirme genannte System der Knabenlese aufgegeben.

*Sultan Mehmed II. Fatih (»der Eroberer«) dehnte die osmanische Herrschaft weit aus und eroberte 1453 Konstantinopel, das er zur Hauptstadt des Osmanischen Reichs machte.*

▶ Kriege und Konflikte: Aufstieg des Osmanischen Reiches
▶ Kriege und Konflikte: Türkenkriege und Österreichs Aufstieg
▶ Kriege und Konflikte: Russisch-türkische Kriege
▶ Kriege und Konflikte: Aufstände in Südeuropa
▶ Kriege und Konflikte: Krimkrieg

## DIE OSMANEN

*Während der osmanischen Herrschaft entstanden in Istanbul zahlreiche bedeutende Bauten, so dass die Stadt mit ihrem antiken und byzantinischen Erbe im Laufe der Zeit ein einzigartiges Gepräge erhielt.*

### KÄMPFE IN ANATOLIEN

Widerstand gegen die Zentralisierungstendenzen regte sich vor allem unter den turkmenischen Nomaden Anatoliens. Die Einführung einer Sondersteuer unter Mehmeds Nachfolger Bajezid II. verstärkte die allgemeine Unzufriedenheit und entlud sich schließlich 1511 im Schahkulu-Aufstand, der nur mit großer Mühe unterdrückt werden konnte. Aber nicht nur wirtschaftliche Gründe spielten eine Rolle: Der Großteil der aufständischen Kisilbasch wurde vom Schah von Persien unterstützt. Daher führte der 1512 inthronisierte neue Sultan Selim I. Yavuz, der »Gestrenge«, seinen ersten Feldzug gegen Persien: 1514 kam es zur Schlacht von Caldiran, in deren Folge Ostanatolien den Osmanen in die Hände fiel und Persien für einige Jahre keine militärische Bedrohung mehr dar-

stellte. Drei Jahre später besiegte er die Mamluken und eroberte Ägypten – Selim wurde Herr über die heiligen Städte Mekka und Medina; seinen Vorrang vor allen anderen islamischen Herrschern verdeutlichte die Übernahme des Kalifentitels. Die Osmanen kontrollierten nun das ganze östliche Mittelmeer und unterhielten eine riesige Flotte, die etwa die Größe sämtlicher Schiffsverbände der christlichen Mittelmeeranrainer besaß.

### DER HÖHEPUNKT DER MACHT

Die Regierungszeit Sultan Süleimans II., der auch der »Prächtige« oder der »Gesetzgeber« *(kanuni)* genannt wurde, gilt als »goldenes Zeitalter« der Osmanen. Zwar gab es auch in den Jahren zwischen 1520 und 1566 Armut, Aufstände und Unruhen, doch angesichts der Lebensumstände späterer Jahrhunderte ging es der Bevölkerung recht gut. Darüber hinaus war das Osmanische Reich im Vergleich zu anderen Staaten ein Rechtsstaat, in dem eine Reihe von weltlichen Gesetzen, die so genannten *kanunnames*, für Rechtssicherheit sorgte.

Die politischen Interessen der Osmanen reichten von Nordafrika bis Indien, von Ungarn bis Äthiopien. Aber auch in Zentralasien, im Kaukasus und selbstverständlich gegenüber Persien wussten sie ihre Interessen zu vertreten. 1526 schlug Süleiman, der immer persönlich in den Krieg zog, die Ungarn bei Mohács – Ungarn verlor dadurch für Jahrhunderte seine Selbständigkeit. Zudem führten Grenzkriege mit den Habsburgern 1529 zur Belagerung von Wien und 1566 von Szigetvár. Ergebnislos verliefen Süleimans drei Feldzüge gegen den Schah; dauerhafte Erfolge hingegen waren 1535 die Eroberung des Iraks mit Bagdad und 1548 die Einnahme der Grenzstadt Van. 1555 beendete der Friede von Amasya den Krieg mit Persien. Mit den Habsburgern wurden ab 1547 mehrere zeitlich begrenzte Friedensverträge geschlossen, in denen sie zu Tributzahlungen verpflichtet wurden. Einen Freundschaftsvertrag schloss man 1536 mit Frankreich. Er räumte dem Erzfeind

*Basar bei der Konstantinssäule in Konstantinopel; Illustration zu den Reisebeschreibungen des venezianischen Gesandten Jacopo Soranzo (1581)*

der Habsburger umfangreiche Handelsprivilegien ein. Die Partnerschaft mit den Franzosen war gegen die Habsburger gerichtet und sollte mehrere Jahrhunderte bestehen.

Obwohl Süleiman zu Recht als einer der letzten Sultane gilt, die aktiv ins politische Tagesgeschehen eingriffen, so übten doch seine Großwesire und seine Gattin Roxaline enormen Einfluss aus. Die Ermordung des Prinzen Mustafa im Jahre 1553 ist beispielsweise auf die Machenschaften Roxalines und des Großwesirs Rüstem Pascha zurückzuführen.

## LANDFLUCHT UND KRIEGE

Die Ursachen des nun einsetzenden Niederganges lassen sich nicht ausschließlich auf die Passivität der Sultane zurückführen. Das Bevölkerungswachstum in Anatolien, der Zustrom amerikanischen Silbers, die Preisrevolution und der daraus resultierende Wertverlust der osmanischen Münzen trugen zur Verschärfung der Krise bei. Unzufriedene vereinten sich in bewaffneten

Banden, in deren Reihen man ehemalige Janitscharen und Pfründeninhaber genauso finden konnte wie *levent* genannte Abenteurer, landflüchtige Bauern und brotlose Studenten, die *softa* oder *suhte* hießen. Ab 1578 steigerte sich die Geldentwertung, gleichzeitig wurde die Steuerlast für die Bauern erhöht, so dass diese in Scharen ihr Land verließen und sich entweder den marodierenden Banden anschlossen oder Dörfer in unzugänglichen Gegenden gründeten. Der Höhepunkt dieser Entwicklung fiel in die Jahre 1603 bis 1610, in die Zeit des so genannten großen Weglaufens: *büyük kacgunluk*. Anatolien litt bis in die 1650er Jahre unter den Umtrieben der Celali-Banden, die gelegentlich sogar mit Persien zusammenarbeiteten.

Dem offenkundigen Machtverfall zum Trotz blieb das Osmanische Reich noch lange eine ernst zu nehmende Militärmacht, die den Sieg der vereinigten Flotten der katholischen Mächte – Venedig, Kirchenstaat, Spanien, Johanniter – in der Seeschlacht von Lepanto 1571 einfach wegsteckte. Den Werften und der Finanzverwaltung gelang es innerhalb eines einzigen Jahres, die gesamte Flotte zu ersetzen. Doch bereits im langen Türkenkrieg gegen Österreich ab 1593 zeigte sich das Schwinden der osmanischen Macht. Er endete 1606 mit der Anerkennung der Gleichwertigkeit des Kaisers des Heiligen Römischen Reiches im Frieden von Zsitvatorok. In den persisch-osmanischen Kriegen im 16. und 17. Jahrhundert verzeichneten beide Parteien Siege und Niederlagen. Die jahrzehntelangen Kämpfe wurden erst 1639 im Frieden von Kasr-i Sirin beigelegt.

*Unter Sultan Süleiman II. (Reg. 1520 bis 1566), »dem Prächtigen« oder »Gesetzgeber«, erlebte das Osmanische Reich sein »goldenes Zeitalter«.*

### KISILBASCH UND ALEVITEN

»Ist die Ermordung der Kisilbasch-Bande nach dem Gesetz der Religion rechtens? Sie ist.« Kurz und bündig gibt die oberste religiöse Autorität des Reiches, Ebussu'ud Efendi, den theologisch-rechtlichen Standpunkt der sunnitischen Schriftgelehrten wider. Über 40 000 Kisilbasch, die ihren Namen »kizilbas«, »Rotkopf«, den roten Uniformmützen des Schahs verdankten, sollen von Selim I. hingemetzelt worden sein. Und auch später kam es immer wieder zu Ausschreitungen, weil man zu Recht befürchtete, dass die Kisilbasch dem persischen Erzfeind unter der Dynastie der Safawiden in die Hände arbeiten würden. Die Ketzerei allein hätte die brutale Vorgangsweise der Behörden nicht gerechtfertigt, konnten doch etwa Anhänger der Bektaschi-Bruderschaft, die in religiösen Dingen sehr eng mit den Kisilbasch in Verbindung standen, großen Einfluss bei Hofe erlangen. Aber auch von den iranischen Schiiten unterscheiden sich die Kisilbasch aufgrund ihrer archaischen Bräuche und von der orthodoxen Lehre abweichenden muslimischen Glaubensvorstellungen. Ihre Nachfahren, die sich heute Aleviten nennen, haben die Verfolgungen nie vergessen. Spannungen zwischen ihnen und Sunniten wurden in den 1970er Jahren und später oft als Auseinandersetzungen zwischen Linken und Rechten ausgetragen. Schrecklicher Höhepunkt war die Ermordung von 35 Menschen, die meisten von ihnen Aleviten und links orientierte Künstler, im Jahre 1993 in der mittelanatolischen Stadt Sivas.

*Soldaten der Janitscharen, der osmanischen Elitetruppe, des 16. und 17. Jahrhunderts; Kupferstich aus dem 18. Jahrhundert*

- ➤ Kriege und Konflikte: Krisen auf dem Balkan
- ➤ Kriege und Konflikte: Balkankriege
- ➤ Kriege und Konflikte: Der Erste Weltkrieg
- ➤ Kriege und Konflikte: Nationale Erhebung der Türkei
- ➤ Menschen und Ideen: Prinz Eugen

## Sultanat der Frauen und energische Wesire

Vom Ende des 16. bis zur Mitte des 17. Jahrhunderts saßen ausgesprochen schwache Herrscher auf dem osmanischen Thron, von denen keiner mehr eine Ausbildung als Statthalter in der Provinz genossen hatte. Ihre Erziehung fand in den Gemächern des Palastes, im so genannten *kafes,* dem »Käfig«, statt. Dadurch gelangten die Eunuchen, Frauen und Mütter der Sultane zu großem Einfluss und konnten bestimmen, wer welche Funktion etwa als Großwesir oder Feldherr übernehmen sollte. In dieser Zeit lebte auch die mächtigste Frau des Osmanischen Reiches, Kösem Sultan. Die Lieblingsfrau Ahmed I., Mutter Murads IV. und Ibrahims I. sowie Großmutter Mehmeds IV. wurde 1661 auf Betreiben der Mutter Mehmeds IV. ermordet.

Erst Murad IV. nahm die Staatsgeschäfte wieder in die Hand. Er ging energisch und ungemein brutal gegen Missstände vor oder was er dafür hielt. Vor seinen raschen Todesurteilen war niemand sicher. Dennoch konnte auch er den ständigen Machtverlust des Sultanats nicht verhindern. 1648 entmachteten die Janitscharen den Großwesir und den Sultan und regierten alleine. 1656 mussten Koprülü Mehmed Pascha diktatorische Befugnisse zugestanden werden, sonst hätte er das Amt des Großwesirs nicht übernommen. Wichtigstes Entscheidungsgremium war nun nicht mehr die großherrliche Ratsversammlung, sondern das Büro des Großwesirs, die Hohe Pforte *bab-i ali.* Mit zahlreichen Vollmachten ausgestattet gelang es den Köprülü-Wesiren, den maroden Staat zu konsolidieren. Doch die Niederlage vor Wien im Jahr 1683 machte alle Bemühungen zunichte.

*Detailansicht der Fliesenverzierungen im Thronsaal des Topkapi-Sultanpalasts in Istanbul*

## Ohnmacht und Reformversuche

Nach dem Debakel der osmanischen Truppen bei Wien konnten die Habsburger ihre Macht auf Ungarn und den Balkan ausdehnen. Die Friedensschlüsse von Karlowitz 1699 und Passarowitz 1718 bestätigten die österreichischen Gewinne auf dem Balkan sowie die russischen Eroberungen. Doch trotz innerer und äußerer Schwäche erlebte das Reich unter Ahmed III. Anfang des 18. Jahrhunderts in der so genannten Tulpenzeit eine kurze Blüte und unter der osmanischen Elite herrschte ein vermehrtes Interesse an Europa. Sultan Selim III., der von 1789 bis 1807 regierte, war dann als Erster bereit, umfangreiche Reformen durchzuführen – aber der Versuch, eine neue Truppe nach europäischem Vorbild aufzubauen, kostete ihn Thron und Leben. Sein Nachfolger, Sultan Mahmud I., musste zugunsten der wichtigsten religiösen und politischen Würdenträger und der Großgrundbesitzer eine politische Übereinkunft unterzeichnen und reformierte nach der Auflösung der Janitscharen 1826 die Armee. 1839, im Jahr seines Regierungsantritts, und 1856 erließ Sultan Abd ül-Medschid I. großherrliche Befehle, in denen erstmals Juden und Christen den Muslimen gleichgestellt und weitere Reformen angekündigt wurden. Zwanzig Jahre später wurden eine Verfassung und ein Parla-

*Astronomische türkische Miniaturmalerei mit Sternen und Planetentafel (um 1620)*

# Die Osmanen

*Kaffeehaus am Hafen von Istanbul (Lithografie von 1839)*

ment eingeführt und es entstanden politische Parteien.

Doch die ehrgeizigen Reformpläne scheiterten aus wirtschaftlichen Gründen. Seit 1838 wurden britischen Kaufleuten umfangreiche Privilegien gewährt, die bald auf andere Staaten ausgeweitet werden mussten. Am Ende dieser Entwicklung wurde das Osmanische Reich auf das Niveau eines Entwicklungslandes heruntergewirtschaftet, das schließlich 1875 den Staatsbankrott erlitt.

## NATIONALITÄTEN UND WELTPOLITIK

Das Erwachen des Nationalismus gab den europäischen Mächten mehrfach Anlass zum Eingreifen. Jede der Mächte förderte die Unabhängigkeitsbewegung »ihrer« Minderheit. Österreich und Russland wetteiferten auf dem Balkan miteinander, Frankreich und Großbritannien in den arabischen Gebieten. Überall dort mussten die Osmanen ihre Macht, das heißt die Truppenpräsenz, reduzieren.

Der Schock der französischen Expedition nach Ägypten unter Napoleon 1798 war noch nicht überwunden, als sich die Serben 1804 und 1813 erhoben und die Griechen ihren Unabhängigkeitskrieg von 1821 bis 1831 ausfochten. Im Lauf des 19. Jahrhunderts musste allen Balkanvölkern auf europäischen Druck hin zuerst Autonomie, dann Vasallenstatus und schließlich die Unabhängigkeit zugebilligt werden. Die Spannungen um Bulgarien entluden sich 1877 in einem Krieg, den der demütigende Friede von Aya Stefanos beendete. Das Reich war der »kranke Mann am Bosporus« geworden, die endgültige Aufteilung scheiterte jedoch an der Uneinigkeit der Großmächte. Die Berliner Konferenz von 1878 sah für die Bulgaren Autonomie und für die Armenier Selbstverwaltung vor. Während jedoch Bulgarien bald seine Unabhängigkeit erhielt, wurde die Selbstverwaltung für Armenien nie durchgesetzt.

Der 1876 an die Macht gekommene Abd ül-Hamid II. regierte ab 1878 wieder als absoluter Herrscher, der aber wichtige Reformen förderte und durch die Propagierung der Ideologie des Osmanismus einen für alle Volksgruppen geltenden Patriotismus zu entwickeln versuchte. Sein autokratischer Führungsstil war jedoch bei Christen wie Muslimen verhasst. 1908 putschten die Jungtürken und zwangen den Sultan, das Parlament wieder einzuberufen. Die Nachfolger des ein Jahr später abgesetzten Abd ül-Hamid regierten nur mehr als konstitutionelle Herrscher. Das Reich konnte aber auch von den Jungtürken nicht mehr gerettet werden: Im Balkankrieg von 1910 bis 1912 gingen die letzten Gebiete auf dem Balkan verloren, und geschwächt nahmen die Osmanen an der Seite Deutschlands und Österreich-Ungarns am Ersten Weltkrieg teil. Nach der Niederlage von 1918 wurde der türkische Unabhängigkeitskrieg von Mustafa Kemal geführt. Der Atatürk, »Vater der Türken«, genannte Staatsmann brach mit den osmanischen Traditionen und beseitigte 1922 das Sultanat und 1924 das Kalifat.

*Stadtansicht der türkischen Schwarzmeerstadt Sinop; Kreidelithografie, 1856*

### DAS OSMANISCHE KALIFAT

Der Kalif galt bei den Sunniten als Nachfolger und Sachwalter des Propheten Mohammed. Er war der religiöse und politische Führer der Muslime. Als die Mongolen 1258 Bagdad zerstörten und den Kalifen töteten, konnte sich ein Angehöriger der Familie zu den Mamluken nach Ägypten retten. Dort lebten er und seine Nachfahren als angesehene, aber machtlose Repräsentanten einstiger Größe. Als der letzte Kalif in die Hände des Sultans Selim I. fiel, soll er seine Würde auf den Sultan übertragen haben. Die Osmanen entsannen sich der Kalifatswürde in dem Ausmaß, in dem sie konkrete politische Macht einbüßten. Im Frieden von Kütschük Kainardschi 1774 wurde die Kalifenwürde des Sultans von den Russen ausdrücklich anerkannt. Abd ül-Hamid II. legte besonders großen Wert auf seine Rolle als geistiges Oberhaupt aller Muslime, was von den Europäern im Großen und Ganzen anerkannt worden ist. Nach seiner Abschaffung durch Atatürk gab es keinen ernst zu nehmenden Versuch einer Wiederbelebung mehr. Heute tritt nur noch eine kleine Minderheit radikaler Muslime für die Wiedererrichtung des Kalifats ein.

▶ **Menschen und Ideen:** Kemal Atatürk
▶ **Kunst und Architektur:** Sultan Beyazit Camii

# HERRSCHER VOR DER SPANISCHEN EROBERUNG
# DIE AZTEKEN

*Nach langen Wanderungen kamen die Azteken im 13. Jahrhundert in das Tal von Mexiko, wo sie auf den Schilfinseln des Texcoco-Sees die Stadt Tenochtitlán erbauten. Die Einwanderer unterwarfen weite Teile Mesoamerikas, bis ihr riesiges Reich 1521 von den spanischen Eroberern zerstört wurde.*

*Darstellung einer Opferzeremonie im Codex Matritense, der von dem spanischen Franziskanermönch Bernardino de Sahagún im 16. Jahrhundert zusammengestellt wurde*

Den Überlieferungen zufolge liegt die Urheimat der Azteken in Aztlan, einem Ort, der sich weit im Westen auf einer Insel befunden haben soll. Von dort aus brachen sie unter Führung von Huitzilopochtli zu einer ausgedehnten Wanderung auf, die wiederholt durch längere Aufenthalte unterbrochen wurde. Eine wichtige Station bildete Tula oder Tollán, die Hauptstadt der Tolteken und Inbegriff der Vollkommenheit für die Azteken. Diese verehrten die toltekischen Bewohner als friedfertiges Volk, dessen blühende Handwerkskunst, hoch entwickelte Wissenschaft und ausgefeiltes Kalenderwesen ihre Bewunderung erlangte.

Warum diese lange Wanderung schließlich im Westen des Texcoco-Sees endete, erklären die aztekischen Traditionen. Sie berichten, dass Huitzilopochtli dem Sohn seiner Schwester aufgrund eines Zwistes den Kopf abschnitt und das Herz herausriss. Es fiel in das Dickicht der Schilfinseln am Ufer des Texcoco-Sees, der damals das gesamte mexikanische Hochtal bedeckte. Aus dem Herz entstand ein großer Säulenkaktus, auf dem ein riesiger Adler sein Nest baute. Für die Azteken war dies das in den Prophezeiungen erwähnte Zeichen, die Reise zu beenden. 1325 errichteten sie dort, wo sich heute Mexiko-Stadt ausbreitet, ihre neue Stadt Tenochtitlán; in Anspielung auf die Legende schmückt das Motiv des Adlers auf dem Kaktus das moderne mexikanische Staatswappen.

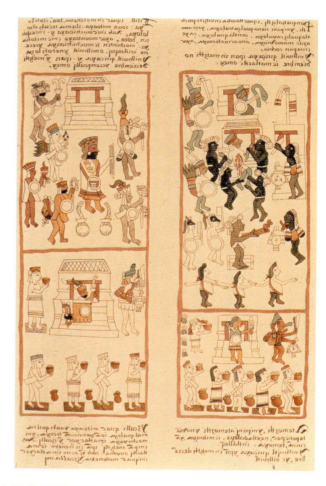

### EIN HEGEMONIALES REICH

Die Mexic'a, wie sich die Einwanderer selbst nannten, schufen ein Imperium, das sich schließlich von der Golfküste bis zum Pazifik ausdehnte und mehrere Millionen Menschen beherrschte. Es bestand aus einer Föderation von drei Bündnispartnern: den Mexic'a mit ihrer Hauptstadt Tenochtitlán, den Acolhua'can, die in Tetzcoco residierten, und den Tepaneken mit ihrem Zentrum Tlopacan. Der Herrscher von Tenochtitlán stand zwar an der Spitze, doch waren die Partner innenpolitisch selbständig, zudem wurde keine zentral organisierte und hierarchisch gestufte Verwaltung eingeführt. Die Sprache der Azteken, Nahuatl, wurde zwar überall verstanden, offiziell aber nicht zur Staatssprache erhoben.

Die aztekische Gesellschaft bestand aus einer kleinen Adelsschicht, dem gewöhnlichen freien Volk sowie den Sklaven oder Lastenträgern. In den drei Stadtstaaten regierten ein oder mehrere gleichrangige Herrscher, die neben ihren weltlichen, administrativen Pflichten auch religiöse und richterliche Aufgaben ausübten. Die breite Masse der Bevölkerung waren meist Bauern, die das Land der Adeligen bewirtschafteten oder nach Bevölkerungsgruppen organisiert zusammenarbeiteten und dem lokalen Herrscher Tribut zahlen mussten. Die Handwerker bewohnten separate Stadtviertel, hatten eigene Zeremonien und einen besonderen Verhaltenskodex.

### OPFER FÜR DIE LEBENSKRAFT DER GÖTTER

Die Azteken huldigten zahlreichen Göttern, die in sehr unterschiedlichen Aspekten auftreten konnten. Zentrale Gestalten ihres Panthe-

*Aztekische Basaltskulptur aus Tenochtitlán. Die Figur verkörpert Xochipili, den Gott der Liebe, des Tanzes, des Gesangs und der Kunst.*

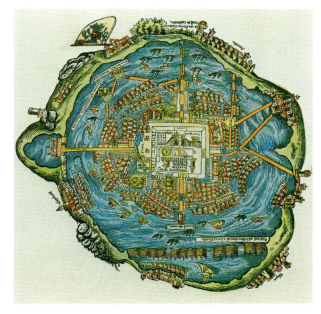

Plan der aztekischen Hauptstadt Tenochtitlán. In der Mitte sind die weitflächigen Tempelbezirke deutlich erkennbar; handkolorierter Holzschnitt von 1524.

punkt der Stadt bildeten die großen Tempelbezirke und die drei großen Herrscherpaläste. Die Haupttempel bestanden aus zwei Pyramiden, die Tlaloc und Huitzilopochtli geweiht waren. In den Tempelbezirken befanden sich zudem Gebäude für bestimmte Personengruppen und deren Kulte. Ein weiteres Zentrum bildete der Markt in Tlatelolco, auf dem täglich wohl Tausende von Menschen zusammenkamen. Am 8. November 1519 erreichte Hernán Cortés Tenochtitlán – nur zwei Jahre später hatte der Konquistador das aztekische Imperium mit äußerster Grausamkeit ausgelöscht, seine letzten Herrscher, Motecuzoma II., Cuitlahuac und Cautemoc, ermordet und die Stadt vollkommen zerstört.

ons waren der seit Urzeiten verehrte Regengott Tlaloc und der Kriegs- und Sonnengott Huitzilopochtli, der sie dem Glauben zufolge aus der Urheimat Aztlan nach Tenochtitlán geführt hatte. Seine Insignien waren Kolibrifedern, Feuerschlange und Speerschleuder. Durch ihre Feldzüge gewannen die Azteken neue Tributpflichtige, aber auch Menschen, die sie den Göttern als Opfer darbringen konnten. Diese sollten die Lebenskraft der Götter erhalten, den Gang der Sonne und somit den Fortbestand der Welt gewährleisten. Die Kriegsgefangenen wurden meist zu Massenopferungen herangezogen. Opferungen von kleinen Kindern fanden etwa in Dürrezeiten zur Stärkung des Regengottes Tlaloc statt. Aber auch große Zeremonial- und Ritualanlässe, wie etwa die Einsetzung eines neuen Herrschers, erforderten Menschenopfer. Zum Teil genossen die ausgewählten Personen ein Jahr lang ein angenehmes Leben, ehe ihnen der Priester mit einem Obsidianmesser die Brust öffnete und das Herz herausriss.

### TENOCHTITLÁN, DIE STADT AUF DEN INSELN

Zur Zeit der spanischen Eroberung lebten in der Doppelstadt Tenochtitlán-Tlatelolco über 150 000 Menschen. Die Metropole war durchzogen von einem Netz von Kanälen und Dämmen. In dem flachen See erstreckten sich *chinampas* genannte künstliche Inseln aus äußerst fruchtbarem Schlamm und Seegrund. Den Mittel-

Steinplastik der aztekischen Todesgöttin (um 1500)

#### •••• UNSERE GEGENWART IST DIE FÜNFTE SONNE ••••
Die Azteken besaßen zwei Kalendersysteme und eine eigene Schrift; ihre Aufzeichnungen folgten einer Kombination aus bildhaften szenischen Darstellungen und Hieroglyphen. Ihrer Schöpfungsmythologie zufolge gab es fünf aufeinander folgende Welten oder »Sonnen«. Die fünfte Sonne, die Gegenwart, in der wir jetzt leben, entstand in Teotihuacán. 1497 ließ der aztekische Herrscher Axayácatl im Haupttempel einen meisterhaft bearbeiteten Sonnenstein aufstellen, auf dem die vorherigen Sonnen und kalendarischen Angaben festgehalten sind.

Aztekischer Opfertempel in Malinalco, Mexiko – Opferungen waren zentraler Bestandteil der aztekischen Religion

▶ Religionen und Glaubensformen: Die Religionen Mesoamerikas
▶ Religionen und Glaubensformen: Das Opfer
▶ Kriege und Konflikte: Tolteken, Azteken und Inkas
▶ Kriege und Konflikte: Spanische Eroberung Mittel- und Südamerikas
▶ Handel und Wirtschaft: Raubzüge der Konquistadoren

# Die Geburt der Moderne
## Italien in der Renaissance

*Italien, in der Renaissance durch Handel und Bankwesen Europas wirtschaftlicher Vorreiter und führend in den Geisteswissenschaften, blieb auch nach der Pest-Epidemie von 1348/49 das am dichtesten besiedelte Land des Kontinents, konnte aber aus seinen Stärken keinen politischen Gewinn ziehen.*

*»Die gute Regierung«; Fresko von Ambrogio Lorenzetti im Palazzo Pubblico von Siena (um 1338/39)*

Im 14. Jahrhundert konkurrierten mit Frankreich, Spanien und dem Kaiser des Heiligen Römischen Reichs drei Akteure auf italienischem Boden. Der deutsche König beanspruchte nach dem Untergang der Staufer weiterhin die Kaiserwürde. In Italien hatte er keine Macht, sondern er legitimierte bei entsprechendem Verhalten die italienischen Machtverschiebungen. Die Romzüge Heinrichs VII. (Reg. 1308 – 1313), Ludwigs IV., des Bayern (Reg. 1314 – 1347), und Karls IV. (Reg. 1346 – 1378) waren im Kern Finanzaktionen, bei denen Titel und Würden gegen Zahlung in die kaiserliche Kasse vergeben wurden. Nutznießer war ab 1440 das Haus Habsburg. Der französische König wiederum wurde vom Papst gegen die Staufer zu Hilfe geholt. Zwischen 1309 und 1377 gerieten die Päpste während der so genannten Babylonischen Gefangenschaft der Kirche in Avignon zum Instrument französischer Interessen, zudem beherrschte Frankreich über eine Nebenlinie das Königreich Neapel und damit Süditalien. Spanien hingegen kam durch das mit den Staufern verschwägerte Haus Aragon ins Spiel. Die Aragonier hatten nach dem Volksaufstand der »Sizilianischen Vesper« gegen die Franzosen 1282 das Königreich Sizilien in Besitz genommen.

So zerfiel Italien in dieser Epoche in drei Einflussgebiete: das Norditalien und die Toskana umfassende Reichsitalien mit den Stadtrepubliken als Zentren, Unteritalien mit den Königreichen Neapel und Sizilien sowie Rom mit den vom Papst beanspruchten Gebieten zwischen Adria und Tyrrhenischem Meer. In letzterem erstreckte sich eine Vielzahl städtischer Republiken und Adelsherrschaften.

### Renaissance – Genie und Machtmensch

Die politische und kulturelle Elite einte vor dem Hintergrund des wieder entdeckten Erbes der Antike die Idealvorstellung einer allseits gebildeten, schöpferischen Persönlichkeit, die sich durch technische und künstlerische Leistungen oder als Mäzen bleibenden Ruhm erwirbt. Leonardo da Vinci, Michelangelo und Raffael sind nur die bekanntesten der Universalgenies dieser Epoche. Die negative Ausprägung des Renaissance-Menschen begegnet uns in dem unumschränkt herrschenden Fürsten, den Niccolò Machiavelli 1513 in seinem Werk »Il Principe« beschrieb. Für diesen Herrschertypus rechtfertigt die Erhaltung der Macht den Einsatz aller Mittel bis hin zum politischen Mord.

Gefördert wurde das Aufkommen dieser Form skrupelloser Machtausübung durch die innere Zerrissenheit der Stadtrepubliken, in denen im 14. und 15. Jahrhundert Kämpfe zwischen den Guelfen, meist die Partei der großen Handelshäuser, und den kaiserlichen Ghibellinen, der Partei des alten Land- oder Stadtadels, tobten. Gegen diese Repräsentanten der Kommune organisierte sich das Wahlvolk unter dem regierenden *Capitano del Popolo*. Durch den Ruf nach einem starker Führer, dem *Signore*, der zunächst auf Zeit, bald auf Dauer, den inneren Frieden sichern sollte, etablierte sich die *Signoria* genannte Form der Alleinherrschaft in den Städten; später erhob der formelle Lehnsherr – Papst oder Kaiser – die *Signori* zu Fürsten oder Herzögen, die Territorialstaaten organisierten. Auf diese Weise erlangte innerhalb Reichsitaliens das von der Adelsfamilie Visconti beherrschte Herzogtum Mailand die Vormachtstellung in der Lombardei; weitere Zentren bildeten Verona unter den Scaligern, Ferrara unter den Este und Mantua unter den Gonzaga. Die Toskana war der Zankapfel zwischen den Republiken Florenz und Siena. Venedig, das als Seemacht mit Genua konkurrierte, eroberte ab dem 15. Jahrhundert nach und nach die *Terra Ferma*, das »feste Land«. Dieses geschlossene Gebiet erstreckte sich von der Adria bis in den Raum von Brescia und Verona.

Die politische Landkarte Italiens änderte sich jedoch durch die Kriege, die zwischen dem 16. und 18. Jahrhundert das Land erschütterten und an denen die italienischen Staaten nur geringen Anteil hatten. Venedig und Mailand hatten sich bereits im Jahr 1454 im Frieden von Lodi, dem auch Florenz, das Königreich Neapel und der Kirchenstaat beitraten, auf eine Abgrenzung ihrer Interessenssphären geeinigt. Dieses fragile Gleichgewicht der Kräfte wurde zerstört, als Italien zum Schauplatz der Erbfolgekriege zwischen Frankreich und Habsburg und damit um die Hegemonie in Europa geriet. Nach lang andauernden Konflikten blieben schließlich im 18. Jahrhundert das bourbonische Königreich beider Sizilien (Süditalien), der Kirchenstaat und die von Habsburg

## ITALIEN IN DER RENAISSANCE

*Italien und seine Staaten im Jahre 1494*

beherrschte Lombardei sowie das Großherzogtum Toskana als geschlossene Territorien erhalten. In Modena regierte nach dem letzten Este ein Habsburger, in Parma hingegen eine bourbonische Nebenlinie. Den Nordwesten nahm das bisweilen auch als Königreich Piemont-Savoyen bezeichnete Königreich Sardinien ein, den Nordosten mit der *Terra Ferma* die Adelsrepublik Venedig und die ligurische Küste die Seerepublik Genua. Den Untergang dieser Ordnung läutete erst der Einmarsch der französischen Revolutionsheere ein.

••••• DER INBEGRIFF EINES MACHIAVELLISCHEN ••••• RENAISSANCE-FÜRSTEN

Cesare Borgia (1475–1507), von seinem Vater, dem berüchtigten Papst Alexander VI. (Reg. 1492–1503) zum Herzog der Romagna ernannt, setzte politisches Kalkül und blanke Gewalt für die Konsolidierung des Kirchenstaats ein. Um Silvester 1502 lud er eine Reihe von Adeligen nach Senigallia ein, die der unmittelbaren Herrschaft des Papstes im Wege standen – kein Gast überlebte das Treffen.

➤ Menschen und Ideen: Leonardo da Vinci
➤ Menschen und Ideen: Michelangelo
➤ Menschen und Ideen: Niccolò Machiavelli
➤ Handel und Wirtschaft: Aufstieg der oberitalienischen Stadtstaaten
➤ Handel und Wirtschaft: Die Medici

# Die europäische Renaissance

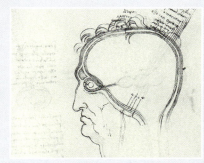

*Anatomische Studie von Leonardo da Vinci (um 1490)*

*»Schöpfung der Sterne und Planeten« – Detail aus einem Fresko von Michelangelo Buonarroti*

**D**as französische Kunstwort »Renaissance« beschreibt – in seiner wörtlichen Bedeutung – die »Wiedergeburt« der klassischen griechisch-römischen Antike als ein Ideal in Kunst, Literatur und Bildung gegenüber dem als »finster« empfundenen Mittelalter. Eingeführt und benutzt wurde der Begriff von Giorgio Vasari um 1550 in der Kunstgeschichte, weitere Verbreitung fand er jedoch erst im 19. Jahrhundert. 1860 benannte der Schweizer Historiker Jacob Burckhardt in seinem Werk »Die Kultur der Renaissance in Italien« mit dem Begriff eine charakteristische Epoche, die aus heutiger Sicht einen fließenden Übergang vom Mittelalter zur Neuzeit darstellt.

### Zeit des Umbruchs

In dieser Zeitspanne von der Mitte des 14. Jahrhunderts bis zum Ende des 16. Jahrhunderts bündeln sich Umbrüche, die das Leben der Menschen in vielen Bereichen neu gestalteten und die moderne Welt wesentlich mit prägten. Einzelne herausragende Ereignisse wie die Reformation oder die europäische Landung in Amerika wurden dabei bereits von den Zeitgenossen als Zäsur angesehen. In diesem Sinne ist das Zeitalter der Renaissance als ein umfassender Wandlungsprozess zu verstehen, der Kunst, Kultur und Religion weit mehr erfasste als Wirtschaft, Politik und Gesellschaft.

### Die Entdeckung des Menschen

Das Menschenbild der Renaissance entstand zuerst in Italien. Francesco Petrarca (1304 – 1374), der »Vater der Renaissance«, und weitere italienische Gelehrte widmeten sich dem intensiven Studium antiker Autoren wie Plato, Cicero

*Ansicht von Florenz um 1490; Aquarell nach einem Kupferstich von Francesco Rosselli*

# Die europäische Renaissance

oder auch Augustinus. Eine kritische Hinwendung zu den Quellen (»ad fontes«) kennzeichnete diese Bewegung insgesamt.

Die Auseinandersetzung mit den Zuständen der eigenen Zeit führten in Verbindung mit den aus der Antike gewonnenen Idealen und Haltungen zum Bruch mit mittelalterlichen Vorstellungen: Der Mensch wurde nicht mehr als Teil einer umfassenden und

*Kolorierter Kupferstich nach der großen Weltkarte von Mercator, der eigentlich Gerhard Kremer hieß (1587)*

von Gott gegebenen Ordnung gesehen, in welcher der Platz jedes Einzelnen durch seine soziale Herkunft bestimmt ist. Zu Beginn der Neuzeit begann man ihn als Individuum zu erkennen, das in der Lage ist, seine Verhältnisse selbstbewusst und unabhängig zu gestalten.

Der umfassend gebildete Mensch, der *uomo universale*, entwickelte sich zum epochalen Leitbild, das das Vertrauen in die Macht einer humanistischen Bildung symbolisierte. Eigene humanistische Schulen wurden gegründet wie etwa die berühmte Academia Platonica in Florenz, der führenden Kulturstadt der Renaissance. Das Ideal einer humanistisch-klassischen Bildung blieb in der Folge über Jahrhunderte bestimmend.

In der Kunst vollzog sich eine Abkehr vom Mittelalter. Der Standpunkt des Betrachters wurde zum bestimmenden Bezugspunkt und man nahm rationalistische Elemente auf: etwa das Prinzip anatomischer Proportionen und die Zentralperspektive. Natur- und Modellstudien sowie neuartige Techniken perfektionierten hierbei den künstlerischen Ausdruck. Die Gemälde, Fresken und Plastiken von Künstlern des 15. und 16. Jahrhunderts wie Botticelli, Leonardo da Vinci, Michelangelo, Tizian und Raffael geben davon noch heute ein eindrucksvolles Zeugnis. In der Baukunst griff man zurück auf antike Formen und verdeutlichte in den Kuppelbauten ein neues Raumgefühl.

## DIE ENTDECKUNG DER WELT

Nach dem Vordringen der Osmanen und dem Fall Konstantinopels im Jahr 1453 waren die alten Orientrouten des Gewürzhandels blockiert. Könige und Kaufleute finanzierten und organisierten daher Expeditionen, auf denen völlig neue Wege nach Asien erkundet und Handelsstützpunkte errichtet werden sollten. Mit der zufälligen »Entdeckung« und der darauf folgenden Eroberung des amerikanischen Kontinents schwang sich Europa zur faktischen Weltherrschaft auf.

Exakte Beobachtung und mathematisch genaue Beschreibung kennzeichnen hingegen das Prinzip einer sich entwickelnden rationalen Naturwissenschaft, in die erstmals auch die Medizin einbezogen wurde. Und in der Astronomie revolutionierte sich das Wissen. Der Beweis der Kugelgestalt der Erde und das von Nikolaus Kopernikus (1473 – 1543) aufgestellte heliozentrische Weltbild, das die Sonne als Weltmittelpunkt erkannte, erschütterten in der Folgezeit das religiöse Denken.

*Albrecht Dürer, »Landschaft mit Felsen«. Dürer vollzog in der deutschen Malerei den Übergang von der Spätgotik zur Renaissance.*

### DATEN ZUR RENAISSANCE

| | |
|---|---|
| 1304 – 1321: | Dante Alighieri schreibt »La divina Comedia« |
| 1348 – 1353: | Giovanni Boccaccio verfasst »Il Decamerone« |
| 1405: | Aretino übersetzt die Werke Platons |
| 1418 – 1436: | Filippo Brunelleschi: Kuppel des Domes in Florenz |
| 1459: | Gründung der Academia Platonica in Florenz |
| 1466: | Erster Bibeldruck in deutscher Sprache |
| 1477: | Sandro Botticellis »Primavera« (»Der Frühling«) |
| 1492: | Christoph Kolumbus landet in Amerika |
| 1495 – 1497: | Leonardo da Vinci malt »Abendmahl« |
| 1498: | Albrecht Dürer fertigt den Holzschnitt zur Apokalypse |
| 1503: | Leonardo da Vincis »Mona Lisa« |
| 1506: | Grundsteinlegung des Petersdomes |
| 1508 – 1512: | Michelangelo Buonarroti fertigt die Deckenmalerei in der Sixtinischen Kapelle |
| 1509: | Erasmus von Rotterdams »Lob der Torheit« |
| 1509 – 1511: | Raffael Santis Wandmalereien im Vatikan |
| 1513: | Niccolò Machiavelli verfasst »Il Principe« |
| 1534: | Martin Luther fertigt eine vollständige Bibelübersetzung |
| 1534: | Nikolaus Kopernikus veröffentlicht »De revolutionibus orbium coelestium« |
| 1548: | Tizian Vecellios »Karl V.« |
| 1568: | Gerhard Mercators Weltkarte |

➤ Menschen und Ideen: Weltbild der Renaissance
➤ Menschen und Ideen: Leonardo da Vinci
➤ Menschen und Ideen: Niccolò Macchiavelli
➤ Menschen und Ideen: Nikolaus Kopernikus
➤ Menschen und Ideen: Michelangelo

# Vom Ende der mongolischen Herrschaft bis zur imperialistischen Fremdbestimmung
## China unter der Ming- und der Qing-Dynastie

*Unter der ab 1368 regierenden Ming-Dynastie wurde das erneut vereinte China ab 1450 von der Außenwelt isoliert. In der Ära der folgenden Qing-Dynastie – bekannt auch als Mandschu-Dynastie – gliederten die imperialistischen Mächte das Reich der Mitte im 19. Jahrhundert gewaltsam in den Weltmarkt ein.*

*Schale mit Drachenmotiv aus der Zeit der Ming-Dynastie (15. Jh.)*

Unter der Ming-Dynastie richtete das chinesische Reich seinen Blick im Wesentlichen nach innen und verhielt sich nach außen weitgehend defensiv. Abgesehen von einer kurzen Phase maritimer Expansion blieb es eine binnenorientierte Festlandsmacht. Daran änderten auch die Nordfeldzüge bis Mitte des 15. und erneut Mitte des 16. Jahrhunderts nichts. Sie dienten der Sicherung der Grenzen und sollten die nach wie vor China bedrohenden Mongolen abwehren. Gleiches gilt für die Verlegung der Hauptstadt von Nanking nach Peking (1421) und den Ausbau der Großen Mauer zu einem gestaffelten Wallsystem im 15. Jahrhundert. Diese zwei Verteidigungsmaßnahmen waren eher symbolischer Natur, konnten sie doch 1644 die Eroberung Chinas durch die Mandschu nicht verhindern. Einen Friedensvertrag mit den westmongolischen Oiraten, die in China vor allem im 16. Jahrhundert schwere Verwüstungen anrichteten, konnten die Ming erst erreichen, als die Mandschu sowohl für die Chinesen als auch für die Mongolen zur gefährlichen Macht aufgestiegen waren.

### Nachbarn im Süden und Norden

Die Ming-Feldzüge gen Süden bis nach Zentralvietnam standen in engem Zusammenhang mit der von Chinesen jahrhundertelang betriebenen Kolonialisierung des für Ackerbauern besiedlungsfähigen Raums. An die kurze militärische Besetzung von 1406 bis 1427 schloss sich ein Tributverhältnis mit der neuen vietnamesischen Dynastie an.

*Nahe Peking erheben sich die marmornen Bögen des Eingangs zur Grabanlage der Ming-Dynastie (1368–1644).*

## China unter den Ming und Qing

Die heutigen Grenzen Chinas sind das Ergebnis der Militärpolitik der Qing. Sie griffen wegen der gefährlichen Machtkonstellation im Norden und Nordwesten ein, um ihre territorialen Interessen zu wahren. In den Jahren 1678 und 1679 hatten die Dsungaren, die Mächtigsten unter den Oiraten und weltlichen Protektoren des Dalai Lama, Ostturkestan unterworfen. Sie schickten sich nun an, ein Großreich zu errichten, das auch Südsibirien, Tibet sowie potenziell auch die mit den Qing verbündeten Ostmongolen einschließen sollte. Nicht zuletzt aufgrund der unter sich uneinigen Mongolen fielen die langwierigen Auseinandersetzungen zugunsten der Qing aus: Tibet wurde im Jahr 1751 als Protektorat dem Reich einverleibt; das Xinjiang genannte Ostturkestan geriet 1756/57 zum Militärgouvernement und 1884 zur chinesischen Provinz.

*Das Ming-Reich um 1590*

*Ruinen der kaiserlichen Grabanlage der Ming in Nanking (Nanjing), das bis 1420 Hauptstadt war*

### Das Tributsystem im chinesischen Selbstverständnis

Der Kaiser galt als Mittler zwischen Himmel und Erde und repräsentierte zugleich die irdische Mitte, in der sich die Kultur konzentrierte: Das Reich der Mitte *war* die Welt. Seine Zivilisation strahlte auf »alles, was unter dem Himmel ist« aus, also auch auf die »Barbaren« aller Himmelsrichtungen. Obwohl Anspruch und Wirklichkeit erheblich auseinander klafften, blieb dieses Selbstverständnis auch unter den Mandschu-Herrschern, den orthodoxen Verteidigern dieser Tradition, bis ins 19. Jahrhundert ungebrochen.

Die Welt bestand für China nicht aus gleichrangigen souveränen Staaten, sondern aus einer Barbaren-Hierarchie – grenznahen Vasallen, dann alliierten und schließlich unzivilisierten Barbaren am Außenrand. Hierzu zählten unter anderem Japan und die Völker des Westens. Bis die Qing ein Amt für Außenländer errichteten, zu denen die nicht-tributpflichtigen Länder wie Russland und die mongolischen Völker zählten, oblag die Kontaktpflege bezeichnenderweise dem Ritenministerium. Im Rahmen eines verzweigten Tributsystems schickten die zu regelmäßigen Abgaben verpflichteten Vasallen Gesandtschaften und auch Völker an der ferneren Peripherie kamen übers Meer oder zu Lande, um dem Kaiser Reverenz zu erweisen. Die großen See-Expeditionen der frühen Ming-Zeit, die bis an die Ostküste Afrikas führten, zielten wohl auch auf eine Eingliederung der besuchten Länder in diese chinesische Weltordnung ab. Diese Prestigeunternehmen müssen zudem als eine verschleierte Form des Überseehandels gewertet werden, beinhalteten sie doch den Austausch von Luxusgütern. Mit dem abrupten Ende des maritimen Engagements im Jahr 1433 kehrte China dem Meer den Rücken, vernachlässigte den Ausbau von Handelsbeziehungen und verbot den Privathandel zur See. Diese von Autarkiedenken und Kommerzfeindlichkeit geleiteten Maßnahmen führten dazu, dass Schmuggel und von Japanern und Chinesen betriebene Piraterie erblühten. Als das Seehandelsverbot 1657 gelockert wurde, hatten andere Nationen längst Chinas Platz als Seemacht im Südchinesischen Meer eingenommen: die Portugiesen, gefolgt von den Spaniern, Niederländern und schließlich den Briten.

*Allee zu den kaiserlichen Grabanlagen der Ming in Nanking (Nanjing)*

| 1500 | | 1550 | | 1600 | 1650 |
|---|---|---|---|---|---|

- 1403–1480 Ausbau der Großen Mauer
- um 1550 Höhepunkt japanischer Piraterie
- 1550–1552 Mongolische Offensiven
- 1557 Portugiesen in Macao
- 1570 Friedensvertrag mit Mongolen
- 1582 Beginn der Jesuiten-Mission
- Ende 16. Jh. Zweite Blütezeit

▶ **Kriege und Konflikte:** Aufstieg der Mandschu
▶ **Kriege und Konflikte:** Chinesische Revolution von 1911/12
▶ **Handel und Wirtschaft:** Erschließung neuer Märkte in Asien
▶ **Kunst und Architektur:** Chinesische Landschaftsmalerei
▶ **Kunst und Architektur:** Verbotene Stadt

*Während der Taiping-Aufstände greifen kaiserliche Truppen 1864 die Rebellenhauptstadt Nanking (Nanjing) an. Faksimile eines chinesischen Stichs.*

## DIE AUSEINANDERSETZUNG MIT DEM WESTEN

Die Geschichte hatte die Chinesen gelehrt, dass es den Fremdvölkern des Nordens nicht vergönnt gewesen war, China länger zu beherrschen, ohne die eigene Identität zu verlieren. Die chinesische Kultur hatte sich stets der militärischen Macht überlegen gezeigt. Trotz der mongolischen und mandschurischen Eroberung Gesamtchinas hatte das chinesische Nationalgefühl keinen Schaden genommen. Doch die Begegnung mit dem Westen brachte gerade dieses Nationalgefühl ins Wanken und stürzte das Reich der Mitte in eine tiefe Identitätskrise.

Die nicht militärisch ausgefochtenen Auseinandersetzungen mit Fremden hatten stets eine nur abstrakte oder vergeistigte Dimension gehabt – Beispiel hierfür ist das Eindringen des Buddhismus. Nun traten jedoch die Fremden aus einer anderen Welt mit Gewalt auf den Plan, wofür das Land weder geistig noch militärisch gerüstet war. Zunächst schien der sich Ende des 16. Jahrhunderts anbahnende und in den nächsten 200 Jahren fortsetzende Kontakt mit Europa in Gestalt der Jesuitenmission der Begegnung mit dem Buddhismus vergleichbar. Vom Christentum drohte wegen der gefestigten Position des Konfuzianismus keine Gefahr, neugierig war man nur auf das von den Patres vermittelte Wissen über Astronomie, Geografie und Waffentechnik. Als die Jesuitenmission dann wegen des Ritenstreits ihr Ende fand, hinterließ sie keine bleibenden Spuren.

Weit reichende Folgen hatte hingegen die Begegnung mit den imperialistischen Mächten. Der von diesen angestrebte intensive Handel bedeutete das Aufbrechen der von China gewählten Isolation und Autarkie und war ein Angriff auf die geistigen Fundamente der chinesischen Weltordnung. Die Geschenke der Tributgesandten für das mit allen Kulturgütern gesegnete und daher autarke Reich der Mitte hatten lediglich den Reiz des Exotischen. In seiner Unabhängigkeit bedroht sah sich das Land jedoch vom freien Handel, der möglicherweise nicht zu beherrschende Bedürfnisse wecken könnte. Das negative Beispiel des seit Mitte des 17. Jahrhunderts nach China gelangten Opiums zeigt, dass diese Befürchtungen nicht zu Unrecht bestanden.

## DIE FOLGEN DES OPIUMHANDELS

Der gewaltsame Konflikt entzündete sich am Opiumhandel. Großbritannien hatte sich vergeblich um die Ausweitung des chinesischen Markts bemüht, die Standpunkte waren unvereinbar. Der einzige chinesische Hafen für den Außenhandel blieb bis zur gewaltsamen Öffnung Canton. Peking war Ausländern als ständiges Wohngebiet verschlossen, als Mittler fungierten neun chinesische Kaufleute, die so genannten *co-hong*. Vom ersten chinesischen Verbot der Opiumeinfuhr Anfang des 18. Jahrhunderts über die Freigabe seines Handels durch die britische East India Company bis zum Beginn des ersten Opiumkriegs im Jahre 1840 war die Einfuhr des Rauschgifts durch Schmuggel alarmierend gestiegen und hatte zu einem dramatischen Abfluss des knappen Silbers geführt.

Das den hoch gerüsteten Briten hoffnungslos unterlegene Qing-Reich musste sich im Jahre 1842 den Frieden von Nanking mit Reparationen und Konzessionen erkaufen; dazu zählten die Abtretung der Insel Hongkong, die Freigabe von fünf Häfen für den Handel und die Abschaffung des Cohong-Handelsmonopols. Dies war jedoch erst der Anfang. Seit Gewährung der ersten Exterritorialrechte im Zusatzvertrag von Nanking 1843 beschnitten die imperialistischen Mächte, zu denen sich 1874 Japan gesellte, in den China aufgezwungenen »ungleichen Verträgen« sukzessive dessen Souveränität.

Die Verträge beinhalteten die Öffnung von zuletzt 80 Häfen an der Küste und an Flüssen und die Beschränkung der Zollhoheit, was eine weitgehende wirtschaftliche Knebelung nach sich zog. Darüber hinaus gewährleisteten sie die Öffnung Pekings für Diplomaten, das Recht der Truppenstationierung, die Freiheit der Schifffahrt in chinesischen Binnen- und Hoheitsgewässern sowie die Meistbegünstigungsklausel und setzten fest, dass fremde Niederlassungen, Konzessionen und Pachtgebiete außerhalb chinesischer Gerichtsbarkeit lagen.

*Die Jesuiten Matteo Ricci, Johann Adam Schall und Ferdinand Verbiest in China; Kupferstich, 1749*

---

1600 — 1650 — 1700 — 1750

**1751** *Tibet chinesisches Protektorat*

**1759** *Militärgouvernement Xinjiang (1884 Provinz)*

**1644–1911** *Qing-(Mandschu-)Dynastie; Blütezeit bis Ende 18. Jahrhundert*

## CHINA UNTER DEN MING UND QING

*Wohlhabende Chinesen rauchen Opium. Hintergrund des Opiumkriegs (1840 bis 1842) zwischen China und Großbritannien war das starke Interesse Großbritanniens, China für die westlichen Märkte zu öffnen.*

### REBELLION, RESTAURATION, REVOLUTION

Diese Aggression erfolgte zu einer Zeit, als China wegen der ständigen Verschlechterung des sozialen und wirtschaftlichen Klimas von der größten innenpolitischen Explosion seiner Geschichte erschüttert wurde: dem Taiping-Aufstand von 1851 bis 1864 und den sich bis 1875 daran anschließenden Erhebungen. Unter dem Druck dieser Krisen formierte sich 1862 die Tongzhi-Restauration. Ihre Ziele waren die Unterdrückung der Aufstände sowie der Wiederaufbau und die Verbesserung der Rüstungstechnik mithilfe der Westmächte, denen ein danieder liegendes Land nichts nützte. Der Import westlicher Technologie regte eine umfassende Industrialisierung an, die bis 1894 dauernde Yangwu-Bewegung. Kohlegruben, Hüttenwerke, Baumwollspinnereien und Textilmanufakturen entstanden. Diese Modernisierungsbestrebungen wurden jedoch zu halbherzig und langsam betrieben, da die konservativen Konfuzianer die Einführung von Neuerungen ohne die notwendige Veränderung der sozialen und politischen Gesellschaftsstrukturen anstrebten und es an Fachwissen, Arbeitskräften und Kapital mangelte.

In den 1870er Jahren brachte die konservative Opposition die Tongzhi-Restauration zum Scheitern. Nun verstärkte sich die Rivalität der Westmächte untereinander um die Aufteilung des chinesischen Kuchens. Es begann der Übergriff Großbritanniens, Russlands, Frankreichs und Japans auf die Länder der chinesischen Einflusszone: Annam, Korea, die Ryukyu-Inseln und Birma. Zudem bemächtigten sie sich chinesischer Territorien wie des Amur-Unterlaufs, des östlichen Ussuri-Gebiets, des Ili-Beckens in Xinjiang und nach der chinesischen Niederlage im Chinesisch-Japanischen Krieg Taiwans und der Pescadores-Inseln. Damit man seine Reichtümer besser ausbeuten konnte, wurde China in Pachtgebiete und Einflusszonen aufgeteilt. Dadurch und mit der Übernahme wichtiger chinesischer Wirtschaftszweige, wie etwa des Bank- und Transportwesens, sank das Land auf einen halbkolonialen Status herab. 1897 bemächtigte sich Deutschland des Südostens von Shandong; das Beispiel machte Schule: 1899 besaßen alle fremden Mächte Pachtverträge.

Die Niederlage in der Boxerbewegung im Jahr 1900 und die im Boxerprotokoll 1901 China auferlegten Reparationen bedeuteten den endgültigen finanziellen Ruin. Dieses Desaster beschleunigte die Revolution von 1911, die mit der Abdankung der Qing-Dynastie der Monarchie ein Ende setzte.

*Chinesische Darstellung des Boxeraufstands von 1900: Nach einem Gefecht bringen Boxer europäische Gefangene vor die Mandarine.*

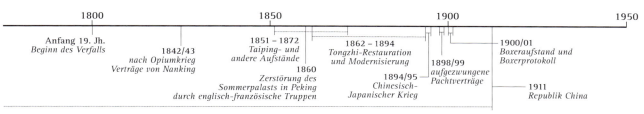

▶ Literatur und Musik: Chinesische Prosaliteratur
▶ Literatur und Musik: Literatur Chinas im 19. Jahrhundert

# GOLD-REICHE IN WESTAFRIKA
## DIE AKAN-REICHE

*In Westafrika gelangten ab dem 15. Jahrhundert zahlreiche Gesellschaften der Akan durch den Fernhandel jahrhundertelang zu Einfluss und Wohlstand – so auch ihre einst mächtigsten Vertreter, die Ashanti. Bezeichnenderweise verlieh ein wichtiges Handelsgut dieser Region ihren vielsagenden Namen: Goldküste.*

*Bedeutendstes Herrschaftszeichen der Ashanti ist der »Goldene Stuhl« des Königs. Er verkörpert Einheit und Fortbestand der Ashanti-Nation und die Verbindung des Königs mit den spirituellen Kräften.*

*Gold war in den Akan-Reichen wichtigstes Handelsgut, diente als Währung und wurde zudem zu meisterhaft gefertigtem Goldschmuck verarbeitet.*

Das wegen seiner Reinheit hoch geschätzte Gold war der Schlüssel zum wirtschaftlichen und politischen Erfolg der Akan. Es ermöglichte diesen bäuerlichen Gesellschaften der Savannen- und Waldgebiete des heutigen Ghana und der Republik Elfenbeinküste spätestens ab dem 14. Jahrhundert den Eintritt in den Transsahara-Handel. Muslimische Händler brachten das Edelmetall aus der Region in die Städte am Mittellauf des Niger und von dort bis nach Nordafrika und versorgten sie im Gegenzug mit Salz, Stoffen und Kupfer.

An diesem innerafrikanischen Goldhandel nahmen später auch die Europäer teil und verlagerten ihn im Lauf der Zeit an die Küste. 1471 erreichten Portugiesen die Akan-Gebiete über den Seeweg und errichteten bereits 1482 eine erste Handelsniederlassung an der Küste des heutigen Ghana. Die reich mit Gold geschmückten Menschen, die sie dort trafen, besaßen Zugang zu den riesigen Goldfeldern im Hinterland und handelten das begehrte Edelmetall bereitwillig gegen Kupfer und vor allem Gewehre. Ab Mitte des 16. Jahrhunderts traten Engländer, später auch Franzosen und Holländer als Konkurrenten auf. Die »Goldküste« wurde für Europa die wichtigste Bezugsquelle für Gold, das es für seine Gewürzeinkäufe in Asien benötigte.

## Die Akan-Reiche

### HANDEL UND POLITIK

Es ist nicht bekannt, wie viel Gold die Akan wirklich produzierten – das Ausmaß war jedoch auf jeden Fall spektakulär. Schätzungen reichen von einer Ausbeute von nahezu 400 000 Kilogramm für die Periode zwischen 1400 und 1900 bis hin zu über 1 474 000 Kilogramm für die Jahre zwischen 1500 und 1900. Über zwei Drittel des Goldes wurde vermutlich nach Europa exportiert, etwa ein Drittel in die nördlich gelegenen afrikanischen Gebiete. Große Mengen dienten den Akan selbst als Währung oder als Material für ihre prächtigen Goldarbeiten. Das enorme Vorkommen und die leichte Verfügbarkeit des Edelmetalls verdeutlicht etwa der Umstand, dass mit Goldstaub selbst alltägliche Nahrungsmittel wie Gemüse bezahlt wurden.

Der Fernhandel bot den Akan nicht nur Reichtum, er veränderte auch entscheidend die Machtverhältnisse in der Region. Zwischen dem 15. und dem 19. Jahrhundert entstanden zahlreiche feudale Staaten, die auf einem ausgefeilten Abgaben- und Tribut-System basierten, sich jedoch in Größe und Einflussbereich erheblich unterschieden. Anfang des 15. Jahrhunderts stiegen Staaten wie Bono oder Banda auf, die sich auf den Handel mit dem Norden konzentrierten; im 17. Jahrhundert wurden durch den verstärkten Küstenhandel Königreiche in den Waldgebieten mächtig. Die wichtigsten Handelswege und einige der reichsten Goldminen hatte schließlich das Reich Denkyira unter seine Kontrolle gebracht.

### DIE ASHANTI-FÖDERATION

An der Wende zum 18. Jahrhundert schlossen sich unter der Führung von Osei Tutu mehrere Akan-Staaten zur Ashanti-Föderation zusammen. Diese entwickelte sich im folgenden Jahrhundert durch straffe Kriegsführung und mithilfe europäischer Gewehre zu einem streng hierarchischen, mächtigen Reich, an dessen Spitze der *Asantehene* genannte König stand. In seinem Territorium, das von der Küste bis zu abhängigen Königreichen im Norden reichte, trafen sich die wichtigen Routen des Küsten- und innerafrikanischen Handels. Die wirtschaftliche und politische Macht des Reiches basierte auf der Kontrolle des Fernhandels – so auch des Goldhandels –, aber auch auf dem breiten Einsatz von Sklaven sowie auf einem Abgabensystem, das die größtenteils bäuerlichen Untertanen verpflichtete, alle größeren Goldfunde an den König abzuliefern.

Das Zentrum des riesigen Reiches, in dem mehrere Millionen Menschen lebten, war die Residenzstadt Kumasi im Süden des heutigen Ghana. Dort befand sich auch der »Goldene Stuhl«, der der Überlieferung nach dem König der Ashanti vom Himmel übergeben worden war. Noch heute symbolisiert dieses bedeutendste Herrschaftszeichen des Asantehene die Einheit der Ashanti-Nation und ihr kulturelles Fortbestehen.

Im 19. Jahrhundert setzte der Niedergang der Ashanti ein. 1874 erklärte das mittlerweile zum Weltreich aufgestiegene Großbritannien die Goldküste zur Kronkolonie und schickte den Asantehene 1896 in die Verbannung. Die Ashanti erhoben sich erst 1900 gegen die Briten. Den Anlass gab der »Goldene Stuhl«: Der neue britische Gouverneur forderte diesen Schemel, auf den sich selbst der Asantehene nicht setzen durfte, als Sitzgelegenheit und somit als Symbol für seine Herrschaft. Der verzweifelte Aufstand der Ashanti wurde zwar von den Briten niedergeschlagen, das strittige Objekt jedoch nicht ausgeliefert.

1957 erhielt die ehemalige Goldküste als erstes afrikanisches Land seine Unabhängigkeit und der neue Staat Ghana benannte sich nach dem früheren Großreich im Norden. Ihre einstige politische und wirtschaftliche Macht haben die Ashanti in Ghana nur eingeschränkt wiedererlangt, wenngleich ihre Goldarbeiten noch immer von ihrem vergangenen Ruhm und Reichtum zeugen.

*Ab dem 18. Jahrhundert stieg die Ashanti-Föderation vor allem durch den Fernhandel mit Gold und Sklaven zum mächtigsten der Akan-Reiche auf.*

*Der symbolträchtige reiche Goldschmuck, hier von hohen Würdenträgern und Mitgliedern der königlichen Familie getragen, ist bei den Ashanti Zeichen des gesellschaftlichen Status und Wohlstands.*

#### GLANZ UND GLORIA

Von nie gesehener Pracht, vom reichen Goldschmuck des Ashanti-Königs, seiner Vasallen und Hauptleute, von goldverzierten Stäben und Schwertgriffen, deren goldener Glanz im Licht der Sonne gespiegelt wurde, berichtete 1819 der englische Gesandte Thomas Edward Bowdich. Bei festlichen Anlässen zur Schau gestellt, hat dieser glänzende Prunk auch heute nichts von seiner Wirkung verloren.

# Portugal und sein Weltreich

*Als Kolumbus in Amerika landete, segelte er zwar im Auftrag der kastilischen Krone, die hierfür nötigen Navigationskenntnisse hatte er jedoch in Portugal erworben. Erfahrene Seefahrer aus Lissabon und von den Azoren hatten ihm das entscheidende Wissen vermittelt.*

*Pedro Álvares Cabral leitete im Jahr 1500 eine von Emanuel I. nach Indien gesandte Handelsexpedition.*

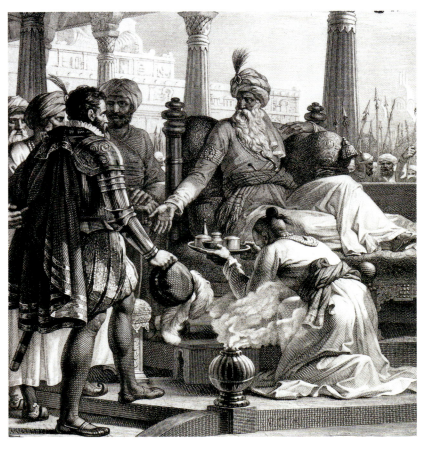

*Vasco da Gama bei der zweiten Audienz beim Machthaber von Calicut im Jahr 1498*

Portugals ganz dem Atlantik zugewandte Lage, seine exzellenten Häfen, die durch Kastilien begründete Beschränkung der Expansion im Landesinneren und das Ende der arabischen Besatzung begünstigten den Entdeckungsdrang portugiesischer Seefahrer. Bereits sehr früh erkundeten sie den Atlantik Richtung Norden und bauten eine gute Fangflotte auf. 1427 waren die Portugiesen schließlich bis zu den Azoren und Madeira vorgedrungen.

### Aufteilung der Welt

Dank der Energie Prinz Heinrichs, des »Seefahrers«, waren die Portugiesen im 15. Jahrhundert den andalusischen Seeleuten zuvorgekommen und hatten sich in Nordafrika festgesetzt. Mithilfe eines neuartigen leichten Segelschiffes, der Karavelle, segelten sie die afrikanische Küste entlang und erreichten 1436 Rio de Oro, 1444 Kap Verde, 1460 Sierra Leone und die Kapverdischen Inseln. Die Spanier waren durch diese Entwicklungen gezwungen, im Vertrag von Alcacovas-Toledo (1479/80) auf Eroberungen im Königreich Fès und an der Küste Guineas ab dem Kap Bojador, auf die Azoren, Madeira und die Kapverdischen Inseln zu verzichten, behielten dafür aber die Kanaren.

Die Portugiesen erkundeten die afrikanische Küste weiter Richtung Süden und errichteten dort diverse Handelsstützpunkte. 1488 umsegelte Bartolomëu Diaz das Kap der Guten Hoffnung – die mit höchster Tatkraft gesuchte Seeverbindung nach Indien war endlich gefunden. Somit war der Weg für das portugiesische Weltreich nach Osten geöffnet, die Spanier orientierten sich hingegen nach Westen. Nach der Landung von Kolumbus in Amerika wurde zudem die Trennlinie zwischen den Einflussgebieten beider Staaten in sämtlichen neu entdeckten Gebieten 1494 durch den Vertrag von Tordesillas neu gezogen. Dadurch gelangte später Brasilien unter die portugiesische Krone.

### Der Weg nach Indien

Für die portugiesischen Könige war in den nächsten Jahren die Erreichung Indiens eines der vordringlichsten Ziele. König Johann II. (Reg. 1481–1495) entsandte private Emissäre, die sogar nach Ägypten und Aden kamen. Die große Indienexpedition wurde mit größter Sorgfalt vorbereitet, ging es doch um ein äußerst wichtiges politisches, diplomatisches, wirtschaftliches und militärisches Unternehmen. Mit der Leitung betraute man Vasco da Gama, einen Edelmann im Dienste von König Emanuel I., dem Glücklichen (Reg. 1495 bis 1521). Mit vier Schiffen und 170 Seeleuten machte sich da Gama 1497 auf den Weg. Auf seiner Reise erwies ihm ab der ostafrikanischen Küste ein arabischer Lotse, der ihn mit seinen hervorragenden Navigationskenntnissen über den Indischen Ozean leitete, entscheidende Dienste. Im Jahr 1498 erreichte da Gama an der südwestindischen Malabarküste den Handelshafen Calicut, das heutige Kozhikode, einen wichtigen Umschlagplatz für Gewürze und andere begehrte Waren. Es gelang da Gama jedoch nicht, in diesem von muslimischen Kaufleuten dominierten Standort eine portugiesische Handelsniederlassung zu gründen. Dennoch leitete diese erfolgreiche Entdeckungsfahrt nach einem Jahrhundert langwieriger, geheim gehaltener Anstrengungen für Portugal eine

*Die »São Gabriel«, mit der Vasco da Gama das Kap der Guten Hoffnung umsegelte und 1497 Indien erreichte*

## PORTUGAL UND SEIN WELTREICH

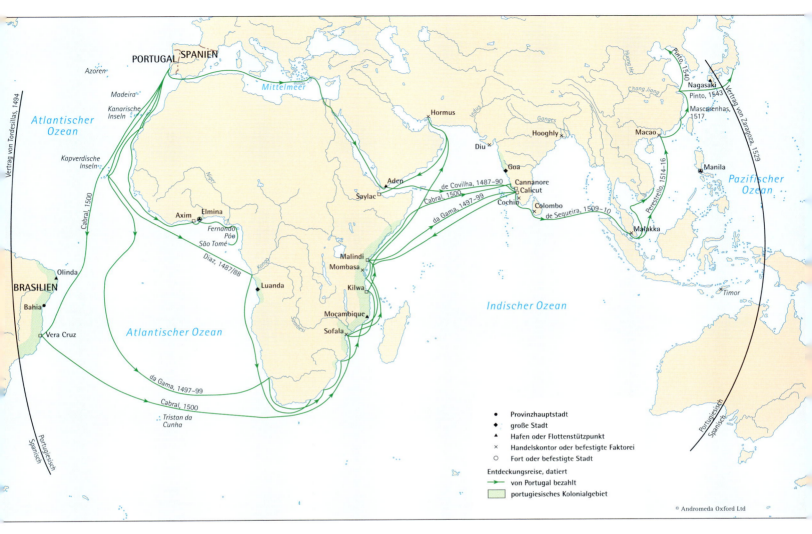

*Portugiesische Entdeckungsreisen im 15. und 16. Jahrhundert*

Epoche ein, in der das Land seine größte Machtentfaltung und seinen auf Handel basierenden Wohlstand erlangte.

### DIE EXPANSION

Im März 1500 verließ unter der Führung von Pedro Álvares Cabral eine Expedition von 13 Schiffen und 1800 Männern Portugal mit dem Ziel Indien. Unterwegs wurden die Schiffe von den Passatwinden nach Westen getrieben und landeten an der Küste des heutigen Brasilien. Cabral nahm das Gebiet für den portugiesischen König in Besitz und zog von dort aus nach Asien. Wie Vasco da Gama steuerte er Calicut an, wo er mit dem einheimischen Machthaber keinen Handelsvertrag abschließen konnte, dafür gründete er eine Handelsniederlassung in Cochin.

In der Folge konzentrierten sich die Portugiesen darauf, das Erreichte aufzubauen und weitere Beziehungen zu knüpfen. Bis 1502 gingen vier weitere Expeditionen nach Indien. Die letzte vertraute man noch einmal Vasco da Gama an, der dem König von Calicut den Krieg erklärte und weitere Handelsstützpunkte errichtete. Um den lukrativen Handel mit dem Osten zu sichern, eroberten die Portugiesen in der Folge bis 1518 Goa, Diu und Bombay, Malakka und die Molukken, etablierten Stützpunkte im heutigen Sri Lanka und auf Java, entsandten Emissäre nach Indochina, nach Malaysia und China. Ein weiterer wichtiger Schritt für den Aufbau des Imperiums war die erste Weltumseglung, die dem Portugiesen Fernão de Magalhães 1529 glückte.

Unter Johann III. (Reg. 1521–1557), der die Besiedlung Brasiliens vorantrieb, begann die weltumspannende Macht Portugals langsam abzunehmen. Nach 1600 verlor das bis 1640 mit Spanien in Personalunion vereinte Land seine Vormachtstellung im Handel mit Ostindien an Holland und England, und im 17. und 18. Jahrhundert gelang es britischen Kaufleuten, den portugiesischen Handel zu beherrschen. 1822 schließlich verkündete Brasilien seine Unabhängigkeit.

#### FREIHEIT DURCH REVOLUTION

Portugal konnte mit Ausnahme von Brasilien sein Kolonialreich bis ins 20. Jahrhundert weitgehend behaupten, die Überseegebiete erhielten meist erst in den 1960er und 1970er Jahren ihre Unabhängigkeit. Portugal führte in den afrikanischen Kolonien in diesen Jahren blutige Kolonialkriege, die unter anderem von der UNO scharf verurteilt wurden. Erst als die Regierung von Marcelo das Neves Alves Caetano durch die so genannte Nelkenrevolution 1974 gestürzt wurde, fand der portugiesische Kolonialismus sein Ende.

▶ **Menschen und Ideen:** Vasco da Gama
▶ **Große Entdeckungen:** Entdeckung des Seeweges nach Indien
▶ **Handel und Wirtschaft:** Wirtschaftliche Voraussetzungen und Folgen neuer Seewege
▶ **Handel und Wirtschaft:** Portugal als Seehandels- und Kolonialmacht
▶ **Handel und Wirtschaft:** Kampf um das Gewürzhandelsmonopol

# SPANIEN UND SEIN WELTREICH

*Überragendes Ereignis der Herrschaft des Königspaars Isabella I. und Ferdinand II.
war Christoph Kolumbus' Landung in Amerika. Allerdings war der Besitz der riesigen Gebiete
jenseits des Atlantiks hart zwischen Spanien und Portugal umkämpft.*

*Der spanische Missionar und Historiker Bartolomé de las Casas (1474 bis 1566) wurde zum ersten katholischen Priester in Amerika geweiht. Er setzte sich erfolgreich gegen die Versklavung der Indianer und für deren bessere Behandlung ein.*

Als Papst Nikolaus V. 1455 die Rechte Portugals über die afrikanische Atlantikküste bestätigte, verloren vor allem andalusische Seefahrer den Zugang zur Region vom Kap Bojador bis Guinea. Im Gegenzug beeilten sich die spanischen Regenten, ihre Herrschaftsansprüche auf die von Kolumbus entdeckten Gebiete rechtskräftig zu untermauern; 1493 sprach Papst Alexander VI. diese der kastilischen Krone zu. Den in der Folge ausgehandelten Kompromiss mit den Portugiesen schrieb der Vertrag von Tordesillas 1494 fest: Der Atlantik wurde in eine spanische und eine portugiesische Zone unterteilt, die Grenze bildete eine 370 Seemeilen westlich der Kapverdischen Inseln verlaufende Demarkationslinie. Die östlichen Gebiete sollten Portugal gehören, die westlichen Spanien.

### EIN IMPERIUM ENTSTEHT

Nun galt es, die neu entdeckten Regionen zu organisieren und die Beziehungen zum Mutterland aufzubauen. Da sie eher als eine Art territoriale Verlängerung von Kastilien denn als spanische Kolonien betrachtet wurden, übertrug man zahlreiche kastilische Institutionen auf die Überseegebiete. Eine strenge staatliche Überwachung der Auswanderer gewährleistete die 1503 in Sevilla geschaffene *Casa de Contratación,* das »Vertragshaus«, dort wurden auch die Lotsen für die Atlantiküberquerung ausgebildet. Die Überwachung des Handels oblag der *Flota de Indias* genannten »Indien- bzw. Amerikaflotte«. Dies sollte sicherstellen, dass importierte Edelmetalle nicht unkontrolliert in ganz Spanien verschwanden.

Bis etwa Ende des 16. Jahrhunderts wanderten schätzungsweise bis zu 200 000 Spanier nach »Indien« aus, darunter befanden sich nur wenige Frauen. Später gestattete die Krone auch Afrikanern die Emigration, weil sie dafür Steuern einnahm, nicht jedoch Nachkommen von Juden oder Arabern. Um 1600 bildeten in Übersee etwa 300 000 Weiße zusammen mit Indianern, Afrikanern, Mischlingen und den »Kreolen« genannten, in Amerika geborenen Spaniern eine bunte Gesellschaft, die in einem einige Millionen Quadratkilometer großen Gebiet etwa zehn Millionen Menschen zählte. Während die spanische Minderheit in den Städten lebte, war der Großteil der Bevölkerung Bauern.

### ENCOMIENDA UND SKLAVEREI

Die Spanier, die mit dem Geschäftsmann Christoph Kolumbus nach Amerika auswanderten, wollten schnell zu Reichtum kommen. Kolumbus erkannte aber bereits 1499, dass die Antillen wenig Goldschätze bargen und von den Indianern kein Tribut einzutreiben war. Er teilte deshalb jedem Spanier Indianer als Arbeitskräfte zu, dieses System der Zwangsarbeit nannte man *encomienda,* später *repartimiento.* Königin Isabella reagierte darüber empört, da sie nicht einsah, dass Kolumbus frei über ihre Untertanen verfügte.

Ab 1500 war es verboten, nach Spanien verbrachte indianische Sklaven zu verkaufen; diese wurden für frei erklärt. Die Institution der Sklaverei wurde jedoch vorerst nicht abgeschafft,

*Am 3. August 1492 stach Christoph Kolumbus im spanischen Palos de la Frontera in See, um die Westroute nach Indien zu finden. Die Fahrt führte ihn nach Amerika. Bejanaros Gemälde zeigt die Abreise der drei Karavellen.*

# Spanien und sein Weltreich

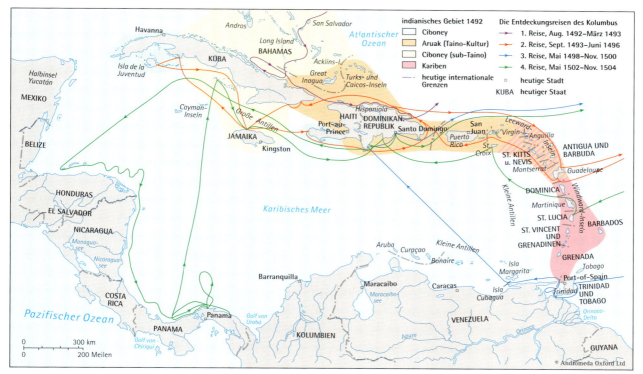

*Die Entdeckungsreisen des Christoph Kolumbus*

## Die Behörden in Übersee

Ab 1517 wurde im Mutterland die Verwaltung der überseeischen Angelegenheiten einer Behörde übertragen: Dem *Consejo de Indias*, dem »Indien- bzw. Amerikarat«. Oberster Vertreter der Krone war der aus dem Hochadel stammende Vizekönig. Zu den im 16. und 17. Jahrhundert bestehenden Vizekönigreichen – das fast ganz Zentralamerika umfassende Neuspanien sowie das in Südamerika gelegene Peru – kamen im 18. Jahrhundert Neugranada und Río de la Plata hinzu. Um Unabhängigkeitsbestrebungen zu unterbinden, ernannte die Krone nur vier Kreolen zu den insgesamt 160 Vizekönigen. Ihnen unterstanden die *audiencias* genannten Gerichtshöfe, deren Mitglieder ebenfalls weitreichende Kompetenzen in Rechtsprechung und Verwaltung hatten. In den Städten herrschte der Stadtrat (*cabildo*), der sich aus Stadtrichtern und Ratsmännern zusammensetzte. Zur Kontrolle dieser Beamten dienten die *visitas*, die Revision einer Amtsführung einer Behörde, und die *residencia* genannte Überprüfung einzelner Beamter.

*Christoph Kolumbus schildert im April 1492 Isabella I. und Ferdinand II. seine Pläne zur Entdeckung des Seewegs nach Indien (nach einem Gemälde von Vaclav Brozik, 1884).*

und ihre grausame Ausübung bewirkte unzählige Todesopfer unter der Bevölkerung der Antillen, deren Zahl rapide sank. Über die Zustände entsetzte Geistliche wie etwa Bartolomé de Las Casas erreichten 1512 die Durchsetzung der *Leyes de Burgos* genannten Gesetze, die zwar das System der *encomienda* beibehielten, die Indianer jedoch als freie Menschen betrachteten. 1542 wurde nach langem Hin und Her die Versklavung von Indianern gesetzlich untersagt – aber weder die Krone noch die Verteidiger der Indianerrechte wandten sich gegen die Versklavung von Afrikanern. Die Krone lehnte die Erblichkeit der *encomiendas* immer ab, weil sie den Aufstieg einer neuen Aristokratie in Amerika fürchtete, gegen die sie sich machtlos gefühlt hätte. Den Streit um diese Institution beendete erst 1720 ihr Verbot durch König Philipp V.

## Ein riesiges Reich

Das mächtige spanische Reich erstreckte sich über die Königreiche Aragonien und Kastilien, Burgund, die italienischen Königreiche Neapel, Sizilien und Sardinien und die Niederlande sowie Gebiete in Afrika. Die Spanier eroberten weite Teile Amerikas, gelangten nach Asien und in den Pazifik. 1565 unterwarf Miguel López de Legazpi die zu Ehren Philipps II. benannten Philippinen, wenige Jahre später entdeckte Álvaro de Mendaña auf der Suche nach den sagenhaften Reichtümern der Glücklichen Inseln im Pazifik die Salomonen und Marquesas und Luis Váez de Torres die Meeresstraße zwischen Australien und Neuguinea. Als Portugal 1580 mit Spanien vereint wurde, unterstanden auch die portugiesischen Besitzungen in Übersee der spanischen Krone.

➤ **Kriege und Konflikte:** Spanische Eroberung Mittel- und Südamerikas
➤ **Menschen und Ideen:** Christoph Kolumbus
➤ **Menschen und Ideen:** Katholische Könige
➤ **Menschen und Ideen:** Herrscher der frühen Neuzeit
➤ **Handel und Wirtschaft:** Spanische Kolonialmacht

# Der Traum vom Neubeginn
## Europäische Kolonisationsbewegungen

*Überbevölkerung, Not, politische Unterdrückung, religiöse Verfolgung – aus verschiedensten Gründen zogen ab dem 16. Jahrhundert Millionen Europäer nach Übersee. Von einem Neubeginn jenseits der Meere versprachen sie sich eine solide wirtschaftliche Existenz und persönliche Unabhängigkeit.*

*Der englische Seefahrer Sir Walter Raleigh (um 1552 bis 1618) nimmt während seiner Expedition nach Guyana einen spanischen Obersten gefangen; Kupferstich von Theodor de Bry.*

Die meisten der europäischen Auswanderer zogen nach Nord- und Südamerika sowie in die Karibik: Schätzungsweise 50 Millionen Menschen wagten bis zum Ersten Weltkrieg den Sprung über den »großen Teich«. Vergleichsweise bescheiden nehmen sich dagegen die Emigrantenzahlen nach Südafrika, Australien und Neuseeland oder in das zum russischen Zarenreich gehörende Sibirien aus, das sich ebenfalls zu einer Einwanderungskolonie entwickelte.

Bis zum 18. Jahrhundert stammten die meisten Emigranten aus Spanien, Großbritannien und Polen. Später wanderten in immer größerer Zahl auch Deutsche und Skandinavier nach Übersee aus, weniger dagegen Franzosen und Niederländer. Die Bedingungen für die teuren Schiffspassagen waren hart und oft mussten sich die Auswanderer bei den Reedern zu mehrjähriger Arbeit in ihrer neuen Heimat verpflichten, um diesen die Kosten der Überfahrt erstatten zu können.

### Unter spanischer Flagge in die Neue Welt

Als erstes europäisches Land begann Spanien, das im 16. Jahrhundert über den größten Kolonialbesitz in Über-

*Die Spanier landen auf Guanahaní (San Salvador). Es ist unklar, ob Kolumbus dort oder auf Samana Cay erstmals amerikanischen Boden betrat; Buchillustration, 16. Jh.*

# Europäische Kolonisationsbewegungen

see verfügte, mit einer gezielten Kolonisationspolitik. Die Monarchie war an einer großen Anzahl von Siedlern in ihren Besitzungen interessiert. Bei deren Auswahl wog allerdings das religiöse Moment schwer. Um eine Einwanderung von Nichtkatholiken zu verhindern, war die Auswanderungsbewegung nach Spanisch-Amerika durch strenge Vorschriften geregelt. Wer es als Emigrationswilliger allerdings schaffte, diese Hürden zu überwinden, konnte oft mit einer großzügigen Förderung rechnen, etwa mit freier Schiffspassage oder mit kostenlosem Landerwerb in der Neuen Welt.

## Erfolgsmodell Neuengland-Kolonien

Auch in England wurde ab den 1580er Jahren intensiv über die Anlage von Siedlungskolonien in der Neuen Welt diskutiert. Die ersten Siedlungsversuche unter englischer Flagge waren meist königlich privilegierte Privatunternehmen. Die Kolonisten sollten zunächst zum Aufbau einer kolonialen Landwirtschaft dienen, durch die sich die politischen und wirtschaftlichen Führungsschichten Englands Reichtümer verschaffen wollten. Das Interesse galt dabei vor allem dem Anbau von Zucker und Tabak. Schon bald nach den ersten Niederlassungen an der nordamerikanischen Ostküste entwickelten sich die Neuengland-Kolonien aber auch zu einer Heimstatt für religiös Verfolgte.

Den Beginn machte im Jahre 1620 die Expedition der »Mayflower«, die 102 puritanische »Pilgerväter« aus England und Holland über den Atlantik brachte. Dort gründeten die neuen Kolonisten die Kolonie Plymouth an der Massachusetts Bay. Zur ersten größeren Auswandererwelle aus England nach Nordamerika kam es indes erst Anfang der 1640er Jahre im Rahmen der so genannten *great migration*, als nahezu 60000 Engländer vor der Wirtschaftskrise und den wachsenden politisch-militärischen Konflikten in der Heimat in die Neue Welt flüchteten.

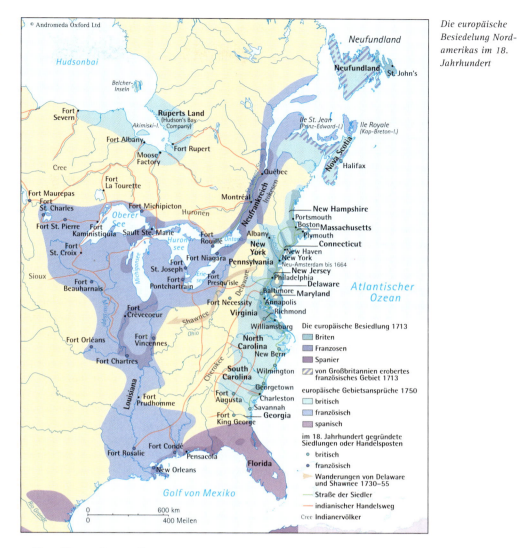

*Die europäische Besiedelung Nordamerikas im 18. Jahrhundert*

## Der Nachzügler Frankreich

Die wenigsten Impulse zur Auswanderung nach Übersee gingen von Frankreich aus, das mit den Kolonien am St.-Lorenz-Strom über umfangreichen Besitz in Kanada verfügte. Die merkantilistische Politik im Mutterland verhinderte eine große Auswanderungsbewegung, da der gewerbliche Ausbau viele Arbeitskräfte an die Heimat band. Kaum mehr als 10000 Franzosen wanderten bis zur Mitte des 18. Jahrhunderts nach Kanada aus. Als großer Nachteil wirkte sich hier der Mangel an europäischen Frauen aus, der die Entstehung von Familienstrukturen in großem Umfang verhinderte.

---

### Mit Jan van Riebeek an das Kap der Guten Hoffnung

Die Niederlande wirkten im 17. Jahrhundert als boomende Wirtschaftsmacht wie ein Magnet auf unzählige Menschen aus ganz Europa. Dagegen entwickelte sich kaum eine Auswanderungspolitik unter niederländischer Flagge. Die einzige Ausnahme bildete die Südspitze Afrikas am Kap der Guten Hoffnung. Seit etwa 1600 legten dort regelmäßig niederländische Ostindienfahrer an, um ihren Proviant für die Mannschaften aufzustocken. Es lag nahe, an dieser Stelle eine dauerhafte Kolonie zu gründen, um so die niederländischen Schiffe zuverlässiger mit Wasser und Nahrungsmittel versorgen zu können. 1652 gründete der niederländische Kommandant Jan van Riebeek eine Niederlassung am Kap, aus der sich später die Metropole Kapstadt entwickeln sollte. Da sich in den reichen Niederlanden kaum Auswanderungswillige fanden, blieb die neue Kolonie zunächst klein und wuchs auch nur gering durch hugenottische Immigranten an, die als religiös Verfolgte aus ihrer französischen Heimat geflohen waren. Erst Ende des 18. Jahrhunderts wuchs die Zahl der Kolonisten auf etwa 20000 Menschen an. Mit den Lebensformen der Buren und ihrer Sprache Afrikaans entwickelte sich am Kap mit der Zeit eine eigene niederländisch-südafrikanische Identität.

---

▶ Religionen und Glaubensformen: Das Christentum in Nordamerika
▶ Religionen und Glaubensformen: Amerika als neues Israel
▶ Kriege und Konflikte: Amerikanischer Unabhängigkeitskrieg
▶ Handel und Wirtschaft: Wirtschaftsleben in Übersee
▶ Handel und Wirtschaft: Kolonialhandel

# WELTBEVÖLKERUNG IM 2. JAHRTAUSEND

*Kinder und Jugendliche bis 15 Jahre stellten zum Ende des 2. Jahrtausends in den Entwicklungsländern ein Drittel der Bevölkerung.*

Lebten auf unserem Planeten um das Jahr 1000 etwa 320 Millionen Menschen, so waren es im Jahr 2000 bereits fast 6,1 Milliarden: Die Weltbevölkerung war innerhalb eines Jahrtausends um nahezu das Zwanzigfache gewachsen. Dieser rasante Anstieg fand hauptsächlich nach 1750 statt.

## KATASTROPHEN IN DEN AGRARGESELLSCHAFTEN

Hohe Geburten- und hohe Sterberaten vor allem bei Kindern sowie eine niedrige Lebenserwartung von durchschnittlich etwa 40 Jahren prägten die Agrargesellschaften bis zur Industrialisierung. Seuchen, Hungersnöte und Kriege forderten zahllose Opfer: Allein in Westeuropa wurden zwischen 1000 und 1885 450 Hungersnöte registriert, im 14. Jahrhundert tötete die Pest in Europa etwa 30 Prozent der Bevölkerung und im 17. Jahrhundert verlor Mitteleuropa durch den Dreißigjährigen Krieg rund ein Drittel der Bevölkerung. Die Geschichte der vorindustriellen Zeit ist rund um den Globus durch Katastrophen gekennzeichnet. Ihnen folgten meist Perioden, in denen die Einwohnerzahlen der jeweiligen Regionen wieder deutlich anstiegen oder die Lücken meist durch Einwanderer »gefüllt« wurden.

## SOZIALE FOLGEN DER INDUSTRIELLEN REVOLUTION

Als Folge der industriellen Revolution kam es zum »demographischen Übergang«, wie der Wandel von Gesellschaften mit einer hohen Geburtenhäufigkeit und Sterblichkeit zu Gesellschaften mit niedriger Geburtenhäufigkeit und Sterblichkeit von den Demographen genannt wird. Diese Entwicklung begann nach 1750 zuerst in England, bald folgten andere Länder in West- und Nordeuropa und zu Beginn des 20. Jahrhunderts auch in Süd- und Osteuropa sowie Nordamerika und Japan. In der so genannten Dritten Welt setzte sie erst in der zweiten Hälfte des 20. Jahrhunderts ein.

Der demographische Übergang erfolgte in mehreren Etappen. Zuerst begann die Sterbehäufigkeit zu sinken. Gründe hierfür waren bessere Ernährung, gesündere Lebensformen, die Unterbrechung von Infektionswegen durch verbesserte hygienische Bedingungen und eine erfolgreiche Bekämpfung wichtiger Infektionskrankheiten. Die Todesursachen verschoben sich und die Lebenserwartung stieg an. In vor- und frühindustrieller Zeit starben Kinder wie Erwachsene an Infektionen und parasitären Erkrankungen; tödliche Epidemien spielten eine zentrale Rolle. Heute sterben die Menschen in Europa und Nordamerika vor allem an Herz-Kreislauf-Erkrankungen oder an Krebs – an »Zivilisationskrankheiten«. In der »Dritten Welt« spielen Infektionskrankheiten dagegen nach wie vor eine wichtige Rolle; allen voran AIDS, Tuberkulose und Malaria.

Die Geburtenzahlen blieben in Europa anfangs relativ hoch. In West- und Mitteleuropa gebaren Frauen im Durchschnitt weiterhin vier bis fünf Kinder, weshalb die Bevölkerungszahlen nach 1750 rasch stiegen. Später passten die Menschen ihre Kinderzahl an die modernen Lebensverhältnisse an. Das bedeutet, dass immer mehr Kinder überlebten und deshalb ab einem bestimmten Zeitpunkt nicht mehr in Überzahl geboren wurden. Die Geburtenraten sanken und das Bevölkerungswachstum verringerte sich in Europa und in Nordamerika wieder.

Für den Wohlstand und die Absicherung im Alter sind eigene Kinder in heutigen Industriegesellschaften nicht mehr entscheidend. Stattdessen sind die durch sie verursachten Kosten und die schlechtere Vereinbarkeit von Beruf und Kindererziehung in den Vordergrund gerückt. Gegenwärtig bringen Frauen in allen Industrieländern im Schnitt nur ein bis zwei Kinder zur Welt, während die durchschnittliche Lebenserwartung zwischen 70 und 80 Jahren liegt. Die Folge sind alternde Gesellschaften, in denen es ab einem bestimmten Zeitpunkt mehr Sterbefälle als Geburten gibt und die einheimische Bevölkerung schrumpft – so etwa in Deutschland.

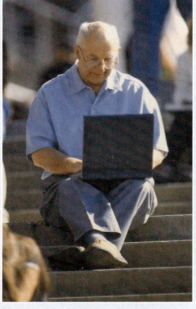

*In Industriegesellschaften stieg die Lebenserwartung kontinuierlich an.*

# Weltbevölkerung im 2. Jahrtausend

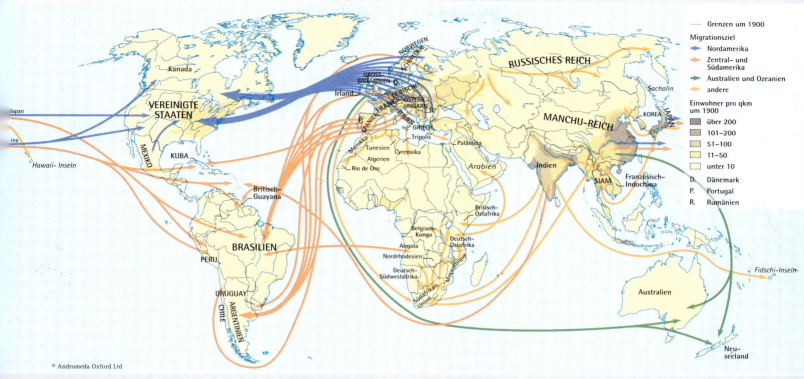

*Bevölkerungsverteilung und Wanderungsbewegungen um 1900*

## Der demographische Übergang in den Entwicklungsländern

In der »Dritten Welt« begann der demographische Übergang erst nach 1950 und ist in einigen Ländern noch nicht abgeschlossen. Der Rückgang der Sterblichkeit war hier nicht immer Ausdruck deutlich besserer Lebensverhältnisse, sondern erklärte sich zum Teil aus »importiertem« medizinischem Fortschritt, vor allem durch Massenimpfungen, aber auch durch die rasche Reaktion der Weltgemeinschaft bei Hungersnöten und politischen Krisen. In etlichen Ländern Asiens, Nordafrikas und Lateinamerikas gibt es inzwischen auch Systeme der Gesundheitsversorgung, die Teilen der Bevölkerung zugute kommen. Dennoch stirbt in den Entwicklungsländern noch heute jeder Zweite an einer Infektionskrankheit.

In den 1960er Jahren gebaren Frauen in weiten Teilen der »Dritten Welt« fünf bis sieben Kinder. Aufgrund der gesunkenen Sterblichkeit erreichte oder überschritt das jährliche Bevölkerungswachstum in vielen Ländern drei Prozent – die Bevölkerung verdoppelte sich in weniger als 20 Jahren. In Lateinamerika und Asien setzte zu Beginn der 1970er Jahre ein rascher Rückgang der durchschnittlichen Kinderzahl pro Frau auf 2,8 beziehungsweise 2,7 ein. In weiten Teilen Afrikas und in Westasien liegt sie noch immer zwischen vier und sechs Kindern.

## Verstädterung und Überalterung

Weltweit erhöhte sich der Anteil der städtischen Bevölkerung von einem Drittel im Jahr 1960 auf 47 Prozent im Jahr 1999. Der Bevölkerungsanstieg in vielen Entwicklungsländern und das zum Teil rückläufige Wachstum in den Industrieländern wirken sich auf die Altersstruktur aus. Während im Jahr 2000 in den Entwicklungsländern Kinder und Jugendliche bis 15 Jahre 33 Prozent der Bevölkerung stellten, sank ihr Anteil in den Industrieländern auf 18 Prozent. Dort stieg im Gegenzug der Anteil der über 65-Jährigen auf 14 Prozent – in Entwicklungsländern bilden sie nur fünf Prozent der Bevölkerung. Im 21. Jahrhundert wird es weltweit deutlich mehr alte Menschen geben.

## Entwicklung der Weltbevölkerung nach Kontinenten
(Angabe in Millionen)

| | 1900 | 1930 | 1950 | 1975 | 2000 |
|---|---|---|---|---|---|
| Asien | 907 | 1120 | 1381 | 2256 | 3672 |
| Europa | 309 | 355 | 392 | 473 | 582 |
| Russland/Sowjetunion | 122 | 179 | 180 | 255 | 147 |
| Afrika | 120 | 164 | 222 | 401 | 794 |
| Nordamerika | 81 | 134 | 166 | 237 | 314 |
| Mittel- und Südamerika | 65 | 108 | 163 | 324 | 519 |
| Australien und Ozeanien | 6 | 10 | 13 | 21 | 31 |

▶ Handel und Wirtschaft: Die demographische Revolution
▶ Handel und Wirtschaft: Bevölkerungsexplosion

# SCHÖPFER DES IRANS – DIE SAFAWIDEN

*Zwischen 1501 und 1722 prägten die Safawiden den Iran nachhaltig: Sie führten die heutige Staatsreligion des schiitischen Islams ein, dehnten das Reich auf etwa seine heutige Größe aus und schufen als erste einheimische Dynastie seit der arabischen Eroberung die Grundlage für eine nationale Identität.*

*Kuppel der Königsmoschee im iranischen Isfahan. Die mit prächtigen Fliesen verzierte Moschee aus dem 17. Jahrhundert ist ein herausragendes Beispiel safawidischer Kunst und Architektur.*

Nach dem Mongolensturm im 13. Jahrhundert war das Osmanische Reich in ein religiöses, politisches und wirtschaftliches Chaos versunken. In dieser Endzeitstimmung wucherten Aberglaube und Heiligenverehrung; zahlreiche Menschen suchten ihr Heil in religiösen Orden, deren Anführer häufig wie Gottheiten verehrt wurden. Dies galt ganz besonders für die nomadischen Turkmenenstämme, die nur oberflächlich islamisiert waren und noch traditionellen Bräuchen und schamanistischen Praktiken anhingen. Im Osmanischen Reich mit seiner strengen islamischen Ausrichtung sahen sie deshalb nicht ihre Heimat und wurden auch nicht als gleichwertige Untertanen angesehen.

## MIT DEN ROTKÖPFEN ZUM SCHAH VON PERSIEN

Es waren schließlich die Anführer der Safawiden, eines Derwisch-Ordens in Aserbaidschan, die die heimatlose Stellung der Turkmenen zu nutzen wussten. Sie ließen ihnen ihre unislamischen Bräuche und gaben ihnen hohe Positionen in ihrer Organisation. Als sie dann zum heiligen Krieg gegen die christlichen Georgier und Tscherkessen aufriefen, konnten sie eine schlagkräftige militante Truppe von Glaubenskämpfern hinter sich versammeln. Deren Mitglieder trugen eine rote Mütze mit zwölf Zipfeln, die ihnen rasch den Spitznamen *kisilbasch*, »Rotkopf«, einbrachte. Mit ihrer Hilfe ließ sich Ismail, der Führer der Safawiden, im Jahr 1501 zum Schah-in-Schah oder

Großkönig von Persien ausrufen. Um sich von den Osmanen abzugrenzen, erklärte er die schiitische Glaubensrichtung, die Schia, zum herrschenden religiösen Bekenntnis. Ismail und seine Nachfolger beanspruchten zudem, im Namen des Mahdi zu handeln, einer messiasähnlichen Erlöserfigur im schiitischen Islam. Er gilt als seit Jahrhunderten verschwunden und soll dem Glauben zufolge am Ende der Zeiten wieder auf Erden erscheinen.

### EIN 200 JAHRE WÄHRENDER GRENZKRIEG

Den osmanischen Herrschern missfiel diese Entwicklung außerordentlich, da auf diese Weise im Osten ihres Reiches ein neuer starker Nachbar entstand und zudem viele von dessen turkmenischen Anhängern auf osmanischem Boden lebten. In den folgenden Jahren kam es deshalb wiederholt zu Massendeportationen von »Rotköpfen« aus Anatolien nach Griechenland, denen häufig Revolten gegen die Osmanen folgten. Der osmanische Sultan Selim I. führte schließlich einen grausamen Feldzug gegen die Schiiten. Im Rahmen seiner Expansionsbestrebungen kam es im Jahr 1514 zur Schlacht von Chaldiran, bei der er den Safawiden eine verheerende Niederlage zufügte. Sie brachte als Ergebnis die noch heute gültige Grenzziehung zwischen der Türkei und dem Iran.

*Schah Abbas I., der Große (Reg. 1588 bis 1629); persische Malerei*

Die Streitereien und Kriege um Aserbaidschan, Ostanatolien, den Irak und den Kaukasus blieben auch für die nächsten zweihundert Jahre bestimmend für die Beziehungen zwischen den Safawiden und dem Osmanischen Reich. Dieser Dauerkonflikt brachte denn auch Kaiser Karl V. auf die Idee, den Safawiden-Schah Ismail um Hilfe zu bitten, als die Osmanen 1529 zum ersten Mal vor Wien standen – allerdings kam dieser Brief erst fünf Jahre nach dem Tod des Schahs an. Das Gesuch blieb unerhört, weil die Nachfolge Ismails umstritten und der Iran durch bürgerkriegsähnliche Zustände zu geschwächt war, um noch eine weitere Front eröffnen zu können.

### BLÜTEZEIT UND UNTERGANG

Das persische Reich der Safawiden erreichte unter dem von 1588 bis 1629 regierenden Schah Abbas I., dem Großen, seinen kulturellen Höhepunkt und seine größte Ausdehnung, doch bereits unter seinem Nachfolger begann der Niedergang des Herrscherhauses. Die schiitische Geistlichkeit hatte als Gegenleistung für ihre Unterstützung der Regierung von dieser politischen Einfluss, Ländereien und finanzielle Zugeständnisse erhalten. Ihre so gewonnene Unabhängigkeit nützte sie immer mehr aus, um die Autorität der Regierung zu beschneiden. Ein Vorgang, der sich Jahrhunderte später wiederholen und in der Islamischen Revolution von 1979 gipfeln sollte. Interne Querelen sowie wachsende Einflussnahme seitens der Osmanen und Russen schwächten das Reich; nach und nach gingen die unter Abbas eroberten Gebiete wieder verloren. Eine Revolte der Afghanen beendete schließlich 1722 die Dynastie der Safawiden.

*Das Hauptportal der Schah-Moschee in Isfahan wird von zwei Minaretten flankiert, daneben erhebt sich der überkuppelte Gebetssaal.*

#### EIN ORIENTALISCHER DESPOT

Unter den Safawiden-Machthabern stellt der ebenso skrupellose wie geniale Schah Abbas die schillerndste Persönlichkeit dar. Er übte seine Herrschaft mit geradezu legendärer Grausamkeit aus, ließ seine eigenen Brüder blenden und seinen ältesten Sohn ermorden, um seine eigene Stellung nicht zu gefährden. Konsequent entmachtete er die »Rotköpfe« (kisilbasch), die immer wieder versucht hatten, die Führerschaft an sich zu reißen. Abbas, der Isfahan zur Hauptstadt seines riesigen Reiches erklärte, förderte aber auch Kunst und Architektur wie kein anderer zuvor; unter seiner Regierung entstanden die berühmtesten Bauwerke Irans. An seinem Hof gingen zahlreiche europäische Gesandte, Kaufleute und Reisende ein und aus. Überwältigt von der Pracht, die sie dort sahen, trugen ihre Berichte erheblich dazu bei, in Europa das Bild vom märchenhaften und despotischen Orient zu verfestigen.

# Ein muslimisches Imperium in Indien
# Das Reich der Moguln

*Im 16. Jahrhundert betrat mit den aus Zentralasien eingewanderten Moguln eine der bedeutendsten Dynastien der jahrtausendealten indischen Geschichte den Subkontinent. In den zwei Jahrhunderten ihrer Regentschaft fanden einschneidende Reformen statt, die bis heute tiefe Spuren hinterlassen haben.*

*Die Miniatur von etwa 1630 zeigt einen muslimischen Dichter und Gelehrten beim Studium in einem Garten.*

Wie kein anderer Name symbolisieren die Moguln den Glanz des imperialen Indiens. Dabei waren ihre ersten Gehversuche in Indien weit weniger glorreich, als man meinen könnte. Nachdem der erste Großmogul Babur den letzten Lodi-König 1526 besiegt und damit dem Sultanat Delhi den endgültigen Todesstoß versetzt hatte, musste sein Sohn und Nachfolger Humayun nach zwei Niederlagen gegen den von Osten anrückenden Feldherrn Sher Shah 1540 beim König von Persien Zuflucht suchen. Erst als Sher Shahs Nachfolger sich untereinander befehdeten, konnte Humayun wieder nach Delhi zurückkehren.

### Der geniale Akbar

Die große Stunde der Moguln brach mit Humayuns Sohn und Nachfolger Akbar an, der ab 1556 nahezu ein halbes Jahrhundert über Indien herrschen sollte. Akbar wurde von der Geschichtsschreibung derart glorifiziert, dass es schwer fällt, ein objektives Urteil über diesen bedeutendsten Großmogul zu fällen. Die Zwiespältigkeit dieses großen muslimischen Herrschers zeigt sich besonders deutlich bei dem ihm immer wieder zugesprochenen Streben nach religiöser Toleranz. Und tatsächlich war Akbar an einer friedlichen Koexistenz von Hindus und Muslimen interessiert, die er mit einer von ihm konzipierten, »Gottesglaube« genannten Religion *Din-il-Ilahi* zusammenführen wollte. Im Hintergrund stand dabei jedoch machtpolitisches Kalkül – denn nur dort, wo Hindus in bestimmtem Maß am Staat teilhatten, war es den zahlenmäßig weit unterlegenen Muslimen möglich, ihre Machtstellung langfristig zu stabilisieren.

Machtpolitisch begründet war auch die geschickte Heiratspolitik, die Akbar mit den Rajputen-Clans in Rajasthan betrieb. Gegen deren vornehmlich im Nordwesten Indiens gelegenen Fürstentümer, die sich vehement gegen jede Fremdherrschaft auf-

*Ebenfalls von etwa 1630 stammt diese indische Miniatur, die Akbar den Großen sowie seine Nachfolger Jahangir und Shah Jahan zusammen mit Beratern zeigt.*

*Großmogul Babur rastet auf der Jagd. Indische Miniaturmalerei aus dem 17. Jahrhundert; Berlin, Staatliche Museen preußischer Kulturbesitz, Museum für Islamische Kunst*

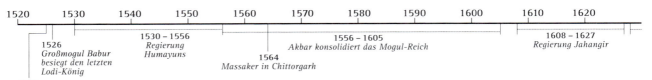

1520 | 1530 | 1540 | 1550 | 1560 | 1570 | 1580 | 1590 | 1600 | 1610 | 1620

**1526** Großmogul Babur besiegt den letzten Lodi-König

**1525** Einfall des ersten Großmoguls Babur in Indien

**1530–1556** Regierung Humayuns

**1556–1605** Akbar konsolidiert das Mogul-Reich

**1564** Massaker in Chittorgarh

**1608–1627** Regierung Jahangir

# DAS REICH DER MOGULN

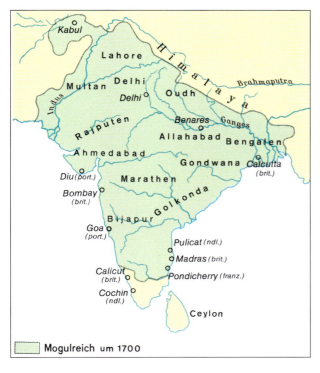

Mogulreich um 1700

heiligtümern zerstören ließ. Gleichzeitig wollte er als erster gesamtindischer Kaiser in die Geschichte eingehen und versuchte, den bis dahin weitgehend unabhängig gebliebenen Süden zu unterwerfen. Damit hatte er jedoch den Bogen bei weitem überspannt. Letztendlich leitete der Großmogul mit seinen ehrgeizigen Plänen den Niedergang der Mogul-Herrschaft ein, da er die Ressourcen seines Reiches erschöpfte und mit seinem militant religiösen Fanatismus selbst bis dahin loyale Untertanen gegen sich aufbrachte. Diese landesweite Aufstandsbewegung verstärkte sich noch, als er seine Hauptstadt in den Süden verlegte. Als schwer wiegender Fehler erwies sich, dass Aurangseb das von seinen Vorgängern sorgfältig ausbalancierte Steuersystem, *mansadbar,* aus dem Gleichgewicht brachte, indem er die militärische Oberschicht unverhältnismäßig aufblähte. Diese konnte von der bäuerlichen Bevölkerung nicht mehr getragen werden und das gesamte Herrschaftssystem geriet in eine Krise, an der es schließlich zerbrach.

Nach dem Tod Aurangsebs konnten sich seine schwachen Nachfolger nicht mehr durchsetzen und regierten jeweils nur für eine kurze Zeitspanne. Das Imperium begann in viele kleine Herrschaftsbereiche zu zerfallen. Der Einfall des persischen Heerführers Nadir Shah, der 1739 Delhi eroberte und den gesamten Thronschatz plünderte, markierte das endgültige Ende der einstmals als unbesiegbar geltenden Moguln.

*Unter Aurangseb erreichte das Mogul-Reich seine größte Ausdehnung vom heutigen Afghanistan bis Südindien. Nach seinem Tod 1707 begann das Imperium zu zerfallen.*

lehnten, ging Akbar bei seinen Eroberungsfeldzügen mit äußerster Brutalität vor. So ließ er 1564 nach der Eroberung der Festung Chittorgarh 30 000 wehrlose Bauern niedermetzeln, die die Rajputen unterstützt hatten. Nachdem der Widerstand der Rajputen gebrochen war, verheiratete Akbar die Töchter seines Hofes mit den Söhnen der einzelnen Herrscherhäuser und setzte diese als Gouverneure seiner neuen Provinzen ein. »Teile und herrsche« – dieses Machtprinzip hatten schon viele Könige vor Akbar angewandt, um das Riesenreich unter Kontrolle zu bekommen. Perfektioniert wurde es schließlich von den Briten.

Akbars Erfolg beruhte sowohl auf seiner besonderen Fähigkeit, die militärisch unterworfenen Gebiete durch eine straffe, administrative Kontrolle zu beherrschen, als auch auf der strategischen Überlegenheit, die sich aus der Verwendung von Feuerwaffen ergab. Doch als Akbars Truppen weiter nach Süden vordrangen, stießen sie dort zunehmend auf erheblichen Widerstand. Schließlich reichte die Grenze von Akbars Reich, das im Nordwesten Afghanistan umfasste und im Osten Bengalen, im Süden nur bis zu einer Linie, die sich etwa auf der Höhe von Bombay von Küste zu Küste erstreckte.

Akbars Nachfolger Jahangir und Shah Jahan widmeten sich weitgehend der friedlichen Konsolidierung des ererbten Reiches und der Förderung der Künste. Das weltberühmte Taj Mahal ist das großartigste Zeugnis jener kulturellen Blütezeit.

## RELIGIÖSE INTOLERANZ UND UNTERGANG UNTER AURANGSEB

Es waren gerade jene aufwändigen Bauwerke, die den Staat an den Rand des finanziellen Ruins führten. Sie dienten zudem Shah Jahans machthungrigem Sohn Aurangseb als willkommenes Argument zum Sturz und zur anschließenden Gefangennahme seines Vaters.

Aurangseb wähnte sich auf dem Höhepunkt der Macht, als er mit einer rücksichtslosen Kreuzzugs-Politik Tausende von Hindu-

*In der »Akbar-nama«, der Herrscherchronik Akbar des Großen aus dem späten 16. Jahrhundert, zeigt eine Miniatur europäische (wahrscheinlich portugiesische) Handelsschiffe.*

**1628–1658**
Unter Shah Jahan erlebt das Mogul-Reich seine größte Prachtentfaltung

**1658–1707**
Aurangseb führt das Mogul-Reich zu seiner größten territorialen Ausdehnung, leitet damit jedoch gleichzeitig seinen Untergang ein

**1739**
Nadir Shah erobert Delhi

▶ Religionen und Glaubensformen: Islamische Herrschaft in Indien
▶ Religionen und Glaubensformen: Der Sikhismus
▶ Kriege und Konflikte: Kampf um Indien
▶ Handel und Wirtschaft: Erschließung neuer Märkte in Asien
▶ Kunst und Architektur: Taj Mahal

# Die Kolonialreiche der Niederlande und Belgiens

*Mit überlegener Technik, neuen Unternehmensformen und jahrhundertelanger Erfahrung in Handel und Seefahrt bauten die Niederlande im »Goldenen Zeitalter« ein weltumspannendes Kolonialreich auf. Die Grausamkeit, mit der das Nachbarland Belgien den Kongo ausbeutete, erreichte traurige Berühmtheit.*

*Batavia, die heutige indonesische Hauptstadt Jakarta, war Hauptsitz der Vereinigten Ostindischen Kompanie sowie die Hauptstadt der Kolonie Niederländisch-Indien.*

In den Niederlanden fing das 17. Jahrhundert, das »Goldene Zeitalter«, mit einer finanzpolitischen Neuerung an, die die Welt verändern sollte: Es wurde eine Aktiengesellschaft modernen Typs gegründet. Im Jahr 1602 verliehen die niederländischen Generalstaaten der allen Investoren offen stehenden »Vereinigten Ostindischen Kompanie«, VOC, ein Handelsmonopol für die Gewässer zwischen dem Kap der Guten Hoffnung und der Magellanstraße, was letztlich auch viele Kapitalgeber anlockte.

### Die Niederländische Expansion in Asien

Doch die VOC war mehr als eine Handelsgesellschaft. Sie erhielt das Recht, zwischenstaatliche Verträge abzuschließen, Forts zu bauen und Gouverneure zu ernennen. Nach der Eroberung des von den Portugiesen besetzten Malakka 1641 kontrollierte sie für einige Jahrzehnte den Handel zwischen Europa und dem Fernen Osten. Auf dem Höhepunkt ihrer Macht unterhielt sie um 1700 ein Netz von dreißig Stützpunkten, kommandierte Hunderte von Schiffen und beschäftigte fast 30 000 Seeleute, Soldaten und Verwaltungsbeamte.

Die VOC, die sich stets auf die Unterstützung des niederländischen Staates verlassen konnte, war vorrangig am Handel, weniger an der Errichtung eines Kolonialreiches und schon gar nicht an missionarischen Tätigkeiten interessiert. Doch zur Sicherung der Seewege und ihrer Faktoreien in Kapstadt, Indien, Indonesien und dem heutigen Sri Lanka sah sie sich gezwungen, ihren Einfluss auch territorial auszudehnen. Ihr Erfolg gründete auf massivem Kapitaleinsatz, dem Aufbau eines innerasiatischen Handelsnetzes und ihrer Entschlossenheit, notfalls auch mit Gewalt gegen ihre spanischen, portugiesischen und englischen Konkurrenten vorzugehen.

### Aufbruch im Atlantik

Der Erfolg der Vereinigten Ostindischen Kompanie war durchschlagend. Ihr Aktienkurs kletterte von 200 Gulden Anfang der 1630er Jahre 1648 auf die für damalige Verhältnisse schwindelnde Höhe von 539 Gulden. Doch schon die Anfangsgewinne riefen weitere Investoren auf den Plan. Diese gründeten 1621 die »Westindische Kompanie«, WIC. Sie erhielt das Monopol für den Handel zwischen Europa, Afrika und Amerika und versuchte zudem, Siedlungskolonien aufzubauen. Doch dafür fand sie nicht genügend niederländische und deutsche Siedler, die sich für ein Leben in der »Neuen Welt« entscheiden wollten. 1654 musste sie Nordost-Brasilien nach kurzer Herrschaft wieder Portugal überlassen. Einzig Neu-Amsterdam, das heutige New York, florierte für eine Weile. 1624 kaufte Peter Minuit für Waren im Wert von 60 Gulden Indianern Manhattan ab. Doch der letzte niederländische Gouverneur, der umtriebige Pieter Stuyvesant, konnte 1664 die Felseninsel nicht gegen England verteidigen. Der Frieden von Westminster zwang die Niederlande im Jahr 1674 endgültig, auf alle Ansprüche in Nordamerika zu verzichten, dafür erhielten sie das südamerikanische heutige Suriname. In der Folge konzentrierte sich die WIC auf den Zuckerrohranbau in der Karibik und auf den äußerst lukrativen Sklavenhandel.

### Entwicklung der Niederländischen Kolonien

Im Verlauf des 18. Jahrhunderts lähmten die britische Konkurrenz, Schmuggel und wachsende Korruption das Geschäft der beiden Gesellschaften. Als schließlich 1803 Napoleon die Niederlande besetzte, übernahm Großbritannien die niederländischen Besitzungen in Afrika, Asien und Südamerika. 1816 erhielt der niederländische Staat jedoch Guayana, Curaçao und Indonesien zurück. Durch Zwangsarbeit und Sklaverei wurden die Kolonien wieder pro-

*Der belgische König Leopold II. (Reg. 1865 – 1909) erhielt 1885 den Kongo-Freistaat als Privatbesitz, den er mit äußerster Grausamkeit ausbeutete. 1908 musste er die Kolonie dem belgischen Staat übertragen.*

| 1600 | 1650 | 1700 | 1750 |

1602 Gründung der Vereinigten Ostindischen Kompanie

1621 Gründung der Westindischen Kompanie

1624 Kauf von Manhattan (Neu-Amsterdam)

1641 Eroberung von Malakka

1674 Frieden von Westminster

*Die Bodenschätze des Kongo wurden von europäischen und amerikanischen Gesellschaften rücksichtslos ausgebeutet. Das Foto zeigt belgische Industrielle, die in der Kongoregion mit einem Schwimmbagger Proben aus einer Goldmine nehmen (um 1900).*

fitabel und auf Java und Sumatra produzierten nun große Plantagen Kaffee, Zucker und Indigo für den europäischen Markt. Trotz Liberalisierung der Kolonialherrschaft und Abschaffung der Sklaverei – in Suriname erst 1863 – und Zwangsarbeit kam es immer wieder zu gewaltsamen Auseinandersetzungen mit der einheimischen Bevölkerung. Erst mit dem Ende des Atjeh-Krieges auf Sumatra 1904 konnte die niederländische Kolonialherrschaft auf ganz Indonesien ausgedehnt werden.

Die japanische Besetzung Indonesiens im Zweiten Weltkrieg förderte die nationalistische Bewegung im Land. Zwar versuchten die Niederlande nach 1945 mit Gewalt, ihren Kolonialbesitz wiederzuerlangen, doch 1949 mussten sie Indonesien die Unabhängigkeit gewähren. Im heutigen Suriname, damals Niederländisch-Guayana, entschied das Parlament 1975 mit einer Stimme Mehrheit, sich von den Niederlanden zu lösen und ein unabhängiger Staat zu werden.

## Privatbesitz und Kolonie
## Belgien und der Kongo

Im Zuge der Kolonialisierung Afrikas durch die europäischen Staaten richtete sich in den 1880er Jahren der begehrliche Blick des belgischen Königs Leopold II. auf den Kongo. Sein Anspruch wurde auf der Berliner Konferenz von 1884 bestätigt. Im Jahr 1885 wurde ihm der Kongo-Freistaat persönlich unterstellt. Unter der gewissenlosen Herrschaft des Monarchen, durch Zwangsarbeit und brutale Unterdrückung starben etwa zwei Drittel der Bevölkerung. 1908 betrug sie nur noch rund acht Millionen Menschen. In diesem Jahr wurde die Kolonie in die Hände des belgischen Staates überführt – doch auch die Regierung in Brüssel tat nichts, um die Lebensumstände der Kongolesen zu verbessern. Rücksichtslos beuteten europäische und amerikanische Gesellschaften die reichen Bodenschätze aus, zahlreiche Aufstandsbewegungen wurden unterdrückt. Nachdem sich in den 1950er Jahren eine starke Unabhängigkeitsbewegung gebildet hatte, zog sich Belgien 1960 überstürzt aus dem Kongo zurück. Aus Belgisch-Kongo wurde der heute unabhängige Staat Demokratische Republik Kongo.

*In Suriname, das unter der Kolonialherrschaft Niederländisch-Guayana hieß, profitierten die Niederländer vom lukrativen Sklavenhandel. Die Sklaverei wurde dort erst 1863 abgeschafft. Auf dem Bild werden Sklaven zum Verkauf getrieben.*

---

1800 — 1850 — 1900 — 1950 — 2000

- 1803: Besetzung der Niederlande durch Napoleon und Verlust des Kolonialreiches
- 1816: Großbritannien gibt den Niederlanden einen Teil ihres Kolonialreiches zurück
- 1884: Berliner Kongress: Leopold II. erhält den Kongo
- 1904: Ende des Atjeh-Krieges
- 1949: Unabhängigkeit Indonesiens
- 1960: Unabhängigkeit des Kongos
- 1975: Unabhängigkeit von Suriname

▶ **Kriege und Konflikte:** Freiheitskämpfe und Bürgerkriege in Südostasien
▶ **Handel und Wirtschaft:** Kampf um das Gewürzhandelsmonopol
▶ **Handel und Wirtschaft:** Wirtschaftsleben in Übersee
▶ **Handel und Wirtschaft:** Kolonialhandel
▶ **Handel und Wirtschaft:** Aufstieg der Niederlande

# Staat und Gesellschaft im Europa des 17. und 18. Jahrhunderts
## Der Absolutismus

Im Jahr 1682 verlegte der französische König Ludwig XIV. seinen Regierungssitz in das Schloss Versailles. Es wurde zum Inbegriff der Residenz eines absolutistischen Monarchen.

Der spanische König Philipp IV. (1605 bis 1665); Gemälde von Velázquez

In Europa hatten die Fürsten seit dem Mittelalter versucht, die staatliche Macht in ihren Händen zu vereinen. Bereits bis Ende des 15. Jahrhunderts finden sich frühe absolutistische Regierungsformen; später bestärken die Folgen der Glaubenskriege im 16. und 17. Jahrhundert eine Ausbildung starker Zentralgewalten. Im 17. und 18. Jahrhundert durchlebt Europa eine Ära tief greifender politischer Umgestaltungen und staatlicher Veränderungen. In dieser Epoche, deren grobe Eckpunkte mit dem Westfälischen Frieden von 1648 und dem Beginn der Französischen Revolution von 1789 gesetzt werden, findet die Staatsform des Absolutismus ihren Höhepunkt. Das Machtverständnis der Herrschenden bringt Ludwig XIV. in Frankreich auf den Punkt: »L'état c'est moi!« – »Der Staat bin ich.«

### Der souveräne Herrscher

Die staatstheoretischen Grundsätze für den Absolutismus formulierten im 16. Jahrhundert der französische Staatstheoretiker Jean Bodin sowie im 17. Jahrhundert der englische Philosoph Thomas Hobbes: Sie postulieren den souveränen, mit unumschränkter Hoheitsgewalt ausgestatteten Herrscher als zentrale Bedingung für Entstehung und Aufrechterhaltung eines geordneten Staatswesens. Seine Herrschaftslegitimation bezieht der absolutistische Monarch weiterhin aus dem Gottesgnadentum – jedoch ohne Begrenzung oder Kontrolle durch Stände oder Gesetze. Seine alleinige – souveräne – Regierungsgewalt rechtfertigt sich aus der römischen Rechtsformel *princeps legibus solutus* (der von den Gesetzen losgelöste Fürst): Der Wille des Herrschers gilt als oberstes, als absolutes Gesetz. Höchstes Ziel eines souveränen Monarchen ist die Konzentration aller öffentlichen Gewalten in den eigenen Händen, die zentrale Steuerung sämtlicher politischen, wirtschaftlichen, gesellschaftlichen und kulturellen Kräfte.

Die europäischen Fürsten mussten sich diese Position in langwierigen Auseinandersetzungen mit den Ständen erkämpfen. Je nach Umfang und Durchsetzung des eigenen Gewaltenmonopols zeigten sich dabei Unterschiede der monarchischen Alleinherrschaft. In England und den Niederlanden misslang den Königen die Etablierung einer absolutistischen Herrschaft, so dass beide Staaten im Vergleich zum übrigen Europa eine andere Entwicklung nahmen.

### Die Mustermonarchie

Der französische König Ludwig XIV. war nicht nur als Person Vorbild für alle europäischen Herrscher, auch der Aufbau seines

Unter seinen absolutistischen Herrschern entwickelte sich Dresden zur prachtvollen Residenzstadt; Gemälde von Canaletto (1720–1780).

Staates und die Lenkung der französischen Wirtschaft galten als beispielhaft. Der Aufstieg Ludwigs zum Inbegriff des absolutistischen Herrschers begann Mitte des 17. Jahrhunderts, als die französischen Generalstände längst bedeutungslos geworden und der Adel mit einer Residenzpflicht direkt an den Königshof in Versailles gebunden waren. Um das königliche Gewaltenmonopol auch im Land umzusetzen, wurden immer mehr Lebensbereiche als öffentlich zu regelnde Angelegenheiten verstanden. Ein organisierter Apparat, an dessen Spitze der König stand, plante und steuerte diese Staatsaufgaben. Die ausführenden Räte und Berufsbeamten waren dabei der ständigen Kontrolle und Dienstaufsicht des Königs ausgesetzt.

Der König nahm für sich ebenso das alleinige Gesetzgebungsrecht und gleichzeitig das Amt des obersten Richters in Anspruch. Das gesamte Recht wurde schriftlich niedergelegt und vereinheitlicht; Justiz und Verwaltung sollten bei ihren Tätigkeiten grundsätzlich voneinander getrennt sein. Die Außenpolitik prägten dynastische Interessen, der Drang nach einer Vergrößerung des Staatsgebietes und das Bestreben, Hegemonialmacht in Europa zu werden. Hierzu wurden ein ständig einsatzbereites Heer und eine Flotte aufgestellt.

Diese Neugestaltung des Staates ließ die Staatsausgaben stetig ansteigen, zudem erforderten eine luxuriöse königliche Hofhaltung und der Neubau von Schlössern eine deutliche Erhöhung der Staatseinnahmen. Neben einem effektiven königlichen Steuersystem wurde dies durch eine unter der Federführung von Jean Baptiste Colbert (1619 – 1683) grundlegend reformierte, merkantilistische Wirtschaftsordnung erreicht. Hohe protektionistische Zölle bei gleichzeitigem gesteigertem Export von Fertigwaren sicherten eine aktive Handelsbilanz. Die in Manufakturen hergestellten Luxusgüter wurden einer ständigen Qualitätskontrolle unterzogen und staatliche Zuschüsse für die Produktion gewährt. Notwendige Teile dieses Systems waren der Erwerb von Kolonien als Rohstofflieferanten und eine Handelsflotte. Ferner wurden die Verkehrswege verbessert und Facharbeiter im Ausland angeworben.

*Der von dem französischen Baumeister Jules Hardouin-Mausart 1684 entworfene Spiegelsaal von Versailles mit Deckengemälden von Charles Le Brun*

### STILLSTAND DER GESELLSCHAFTSORDNUNG
Trotz der Veränderungen im staatlichen Bereich blieb die festgefügte Hierarchie in der Ständeordnung unangetastet; der Adel und die Geistlichkeit hoben sich weiterhin durch ihre Privilegien deutlich vom Bürgertum ab, dessen rechtliche Stellung und Ausprägung europaweit große Unterschiede aufwies. Der überwiegende Teil der Menschen verblieb in Europa rechtlos in Leibeigenschaft und Grundherrschaft mit Frondiensten. Die gesellschaftlichen Konflikte blieben im Zeitalter des Absolutismus jedoch ungelöst. Erst in der Folge der Französischen Revolution wurde das bestehende Gesellschaftsgefüge aufgebrochen.

*Friedrich Wilhelm, der Große Kurfürst von Brandenburg (1620 – 1688), 1649 porträtiert von Matthias Czwiczek*

#### KLEIN-VERSAILLES
##### SYMBOLE DES ABSOLUTISTISCHEN STAATES
1697 Schloss in Rastatt  
1704 Schloss in Ludwigsburg  
1711 Zwinger in Dresden  
1712 Schloss Charlottenburg in Berlin  
1715 Schloss in Karlsruhe  
1718 Schloss Eremitage in Bayreuth  
1720 Residenz in Würzburg  
1720 Schloss in Mannheim  
1723 Schloss Pillnitz bei Pirna  
1741 Schloss Nymphenburg in München  

▶ Kriege und Konflikte: Sieg des Absolutismus in Frankreich  
▶ Menschen und Ideen: Politisches Denken der frühen Neuzeit  
▶ Menschen und Ideen: Ludwig XIV.  
▶ Handel und Wirtschaft: Das absolutistische Steuersystem  
▶ Handel und Wirtschaft: Merkantilismus und Kameralismus

# FRANKREICH VOM ABSOLUTISMUS BIS NAPOLEON

*Zwischen 1598 und 1814 ergaben sich durch Erbfolge und Eroberungskriege die heutigen Landesgrenzen Frankreichs, und das aus der Französischen Revolution hervorgegangene Bewusstsein einer politischen »Nation« verdrängte das Königtum als Zentrum des politischen Systems.*

*Ludwig der XIV. empfängt 1714 den Kurfürsten von Sachsen in Fontainebleau.*

*Weniger prachtvoll präsentiert sich diese französische Bauernfamilie, die der französische Maler Louis Le Nain um 1640 porträtierte.*

Welchen historischen Zeitraum der französische Absolutismus umfasst, wird in der Geschichtswissenschaft äußerst kontrovers diskutiert. Vielfach ziehen Fachleute dem umstrittenen Begriff »Absolutismus« die präzisere zeitgenössische Bezeichnung »absolute Monarchie« vor. Für deren Begründung bietet sich am ehesten die Regierungszeit des ersten Bourbonenkönigs, Heinrich IV. (1589 – 1610), an. Er legte die schwere Krise bei, in die die französische Monarchie seit Mitte des 16. Jahrhunderts durch die konfessionellen Bürgerkriege zwischen Katholiken und Hugenotten und die Erbfolgekrise des Hauses Valois geraten war. Die wichtigsten Instrumente, um seine Toleranzpolitik durch den Aufbau eigener monarchischer Autorität zu festigen, waren die Erblichkeit und die Verkäuflichkeit von Ämtern. Keine andere Institution prägte fortan das System, den Aufstieg und den Niedergang der absoluten Monarchie in Frankreich stärker als die Ämterkäuflichkeit und die mit ihr verbundenen neuen politisch-sozialen Eliten.

## DER KÖNIGSSTAAT DER ABSOLUTEN MONARCHIE

Unter der neuen Maxime der Staatsräson führten die Kardinäle Richelieu und Mazarin im 17. Jahrhundert als leitende Minister den Aufbau der monarchischen Zentralgewalt gegen die beiden Konfessionsparteien und gegen den massiven Widerstand des alten Adels fort. Ihren Höhepunkt erreichte die absolute Monarchie in Frankreich unter dem Sonnenkönig Ludwig XIV. Die wichtigsten Voraussetzungen hierfür waren die politische und militärische Überwindung der Opposition des alten Feudaladels, der Aufbau einer neuen Verwaltungsschicht und die Einbindung von altem Adel und neuer Verwaltungselite in das höfische System mit dem Monarchen als institutionellem Zentrum. Die dominierende Rolle des Königs dokumentiert der Ludwig XIV. zugeschriebene Satz »L'état c'est moi« – »Der Staat bin ich«.

Im 18. Jahrhundert wurden die politischen Handlungsspielräume der Monarchie zunehmend eingeengt. Sie kam in wachsende Abhängigkeit der Elite des so

| 1550 | 1600 | 1650 | 1700 |

1598 Toleranzedikt von Nantes
1589 – 1610 Heinrich IV. König (Krönung 1594)
1643 – 1715 Ludwig XIV. König

➤ **Kriege und Konflikte:** Sieg des Absolutismus in Frankreich
➤ **Kriege und Konflikte:** Die Französische Revolution
➤ **Menschen und Ideen:** Ludwig XIV.
➤ **Menschen und Ideen:** Politisches Denken am Ende des Ancien Régime
➤ **Menschen und Ideen:** Napoleon I.

genannten Ancien Régime. Durch überkommene Legitimitätsvorstellungen und eine halbherzige Reformpolitik unter Ludwig XVI. geriet die Monarchie in eine Position zwischen den Verfechtern des Privilegiensystems des Ancien Régime und den Anhängern einer Reformpolitik, die sich in der entstehenden »bürgerlichen« Öffentlichkeit außerhalb des Hofes formierte. Im Zentrum der Reformdiskussion standen dabei das durch Ämterkäuflichkeit und Staatsanleihen geprägte Finanzsystem, das durch das militärische Engagement Frankreichs im Siebenjährigen Krieg und im amerikanischen Unabhängigkeitskrieg unter starken Druck geraten war, sowie die Steuerpolitik der absoluten Monarchie. Diese privilegierte Adel und Klerus durch Steuerfreiheit und bürdete das Steueraufkommen dem »Dritten Stand« auf. Die politische Untätigkeit führte schließlich zur Revolution von 1789, in der der Königsstaat der absoluten Monarchie zusammenbrach und der »Dritte Stand« sich zum alleinigen Repräsentanten der »Nation« erklärte.

## DAS ZEITALTER DER FRANZÖSISCHEN REVOLUTION

Die Französische Revolution durchlief verschiedene Phasen: gemäßigte Reformära, konstitutionelle Monarchie, Republik, jakobinischer »Terror« und Zeit des Direktoriums. In der Prokla-

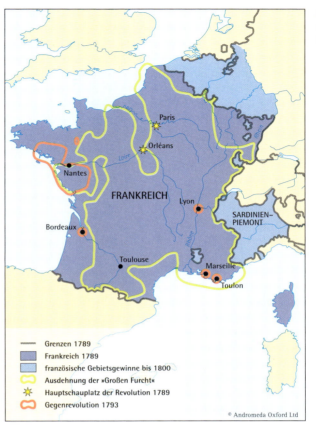

*Frankreich während der Französischen Revolution*

mation zur Konsulatsregierung am 15. Dezember 1799 erklärte Napoleon die Revolution für beendet – dennoch wird man seine Regierungszeit als Erster Konsul beziehungsweise als Konsul auf Lebenszeit sowie die Periode seines Kaisertums als Teil der Epoche der Französischen Revolution (1789 – 1814) ansehen müssen. An deren Ende stand die konstitutionelle Monarchie, in der die persönliche Freiheit und Gleichheit der Staatsbürger, der *citoyens*, vor dem Gesetz durch die Verfassung (*charte constitutionelle*) garantiert wurden.

In der Geschichtsschreibung ebenso wie im historisch-politischen Bewusstsein galt die Französische Revolution lange als fundamentale Zäsur zur vorangehenden Zeit des Ancien Régime. Im Hinblick auf den Umbruch vom Privilegiensystem der absoluten Monarchie zur konstitutionellen Monarchie ist dies gerechtfertigt. In anderen Bereichen - Ökonomie, Demographie - war ein geringerer Wandel zu verzeichnen. Diese Kontinuität zeigt sich besonders an der neuen politisch-sozialen Elite, die sich seit Mitte des 18. Jahrhunderts formierte und bis zum industriellen Umbau Frankreichs ab den 1830er Jahren dominierte. Dieser bürgerlichen Oberschicht gehörte auch Napoleon an. Noch deutlicher zeigen sich Kontinuität und Wandel vom Absolutismus bis zu Napoleon in dessen Außen- und Eroberungspolitik. Sie sollte zwar einerseits der Ausbreitung der neuen »liberalen Ideen« dienen, stand jedoch andererseits in der seit Ludwig XIV. verfolgten Tradition kontinentaler Hegemonialpolitik. Wie Ludwigs Versuch, eine dauerhafte Vormachtstellung Frankreichs in Europa zu begründen, scheiterte jedoch auch Napoleon an der Kriegskoalition der antifranzösischen Mächte, insbesondere an der Seemacht Großbritannien.

*Ludwig XVI. im königlichen Ornat; Gemälde von Jean-Siffrède Duplessis*

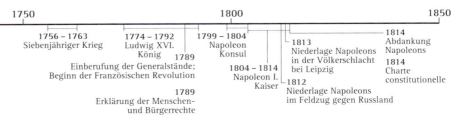

# ÖSTERREICHS AUFSTIEG ZUR EUROPÄISCHEN GROSSMACHT

*Die Türkeneinfälle machten eine Neuorganisation des habsburgischen Reichs notwendig, dessen Wehrhaftigkeit durch die Einrichtung von Zentralbehörden und den militärischen Ausbau garantiert werden sollte. Meilenstein auf dem Weg zur Großmacht war die Errichtung der Doppelmonarchie.*

*Karl VI. regierte von 1711 bis 1740 als Kaiser des Heiligen Römischen Reiches und war ab 1712 als Karl III. König von Ungarn.*

*Die Wiener Hofburg Anfang des 19. Jahrhunderts; kolorierte Radierung von 1808*

Die französischen und osmanischen Expansionsbestrebungen stellten das Hauptproblem während der Regierungszeit Leopolds I. dar. Gegen die Reunionspolitik Ludwigs XIV. beteiligte sich Leopold, der 1655 zum König von Ungarn, 1656 von Böhmen und 1658 zum Kaiser gekrönt wurde, an verschiedenen Kriegen und Allianzen. Nach den zwei Türkenkriegen von 1663/64 und 1683 bis 1699 begründete er den Aufstieg Österreichs zur europäischen Großmacht. Durch die Zurückdrängung der Osmanen und die Niederschlagung ungarischer Aufstände konnte Leopold 1687 seine Anerkennung durch Ungarn erreichen, das auf dem Reichstag in Preßburg sein Widerstandsrecht aufgeben musste. Der Regent setzte die Erbmonarchie im Mannesstamm durch und Österreich war fortan mit Ungarn verbunden.

## PRAGMATISCHE SANKTION UND KONFLIKTE MIT PREUSSEN

In den folgenden Jahren eroberte Österreich bis zum 1699 geschlossenen Frieden von Karlowitz den größten Teil Slawoniens und Kroatiens, bis zum Frieden von Passarowitz (1718) das Banat, den Norden Serbiens, Belgrad, die Kleine Walachei und Teile Bosniens. Der von jetzt an geltende Vielvölkerstaat wurde Großmacht und dehnte seinen Machtbereich im 18. Jahrhundert unter Karl VI. zunächst noch weiter aus, bis nach dem Tod Prinz Eugens im Jahr 1736 die militärischen Erfolge endeten. Seit 1713 verfolgte der Kaiser zudem die Anerkennung der so genannten Pragmatischen Sanktion, die auf die Sicherung der Monarchie abzielte. Mit diesem habsburgischen Hausgesetz legte er die Un-

teilbarkeit des Habsburgerstaates fest und bestimmte, dass im Falle des Aussterbens der männlichen Linie die weibliche Thronfolge einsetzen sollte.

Nach dem Antritt der 23-jährigen Maria Theresia, die bis 1780 als Kaiserin regieren sollte, sahen sich einige europäische Herrscher zur Expansion ermuntert – allen voran Friedrich II. Doch nicht nur der Preuße schätzte die Lage Österreichs falsch ein und musste 1748 im Frieden von Aachen als Abschluss des Österreichischen Erbfolgekriegs das habsburgische Hausgesetz und die österreichische Großmachtstellung anerkennen. In den folgenden Jahren provozierte die antipreußische Diplomatie unter Außenminister Wenzel von Kaunitz den Siebenjährigen Krieg mit Preußen, dessen wichtigstes langfristiges Ergebnis die Anerkennung Josephs als Thronerbe der Kaiserin war.

## INNENPOLITISCHE REFORMEN

Jetzt setzte die innenpolitische Reformphase im Geist des aufgeklärten Absolutismus ein, in welcher das ständisch organisierte Österreich zu einem starken, absolutistisch regierten Staat umgestaltet werden sollte. Dabei lehnte sich Maria Theresias Heeres-, Verwaltungs- und Finanzreform an das preußische Vorbild an. Durch die frühe Mitregentschaft des späteren Kaisers Joseph II.

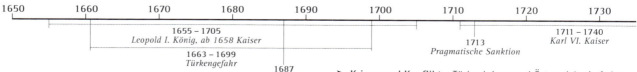

## ÖSTERREICHS AUFSTIEG

ab 1765 legte die Kaiserin zudem den Grundstein für dessen aufgeklärtes Reformwerk, seine Toleranz- und Kirchenpolitik. Umfang und radikale Modernität der Reformen des so genannten Josephinismus stießen jedoch auf Kritik und mussten nach 1790 größtenteils wieder zurückgenommen werden.

*Mitteleuropa im 18. Jahrhundert*

### DIE KOALITIONSKRIEGE BIS ZUM WIENER KONGRESS

In den Jahren nach Josephs Tod warfen die Auswirkungen der Französischen Revolution ihre Schatten auf Österreich. Während das Volk die Vorgänge mit wachsender Begeisterung verfolgte, suchte Österreich die Nähe Preußens als Schutz und fand mit ihm einen Bündnispartner in den Koalitionskriegen gegen Frankreich. Österreich musste in diesen Auseinandersetzungen erhebliche Gebietsverluste hinnehmen: Im ersten Koalitionskrieg gingen die Niederlande und italienische Besitzungen verloren, im zweiten die Lombardei. Der Sieg Napoleons, der sich mittlerweile zum erblichen Kaiser erhoben hatte, zwang Kaiser Franz II. 1805 durch den Frieden von Preßburg zu weiteren größeren Gebietsabtretungen, darunter von Venetien und Vorarlberg. Schließlich legte Franz II. aufgrund des französischen Drucks am 6. August 1806 die deutsche Kaiserkrone nieder – das Heilige Römische Reich Deutscher Nation hatte damit sein Ende gefunden.

Während der Napoleonischen Kriege verlor Österreich zwischen 1808 und 1812 unter anderem Vorderösterreich, Tirol, Kroatien und Kärnten – es stand darüber hinaus vor dem Staatsbankrott. Doch das Blatt wendete sich bald: Als Mitglied der antinapoleonischen Koalition konnte sich Österreich unter die Siegermächte der Befreiungskriege einreihen. Dennoch musste die auf dem Wiener Kongress 1815 wiederhergestellte Donaumonarchie unter anderem auf die österreichischen Niederlande, Galizien und Krakau verzichten und verlor so ihren Status als zentraleuropäische Macht. Unter dem Einfluss des erzkonservativen Fürsten von Metternich begab sie sich 1815 mit Preußen und Russland in das Friedensbündnis der so genannten Heiligen Allianz, um die christlich-patriarchalischen Regierungen zu sichern und revolutionäre Bestrebungen fortan wirksam unterdrücken zu können.

*Leopold I. (1640 bis 1705) siegte gegen die Osmanen, setzte die Anerkennung der habsburgischen Herrschaft über Ungarn durch und begründete Österreichs Aufstieg zur Großmacht.*

*Wien entwickelte sich in der frühen Neuzeit zu einer der glanzvollen Hauptstädte Europas – Ansicht der Stadt aus dem Jahr 1720.*

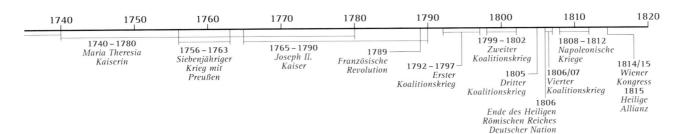

# ÖSTERREICHS MÄCHTIGER GEGENSPIELER DAS KÖNIGREICH PREUSSEN

*Nach dem Westfälischen Frieden (1648) stieg das Kurfürstentum Brandenburg durch Gebietsgewinne und geschickte Machtpolitik zur norddeutschen Hegemonialmacht auf. Nach der Krönung Friedrichs III. zum König in Preußen bestimmte Brandenburg-Preußen rund 200 Jahre lang entscheidend die Geschicke des Deutschen Reichs.*

*Friedrich II., der Große, spielte im 19. und 20. Jahrhundert für das Selbstverständnis Preußens und Deutschlands eine herausragende Rolle. Berliner Reiterdenkmal des Königs von Christian Daniel Rauch.*

*Georg Wenzeslaus von Knobelsdorff baute in Potsdam von 1745 bis 1747 für Friedrich II. das in einem Park gelegene Rokokoschloss Sanssouci, in dem sich der König mit Vorliebe aufhielt.*

Zuvor der unbedeutendste Kurfürst des Reiches, ging Friedrich Wilhelm von Brandenburg als einer der Gewinner aus dem Dreißigjährigen Krieg hervor. Erhebliche territoriale Erweiterungen boten ihm die Möglichkeit, Brandenburg-Preußen zur norddeutschen Hegemonialmacht auszubauen. Sein Aufbau eines absolutistischen Staatswesens legte den Grundstein für den Aufstieg Preußens zur europäischen Großmacht.

### DAS FRIDERIZIANISCHE PREUSSEN

Im Jahr 1701 wurde Friedrich Wilhelms Nachfolger Friedrich III., seit 1688 Kurfürst von Brandenburg und Herzog von Preußen, als Friedrich I. zum König in Preußen gekrönt. Brandenburg-Preußen erhob sich nun deutlich aus dem Kreis der deutschen Fürstentümer, war jedoch ein eigenartiges Staatsgebilde, das erst zu einem einheitlichen Ganzen zusammenwachsen musste. Die Person des gekrönten Herrschers bildete die äußere Klammer für die zerstreuten, auf Zufälligkeiten und Auswirkungen der Kabinettspolitik beruhenden Besitztümer.

Friedrich Wilhelm I. und Friedrich II., der Große, richteten Brandenburg-Preußen daher auf das allein beherrschende, existenzielle Ziel der Staatserhaltung aus. Hierzu dienten die im Verhältnis zur Staatsgröße als auch zu den finanziellen Ressourcen überdimensionierte Armee und ein ausgeprägter, dem Herrscher treu ergebener Beamtenapparat. Gerade auf der mittleren Organisationsebene des Staates gelang es vergleichsweise rasch, die Verwaltung zu modernisieren. Mit den strukturellen Umgestaltungen waren in allen Schichten der Beamtenschaft umfangreiche Veränderungen verbunden, die längere Zeit in Anspruch nahmen. Sie reichten von der Rekrutierung und Ausbildung der Beamten bis zur Schaffung oder Neubesetzung von Stellen. Der preußische Staat erfuhr im Verwaltungsaufbau einen generellen Übergang vom traditionellen Territorialprinzip zum modernen Fachgedanken.

Preußen wurde unter Friedrich Wilhelm I. und Friedrich II. in so extremer Weise von oben persönlich regiert, dass diese Herr-

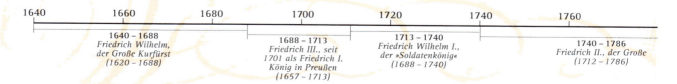

# Das Königreich Preussen

Mit der Abschaffung der Erbuntertänigkeit wurden die Bauern aus den bisherigen Bindungen gelöst und das Emanzipationsedikt machte Juden ab 1812 zu gleichberechtigten Staatsbürgern. Gleichzeitig wurde das preußische Militär neu organisiert und eine allgemeine Wehrpflicht festgesetzt.

Auch der preußische Staat konnte sich der Revolution von 1848 nicht entziehen, wirkte ihrem Gelingen jedoch entscheidend entgegen. Mit Ablehnung der Verfassung der Nationalversammlung und der Weigerung des preußischen Königs Friedrich Wilhelm IV., die Kaiserkrone anzunehmen, war die Errichtung eines konstitutionellen Nationalstaats und somit die Revolution gescheitert.

### Von der Bismarckzeit zur Republik

Die nun folgende Epoche der Reaktion wurde durch das Festhalten an überholten politischen und gesellschaftlichen Verhältnissen sowie vom preußisch-österreichischen Dualismus geprägt. Innerhalb des Deutschen Bundes stieg Preußen im Zuge der Industrialisierung zur dominierenden Wirtschaftsmacht und zum Schrittmacher für die Zukunft auf. 1862 zum Ministerpräsidenten ernannt, rückte Otto von Bismarck in das Zentrum der preußischen und deutschen Politik. Er drängte innerpreußische Konflikte durch eine gezielte nationalistische Politik in den Hintergrund und konnte dann im 1871 gegründeten Deutschen Kaiserreich als mächtiger Reichskanzler agieren. Von der Verfassung unterstützt, dominierte Preußen aufgrund seiner Bevölkerungsstärke, seiner Wirtschaftsmacht und seiner Territoriumsgröße im Deutschen Reich, ging aber zu einem guten Teil auch in diesem auf.

Nach dem Ersten Weltkrieg bildete das durch den Versailler Friedensvertrag stark verkleinerte Preußen bis 1932 dann ein Bollwerk der demokratischen Parteien, hörte ab 1934 jedoch durch die nationalsozialistische Gaueinteilung de facto auf zu existieren. 1947 wurde es dann durch das Kontrollratsgesetz Nummer 46 der Alliierten auch formal aufgelöst.

*Unter dem geisteswissenschaftlich und künstlerisch interessierten Friedrich II. stieg Preußen nicht zuletzt aufgrund militärischer Expansion endgültig zur europäischen Macht auf.*

*Kurfürst Friedrich III. von Brandenburg krönte sich am 1. Januar 1701 in Königsberg selbst zum König in Preußen und begründete das preußische Königtum.*

schaft mit keinem anderen damaligen europäischen Staat vergleichbar erscheint. Jene monarchisch-administrativ hergestellte Einheit wurde schließlich zum klassischen Vorbild für den Aufbau eines leistungsfähigen, modernen Verwaltungsstaates.

### Zwischen den Revolutionen

Die Kriege der europäischen Koalitionen gegen Napoleon führten zum Zusammenbruch Preußens, das zu einer von Frankreich abhängigen Macht zweiten Ranges absank. Grundlegende Erneuerungen waren notwendig, um den Staat wiederaufzubauen und ein Ende der französischen Fremdherrschaft zu erlangen. Die Minister Karl Reichsfreiherr vom und zum Stein und Friedrich Freiherr von Hardenberg reformierten Anfang des 19. Jahrhunderts die gesamte Staatsverwaltung, die kommunale Verfassung und das Bildungswesen und förderten die Gewerbefreiheit.

*Als aufgeklärter Herrscher sah sich Friedrich der Große – hier bei der Kartoffelernte – als »ersten Diener des Staates«, der sich um alle Belange seines Landes kümmerte.*

| 1780 | 1800 | 1820 | 1840 | 1860 | 1880 | 1900 | 1920 |

- 1786–1797 Friedrich Wilhelm II. (1744–1797)
- 1797–1840 Friedrich Wilhelm III. (1770–1840)
- 1840–1861 Friedrich Wilhelm IV. (1795–1861)
- 1861–1888 Wilhelm I., 1858 zum Regenten bestellt, seit 1871 Deutscher Kaiser (1797–1888)
- 1888 Friedrich III., Deutscher Kaiser (1831–1888)
- 1888–1918 Wilhelm II., Deutscher Kaiser (1859–1941)

▶ Kriege und Konflikte: Erbfolgekriege
▶ Kriege und Konflikte: Schlesische Kriege
▶ Kriege und Konflikte: Der Siebenjährige Krieg
▶ Kriege und Konflikte: Befreiungskriege
▶ Menschen und Ideen: Friedrich II. von Preußen

# Zeit der Revolutionen und des Nationalismus

Zwischen dem Ende des 18. Jahrhunderts und dem Zweiten Weltkrieg setzten besonders in Europa Entwicklungen ein, deren weit reichende Auswirkungen auf politischem, sozialem, wirtschaftlichem und kulturellem Gebiet Gesellschaften rund um den Globus bis heute nachhaltig prägen. Im 19. Jahrhundert formierten sich nach und nach moderne Nationalstaaten, in denen in der Auseinandersetzung mit konservativ-reaktionären Machthabern liberal-revolutionäre Ideen an Boden gewannen. Einhergehend mit der industriellen Revolution und dem Vormarsch des Kapitalismus erstarkten Kolonialismus und Imperialismus. Zur ersten großen Katastrophe des 20. Jahrhunderts, dem Ersten Weltkrieg, führte unter anderem die instabile Bündnispolitik der Großmächte, die zugleich einen gnadenlosen Rüstungswettlauf betrieben. Die Folgen dieses globalen Konflikts wirkten sich in den Jahren bis zum Zweiten Weltkrieg auf allen politischen, wirtschaftlichen und gesellschaftlichen Ebenen aus.

## REVOLUTION UND RESTAURATION

Die Französische Revolution von 1789 stellt über Europa hinaus einen weltgeschichtlichen Einschnitt dar und bildet daher den Beginn der jüngeren Neuzeit. Nach einer Reihe von Revolutionskriegen stieg Napoleon Bonaparte zum alleinigen französischen Herrscher auf. Mit der Eroberung und Unterwerfung fast des gesamten europäischen Kontinents veränderte er gleichzeitig das alte Staatengefüge. Die Niederlegung der Kaiserkrone durch Franz II. 1806 und das damit verbundene Ende des Heiligen Römischen Reiches versinnbildlichen dies.

Nach der endgültigen Niederlage Frankreichs gegen die nationalen Befreiungsarmeen versuchten die Siegermächte auf dem Wiener Kongress 1814/1815 eine Neuordnung Europas. Dabei strebte man eine Wiederherstellung der vorrevolutionären Herrschaftsverhältnisse an, die gesellschaftlichen Veränderungen wurden dagegen nur teilweise berücksichtigt. Diese Restauration des früheren Status quo bildete allerdings nur einen äußeren Triumph. Mit der Einführung konstitutioneller Monarchien oder auch nur von Verfassungsversprechen war ein dynamisches Element verknüpft. Das erstarkte Bürgertum drängte beständig nach einer Verwirklichung und Ausweitung parlamentarischer Mitbestimmung, und die aufgestauten Spannungen entluden sich bis zur Jahrhundertmitte in europäischen Ländern wie etwa Frankreich, Österreich und Deutschland in erneuten Revolutionen.

## INDUSTRIELLE REVOLUTIONEN UND IMPERIALISMUS

Ausgehend vom westlichen Europa, veränderte der Übergang von der agrarischen zur industriellen Produktion die ökonomische Grundlage der Menschen. Für die umstürzenden Konsequenzen auf wirtschaftlichem, technischem, sozialem und politischem Gebiet steht der Begriff der industriellen Revolution. Den Ausgangspunkt bildete dabei häufig zunächst die Textilindustrie und deren zunehmend mechanisierte Produktion. In der industriellen Entwicklung Großbritanniens beispielsweise expandierten anschließend der Kohlebergbau, die Eisenindustrie und der Maschinenbau. Mit der Eisenbahn und dem Dampfschiff entstanden neue Verkehrsmittel. Die neuen, erweiterten Industrien wirkten aufeinander ein und verstärkten gegenseitig ihre Entwicklung.

Im Rahmen eines entstehenden Weltmarktes sollten Kolonien den jeweiligen europäischen Mutterländern Rohstoffe liefern und Absatzmärkte für die Produkte bilden. Um 1900 vollendete sich dieses Herrschaftssystem des Kolonialimperialismus, der im Rassismus eine ideologische Überhöhung fand. Um 1830 war der Sklavenhandel weltweit geächtet worden, doch erst in der Folge des amerikanischen Bürgerkrieges kam es zur endgültigen Sklavenemanzipation.

Im Lauf des 19. Jahrhunderts begann sich zudem die Industriearbeiterschaft zu organisieren – ein Meilenstein dieser Bewegung war die Veröffentlichung des »Kommunistischen Manifests« von Karl Marx im Jahr 1848. Sozialistische Arbeiterparteien entwickelten sich nun zur politischen Triebkraft gesellschaftlicher Veränderungen.

### DIE BEIDEN WELTKRIEGE

Nationalismus und nationale Fragen kennzeichneten gleichfalls die Periode ab 1815 und führten über in den Ersten Weltkrieg. Die Gründungsphase der Nationalstaaten fand mit der Errichtung des Deutschen Reiches 1871 ihren vorläufigen Abschluss.

Zwischen 1871 und 1914 entfaltete sich das europäische Konfliktpotenzial zunächst in peripheren Krisen, bevor die Spannungen direkt auf Europa übergriffen. Insbesondere nationale Bewegungen auf dem Balkan gaben schließlich 1914 den Anstoß zum Ersten Weltkrieg. Bei dessen Ende brachen auch die konservativ-aristokratischen Systeme durch die kommunistischen und bürgerlichen Revolutionen, wie etwa der russischen Oktoberrevolution 1917, zusammen.

Die Zwischenkriegsphase ab 1918 wurde durch den Druck auf eine Revision und die gleichzeitige Aufrechterhaltung des Status quo des Versailler Friedenssystems geprägt. Hinzu kam eine scharfe politische Polarisierung zwischen Links und Rechts. Die Folgekosten des Krieges lähmten insgesamt die europäischen Mächte und führten in eine ökonomische Abhängigkeit von den USA.

Die 1929 vom New Yorker Börsenkrach eingeleitete mehrjährige Weltwirtschaftskrise, der ein komplexes Ursachenbündel zugrunde lag, trug in den 1930er Jahren allgemein zum Sturz liberaler Regierungen in Europa und zum Aufstieg der Nationalsozialisten in Deutschland bei. Diese errichteten unmittelbar nach der Machtübernahme 1933 mit der Beseitigung aller demokratischen Strukturen der Weimarer Republik ein diktatorisches System. Bereits im selben Jahr trat Deutschland aus dem 1919 gegründeten Völkerbund aus, ideologisch und politisch begann man zunächst im Inneren mit der systematischen Kriegsvorbereitung. In einer zweiten Phase wurde dann bereits mit der Androhung militärischer Gewalt eine Reihe von Annexionen durchgeführt. Die aus politischer und militärischer Schwäche resultierende westliche Politik des Stillhaltens unterstützte dabei – beispielsweise durch das Münchner Abkommen von 1938 – indirekt die aggressive deutsche Außenpolitik.

Mit dem deutschen Überfall auf Polen am 1. September 1939 begann der Zweite Weltkrieg, in dem die alten europäischen Konfliktfronten teilweise erneuert wurden. Eine wesentliche Veränderung bewirkte nach dem Angriff Deutschlands auf die Sowjetunion 1941 deren Übertritt in die Anti-Hitler-Koalition. Wie bereits im Ersten Weltkrieg verschärften sich im Verlauf des Zweiten Techniken und Methoden der Kriegsführung und auch die Zivilbevölkerung bildete ein direktes Angriffsziel der Kriegsparteien. Die systematischen Bombardierungen kulminierten am Kriegsende in den Atombombenabwürfen von Hiroshima und Nagasaki.

In den 1940er Jahren begann jedoch nicht nur das Zeitalter der Massenvernichtungswaffen – in dieser Zeit fand auch der größte Massenmord der Menschheitsgeschichte statt. Die im nationalsozialistischen Deutschland und den besetzten Gebieten betriebene Vernichtung der Juden und weiterer Völkergruppen, von Oppositionellen, Homosexuellen und anderen blieb in Ausmaß und Ausführung bislang beispiellos. Zwar wurden unmittelbar nach Kriegsende die Hauptkriegsverbrecher vor Gericht gestellt und abgeurteilt, doch zahlreiche Schuldige wurden erst sehr viel später oder gar nicht der Gerechtigkeit zugeführt.

# VON DER KOLONIE ZUR SUPERMACHT
# DER AUFSTIEG DER VEREINIGTEN STAATEN

*Anfang und Ende der Epoche zwischen 1776 und 1945 markieren zwei Kriege.
Mit dem Unabhängigkeitskrieg erkämpften sich die Kolonien ihre Anerkennung als eigenständiger Staat durch
Europa, nach dem Ende des Zweiten Weltkriegs übernahmen die USA ihre Rolle als Supermacht.*

Jedes Jahr am 4. Juli explodieren die Feuerwerkskörper, ziehen bunte Paraden durch die Städte, liegt der Duft von gegrillten Hamburgern über Picknickplätzen und Gärten. Der Nationalfeiertag der USA erinnert an den 4. Juli 1776. An diesem Tag wurde die vor allem von Thomas Jefferson verfasste Unabhängigkeitserklärung verlesen, in der sich die 13 britischen Kolonien in Nordamerika von Großbritannien lossagten. Da Großbritannien dies nicht so einfach hinnahm, sondern Truppen schickte, dauerte es aber noch bis 1781, bis die Unabhängigkeit durch den Amerikanischen Unabhängigkeitskrieg erkämpft, und bis 1783, bis sie auch vertraglich von den europäischen Mächten anerkannt war.

*Die wirtschaftliche Grundlage des Südens waren bis zum Bürgerkrieg durch Sklaven bewirtschaftete Plantagen, hier eine Baumwollplantage am Mississippi.*

### GEBURTSWEHEN DER JUNGEN NATION

In den Jahren nach dem Unabhängigkeitskrieg hatten die jungen Vereinigten Staaten zunächst mit erheblichen finanziellen Problemen zu kämpfen. Kriegsanleihen waren zu bezahlen, die Soldaten, die in der Kontinentalarmee gedient hatten, warteten auf ihren Sold, alte Handelspartner fielen aus, neue Märkte wie etwa der asiatische mussten erst erschlossen werden. Auch in-

*Ende des 19. Jahrhunderts hatten die Indianer ihr Land und damit ihre Lebensgrundlage verloren und wurden in Reservationen abgedrängt.*

nenpolitisch war es eine unruhige Zeit. Die Frage, ob sich die 13 ehemaligen Kolonien an der Ostküste zur Union zusammenschließen oder als unabhängige Einzelstaaten agieren sollten, wurde lange diskutiert. Als man schließlich daran ging, eine gemeinsame Verfassung zu erarbeiten, war jeder Staat darauf bedacht, möglichst viele Rechte zu behalten und dem Bund nur ein Minimum an Einflussnahme zu gewähren. Bis 1789 hatten die meisten, erst 1790 alle Staaten die Verfassung ratifiziert. Im Jahr 1789 wurde der erste Präsident des neuen Landes gewählt: George Washington (1732 – 1799).

Wo der Präsident residieren sollte, war ebenfalls jahrelang Streitpunkt. Da bereits damals ein Interessenkonflikt zwischen den Nord- und den Südstaaten bestand, sollte die neue Hauptstadt weder im Einflussbereich der einen noch der anderen liegen. Schließlich schuf man im Jahr 1791 nach den Plänen von Pierre Charles L'Enfant den District of Columbia, der zu keinem Staat gehörte, und erbaute dort eine völlig neue Stadt. Sie wurde nach Georg Washington benannt.

### EXPANSION NACH WESTEN

Als die junge Nation ins 19. Jahrhundert trat, endete ihr noch relativ kleines Staatsgebiet am Mississippi. Florida gehörte den Spaniern, die ebenfalls im Westen und Südwesten ansässig waren, und die Franzosen besaßen ein Gebiet, das sich durch die Mitte des Landes von Kanada bis zum Golf von Mexiko zog. Der Erwerb dieses Territoriums durch den *Louisiana Purchase* 1803 stellte einen bedeutenden Zuwachs dar. Bis Mitte des Jahrhunderts hatten die USA – teils durch Zukauf, teils durch Kriege – schließlich ihren Herrschaftsbereich vom Atlantik bis zum Pazifik ausgedehnt.

Zunächst hatten sich die neuen Siedler weitgehend an und im Hinterland der Ostküste niedergelassen und die Indianer lebten noch in ihren angestammten Gebieten. Doch bereits im Jahr 1804 sandte Präsident Thomas Jefferson eine Expedition aus, die unter der Leitung von Meriwether Lewis und William Clark den Westen – natürlich auch unter dem Gesichtspunkt der möglichen Besiedlung – erkundete. Die setzte aber erst 1814 ein, nachdem eine zweijährige kriegerische Auseinandersetzung mit den Briten beendet worden war. Die Farmer, vor allem diejenigen, die in Neuengland unter harten Bedingungen gearbeitet hatten, zogen begeistert in die fruchtbaren Agrargebiete des Mittleren Westens. Allerdings sahen sie sich bald mit Absatzproblemen konfrontiert, denn die Konsumenten saßen im Osten und im Süden. Es fehlte aber an Transportmitteln, um die Waren vom Produzenten zum

*Die New Yorker Wall Street im 19. Jahrhundert*

## Der Aufstieg der Vereinigten Staaten

Verbraucher zu bringen. Da Getreide und Mais anfangs keinen Absatz fanden, wandten sich die Farmer der extensiven Viehzucht zu. Die ersten großen Schlachthäuser, in denen die Schweine der gesamten Region verarbeitet wurden, entstanden ab 1820 in Cincinnati. Später gewann Chicago Bedeutung als Zentrum der Fleisch- und Weizenvermarktung.

### Die Massenimmigration

Vor dem Bau der Eisenbahn ab Mitte des 19. Jahrhunderts stellten Kanäle die Verbindung nach Westen her. Der wichtigste war der 1825 fertig gestellte Erie-Kanal, der New York mit den Großen Seen verband. Die seit 1820 größte amerikanische Stadt profitierte sehr stark von dieser Anbindung und ihr Hafen stieg zum wichtigsten Umschlagplatz des Landes auf.

New York war auch das Haupteinfallstor für die vielen Immigranten, die Europa verlassen hatten, um in der Neuen Welt ein besseres Leben zu finden. Die Masseneinwanderung setzte Mitte des 19. Jahrhunderts ein und verlief in drei großen Wellen: Erst kamen die Iren, die der Hungersnot auf der grünen Insel entrinnen wollten, dann die Deutschen. Unter diesen waren viele, die ihrer Heimat nach der gescheiterten Revolution von 1848 den Rücken gekehrt hatten. Zuletzt erreichten Amerika die osteuropäischen Juden auf der Flucht vor den Pogromen, denen sie 1881 nach der Ermordung von Zar Alexander II. ausgesetzt waren.

Viele der Neuankömmlinge waren bitterarm und besaßen nicht einmal die Mittel, um von New York aus weiterzuziehen. So endeten sie in den Elendsquartieren der Lower East Side im Südosten Manhattans. Das Viertel hielt einen traurigen Rekord, der so gar nichts mit dem »amerikanischen Traum« zu tun hatte: Es war der am dichtesten besiedelte Slum der Welt.

*Entstehung und Wachsen der Vereinigten Staaten von Amerika*

### Die Bevölkerung im 19. Jahrhundert

| Jahr | Einwohner |
|---|---|
| 1800 | 5 308 000 |
| 1810 | 7 239 000 |
| 1820 | 9 638 000 |
| 1830 | 12 866 000 |
| 1840 | 17 069 000 |
| 1850 | 23 192 000 |
| 1860 | 31 443 000 |
| 1870 | 39 818 000 |
| 1880 | 50 156 000 |
| 1890 | 62 948 000 |
| 1900 | 75 995 000 |

➤ **Kriege und Konflikte:** Amerikanischer Unabhängigkeitskrieg
➤ **Kriege und Konflikte:** Amerikanischer Bürgerkrieg
➤ **Kriege und Konflikte:** Der Erste Weltkrieg
➤ **Kriege und Konflikte:** Der Zweite Weltkrieg in Europa und Afrika
➤ **Kriege und Konflikte:** Der Zweite Weltkrieg im Pazifikraum

*Ab Mitte des 19. Jahrhunderts zogen immer mehr Siedler vom Osten durch die weiten Prärien des Kontinents gen Westen (Stich von 1852).*

### ZUM GOLDE HIN

Bis Mitte des 19. Jahrhunderts interessierte sich kaum jemand für den Westen und die Westküste des Landes. Die Spanier hatten zwar im Süden verschiedene Missionen errichtet, die Russen im Norden einige Forts und Pelzhändler unterhielten mehrere Handelsposten – insgesamt aber rief das Gebiet wenig Interesse hervor. Das änderte sich schlagartig, als 1848 in der Sierra Nevada Gold gefunden wurde. Die Amerikaner hatten Glück, denn im selben Jahr hatte Mexiko Kalifornien und andere Gebiete im Südwesten nach einem Krieg an die USA abgetreten. Das Land, in dem das »Dorado« lag, gehörte nun ihnen.

Nachdem der Präsident die Funde bestätigt hatte, strömten 1849 unzählige Glücksritter aus aller Welt in den Westen. Sie kamen mit dem Schiff oder zogen in langen Trecks mit Planwagen von der Ostküste in Richtung Westküste. Allein bis in die frühen 1850er Jahre entstanden 500 neue Orte. Manche von ihnen entwickelten sich zu Städten, andere blieben verlassen zurück, wenn Nachrichten von neuen Fundstellen den Strom der Goldsucher weiterlenkten. Die Bevölkerung Kaliforniens wuchs von 1848 bis 1852 von 2000 nichtindianischen Einwohnern auf 300 000 an.

Kurz darauf hatten die USA noch einmal Glück mit ihren »Immobilienkäufen«, als sie im Jahr 1867 Alaska erwarben. Russland überließ ihnen das scheinbar wertlose Gebiet zum Preis von 7,2 Millionen Dollar. 1896 wurde auch dort Gold gefunden – der Rausch fand nun im hohen Norden seine Fortsetzung.

### NUR EIN TOTER INDIANER ...

Die Leidtragenden der Expansion waren die Indianer. Je weiter die *Frontier,* die Grenze nach Westen, verschoben wurde, desto mehr wurde ihr Lebensraum eingeengt. Noch 1830 hatte man ihnen die Gebiete westlich des Mississippi zugesprochen und verfügt, dass alle im Osten lebenden Indianer nach Oklahoma transportiert werden sollten. Diese Deportation, die als *Trail of Tears* in die Geschichte einging, kostete Tausenden das Leben und bedeutete das Ende der großen indianischen Nationen in den östlichen Gebieten der USA. Betroffen waren unter anderem die Cherokee, Creek, Choctaw und Chickasaw.

Das Vordringen der Eisenbahn und die zunehmende Erschließung von Regionen mit Rohstoffen verschlimmerte die Lage der Indianer auch in den Great Plains. »Nur ein toter Indianer ist ein guter Indianer«, verkündete General Philip Sheridan und die weißen Siedler handelten in seinem Sinn. Massaker wurden begangen und für Skalpe Prämien ausgesetzt. Weiße Jäger vernichteten bis 1883 den Bestand von 75 Millionen Bisons fast restlos und entzogen somit den Prärie-Indianern die Lebensgrundlage. Die in den 1860er Jahren noch einmal zum Widerstand gerüsteten Indianer waren den Truppen der Armee nicht gewachsen; nach dem Massaker von Wounded Knee 1890 war die Moral endgültig gebrochen. Die Überlebenden wurden in Reservationen deportiert – das »Problem« war für die Weißen vorerst »gelöst«.

### DER BÜRGERKRIEG UND DIE FOLGEN

Seit Beginn der Kolonisierung im frühen 17. Jahrhundert hatte sich abgezeichnet, dass der Norden und der Süden des Landes vor allem aufgrund der wirtschaftlichen Voraussetzungen unterschiedliche Wege gehen würden. Während sich im Norden die Pioniere dem Handel und der Seefahrt zuwandten, entwickelte sich im Süden die arbeitsintensive Plantagenwirtschaft, die durch Sklaven aus Afrika aufrechterhalten wurde.

Die Frage der Sklaverei spaltete die Nation: Der Norden lehnte sie ab, der Süden war wirtschaftlich von ihr abhängig. Man einigte sich auf einen Kompromiss: Jeder Staat sollte selbst ent-

scheiden, zwischen den Sklaven haltenden und nicht Sklaven haltenden Staaten sollte es aber ein Gleichgewicht geben.

Nachdem mit dem 1860 gewählten Abraham Lincoln 1861 ein Mann der Nordstaaten Präsident geworden war, beschlossen die Südstaaten, aus der Union auszutreten. Lincoln wollte diesen durch die Sezession erreichten Verfassungskonflikt militärisch lösen. 1861 begann der Amerikanische Bürgerkrieg, der bis 1865 dauern sollte. Erst nachdem der Norden kaum militärische Erfolge vorzuweisen hatte, erließ Lincoln 1863 die *Emancipation Proclamation*, das Gesetz zur Befreiung der Sklaven. Dadurch schadete er dem Süden doppelt: Die wirtschaftliche Grundlage war zerstört, der Norden konnte nun Schwarze rekrutieren und seine Truppen verstärken und ging schließlich siegreich aus der Auseinandersetzung hervor.

### Einmischung oder Isolationismus
### Die Aussenpolitik

Der Sieg des Nordens festigte dessen wirtschaftliche Überlegenheit gegenüber dem Süden. Der Wiederaufbau der daniederliegenden Region ging nur schleppend voran und sollte bis weit ins 20. Jahrhundert dauern.

Nach dem Bürgerkrieg änderten die USA ihre außenpolitische Grundhaltung, die bis dato von Isolationismus und Nichtintervention bestimmt war. Sie begannen ihre wirtschaftliche und ideologische Einflusssphäre vor allem im mittel- und südamerikanischen Raum auszudehnen. Als sich Kuba 1895 gegen Spanien erhob, griffen amerikanische Freiwillige ein, 1898 kam es zum Spanisch-Amerikanischen Krieg, durch den die USA Guam und Puerto Rico hinzugewannen.

In die europäische Politik mischten sich die Amerikaner erstmals 1917 mit dem Eintritt in den Ersten Weltkrieg ein, aus dem sie als Siegermacht hervorgingen. Bei den Friedensverhandlun-

*1793 legte George Washington den Grundstein für das Kapitol, dem Parlamentsgebäude und Sitz des amerikanischen Kongresses in Washington D.C.*

gen dienten die von Präsident Wilson deklarierten, jedoch stark abgeänderten 14 Punkte für eine Friedensordnung nach dem Ersten Weltkrieg als Basis. Nach dem Krieg folgte wieder eine lange Phase des Isolationismus. Amerika ging es wirtschaftlich ausgezeichnet, die 1920er Jahre waren von einem anhaltenden Boom geprägt. Der endete mit verheerenden Folgen nicht nur für die USA: Mit dem Börsenkrach 1929 begann die Weltwirtschaftskrise, die sich zu Beginn der 1930er Jahre zuspitzte. 1931 waren 8 Millionen Amerikaner arbeitslos. Dass es trotz der Verarmung nicht zu einer ähnlichen Radikalisierung wie in Europa kam, ist sicherlich Präsident Franklin D. Roosevelt zu verdanken, der mit seinem *New Deal* entscheidende wirtschaftliche und soziale Reformen durchführte.

Überwunden wurde die Krise aber erst durch die Aufrüstung, welche die Vereinigten Staaten seit 1938 vornahmen. In den Zweiten Weltkrieg traten sie nach dem Angriff der Japaner auf Pearl Harbor ein. 1941 erklärten sie Japan, Deutschland und Italien den Krieg, dessen Ende den Aufstieg der USA zur Supermacht markiert.

*In der Zeit der Prohibition zwischen 1920 und 1933 war in den USA die Herstellung, der Transport und Verkauf von alkoholischen Getränken gesetzlich verboten. Das Foto zeigt, wie Bierfässer von den Behörden in die Kanalisation geleert werden.*

### US-Präsidenten
### in der ersten Hälfte des 20. Jahrhunderts

| | |
|---|---|
| 1901 – 1909 | Theodore Roosevelt, Republikaner |
| 1909 – 1913 | William Howard Taft, Republikaner |
| 1913 – 1921 | Woodrow Wilson, Demokrat |
| 1921 – 1923 | Warren G. Harding, Republikaner |
| 1923 – 1929 | Calvin Coolidge, Republikaner |
| 1929 – 1933 | Herbert Hoover, Republikaner |
| 1933 – 1945 | Franklin D. Roosevelt, Demokrat |

➤ Menschen und Ideen: George Washington
➤ Menschen und Ideen: Thomas Jefferson
➤ Menschen und Ideen: Abraham Lincoln
➤ Menschen und Ideen: Sitting Bull
➤ Handel und Wirtschaft: Wirtschaftlicher Aufstieg der USA

# Sklavenhandel in die Neue Welt

Sklaverei ist weder eine neue noch eine europäische Erfindung – dennoch waren es in der Neuzeit die Europäer, die Menschen in bis dato unbekanntem Ausmaß versklavten. Tragischerweise läutete ausgerechnet ein Gegner dieser Einrichtung Anfang des 16. Jahrhunderts diese Ära ein: Der spanische Geistliche Bartolomé de las Casas appellierte angesichts des Elends der karibischen Indianer für den Einsatz von Afrikanern als Arbeitskräfte – und bereute angesichts der schrecklichen Folgen diese Forderung bald zutiefst. Fast 400 Jahre lang wurden Millionen Afrikaner als menschliche Ware in die Neue Welt deportiert; die Auswirkungen dieses ungeheuren Handels, zu dem auch Afrikaner und Araber ihren Beitrag leisteten, haben auf dem Kontinent bis heute ihre Spuren hinterlassen.

*Die Annoncen in einer amerikanischen Zeitung zeigen deutlich, dass die versklavten Menschen lediglich den Status einer Ware besaßen.*

## Menschenjagd und Sklavenhandel

Um den in den europäischen Kolonien Amerikas gestiegenen Bedarf an Arbeitern für die Plantagen und Bergwerke zu befriedigen, entwickelte sich zwischen Europa, Afrika und Amerika ab dem 16. Jahrhundert der so genannte transatlantische Dreieckshandel. Westeuropäische Handelshäuser verschifften Waffen, Kleidung und andere Fertigwaren nach Afrika südlich der Sahara und tauschten diese Waren gegen Sklaven, die dann nach Amerika transportiert und dort verkauft wurden. Auf der Rückfahrt brachten die Schiffe Gold, Silber und bald auch begehrte Kolonialwaren wie Zucker, Tabak und Baumwolle nach Europa. Der Menschenhandel und die Arbeit der Sklaven in der Kolonialwirtschaft Amerikas verschafften den europäischen Handels- und Königshäusern sehr hohe Gewinne.

*Auf den mörderischen Märschen zur Küste fanden unzählige versklavte Afrikaner den Tod.*

Die Westküste Afrikas wurde wegen des kürzeren Seewegs über den Atlantik zum Hauptgebiet für den Sklavenhandel. »Sklavenküste« nannte man einst bezeichnenderweise die Region zwischen den Mündungen des Volta und Niger. Später verlagerte sich der Schwerpunkt des Menschenhandels ins Königreich Kongo und nach Angola. Als die Briten 1808 den Sklavenhandel in ihren Gebieten verboten, rückte Ostafrika ins Zentrum des Geschehens und Sansibar stieg zum größten Sklavenmarkt auf. Tatsächlich aufgegeben wurde der Sklavenhandel erst Mitte des 19. Jahrhunderts.

In der lukrativen Jagd auf Menschen wurden die europäischen Händler bald von einheimischen Herrschern abgelöst, die so schnell unermesslichen Reichtum anhäufen und ihre Macht ausdehnen konnten. Durch den Menschenhandel entstanden sogar neue Königreiche wie etwa Dahomey, das heutige Benin. Bei den Raubzügen töteten die Sklavenjäger oft Alte und Kleinkinder, die gewinnträchtigen Männer, Frauen und Kinder trieb man angekettet in erschöpfenden, bisweilen todbringenden Märschen zur Küste. Dort wurden die Menschen verkauft und unter unvorstellbaren Bedingungen nach Amerika verschifft. Niemand weiß genau, wie viele Todesopfer diese wochenlangen Überfahrten forderten.

## SKLAVEREI IN NORD- UND SÜDAMERIKA

Von den möglicherweise bis zu 30 Millionen Afrikanern, die Amerika lebend erreichten, wurden jeweils rund 40 Prozent in die Karibik und nach Brasilien verkauft. Die restlichen Überlebenden gelangten zu etwa gleichen Teilen in die spanischen Gebiete sowie in das englische und französische Nordamerika. Nur die wenigsten Sklaven wurden zur Hausarbeit herangezogen; die meisten setzte man auf Baumwoll-, Zuckerrohr- oder Tabakplantagen sowie in Bergwerken bis zur vollständigen körperlichen Erschöpfung ein.

Die hohen Todesraten der Gefangenen sowie die Ausweitung der Plantagenwirtschaft ließen den Bedarf an neuen Sklaven in Nord- und Südamerika nicht abreißen. Die überlieferten Zahlen verdeutlichen das Ausmaß des Schreckens: Um die Mitte des 18. Jahrhunderts transportierte Portugal allein nach Brasilien jährlich 40 000 bis 50 000 Afrikaner.

Das Ende der Sklaverei ist humanitären Bewegungen in Amerika und Europa zu verdanken – aber auch der zunehmenden Industrialisierung, für die die Sklavenwirtschaft nicht mehr dienlich war. Angeführt von Dänemark, Großbritannien und den USA verboten ab der ersten Hälfte des 19. Jahrhunderts fast alle europäischen Länder den Sklavenhandel. Anfang des 19. Jahrhunderts führten die Briten erste befreite Sklaven zurück nach Afrika und siedelten sie in Freetown im heutigen Sierra Leone an; wenig später gründeten die USA das westafrikanische Liberia, wo sich befreite Sklaven aus den Nordstaaten niederließen.

## FOLGEN FÜR AFRIKA

Der Sklavenhandel zeigte in Afrika verheerende gesellschaftliche und wirtschaftliche Auswirkungen. Jahrhundertelang versetzte der Menschenraub riesige Landstriche in permanenten Kriegszustand und verwüstete große Regionen. Der beispiellose gewaltsame Abzug der Bevölkerung – Schätzungen sprechen von 20 bis 100 Millionen verkauften und getöteten Menschen – zerstörte ganze Kulturen und richtete zahlreiche einheimische Wirtschaften zugrunde. Die so bewirkte ökonomische Rückständigkeit und Verarmung bildet den historischen Hintergrund für viele Probleme des modernen Afrika.

*Auf den Sklavenmärkten Amerikas wurden Afrikaner wie Vieh gehandelt.*

*Die Karte zeigt britische Handelsströme zwischen Europa, Afrika und Amerika im 18. Jahrhundert.*

### DIE WARE MENSCH

Unbegreifbar bleibt, mit welch offensichtlicher Ungerührtheit die an der Sklaverei Beteiligten die Unmenschlichkeit dieser Einrichtung auslebten. Die versklavten Afrikaner besaßen in der Tat nur den Status einer Ware, die nach Belieben verkauft, getauscht, vermietet oder verpfändet werden konnte – und der man sich entledigte, wenn sie hinderlich wurde. Als selbstverständliches Recht galt die rücksichtslose Ausbeutung ihrer Arbeitskraft. Ohne Gnade wurden auf den Sklavenmärkten Amerikas Familien auseinander gerissen, Mütter von ihren Kindern getrennt. Auspeitschen, Brandmarken oder Abschneiden von Gliedern waren in den Südstaaten der USA übliche Bestrafungen selbst für geringste Vergehen. Das Leben eines Sklaven besaß nur Wert, solange sein Besitzer davon profitierte.

▶ Handel und Wirtschaft: Anfänge des Sklavenhandels
▶ Handel und Wirtschaft: Höhepunkt des Sklavenhandels

## NACH DER UNTERWERFUNG
## INDIANERKULTUREN IN DEN USA

*Auch heute noch stellen die etwa zwei Millionen Indianer in den USA die mit Abstand ärmste Bevölkerungsgruppe dar. Besonders betroffen sind dabei jene, die in den Reservaten leben. Erst in jüngster Zeit gelang es einer wachsenden Anzahl von Stämmen, ihre desolate wirtschaftliche Lage zu überwinden.*

Während sich in Mittel- und Südamerika viele Indianerstämme nach der Eroberung häufig mit der europäischstämmigen Bevölkerung vermischten und nur einige Gruppen in Randgebieten unter sich blieben, wurde in den USA die zahlenmäßig weniger bedeutende indianische Bevölkerung durch eine aggressive Eroberungs- und Siedlungspolitik vertrieben und in Reservaten angesiedelt. In der zweiten Hälfte des 19. Jahrhunderts verfolgte die Bundesregierung zunehmend eine Politik, die auf die »Integration« der Indianer in die US-Gesellschaft abzielte. Regierungsbürokraten und Missionare versuchten daher, die Indianer ihrer eigenen Kultur zu entfremden und »umzuerziehen«. Durch diese Maßnahmen gingen zahlreiche kulturelle Grundzüge unwiederbringlich verloren. Doch viele Indianer widersetzten sich auch der – häufig brutal ausgeführten – Indoktrination und hielten ihr kulturelles Erbe ganz bewusst aufrecht.

*Indianervertreter demonstrieren auf dem »Marsch der gebrochenen Verträge« im Juni 1978 vor dem Weißen Haus in Washington.*

*Bei der Besetzung von Wounded Knee 1973 wurden zwei Indianer erschossen. Die Mutter eines der Opfer erhebt anklagend das Sternenbanner.*

### ENTWICKLUNGEN IM 20. JAHRHUNDERT

Erst 1924 wurden den Indianern die Bürgerrechte zuerkannt. Washington gab in den 1930er Jahren den Gedanken der erzwungenen Anpassung wieder auf, machte dafür aber die Stämme immer mehr zu Mündeln der Bundesregierung. Gut dreißig Jahre später gestand man dann den Ureinwohnern wieder mehr Selbstbestimmungsrechte zu. Vor allem unter der Regierung von Richard Nixon verabschiedete man zahlreiche Gesetze, veranlasste Programme und stellte Gelder bereit, um die Situation der Indianer zumindest mittelfristig etwas zu verbessern.

Ungeachtet der Milliardenbeträge, die Washington inzwischen jährlich zur Unterstützung der ungefähr 800 000 Indianer bewilligt, ist es bis heute jedoch nicht zu einer Angleichung ihrer Lebensverhältnisse an das Niveau der übrigen US-Bürger gekommen. Schuld daran sind meist lokale Gegebenheiten wie etwa die häufig abgeschiedene geografische Lage, der weitgehende Mangel an Infrastruktur sowie oft verwirrende Bodenbesitzver-

*Kunsthandwerk zählt zu den am weitesten verbreiteten Einkommensquellen der Indianer in den Reservationen.*

hältnisse. Darüber hinaus führte die fortgesetzte Bevormundung durch die staatlichen Behörden die Indianer in ein Abhängigkeitsverhältnis, das eigene Initiativen fast völlig lahm legte. Mitte der 1990er Jahre waren beinahe 90 000 indianische Familien obdachlos oder ohne angemessenen Wohnraum. Ein Drittel der Behausungen, bei denen es sich nicht selten nur um Wohnwagen oder Wellblechhütten handelte, waren überbelegt. Alkoholismus, Drogensucht und Kriminalität erreichten in einigen Reservaten extreme Ausmaße. Für viele ging diese Situation der Verelendung einher mit dem Verlust der kulturellen Identität.

### RECHTLICHE UND WIRTSCHAFTLICHE VERBESSERUNGEN

Trotz dieser miserablen Zustände machte aber bezüglich der rechtlichen Situation keine andere ethnische Gruppe in den USA in den letzten Jahrzehnten so große Fortschritte wie die Indianervölker. Amerikanische Gerichte setzten viele alte, früher gebrochene Verträge unter völkerrechtlichen Kriterien teilweise wieder in Kraft und aktivierten damit traditionelle Rechte. Indianerstämme gelten wie im 18. und 19. Jahrhundert wieder als »Nationen«. Die Reservationen verfügen über eine eigene Gerichtsbarkeit, besitzen eine eigene Polizei, in Grenzen eine eigene Gesetzgebung und eigene Steuern. Indianische Kulturgüter, so zum Beispiel Schmuck, Schnitzereien, Stickereien und Keramiken, genießen inzwischen den besonderen Schutz der Bundesgesetze.

Aber auch in wirtschaftlicher Hinsicht gab es in jüngerer Vergangenheit unter den 561 in den USA registrierten Indianerstämmen einige Erfolge. Wirtschaftlich behaupten können sich mittlerweile die etwa 5 500 Choctaw im Bundesstaat Mississippi. Durch die gezielte Ansiedlung stammeseigener Industriebetriebe in ihrer Reservation stiegen sie innerhalb von zwei Jahrzehnten zum wichtigsten Wirtschaftsfaktor in der Region auf. Während der letzten Jahre wurde auch der Tourismus für eine zunehmende Anzahl von Indianerstämmen zu einer wichtigen Einnahmequelle. Viele Feste, Aufführungen, Rodeos und Kunstmessen locken jährlich Tausende nichtindianische Besucher in die Reservationen. Die größten Einnahmen werden inzwischen aber durch Glücksspiel erzielt. 1988 erlaubte ein besonderes Gesetz Glücksspiele sowie den Betrieb von Spielautomaten. Die Verabschiedung des Gesetzes führte zu einer explosionsartigen Ausbreitung indianischer Spielkasinos in etlichen Reservationen. Die Einnahmen stiegen von 212 Millionen US-Dollar im Jahr 1988 auf 8,26 Milliarden US-Dollar im Jahr 1999. In kürzester Zeit wurde die Glücksspielindustrie zum bedeutendsten Wirtschaftsfaktor der Ureinwohner in den USA.

### KÄMPFER FÜR DEN NATIONENSTATUS

Als charismatischer Verfechter indianischer Souveränität erwies sich in den 1970er Jahren der 1939 geborene Oglala-Sioux Russell Means. Er wuchs in Kalifornien auf und gehörte 1970 zu den Mitbegründern der »Amerikanischen Indianerbewegung«, die sich für die Rückgabe von Indianerland an die Ureinwohner einsetzt. Bekannt wurde Means 1973 durch die Besetzung des Ortes Wounded Knee in South Dakota. Diese Aktion sollte die Beachtung der im 19. Jahrhundert von der US-Regierung mit den Sioux-Stämmen geschlossenen Verträge durchsetzen. Die Kampagne brachte zunächst keinen Erfolg, einige Monate später errichtete die Bundesregierung jedoch eine Behörde zum Schutz der Rechte der Indianer im Justizministerium. Means' spektakuläre, an den Medien orientierte Auftritte stoßen aber vielerorts auf Kritik – auch bei vielen Indianern. Dessen ungeachtet strebt er für die indianischen Gemeinschaften den Status einer indianischen Nation innerhalb der USA an.

*Die vor allem in Arizona ansässigen Navajo sind die größte indianische Ethnie der USA.*

▶ Religionen und Glaubensformen: Die Religionen Nordamerikas

# Australien
# Von der Strafkolonie zum Bundesstaat

*Als James Cook 1770 Neusüdwales zum Besitz Großbritanniens erklärte, war dies ein wichtiger Meilenstein auf dem Weg zur kolonialen Vorherrschaft auf der südlichen Halbkugel. Für das Empire erwiesen sich die australischen Besitzungen zunächst zur »Lösung« der Sträflingsfrage als äußerst vorteilhaft.*

*Auf seiner ersten Entdeckungsreise in den Südpazifik landete James Cook 1770 an der Ostküste Australiens. Er nahm die Region für die britische Krone in Besitz und benannte sie Neusüdwales.*

Durch den Verlust der amerikanischen Kolonien 1783 gewann Australien für Großbritannien an strategischer Bedeutung. Hinzu kam, dass Ende des 18. Jahrhunderts eine drakonische Rechtsprechung erreicht hatte, dass die britischen Gefängnisse maßlos überfüllt waren. Da die Verurteilten nicht mehr nach Amerika deportiert werden konnten, suchte die Regierung nach Ersatz. Hierfür boten sich die neuen australischen Besitzungen an. Der südliche Kontinent war zu dieser Zeit auch ins Visier anderer Kolonialmächte, etwa Frankreichs, geraten, und durch eine Besiedelung wollte Großbritannien verhindern, dass diese in der Region an Einfluss gewannen.

Es galt also, das Kolonialreich mit einem Stützpunkt zu sichern und Raum für eine neue Sträflingskolonie zu gewinnen. Bereits 1788 erreichten deshalb elf Schiffe mit den ersten Besiedlungstrupps Neusüdwales, die von dem designierten Gouverneur der neuen Kolonie, Kapitän Arthur Phillip, kommandiert wurden. Die etwa 1000 Personen – Gefangene samt Angehörigen, Bewachungssoldaten und Schiffsmannschaften – gingen in Port Jackson an Land, wo die nach dem Londoner Innenminister Lord Sydney benannte erste Siedlung entstand. Man plante, den Gefangenen nach Verbüßung ihrer Strafe eigenen Grund und Boden zu übergeben, bis dahin jedoch die Kolonie durch die Arbeit der Sträflinge auf staatlichen Farmen aufzubauen.

## Ausweitung der Kolonialmacht

Während mit Ankunft der ersten freien Siedler 1793 auch die allmähliche Erkundung des Landesinneren begann, konzentrierte sich die Kolonialregierung auf ihrer ständigen Suche nach geeigneten Standorten für neue Kolonialgründungen auf die australischen Küstenregionen. Unterdessen baute Gouverneur Lachlan Macquarie von 1809 bis 1821 die Infrastruktur der Kolonie in Neusüdwales systematisch aus und ließ Krankenhäuser, Kirchen und Verwaltungsgebäude errichten. Der Siedlungsbereich wuchs in dieser Zeit bereits bis über die Blue Mountains hinaus, zudem wurden andernorts immer mehr bewohnbare Gebiete erschlossen. Den bereits seit 1803 auf Tasmanien bestehenden Strafkolonien folgten 1820 eine Kolonie in Victoria sowie 1824 das heutige Brisbane. 1835 wurde schließlich Melbourne durch freie Siedler gegründet.

Der Konkurrent im pazifischen Raum, Frankreich, war damit jedoch noch nicht besiegt. Deshalb wurde auf ausdrücklichen Befehl der Krone im äußersten Westen des Kontinents 1827 Albany zur Sicherung der britischen Herrschaft gegründet. Ganz Australien war nun zum Kolonialbesitz des britischen Weltreichs erklärt worden.

## Die Kolonien werden selbständig

Erste Loslösungsbestrebungen entwickelten sich zunächst in der Mutterkolonie Neusüdwales, das wie Tasmanien, Victoria und das von freien Siedlern gegründete Südaustralien 1850 durch den Australian Colonies Government Act eigenverantwortliche Verwaltungen und weitgehende Unabhängigkeit erhielt. 1855 und 1856 traten zwei Erlasse aus London in Kraft, die den vier Kolonien das Recht auf eigene Verfassungen und Parlamente zusprachen. Diesen weitgehend autonomen Status erreichte Queensland drei Jahre später, Westaustralien jedoch erst Ende des Jahrhunderts.

Langsam wandelte sich jetzt auch das Image der reinen Strafkolonie, in der die Landschenkungen bereits 1831 abgeschafft worden waren. Die Deportationen nach Neusüdwales wurden 1840 eingestellt, fanden im restlichen Australien jedoch noch bis 1868 statt. Als im Südwesten des Kontinents Gold entdeckt wurde, stiegen die Einwanderungszahlen ab 1851 rapide an. Aber neue Siedler kamen auch aus anderen Gründen. So erreichten etwa nach den europäischen Revolutionen von 1848 zunehmend liberal gesinnte Flüchtlinge das Land. Deren soziale und politi-

*Aborigines demonstrieren 1982 in Brisbane für ihre volle politische, soziale und kulturelle Gleichberechtigung.*

# AUSTRALIEN

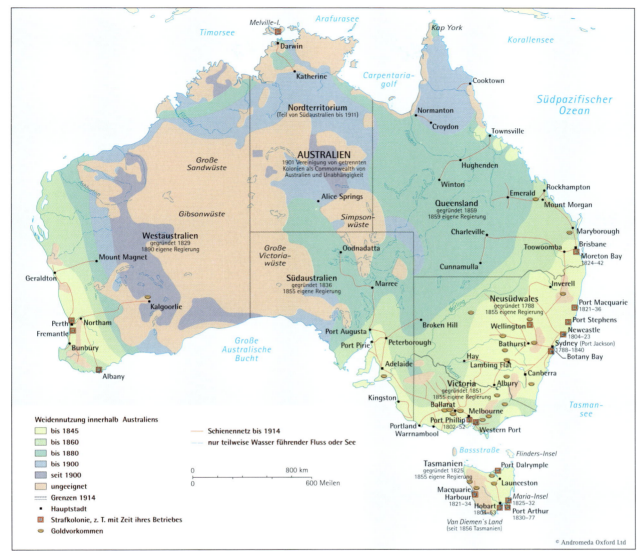

Europäische Besiedlung Australiens durch Sträflinge und freie Kolonisten. Letztere begründeten mit der Einführung der Schafzucht den Reichtum Australiens.

sche Ansichten prallten mit der konservativen kolonialen Gesellschaft zusammen, in der die alteingesessenen Siedler zu Großgrundbesitzern geworden waren. Das System der Selbstverwaltung bewährte sich jedoch und schaffte einen Ausgleich, ohne die Stabilität je grundlegend zu gefährden. Die australische Selbstverwaltung bewältigte in den 1870er Jahren auch eine schwere Rezession mit sozialem Konfliktstoff. Vor allem von Victoria ausgehend, wurde im folgenden Jahrzehnt der staatliche Zusammenschluss der Kolonien forciert und man arbeitete eine gemeinsame Verfassung aus. Der Entwurf wurde in einem Referendum angenommen: Am 1. Januar 1901 entstand der Australische Bund mit der vorläufigen Hauptstadt Melbourne.

## DAS SCHICKSAL DER INDIGENEN BEVÖLKERUNG AUSTRALIENS

Bei Ankunft der Europäer in Australien, das als Erster der Niederländer Willem Janszon 1606 von der Torresstraße aus sichtete, lebten in dem Land möglicherweise bis zu 1 000 000 Menschen, die etwa 500 ethnische Gruppen mit über 250 verschiedenen Sprachen bildeten. Heute zählen ungefähr 180 000 Menschen zur indigenen Bevölkerung, deren Vorfahren vor etwa 40 000 bis 60 000 Jahren wohl aus Südostasien eingewandert waren. Ihre anfänglich keineswegs feindlichen Beziehungen zu den Neuankömmlingen änderten sich, als die Siedler immer mehr Land für sich beanspruchten – die hoffnungslos unterlegenen Aborigines wurden allmählich in lebensfeindlichere Gebiete abgedrängt. Das Vorgehen der Kolonisten nahm bisweilen den Charakter einer systematischen Ausrottung an. Man machte regelrecht Jagd auf Aborigines, vergiftete sie, trennte Familien und versklavte sie. Erst 1967 wurden den Ureinwohnern die vollen Bürgerrechte zuerkannt – ihr Kampf gegen politische und soziale Benachteiligung, für volle Gleichberechtigung und für den Erhalt ihrer Kultur ist jedoch noch nicht beendet. Neben der Anerkennung von Landansprüchen und Ausgleichszahlungen gilt es, ihre Arbeitslosenrate zu reduzieren, die die anderer Bevölkerungsgruppen erheblich übersteigt, und ihre deutlich unter dem Landesdurchschnitt liegende Lebenserwartung zu verbessern.

▶ Menschen und Ideen: James Cook
▶ Große Entdeckungen: Entdeckung Australiens

# Aufstieg des Nationalismus in Europa

*Es waren unter anderem die Vorgänge in den 1990er Jahren auf dem Balkan und in der ehemaligen Sowjetunion, die dem Begriff »Nationalismus« wieder eine bedeutende Aktualität verliehen. Grund genug, sich auf die Wurzeln, die Geschichte und die Ausprägungen dieser Ideologie zu besinnen.*

*Der deutsche Philosoph, Theologe und Dichter Johann Gottfried von Herder (1744–1803) war Mitbegründer der deutschen Sprach- und Geschichtswissenschaft und betonte die Bedeutung von Sprache und Literatur für die kulturelle Identität einer Nation.*

Auch wenn der Begriff »Nationalismus« angeblich zum ersten Mal in einer Schrift von Johann Gottfried von Herder aus dem Jahre 1774 erschien, so fand er dennoch seine Verbreitung erst Mitte des 19. Jahrhunderts. In dieser Epoche gewann zunehmend die Ansicht an Bedeutung, dass die politische Gestaltung Europas infolge des Wiener Kongresses von 1814/15 nicht den Wünschen der Völker nach nationaler Selbstbestimmung entsprach. Die erstarkenden nationalistischen Bewegungen vertraten die Meinung, dass Menschen mit einer gemeinsamen Geschichte, Sprache und Kultur eine selbständige Einheit – eine Nation – bildeten und ein Recht auf politische Selbstbestimmung hätten. Wichtige Impulse für die Ausbildung nationalistischer Gesinnungen gaben die Ideen der Französischen Revolution, die mit den ihr folgenden Kriegen überall in Europa verbreitet wurden. Für Volksgruppen, die zu Beginn des 19. Jahrhunderts der Obrigkeit des Osmanischen oder des Habsburgischen Reichs unterstanden, wurde der nationale Gedanke eine starke Antriebskraft für politisches Handeln.

### Die Sprache als Religion

In der Dokumentation der Gemeinsamkeit der Völker erlangte die Sprachenforschung große Bedeutung. Schon Herder hatte hierfür in seinen Schriften »Stimmen der Völker in Liedern« (1807) oder »Ideen zur Philosophie der Geschichte der Menschheit« (1784–1791) einen entscheidenden Anstoß

*1827 besiegte in der Seeschlacht von Navarino (Pylos) die britisch-französisch-russische Flotte die osmanischen Seestreitkräfte und legte damit den Grundstein für die Unabhängigkeit der griechischen Nation.*

gegeben und Nachahmer bei vielen unterdrückten Völkern gefunden. Vor allem die Slawen unter osmanischer Herrschaft versuchten, das Bewusstsein einer gemeinsamen Herkunft und Sprache zu pflegen und zu verbreiten. So ermutigte etwa von Wien aus der slowenische Slawist Bartholomäus Kopitar den serbischen Sprachenforscher Vuk Stefanovic Karadzic (1787–1864) zum Studium der Volkssprache und begeisterte ihn für das Sammeln von Volksliedern, Märchen und Sprichwörtern. Bald erreichte der Kult der Sprache einen geradezu religiösen Charakter.

Bei den Kroaten, die bis 1815 aufgrund der napoleonischen Kriege eine »Illyrische Provinz« bildeten, zu der Slowenien, Krain und Teile Kroatiens zählten, wurde die so genannte illyrische oder südslawische literarische Bewegung von Ljudevit Gaj (1809 bis 1872) vertreten. Er verfasste eine »Kurze Grundlage der kroatisch-slawischen Rechtsschreibung«. Das Bewusstsein für die gemeinsame Sprache stärkte auch dort das Empfinden einer nationalen Identität. Zahlreiche Gelehrte begeisterten sich für die slawische Geschichte – so etwa der orthodoxe Abt Jovan Rajíc, der ein vierbändiges historisches Werk über die Südslawen hinterließ. Aber auch unter den Tschechen leiteten die Sprachwissenschaftler František Palacký (1798–1876) oder Pavel Jozef Safarík (1795–1861) aus der Gemeinsamkeit der Sprache eine Verbundenheit der slawischen Völker ab.

## Der Panslawismus

Das Bewusstsein einer slawischen Sprachverwandtschaft führte zu einer Stärkung des Nationalgedankens; die Forderung nach der Einheit aller Slawen mündete im so genannten Panslawismus mit seinen verschiedenen Strömungen. Es erwies sich jedoch bald, dass der Nationalismus auch diktatorische Züge annehmen konnte, indem er anderen Völkern die Rechte absprach, die man für sich selber reklamierte. Deutlich wurde dies in Russland, dem einzigen starken slawischen Staat. Dort verstand man unter der Einheit aller Slawen eine slawische Einheit unter russischer Führung. Alexander Puschkin fand, dass »alle slawischen Ströme ins russische Meer« münden sollten und ein panslawistischer Föderalismus war für viele Russen unvorstellbar. Folgerichtig wurden denn auch alle Versuche slawischer Völker des Russischen Reiches, eine eigene Nation zu bilden, blutig niedergeschlagen – so etwa der Aufstand der Polen, die 1831 den Zaren Nikolaus I. als König absetzten. Und auch das Bestreben verschiedener Völker, ihre eigene Kultur zu leben, wurde rücksichtslos unterdrückt. 1876 verbot man beispielsweise den Ukrainern den Gebrauch des kleinrussischen Dialekts.

*Der österreichische Staatsmann Klemens Wenzel Fürst von Metternich (1773 bis 1859) repräsentierte wie kein Zweiter die auf dem Wiener Kongress besiegelte politische Ordnung Europas, gegen die sich die nationalistischen Bewegungen wandten.*

## Italien erwacht

Aber nicht nur unter den christlichen Völkern des Osmanischen Reiches oder in Russland machten sich Unabhängigkeitsgedanken breit – auch unter den Völkern etwa der Donaumonarchie erstarkte der Nationalismus zunehmend. Ende des 19. Jahrhunderts gelang es den Italienern, die in zahlreiche Kleinstaaten unterschiedlicher Herrschaft zersplitterte Apenninhalbinsel zu einem Nationalstaat zu vereinen. Identitätsstiftend waren dabei unter anderem die gemeinsame Sprache und die ablehnende Haltung gegenüber Österreich.

### ·········· Nationalismus und die Folgen ··········

Die miteinander verbundenen Ideen der Nation und der Souveränität bildeten die Grundlage für die Ausbildung der modernen Nationalstaaten. Im 19. Jahrhundert versuchten die verschiedenen nationalistischen Bewegungen, historische, sprachliche und kulturelle Verbundenheiten in politisch-nationale Identitäten umzuwandeln. Damit ging jedoch häufig auch eine übersteigerte Wertschätzung der eigenen Nation einher, die chauvinistische und rassistische Züge annehmen konnte. Eine Überhöhung erfuhr der Nationalismus im Imperialismus des 19. und 20. Jahrhunderts – seine extremen Formen bildeten die aggressiv-diktatorischen Ideologien des italienischen Faschismus und des deutschen Nationalsozialismus.

*Auf dem Hambacher Fest im Mai 1832 forderten etwa 30 000 liberale und demokratische Oppositionelle eine republikanische Verfassung und die nationale Einheit Deutschlands.*

➤ Kriege und Konflikte: Erhebungen gegen Napoleon
➤ Kriege und Konflikte: Nationalliberale Aufstände in Südeuropa
➤ Kriege und Konflikte: Scheitern der polnischen Nationalbewegung
➤ Kriege und Konflikte: Der italienische Einigungskrieg
➤ Kriege und Konflikte: Krisen auf dem Balkan

# GROSSBRITANNIEN UND DAS BRITISCHE WELTREICH

*Als das britische Imperium im 19. Jahrhundert seinen Zenith erreichte, herrschte Königin Viktoria über ein Viertel der Welt und regierte Menschen verschiedenster Kulturen und Religionen. Von der einstigen Größe des Empire zeugen noch heute das Commonwealth und die Weltsprache Englisch.*

*Die erste Kronratssitzung von Königin Viktoria am 20. Juni 1837 im Kensington Palast; Gemälde von Sir David Wilkie*

Die gewaltige Ausdehnung des Empire im 19. Jahrhundert geht auf die zahlreichen, tief in der britischen Geschichte verankerten Sonderwege zurück: die Durchsetzungsfähigkeit zur See, die England schon im 16. Jahrhundert unter Beweis stellte; den Handels- und Pioniergeist sowie die Erfahrungen des ersten britischen Kolonialreiches im 17. und 18. Jahrhundert; die industrielle Revolution, die der Expansion ihre Dynamik verlieh und schließlich den im 19. Jahrhundert anwachsenden Kapitalismus.

*Das Rechnungsamt der englischen Ostindienkompanie im London des 19. Jahrhunderts*

## DER WEG ZUM WELTREICH

Unter dem Motto »Die Flagge folgt dem Handel« gründeten ab dem 17. Jahrhundert englische Handelskompanien Niederlassungen im atlantischen Raum, in der Karibik und in Indien. Diese Unternehmungen finanzkräftiger Mittelständler wurden von der Regierung mit Monopolrechten für verschiedenste Regionen der Welt ausgestattet. Ein einträgliches Geschäft war zunächst der Sklavenhandel zwischen Europa, Afrika und Amerika, wo im Norden des Kontinents neben den Stützpunkten Siedlungen entstanden, die meist von Puritanern gegründet wurden.

Nachdem England im Siebenjährigen Krieg (1756–1763) die Franzosen aus Indien und Kanada weitgehend verdrängt hatte, festigte es seine Position als führende See- und Handelsmacht. Zwar erklärten die 13 amerikanischen Kolonien 1776 ihre Unabhängigkeit, doch wurde dieser Rückschlag durch die Eroberungen in den Koalitionskriegen (1792–1815) gegen Napoleon mehr als kompensiert. Großbritannien baute sich ein zweites Kolonialreich auf und orientierte sich nach Südamerika, Asien, in den Nahen und Mittleren Osten, nach Südafrika, Australien und Neuseeland.

## DER WANDEL DES KOLONIALREICHS

Da sich die amerikanischen Kolonien Ende des 18. Jahrhunderts aus Protest gegen die britische Zoll- und Handelspolitik vom Mutterland losgelöst hatten, sah man sich in England gezwun-

1600 — 1650 — 1700 — 1750 — 1800

**1600**
*Gründung der Ostindienkompanie (bis 1858); Grundstein des ersten Kolonialreichs*

**um 1760**
*Beginn der industriellen Revolutionen*

➤ **Kriege und Konflikte:** Großbritanniens Kampf um die Weltmacht
➤ **Kriege und Konflikte:** Kolonialkriege in Asien
➤ **Kriege und Konflikte:** Krimkrieg
➤ **Kriege und Konflikte:** Burenkrieg
➤ **Kriege und Konflikte:** Der Erste Weltkrieg

## Das britische Weltreich

gen, neue Wege zur Durchsetzung britischer Handelsinteressen in Übersee zu entwickeln. Das führte im 19. Jahrhundert zur Freihandelspolitik, die eine neue Phase des Imperialismus einleitete. Statt Märkte und Rohstoffe ausschließlich durch Zölle und direkte Herrschaft zu sichern, ging Großbritannien dazu über, sich durch den Erwerb von Handelsrechten und Abkommen wirtschaftliche Vorteile in Überseegebieten zu verschaffen und das ökonomische Abhängigkeitsverhältnis dazu zu nutzen, auch politisch Einfluss zu nehmen. Beide Konzepte wurden nebeneinander praktiziert. Es gab sowohl Territorien, die formell der britischen Regierung unterstellt waren, als auch Gebiete, die informell zum Handelsimperium Großbritanniens zählten. Damit wurde auch die Entwicklung zur Selbstverwaltung ehemaliger Kolonien und zur Auflösung des Kolonialreiches in das Commonwealth des 20. Jahrhunderts angelegt.

Im 19. Jahrhundert war Großbritannien technologischer Vorreiter und führend in der Produktion von Eisen und Stahl. Das Bild zeigt den ersten Dampfhammer, 1842 erfunden von James Nasmyth.

### DER VIKTORIANISCHE BOOM

Während der Kontinent von der Französischen Revolution in Atem gehalten wurde, herrschten in Großbritannien bereits gute Bedingungen für den technischen Fortschritt. Die Insel hatte eine konstitutionelle Monarchie errichtet und einen Reformweg eingeschlagen, welcher der Revolution den Wind aus den Segeln nahm. Stattdessen ereignete sich ab 1760 bis 1830 eine Revolution auf dem technologischen Sektor, die es ermöglichte, neue Produkte in einer zuvor unvorstellbaren Menge herzustellen und sie mittels einer bis dahin beispiellosen Infrastruktur zu vermarkten. Textilindustrie, Kohle-, Eisen- und Stahlerzeugung, Schiff- und Eisenbahnbau boomten: Großbritannien wurde zur Werkstatt der Welt. Um die jeweiligen wirtschaftlichen Kräfte besser zu mobilisieren, wurde Mitte des 19. Jahrhunderts der Freihandel eingeführt, der nicht nur Bewegungsfreiheit im Handel, sondern auch Wettbewerbsfreiheit im Industriesektor garantieren sollte. Die Maßnahmen belebten den Handel, der Lebensstandard stieg, liberale Kräfte gewannen an Boden. Inzwischen begann man auf dem Kontinent, die heimischen Industrien mit Zöllen zu schützen und den technischen Rückstand aufzuholen. In den 80er Jahren des 19. Jahrhunderts brach dann ein fieberhafter Wettstreit um die letzten Gebiete in Übersee los, über denen noch keine fremde Flagge wehte. Großbritanniens Konkurrenz erstarkte.

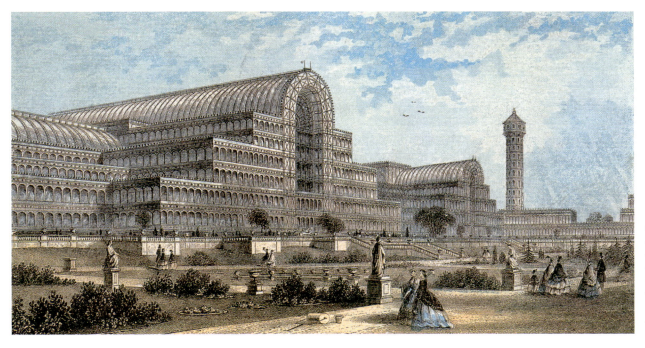

Der von Sir Joseph Paxton für die erste Internationale Ausstellung (1851) erbaute riesige Crystal Palace (Kristallpalast) in London war ein Meilenstein in der Glasarchitektur.

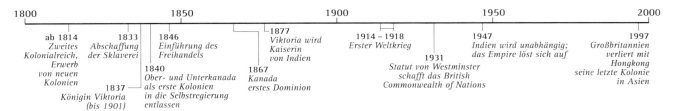

1800 — 1850 — 1900 — 1950 — 2000

- **ab 1814** Zweites Kolonialreich, Erwerb von neuen Kolonien
- **1833** Abschaffung der Sklaverei
- **1837** Königin Viktoria (bis 1901)
- **1840** Ober- und Unterkanada als erste Kolonien in die Selbstregierung entlassen
- **1846** Einführung des Freihandels
- **1867** Kanada erstes Dominion
- **1877** Viktoria wird Kaiserin von Indien
- **1914–1918** Erster Weltkrieg
- **1931** Statut von Westminster schafft das British Commonwealth of Nations
- **1947** Indien wird unabhängig; das Empire löst sich auf
- **1997** Großbritannien verliert mit Hongkong seine letzte Kolonie in Asien

*Cecil Rhodes machte in Afrika ein Vermögen durch Diamantenabbau und gründete die British South Africa Company, die das später nach ihm benannte Rhodesien ausbeutete. Rhodes war einer der führenden Kolonialpolitiker Großbritanniens.*

## Der britische Imperialismus

Das Ausgreifen der Briten auf die anderen Kontinente war in erster Linie durch wirtschaftliche Interessen bedingt. Die Herrschaftspraxis bestimmte hingegen ein Bewusstsein, der größten Weltmacht seit Rom anzugehören. In diese Haltung mischten sich ein rassisches Überlegenheitsgefühl und die Überzeugung, »primitiven« Kulturen die Zivilisation bringen zu müssen. So war die Herrschaft der Briten lange Zeit von Rassismus und Ausbeutung geprägt. Sie exportierten ihre Zivilisation in die ganze Welt und zwangen den anderen Kulturen ihre Gesetze und gesellschaftlichen Strukturen auf. Unter der britischen Herrschaft setzte sich in den betroffenen Regionen entweder Englisch als Verkehrs- oder zweite Amtssprache durch oder es bürgerte sich das so genannte Pidgin-Englisch ein, eine aus Englisch und den jeweiligen einheimischen Idiomen gemischte Umgangssprache.

Beteiligt an der Erschließung waren insbesondere die Handelskompanien, die Gebiete in Besitz nahmen, aber auch einzelne Unternehmer, Händler, Soldaten, Missionare, Straftäter, Ingenieure, Pflanzer, Forscher, Goldsucher und Abenteurer. Mit dem Mutterland wurden die Kolonien durch ein Verwaltungs-, Kommunikations- und Transportnetz verbunden. Die Briten bauten zum Beispiel in Überseeländern Eisenbahnen, Häfen, Kanäle und umspannten die Welt mit Telegrafendrähten.

*Britische Pflanzer auf einer Ananasplantage auf den Bahamas; Stich von 1880*

## Die britische Herrschaft in den Kolonien

Innerhalb des Weltreichs unterschied man zwei Arten von Territorien: Die einen könnte man als Auswanderungsländer bezeichnen, die anderen als Kolonialstaaten. Zu den Erstgenannten gehörten Kanada, Australien und Neuseeland, große, dünn besiedelte Länder, die erschlossen wurden, indem man Engländer, Schotten, Waliser und Iren dort ansiedelte. Auf diese Weise wollte man die Vorherrschaft der weißen Bevölkerung sicherstellen und Land durch Bewirtschaftung nutzbar machen.

Die Auswanderer rekrutierten sich meist aus Randgruppen und Unterprivilegierten, die für die Ansiedlung in Übersee mit billigen Schiffspassagen und erschwinglichen Landangeboten angeworben wurden: arme Leute, Proletarier, Puritaner, aber auch Waisenkinder oder – etwa in Australien – Kriminelle. In der Regel nahmen sie das Angebot gerne an, denn fernab der Enge des streng aristokratisch geprägten Großbritannien konnten weitaus großzügigere soziale Strukturen entstehen. Allein im 19. Jahrhundert gingen etwa 16 Millionen Menschen in diese Länder, die von Weißen regiert wurden und relativ schnell ihre innere Autonomie erhielten. Sie wurden zu Dominions, zu selbständigen Mitgliedsstaaten des Empire.

Auf den anderen Kontinenten stellten die Briten eine zahlenmäßig kleine Schicht dar. Wenige Dutzend bis einige Hundert Briten – meist Kolonialbeamte, die für den Dienst in den Kolonien ausgebildet worden waren – herrschten in der Regel über mehrere Millionen Einheimische in Indien, Asien oder Afrika. Manche Kolonien wurden von einem britischen Vizekönig, Generalkapitän, Administrator oder Militärgouverneur befehligt, andere durften ihre traditionellen politischen Führer behalten, sofern sie mit den Briten kooperierten. Ein typischer Repräsentant der britischen Führungsschicht war zum Beispiel Cecil Rhodes, der im südlichen Afrika über ein Rhodesien genanntes Gebiet vom Limpopo bis zum Sambesi herrschte.

Indien wurde lange von der Ostindienkompanie verwaltet, bevor es der britischen Krone direkt unterstellt wurde. Der Vizekönig von Indien herrschte über 300 Millionen Inder. Die Einheimischen arbeiteten für die Kolonialherren auf Baumwollfeldern und Plantagen, in Bergwerken, beim Eisenbahnbau oder als Diener. Außerdem brachten die Briten Tamilen aus Südindien als Arbeitskräfte nach Ceylon, das heutige Sri Lanka, und Malaya, das heutige Malaysia und Singapur. Inder wurden zudem in der Karibik, in Britisch-Guyana und auf den Fidschi-Inseln sowie im Eisenbahnbau in Kenia, Uganda und Südafrika eingesetzt, Sikhs dienten in der Polizei von Hongkong.

Die Briten verfuhren bei der Durchsetzung ihrer Interessen nicht zimperlich. Bei Verletzung der britischen Gesetze waren Prügel- und Todesstrafen für die Einheimischen an der Tagesordnung. Unvorstellbar groß war zudem die Zahl der Menschen, die an eingeschleppten Krankheiten zugrunde gingen. Und auch vor militärischen Konflikten schreckte man nicht zurück, wie etwa die Marathen-Kriege in Indien, die Opiumkriege gegen China oder die Kriege gegen die Buren in Südafrika zeigen. Harte, sogar gefürchtete Gegner waren die Zulu im südlichen Afrika sowie die Afghanen. Sie machten den britischen Armeen trotz deren waffentechnischer Überlegenheit erheblich zu schaffen.

## Das Erbe des britischen Weltreichs

Im 20. Jahrhundert schrumpfte das Britische Reich der viktorianischen Zeit rasch wieder zusammen. Andere Länder – allen voran Deutschland – hatten den technologischen und wirtschaftlichen Rückstand aufgeholt und wurden zu Konkurrenten. Die

# Das britische Weltreich

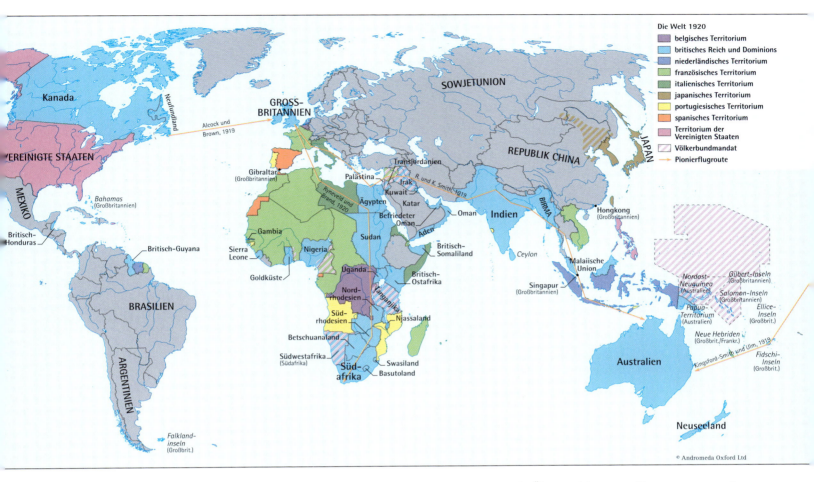

*Die territoriale Aufteilung der Welt im Jahre 1920*

Die Auswanderungswellen in die Überseegebiete waren längst verebbt, als allmählich Menschen aus den ehemaligen Kolonien nach Großbritannien kamen, das mittlerweile international an Bedeutung verloren hatte. Die Loslösung der Kolonien in Afrika und Asien vom Mutterland war mitunter konfliktreich und zog sich lange hin; so wurde etwa Rhodesien, das heutige Simbabwe, erst 1980 unabhängig und 1997 schließlich verlor Großbritannien mit Hongkong die letzte Kolonie in Asien. Gleichwohl besitzt Großbritannien nach wie vor Außengebiete wie die Britischen Jungferninseln, die Falklandinseln oder Gibraltar.

## Das moderne Commonwealth

Das Statut von Westminster von 1931 legt das British Commonwealth of Nations als einen Zusammenschluss autonomer Gemeinschaften innerhalb des britischen Empire fest, die alle gleichen Status haben und Großbritannien weder in inneren noch äußeren Angelegenheiten untergeordnet sind. Heute sind noch über 50 Staaten Mitglieder des Commonwealth, das die britische Königin zum Oberhaupt hat. Einige Mitgliedsstaaten erkennen Elisabeth II. außerdem als Königin an, andere sind Republiken oder besitzen eigene Monarchien. Das Commonwealth ist ein freiwilliger Zusammenschluss, dessen Mitgliedsstaaten sich alle zwei Jahre treffen, um Fragen der Wirtschaft, Finanzen, Armutsbekämpfung, Bildung, Jugend, Gesundheit, Umwelt und des Rechts zu erörtern.

Kolonien drängten in die Unabhängigkeit, die ihnen nach und nach gewährt wurde. Das Empire bildete sich in das British Commonwealth of Nations um und wurde eine einheitliche Wirtschaftszone. Seit dem Zweiten Weltkrieg sind die Commonwealth-Länder souverän, auch in außenpolitischen Fragen.

*Chris Patten, der letzte britische Gouverneur von Hongkong, übernimmt am 1. Juli 1997 die gefaltete britische Flagge. Die vertragsgemäße Rückgabe Hongkongs an China setzte den Schlusspunkt der britischen Herrschaft über die Kronkolonie.*

➤ **Kriege und Konflikte:** Der irische Freiheitskampf
➤ **Kriege und Konflikte:** Indische Unabhängigkeitsbewegung
➤ **Kriege und Konflikte:** Der Zweite Weltkrieg in Europa und Afrika
➤ **Menschen und Ideen:** Königin Viktoria
➤ **Menschen und Ideen:** Winston Churchill

# Zwischen kolonialer Ausbeutung und nationalem Erwachen
# Indien unter britischer Herrschaft

*Als die im Jahr 1600 gegründete Ostindienkompanie 1610 erste Handelsniederlassungen in Indien errichtete, verfolgten die Briten zunächst nur rein wirtschaftliche Interessen. Im Verlauf der folgenden 350 Jahre wurde Großbritannien dann zu der den gesamten Subkontinent beherrschenden Militärmacht.*

*In Jhansi (Uttar Pradesh) fand während des Sepoy-Aufstandes 1857 ein Massaker an der britischen Bevölkerung statt.*

*Eine Angehörige der britischen Oberschicht in Indien beim Tee*

Den entscheidenden Übergang von dem zunächst rein wirtschaftlich orientierten Handelsunternehmen der East India Company, der britischen Ostindienkompanie, zur politischen Ordnungsmacht in Indien markiert das Jahr 1757. Damals eroberte der Nawab (Fürst) von Bengalen Calcutta und ließ dabei viele Briten ermorden. Nur wenige Monate später nahmen die Briten unter der Führung des wagemutigen Feldherrn Robert Clive in der Schlacht von Plassey nicht nur blutige Revanche an dem Lokalherrscher, der es gewagt hatte, eine Weltmacht herauszufordern, sondern schlugen gleichzeitig die mit ihm verbündeten Franzosen. Damit begann der Aufbau der britischen Herrschaft in Indien.

In den folgenden Jahrzehnten gelang es den Briten in einer Reihe erfolgreicher Feldzüge gegen aufständische Regionalstaaten, ihre Stellung auszubauen. Anfang des 19. Jahrhunderts waren sie die unumschränkten Herrscher Indiens, womit das Land zum ersten Mal in seiner Geschichte unter einer Zentralgewalt vereint war. Wichtiger noch als ihre militärischen Siege war für die Festigung ihrer Position ihre Machtpolitik, die sich am Prinzip »Teile und herrsche« orientierte. Im Rahmen dieser Strategie beließen sie den mächtigen Lokalherrschern, den Maharadschas, zwar formal ihre Unabhängigkeit – faktisch unterstellten sie sie jedoch der Oberherrschaft der europäischen Kolonialmacht.

## Lokale und koloniale Ausbeutung

Die Expansionspolitik während der Blütezeit des britischen Imperialismus in der zweiten Hälfte des 19. Jahrhunderts hatte einen enormen Anstieg der Militärausgaben zur Folge. Die Gehälter der 70 000

*George Nathaniel Curzon war 1899 bis 1905 Vizekönig von Indien. Er erweiterte den britischen Machtbereich und führte die Teilung Bengalens durch.*

in Indien stationierten britischen Soldaten lagen deutlich über denen in der Heimat, bei den höheren Dienstgraden überstiegen sie sie sogar um das Dreifache. Der Militäretat verschlang schließlich 300 Millionen Rupien, was etwa einem Drittel der gesamten Staatsausgaben entsprach.

1857 bis 1859 brachte der Aufstand der Sepoys, wie die von der Ostindienkompanie angestellten Truppen hießen, die britische Vorherrschaft ernsthaft in Gefahr. Zu diesem Zeitpunkt setzten sich die Einnahmen zur Hälfte aus der Grundsteuer, zu einem Fünftel aus den Einkünften aus dem Opiummonopol, zu einem Zehntel aus der Salzsteuer sowie aus anderen Einkünften zusammen. Dieses Verhältnis sollte sich in den nächsten fünfzig Jahren erheblich wandeln. Um die Jahrhundertwende nahmen Zölle und Verbrauchsteuern einen wesentlich höheren Anteil ein, während die Opiumsteuer praktisch keine Rolle mehr spielte. Bei dieser Regelung fielen sowohl für die indischen Lokalfürsten als auch für die britische Krone riesige Gewinne ab. Diese wurden von den Briten zu großen Teilen in ihr Heimatland transferiert. Die Maharadschas der etwa 500 verbliebenen Fürstenstaaten, die etwa ein Drittel des indischen Staatsgebietes ausmachten, versuchten hingegen ihre politische Ohnmacht durch verschwenderischen Prunk zu übertünchen.

| 1600 | 1650 | 1700 | 1750 | |
|---|---|---|---|---|
| **1610/1611** Die Ostindienkompanie errichtet Handelsniederlassungen in Madras und Bombay | | | **1757** Sieg der Briten über den Nawab von Bengalen | **1760** Franzosen werden in der Nähe von Madras entscheidend geschlagen |

# INDIEN UNTER BRITISCHER HERRSCHAFT

*Indien unter britischer Herrschaft*

Als letztlich entscheidend für den Erfolg der Briten erwies sich ihre Fähigkeit, als erste Herrscher der indischen Geschichte das riesige Land unter die einheitliche Verwaltung fest besoldeter Beamter zu stellen, die jederzeit versetzbar waren und sich deshalb keine regionale Hausmacht aufbauen konnten. Auf diese Weise stülpte die europäische Kolonialmacht eine moderne Bürokratie westlichen Zuschnitts einer alten Agrargesellschaft über, die rücksichtslos ausgebeutet wurde.

## DIE ERBLAST DER BRITISCHEN KOLONIALHERRSCHAFT

Die Briten selbst weisen auch heute noch gern auf die unter dem Begriff *steel frame* zusammengefasste positive Hinterlassenschaft ihrer Kolonialherrschaft hin. Hierzu gehören der Aufbau einer funktionierenden Bürokratie, die Errichtung eines weit verzweigten Eisenbahnnetzes, die Einführung eines Rechts- und Bildungswesens sowie die Etablierung demokratischer Grundwerte. Wesentlich schwerer wiegen jedoch die negativen Folgen des britischen Kolonialismus: die Unterdrückung traditioneller indischer Bildungs- und Rechtsvorstellungen, die Zerstörung der einheimischen Textilindustrie, die Degradierung des Landes zu einem reinen Rohstofflieferanten sowie die Entstehung einer Heerschar von Proletariern. Letztendlich waren es dennoch gerade Mitglieder der indischen Oberschicht, die an den von den Briten geschaffenen Hochschulen ausgebildet worden waren, welche die Ausbeutung ihres Mutterlandes als Erste anprangerten und damit zum Träger der indischen Unabhängigkeitsbewegung wurden.

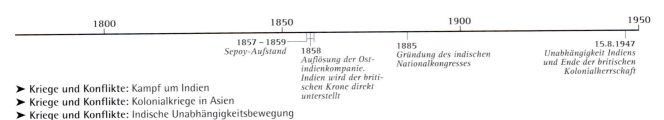

- ➤ Kriege und Konflikte: Kampf um Indien
- ➤ Kriege und Konflikte: Kolonialkriege in Asien
- ➤ Kriege und Konflikte: Indische Unabhängigkeitsbewegung
- ➤ Menschen und Ideen: Königin Viktoria
- ➤ Menschen und Ideen: Mahatma Gandhi

# ZEIT DER DEMÜTIGUNG
## ASIEN UNTER KOLONIALER HERRSCHAFT

*Machtausübung ohne Rücksicht auf geografische, ethnische oder geschichtliche Verhältnisse ist das Charakteristikum des Imperialismus. Den haben in Asien nicht nur die Europäer beherrscht, als sie große Teile kolonialisierten, sondern auch ein asiatisches Land: Japan.*

*Das Gemälde zeigt britische Truppen, die im ersten britisch-birmanischen Krieg ein Fort erstürmen.*

Bei der kolonialen Eroberung und Ausbeutung Asiens spielte Großbritannien die Hauptrolle und auch Frankreich übernahm einen bedeutenden Part. Die Regierungen selbst waren dabei anfänglich nur indirekt involviert. Es waren die Ostindienkompanien, die im 17. Jahrhundert an den Küsten Indiens sowie Südost- und Ostasiens Stützpunkte aufbauten, die den Handel sichern sollten.

### BRITEN UND FRANZOSEN

Im Jahr 1858 unterstellte London Indien direkt der britischen Krone. Da die Briten an der Ausweitung ihrer Territorien in Asien interessiert waren, verleibten sie Birma, das heutige Myanmar, 1886 Britisch-Indien ein. Nach einem Aufstand 1935 spaltete sich das Land 1937 wieder von Britisch-Indien ab. Londons Herrschaft über Britisch-Indien dauerte bis zum August 1947. Den Niedergang des Empire hatte der zäh durchgehaltene und von völliger Gewaltlosigkeit begleitete passive Widerstand eingeleitet, zu dem der »nackte Fakir« – wie Churchill die »Seele Indiens«, Mahatma Gandhi, zu diffamieren trachtete – das Volk aufgerufen hatte.

Da der indische Subkontinent bereits von Großbritannien beansprucht war, wandte sich Frankreich Südostasien zu. Den Vorstößen der Handelsgesellschaften folgten militärische. 1863 wurde das westliche Mekong-Delta (Kambodscha) erobert und vereinnahmt, 1884 proklamierte man Zentral- und Nord-Vietnam zum französischen Protektorat und 1887 schloss Paris die Regionen zur Union von Indochina zusammen. Frankreich musste die Macht über Indochina zwar kurzfristig an Japan abgeben, das während des Zweiten Weltkriegs die Pazifikküste von Korea bis Südostasien besetzte, erlangte sie aber nach dem Krieg wieder zurück. Dies ermöglichte die Hilfe der USA, denen nach dem Sieg der Kommunisten in China ein kolonisiertes Indochina als Bollwerk gegen den Kommunismus galt. Die Kolonialzeit der Franzosen in Asien endete 1954, als sie im Indochinakrieg bei Dien Bien Phu entscheidend geschlagen wurden.

### KOLONIALISIERUNG – DAS BEISPIEL CHINA

Die britische Ostindienkompanie spielte auch in der Kolonialisierung Ostasiens eine entscheidende Rolle. Ein Jahrhundert lang hatte sie aus Nordindien illegal Opium über Canton nach China geschleust und die Zahl der Drogenabhängigen stieg dramatisch an. Als China sich dagegen zu wehren begann und den Drogenvorrat verbrannte, entfachte das den so genannten 1. Opiumkrieg (1840–1842). Das unterlegene China unterwarf sich 1842 mit dem Vertrag von Nanjing dem britischen Diktat, das es unter anderem dazu verpflichtete, Hongkong abzutreten, Häfen wie Schanghai für den Handel zu öffnen und Ausländern Exterritorialrechte und Konzessionen zu gewähren. Das weckte die Gier anderer Staaten, weshalb sich sogleich auch Frankreich,

*Der Führer der indischen Unabhängigkeitsbewegung, Mahatma Gandhi (1869–1948), kommt 1931 in Großbritannien an, um an einer Verfassungskonferenz teilzunehmen.*

Russland, die USA und Japan ihre Interessensphären sicherten.

Deutschland trat erst im Jahr 1897 mit kolonialen Interessen in Asien auf. Kaiser Wilhelm II. suchte nach einem Schutzhafen für seine Ostasienflotte und fand schließlich eine willkommene Gelegenheit, als zwei deutsche Missionare während fremdenfeindlicher Unruhen ermordet wurden. Der deutsche Herrscher ließ daraufhin Qingdao besetzen und beanspruchte als Wiedergutmachung für die Morde einen über 99 Jahre laufenden »Pacht-

# ASIEN UNTER KOLONIALER HERRSCHAFT

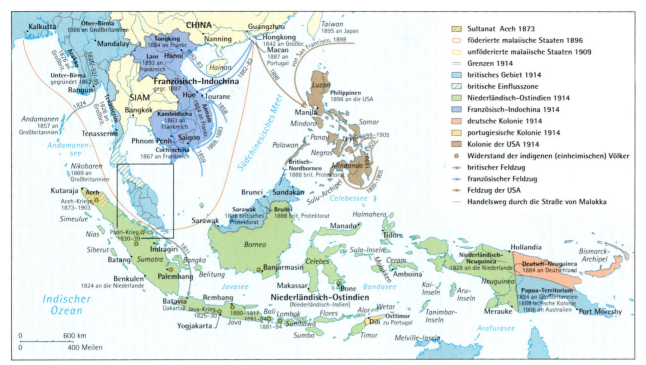

*Südostasien unter europäischer Herrschaft*

vertrag« für die Stadt Qingdao und das umliegende Gebiet auf der Halbinsel Shandong.

## JAPANS VORSPRUNG VOR CHINA

Doch der Westen hatte nicht nur auf China ein Auge geworfen – auch Japan und Korea wurden bedrängt. Während sich Korea erfolgreich wehren konnte, begann der Tenno 1854 damit, Japans Häfen zu öffnen. In der Meiji-Ära (1868 – 1912) reformierte der japanische Kaiser Mutsuhito den Staat, öffnete ihn für demokratische Ideen und eine liberale Wirtschaft. So machte er Japan schon ab 1868 fit für die Zukunft und schaffte einen Entwicklungsvorsprung vor China von rund hundert Jahren.

Diese Situation ermöglichte es Japan, selbst imperialistische Großmacht zu werden. Des Tennos Ziel war es, langfristig den Pazifik und kurzfristig seine Nachbarn im Westen zu beherrschen. So marschierten 1895 japanische Truppen in Korea ein, das 1910 als Generalgouvernement eingegliedert wurde, und griffen von dort aus über die Mandschurei nach China. Während der Westen seine Kolonialbestrebungen nach der Revolution in China 1911 aufgab, führte Japan seinen Eroberungskurs fort. 1932 inthronisierte der Tenno den entmachteten letzten Kaiser auf dem Drachenthron als Marionettenherrscher in der Mandschurei. Dieser durfte fünf Jahre lang regieren, bis Japan China den Krieg erklärte und die gesamte Küste überfiel. Mit dem Zweiten Weltkrieg endete auch der japanische Imperialismus.

## BLUTIGE EROBERUNGSPOLITIK

Im Jahr 1900 opponierten die »Faustkämpfer für Recht und Einigkeit«, die »Boxer«, in China gegen die westlichen Kolonialmächte. Die Lage spitzte sich im Juni bis August dauernden »Boxeraufstand« zu; China erklärte den Westmächten offiziell den Krieg. Acht Staaten sandten ihre alliierten Truppen zur Niederschlagung des Aufstandes, dem Massaker an in China lebenden Ausländern vorausgegangen waren. Die ausländische Intervention brachte den Aufstand schnell zum Scheitern. Mit welch gewollter Brutalität dabei vorgegangen wurde, zeigt ein Zitat aus der berüchtigten »Hunnenrede« Kaiser Wilhelms II., die er bei der Verabschiedung des Strafexpeditionskorps nach China im Juli 1900 hielt: »Pardon wird nicht gegeben. Gefangene werden nicht gemacht!«

➤ **Kriege und Konflikte:** Kolonialkriege in Asien
➤ **Kriege und Konflikte:** Erhebungen in Ostasien gegen die Kolonialmächte
➤ **Kriege und Konflikte:** Indische Unabhängigkeitsbewegung
➤ **Kriege und Konflikte:** Indochinakrieg
➤ **Menschen und Ideen:** Mahatma Gandhi

# Afrika unter kolonialer Herrschaft

*Weder die afrikanischen Herrscher noch deren Untertanen waren um Zustimmung gebeten worden, als 13 europäische Staaten und die USA auf der Kongo-Konferenz 1884/85 in Berlin den ganzen Kontinent unter sich aufteilten. Sie markierte den Beginn des Kolonialismus in Afrika, dessen Folgen in den heute unabhängigen Staaten nachwirken.*

*Einheimische Afrikaner bewerben sich bei der deutschen Kolonialmacht als Freiwillige für die Schutztruppen.*

Ende des 19. Jahrhunderts hatte sich Afrika noch nicht von seiner Ausblutung durch den transatlantischen Sklavenhandel erholt, der im Osten des Kontinentes sogar noch andauerte. Zu diesem Zeitpunkt begannen die Europäer, die bis dato allenfalls die afrikanischen Küstengebiete kontrollierten und das Landesinnere nur von einigen Reiseberichten flüchtig kannten, mit der territorialen Eroberung des Kontinents. Außenpolitische und wirtschaftliche Interessen, manchmal auch soziale Probleme, wie hohe Arbeitslosigkeit, stachelten die Länder zu diesem Unternehmen an.

### Startschuss zur Eroberung

Bald gerieten die Staaten über den künftigen Besitz des Kongos in Streit, zu dessen Schlichtung Reichskanzler Bismarck 1884/85 zur berühmt gewordenen Berliner Kongo-Konferenz einlud. Vertreter aus 13 europäischen Nationen, wie etwa Großbritannien, Frankreich, Italien, Belgien, Spanien und Portugal, sowie der USA stritten dort um die besten Stücke des afrikanischen »Kuchens«. Am grünen Tisch zog man – teils mit dem Lineal – ohne Rücksicht auf kulturelle Bande oder Unterschiede der einheimischen Gesellschaften die Grenzen auf der Landkarte. Die europäischen Machtinteressen waren abgesteckt, das Signal zum Ansturm auf Afrika war gegeben.

Während 1880 kaum ein Zehntel Afrikas von Europäern in Besitz genommen war, hatten diese bereits zwanzig Jahre später den gesamten Rest vereinnahmt. Erpresste »Verträge«, gewaltsame Niederschlagung jeglichen Widerstandes oder Massaker an ganzen Völkern waren dabei Mittel der Wahl.

Die Formen der Kolonialherrschaft zeigten in Afrika verschiedene Gesichter – abhängig von der jeweiligen Kolonialmacht und dem eroberten Territorium, in dem sie regieren. Die Machtausübung in den Kolonien reichte vom angeblichen »Schutz« der Gebiete über formell-direkte bis hin zur indirekten Herrschaft, bei der bestimmte Regierungsfunktionen unter Aufsicht der Kolonialverwaltung von Einheimischen übernommen wurden.

### Wirtschaft und Kultur

»Ohne Kolonien keine Sicherheit im Bezug von Rohstoffen..., darum, Deutsche, müssen wir Kolonien haben«, betonte General von Hindenburg kurz vor Ausbruch des Ersten Weltkrieges. Für den Export in die Mutterländer entstanden Plantagen – Baumwolle, Erdnüsse oder Kaffee – auf den besten Böden. Dieses Land stand fortan für die Afrikaner nicht mehr zur Verfügung.

Kolonialismus bedeutete jedoch nicht nur die Aneignung und Beherrschung fremder Gebiete, um diese zu Rohstofflieferanten zu machen. Fünf Millionen Weiße wanderten in den kommenden Jahrzehnten nach Afrika aus. Sie waren beseelt von dem Gedanken, dem Vaterland fremde Gebiete untertan zu machen und dem »kulturlosen« Kontinent die »Zivilisation« zu bringen, als deren höchste Ausprägung die des eigenen Mutterlandes galt. Afrikaner wurden dieser Vorstellung entsprechend als »Kinder« angesehen, die in diesem Sinne zu »erziehen« waren.

Ganz im Sinne des Herrenmenschen-Denkens wurden die Einheimischen zu Untermenschen abgewertet. Daseinsberechtigung hatten sie nur als Arbeitskräfte für die Kolonialwirtschaft. In deren Dienste wurden sie durch Kopf- und Hüttensteuern sowie durch Zwangsarbeit gepresst. Waren sie nicht willig oder fleißig genug, half man etwa mit der berüchtigten Nilpferdpeitsche nach. Geradezu unfassbar sind etwa die Gräueltaten, die aus dem Belgisch-Kongo König Leopolds II. bekannt wurden – sie gaben Grund zu Menschenrechtsbewegungen.

Die vorgeblichen Segnungen der Zivilisation, die die Kolonisierung den Afrikanern brachte, waren keineswegs uneigennützig. Der Bau von Straßen und Eisenbahnwegen war nötig, um die neuen Rohstoffe aus den Plantagen oder Bergwerken zu den Häfen transportieren zu können. Die Schulen dienten vor allem dazu, Hilfskräfte für die koloniale Verwaltung auszubilden. Orientiert an den Mutterländern, lernten die Afrikaner zum Beispiel alles über Napoleon und seine Kriege – über ihre eigene Kultur und

*Auspeitschen war eines der gängigen Mittel zur Bestrafung und Unterdrückung der afrikanischen Bevölkerung.*

# Afrika unter kolonialer Herrschaft

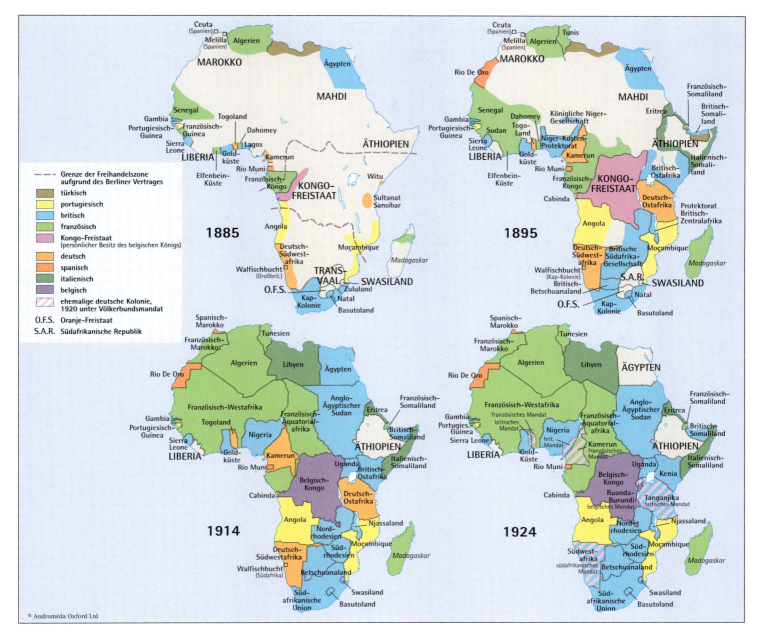

Afrika 1885–1924

Geschichte erfuhren sie nichts. In Schule und Verwaltung durfte nur die Sprache der Kolonialmächte gesprochen werden. Auf vielfältigste Weise wurde den Afrikanern die Höherwertigkeit und Überlegenheit der europäischen Zivilisation so lange eingebläut, bis sie schließlich selbst daran zu glauben begannen.

## Das Ende und die Folgen

Das Deutsche Reich verlor seine Kolonien bereits nach 30 Jahren durch die Niederlage im Ersten Weltkrieg. Den in Afrika tonangebenden Siegermächten Großbritannien und Frankreich, aber auch Belgien, Italien und Portugal, stand der Höhepunkt ihrer kolonialen Macht noch bevor. Doch regte sich in den Kolonien gerade nach dem Zweiten Weltkrieg vermehrt Widerstand. Vor allem in den 1960er Jahren wurden viele afrikanische Länder zumindest formell unabhängig. Die traumatischen Erfahrungen des Kolonialismus haben die Afrikaner jedoch auch mit dem Hissen einer neuen Flagge noch nicht überwunden.

## Kolonialismus und Deutsches Reich: eine Bilanz

Durch die Kolonien in Afrika konnten außenpolitische, wirtschaftliche und soziale Probleme des Deutschen Reiches nicht gelöst werden. Gerade der wirtschaftliche Aufschwung blieb weit hinter den Erwartungen der frühen 1880er Jahre zurück. Vergleicht man die Kosten der Kolonialverwaltung mit den Zoll- und Steuereinnahmen, erwiesen sich die Kolonien für die Volkswirtschaft sogar als Verlustgeschäft. Profitiert haben vor allem private Handelsunternehmen und Banken.

➤ **Kriege und Konflikte:** Europäischer Imperialismus in Nordafrika
➤ **Kriege und Konflikte:** Der Burenkrieg
➤ **Kriege und Konflikte:** Kolonialkriege in Afrika
➤ **Kriege und Konflikte:** Unabhängigkeitskriege südlich der Sahara
➤ **Große Entdeckungen:** Entdeckung Afrikas

# Neuzeitlicher Kolonialismus und Imperialismus

*Auf der Berliner Kongo-Konferenz 1884/85 teilten die europäischen Kolonialmächte den afrikanischen Kontinent unter sich auf.*

## Kolonialismus und Imperialismus

Anfang des 19. Jahrhunderts war Großbritannien trotz seines Verlustes der amerikanischen Kolonien zur stärksten Kolonialmacht aufgestiegen. Das Vereinigte Königreich übernahm die Führungsrolle in der Kolonialisierung Afrikas, Asiens und des pazifischen Raums. Die einst so bedeutenden Kolonialreiche Spanien und Portugal verloren hingegen in diesem Zeitraum ihre amerikanischen Besitzungen, die sich ihre Unabhängigkeit erkämpft hatten. Die französische Kolonialpolitik konzentrierte sich zunehmend auf Asien und Afrika, das um 1900 fast ganz von europäischen Kolonialmächten eingenommen war.

Der *Scramble for Africa*, der Wettlauf um den afrikanischen Kontinent, dessen

Die Epoche des neuzeitlichen Kolonialismus begann Ende des 15. Jahrhunderts, als erste europäische Staaten damit begannen, weit entfernte Teile der Welt für sich zu entdecken, sie zu erobern, zu besiedeln und auszubeuten. In dieser ersten Phase des Kolonialismus, die bis etwa 1800 dauern sollte, dehnten europäische Seefahrernationen – Portugal, Spanien, die Niederlande, Großbritannien und Frankreich – ihren Machtbereich vor allem auf Amerika und Asien aus. Ab Anfang des 19. Jahrhunderts wurde diese Kolonialisierungsbewegung in Asien und Ozeanien ausgedehnt und erstreckte sich im Lauf der Zeit auch auf den gesamten afrikanischen Kontinent. Weltanschaulich unterlegt wurde die europäische Expansion von einer kolonialistischen Ideologie, die die »Zivilisierung« »primitiver« Völker gleichsam als moralische Aufgabe propagierte. Treibendes Moment der Kolonialisierung waren jedoch hauptsächlich der wirtschaftliche Gewinn und – vor allem im Zeitalter des Imperialismus – machtpolitische Vorteile für die Kolonialmächte.

### Europas Expansion nach Übersee

Es war die Suche nach wertvollen Rohstoffen, die die Portugiesen nach Brasilien und vor allem an die Küsten Süd- und Ostasiens brachte. Ihr lukratives Fernhandelsmonopol mit Ostasien wollten denn auch andere brechen – so etwa die Niederlande, die 1602 die Ostindische Kompanie gegründet hatten und im 17. Jahrhundert nach Eröffnung des Seehandels mit China und Japan stetig ihre asiatischen Besitztümer erweiterten. Nach der Entdeckungsfahrt von Christoph Kolumbus 1492 begann Spanien in großem Maße mit der Eroberung der westindischen Inseln, Mittel- und Südamerikas. Diese ging mit einer raschen Kolonisierung der Gebiete einher, denn Spaniens Verlangen nach Silber und Gold aus diesen Regionen war unermesslich. Edelmetalle aus seinen neuen Kolonien waren es denn auch, die Spanien im 16. Jahrhundert seine Eroberungskriege in Europa ermöglichten.

Die Eroberung und Kolonialisierung Indiens ab 1757 ging unter der Führung der britischen Ostindienkompanie von einer Handelsexpansion aus. Aus den im Norden des amerikanischen Kontinents zwischen 1607 und 1732 gegründeten 13 britischen Kolonien gingen Ende des 18. Jahrhunderts nach dem Unabhängigkeitskrieg die Vereinigten Staaten hervor. Sie nahmen zahlreiche Siedler aus Europa auf. Gleiches gilt auch für Australien, in dem ab 1788 Siedler aus dem britischen Königreich ankamen. Die kolonialen Bestrebungen Frankreichs richteten sich hingegen auf Asien und Westkanada (Quebec), das es nach dem Siebenjährigen Krieg 1763 an Großbritannien abtreten musste.

*Eine künstlerische Auseinandersetzung aus Afrika mit dem Kolonialismus*

*Münze mit dem Porträt der Königin Viktoria (1819 – 1901), unter deren Regierung das britische Weltreich zu höchster imperialer Machtentfaltung aufstieg.*

# Kolonialismus und Imperialismus

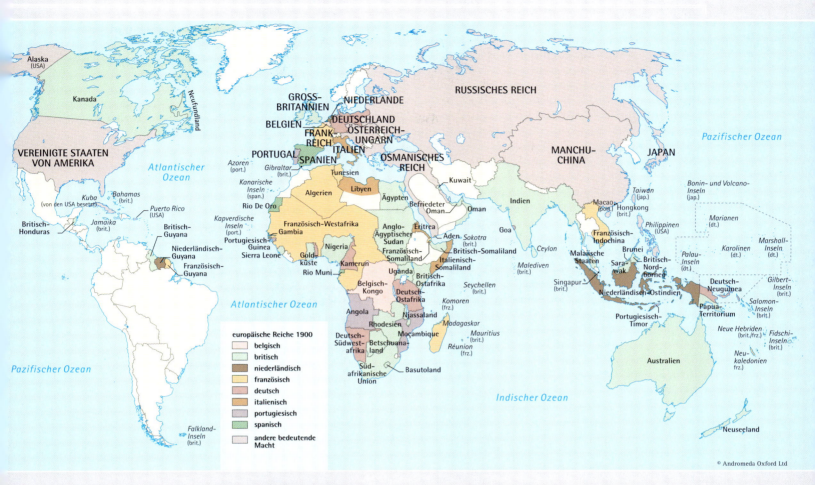

*Europäische und außereuropäische Mächte im Jahre 1900*

koloniale Aufteilung 1884/85 auf der Berliner Kongo-Konferenz geregelt wurde, markiert den Höhepunkt des Kolonialismus, der nun, im Zeitalter des Imperialismus, eng mit geostrategischen Überlegungen der so genannten Mutterländer verbunden war. Vom Ende des 19. bis Anfang des 20. Jahrhunderts waren neue expansionistische und zugleich imperialistische Mächte auf der politischen Bühne erschienen: Das deutsche Kaiserreich, die Vereinigten Staaten von Amerika, Belgien, Italien und Japan. Die bedeutende koloniale Großmacht Osteuropas, das russische Zarenreich, dehnte sich, wie die USA auch, auf dem Festland aus, wobei es einheimische Kulturen häufig zur kulturellen Assimilierung zwang. Russland drang ins Innere Sibiriens, in den Kaukasus und sogar bis auf die koreanische Halbinsel vor. Dort wurde seinem Eroberungsdrang jedoch 1905 durch den verlorenen Russisch-Japanischen Krieg Einhalt geboten. Westeuropa betrieb seit dem Opiumkrieg die Teilung Chinas, was auf einflussreiche Kreise britischer Handelshäuser zurückging, die von Indien aus Opium nach China exportierten.

*Das Auftreten der Kolonialherren wurde in den so genannten Mutterländern auch kritisiert (Karikatur von 1899).*

## Das Ende der Kolonialreiche

Zwischen dem Ersten und Zweiten Weltkrieg befanden sich die kolonialen Systeme kurz vor der Revolte. Die Revolution in Russland wie auch verschiedene nationalistische Bewegungen trugen zusätzlich zur politischen Destabilisierung bei, die im Gefolge des Zweiten Weltkrieges in die letztendliche Entkolonialisierung einmündete. Nachdem vor allem Großbritannien 1947 mit der Unabhängigkeit von Indien und Pakistan den Anfang gemacht hatte, folgten ab 1957 die britischen Kolonien in Afrika, 1960 Zypern und 1964 Malta. Für Frankreich verlief der Rückzug aus seinen Kolonien weniger friedlich, denn ihn begleiteten vor allem der Indochinakrieg und der Algerienkrieg, dazu militärische Auseinandersetzungen in Marokko und Tunesien. In den 1970er Jahren wurden schließlich die portugiesischen Kolonien in Afrika unabhängig und in den letzten Jahrzehnten des 20. Jahrhunderts erlangten auch die letzten Kolonien ihre Unabhängigkeit.

➤ **Kriege und Konflikte:** Kampf um Indien
➤ **Kriege und Konflikte:** Großbritanniens Kampf um die Weltmacht
➤ **Kriege und Konflikte:** Kolonialkriege in Asien
➤ **Kriege und Konflikte:** Imperialismus in Nordafrika
➤ **Kriege und Konflikte:** Erhebungen in Afrika gegen die Kolonialmächte

# DIE JÜDISCHE DIASPORA

*In Osteuropa, Mitte des 19. Jahrhunderts Hauptgebiet der jüdischen Diaspora, entwickelte sich nach schweren Pogromen 1881 die jüdische Nationalbewegung. Unabhängig davon entstand wenige Jahre später im emanzipierten Judentum Westeuropas der politische Zionismus Theodor Herzls.*

*Nach der Ermordung des Zaren Alexander II. im Jahr 1881 emigrierten zahlreiche osteuropäische Juden auf der Flucht vor Pogromen in die USA.*

*Die Synagoge in der Oranienburger Straße im Bezirk Berlin-Mitte war das Herz des jüdischen Viertels. Sie wurde in der Reichspogromnacht und durch Bombardierungen stark beschädigt. Die seit 1995 wieder eröffnete Synagoge beherbergt ein jüdisches Studienzentrum.*

In Deutschland siedelten sich die verbliebenen Juden nach der Vertreibung aus den Städten auf dem Land oder in Kleinstädten an. Einige wenige hielten nach dem Dreißigjährigen Krieg die einflussreiche Stellung von Hofjuden an den zahlreichen deutschen Fürstenhöfen inne. Sie erreichten hier als Geldgeber neue Freiheiten und großen Reichtum, mussten jedoch auch hohe Abgaben an die Herrscher zahlen. Um die Hofjuden der Hohenzollernkönige entwickelte sich in Berlin eine einflussreiche jüdische Gemeinde, deren führender Kopf eine Zeitlang Moses Mendels-

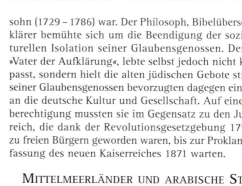

Nach ihrer Vertreibung aus den deutschen Städten wanderten im 15. und 16. Jahrhundert Juden in großer Zahl nach Polen und Litauen aus. Die Juden Osteuropas lehnten die Aufklärung ab, deren Einfluss aus Westeuropa spürbar wurde. Man hielt an den alten jüdischen Traditionen fest. In der Mitte des 19. Jahrhunderts lebten zwei Drittel aller Juden in den östlichen Ländern des Kontinents.

*In der ersten Hälfte des 20. Jahrhunderts kamen immer mehr jüdische Einwanderer in das damalige britische Mandatsgebiet Palästina.*

sohn (1729–1786) war. Der Philosoph, Bibelübersetzer und Aufklärer bemühte sich um die Beendigung der sozialen und kulturellen Isolation seiner Glaubensgenossen. Der *haskala*, der »Vater der Aufklärung«, lebte selbst jedoch nicht kulturell angepasst, sondern hielt die alten jüdischen Gebote streng ein. Viele seiner Glaubensgenossen bevorzugten dagegen eine Angleichung an die deutsche Kultur und Gesellschaft. Auf eine echte Gleichberechtigung mussten sie im Gegensatz zu den Juden in Frankreich, die dank der Revolutionsgesetzgebung 1791 über Nacht zu freien Bürgern geworden waren, bis zur Proklamation der Verfassung des neuen Kaiserreiches 1871 warten.

### MITTELMEERLÄNDER UND ARABISCHE STAATEN

Nachdem Ende des 15. Jahrhunderts nach der christlichen Rückeroberung Spaniens die dort ansässigen Juden emigrieren muss-

ten, siedelten sich viele sephardische Juden in Marokko, Algerien und Tunesien an. Andere zogen in die Gebiete des Osmanischen Reiches, das sich für die jüdische Zuwanderung sehr aufgeschlossen zeigte. Auf dem Balkan, in Griechenland, an der kleinasiatischen Küste und in Palästina entwickelten sich blühende jüdische Gemeinden, die sich nach der Zerschlagung des Osmanischen Reiches im Ersten Weltkrieg auf die nun entstandenen Staaten Türkei, Griechenland, Rumänien und Jugoslawien sowie auf das britische Mandatsgebiet Palästina verteilten.

Die Juden der arabischen Staaten konnten unter islamischer Herrschaft zwar keine rechtliche Gleichstellung, aber immerhin friedliche Koexistenz mit ihren muslimischen Nachbarn genießen. Im 19. und 20. Jahrhundert profitierten sie von der direkten europäischen Kontrolle der Kolonialmächte.

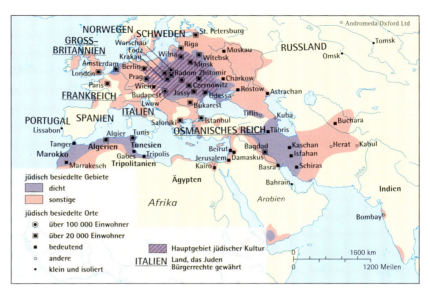

Die jüdische Welt Ende des 19. Jahrhunderts

### DER ZIONISMUS

Die religiöse Sehnsucht nach Rückkehr ins Gelobte Land war für die Diasporajuden immer lebendig geblieben, doch erst das ausgehende 19. Jahrhundert brachte eine säkulare nationaljüdische Bewegung hervor. Diese entstand gleichzeitig, aber unabhängig voneinander, in Ost- und Westeuropa. Die osteuropäischen Juden hatten nie eine rechtliche Gleichstellung wie ihre Glaubensbrüder im Westen erreicht und ihre Lage verschlechterte sich zudem nach der Ermordung des russischen Zaren Alexander II. im Jahr 1881. Die folgenden massiven Pogrome bewirkten eine Massenemigration nach Amerika sowie das Anwachsen einer nationaljüdischen Bewegung, die als Ziel die Rückkehr nach »Zion«, ins Gelobte Land, sah.

In Westeuropa prägte das nationalstaatliche Denken des 19. Jahrhunderts auch viele Juden. Das weitgehend emanzipierte deutsche Judentum konnte allerdings mit einem jüdischen Nationalismus wenig anfangen. Als jedoch der Antisemitismus in Westeuropa zunahm und in Kombination mit der Rassentheorie eine neue Dimension erreichte, veröffentlichte der Wiener Jude und Journalist Theodor Herzl 1896 sein Werk »Der Judenstaat«. Bei vielen Glaubensgenossen stieß er auf große Begeisterung. Herzl war geprägt durch die Beobachtung des französischen Antisemitismus anlässlich der Dreyfus-Affäre, aber auch durch seine eigenen Erfahrungen während des Studiums in Wien. 1897 fand unter seiner Leitung der erste Zionistenkongress in Basel statt, der in seinem Programm »die Schaffung einer öffentlich-rechtlichen Heimstätte für das jüdische Volk in Palästina« forderte. Die osteuropäischen Zionisten schlossen sich Herzls Bewegung rasch an.

Amsterdam, Sommer 1943: Juden auf dem Weg zu ihrer Deportation in ein nationalsozialistisches Konzentrationslager

### DER HOLOCAUST

Unter den Nationalsozialisten geriet der Antisemitismus zum staatlich diktierten Terror. Bereits 1933 wurde das erste Konzentrationslager in Dachau errichtet und erfolgte der Boykott gegen jüdische Ärzte, Anwälte und Geschäftsleute; 1935 bereiteten die »Nürnberger Rassegesetze« die rechtliche Grundlage für die Verfolgung der ihrer staatsbürgerlichen Rechte beraubten Juden. Zur offenen Gewalt kam es 1938 in der Reichspogromnacht, von der NS-Propaganda zynisch-verharmlosend »Reichskristallnacht« genannt. Ab 1939 wurden Millionen Juden auch in den von Deutschland eroberten Gebieten verfolgt, wo sich nur selten eine Opposition gegen die nationalsozialistische Judenpolitik erhob. Ab 1939 mussten polnische Juden in Gettos ziehen, deutsche Juden wurden ab 1941 systematisch in Vernichtungslager deportiert. 1942 wurde auf der Wannseekonferenz die planmäßige Ermordung der Juden im deutschen Herrschaftsbereich, die »Endlösung«, beschlossen und geplant. Durch den Holocaust (griechisch: »Brandopfer«) – besser ist die hebräische Bezeichnung Shoa (»Vernichtung«) – wurden etwa sechs Millionen Juden ermordet; das osteuropäische Judentum wurde fast gänzlich ausgelöscht: Allein in Polen fanden drei Millionen der rund 3,3 Millionen Juden den Tod.

▶ Religionen und Glaubensformen: Jüdische Reformbewegungen und Assimilation
▶ Religionen und Glaubensformen: Zionismus und Entstehung Israels
▶ Kriege und Konflikte: Holocaust
▶ Menschen und Ideen: Theodor Herzl
▶ Menschen und Ideen: David Ben Gurion

# VEREINIGUNG UND EXPANSION
# ITALIEN AB 1830

*Im politisch zersplitterten Italien mobilisierten die Ideen der Französischen Revolution eine Bewegung, die mit kriegerischen und diplomatischen Mitteln die Einigung erreichte. Innenpolitische Probleme versuchte der neue Einheitsstaat durch die Erweiterung seines Machtgebiets zu lösen.*

*Der Staatsmann Camillo Graf Benso di Cavour war führend am Einigungsprozess Italiens beteiligt. Seine Zeitschrift »Il Risorgimento« war namengebend für die Risorgimento (etwa »Wiederauferstehung«) genannte Epoche bis 1870, in der der geeinte italienische Nationalstaat entstand.*

Während vor allem der Freiheitskämpfer Giuseppe Mazzini (1805 – 1872) das Ziel eines von Fremdherrschaft befreiten republikanischen Einheitsstaats propagierte, setzte die Gruppe der Neoguelfen auf das Königreich Piemont-Sardinien und ein erneuertes Papsttum. Diese Institutionen sollten als Geburtshelfer einer konstitutionellen Monarchie dienen. Angesichts der Realitäten erschien das als politische Träumerei, denn der König von Piemont-Sardinien teilte sich mit zwei ausländischen Dynastien – dem Haus Habsburg in Lombardo-Venetien und den Bourbonen im Königreich beider Sizilien – die Herrschaft über Ober- und Süditalien. Die Habsburger dominierten zudem die Mittel- und Kleinstaaten, wohingegen der Kirchenstaat von Bologna bis Rom reichte.

In der ersten Hälfte des 19. Jahrhunderts verblieb die nationale Opposition machtlos. Die von Geheimbünden wie etwa den Carbonari angezettelten Aufstände im Gefolge der Pariser Julirevolution von 1830 wurden rasch niedergeschlagen und nach einer zweiten revolutionären Welle in den Jahren 1848 und 1849 stand die nationale Bewegung vor einem Scherbenhaufen. Piemont-Sardiniens König hatte nach verlorenem Krieg gegen Österreich zu Gunsten seines Sohnes Viktor Emanuel abgedankt; die von Giuseppe Garibaldi (1807 – 1882) verteidigte Römische Republik war nach zweimonatiger Belagerung Roms durch französische Hilfstruppen des Papstes im Juli 1849 am Ende. Als letzte revolutionäre Bastion streckte im August 1849 Venedig die Waffen.

### MIT KRIEGS- UND WINKELZÜGEN ZUR EINHEIT

Nur wenige Jahre danach schlug die Stunde des Camillo Graf Benso di Cavour (1810 – 1861). 1852 zum Ministerpräsidenten von Piemont-Sardinien berufen, unterstützte er im Krimkrieg von 1854 die Westmächte gegen Russland mit einem Hilfscorps von 15000 Mann. Mit diesem Schachzug wollte er die Erörterung der italienischen Frage bei den Friedensverhandlungen erreichen. Zwei Jahre nach Ende des Krieges sagte ihm schließlich Kaiser Napoleon III. bei einem Geheim-

*Architekten der italienischen Einigung: König Viktor Emanuel II. (links), Camillo Graf Benso di Cavour (Mitte) und Giuseppe Garibaldi.*

| 1830 | 1840 | 1850 | 1860 | 1870 | 1880 | 1890 |
|---|---|---|---|---|---|---|
| | 1831 – 1845 *Aufstände in verschiedenen Regionen Italiens* | 9.2. – 20.6.1849 *Römische Republik in Rom* | 17.3.1861 *Proklamation des Königreichs Italien*  24.6.1859 *Schlacht von Solferino* | 1870 *Annexion des Kirchenstaates*  1871 *Rom wird Hauptstadt* | 1882 *Italien erhält die Küste Eritreas und Somalias* | 1889 *Einnahme weiterer äthiopischer Gebiete und Errichtung der Kolonien Eritrea und Somaliland* |

# Italien ab 1830

treffen im Juli 1858 in Plombière Unterstützung gegen einen österreichischen Angriff zu. Nach einem Sieg sollte Norditalien frei bis zur Adria sein und im Gegenzug Savoyen an Frankreich abgetreten werden. In der Folge rüstete Cavour auf und Garibaldi warb Freischaren an. Österreich verlangte nun ultimativ eine einseitige Abrüstung. Für Frankreich war damit der zum Eingreifen verpflichtende Kriegsgrund gegeben. Die Auseinandersetzung endete schon bald mit Kaiser Franz Josephs I. Niederlage bei Solferino, woraufhin die beiden Kaiser im Vorfrieden von Villafranca am 12. Juli 1859 vereinbarten, dass nur die Lombardei an Piemont-Sardinien gehen sollte.

Doch die italienische Einheitsbewegung war nicht mehr zu stoppen. Garibaldi sammelte ein Freikorps zum »Marsch der Tausend«, eroberte von Mai bis Juli 1859 Sizilien und zog bald darauf in Neapel ein. Napoleon III. duldete die Besetzung Mittelitaliens, weil Cavour ihm – wiederum geheim – garantiert hatte, dass seine Truppen beim Einrücken in den Kirchenstaat Rom nicht antasten würden. Im Oktober 1860 beschloss das piemontesische Parlament die Annexion Unteritaliens und Florenz wurde Hauptstadt des Königreichs Italien. Das neue Reich verbündete sich im deutschen Einigungskrieg 1866 mit Preußen und gewann nach Österreichs Niederlage Venetien. Als schließlich Napoleon III. im Krieg von 1870/71 seine in Rom stationierten Soldaten benötigte und abzog, erstürmte italienisches Militär die ewige Stadt. Der Papst schloss sich im Vatikan ein und Rom wurde Hauptstadt des Königreichs Italien.

*Bei Solferino tobte am 24. Juni 1859 die Entscheidungsschlacht im Italienkrieg zwischen den Verbündeten Frankreich und Piemont-Sardinien unter Führung Napoleons III. gegen Österreich unter Kaiser Franz Joseph I.*

*Italienische Truppen im italienisch-äthiopischen Krieg (1935/36). Im so genannten Abessinienkrieg wollte Mussolini die Niederlage von Adua (1896) rächen und durch weitere Eroberungen nach Eritrea und Somalia ein ostafrikanisches Reich errichten. Italien gewann den Krieg auch durch den Einsatz von Giftgas, das seit 1926 durch die Genfer Konvention verboten war.*

## Verarmung und Imperialismus

Die liberalen Regierungen der folgenden Jahre stützten sich auf eine schmale Schicht Besitzender. Anfangs waren lediglich zwei Prozent der Bevölkerung wahlberechtigt und 1874 untersagte zudem der Papst den Katholiken die Beteiligung am politischen Leben. Der streng zentralistisch ausgerichtete Staat regierte ohne Rücksicht auf regionale Belange und erhöhte die Steuern, um die Kosten der Einigung zu decken. Der ländliche Süden reagierte mit einem Bandenkrieg, in dem das Militär mehr Verluste erlitt als in den Einigungskriegen; in den nördlichen Zentren folgte das Proletariat anarchistischen Parolen. Die Verarmung löste eine massenhafte Emigration aus: 1914 lebte jeder vierte Italiener im Ausland.

Die Regierungen wollten der Misere mit aggressiver Kolonialpolitik begegnen. Da das stark italienisch besiedelte Tunesien bereits 1881 unter französischer Herrschaft war, schloss Italien 1882 mit Deutschland und Österreich den Dreibund. Mit seinem Eintritt in den Ersten Weltkrieg wechselte es auf die Seite der Entente der Westmächte. Der Krieg forderte von dem Land große Opfer, zudem blieben die Gebietsgewinne weit hinter den von nationalistischen Kreisen geschürten Erwartungen zurück. Diese negative Bilanz war ein Hauptgrund für den Aufstieg der Faschisten in der Nachkriegszeit.

# Ein Pulverfass der Nationalitäten Österreich-Ungarn

*In der zweiten Hälfte des 19. Jahrhunderts bis zum Ausbruch des Ersten Weltkriegs war die Nationalitätenfrage im geschwächten Vielvölkerstaat Österreich-Ungarn vordringlichstes – aber ungelöstes – Problem. Die einzelnen Gruppen kämpften dabei nicht nur gegen Wien, sondern auch gegeneinander.*

*Die deutschen Bundesfürsten gratulieren im Mai 1908 in Schönbrunn Kaiser Franz Joseph I. zum 60. Jahrestag seiner Thronbesteigung.*

*Kaiserin Elisabeth von Österreich, Gemahlin von Franz Joseph I., befürwortete stark den Ausgleich von Österreich und Ungarn (1867). 1898 wurde sie in Genf von einem italienischen Anarchisten erstochen.*

Für Österreich, wo seit 1848 Kaiser Franz Joseph I. herrschte, erwiesen sich die Jahre 1866 und 1867 als schicksalhaft. Das Reich, das durch seine Misserfolge im italienischen Einigungskrieg bereits 1859 die Lombardei verloren hatte, musste 1866 als Folge des Debakels von Königgrätz im Deutschen Krieg nun auch noch Venetien abgeben. Als gravierender erwiesen sich allerdings die innenpolitischen Folgen dieser entscheidenden Niederlage: Österreich war nunmehr von jeglicher politischer Mitgestaltung eines deutschen Nationalstaates ausgeschlossen.

### Der Ausgleich mit Ungarn

Bedeutendstes Ereignis war jedoch 1867 der so genannte Ausgleich mit Ungarn, durch den der österreichische Kaiserstaat zur Doppelmonarchie gewandelt wurde. Diese Realunion umfasste die beiden innenpolitisch selbständigen Staaten Österreich und Ungarn mit ihren jeweiligen Verfassungen. Gemeinsames Staatsoberhaupt blieb der Kaiser von Österreich, der nun gleichzeitig König von Ungarn war. Unter die Zuständigkeit eines gemeinsamen Ministerrats fielen die Finanzen, die Außenpolitik und das Heer. Vor allem mit der gemeinsamen Armee hatte sich der Kaiser ein wirksames Machtinstrument bewahrt. Dem Ausgleich hafteten jedoch zahlreiche Probleme an, da die Krönung Kaiser Franz Josephs zum ungarischen König die Bevorzugung der Ungarn innerhalb der Monarchie verdeutlichte. Der Konflikt mit den anderen Nationalitäten im Reich war somit vorprogrammiert. In dessen westlicher Hälfte erstreckte sich das Kerngebiet der Habsburger in einem großen Bogen von Dalmatien über die Ostalpenländer und Böhmen bis nach Galizien und die Bukowina. Nach dem kleinen Grenzfluss Leitha, der Niederösterreich von Ungarn trennte, wurde der Magyaren-Staat nach dem Ausgleich »Transleithanien« genannt, die österreichische Reichshälfte hieß fortan »Cisleithanien«. Dort lebten Deutsche, Tschechen, Polen, Ruthenen, Slowenen, Kroaten, Italiener und Rumänen, die alle auf ihre Rechte pochten und den Ungarn gleichgestellt werden wollten. Als Erste protestierten die Tschechen gegen die ungleiche Behandlung durch die kaiserliche Krone. Sie forderten eine Eigenstaatlichkeit gleich den Ungarn und wiesen auf die Rechte der Länder der Wenzelskrone hin. In den Chor der Nationalitätenfrage, der bis 1914 nicht enden sollte, stimmten auch die Polen ein, denen man 1868 Autonomie in Galizien gewährte.

*Nationalitäten im Vielvölkerstaat Österreich-Ungarn*

### EIN DÄMON DER MITTELMÄSSIGKEIT

Mit diesen Worten bezeichnete der Schriftsteller Karl Kraus Kaiser Franz Joseph, auf dessen Person die Monarchie letzten Endes zugeschnitten war. Obwohl die Regierung zwischen den österreichischen, ungarischen und zwischenstaatlichen Angelegenheiten unterschied, blieben dennoch die Befugnisse des Kaisers maßgebend: Er ernannte die Minister, konnte das Parlament auflösen, unter Umständen Gesetze erlassen – und er befehligte vor allem die Armee. Dennoch war die Epoche bis 1879 von liberalen Tendenzen geprägt. In dieser Zeit wurden zahlreiche weit reichende Gesetze verabschiedet, Rechtsprechung, Presse, Erziehungswesen, Militär und Wirtschaft wurden liberalisiert, die Gesetze gegen die Juden eingeschränkt und Regelungen zur Verbesserung der Staatsfinanzen getroffen.

Das Ende dieser Phase läuteten die verworrene Lage auf dem Balkan, der russische Krieg gegen die Türkei und der darauf folgende Kongress in Berlin im Jahr 1878 ein, der Österreich die Verwaltung von Bosnien-Herzegowina zusprach. Die Liberalen kritisierten die Wiener Politik, woraufhin der verärgerte Kaiser sich um eine andere parlamentarische Unterstützung bemühte. Er ernannte seinen Jugendfreund Graf Eduard Taaffe zum Ministerpräsidenten, der bis 1893 dieses Amt innehalten sollte. Der föderal eingestellte Taaffe versuchte mit einer Koalition aus Polen, konservativen Tschechen und deutschen Katholiken, einen »eisernen« Ring gegen den deutschen Liberalismus aufzubauen, doch die damit verbundene Bevorzugung von Tschechen und Polen rief den Unmut anderer Nationalitäten hervor und stieß auf Kritik bei radikaleren slawischen Parteien, die die Rettung im Panslawismus russischer Prägung suchten. In der Zwischenzeit erschütterte ein weit reichendes Ereignis die Monarchie: 1889 erschossen sich der Thronfolger Erzherzog Rudolf und seine junge Geliebte Baronin Mary Vetsera in Mayerling – die genauen Umstände des Selbstmordes sind bis heute nicht geklärt. Politisch galt Rudolf als liberal, bürgernah, Judenfreund und Feind Wilhelms II. Ob sich der Nationalitätenkonflikt unter seiner Regierung weniger verhängnisvoll entwickelt hätte, darüber lässt sich nur spekulieren.

*Kronprinz Erzherzog Rudolf von Österreich (1858 – 1889) und der deutsche Kaiser Wilhelm II. (links)*

#### DIE INNENPOLITISCHE POLARISIERUNG

Die Regierung Taaffe versuchte vergeblich, mit zahlreichen Maßnahmen das Nationalitätenproblem zu beruhigen – so etwa durch die Einführung der amtlichen Zweisprachigkeit in einigen Regionen des Reichs. Doch weder dies noch die von ihm veranlassten sozialpolitischen Reformen sowie die erfolgreiche Wirtschaftspolitik konnten eine Radikalisierung der Nationalitäten verhindern, die sich bei den deutschen Österreichern im Erstarken der Deutschnationalen äußerte. Diese Polarisierung begünstigte nach Ende der Regierung Taaffe die Entstehung von zwei Parteien, die in Österreich bis 1938 das Sagen haben sollten: Die konservativ-kleinbürgerliche Christlichsoziale Partei Karl Luegers und die von Viktor Adler mitbegründete Sozialdemokratische Arbeiterpartei Deutschlands.

▶ Kriege und Konflikte: Der Deutsch-Dänische und der Deutsche Krieg
▶ Kriege und Konflikte: Krisen auf dem Balkan
▶ Kriege und Konflikte: Balkankriege
▶ Kriege und Konflikte: Der Erste Weltkrieg
▶ Menschen und Ideen: Bertha von Suttner

*Der Staatsmann, Nationalist und erste ungarische Ministerpräsident Gyula Graf Andrássy war an der Bildung der Doppelmonarchie führend beteiligt.*

*In Prag kamen die dem tschechischen Nationalismus verpflichteten »Jungtschechen« um die Jahrhundertwende an die Macht.*

## DIE LÄNDER DER STEPHANSKRONE: UNGARN

Das ungarische Königreich war ein Paradebeispiel für die Komplexität der Nationalitätenfrage in der Doppelmonarchie. In den Ländern der Stephanskrone bildeten die Ungarn zwar nur etwa knapp die Hälfte der Einwohner, trotzdem übten sie nicht nur die politische Macht im Parlament aus, sondern versuchten auch die anderen Nationalitäten zu assimilieren. Unter den zahlreichen Minderheiten waren die Kroaten im Südwesten des Königreichs noch am besten gestellt: Sie hatten 1868 einen Ausgleich erreicht, der ihnen einen eigenen Landtag und eine eigene Verwaltung in Justiz-, Religions- und Unterrichtsangelegenheiten gewährte.

Um jegliche Unabhängigkeitsbestrebungen zu unterdrücken, förderte Budapest ab 1868 durch ein eigenes Nationalitätengesetz die so genannte Magyarisierungspolitik und legte auf eindeutige Weise die territoriale Einheit des ungarischen Staates fest. Betroffen war hiervon etwa Siebenbürgen, das seit 1849 durch eine Reichsverfassung als eigenes Kronland völlig von Ungarn getrennt gewesen und durch eine kaiserliche Verfügung 1867 mit dem Königreich vereint worden war. In Siebenbürgen lebten jedoch etwa 2,5 Millionen Rumänen, die sich entschieden gegen die Magyarisierungspolitik wehrten und ihr Heil eher in einer Vereinigung mit dem Königreich Rumänien sahen. Unter ungarische Regierung kam zudem die »Militärgrenze«, ein von Kroaten und Serben bewohntes autonomes Gebiet, das 1849 ein eigenes Kronland geworden war: 1872 wurde es mit dem Königreich Ungarn und 1881 mit Kroatien-Slawonien vereint.

Aber auch unter den Ungarn selbst erstarkten im Lauf der Jahre Unabhängigkeitsbestrebungen von Österreich. Man verlangte radikalere Maßnahmen, die Einführung des Ungarischen als Regimentssprache sowie eine eigene Außenpolitik. 1896 kennzeichnete die vor allem von jüngeren Menschen getragene nationale Stimmung die Jahrtausendfeier des Landes und 1905 trug die Unabhängige Partei Franz Kossuths einen überwältigenden Sieg bei den Wahlen davon. Die Lage beruhigte sich jedoch wieder, als nach 1910 die liberal-konservative Nationale Arbeiterpartei unter Führung von István Tisza auf der Erhaltung des Ausgleichs von 1867 bestand.

## DIE LÄNDER DER WENZELSKRONE BÖHMEN, MÄHREN UND SCHLESIEN

Nach Abschluss des Ausgleichs mit Ungarn 1867 erhoben in der österreichischen Reichshälfte als Erste die Tschechen ihre Stimme zum Protest. Politiker, wie etwa der Historiker František Pa-

lacký, der die Existenz Österreichs als eine Garantie für ein friedliches Zusammenleben aller Nationalitäten im Reiche befürwortete, aber auch die breite Bevölkerung empfanden den Ausgleich als eine Provokation.

1871 kam es dann beinahe zu einem Kompromiss, der vielleicht die Habsburger Monarchie hätte retten können: In einer Verfügung vom 12. September versprach Kaiser Franz Joseph, sich in Prag als König von Böhmen krönen zu lassen. Ein böhmischer Landtagsausschuss redigierte die so genannten Fundamentalartikel. Diese sahen die Einrichtung eines Landtages mit Vertretern aus den drei Ländern der böhmischen Krone (Böhmen, Mähren und Schlesien) vor; die böhmischen Abgeordneten sollten nicht mehr als reguläre Mitglieder des österreichischen Parlaments gelten, sondern nur an einem Kongress von Landtagsabgeordneten teilnehmen. Auch für die Sprachenproblematik war eine Lösung vorgesehen: Das Tschechische sollte dem Deutschen gleichgestellt werden; in den Bezirken, wo es für weniger als 20 Prozent der Bevölkerung die Muttersprache bildete, sollte jede Sprache als Amtssprache gelten. Da jedoch die in den Ländern der Wenzelskrone ansässigen Deutsch-Österreicher sich gegen die Vorschläge wehrten und zudem Ungarn in Hinblick auf seine eigene Minderheitenpolitik strikt gegen eine Föderalisierung des Reichs stimmte, ergriff der Kaiser diese einmalige Chance zur friedlichen Einigung nicht.

In den nächsten Jahren konnten in Hinsicht auf den Sprachenstreit und die Nationalitätenproblematik nur wenige Fortschritte erzielt werden. 1882 einigte man sich beispielsweise darauf, die Karls-Universität in Prag in eine deutsche und tschechische Institution zu trennen. Dennoch verschärften sich die Probleme und griffen auch auf das von Deutschen besiedelte Sudetenland über. Die Spannungen entluden sich 1897 in der Krise um den Ministerpräsidenten und Innenminister Cisleithaniens, Felix Graf Badeni. Er wollte mit einer Sprachenverordnung sicherstellen, dass Beamte auch in den deutschen Gebieten Böhmens und Mährens Sprachkenntnisse in Deutsch und Tschechisch nachweisen mussten. Dies führte zu Unruhen in der österreichischen Reichshälfte und 1897 zur Entlassung Badenis. Nur in Mähren erreichte man 1905 einen Kompromiss, indem man die Verwaltung in eine tschechische und eine deutsche aufteilte. Den erstarkenden tschechischen Nationalismus vertraten vor allem die

»Jungtschechen«, die um die Jahrhundertwende in Prag an die Macht kamen.

### DIE SÜDSLAWISCHE OPPOSITION

Die Rivalität zwischen Kroaten und Serben war einer der Hauptgründe, warum im 19. Jahrhundert keine einheitliche Einigungsbewegung gegen Österreich-Ungarn entstand. Die der ungarischen Krone unterstellten Kroaten, die auf eine lange historische Tradition als nationale Gruppe zurückschauten, besaßen seit ihrem Ausgleich mit Ungarn im Jahr 1868 eine gewisse Autonomie. Sie beanspruchten die Führungsrolle unter den Südslawen und versuchten zusammen mit den Serben Bosniens und Dalmatiens sowie den Slowenen in der Krain und in Kärnten, den österreichisch-ungarischen Dualismus der Doppelmonarchie in einen Trialismus umzuwandeln. 1905 wendete sich jedoch das Blatt entscheidend: Die kroatischen Nationalisten einigten sich mit der ungarischen Unabhängigkeitspartei, die den Dualismus mit Österreich ablehnte. Nach den Vereinbarungen durften die Kroaten mit der ungarischen Unterstützung rechnen, solange sie sich deren Unabhängigkeitsbestrebungen nicht widersetzten. Als sich wenig später auch serbische Abgeordnete der Vereinbarung anschlossen, erklärten sich Kroaten und Serben als Nation und betonten, dieselben Ziele zu verfolgen.

*Zeitgenössische Karikatur auf die österreichisch-ungarische Annexion Bosnien-Herzegowinas im Jahre 1908, die die bosnische Krise auslöste*

*Wenige Minuten vor dem folgenreichen Attentat schreiten der österreichisch-ungarische Thronfolger Franz Ferdinand und seine Frau Sophie von Hohenberg zu dem wartenden Auto, in dem sie von Gavrilo Princip erschossen werden.*

### DAS ENDE IN SARAJEVO

Am 28. Juni 1914 erschütterte ein Ereignis die Welt, dessen weit reichende Folgen sich niemand auszumalen gewagt hätte. Der österreichische Thronfolger Erzherzog Franz Ferdinand und seine Frau fielen an diesem Tag in der bosnischen Hauptstadt Sarajevo einem Mordanschlag zum Opfer. Der Attentäter Gavrilo Princip zählte zu der nationalistischen Gruppe »Jung-Bosnien«, die eng mit dem benachbarten Serbien und dessen Bestrebungen, Österreich vom Balkan zu verdrängen, verbunden war. In der Folge stellte Österreich der Regierung Serbiens ein unhaltbares Ultimatum und erklärte dem mit Misstrauen bedachten Balkanstaat im Juli den Krieg. Die Explosion des »Pulverfasses Balkan« sollte in der Folge die ganze Welt erschüttern – denn der Konflikt weitete sich mit den Kriegserklärungen Deutschlands an Russland und Frankreich zum Ersten Weltkrieg aus.

▶ Menschen und Ideen: Sigmund Freud
▶ Menschen und Ideen: Theodor Herzl
▶ Kunst und Architektur: Postsparkasse in Wien
▶ Kunst und Architektur: Der Kuss
▶ Literatur und Musik: Der Mann ohne Eigenschaften

# DIE NACHFOLGESTAATEN DER DONAUMONARCHIE

*1918 wurde die habsburgische Donaumonarchie Österreich-Ungarn aufgelöst und Österreich auf sein heutiges Territorium reduziert. Eine Vereinigung mit Deutschland wurde durch den Versailler Vertrag nicht erlaubt. Die vielen Völker der ehemaligen europäischen Großmacht lebten nun in teilweise neu gebildeten Staaten.*

*Der österreichische Kaiser Karl I. mit seiner Frau Zita von Bourbon-Parma und seiner Tochter. Karl dankte 1918 ab, verließ Österreich 1919 und verstarb inhaftiert auf Madeira.*

*29. September 1919: Die österreichische Delegation verlässt nach Unterzeichnung des Friedensvertrags das Schloss von Saint-Germain. Vorne geht Dr. Karl Renner, der Leiter der österreichischen Mission, zwischen französischen und italienischen Offizieren.*

Die ungelöste Nationalitätenfrage trug im erheblichen Maß zur innenpolitischen Instabilität der Österreich-Ungarischen Monarchie bei. Weder die Beschlüsse des Kremsier Reichstages 1848 und 1849, die den Aufbau eines föderalistischen Staatswesens vorsahen, noch spätere föderalistische Lösungsversuche wurden verwirklicht. Die Autonomiebestrebungen der Nationalitäten und der damit einhergehende Nationalitätenkonflikt führten schließlich am Ende des Ersten Weltkriegs zum Zerfall des Staatsgebildes. Das Auseinanderbrechen konnte auch Kaiser Karls I. 1918 vorgetragenes »Völkermanifest« nicht aufhalten, das die Schaffung eines Nationalitätenbundesstaates vorsah. Die einzelnen Nationen schufen sich bereits selbständige Staaten oder schlossen sich Nationen außerhalb der Reichsgrenzen an. Die Friedensverträge von Saint-Germain 1919 sowie von Trianon 1920 besiegelten schließlich die Aufteilung der Donaumonarchie unter die Nachfolgestaaten.

### UNGARN

Nach dem Zusammenbruch von Österreich-Ungarn 1918 wurde Michael Károlyi nach Ausrufung der Republik bis März 1919

## Die Nachfolgestaaten der Donaumonarchie

Staatspräsident. Károlyi ordnete die Lösung von Österreich sowie die sofortige Abrüstung an. Nach seinem Rücktritt übernahm bis August 1919 die kommunistische Räteregierung unter Béla Kun die Macht. Mit der Wahl des Admirals Nikolaus Horthy zum Reichsverweser der neu proklamierten Monarchie und dem Friedensvertrag von Trianon 1920 begann der Wiederaufbau jedoch ohne entscheidende Reformen; unter der von 1921 bis 1931 dauernden Regierung von Graf Bethlen erstarkten national-radikale Gruppen. Der von 1932 bis 1936 amtierende Ministerpräsident Gyula Gömbös war eng mit den totalitären Regimen Deutschlands und Italiens verbunden und 1939 unterzeichnete Ungarn den Antikominternpakt. Nach 1945 herrschte in Ungarn, das 1941 sowohl der UdSSR als auch den USA den Krieg erklärt hatte, bis Ende der 1980er Jahre ein kommunistisches Regime, dessen Opposition 1956 im »Ungarischen Volksaufstand« blutig unterdrückt wurde. 1990 trat Ungarn als erstes mitteleuropäisches Land des Ostblocks dem Europarat bei, 1999 der NATO.

*In Ungarn übernahm nach Unruhen im Frühjahr 1919 für wenige Monate Béla Kun die Macht und errichtete ein kommunistisches Rätesystem.*

### TSCHECHOSLOWAKEI

Der am 28. Oktober 1918 ausgerufenen Ersten Republik der Tschechoslowakei wurden nach dem Ersten Weltkrieg entgegen dem Nationalitätenprinzip die historischen Grenzen von Böhmen, Mähren und Schlesien anerkannt, zudem wurden dem neuen Staat weitere Gebiete zugesprochen. Der Vielvölkerstaat entwickelte eine stabile Wirtschaft, hatte jedoch mit innenpolitischen Problemen zu kämpfen. So stellten die Tschechen mit etwa 50 Prozent, zusammen mit den Slowaken über 60 Prozent der Bevölkerung. Unter den nationalen Minderheiten waren die Deutschen mit über 20 Prozent am stärksten vertreten, gefolgt von den Ukrainern und Ungarn. Spannungen traten vor allem zwischen Tschechen und Slowaken auf. Nach 1933 forderten die Sudetendeutschen, unterstützt durch das Deutsche Reich, verstärkt ihre Selbstverwaltung. Im Münchner Abkommen von 1938 wurde das Sudetenland an Deutschland abgetreten. Nach dem Zweiten Weltkrieg übernahmen Ende der 1940er Jahre die Kommunisten die Macht. Widerstand gegen das Regime erhob sich 1968 im vom Moskau militärisch unterdrückten »Prager Frühling« und in den 1970er Jahren wurde die Bürgerrechtsbewegung »Charta 77« unter anderem vom späteren tschechischen Staatspräsidenten Václav Havel gegründet. Nach dem Zusammenbruch des kommunistischen Regimes teilte sich das Land 1993 in die neuen Staaten Tschechische Republik und Slowakei.

### JUGOSLAWIEN

Der Gedanke einer politischen Einigung der Südslawen entstand ursprünglich bei den Kroaten, im 20. Jahrhundert bekam jedoch der großserbische Gedanke das Übergewicht. 1918 wurde die Vereinigung aller Südslawen verwirklicht und das »Königreich der Serben, Kroaten und Slowenen« am 1. Dezember ausgerufen. Zu diesem gehörten Serbien, Montenegro, Kroatien, Slowenien, Bosnien und Herzegowina. Die Verfassung vom 15. Juni 1921 brachte im Sinne eines strengen Zentralismus die Vorherrschaft der Serben, die rund 52 Prozent der Bevölkerung des Vielvölkerstaats ausmachten. 1929 hob König Alexander I. die Verfassung des fortan »Königreich Jugoslawien« genannten Staats auf. Nach 1945 war Jugoslawien eine »Föderative Volksrepublik«, ab 1963 die »Sozialistische Föderative Republik Jugoslawien«, die unter ihrem »Tito« genannten Präsidenten Josip Broz (1892 – 1980) einen von Moskau unabhängigen Kurs verfolgte. 1991 löste sich der Staat nach den Unabhängigkeitserklärungen Sloweniens und Kroatiens auf.

#### DIE TERRITORIALE VERTEILUNG NACH DER AUFLÖSUNG

Gemäß dem Friedensvertrag von Saint-Germain zwischen den Entente-Staaten und Österreich 1919 wurde Österreich auf sein heutiges Staatsgebiet reduziert und musste die Unabhängigkeit Ungarns, Jugoslawiens, der Tschechoslowakei und Polens anerkennen. Südtirol wurde Italien zugesprochen, Böhmen, Mähren, die Slowakei, die Karpato-Ukraine, von Deutschland das Hultschiner Ländchen und von Österreich der Gebietsstreifen von Weitra und Feldsberg der Tschechoslowakei, Teile Kärntens und der Steiermark Jugoslawien. Ungarn musste hingegen das Burgenland an Österreich abtreten und büßte aufgrund des Friedensvertrags von Trianon rund zwei Drittel seines ehemaligen Staatsgebietes ein. Ein erheblicher Teil des Banats, Siebenbürgen, die Bukowina und das Gebiet östlich der Theiß fiel an Rumänien. Slowenien, Kroatien, Bosnien und Herzegowina wurden mit dem Königreich Serbien zu Jugoslawien vereint.

*Im September 1918 unterzeichnet der erste Staatspräsident der Tschechoslowakei, Tomáš Garrigue Masaryk, in Washington die Unabhängigkeitserklärung.*

# Dreimal gescheitert – Das Deutsche Reich

*Bismarckzeit, Zeitalter des Imperialismus unter Kaiser Wilhelm II., Nationalsozialismus: Außer in den demokratischen Jahren der Weimarer Republik war das Deutsche Reich stets von autoritären Regimen geprägt. Die obrigkeitsstaatliche Tradition gipfelte in der nationalsozialistischen Gewaltherrschaft.*

*Titelblatt der populären deutschen Zeitschrift »Die Gartenlaube« aus dem Jahr 1879. Sie war das erste deutsche Massenblatt, das mit seinen Themen das damalige Zeitgefühl repräsentierte und sich während des Kulturkampfs für Bismarcks Politik einsetzte.*

Die industrielle Expansion, wirtschaftspolitische und verkehrsgeografische Erfordernisse sowie nationale Bestrebungen in der Bevölkerung förderten die Gründung eines deutschen Nationalstaates. Das deutsche Kaiserreich, das von 1871 bis 1918 bestehen sollte, ging aus den 1864 bis 1871 ausgetragenen »Einigungskriegen« gegen Dänemark, Österreich und Frankreich hervor. Vorrangig war es das Werk Otto von Bismarcks.

### Einigung von oben
### Das Kaiserreich

Als entscheidender Akt der Reichsgründung galt die Proklamation Wilhelms I. von Preußen zum deutschen Kaiser 1871 in Versailles nach dem Deutsch-Französischen Krieg. Die führende Rolle Preußens, des territorial größten und bevölkerungsreichsten Mitglieds des Reiches, schlug sich bei der Gründung und in der späteren Regierung nieder. Die nationale Einigung »von oben« in einem Bund souveräner Fürsten wurde von der großen Mehrheit begrüßt, obwohl die Forderungen der Revolution von 1848/49 nur unzureichend berücksichtigt wurden. Das Deutsche Reich war kein parlamentarischer und demokratischer Verfassungsstaat, sondern ein monarchischer Obrigkeitsstaat. Die Reichsverfassung war auf Bismarck zugeschnitten, der als Reichskanzler und preußischer Ministerpräsident Verwaltung und Regierung beherrschte. Die Tätigkeit des Reichstags war im Wesentlichen auf die Gesetzgebung beschränkt. Die alte preußische Gesellschaftsordnung sollte erhalten bleiben, die oppositionellen Parteien – vor allem die Sozialdemokratie – wurden als Feinde des Reiches bekämpft. Das militärische Denken wirkte sich tief auf die Politik des auf »Blut und Eisen« gegründeten Staates aus.

### Opposition im Inneren

Zunächst sah Bismarck in der katholischen Zentrumspartei den Hauptgegner des preußisch-protestantisch dominierten Kaiserreiches. Wegen seiner Verbindung zum Papsttum galt das Zentrum als »ultramontan« und internationalistisch. Außerdem befürchtete der Kanzler ein Bündnis des Katholizismus mit anderen oppositionellen Gruppen. Mit den Ausnahme- und Verbotsgesetzen im 1871 bis 1879 tobenden »Kulturkampf« wurde die Autonomie des Staates und der Politik gegen die katholisch-konfessionellen Bestrebungen der Zentrumspartei vehement verteidigt. Wenig später war es die Sozialdemokratie mit ihren internationalen Verflechtungen, die mit dem von 1878 bis 1890 gültigen Sozialistengesetz als »Reichsfeind« bekämpft wurde. Dadurch wurde eine Integration der Arbeiterschaft in den Nationalstaat verhindert. Die Furcht vor einer Revolution brachte Bismarck die Zustimmung der bürgerlichen Schichten zu diesem Sonderstrafrecht für eine bestimmte Partei. Mithilfe der staatlichen Sozialpolitik der 1880er Jahre, so der Einführung der Sozialversicherung, versuchte er vergeblich, auch durch materielles Entgegenkommen die Arbeiter mit dem Nationalstaat zu versöhnen. Von einem friedlichen Ausgleich der Interessen im Kaiserreich konnte jedoch keine Rede sein und die außenpolitischen Erfolge Bismarcks überdeckten nicht die innenpolitischen Spannungen. Auch Kaiser Wilhelm II. vermochte die sozialen Probleme, die durch den Wandel von der Agrar- zur Industriegesellschaft entstanden waren, nicht zu lösen. Er versuchte ebenfalls, die Opposition zum Schweigen zu bringen und konzentrierte sich auf die Außenpolitik.

### Gescheiterte Außenpolitik

Um die europäischen Nachbarn von der Friedfertigkeit des Reiches zu überzeugen, schuf Bismarck ein kompliziertes Bündnissystem. Dessen Kern war der Dreibund mit Österreich-Ungarn und Italien sowie ein Rückversicherungsvertrag mit Russland. Außerdem versuchte er, das auf Re-

*Mit den von 1878 bis 1890 gültigen Sozialistengesetzen wurde die Sozialdemokratie im Deutschen Reich bekämpft. Der Stich aus der Berliner Illustrierten Zeitung vom 22. Februar 1890 zeigt die Auflösung einer sozialdemokratischen Versammlung in Berlin durch die Polizei.*

---

- 1871 Kaiserproklamation Wilhelm I. in Versailles
- 1871–1879 Kulturkampf
- 1878–1890 Sozialistengesetz
- 1883 Einführung der gesetzlichen Krankenversicherung
- 1890 Entlassung Bismarcks

## DAS DEUTSCHE REICH

vanche bedachte Frankreich zu isolieren und die europäischen Interessensgegensätze in der Kolonialpolitik auszugleichen. Aber der Erwerb deutscher Kolonien brachte das Reich in Konfrontation mit Großbritannien. Das Scheitern der deutschen Außenpolitik wurde nach Bismarcks Sturz 1890 unter Wilhelm II. offensichtlich. Die auf bilaterale Abkommen und Geheimdiplomatie gerichtete Politik konnte nur vorübergehend das Gleichgewicht im europäischen Mächtesystem herstellen. Dem Deutschen Reich und seinem Verbündeten Österreich standen schließlich der französisch-russische Zweibund (1894) sowie die britisch-französische Entente (1904) gegenüber. Der Übergang zum Imperialismus und der »Griff nach der Weltmacht« mittels der Flotten- und Kolonialpolitik Wilhelms II. beschleunigten die selbstverschuldete Isolierung Deutschlands. Der Rüstungswettlauf wurde von einem Propagandafeldzug auf beiden Seiten begleitet.

### DER ERSTE WELTKRIEG

Die Verstrickung der Donaumonarchie in die Balkankriege brachte nach der Ermordung des österreichischen Thronfolgers Franz Ferdinand in Sarajevo 1914 die Spannungen zur Entladung. Die anfängliche Kriegsbegeisterung der beteiligten Nationen wich aber schon bald der Ernüchterung durch das Grauen der Materialschlachten. Deutschland kämpfte an der Seite seines Verbündeten Österreich. Um einen Zweifrontenkrieg zu vermeiden, sollte mit einem Angriff auf Frankreich auch dessen Verbündeter Russland ausgeschaltet werden. Dadurch nahm das Deutsche Reich die Kriegserklärung Großbritanniens in Kauf. Mit dem Kriegseintritt der USA und dem Ausscheiden Russlands aufgrund der Revolution 1917 kam die Wende im Kriegsgeschehen. Die 1918 aufgenommenen Waffenstillstandsverhandlungen wurden schließlich im Vertrag von Versailles festgehalten.

*Berlin hatte sich im 19. Jahrhundert zu einer Weltstadt entwickelt: ein Eiscremeverkäufer mit seinem Straßenstand in der deutschen Hauptstadt im Jahre 1901.*

- 1900
- 1905
- 1910
- 1915
- 1920

1888 – 1918 Kaiser Wilhelm II.

1916 Schlacht von Verdun

1914 Attentat von Sarajevo

1914 – 1918 Erster Weltkrieg

➤ Kriege und Konflikte: Deutsch-Französischer Krieg
➤ Kriege und Konflikte: Der Erste Weltkrieg
➤ Kriege und Konflikte: Zwischen Novemberrevolution und Hitlerputsch
➤ Kriege und Konflikte: Von der Machtergreifung zum Kriegsausbruch
➤ Kriege und Konflikte: Der Zweite Weltkrieg in Europa und Afrika

*Der deutsche Kaiser Wilhelm II. reitet an der Spitze der Fahnenkompanie bei der Frühjahrsparade auf dem Berliner Tempelhofer Feld mit (um 1909).*

## DEMOKRATIE UND WELTWIRTSCHAFTSKRISE
## DIE WEIMARER REPUBLIK

Der Friedensvertrag von Versailles umfasste neben territorialen Einbußen durch Gebietsabtretungen und wirtschaftlichen Verlusten durch Reparationen für das Deutsche Reich auch einen gegen die Mittelmächte gerichteten Kriegsschuldartikel. Die Unterzeichnung dieses »Diktatfriedens« wurde von konservativer Seite der »Weimarer Koalition« aus Mehrheitssozialdemokraten, Zentrum und Linksliberalen angelastet, die nach der Abdankung des Kaisers im November 1918 die von Kriegsfolgen, Revolution und Aufständen bedrohte Republik sichern wollte. Das Verdienst der als »Erfüllungspolitiker« bezeichneten führenden Vertreter aber war die Begründung einer parlamentarischen Demokratie durch eine gewählte verfassunggebende Nationalversammlung 1919. Gerade die ersten Jahre der Weimarer Republik unter Reichspräsident Friedrich Ebert waren gekennzeichnet durch eine ständige Bedrohung des jungen Staates von rechter und von linker Seite. Sie hatten sich beide zum Ziel gesetzt, die Republik zu zerschlagen. 1923 wurde zum »Krisenjahr«: Inflation, Besetzung des Ruhrgebietes durch Frankreich und Putschversuche stürzten die Republik in eine existenzielle Krise.

Es war unter anderem das Verdienst Gustav Stresemanns, dass mit der Sanierung der Währung, dem Abbruch des Ruhrkampfes und dem Beginn einer maßvollen Außenpolitik Ende 1923 eine Phase der Stabilisierung einsetzte. Der 1925 geschlossene Vertrag von Locarno sollte das Deutsche Reich als gleichwertigen Partner in den Kreis der Großmächte zurückführen und zugleich die Aussöhnung mit Frankreich einleiten. Innenpolitisch war die Zersplitterung der politischen Landschaft allerdings nicht zu beheben. Die Auswirkungen der Weltwirtschaftskrise 1929 zeigten sich in Deutschland in einer Verschlechterung der ökonomischen Lage sowie in einer rapiden Zunahme an Arbeitslosen. Gleichzeitig erhielten die radikalen Parteien immer mehr Zulauf und die demokratischen Fundamente der Republik lösten sich zunehmend auf.

### WEIMARS ENDE

Das Unvermögen des Reichstags, eine regierungsfähige Koalition zu bilden, hatte zur Folge, dass sich ab 1930 die Reichskanzler Heinrich Brüning, Franz von Papen und Kurt von Schlei-

*2. Dezember 1914: Reichskanzler Theobald von Bethmann Hollweg spricht im Reichstag zum zweiten Kriegskredit.*

1915 — 1920 — 1925 — 1930

**1918** Abdankung Kaiser Wilhelms II. Ausrufung der Republik

**1919** Unterzeichnung des Friedensvertrags von Versailles

**1923** Hitlerputsch in München

**1925** Wahl Paul von Hindenburgs zum Reichspräsidenten

**1929** Weltwirtschaftskrise

# Das Deutsche Reich

cher nicht mehr auf Parteien und Parlament stützten, sondern lediglich mithilfe von Notverordnungen des Reichspräsidenten Paul von Hindenburg regieren. Da die Nationalsozialistische Deutsche Arbeiterpartei (NSDAP) seit der Reichstagswahl 1932 die größte Fraktion im Reichstag stellte, forderte ihr Anführer Adolf Hitler die gesamte Regierungsgewalt. Die Ernennung Hitlers zum Reichskanzler 1933 und die anschließende »Gleichschaltung« der Parteien und politischen Organisationen bezeichnete das Ende der durch eine Fülle von Hypotheken belasteten Weimarer Republik.

## Der Nationalsozialismus

Gegen die Machtübernahme der Nationalsozialisten 1933 regte sich nur ein geringer Widerstand. Das Interesse an der Verteidigung der Demokratie war nicht groß; weite Teile der Reichswehr, der Wirtschaft, der Landwirtschaft und der Beamtenschaft unterstützten Hitler und die NSDAP. Die Arbeiterparteien und die Gewerkschaften waren durch die Massenarbeitslosigkeit geschwächt, zudem SPD und KPD untereinander zerstritten. Das Parteiprogramm der NSDAP, eine nach dem Führerprinzip aufgebaute Massenpartei, umfasste an ideologischen Bestandteilen

*Der Mobilmachungsbefehl Kaiser Wilhelms II. vom August 1914*

neben einem radikalen Antisemitismus auch einen übersteigerten Nationalismus und eine harmonisierende »Volksgemeinschafts«-Ideologie. Der Reichstagsbrand im Februar 1933 bot willkommenen Anlass, die wichtigsten Grundrechte außer Kraft zu setzen. Obwohl die NSDAP bei den Reichstagswahlen im März 1933 die absolute Mehrheit verfehlte, sicherte sich Hitler die Zustimmung zum Ermächtigungsgesetz. Schon bald zeigten sich aufgrund der für die NS-Diktatur charakteristischen Verflechtung von Partei und Staat Konkurrenzkämpfe innerhalb der Polykratie, wie dieses System der ineinander greifenden Machtstrukturen genannt wird. Die Jugend sollte in der NS-Nachwuchsorganisation Hitlerjugend vollständig erfasst und im »nationalsozialistischen Geist« erzogen werden.

Einen vorläufigen Höhepunkt fand die sogleich mit der nationalsozialistischen Machtübernahme einsetzende Verfolgung der Juden im November 1938 in der Reichspogromnacht. Nachdem die jüdische Bevölkerung bereits seit 1935 mit den »Nürnberger Gesetzen« zahllosen Diffamierungen und Schikanen ausgesetzt war, verschärfte sich mit Kriegsbeginn das Vorgehen gegen sie. Vor allem in den Ostgebieten wurden die Juden in Gettos isoliert und bei Massenexekutionen getötet. Auf der Wannseekonferenz 1942 war ein Gesamtplan zur »Endlösung der Judenfrage« erstellt worden, der die Auslöschung des europäischen Judentums in den Vernichtungslagern im Osten des Reiches zum Ziel hatte.

## Der Zweite Weltkrieg

Außenpolitisch blieb das Deutsche Reich unter den Nationalsozialisten zunächst isoliert, bis 1936 im Zusammenhang mit dem Spanischen Bürgerkrieg ein Bündnis der faschistischen Länder geschlossen wurde, der Antikominternpakt mit Japan und Italien. Zunächst ging es Hitler und der NSDAP in der Außenpolitik um die Revision des »Schandfriedens« von Versailles und um die Gewinnung von »Lebensraum im Osten«. Unter dem Motto »heim ins Reich« erfolgte 1938 der Anschluss Österreichs und die Abtrennung des von Deutschen bewohnten Sudetenlandes von der Tschechoslowakei im »Münchener Abkommen«. Nachdem Verhandlungen mit Polen gescheitert waren, begann Hitler mit der Vorbereitung eines militärischen Angriffs, nicht ohne vorher mit seinem bisherigen Hauptgegner Russland einen Nichtangriffspakt abzuschließen. Mit dem deutschen Überfall auf Polen im September 1939 begann der Zweite Weltkrieg. Nach den »Blitzkriegen« gegen Polen, Dänemark und Norwegen im April 1940 griff Deutschland ab Mai 1940 die Niederlande, Belgien, Luxemburg und Frankreich an, dessen größter Teil durch deutsche Truppen besetzt wurde. Der seit August 1940 andauernde Luftkrieg gegen Großbritannien musste im Mai 1941 erfolglos abgebrochen werden. Im Juni 1941 begann – nach Angriffen auf Jugoslawien, Griechenland und Nordafrika – der Überfall auf die Sowjetunion. Der Kriegseintritt der USA 1941 leitete mit dem anschließenden alliierten Bombenkrieg die Wende ein, die Niederlage der deutschen Wehrmacht bei Stalingrad 1943 besiegelte den Vormarsch der Roten Armee nach Westen. Nach dem Selbstmord Hitlers erfolgte am 8. Mai 1945 die bedingungslose Kapitulation Deutschlands.

*9. September 1929: Der deutsche Außenminister Gustav Stresemann hält seine letzte große außenpolitische Rede vor dem Völkerbund in Genf.*

*Frühjahr 1945: Sowjetische Soldaten im Berliner Stadtzentrum*

---

1930 — 1935 — 1940 — 1945

- 1933 Adolf Hitler wird Reichskanzler
- 1935 »Nürnberger Gesetze« (Entrechtung der jüdischen Bevölkerung)
- 1942 Wannseekonferenz (Einleitung der »Endlösung der Judenfrage«)
- 1939–1945 Zweiter Weltkrieg

▶ Kriege und Konflikte: Holocaust
▶ Menschen und Ideen: Otto von Bismarck
▶ Menschen und Ideen: Adolf Hitler
▶ Handel und Wirtschaft: Gründerzeit und Gründerkrach
▶ Handel und Wirtschaft: Stresemannzeit

# Am besiegten Deutschland gescheitert
# Frankreichs Dritte Republik

*Mit der Niederlage bei Sedan am 2. September 1870 war das zweite französische Kaiserreich endgültig besiegt. Napoleon III. geriet in Gefangenschaft und starb wenig später im Exil. Nach dem Sturz der Monarchie entstand 1871 die Dritte Republik, die bis 1945 bestehen sollte.*

*General Henri Philippe Pétain war Staatschef der Vichy-Regierung (1940 – 1944).*

Wie später die Republik von Weimar entstand der neue französische Staat aus einer Niederlage. Im Gegensatz zu ihrer deutschen Entsprechung gewann die mitten im Krieg gegen Preußen-Deutschland ausgerufene französische Republik jedoch schnell an Stabilität und überstand auch den Aufstand der Pariser Kommune im Frühjahr 1871, der blutig erstickt wurde. Als innere Klammer erwies sich gerade die Entschlossenheit, die im Frieden von Frankfurt am 10. Mai 1871 erzwungene Abtretung von Elsass-Lothringen rückgängig zu machen und die Schmach der Niederlage zu rächen.

### Aussenpolitik und die Affäre Dreyfus

Für das langfristige Ziel der Vergeltung war eine wirtschaftliche und militärische Erholung nötig. Der dazu eingeschlagene imperialistische Kurs – 1881 Besetzung Tunesiens, 1882/1885 Tonkings und Annams (Indochina), 1883/1885 Madagaskars – erwies sich zwar als ökonomisch erfolgreich, doch als außenpolitisch riskant. Ohne Bündnisgenossen war an eine »Revanche« gegen das Deutsche Reich nicht zu denken und gerade wichtige Partner wie Russland und Großbritannien betrachteten den fran-

*Straßenbarrikaden währen der Pariser Kommune 1871*

*Raymond Poincaré verfolgte als Staatspräsident (1913 bis 1920) einen revanchistischen Kurs und ordnete 1923 die Besetzung des Ruhrgebiets an.*

zösischen Kolonialismus mit Argwohn. 1898 kam es sogar zu einer britischen Kriegsdrohung wegen der französischen Besetzung von Faschoda im Sudan.

Innenpolitisch löste 1894 die Verurteilung des jüdischen Hauptmanns Alfred Dreyfus eine schwere, erst Anfang des 20. Jahrhunderts bereinigte Krise aus, als sich die gegen ihn erhobenen Spionagevorwürfe als haltlos und antisemitisch motiviert erwiesen. Außenpolitisch wurde die Isolation überwunden und am 8. April 1904 durch die *Entente cordiale* (»herzliches Einvernehmen«) mit Großbritannien besiegelt. 1907 wurde diese durch ein Bündnis mit Russland zur Triple-Entente erweitert – die Fronten des heraufziehenden Weltkonflikts waren abgesteckt. Innenpolitisch fand der Rüstungskurs des seit 1912 regierenden Raymond Poincaré Zustimmung; die dagegen opponierenden Sozialisten verloren im entscheidenden Moment 1914 ihren pazifistischen Führer Jean Jaurès durch ein Attentat.

### Riskante Bunkermentalität

So kam es im Ersten Weltkrieg wie in Deutschland zu einem innenpolitischen Burgfrieden, der *Union Sacrée*, »geheiligte Einheit«, genannt wurde. Die ungeheuren Opfer, der Sieg und die Gewinne des Krie-

*Außenminister Aristide Briand betrieb in der zweiten Hälfte der 1920er Jahre zusammen mit dem deutschen Außenminister Gustav Stresemann eine Politik der Versöhnung mit Deutschland.*

ges festigten die innere Stabilität nach 1918 noch eine Weile. Unter Ministerpräsident Georges Clemenceau gewann Frankreich Elsass-Lothringen zurück, übernahm mehrere deutsche Kolonien, durfte das Saarland für anderthalb Jahrzehnte ausbeuten und erhielt den größten Teil der deutschen Kriegsentschädigungen. Sie waren so hoch, dass es zu Lieferengpässen kam und 1923

# FRANKREICHS DRITTE REPUBLIK

zur Besetzung des Ruhrgebiets als Faustpfand für die französischen Forderungen.

Da Deutschland wirtschaftlich geschwächt und somit ein gefährlicher äußerer Feind weggefallen war, verstärkten sich wieder die innenpolitischen Probleme. Nachdem der bürgerlich-rechte Block 1924 die Wahlen verloren hatte, ging die Außenpolitik unter Aristide Briand ab 1925 auf Versöhnungskurs mit Deutschland

und dessen Außenminister Gustav Stresemann. Doch beide Länder litten unter ihren instabilen Regierungen und nach Anfangserfolgen, wie dem Vertrag von Locarno 1925 und der Aufnahme Deutschlands in den Völkerbund 1926, kam der Annäherungsprozess unter anderem durch den Tod Stresemanns 1929 zum Erliegen. Zudem ließ die Weltwirtschaftskrise andere Sorgen als vorrangig erscheinen. Militärpolitisch setzte Frankreich ganz auf eine verteidigungspolitisch ausgerichtete Bunkermentalität hinter der schützenden Maginot-Linie.

Während Deutschland nach der nationalsozialistischen Machtergreifung massiv aufrüstete, kriselte es in Frankreich weiter. Rechtsgerichtete Kabinette scheiterten in rascher Folge und das 1936 geschlossene Volksfrontbündnis unter Léon Blum konnte die Lage auch nicht stabilisieren. 1938 kam mit Édouard Daladier ein Mann an die Macht, der ganz im Windschatten Londons segelte. Noch im gleichen Jahr geriet er in die Falle des Münchner Abkommens, durch das Hitlers aggressive Eroberungspolitik nicht aufgehalten werden konnte. Auch der Schwenk gegen das Abkommen im Frühjahr 1939 verhinderte den drohenden Krieg nicht mehr, weil Hitler mit der Sowjetunion paktierte.

*Der Eiffelturm: Wahrzeichen der Pariser Weltausstellung 1900*

*Ministerpräsident Georges Benjamin Clemenceau verteidigte öffentlich den Offizier Alfred Dreyfus. 1917 zum Ministerpräsidenten und Kriegsminister ernannt, führte er nach dem Ersten Weltkrieg die im Versailler Vertrag endenden Friedensverhandlungen.*

Die militärische Niederlage Frankreichs 1940 führte zur Bildung eines halbfaschistischen *État Français* in Vichy unter dem greisen Marschall Philippe Pétain, dem Helden von Verdun 1916. Mit dosierter Kollaboration lavierte er Frankreich durch die Kriegsjahre und seine Regierung mit in die deutsche Niederlage. 1944 kehrte mit General Charles de Gaulle die Exilregierung aufs Festland zurück und errichtete die Vierte Republik, die sich 1945 unter die Siegermächte einreihte.

### DIE MAGINOT-LINIE

Nach dem französischen Kriegsminister André Maginot war der Befestigungsgürtel an der französisch-deutschen Grenze von Longwy bis Basel benannt, hinter dem sich Frankreich gegen jeden deutschen Angriff gesichert glaubte. 1932 weitgehend fertig gestellt, bestand die fast drei Milliarden Franc teure Maginot-Linie aus einem Geflecht von 150 Kilometern unterirdischer Gänge mit drei Dutzend Wehrgruppen, siebzig Bunkern, fünfhundert Artillerie- und Infanterieblöcken sowie fünfhundert Kasematten, Unterständen und Beobachtungstürmen. Im Frankreichfeldzug 1940 versagte die Anlage völlig: Nachdem die deutschen Armeen die Befestigungen umgangen und das Gros der alliierten Kräfte in Nordfrankreich eingekesselt hatten, durchbrach am 16. Juni die deutsche Heeresgruppe C die Maginot-Linie auch im Frontalangriff am Oberrhein.

▶ Kriege und Konflikte: Der Deutsch-Französische Krieg
▶ Kriege und Konflikte: Der Erste Weltkrieg
▶ Kriege und Konflikte: Friedensbemühungen nach dem Ersten Weltkrieg
▶ Kriege und Konflikte: Der Zweite Weltkrieg in Europa und Afrika
▶ Menschen und Ideen: Charles de Gaulle

# ENTSTEHUNG UND AUFSTIEG DER UdSSR

*Anfang des 20. Jahrhunderts mehrten sich im rückständigen Russischen Reich die Anzeichen einer großen Krise, die schließlich in der Revolution von 1917 explodierte. Der größte Staat der Erde wurde unter der Führung Lenins zur Union der Sozialistischen Sowjetrepubliken.*

*Im März 1917 konferieren die Delegierten der Arbeiter und Soldaten in St. Petersburg.*

*Lenin (rechts) bei der Großen Demonstration am 1. Mai 1919 auf dem Roten Platz in Moskau*

Kein Geringerer als Leo Trotzkij schrieb, dass der unbestreitbare Charakterzug der Revolution die direkte Einmischung der Massen in das historische Geschehen sei. Treffender lassen sich die Ereignisse, die im ehemaligen Russischen Reich das Leben ab 1917 bestimmten, nicht beschreiben.

### DIE REVOLUTION DER FRAUEN
### EINE REPUBLIK WIRD GEBOREN

Eine Frauendemonstration sollte am 8. März 1917 in Petrograd, dem heutigen St. Petersburg, den Anfang vom Ende der russischen Monarchie einläuten. Dem Protestzug der Frauen schlossen sich Arbeiter an, die am Tag zuvor in Streik getreten waren. Danach überschlugen sich die Ereignisse. Bereits am folgenden Tag kam es zum Generalstreik; wenige Tage später meuterte die Armee und schloss sich den Aufständischen an. Schon am 13. März wurde in Petrograd ein Arbeiter- und Soldatenrat, der erste Sowjet, gewählt. Am 15. März dankte Zar Nikolaus II. zugunsten seines Bruders Michael ab, der es ihm angesichts der Lage schon einen Tag später gleichtat. Russland war eine Republik geworden.

### DAS BOLSCHEWISTISCHE RUSSLAND ENTSTEHT

In der Folge entzündete sich der Konflikt zwischen der bürgerlichen Provisorischen Regierung unter Georgij J. Lwow und spä-

[301]
Entstehung und Aufstieg der UdSSR

ter Alexander Kerenskij und den mittlerweile in zahlreichen Städten gebildeten Sowjets. Mit der Revolution, die nach dem damals in Russland gebräuchlichen julianischen Kalender im Februar stattgefunden hatte, war der bürgerliche Umsturz eingetreten – nach marxistisch-leninistischer Lehre musste ihm nun eine sozialistische Revolution folgen. Lenin, der zusammen mit seinen Anhängern bereits 1905 vergeblich versucht hatte, die Macht zu ergreifen, drohte unmissverständlich, aus dem Zentralkomitee der bolschewistischen Partei auszutreten, falls diese Revolution nicht stattfände. Im November wurden schließlich die entscheidenden Schritte für den Aufstand unternommen. Nach dem Sturz der provisorischen Regierung Kerenskijs wurde am 8. November ein Allrussischer Sowjetkongress gebildet, der eine Reihe von Verfügungen und vor allem drei grundlegende Dekrete beschloss. Das Ministerkabinett erhielt die Bezeichnung Rat (»Sowjet«) der Volkskommissare; Vorsitzender wurde Lenin. In einem Dekret über den Frieden wurde verkündet, dass Russland, das sich seit 1914 im Kriegszustand mit Deutschland befand, den sofortigen Frieden schließen würde. Ein weiteres Dekret über die Landwirtschaft gab die entschädigungslose Enteignung des Landbesitzes in privater Hand und ein drittes die Bildung einer vorläufigen Arbeiter- und Bauernregierung kund, der unter anderem Leo Trotzkij und Josef Stalin angehörten. Lenin und seinen Anhängern, den so genannten Bolschewiki (»Mehrheitlern«), stand durch das dritte Dekret eine wichtige Kraftprobe bevor, denn die Verordnung über die Bildung einer Arbeiter- und Bauernregierung sah auch Wahlen zu einer verfassunggebenden Versammlung vor. Diese fand am 8. Dezember 1917 statt und geriet zu einem kompletten Misserfolg für die Bolschewiki. Sie erhielten lediglich 25 Prozent der Stimmen, die übrigen sozialistischen Parteien 62 Prozent. Als dann am 18. Januar 1918 die konstituierende Versammlung im Taurischen Palais in Petrograd eröffnet wurde, betrieben die Bolschewiki eine aggressive politische Propaganda gegen ihre Gegner und verhinderten durch getreue Soldaten den Einzug der Parlamentarier in das Gebäude. Die Versammlung wurde gewaltsam aufgelöst. Der schüchterne Beginn einer Demokratie im neuen Russland war gescheitert und in der Folge errichtete Lenin mithilfe der »Kommunistischen Partei Russlands (Bolschewiki)« Zug um Zug die »Diktatur des Proletariats«. Nachdem die Regierung im März 1918 in den Moskauer Kreml eingezogen war, verabschiedete der 3. Allrussische Sowjetkongress am 10. Juli die Verfassung der Russischen Sozialistischen Föderativen Sowjetrepublik.

*Leo Trotzkij war zuerst Volkskommissar für Äußeres und baute ab 1918 als Kriegskommissar die Rote Armee auf. Der zweite Mann hinter Lenin wurde nach dessen Tod 1924 von Stalin entmachtet und 1940 im mexikanischen Exil von der sowjetischen Geheimpolizei ermordet.*

·········· **Wer war Lenin?** ··········
Wladimir Iljitsch Uljanow, bekannter unter seinem 1901 angenommenen politischen Decknamen »Lenin«, wurde am 22. April 1870 in Simbirsk an der Wolga geboren. Die Familie stammte aus Astrachan; seine Mutter hatte deutsche Vorfahren. Die Familie lebte in guten Verhältnissen, war liberal und zarentreu. Lenins älterer Bruder Alexander Uljanow, der 1887 wegen der Vorbereitung eines Attentats auf Zar Alexander III. hingerichtet wurde, brachte den späteren Revolutionsführer mit der antizaristischen Bewegung in Kontakt. Ab 1887 studierte Lenin Jura in Kasan, wurde dort von der Universität verwiesen und beendete sein Studium 1891 in Samara, wo er einen marxistischen Zirkel leitete. Als Rechtsanwalt in St. Petersburg stand er in Verbindung mit der russischen Sozialdemokratie und gehörte der revolutionären Bewegung an. Nach einem Treffen mit dem Sozialrevolutionär Georgij Plechanow in der Schweiz 1895 wurde er wegen politischer Agitation verhaftet und für drei Jahre nach Sibirien verbannt. Danach folgten Jahre im westeuropäischen Exil, unterbrochen von einer kurzen Rückkehr nach Russland zur Revolution von 1905. Nach der Februarrevolution 1917 reiste er nach Russland zurück, wo die Bolschewiki im November die Macht übernahmen und Lenin als Vorsitzender der Volkskommissare zum Regierungschef gewählt wurde. Leitbegriff seines von Josef Stalin und Leo Trotzkij mitgetragenen Regimes war die Errichtung der »Diktatur des Proletariats«. Lenin starb am 21. Januar 1924 in Gorki. Zuvor hatte er in seinem politischen »Testament« vergeblich darauf gedrungen, den nunmehrigen Generalsekretär der Kommunistischen Partei zu entmachten: Josef Stalin.

*Während der Revolution 1917 bringen revolutionäre Soldaten Feldartillerie in Stellung.*

▶ **Religionen und Glaubensformen:** Juden in den USA und Russland
▶ **Kriege und Konflikte:** Revolutionen in Russland
▶ **Kriege und Konflikte:** Der Russisch-Polnische Krieg
▶ **Kriege und Konflikte:** Stalinistische Diktatur
▶ **Kriege und Konflikte:** Der Zweite Weltkrieg in Europa und Afrika

*23. August 1939: Abschluss der Verhandlungen zum deutsch-sowjetischen Nichtangriffspakt (Hitler-Stalin-Pakt): der deutsche Außenminister Joachim von Ribbentrop, Josef Stalin, der sowjetische Außenminister Wjatscheslaw Molotow (von links nach rechts)*

### Unruhe im entstehenden Sowjetischen Reich

Im März 1918 schlossen die Bolschewiki den Frieden von Brest-Litowsk mit Deutschland und den Mittelmächten, der beträchtliche territoriale Verluste für Sowjetrussland mit sich brachte. Doch angesichts der instabilen innenpolitischen Lage war Ruhe an der Außenfront bitter nötig. Sofort nach Machtantritt der Bolschewiki brach das russische Gesamtreich auseinander, verschiedene Nationalitäten forderten ihre Rechte und verkündeten ihre Unabhängigkeit. Zudem verbreitete sich im Land – vor allem im Süden bei den Donkosaken – eine Welle des Widerstands gegen die Bolschewiki. Generäle der Zarenarmee, Widerstandskämpfer in Sibirien, eine Armee von tschechoslowakischen Soldaten, die sich nach dem Frieden von Brest-Litowsk auf russischem Boden eingefunden hatten, oppositionelle Bauern und Sozialrevolutionäre bildeten den Nährboden für den Bürgerkrieg zwischen den »Roten« Bolschewiki und den »Weißen« Antibolschewisten, der bereits Ende 1918 ausbrach und bis 1920, in einigen Regionen bis 1922 andauerte. In der Zwischenzeit hatte eine Gruppe von Bolschewiki die Zarenfamilie im Juli in Jekaterinburg erschossen. Ende Februar 1921 streikten die Petrograder Arbeiter, als die Besatzung des Schlachtschiffes »Petropawlowsk« eine Resolution verfasste, der 16 000 Matrosen zustimmten und die scharfe Anklagen gegen die Sowjetdiktatur enthielt. Man verlangte unter anderem Rede- und Versammlungsfreiheit und die Freilassung aller Inhaftierten sowie eine Liberalisierung der Wirtschaft. Der Aufstand wurde nach einem verzweifelten Kampf am 18. März niedergeschlagen.

### Die Neue Ökonomische Politik

Lenin musste handeln und vor allem die verzweifelte wirtschaftliche Lage verbessern. Im so genannten Kriegskommunismus waren die wichtigsten Wirtschaftssektoren verstaatlicht und zentralisiert worden: Handel, Banken, Großbetriebe, Handelsflotte, Schwerindustrie. Die Produktion von Roheisen, Metall und Industrieerzeugnissen lag am Boden, Versorgungsengpässe traten ein und führten zu Hungersnöten. Vor allem unter den Bauern und Arbeitern breitete sich zunehmend Unzufriedenheit aus. Im März 1921 setzte Lenin auf dem X. Parteitag der Kommunistischen Partei einen Kurswechsel in der Wirtschaftspolitik durch und schuf die Grundlagen für die »Neue Ökonomische Politik«, kurz NEP. Lenin gestand, dass die komplette Sozialisierung des Landes zu früh erfolgt sei und nun eine gemischte Wirtschaft anzustreben sei. Die bisherige berüchtigte Zwangsabgabe von Lebensmitteln durch die Bauern wurde durch eine weniger bedrückende Regelung der Lebensmittellieferung ersetzt. Der freie Binnenhandel wurde wieder zugelassen und man forderte ausländische Kapitalgeber auf, wieder in Russland zu investieren. Die Einführung der NEP brachte – allerdings langsam – Erfolge;

doch die Hungersnot der Jahre 1921 und 1922 war so groß, dass sogar internationale Appelle zur Hilfe für Russland aufriefen. Bis 1927 hatte sich die Lage dann so weit gebessert, dass die industrielle Produktion wieder den Vorkriegszustand erreichte.

## Stalins Diktatur
### Fünfjahresplan und Säuberungen

Nach Lenins Tod am 21. Januar 1924 gelang es Josef Stalin, die Macht in Partei und Staat an sich zu reißen. Am zehnten Jahrestag der Oktoberrevolution verkündete er seinen Fünfjahresplan, der die vollkommene Kollektivierung der Landwirtschaft und die Schaffung von Großindustrie beinhaltete. Die Überführung der Landwirtschaft in Kolchosen und Sowchosen wurde rücksichtslos verfolgt und jeder Widerstand brutal unterdrückt. Die Beseitigung der »reaktionären« Kulaken, wie die Mittel- und Großbauern genannt wurden, zog verheerende Folgen bis hin zu Hungersnöten nach sich. Erst im Jahr 1937 erreichte die Agrarproduktion wieder das Niveau von 1928. Auch die Industrie erreichte trotz einiger größerer Erfolge die angestrebten Ziele nicht. Dennoch gelang es Stalin, wenn auch unter Verlust zahlreicher Menschenleben, Russland auf den Weg zu einer Industrienation zu leiten.

Mit der wirtschaftlichen Umgestaltung ging eine Welle der »Säuberungen« in Partei, Staat, Armee, Wirtschaft und Kultur einher, die in Schauprozessen und Hinrichtungen von vermeintlichen und wirklichen Oppositionellen und Kritikern gipfelten. 1940 wurde der bereits 1929 aus der Sowjetunion ausgewiesene Leo Trotzkij in Mexiko von einem sowjetischen Agenten ermordet. Das Land erfuhr unter der stalinistischen Diktatur weltweite Ächtung.

## Expansion des Machtbereichs

Zu Beginn des Bürgerkrieges wurde Russland durch den Abfall der Nationalitäten auf das Territorium des ehemaligen Großfürstentums Moskaus reduziert. Durch einen Vertrag vom 30. Dezember 1922 schlossen sich die Russische Sozialistische Föderative Sowjetrepublik (RSFSR) sowie die Ukrainische, Weißrussische und Transkaukasische Sozialistische Sowjetrepublik (TSFS) zur UdSSR zusammen. Ihre Verfassung erhielt die Union der Sozialistischen Sowjetrepubliken 1924. Stalin nützte in den folgenden Jahren sämtliche Gelegenheiten zur Expansion. In Folge des Stalin-Hitler-Paktes von 1939 rückte die Sowjetarmee am 17. September 1939 nach Ausbruch des Zweiten Weltkrieges in Polen ein. Die 200 000 Quadratkilometer großen so genannten polnischen Ostgebiete mit ihren 13 Millionen Einwohnern – Ukrainer, Weißrussen, Polen – fielen an die Sowjetunion. Die baltischen Staaten Estland, Lettland und Litauen wurden de facto Vasallenstaaten und Rumänien musste Bessarabien sowie die Nord-Bukowina abtreten.

1941 begann für die Sowjetunion mit Hitler-Deutschlands Überfall der Zweite Weltkrieg. Der »Große Vaterländische Krieg« forderte einen hohen Blutzoll, Millionen Soldaten und Zivilisten fanden den Tod. Nach Ende des Krieges 1945 verzeichnete die Sowjetunion riesige Gebietsgewinne vor allem in Mittel- und Osteuropa: Das sowjetische Imperium mit seinen Satellitenstaaten war noch mächtiger geworden.

*Bauarbeiten an der Transsibirischen Eisenbahn in Sibirien*

### Die Republiken der Sowjetunion

Lenin verkündete am 15. November 1917 das Selbstbestimmungsrecht für alle Nationen des einstigen Zarenreiches. In der Folge erklärten die Finnen, Ukrainer, die baltischen Völker, Georgier, Armenier und Aserbaidschaner ihre Unabhängigkeit. Nach dem Polnisch-Sowjetischen Krieg 1920/21 wurde die Ukraine ein Teilstaat der UdSSR. Georgien wurde 1921 der Transkaukasischen Föderation eingegliedert. 1924 zählten zur UdSSR die Russische Föderative Sowjetrepublik, die Ukraine, Weißrussland, die Transkaukasische Föderation, Turkmenistan, Usbekistan, Kirgistan und Tadschikistan. Nach 1936 kam Kasachstan dazu, 1940 die baltischen Staaten, die Bukowina und Bessarabien. Bis zu ihrem Zusammenbruch bestand die Union aus 15 Sozialistischen Sowjetrepubliken: Zu ihr zählten die Litauische, Lettische, Estnische, Weißrussische, Ukrainische, Moldauische, Georgische, Aserbaidschanische, Armenische, Usbekische, Turkmenische, Kasachische, Kirgisische und Tadschikische Sozialistische Sowjetrepublik sowie die Russische Sozialistische Föderative Sowjetrepublik.

*1921/22 eskalierte die wirtschaftliche Lage der Sowjetunion in einer schweren Hungersnot. Das Bild zeigt Bauern, die – im Rahmen einer Völkerbundhilfe – Nahrungsmittel nach Hause tragen.*

> Menschen und Ideen: Lenin
> Menschen und Ideen: Totalitäre Ideologien im 20. Jahrhundert
> Handel und Wirtschaft: Gegenmodell zum Kapitalismus
> Literatur und Musik: Doktor Schiwago
> Literatur und Musik: Archipel GULag

# Spannung und Entspannung
# Die Welt nach dem Zweiten Weltkrieg
# bis zum Ende des Kalten Krieges

Das Epochenjahr 1945 brachte für die Welt eine tiefe Zäsur. Die noch während des Zweiten Weltkriegs konzipierte Organisation der Vereinten Nationen wurde in diesem Jahr gegründet, nach Ende des Krieges wurde entsprechend den Interessen der Siegermächte die Welt neu geordnet. In das von Deutschland und Japan hinterlassene Machtvakuum rückten die Supermächte USA und UdSSR sofort nach, die sich jeweils möglichst große eigene Macht- und Einflusssphären sichern wollten.

## Formierung von Ost und West

Die USA verfolgten gezielt die politische Stabilisierung, den wirtschaftlichen Wiederaufbau und den militärischen Zusammenschluss Westeuropas zu einer Gemeinschaft. Im Osten Europas hingegen zwang die UdSSR den Ländern hierzu die Gleichschaltung kommunistischer Herrschaft auf. Die Gründung der Deutschen Demokratischen Republik kurz nach der Konstituierung der Bundesrepublik Deutschland 1949 schloss den Gürtel der abhängigen Volksdemokratien mit eingeschränkter Souveränität für den europäischen Bereich ab. In China endete im selben Jahr der Bürgerkrieg mit dem Sieg der kommunistischen Revolution unter Mao Zedong.

## Der Kalte Krieg
### gegensätzlicher Machtblöcke

Die ideologischen Unterschiede zwischen Ost und West verschärften sich nach 1945 beständig. Aus westlicher Sicht richtete man sich gegen die Ausbreitung des kommunistischen Systems und die sozialistische Weltrevolution, aus umgekehrter Blickrichtung gegen den kapitalistischen Imperialismus. Die weltpolitische Rivalität führte zu einem konventionellen und nuklearen Rüstungswettlauf der beiden Supermächte, der bis an den Rand eines dritten Weltkriegs mit »atomarem Overkill« führte.

Im Verlauf des Kalten Krieges drohten die Spannungen mehrfach in eine direkte militärische Auseinandersetzung umzuschlagen: Die beiden Berlinkrisen – 1948 die Berliner Blockade unmittelbar ausgelöst durch die Währungsreform in den Westzonen Deutschlands sowie der Mauerbau 1961 –, der Koreakrieg von 1950 bis 1953, die Volksaufstände in der DDR 1953 und in Ungarn 1956 sowie der »Prager Frühling« 1968, die Suezkrise 1956, die Kubakrise 1962, die sich um sowjetische Raketenbasen in dem seit 1959 kommunistischen Karibikstaat entzündete, und der Vietnamkrieg von 1964 bis 1975 bildeten einige der Brennpunkte. Es gelang aber, jenen ideologischen Konflikt zwischen West und Ost unterhalb der Schwelle eines existenzvernichtenden Großkrieges zu halten. Vielmehr wurden die Kämpfe um geostrategische Vorteile indirekt durch regional begrenzte »Stellvertreterkriege« in Afrika, Südostasien und Mittelamerika ausgetragen. Der chronische Nahostkonflikt um die staatliche Existenz des 1948 gegründeten Israel, der sich etwa 1967 im Sechstagekrieg oder 1973 im Jom-Kippur-Krieg militärisch entlud, beinhaltete zusätzlich den Aspekt der religiösen arabisch-muslimischen und jüdischen Auseinandersetzung.

Eine direkte Auswirkung des Kalten Krieges war die Gründung zweier ungleich großer deutscher Teilstaaten – BRD und DDR – sowie deren jeweilige politische, ökonomische und militärische Integration in die gegensätzlichen Machtblöcke. So wurde die Bundesrepublik Deutschland Mitglied der 1949 gegründeten NATO, die Deutsche Demokratische Republik dagegen des 1955 konstituierten Warschauer Pakts. Der

Bau der Berliner Mauer im Jahr 1961 versinnbildlichte die Abgrenzung der Systeme in friedlicher Koexistenz und der Fall der Mauer im Jahr 1989 steht für das Ende des Kalten Krieges, das 1990 mit der Wiedervereinigung Deutschlands besiegelt wurde.

## Auflösung der Kolonialreiche

Die vollständige Unabhängigkeit Indiens, der größten Kolonie, bildete im Jahr 1947 den eigentlichen Startpunkt für das weltweite Zerfallen der europäischen Kolonialreiche. Zunächst setzte sich die Dekolonisation in Asien weiter fort, beispielsweise in Indonesien, das 1949 seine Unabhängigkeit erhielt. Erst rund ein Jahrzehnt später erfolgte dieser Emanzipationsprozess dann auch in Afrika, wo als erstes Land Ghana, die ehemalige britische Kronkolonie Goldküste, 1957 seine Souveränität erlangte. Der Herrschaftsübergang konnte nicht immer dem indischen Beispiel folgend relativ friedlich ablaufen. Häufig gelang die Befreiung aus der Kolonialherrschaft erst nach einem langwierigen, blutigen Befreiungskrieg – so etwa in Algerien, das 1962 nach einem achtjährigen Krieg gegen Frankreich in die Unabhängigkeit entlassen wurde.

Wesentliche Voraussetzung für einen konfliktfreien Übergang war die Übergabe der politischen Macht an die existierenden politischen Eliten. Gleichwohl traten in den neuen Ländern, häufig auch begründet durch aus der Kolonialzeit hinterlassene Strukturen, regelmäßig innere Spannungen auf. Diese konnten zu gewaltsamen politischen Umstürzen oder Bürgerkriegen führen. Insbesondere die UdSSR und die USA griffen indirekt in diese Konflikte ein und führten auf diese Weise ideologisch und machtpolitisch begründete »Stellvertreterkriege«.

## Die europäische Einigung im Westen

Der von den Vereinigten Staaten organisierte Wiederaufbau und die unterstützte Neuorganisation Europas entwickelten rasch eine Eigendynamik, die maßgeblich zur Überwindung des Kalten Krieges und zum Sturz des europäischen Kommunismus beitrug. Den äußeren Rahmen einer europäischen Zusammenarbeit bildete der militärische Verbund der NATO-Staaten. Die zunächst nur begrenzte wirtschaftliche Kooperation wurde in den Römischen Verträgen mit der Gründung der Europäischen Wirtschaftsgemeinschaft (EWG) 1957 stark erweitert und mit der Aufnahme weiterer westeuropäischer Mitgliedsstaaten zur Europäischen Gemeinschaft ausgebaut. Aus der deutsch-französischen Zusammenarbeit kristallisierte sich zunehmend das Ziel einer politischen Einigung Gesamteuropas heraus.

## Der Untergang des Kommunismus

In der 1975 in Helsinki unterzeichneten Schlussakte der Konferenz für Sicherheit und Zusammenarbeit in Europa (KSZE) mussten die kommunistischen so genannten Ostblockstaaten unter anderem die Gewährung der Menschenrechte zumindest formal zugestehen. Diese demokratischen Prinzipien, verbunden mit den wirtschaftlichen Schwierigkeiten der kommunistischen Länder, unterwanderten und erschütterten deren zentralistisches System. Die sowjetische Niederlage in dem von der UdSSR 1979 besetzten Afghanistan verschaffte den europäischen Satellitenstaaten erstmals einen realen politischen Handlungsspielraum.

Mit den politischen und wirtschaftlichen Reformversuchen Michail Gorbatschows, der im Jahr 1985 zum Generalsekretär der KPdSU ernannt worden war, eskalierten die inneren Probleme der Sowjetunion. Gleichzeitig verringerten sich durch atomare Abrüstungsvereinbarungen mit den Vereinigten Staaten die äußeren Spannungen. Die Öffnung der ungarischen Grenze nach Westen setzte den Anfangspunkt für die Überwindung des eisernen Vorhangs, der Fall der Berliner Mauer war das endgültige Signal für den beginnenden Zusammenbruch des Kommunismus in Osteuropa und der Sowjetunion.

# DIE WELT VERÄNDERT IHR GESICHT
# NEUE STAATEN NACH DEM ZWEITEN WELTKRIEG

*Nach dem Zweiten Weltkrieg änderte sich die Welt rapide. Als direkte Folge des Kriegs entstanden neue Staaten, aber auch die meisten Kolonien erhielten nach und nach ihre staatliche Unabhängigkeit. Zudem spalteten sich von manchen Ländern Regionen ab und erlangten die Eigenstaatlichkeit.*

*Wilhelm Pieck proklamiert am 7. Oktober 1949 vor dem Deutschen Volksrat die Deutsche Demokratische Republik (DDR).*

Die meisten neuen Staaten bildeten sich zwischen 1945 und dem Ende des Kalten Kriegs 1989/1990 in Afrika und Asien, nachdem die ehemaligen Kolonialmächte sich dazu bereit erklärt hatten, ihre Besitzansprüche auf die dortigen Gebiete aufzugeben. In Europa entstanden durch die Teilung Deutschlands infolge der Politik der vier Besatzungsmächte zwei deutsche Staaten: die Bundesrepublik (BRD) und die Deutsche Demokratische Republik (DDR). Eine weitere Teilung, die ebenfalls weltanschaulich begründet war, vollzog sich 1948 in Asien: Auf der koreanischen Halbinsel entstanden die beiden unabhängigen Staaten Nord- und Südkorea, deren Gebiete 1945 von sowjetischen beziehungsweise von US-amerikanischen Truppen besetzt worden waren. In Indochina wurde 1954 darüber hinaus nach Ende des Kriegs mit der französischen Kolonialmacht die Teilung Vietnams beschlossen, das seit 1976 aber wieder vereint ist. Ebenfalls 1948 entstand im Nahen Osten der Staat Israel als Heimat für die weltweit verstreut lebenden Juden. Ein Sonderweg wurde 1947 mit der Abspaltung Pakistans von Indien beschritten.

### DIE DEUTSCHE TEILUNG

Nach Beendigung des Zweiten Weltkriegs wurde Deutschland 1945 von den vier Besatzungsmächten USA, Frankreich, Großbritannien und der Sowjetunion in vier Zonen aufgeteilt, die jeweils unter Kontrolle einer Besatzungsmacht standen. In der Konferenz von Potsdam 1945 wurde zwar beschlossen, dass aus den Besatzungszonen schließlich wieder ein Staat entstehen sollte, doch nahm die Entwicklung zunächst einen anderen Verlauf.

1946 drängten die Amerikaner zu einer wirtschaftlichen und administrativen Verschmelzung der US-amerikanischen und britischen Zone. Ziel war es, zunächst diese so genannte Bizone und später ganz Deutschland wirtschaftlich unabhängig zu machen und unter eine eigene Verwaltung zu stellen. Frankreich und die Sowjetunion lehnten eine Verschmelzung ihrer Zonen mit der Bizone ab. Nach und nach verhärteten sich aufgrund unterschiedlicher Weltanschauungen die Fronten zwischen der Sowjetunion und den USA – der Kalte Krieg begann. 1948 trat vor allem auf Betreiben der USA der 1947 angeregte Marshall-Plan in Kraft, der wirtschaftliche Hilfen für Deutschland vorsah. Während die Sowjetunion für ihre Zone finanzielle Hilfe ablehnte, nahm Frankreich sie an. Die französische Besatzungs-

*Teilstrecke der als »Todesstreifen« bekannten Grenze zwischen der DDR und der BRD*

# Neue Staaten nach dem Zweiten Weltkrieg

zone näherte sich damit der amerikanisch-britischen Bizone an.

Da die Differenzen zwischen den drei Westmächten und der Sowjetunion unüberwindbar schienen, strebten die Westmächte ab 1948 die Bildung eines »Weststaats« auf dem Gebiet ihrer Zonen an. Daraufhin wurde das Grundgesetz ausgearbeitet, das am 8. Mai 1949 in Kraft trat. Das war gleichzeitig die Geburtsstunde der Bundesrepublik Deutschland, der – so hoffte man – sich die sowjetische Besatzungszone anschließen würde. Dort jedoch trat am 7. Oktober 1949 eine eigene Verfassung in Kraft: Die DDR war entstanden, Deutschland war geteilt.

Das Ende der DDR kam im Jahr 1989. Bei den so genannten Montagsdemonstrationen gingen in Leipzig Tausende Menschen auf die Straße und forderten mehr Demokratie; vielen DDR-Bürgern gelang die Flucht in den Westen. Schließlich wurde am 9. November 1989 den DDR-Bürgern Reisefreiheit gewährt und die Berliner Mauer fiel. Im Dezember endete das Machtmonopol der Sozialistischen Einheitspartei (SED) und Anfang 1990 kam es zu demokratischen Neuwahlen. Der sowjetische Präsident Michail Gorbatschow machte dann im Juli 1990 den Weg frei für die Wiedervereinigung Deutschlands am 3. Oktober 1990.

*Die britische Premierministerin Margaret Thatcher applaudiert am 21. Dezember 1979 Mitgliedern der Delegationen aus Simbabwe-Rhodesien (später Simbabwe), die gerade ein Friedensabkommen unterzeichnet haben.*

## Pakistans Weg zum Muslimstaat

Im Jahre 1945 entschloss sich Großbritannien, Indien in die Unabhängigkeit zu entlassen. Es gab dabei jedoch ein Problem: Die indischen Muslime forderten die Bildung eines Muslimstaats und setzten sich unter Gewaltanwendung dafür ein. Die Briten entschieden sich daher 1947 für eine Abspaltung des vorwiegend von Muslimen bewohnten Nordwestens und Nordostens Indiens und für die Entlassung beider Staaten in die Unabhängigkeit. Der neu entstandene Staat des indischen Subkontinents erhielt den Namen Pakistan.

Anschließend kam es sowohl in Pakistan als auch in Indien zu schweren Gewaltausbrüchen, wobei die jeweiligen Minderheiten zum Teil umgebracht, zum größten Teil jedoch vertrieben wurden. Bis ins 21. Jahrhundert schwelt der Konflikt fort – Pakistan fordert von Indien die Aufgabe des vorwiegend von Muslimen bewohnten Bundesstaats Kaschmir.

## Das Ende der Kolonien

Sowohl in Afrika als auch in Asien herrschten bis nach dem Zweiten Weltkrieg vorwiegend europäische Kolonialmächte. Dort gewannen im Zuge der Nachkriegsentwicklungen Unabhängigkeitsbestrebungen die Oberhand. Nationalistische Bewegungen erstarkten unter anderem aufgrund des verbesserten Bildungsstandes in den Kolonien und des wachsenden Unwillens der Bevölkerungen, als Menschen zweiter Klasse behandelt zu werden. Die wirtschaftliche Schwäche der Kolonialmächte war zumindest anfangs ein wesentlicher Grund dafür, dass sie ihre überseeischen Besitztümer aufgaben.

### ·········· Europas Kolonien nach 1945 ··········

Nach dem Zweiten Weltkrieg sahen sich die europäischen Kolonialmächte Großbritannien, Frankreich, Belgien, Niederlande, Portugal, Spanien und Italien zunehmend mit erstarkenden Unabhängigkeitsbewegungen konfrontiert. Während in Asien bereits 1945 Indochina und Indonesien ihre Unabhängigkeit proklamierten und die Philippinen diese im Jahr 1946 erhielten, erreichte dies in Afrika erst 1957 die britische Kronkolonie Goldküste, die als der neue Staat Ghana in die Souveränität entlassen wurde. Simbabwe war 1980 der letzte afrikanische, Brunei 1984 der letzte asiatische Staat, der die Unabhängigkeit von Großbritannien erlangte.

*Der letzte Vizekönig von Indien, Lord Louis Mountbatten, nimmt in Karatschi am 20. August 1947 an den Unabhängigkeitsfeierlichkeiten Pakistans teil.*

- ▶ **Kriege und Konflikte:** Folgen des Zweiten Weltkriegs
- ▶ **Kriege und Konflikte:** Koreakrieg
- ▶ **Kriege und Konflikte:** Spaltung des indischen Subkontinents
- ▶ **Kriege und Konflikte:** Indochinakrieg
- ▶ **Kriege und Konflikte:** Unabhängigkeitskriege südlich der Sahara

# Gemeinsam die Welt verbessern
## Die Vereinten Nationen

*Für die Sicherung des Weltfriedens, die Selbstbestimmung der Völker, Menschenrechte sowie wirtschaftliche und soziale Entwicklung zu sorgen, ist das erklärte Ziel der UNO. Die weltweite Staatenorganisation versucht diesen Aufgaben gerecht zu werden, was ihr aber – leider – nicht immer gelingt.*

*In der General- oder Vollversammlung der Vereinten Nationen sind alle Mitgliedsstaaten vertreten. Unabhängig von seiner Größe hat jeder Mitgliedsstaat gemäß dem Völkerrecht eine Stimme.*

Das Hauptgebäude der Vereinten Nationen in New York demonstriert kühle Sachlichkeit und Selbstbewusstsein. Davor sind bunte Farbtupfer, die Flaggen der 191 Mitgliedsstaaten, zu sehen. Hinter jeder Fahne steht ein souveränes Land, eine Nation.

Die Staatengemeinschaft mit ihren Sitzen in New York, Genf, Wien, Paris und Nairobi ist die völkerrechtlich legitimierte, letzte politische Instanz der Welt. Ihre Charta legt die Grundsätze und Ziele sowie die Verpflichtungen der Mitglieder fest. Diese sollen auf die Androhung und Ausübung von Gewalt, »die gegen die territoriale Unversehrtheit oder die politische Unabhängigkeit irgendeines Staates gerichtet oder sonst mit den Zielen der Vereinten Nationen unvereinbar ist«, verzichten und internationale Streitigkeiten friedlich beilegen. Verletzt ein Staat die Charta, kann die UNO Zwangsmaßnahmen, die für alle Mitglieder verbindlich sind, anordnen.

### Eine weit verzweigte Organisation

Die UNO hat neben der Generalversammlung, die der politischen Beratung dient, fünf Hauptorgane: Sekretariat, Sicherheitsrat, Treuhandrat, Internationaler Gerichtshof sowie Wirtschafts- und Sozialrat. Der Sicherheitsrat ist für den Weltfrieden verantwortlich: Die USA, Russland, Großbritannien, Frankreich und China bilden seine ständigen Mitglieder, hinzu kommen zehn nichtständige Mitglieder. Der Vorsitz dieses Gremiums wechselt jeden Monat. Neun, von keinem Veto blockierte Stimmen sind für die Annahme einer Resolution erforderlich, die fünf ständigen Sicherheitsratsmitglieder verfügen jeweils über ein Vetorecht.

Die UNO besteht darüber hinaus aus einer Reihe von zum Teil auch rechtlich selbstständigen internationalen Organisationen und Organen. Das Welternährungsprogramm (WFP) etwa hilft bei Hungerkatastrophen, das Freiwilligenprogramm United Nations Volunteers (UNV) schickt jährlich mehrere tausend Fachkräfte in verschiedene Entwicklungsländer. Die Weltgesundheitsorganisation (WHO) wiederum vernetzt wichtige Bereiche der internationalen Medizin und erarbeitet allgemeine Standards für den Gesundheitsbereich, während sich das Kinderhilfswerk der Vereinten Nationen (UNICEF) für den Schutz und die Rechte der Kinder der Welt einsetzt.

UN-Organisationen kümmern sich um eine Vielzahl von sozialen und wirtschaftlichen, von humanitären, kulturellen und ökologischen Aufgaben. Doch wird die Arbeit der Vereinten Nationen aufgrund der mangelnden Zahlungsmoral einiger Mitgliedsländer – Hauptschuldner sind die USA – schwer beeinträchtigt. Und Meinungsverschiedenheiten im Weltsicherheitsrat haben immer wieder die Existenz der UNO gefährdet.

### Ringen um den Weltfrieden

Die UNO-Friedenstruppen, die so genannten Blauhelm-Soldaten, werden nur mit Zustimmung des Weltsicherheitsrates in Krisengebieten eingesetzt, um Konflikte zu schlichten oder einen Friedensprozess zu begleiten. Zu Waffenstillstandsvereinbarungen und deren Überprüfung sowie zu Wahlen in Krisengebieten wer-

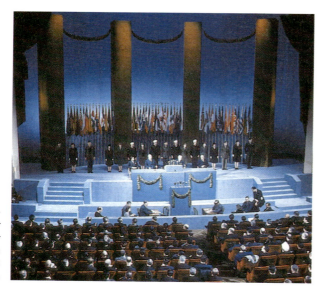

*Das Gründungszeremoniell der Organisation der Vereinten Nationen am 26. Juni 1945 in San Francisco*

# Die Vereinten Nationen

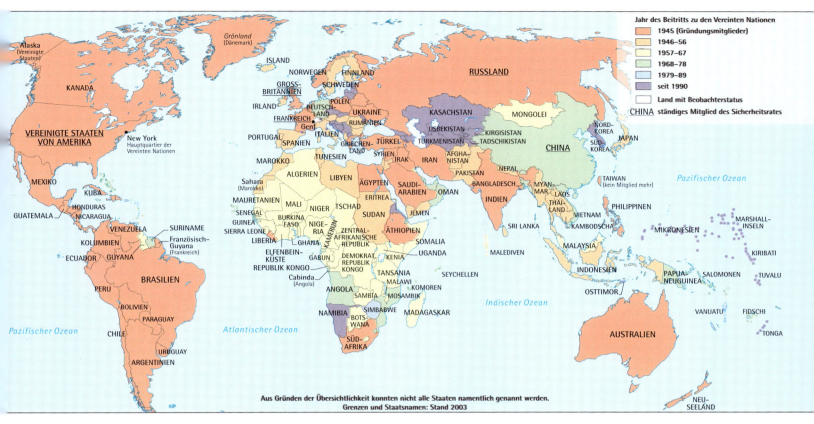

Aus Gründen der Übersichtlichkeit konnten nicht alle Staaten namentlich genannt werden. Grenzen und Staatsnamen: Stand 2003

den hingegen zivile Beobachter entsandt. Im Juni des Jahres 1948 wurde in Palästina zum ersten Mal in der UN-Geschichte eine Beobachtermission eingerichtet, in deren Folge ein Waffenstillstand zwischen den arabischen Staaten und dem jungen Israel ausgehandelt wurde.

Die UNO nahm aber auch Partei – so zum Beispiel im Koreakrieg. Aufgrund eines Beschlusses des Weltsicherheitsrates vom 27. Juni 1950 wurde eine multinationale Streitmacht unter US-amerikanischem Oberbefehl gebildet, die dem vom kommunistischen Norden angegriffenen Südkorea zu Hilfe kam. 2001 billigte die UNO die militärische Intervention einer internationalen Antiterror-Koalition gegen Afghanistan, um gegen die Drahtzieher und Unterstützer der Anschläge vom 11. September 2001 vorzugehen.

Die bisher schwerste Krise erlebte die UNO im Frühjahr 2003. Der völkerrechtlich nicht legitimierte Präventivkrieg der USA und ihrer Verbündeten – unter anderen Großbritannien und Spanien – gegen den Irak spaltete den Sicherheitsrat, vor allem Frankreich, Russland, China und Deutschland hatten sich gegen eine entsprechende UN-Kriegsresolution gewandt. Und über die Rolle der UNO in dem von den USA kontrollierten Nachkriegsirak herrschte ebenfalls Uneinigkeit. Einige UN-Mitglieder befürchten im Zuge dieser Entwicklung eine von den USA dominierte Weltordnung, die der UNO nur mehr eine Statistenrolle überlässt.

*Nachdem 2002 die Schweiz und Osttimor der UNO beitraten, zählt die Organisation heute 191 Mitglieder. Nur die von Marokko besetzte Westsahara, Taiwan und und die Vatikanstadt sind nicht Mitglied der Vereinten Nationen.*

## Gründung der Vereinten Nationen

Nachdem der Völkerbund, seit 1920 die internationale Staatenorganisation zur Sicherung des Weltfriedens, den Zweiten Weltkrieg nicht verhindern konnte und gescheitert war, bildeten die Kriegsgegner der Achsenmächte, die Gegner Deutschlands, Italiens und Japans, ein neues Bündnis aller »friedliebenden Staaten«. Im Jahre 1941 verabschiedeten die USA und Großbritannien die »Atlantikcharta« und 1942 unterzeichneten 26 Staaten die Erklärung von Washington. Sie bezeichneten sich erstmals als »United Nations«. 1944 erarbeiteten Vertreter Chinas, Großbritanniens, der Sowjetunion und der USA eine Satzung; die noch strittigen Fragen wurden auf der Konferenz von Jalta im Februar 1945 geklärt. Am 26. Juni 1945 unterzeichneten in San Francisco 50 Staaten – später auch Polen als 51. Mitglied – die UN-Charta, die am 24. Oktober 1945 in Kraft trat.

*Der Schwede Dag Hammarskjöld war von 1953 bis 1961 Generalsekretär der Vereinten Nationen. 1961 kam er bei einem Flugzeugabsturz ums Leben, im selben Jahr wurde ihm posthum der Friedensnobelpreis verliehen.*

➤ Kriege und Konflikte: Folgen des Zweiten Weltkriegs
➤ Kriege und Konflikte: Blockbildung und Kalter Krieg
➤ Kriege und Konflikte: UN-Friedenstruppen

# Vom Kalten Krieger zur alleinigen Supermacht
# Die USA nach dem Zweiten Weltkrieg

*In den Jahren zwischen 1945 und 1989 rangen die Großmächte USA und UdSSR um die Vormachtstellung in der Welt. Mit dem Zusammenbruch der Sowjetunion war dieser Kampf entschieden. Seitdem kann sich der Präsident der USA wirklich als mächtigster Mann der Welt bezeichnen.*

*Der ehemalige Oberbefehlshaber der US-Truppen in Europa während des Zweiten Weltkriegs, General Dwight D. Eisenhower, wurde 1953 zum 34. Präsidenten der USA gewählt.*

Der Zweite Weltkrieg war vorbei. Mit einem dramatischen Ende, dem Abwurf von zwei Atombomben über Hiroshima und Nagasaki im August 1945, hatten die USA ihre Stärke demonstriert. Europa war als Weltmacht von der Bühne abgetreten, nun standen sich nur noch zwei Supermächte gegenüber: die USA und die UdSSR mit ihren jeweiligen Verbündeten. Die zwei aufstrebenden Mächte mit unterschiedlichen Gesellschaftssystemen und Ideologien lieferten sich nach dem Zweiten Weltkrieg ein als Kalter Krieg bezeichnetes Kräftemessen, das die gesamte Welt als bedrohlich empfand. Seit 1949 besaß auch die Sowjetunion Atomwaffen, der Koreakrieg von 1950 bis 1953, in den auch die USA eingriffen, schürte die Angst vor einem Dritten Weltkrieg. Das Gipfeltreffen der USA und der UdSSR in Camp David 1959 trug zwar zur Lösung der Ost-West-Spannungen bei, weiterhin aber strebten beide Weltmächte danach, ihren politischen und militärischen Einflussbereich auszudehnen – vor allem auf die ehemaligen Kolonien, die in den 1960er Jahren in die Unabhängigkeit entlassen wurden.

*Ende eines traumatischen Krieges: Ein US-Soldat wird 1973 nach seiner Rückkehr aus Vietnam von seiner Familie begrüßt.*

In den USA selbst führte der Kalte Krieg zu einer hysterischen und beispiellosen Hetze gegen Kommunisten, die ihren Höhepunkt in der McCarthy-Ära Anfang der 1950er Jahre fand. Künstler und Intellektuelle wurden reihenweise vor den von Senator Joseph McCarthy geleiteten Untersuchungsausschuss zitiert und wegen angeblich kommunistischer Umtriebe verurteilt.

### Die unruhigen 1960er Jahre

Das innenpolitische Klima änderte sich drastisch in den 1960er Jahren. Die Dekade begann mit der Wahl des 43-jährigen John F. Kennedy zum Präsidenten. In ihm sahen viele und vor allem die Schwarzen, die damals anfingen um ihre Rechte zu kämpfen, einen Hoffnungsträger. Und tatsächlich initiierte er in seiner kurzen Amtszeit, die 1963 mit seiner Ermordung abrupt endete, auch viele Reformen, die sein Nachfolger Lyndon B. Johnson dann in die Tat umsetzte.

Außenpolitisch verfolgte Kennedy die Politik des Kalten Krieges und rüstete in großem Stil auf. Zudem baute er das Raumfahrtprogramm aus, um den damaligen Vorsprung der Sowjetunion in diesem Bereich aufzuholen. Nachdem er in der Kubakrise 1962 erreichte, dass die UdSSR ihre auf der Insel stationierten Raketenbasen wieder abbauten, galt Kennedy in der ganzen Welt als Garant des Friedens. Allerdings begann unter seiner Ägide auch das militärische Engagement in Vietnam, das die USA in einen langjährigen Krieg treiben sollte.

Beherrschendes innenpolitisches Thema der 1960er Jahre waren die großen Rassenunruhen, die das Land erschütterten. Demonstrationen, Sit Ins, blutige Aufstände in den Ghettos der Städte – die Bürgerrechtsbewegung kämpfte mit allen Mitteln, um ei-

## Die USA nach dem Zweiten Weltkrieg

*Zeichen der Entspannung: Am 8. Dezember 1987 unterschreiben Michail Gorbatschow und Ronald Reagan in Washington das Abkommen über den Abbau von Mittelstreckenraketen (INF-Vertrag).*

ne Gleichstellung der Schwarzen zu erreichen. Prominentester Führer des *Civil Rights Movement* war Martin Luther King. Der Verfechter des gewaltlosen Widerstandes erlag selbst der Gewalt: 1968 wurde er in Memphis, im US-Bundesstaat Tennessee, erschossen. Im selben Jahr fiel auch Robert Kennedy, der sich um die Präsidentschaft bewerben wollte, einem Attentat zum Opfer.

### Ein verlorener Krieg und ein korrupter Präsident

Seit Mitte der 1960er Jahre engagierten sich die USA mit großem Truppeneinsatz in Vietnam, um das Vordringen des Kommunismus zu verhindern. Es war jedoch schon bald absehbar, dass selbst eine mit modernsten Waffen ausgestattete Armee nicht in der Lage war, im Dschungelkrieg zu bestehen. Es kam zu immer heftigerer Kritik und zu Massendemonstrationen im Land. Als die Amerikaner ihre Truppen 1973 abzogen, waren 57 000 Soldaten gefallen. Aus dem Vietnamkrieg gingen die USA zum ersten Mal in ihrer Geschichte als Verlierer hervor und die Nation, die sich immer so gerne als Sieger sah, blieb traumatisiert zurück.

Der Watergate-Skandal, der in dieser Zeit aufgedeckt wurde und ein Jahr später zum Sturz von Präsident Richard Nixon führte, trug nicht gerade dazu bei, die Nation aufzumuntern. Es kam zu einer tiefen Staats- und Vertrauenskrise. Im Zusammenhang mit der zurückgegangenen Aufrüstung mehrten sich zudem die Zeichen einer wirtschaftlichen Rezession.

### Entspannung zwischen Ost und West

Die Abrüstung war nicht nur durch das Ende des Vietnamkriegs bedingt, sondern ging auch auf das SALT-I-Abkommen zurück, das die Supermächte 1972 geschlossen hatten. Es zielte auf eine Beendigung des internationalen Wettrüstens ab. SALT I wurde zwar 1977 verlängert, doch die Beziehungen zwischen Ost und West kühlten nach der sowjetischen Besetzung Afghanistans 1979 wieder ab.

Im selben Jahr wurden in Teheran 60 amerikanische Botschaftsangehörige als Geiseln genommen, sie kamen erst 1981 wieder frei, kurz nachdem Präsident Ronald Reagan seine erste Amtsperiode als Präsident angetreten hatte. Dass genau während seiner Regierungszeit die Entspannungspolitik zwischen den USA und der UdSSR so weit vorangetrieben wurde, dass es 1987 zur Unterzeichnung des Vertrags über die vollständige Beseitigung aller atomaren Mittelstreckenwaffen kam, war vor allem dem sowjetischen Staatschef Michail Gorbatschow anzurechnen, der 1985 sein Amt antrat. Seine Politik führte letztlich dazu, dass es heute nur noch eine Supermacht gibt: die USA.

########## US-Präsidenten 1945–1993 ##########

1945 – 1953 Harry S. Truman, Demokrat
1953 – 1961 Dwight D. Eisenhower, Republikaner
1961 – 1963 John F. Kennedy, Demokrat
1963 – 1969 Lyndon B. Johnson, Demokrat
1969 – 1974 Richard M. Nixon, Republikaner
1974 – 1977 Gerald R. Ford, Republikaner
1977 – 1981 Jimmy Carter, Demokrat
1981 – 1989 Ronald Reagan, Republikaner
1989 – 1993 George Bush, Republikaner

*Am 20. Juli 1969 betrat Neil Armstrong im Rahmen der Apollo-11-Mission als erster Mensch den Mond.*

➤ **Kriege und Konflikte:** Blockbildung und Kalter Krieg
➤ **Kriege und Konflikte:** Koreakrieg
➤ **Kriege und Konflikte:** Vietnamkrieg
➤ **Menschen und Ideen:** John F. Kennedy
➤ **Menschen und Ideen:** Martin Luther King

# Die UdSSR von der Entstalinisierung bis zur Perestroika

*In den ersten Jahren nach Stalins Tod schien in der Sowjetunion »Tauwetter« zu herrschen, doch bereits ab 1964 wurde wieder eine repressivere Politik verfolgt. Der – zu späte – Umbau von Gesellschaft und Wirtschaft in den 1980er Jahren konnte den Zusammenbruch der Sowjetunion nicht mehr aufhalten.*

*Der Nobelpreisträger Andrej Sacharow in der sowjetischen Akademie der Wissenschaften während der Abgeordnetenwahl 1989*

Die Welt reagierte besorgt und gespannt, als am 5. März 1953 die Nachricht vom Tode Josef Stalins über den Rundfunk verbreitet wurde. Vor allem in Westeuropa fürchtete man sich vor einem möglichen Machtvakuum nach dem Tod des Diktators. In Moskau stritt derweilen das Präsidium des Zentralkomitees über die Zukunft der Partei- und Staatsführung, die wieder kollektiv erfolgen sollte. Auf diese Weise wollte man angesichts der Erfahrungen aus der Stalin-Ära die Konzentration der Macht in einer Person vermeiden. Doch das neue Regierungskollektiv erfuhr bald einige Änderungen. Bereits im Juli 1953 wurde der berüchtigte Polizeichef unter Stalin und neue Innenminister Lawrentij Beria gestürzt und einige Monate später hingerichtet; im September musste der von Stalin designierte Nachfolger, Ministerpräsident Georgij M. Malenkow, als Generalsekretär der KPdSU zurücktreten. Somit war der Weg frei für Nikita S. Chruschtschow.

*Am 23. September 1960 fordert der sowjetische Ministerpräsident Nikita Chruschtschow vor der UN-Vollversammlung die Absetzung des Generalsekretärs der Vereinten Nationen, Dag Hammarskjöld.*

## Die Ära Chruschtschow

Der Bauernsohn Chruschtschow, seit 1939 Mitglied im Parteibüro, hatte sich während der Stalin-Ära bedeckt gehalten – seiner späteren Karriere war dies wohl eher förderlich. Im Juli 1953 dirigierte er im Hintergrund den Sturz Berias; im Laufe der nächsten Jahre entledigte er sich nach und nach seiner Gegner, so etwa des Außenministers Wjatscheslaw Molotow. Chruschtschow, der etwa in der landwirtschaftlichen Produktion oder im Städtebau wesentliche Verbesserungen einführte, leitete im Februar 1956 mit einer Geheimrede auf dem 20. Kongress der KPdSU die so genannte Entstalinisierung ein. Dieser Prozess führte zu einer Polarisierung der Gesellschaft: Während die einen versuchten, die minimalen Möglichkeiten zur freien Meinungsäußerung auszunutzen, befürchteten andere den Verlust ihrer Privilegien. So war zwar einerseits ab 1956 das Manuskript von Boris Pasternaks »Doktor Schiwago« unter der Hand erhältlich und sogar Ilja Ehrenburg konnte zutreffend über »Tauwetter« schreiben, andererseits verschärfte sich die Lage, als 1956 schwere Unruhen Polen und vor allem Ungarn erschütterten. Ab 1958 verschlimmerte sich die Wirtschaftskrise, zudem nahm der Aufruhr unter den Intellektuellen nach der Verleihung des Nobelpreises an Pasternak im Oktober 1958 zu. Darüber hinaus musste Chruschtschow in der Außenpolitik empfindliche Niederlagen hinnehmen, so etwa während der Kubakrise 1962. Diese Misserfolge führten unter anderem zu seinem Sturz im Jahr 1964.

## Die UdSSR von der Entstalinisierung bis zur Perestroika

### Die Stunde der Dissidenten

Nach der Entmachtung Chruschtschows wurde Alexej Kossygin Ministerpräsident und Leonid Breschnew, der eine steile Parteikarriere verfolgt hatte, stieg zum Generalsekretär der KPdSU auf. Unter Breschnews Führung erstarkte die Macht des Zentralkomitees, doch ab Mitte der 1960er Jahre mehrten sich die oppositionellen Kreise. Die Dissidenten stellten nicht so sehr die Regimelegitimität in Frage, sondern forderten eine strikte Einhaltung der sowjetischen Verfassung, der Gesetze und der außenpolitischen Verträge. Autoren ließen ihre kritischen Werke in Manuskriptform unter der Hand verbreiten – *samisdat*, »Selbstverlag«, genannt. Nach der Verurteilung der Schriftsteller Andrej D. Sinjawski und Juli M. Daniel in berühmt gewordenen Prozessen 1966, die heftige Reaktionen hervorriefen, erschien ab 1968 die Untergrundzeitschrift »Chronik der laufenden Ereignisse«, in der der Physiker Andrej Sacharow sein »Memorandum« zu schreiben begann. Auch wenn die Dissidenten der Macht des Sowjetstaates nur wenig entgegensetzen konnten, so trugen bestimmte Ereignisse dennoch viel dazu bei, das Regime im Ausland zu diskreditieren. Hierzu zählte unter anderem die Ausweisung des Nobelpreisträgers Alexander Solschenizyn.

### Das Ende der Sowjetunion

1977 wurde eine neue Verfassung verabschiedet, die zwar die Partei noch einmal als Führerin der Sowjetgesellschaft deklarierte, aber auch die Rolle anderer Institutionen anerkannte. Ab 1983 verzeichnete die sowjetische Wirtschaft eine eindeutige Verlangsamung des Wachstums aller Produktionszweige, die zu einem Mangel an Arbeitsplätzen führte. Doch das Interregnum von Jurij Andropow und Konstantin Tschernenko zwischen dem Tode Breschnews im November 1982 und der Ernennung Michail Gorbatschows im März 1985 zum Generalsekretär der KPdSU brachte nicht die notwendige Liberalisierung. Die überfällige Umgestaltung der sowjetischen Wirtschaft und Gesellschaft leitete erst Gorbatschow ein, der 1991 von Boris Jelzin entmachtet wurde. Das Ziel der Reformen, die Steigerung der Effizienz des Sowjetsystems, wurde jedoch nicht erreicht – die UdSSR war nicht mehr zu reformieren und löste sich auf.

*Der 1985 zum Generalsekretär der KPdSU ernannte Michail Gorbatschow leitete in den späten 1980er Jahren entscheidende Reformprozesse ein.*

*Boris Pasternak war einer der bedeutendsten Schriftsteller der russischen Moderne und erzielte mit seinem Roman »Doktor Schiwago«, der in der Sowjetunion erst 1987 veröffentlicht wurde, einen Welterfolg. 1958 wurde ihm der Nobelpreis verliehen, den er aufgrund politischen Drucks schließlich ablehnte.*

#### Perestroika und Glasnost

Die in den späten 1980er Jahren von Michail Gorbatschow geprägten Wirtschaftsreformen liefen unter dem Motto »Perestroika«, »Umbau«. Ziel war, durch tief greifende Umgestaltung von Wirtschaft und Gesellschaft den wirtschaftlichen Zusammenbruch der Sowjetunion zu verhindern. Ein Kernpunkt war die Dezentralisierung des Wirtschafts- und Planungssystems. Im Rahmen der Perestroika entstanden Programme für Wirtschafts- und Investitionspolitik, Wissenschaft und Technologie. Gegen Ende der 1980er Jahre stieß das Konzept auf zunehmende Kritik. Für die einen gingen die Reformen zu langsam voran, andere befürchteten wiederum die Zerstörung des sozialistischen Systems. Glasnost, Offenheit, hieß hingegen das Konzept zur Reformierung von Gesellschaft, Kultur und Medien, durch das eine neue, offene politische Kultur in der Sowjetunion entstehen sollte. Von nun an war die Kritik an der offiziellen Politik erlaubt und eine Diskussion darüber sogar erwünscht.

▶ **Kriege und Konflikte:** Blockbildung und Kalter Krieg
▶ **Kriege und Konflikte:** Aufstände gegen die kommunistische Herrschaft
▶ **Kriege und Konflikte:** Sowjetische Invasion in Afghanistan
▶ **Kriege und Konflikte:** Sturz des Kommunismus
▶ **Menschen und Ideen:** Michail Gorbatschow

# CHINAS BESCHWERLICHER WEG IN DIE MODERNE

*Die Zukunft, so schwärmen Politiker und Industriebosse weltweit, läge in China. Nur wenige Länder seien derart gut ausgerüstet für das 21. Jahrhundert wie die Volksrepublik. Die rasante Entwicklung von Schanghai spricht tatsächlich für diese These. Aber China ist nicht nur Schanghai.*

*Nach vierjährigem Bürgerkrieg rief der »Große Steuermann« Mao Zedong am 1. Oktober 1949 die Volksrepublik China aus.*

Bäume zu erklettern, um Fische zu fangen«, das klingt ziemlich unvereinbar. Aber genau mit diesem widersprüchlichen Bild verklären die Chinesen die großen Bocksprünge, die die Entwicklung ihres Landes macht. Einerseits dynamisches Wachstum, Reform und Öffnung, andererseits der alleinige Machtanspruch der Kommunistischen Partei, die Verletzung der Menschenrechte und ein Millionenheer von Arbeitslosen. China übt den Spagat. Nicht erst seit kurzem, sondern bereits seit der Gründung der Volksrepublik.

Am 1. Oktober 1949 rief Mao Zedong, der »Große Steuermann«, vom Tor des Himmlischen Friedens in Peking die Volksrepublik China aus. Zu diesem Zeitpunkt war sie ein schwächliches Wesen, denn sie hatte gerade einen vierjährigen Bürgerkrieg zwischen Nationalisten und Kommunisten hinter sich, der sich nahtlos an den Zweiten Weltkrieg angeschlossen hatte. Als die Nationalisten 1949 unterlagen, floh der Generalissimus Tschiang Kaischek mit mehreren Millionen Gefolgsleuten nach Formosa, dem heutigen Taiwan, und proklamierte dort die Republik China. Seither gibt es »zwei Chinas«.

Mit Polarität können die Chinesen leben. Denn in »Festland-China«, wie die Volksrepublik manchmal auch genannt wird, gibt es Vergleichbares: Dort ringen seit 1949 zwei politische Richtungen in der Kommunistischen Partei miteinander: die »Hardliner« und die »pragmatische Linie«. Beide bescherten dem Land heftige Wechselbäder, die die ersten fünfzig Jahre der Volksrepublik bestimmten.

### LASST HUNDERT BLUMEN BLÜHEN

Am Anfang schien alles unter ganz sachlichen Vorzeichen zu verlaufen. Um den jungen Staat überhaupt regieren zu können, brauchten die Kommunisten Unterstützung. So setzte man auf die Kenntnisse aller, der Arbeiter, der Bauern, der Kleinbürger und der Bourgeoisie. Nur die chinesische Großindustrie galt als »Klassenfeind« und wurde von den Kommunisten sofort verstaatlicht. Wenige Jahre später setzten sich die »Hardliner« durch und wandelten bis 1957 sämtliches Privateigentum in Staatseigentum um. Dass diese Aufgabe sehr viel schwerer als erwartet war, bekam auch Mao zu spüren, als erhebliche wirtschaftliche Schwierigkeiten seine Macht in Frage stellten. Den schwindenden Rückhalt in der Partei wollte er kompensieren, indem er das Volk hinter sich zu scharen versuchte. Er initiierte deshalb eine Kampagne mit dem poetisch klingenden Motto »Lasst hundert Blumen blühen und hundert Schulen miteinander wetteifern«. Es sprossen jedoch keine hundert Blumen, sondern – aus der Sicht Maos – Tausende von Giftpflanzen. Des Volkes Echo fiel völlig anders aus als erwartet. Als sogar nach der Abschaffung der Kommunistischen Partei gerufen wurde, beendeten die »Hardliner« die Kampagne brutal.

### DER GROSSE SPRUNG NACH VORN

Danach ließ der nächste Schachzug der »Hardliner« nicht lange auf sich warten. Im Februar 1958 wurde »Der Große Sprung nach vorn« angekündigt, eine Aktion zur vollständigen Umformung der Gesellschaft. Ökonomisch war der »Große Sprung« jedoch ein Flop, über den Mao im Jahr 1959 stürzte. Er musste als Staatspräsident zurücktreten. Die »pragmatische Linie« hatte gewonnen und machte den Weg frei für eine wirtschaftliche Liberalisierung.

Das konnte Mao nicht auf sich sitzen lassen. Da sein Rückhalt in der Armee stark genug war, entfachte er mit dem Verteidigungsminister einen beispiellosen Personenkult, in dessen Zentrum die legendär gewordene »Mao-Bibel« stand. Der Personenkult mündete 1966 in der »Großen Proletarischen Kulturrevolution«, einer bürgerkriegsähnlichen Auseinandersetzung um die »rich-

*Amerikanisches Bier in China – seit Aufhebung der Einfuhrbeschränkung für US-Güter im November 1996 ist dies ein alltägliches Bild.*

*Demonstration der Roten Garden in Wushi, 1967. Die Roten Garden, die sich vornehmlich aus Mittelschülern und Studenten rekrutierten, spielten eine wichtige Rolle bei der Durchsetzung der »Großen Proletarischen Kulturrevolution«.*

tige Ideologie«. Nach dem Tod Maos am 9. September 1976 und dem offiziellen Ende der so genannten Kulturrevolution kam die große Zeit der »pragmatischen Linie«. Sie verfügte als erstes die Verhaftung der extremen »Hardliner«, der »Viererbande« um die Witwe Maos, Jiang Qing. So war der Weg frei für eine »Politik der Öffnung«.

### REFORM UND ÖFFNUNG

Zum Sinnbild des »neuen Chinas« wurde Deng Xiaoping (1904 bis 1997), der damals Generalsekretär der Kommunistischen Partei war. Auf vier Bereiche konzentrierte sich die Entwicklung des Landes ganz besonders: auf Landwirtschaft, Industrie und Verteidigung sowie auf Wissenschaft und Technik, zentrale, auch heute noch wesentliche Felder der Modernisierung Chinas.

Dass auch Deng Xiaoping beileibe nicht unbegrenzt liberal war, zeigte sein Umgang mit der »Demokratiebewegung«. Sie wurde auf seine Entscheidung hin am 4. Juni 1989 auf dem Platz des Himmlischen Friedens in Peking mit Waffengewalt niedergeschlagen – an der Vorherrschaft der Partei darf eben niemand rütteln. Dass dies so bleibt, garantiert Chinas derzeit mächtigster Mann, der von Deng protegierte Jiang Zemin. Er konnte durch die Unruhen 1989 den Posten des Parteichefs erringen und wurde im März 1993 zum Staatspräsidenten gewählt. Seine Position gab Jiang die Möglichkeit, die kommunistische Wirtschaftstheorie über den Haufen zu werfen und China die »Sozialistische Marktwirtschaft« zu verordnen. Unter dieser Devise steuerte China ins 21. Jahrhundert hinein.

*Im Mittelpunkt der Kulturrevolution standen die in der »Mao-Bibel« gesammelten Lehren Maos, die hier von Fischern von der Insel Wanwei gemeinsam studiert werden.*

######### EIN PRAGMATIKER AN DER MACHT #########
**Deng Xiaoping – ein alter Weggefährte Maos – bekleidete bereits in den 1950er und 1960er Jahren bedeutende politische Ämter im kommunistischen China. Zweimal in Ungnade gefallen, wurde er 1977 endgültig rehabilitiert, um in den folgenden Jahren der starke Mann Chinas zu werden. Den von ihm verkörperten Pragmatismus rechtfertigte Deng Xiaoping selbst am treffendsten mit dem berühmten Ausspruch: »Egal, ob die Katze schwarz oder weiß ist – Hauptsache, sie fängt Mäuse«.**

▶ Kriege und Konflikte: Koreakrieg
▶ Kriege und Konflikte: Machtpolitik der Volksrepublik China
▶ Menschen und Ideen: Totalitäre Ideologien im 20. Jahrhundert
▶ Menschen und Ideen: Mao Zedong
▶ Handel und Wirtschaft: Wirtschaftlicher Kurs Chinas

# MINDERHEITEN IN NATIONALSTAATEN

Zweisprachigkeit in Irland: Straßenschilder in Gälisch und Englisch

*Rund 25 Millionen Kurden leben in der Türkei, im Irak und Iran sowie in Syrien, Armenien und Georgien. Ein eigener Staat wird ihnen bis heute verwehrt.*

Im 19. und 20. Jahrhundert wurde in der Ära des Nationalismus der Begriff der »Nationalität« zum bestimmenden politischen Prinzip in der europäischen Geschichte. Die Nationalität wurde zum höchsten gesellschaftlichen Wert erhoben. Man teilte die Menschheit in Völker ein, die als Nationen die Welt auf ihre Staaten verteilen sollten. Dieses nationale Denken bestimmt bis heute die Vorstellungen von einer gerechten Weltordnung: Jedes Volk soll seinen Staat haben und dieser Nationalstaat soll nach Möglichkeit sein Volk in dessen Gesamtheit innerhalb seiner Grenzen beheimaten. Ethnische Minderheiten werden in einer solchen Weltordnung allenfalls notgedrungen hingenommen. Sie sind bei der Verwirklichung dieses nationalstaatlichen Ideals stets ein Hindernis und auf Duldung angewiesen. Das mehr oder weniger rasche Aufgehen in der Staatsnation wird von den Nationalstaaten angestrebt, manchmal auch mit rigorosen Mitteln der nationalen Homogenisierung. Heute stehen wir am Übergang von der Epoche der nationalen Definition zur transnationalen Integration, bei der es darum geht, die Identität kleinerer Völker und Minderheiten – bei einer Stärkung internationaler Zusammenschlüsse wie etwa der EU und der Beschränkung des Nationalstaates – zu sichern und zu stärken.

# Minderheiten in Nationalstaaten

## Minderheiten ohne Rechte

Nach dem Ersten Weltkrieg wurde die ungelöste Nationalitätenfrage Österreich-Ungarns als eine der Hauptursachen des Kriegsausbruches erkannt. Zugleich befürchtete man, dass – bedingt durch Gebietsveränderungen und das Entstehen neuer Nationalstaaten – neue Minderheitenkonflikte ausbrechen könnten. In dieser Situation erklärten die Alliierten die umfassende Lösung der Minderheitenfrage zu ihrem besonderen Anliegen. Der Abschluss von Verträgen zum Schutz der Minderheiten in den Nationalstaaten avancierte so zur Vorbedingung für die Aufnahme von Staaten in den 1919 gegründeten Völkerbund, die Vorläuferorganisation der Vereinten Nationen. In den Jahren 1919 bis 1925 entstand ein dichtes Netz von völkerrechtlichen Verträgen, das Volksgruppen in zahlreichen Staaten von Mittel- und Südeuropa bis hin nach Skandinavien und zum Baltikum die völlige Gleichstellung mit den jeweiligen Mehrheiten und zugleich die Wahrung ihrer eigenständigen Identität ermöglichen sollte. Dieses in der Theorie geschaffene, erstaunlich umfassende System des Minderheitenschutzes scheiterte aber in der Praxis. Viele Staaten waren nicht bereit, die geschlossenen Verträge auch einzuhalten. Gleichzeitig fehlte es im Völkerbund an der Bereitschaft und der Kompetenz, die Abkommen durchzusetzen.

*Angehörige einer slawischen Minderheit im Osten Deutschlands: sorbische Frauen in ihrer traditionellen Tracht*

*Tschetschenische Demonstranten in Grosny fordern im November 1995 den Rückzug russischer Truppen.*

## Sprache und Identität

Als Ergebnis eines oft jahrhundertelang wirkenden Staatszentralismus war die eigene Sprache einer Volksgruppe oft vollständig in den Hintergrund getreten. Auf der Insel Man, in Cornwall, in Schottland oder in Nordirland sprechen längst nicht mehr alle Verfechter für die Selbstbestimmung ihres Volkes die angestammten keltischen Sprachen. Dennoch nimmt die historische, eigene Sprache in nationalen Freiheitskämpfen häufig eine überragende Bedeutung ein. Auch wenn sie von der unterdrückenden Mehrheit weitgehend ausgeschaltet wurde, so unterstützt sie als Bindeglied doch die Ausbildung eines gemeinsamen kulturellen Selbstbewusstseins. Dennoch: Nicht alle Basken in Spanien und Frankreich wie auch nicht alle Litauer im Baltikum beherrschen mehr ihre alte Volkssprache; sie zählen sich selbst trotzdem zur jeweiligen Nationalität.

Gerade das Bemühen um die Wiederbelebung teils vergessener Sprachen ist ein Beweis dafür, welche Bedeutung die Volksgruppen ihnen für ihre ethnische Identität beimessen. Das Neuhebräische in Israel oder das Gälische in Irland zeigen, dass eine fast schon ausgestorbene oder verschwundene Sprache wieder neu aufblühen kann, wenn ein Volk sich in eine politisch bewusste Nation verwandelt.

## Volksgruppenrechte in der Europäischen Union

Im Rahmen einer entsprechenden Charta haben sich die Mitgliedsstaaten der Europäischen Union verpflichtet, die Volksgruppen in den jeweiligen Staatsgebieten in ihrem Bestand und in ihrer Eigenart zu schützen. Daneben werden die Kulturen, Sprachen und Bräuchtümer der Volksgruppen als wertvoller Bestandteil des gesamten Gemeinschaftserbes der Staaten bewahrt und gefördert. Die Staaten der EU müssen geeignete Vorkehrungen treffen, damit Angehörige nationaler Minderheiten gleichwertige Chancen im Zugang zu öffentlichen Ämtern, zum öffentlichen Dienst, zum sozialen Fortschritt und zu wirtschaftlichem Aufstieg erhalten. Jeder Angehörige einer nationalen Minderheit hat Anspruch auf Schutz vor Diskriminierung wegen oder im Zusammenhang mit seiner Zugehörigkeit zu einer Volksgruppe. Das gilt insbesondere vor Behörden und Gerichten sowie in der Wahrnehmung der Menschenrechte und der Grundfreiheiten, wie sie in der jeweiligen nationalen Rechtsordnung, den Verträgen der Europäischen Union und den jeweilig ratifizierten Menschenrechtsabkommen garantiert sind.

*1994 kam es zwischen der mexikanischen Armee und der von indigenen Völkern des mexikanischen Bundesstaates Chiapas getragenen zapatistischen Guerilla zu bewaffneten Auseinandersetzungen.*

➤ **Kriege und Konflikte:** Terror der baskischen ETA

# Von der Niederlage im Krieg zum Sieg im Frieden – Japan ab 1945

*Die meisten Japaner, die die Kapitulation am 15. August 1945 erlebten, erinnerten sich später genau, wo sie die Meldung hörten. Beispiellos war die Aufforderung des Tenno über den Rundfunk, das »Unerträgliche zu tragen«. Wer hätte damals gewagt, an Japans rasanten Wiederaufstieg zu glauben?*

*Das verwüstete Nagasaki nach dem Atombombenabwurf vom 9. August 1945. Über 60 000 Menschen wurde dabei getötet oder verletzt.*

Zum ersten Mal in der Geschichte Japans betraten 1945 fremde Truppen das Inselreich. Der Chef der amerikanischen Besatzungsarmee, General Douglas MacArthur, plante zunächst äußerst weitgehende Reformen der japanischen Gesellschaft, Wirtschaft und Erziehung. In der bereits 1946 fertig gestellten neuen Verfassung erklärte Artikel 9 ausdrücklich den Verzicht auf das Recht zur Kriegsführung. Doch schon Ende der 1940er Jahre zeichnete sich der Kalte Krieg mit der Sowjetunion ab und die amerikanische Nachfrage nach Rüstungsgütern bei Ausbruch des Korea-Krieges im Juni 1950 trug zur Belebung der japanischen Wirtschaft wesentlich bei.

Schon 1955 war in etwa die Produktionskraft der späten 1930er Jahre wieder erreicht worden – man sprach bereits jetzt vom Ende der Nachkriegszeit! Im gleichen Jahr formierte sich aus verschiedenen konservativen Strömungen die Liberaldemokratische Partei. Mit nur einer kurzen Unterbrechung in den frühen 1990er Jahren stellte sie seither die japanischen Premierminister. Das Schlagwort des »1955er Systems« symbolisiert so zugleich Stabilität und Unbeweglichkeit der japanischen Politik.

## Die Wirtschaft wächst und wächst

Zwischen 1955 und 1965 legte das Wirtschaftswachstum jährlich um über neun Prozent zu, danach bis zu den Ölkrisen der 1970er Jahre sogar um über 13 Prozent. Japan war zum größten Hersteller von Schiffen, Radios, Fernsehgeräten und Kameras geworden, 1981 auch zum größten Autohersteller der Welt. Die Rede vom »Wirtschaftswunderland Japan« machte die Runde. Doch wurden diese Wachstumsraten mit extremen Belastungen für Mensch und Umwelt erkauft. Die Schattenseiten der Hochwachstumsphase zeigten sich in Wasser- und Luftverschmutzungsskandalen, die Tausende von Menschen irreparabel schädigten, extrem beengten Wohnverhältnissen und einer geringen Le-

## JAPAN AB 1945

*In Tokios Viertel Shinjuku haben zahlreiche große japanische Unternehmen und Finanzinstitute ihren Sitz.*

Aufgrund des rasanten Wachstums kam es seit den späten 1970er Jahren immer wieder zu wirtschaftlichen und politischen Spannungen mit den USA. In den 1980er Jahren machten sich die von der japanischen Exportlawine überrollten Unternehmen in Amerika und anderswo im berüchtigten Slogan *Japan bashing*, »Japan schlagen«, Luft. Gelegentlich waren dabei auch rassistische Untertöne zu hören.

Insbesondere unter der Regierung Nakasone Yasuhiros, der als Premier ab 1982 die japanische Politik wesentlich bestimmte, wurden erhebliche Anstrengungen unternommen, die Errungenschaften der japanischen Kultur zu propagieren. Diese trafen sich durchaus mit einem weltweit gestiegenen Interesse an Japan und seinen Traditionen, in denen mancher das Geheimnis des japanischen Erfolges vermutete. Nicht selten wurden dabei Gesellschaft und Kultur Japans als »einzigartig« verklärt.

bensqualität in den Ballungsräumen. Die Politik, die ihre langfristigen Überlegungen regelmäßig mit der Wirtschaft abstimmte, reagierte in den 1970er Jahren mit den damals weltweit strengsten Emissionsgesetzen und Gerichte sprachen Umwelt-Opfern hohe Entschädigungen zu.

### NEID UND BEWUNDERUNG

Ähnlich wie bei der Modernisierung des Landes im späten 19. Jahrhundert galten die ersten vier Jahrzehnte nach 1945 einer beispiellosen Aufholjagd – *catch up*, »mit dem Westen gleichziehen«, war das Motto dieser Jahre. Japans internationale Anerkennung symbolisierte 1964 die Olympiade in Tokio.

Die USA waren nicht nur der mächtige Verbündete, der Japan mit seinen Waffen schützte, sondern auch Vorbild. Doch die Zeiten änderten sich: 1972 gaben die Amerikaner Okinawa an Japan zurück und näherten sich unter Nixon China an. Die japanische Politik war irritiert; der später wegen eines Bestechungsskandals zurückgetretene Premier Tanaka Kaku'ei (1918–1993) beeilte sich, eine japanische China-Diplomatie zu konzipieren.

### ZERPLATZTE ILLUSIONEN

Politische Beobachter räumten um 1990 ein, dass Japan sich mit Mitteln der wirtschaftlichen Expansion jenen Weltmachtstatus erobert hatte, den es in den 1930er und 1940er Jahren mit militärischer Gewalt hatte erringen wollen. Doch in den Jahren 1990 und 1991 zerplatzte die so genannte Seifenblasen-Wirtschaft, die mit Krediten auf der Grundlage spekulativer Immobilienbewer-

*An einem Bahnsteig in Tokio fährt der japanische Hochgeschwindigkeitszug Shinkansen ein.*

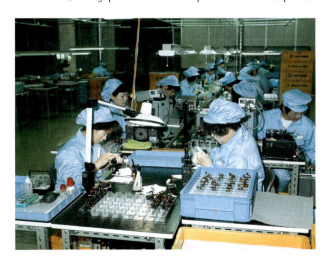

tungen die Hochkonjunktur angeheizt hatte. Die Talfahrt der Börsenkurse setzte sich über Jahre fort. Darüber hinaus offenbarte 1995 die schwere Erdbeben-Katastrophe in der Region Kobe-Osaka dramatische Schwächen des staatlichen Krisenmanagements; nur wenige Monate später rüttelte der Giftgas-Anschlag der Aum-Sekte auf die U-Bahn in Tokio die japanische Gesellschaft auf. Es zeigte sich, dass das Land nicht nur in einer Wirtschaftskrise steckte, sondern auch in dem wohl tiefgreifendsten und schmerzlichsten Wandlungsprozess seit 1945. Eine Ära war zu Ende gegangen.

*In einem Werk für optische Geräte montieren Frauen Objektive.*

**1974** Rücktritt von Premierminister Tanaka wegen Bestechungsvorwürfen (Lockheed-Skandal)

**1982–1987** Nakasone Yasuhiro Premierminister, Japan wird zur zweitstärksten Volkswirtschaft der Welt

**1991** Ende der Bubble Economy (»Seifenblasen-Wirtschaft«)

**Januar 1995** Erdbeben in Kobe (über 6000 Tote)

**März 1995** Giftgas-Anschlag der Aum-Sekte in Tokio

▶ Kriege und Konflikte: Der Zweite Weltkrieg im Pazifikraum

ISRAEL

# KONFLIKTHERD UND ERFÜLLTER TRAUM
# ISRAEL

*Mit Gründung des Staates Israel wurden 1948 die Forderungen des politischen Zionismus Wirklichkeit. Doch seit über fünfzig Jahren ist die Geschichte des Landes durch Kriege mit seinen arabischen Nachbarn, Konflikte mit den Palästinensern und Spannungen zwischen säkularen und orthodoxen Juden geprägt.*

*1948 schlug mit der Verlesung der Unabhängigkeitserklärung durch David Ben Gurion die Geburtsstunde Israels.*

### LEID UND WIDERSTAND DER PALÄSTINENSER

Leidtragende der israelischen Staatsgründung sind bis heute die arabischen Bewohner Palästinas. Etwa 700 000 verließen in den Monaten vor und nach der Unabhängigkeitserklärung das Land, flohen zudem nach der Eroberung des Westjordanlands

*Der palästinensische Aufstand »Intifada« brach 1987 in den von Israel besetzten Gebieten aus.*

Ende des 19. Jahrhunderts entstand unter der Führung des säkularen österreichischen Juden Theodor Herzl der politische Zionismus. Das Ziel dieser Bewegung, die Errichtung eines jüdischen Staats in Palästina, konnte nach dem Zweiten Weltkrieg erreicht werden. Eine breite Welle der Sympathie für die überlebenden Juden der Nazigräuel führte 1947 zur mehrheitlichen Annahme des UN-Teilungsplanes für das britische Mandatsgebiet Palästina, so dass schließlich am 14. Mai 1948 David Ben Gurion als erster Ministerpräsident den Staat Israel ausrufen konnte.

### NAHOSTKRIEGE UND FRIEDENSVERTRÄGE

Der Teilungsplan und die Staatsgründung Israels wurden jedoch von arabischer Seite nicht anerkannt, weshalb sich der junge Staat 1948 und 1949 gegen die Araber im Lande und die Armeen der feindlich gesinnten Nachbarländer behaupten musste. Weitere Kriege folgten: 1956 die Suezkrise gegen Ägypten, 1967 der Sechs-Tage-Krieg gegen Syrien, Jordanien und Ägypten, der erhebliche israelische Gebietseroberungen mit sich brachte: die syrischen Golanhöhen, das jordanische Westjordanland mit Ost-Jerusalem, die ägyptische Sinaihalbinsel sowie den Gaza-

*Jüdische Gläubige bei einem Massengebet an der Jerusalemer Klagemauer im Jahre 1994*

streifen. Bald nach dem ägyptischen und syrischen Angriff auf Israel am Yom Kippur, dem höchsten jüdischen Feiertag, im Jahr 1973 trat der ägyptische Präsident Anwar As Sadat in Friedensverhandlungen mit Israel ein. 1979 wurde der israelisch-ägyptische Friedensvertrag unterzeichnet, der die Rückgabe der Sinaihalbinsel beinhaltete. Mit Jordanien kam es 1994 zum Friedensvertrag.

*Auf dem Weg zum Friedensprozess: Am 13. September 1993 führt US-Präsident Bill Clinton Israels Ministerpräsidenten Izhak Rabin (links) und PLO-Chef Jasir Arafat zum historischen Händedruck.*

und des Gazastreifens im Jahr 1967. Die Flüchtlinge wurden ab 1948 von einer Hilfsorganisation der Vereinten Nationen in Lagern in Jordanien, Syrien, dem Libanon, aber auch auf dem Gazastreifen und im Westjordanland angesiedelt – zu einer Integration in die Nachbarstaaten kam es fast nirgends. Heute lebt noch immer etwa ein Drittel der 3,6 Millionen palästinensischen Flüchtlinge in Lagern.

Als Protest gegen ihre aussichtslose Lage gründeten die Palästinenser 1959 unter Jasir Arafat die Al Fatah, eine Geheimorganisation zur gewaltsamen Befreiung Palästinas, die sich später mit der 1964 gegründeten gemäßigten palästinensischen Befreiungsbewegung PLO zusammenschloss. Terroranschläge gegen Israelis und spektakuläre Flugzeugentführungen machten die Weltöffentlichkeit auf die Lage der Palästinenser aufmerksam. 1987 schließlich brach in den von Israel besetzten Gebieten der Aufstand »Intifada« aus.

### Der Friedensprozess

Dieser Aufstand der Straße zermürbte die Israelis und machte sie schließlich verhandlungsbereit. 1993 gelang dann der große Durchbruch: Nach Geheimverhandlungen in Norwegen zwischen der PLO und der israelischen Regierung kam es zu einer Prinzipienerklärung über eine fünfjährige Übergangsphase mit palästinensischer Selbstverwaltung. Der Händedruck zwischen PLO-Führer Arafat und Israels Ministerpräsident Izhak Rabin in Washington und die gegenseitige Anerkennung gingen in die Geschichte ein.

So vielversprechend der Friedensprozess begonnen hatte, so festgefahren war er wenige Jahre später. Radikale Gegner beider Seiten verhinderten mit Gewalt ein Vorankommen der Verhandlungen. Höhepunkt dieser Entwicklung war der Anschlag auf den israelischen Ministerpräsidenten und Friedensnobelpreisträger Rabin, der von Extremisten aus den eigenen Reihen ermordet wurde. Die Verhandlungen gingen trotz der Gewalttaten weiter und gipfelten in der Unterzeichnung der Autonomieverträge Oslo I und Oslo II in den Jahren 1994 beziehungsweise 1995. Doch nach erfolglosen Verhandlungen in Camp David im Sommer 2000 brach mit der »Tempelberg-Intifada« ein erneuter Aufstand der Palästinenser aus.

### Interne Konflikte

Dem immer noch jungen Staat stellen sich indes noch weitere gesellschaftliche Probleme, die auf wachsenden Spannungen zwischen säkularen und orthodoxen Juden basieren. In den 1990er Jahren nahm nicht nur der Anteil der Strenggläubigen in der Bevölkerung zu, sondern auch ihr politisches Gewicht. Seitdem versuchen die Orthodoxen, die mittlerweile knapp 20 Prozent der jüdischen Bevölkerung des Landes stellen, das Alltags- und Kulturleben ihrer säkularen Glaubensgenossen zu beeinflussen. In Jerusalem sehen viele bereits den Kulturkrieg ausbrechen.

#### Israel im Umbruch

Die Ideale der Aufbaujahre – Pioniergeist, Kollektivgedanke und gesellschaftliche Gerechtigkeit – bildeten den »Mythos Israel«. Heute ist davon wenig geblieben. So haben etwa die landwirtschaftlichen Kollektivsiedlungen der Kibbuzim zwar noch Bestand, müssen im Innern jedoch radikal umstrukturiert werden, um nicht von den jungen Mitgliedern verlassen zu werden. Und die israelische Armee steckt ebenfalls in einer Imagekrise. Zwar ist die Mehrheit der jüdischen Israelis immer noch stolz darauf, Militärdienst zu leisten, und Verweigerer gibt es weiterhin kaum. Doch wächst die Zahl der Orthodoxen, die sich vom Wehrdienst befreien lassen, der Reservisten, die versuchen, sich vor den jährlichen Reserveeinsätzen zu drücken, aber auch der Unmut darüber, in den besetzten Gebieten Dienst leisten zu müssen.

➤ Religionen und Glaubensformen: Zionismus und Entstehung Israels
➤ Religionen und Glaubensformen: Gründung Israels und Vielfalt des Judentums
➤ Kriege und Konflikte: Israelisch-arabischer Konflikt
➤ Kriege und Konflikte: Israelisch-arabische Kriege
➤ Menschen und Ideen: David Ben Gurion

# DIE ENTKOLONIALISIERUNG IN ASIEN

*Ein altes vietnamesisches Sprichwort besagt:*
*»Demjenigen soll das Land gehören, der zu jeder Jahreszeit die Erde zwischen seinen Händen reibt.«*

*Am zweiten Jahrestag der indischen Unabhängigkeit hält der indische Premierminister Nehru im August 1949 in Neu-Delhi eine Rede.*

Vor Ausbruch des Zweiten Weltkrieges beherrschten Kolonialmächte weite Teile Asiens. Korea, Taiwan und die Mandschurei standen unter japanischer Kontrolle; die Vereinigten Staaten, Großbritannien, Frankreich, die Niederlande und Portugal hatten mit Ausnahme von Thailand Südostasien unter sich aufgeteilt. Südasien bildete das Juwel des weltumspannenden British Empire. Während Japan in seinem Machtbereich jede Opposition unterdrückte, gelang es Nationalisten in Indien, Vietnam und Indonesien, Parteien zu gründen und dem Ruf nach Unabhängigkeit eine Stimme zu verleihen. Doch erst der japanische Blitzkrieg 1942 in Südostasien ließ die Herrschaft der Kolonialmächte innerhalb weniger Monate wie ein Kartenhaus zusammenstürzen. Doch angesichts von Ausbeutung, Plünderung und Hungersnöten schlug die anfängliche Sympathie der Menschen in Südostasien für Japan bald in Ablehnung um. Überall bildeten sich nationalistische Widerstandsgruppen, die am Ende des Krieges im August 1945 das Ende jeglicher Fremdherrschaft forderten. Während Japan auf seine Kolonien verzichten musste und die Vereinigten Staaten die Philippinen 1946 in die Unabhängigkeit entließen, versuchten die europäischen Mächte ihre Kolonialgebiete wiederzuerlangen. Sie wollten im Krieg verloren gegangenes Prestige zurückgewinnen und glaubten, dass der Wiederaufbau Europas nur mit Hilfe der Kolonialreiche zu bewerkstelligen sei.

## ENTKOLONIALISIERUNG DES BRITISH EMPIRE

Doch die Machtverhältnisse hatten sich im Vergleich zur Vorkriegszeit wesentlich geändert. Rascher als niederländische und französische Politiker erkannte die britische Labour-Regierung die Zeichen der Zeit. Die Furcht vor einem Bürgerkrieg in Indien und die Hoffnung, der Subkontinent würde sich im Fall einer Unabhängigkeit britischem Einfluss nicht verschließen, bewogen London, mit den Führern der nationalistischen Bewegung, Mahatma Gandhi und Jawaharlal »Pandit« Nehru, zu verhandeln. Für die Zusicherung, Mitglied des britischen Commonwealth zu bleiben, erhielt Indien am 15. August 1947 die Unabhängigkeit. Im Jahr darauf musste Großbritannien Birma räumen, doch an Malaya wollte London aus strategischen und wirtschaftlichen Gründen unbedingt festhalten. Ethnische Vielfalt, kommunistische Aufstände, Kompromissbereitschaft und der Wille zur Kooperation

bewirkten, dass sich der Machttransfer allmählich und friedlich vollzog. Malaya erlangte 1957 die Unabhängigkeit, Singapur folgte sechs Jahre später. Im Unterschied zu Birma blieben beide Staaten Mitglieder des Commonwealth und ein Verteidigungsbündnis sicherte Großbritanniens Einfluss in der Region.

## INDONESIEN

Weniger friedlich verlief die Entwicklung auf den benachbarten Inseln von Sumatra über Java bis Neuguinea. Dort rief im August 1945 der Nationalist Sukarno die Unabhängigkeit der Republik Indonesien von den Niederlanden aus. Doch diese bemühten sich mit beträchtlichem Aufwand, ihre Macht wiederherzustellen. Vergebliche Versuche, die unterschiedlichen Interessen und Bevölkerungsgruppen des Inselreiches gegeneinander auszuspielen, mündeten 1947 in einem Krieg der Niederlande gegen die indonesischen Republikaner. Nachdem Sukarno einen kommunistischen Aufstand auf Java hatte niederschlagen lassen, griffen die USA ein. Aus Furcht vor einer Ausbreitung des Kommunismus unterstützten sie die indonesischen Nationalisten und zwangen Den Haag im November 1949 zur Anerkennung der Unabhängigkeit.

*US-Präsident Franklin D. Roosevelt garantierte bereits 1934 den Philippinen die vollständige Unabhängigkeit für das Jahr 1946.*

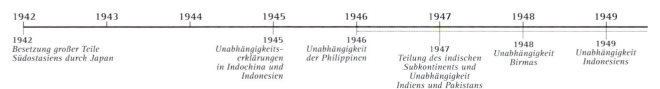

| 1942 | 1943 | 1944 | 1945 | 1946 | 1947 | 1948 | 1949 |
|---|---|---|---|---|---|---|---|
| 1942 Besetzung großer Teile Südostasiens durch Japan | | | 1945 Unabhängigkeitserklärungen in Indochina und Indonesien | 1946 Unabhängigkeit der Philippinen | 1947 Teilung des indischen Subkontinents und Unabhängigkeit Indiens und Pakistans | 1948 Unabhängigkeit Birmas | 1949 Unabhängigkeit Indonesiens |

## Die Entkolonialisierung in Asien

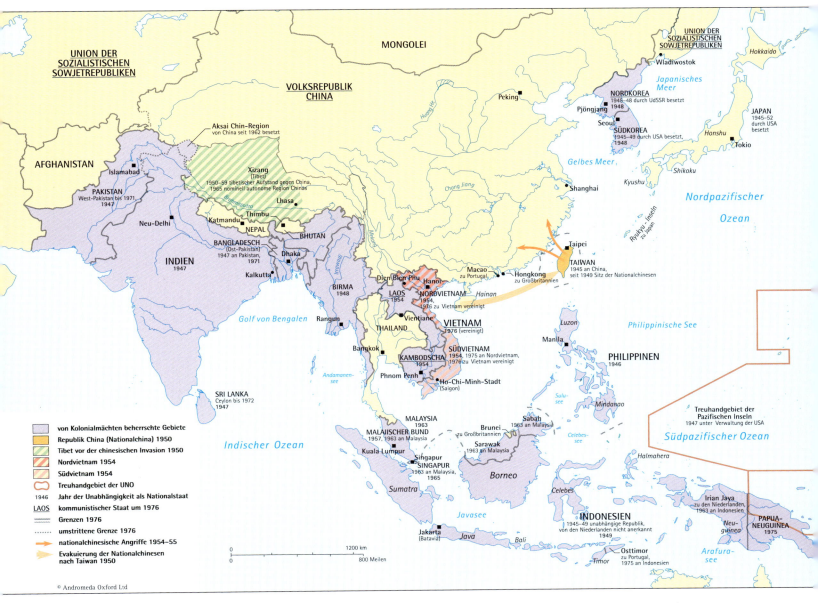

### Indochina

In Indochina war es der Nationalist und Kommunist Ho Chi Minh, der bei Kriegsende die Unabhängigkeit von Frankreich erklärte. Er konnte sich auf eine populäre Bewegung, die Viet Minh, stützen. Aus Prestigegründen war die französische Regierung fest entschlossen, jeden Widerstand zu brechen. Das Resultat war ein »schmutziger Krieg« – so die französischen Medien –, der sich über neun Jahre hinzog und hunderttausende Vietnamesen und 15 000 Franzosen das Leben kostete. Er endete erst 1954 mit der französischen Niederlage bei Dien Bien Phu, mit der Teilung des Landes und dem Rückzug der Kolonialmacht.

### Emanzipation von europäischer Herrschaft

Reste europäischer Herrschaft hielten sich bis 1975, als das bis dahin portugiesische Osttimor von Indonesien besetzt wurde. Doch alle ehemals kolonisierten Gebiete bemühten sich nach Erlangung der staatlichen Souveränität auch um die kulturelle und wirtschaftliche Unabhängigkeit. So ließ Sukarno 1957 die niederländischen Unternehmen, die bis dahin eine dominante Rolle im indonesischen Wirtschaftsleben gespielt hatten, enteignen. Und wie in anderen Ländern Asiens auch wurden europäische Orts- und Straßennamen durch einheimische Bezeichnungen ersetzt. Dieser Prozess der Emanzipation bildete einen festen Bestandteil der Entkolonialisierung in Asien. Er begann mit der Erklärung der Unabhängigkeit und war erst beendet, als die Menschen in Asien den Eindruck hatten, auch wirtschaftlich und kulturell unabhängig zu sein. Verschiedene Faktoren wirkten auf die Entkolonialisierung ein: die Stärke asiatischer Nationalismen, die Schwäche der europäischen Kolonialmächte nach dem Zweiten Weltkrieg und das veränderte internationale Umfeld, in dem die USA diejenigen unterstützten, die antikommunistisch waren.

*Asien nach 1945*

| 1950 | 1951 | 1952 | 1953 | 1954 | 1955 | 1956 | 1957 |
|---|---|---|---|---|---|---|---|
| 1946–1954 Indochinakrieg | | | | | | | 1957 Unabhängigkeit Malayas |

▶ Kriege und Konflikte: Indochinakrieg
▶ Kriege und Konflikte: Freiheitskämpfe und Bürgerkriege in Südostasien

# DIE ENTKOLONIALISIERUNG IN AFRIKA

*Die Entkolonialisierung Afrikas setzte auf unterschiedlichen, sich beeinflussenden Ebenen ein. Waren vor dem Zweiten Weltkrieg vor allem einzelne Intellektuelle die Gründer von Befreiungsbewegungen, so erlebten die Kolonien nach dem Krieg eine politische Mobilisierung der Bevölkerung auf breiter Basis.*

*Algier 1962: In den geschmückten Straßen der algerischen Hauptstadt wird die Unabhängigkeit des Landes von der französischen Kolonialherrschaft gefeiert.*

Die Entkolonialisierung in Afrika basierte auf vielfältigen Argumenten und Ideologien und wurde mit unterschiedlichsten Mitteln und Wegen in den einzelnen Kolonien umgesetzt. Sie beinhaltete nicht nur die Erreichung der politischen Unabhängigkeit, sondern zielte auch auf Sprache, Kultur, Recht und andere soziale Institutionen ab. Viele Künstler und Intellektuelle setzten sich damit auseinander, was entkolonisiert werden müsste – so etwa der Unterricht in den Schulen, der nur in den Sprachen der Kolonialmächte abgehalten wurde, oder die Inhalte der Schulbücher, die Afrikas Geschichte und Kulturen vollständig ignorierten.

### BEFREIUNGSBEWEGUNGEN UND POLITISIERUNG

Für die französischen Kolonien Westafrikas begründeten 1934 Schriftsteller, darunter der spätere Staatspräsident Senegals Léopold Senghor, in Paris die Négritude-Bewegung. Sie propagierte die Rückbesinnung auf afrikanische Kultur und Geschichte und wurde zum wichtigsten Instrument der Kritik am Kolonialsystem und der Politisierung der Intellektuellen, behielt aber mit Französisch die Sprache der Kolonisatoren bei. In anderen Kolonien verfassten Schriftsteller ihre Werke in ihren Muttersprachen. Durch diese provokative Abkehr von den Kolonialsprachen konnten sie große Bevölkerungsteile erreichen. Zudem brachten Theatergruppen kolonialkritische Gedanken gerade auch der bäuerlichen Bevölkerung nahe.

Vor allem in den englischsprachigen Ländern bildete sich der Pan-Afrikanismus heraus. Diese Bewegung befürwortete eine Integration Afrikas in das internationale System auf politischer, wirtschaftlicher, kultureller und sozialer Ebene. Ab 1919 fanden in Europa und den USA Kongresse statt, auf denen politische Führer aus Afrika, den Vereinigten Staaten, der Karibik und Europa gemeinsame Interessen formulierten. Im Jahr 1945 wurde auf dem Panafrikanischen Kongress in Manchester Unabhängigkeit und Selbstbestimmung für Afrika und die Westindischen Inseln gefordert, von Führern wie Kwame Nkrumah von der damaligen

# Die Entkolonialisierung in Afrika

Goldküste und Jomo Kenyatta aus Kenia, afrikanischen und westindischen Weltkriegskämpfern, Studenten und Gewerkschaftern.

Neben bereits bestehenden Gewerkschaften bildeten sich nun auch offen politische Parteien in vielen Kolonien. Soziale Forderungen der Gewerkschaften wandelten sich oft zu politischen Forderungen, etwa für mehr Mitsprache. Zudem trug die Presse maßgeblich zur Entkolonisierung bei, indem sie lokale Missstände oder sogar das Kolonialsystem selbst anprangerte, aber auch etwa die eigenen, von der Kolonialverwaltung eingesetzten politischen Führer kritisierte.

Ausgelöst durch die Veränderungen, die den Zweiten Weltkrieg und die unmittelbare Nachkriegszeit begleiteten, verwandelte sich die wachsende Unzufriedenheit der Afrikaner durch die politische Mobilisierung der breiten Bevölkerung in lauter werdende Forderungen – zunächst nach Reformen, bald aber nach Unabhängigkeit. Diese versuchte man durch Streiks, Demonstrationen und Unruhen zu erringen, doch notfalls auch mit Waffengewalt zu erzwingen.

## Erringen der Unabhängigkeit

Die Kolonialmächte hatten auf die weltweiten Veränderungen zunächst mit Zugeständnissen wie Verfassungsänderungen in den Kolonien reagiert. In der Nachkriegszeit wurde die internationale Kritik am Kolonialsystem jedoch immer lauter. Die Kolonialmächte hatten durch die globalen Machtverschiebungen ihren Großmachtstatus verloren und konnten ihre Fremdherrschaft in den von Protesten erschütterten Kolonien nur durch steigende Kosten aufrechterhalten. Ihre Kolonialinteressen begannen auch durch den Verfall der Rohstoffpreise zu schwanken. Die Entkolonialisierung in Asien und die Gründung der Vereinten Nationen bestärkten zudem die Befreiungsbewegungen und intensivierten ihre Hoffnungen.

Schließlich war das System der Kolonialherrschaft nicht mehr zu rechtfertigen, zu bezahlen und aufrechtzuerhalten. Im Jahr 1957 errang die britische Kolonie Goldküste nach langen Auseinandersetzungen als erste Kolonie ihre politische Unabhängigkeit. Das erste freie Land südlich der Sahara wurde in Angedenken des mittelalterlichen Großreiches in Ghana umbenannt. Ghanas Unabhängigkeit hatte in den übrigen Kolonien Signalwirkung und noch im darauf folgenden Jahrzehnt folgten ihm zahlreiche weitere Länder auf den Weg in die Freiheit. Es sollte jedoch bis 1994 dauern, bis schließlich auch in Südafrika die Vorherrschaft der Weißen beendet wurde.

Die Unabhängigkeit war die offizielle politische Befreiung von der Kolonialherrschaft und ein Auftakt zur Verwirklichung einiger afrikanischer Vorstellungen aus den Befreiungsbewegungen. Doch war die jahrzehntelange Kolonisierung nicht mit dem Hissen einer neuen Flagge beendet. Unter ihren katastrophalen Folgen leidet der Kontinent noch heute.

*17. April 1980: Simbabwe, das koloniale Rhodesien, erlangt die Unabhängigkeit. Beim Einholen der britischen Flagge sind Prinz Charles und der Gouverneur Lord Soames anwesend.*

*22. Juli 1960: Der erste Ministerpräsident der Demokratischen Republik Kongo, Patrice Lumumba (rechts), bei einer Pressekonferenz in Léopoldville (heute Kinshasa).*

## Auf dem Weg zu einem vereinten Afrika

Ein wichtiger Schritt auf dem Weg zur Entkolonialisierung Afrikas war 1963 die Gründung der Organisation für Afrikanische Einheit (Organization of African Unity, OAU), die Einheit und Solidarität der afrikanischen Staaten fördern sollte. Der Zusammenschluss zielte auf ein vereintes Vorgehen, um den Lebensstandard in Afrika zu erhöhen, Souveränität und Integrität der afrikanischen Staaten zu verteidigen, den Kolonialismus zu beenden und die internationale Zusammenarbeit zu fördern. Im Mai 2001 gründeten die Staaten des Kontinents mit der Afrikanischen Union eine neue Organisation, die die weitgehend machtlose OAU vollständig ersetzen und den Prozess zur Erringung einer stärkeren afrikanischen Einheit vorantreiben soll.

*21. März 1990: Jugendliche feiern in Windhuk die ersten Stunden der Unabhängigkeit Namibias von Südafrika.*

▶ **Kriege und Konflikte:** Unabhängigkeitskriege südlich der Sahara
▶ **Kriege und Konflikte:** Algerienkrieg
▶ **Kriege und Konflikte:** Kongokrise
▶ **Kriege und Konflikte:** Konflikte in Afrika südlich der Sahara
▶ **Literatur und Musik:** Neoafrikanische Literatur

# Von der Apartheid zur Regenbogennation
# Das moderne Südafrika

*Seit 1948 herrschte in Südafrika ein »Apartheid« genanntes System der »Rassen«-Trennung, das die schwarze Bevölkerungsmehrheit von Machtpositionen ausschloss. 1994 konnten Südafrikas Schwarze zum ersten Mal zu den Wahlurnen schreiten – die Auswirkungen der Apartheid sind indes noch lange nicht überwunden.*

*Das System der Apartheid zog sich durch alle Lebensbereiche. Hier verweist ein Schild auf einen nur für Weiße erlaubten Strand bei Kapstadt.*

*Als 1976 Schulkinder in Soweto gegen die Apartheid und die Einführung von Afrikaans als Unterrichtssprache protestierten, schoss die Polizei auf die Demonstranten. Über 250 Menschen kamen dabei um.*

*Nach den Massakern in Sharpeville und Soweto 1960 bzw. 1976 und in den 1980er Jahren flammte der Widerstand auf. Ein Demonstrant mit einem Bild des 27 Jahre inhaftierten Nelson Mandela*

Im Jahr 1948 beendete in Südafrika der Sieg der burischen Nationalistischen Partei (NP) die britische Vorherrschaft in Politik, Wirtschaft und Verwaltung. Die Buren führten ein System der Ungleichheit ein, das sie Apartheid, »Trennung«, nannten. Per Gesetz wurden die Menschen von nun an nach ihrer Hautfarbe einer »Rasse« zugeordnet: als Weiße, Farbige, Asiaten und Schwarze. Diese Trennung der »Rassen« ging einher mit einer Teilung sämtlicher Lebensbereiche, so etwa der Separierung der Wohngebiete, Schulen und Arbeitsmöglichkeiten. Lebenswelt und -chancen eines Menschen wurden dadurch bestimmt, welcher Rassengruppe er zugeteilt wurde – wie willkürlich, zeigt sich an den zu »Ehrenweißen« erhobenen Japanern.

Ab 1959 verschärfte sich schließlich die Diskriminierung. Die Schwarzen waren nicht einmal mehr durch weiße Vertreter im Parlament repräsentiert und das Land wurde neu verteilt. Etwa 86 Prozent der Fläche beanspruchte die weiße Bevölkerung einschließlich der Farbigen und Asiaten, die restlichen 14 Prozent wies man als *Homelands* der schwarzen Bevölkerungsmehrheit als deren »rechtmäßigen« Lebensraum zu. In weißen Gebieten durften die Schwarzen lediglich in für sie bestimmten Wohn- und Schlafgettos, den *Townships,* wohnen. Südafrika wurde zu einem politischen Anachronismus, indem es in einer Zeit, in der die einstigen Kolonialgebiete von den europäischen Mächten nach und nach in die Unabhängigkeit entlassen wurden, das Apartheidsystem immer weiter entwickelte. Die Situation verschlimmerte sich noch, nachdem vier *Homelands* zwischen 1976 und 1981 formell zu unabhängigen Staaten erklärt worden waren. Viele der dort nur offiziell wohnenden Menschen wurden dadurch in Südafrika zu ausländischen Gastarbeitern.

### Der Widerstand

Seit 1950 hatten der African National Congress (ANC) und andere Parteien zu mehreren gewaltlosen Kampagnen gegen die Apartheidpolitik aufgerufen. Nach dem berüchtigten Massaker von Sharpeville 1960, bei dem die Polizei einen friedlichen Protest mit brutaler Waffengewalt niederschlug, wurden die afrikanischen Parteien verboten und Tausende Aktivisten verhaftet. Die Parteien führten von nun an ihren Kampf im Untergrund fort; als Reaktion verurteilte man im Rivonia-Prozess 1964 viele Parteiführer, unter ihnen Nelson Mandela, wegen Hochverrats zu lebenslanger Haft.

Zusammen mit den schwarzen Gewerkschaften beherrschte in den 1970er und 1980er Jahren die von dem 1977 durch Polizeifolter ermordeten Steve Biko gegründete »Bewegung des Schwarzen (Selbst-)Bewusstseins« *(Black Consciousness Movement)* den Widerstand. Die Einführung des Afrikaans als Unterrichtssprache führte 1976 zu Protesten Zehntausender Schulkinder, auf die die Polizei das Feuer eröffnete. Ein landesweiter Aufstand folgte, bei dem über 1000 Menschen getötet wurden. Der Aufruhr im Lande, gegen das die UNO seit 1977 ein Waffenembargo verhängt hatte, wuchs ständig, doch sicherte das Regime mit brutaler Härte seine Macht. Einige Reformen unter der Regierung von Pieter Willem Botha tasteten die weiße Vorherrschaft nicht wirklich an.

### Beginn einer neuen Ära

Erst 1989 führten die anhaltenden Unruhen, die zunehmende politische Isolierung und die internationalen wirtschaftlichen Sanktionen zu grundlegenden Veränderungen. Der neue Präsident Frederik Willem de Klerk, als konservativer Hardliner und Pragmatiker bekannt, hob Anfang 1990 viele restriktive Gesetze auf, ließ den ANC und andere politische Organisationen wieder zu und viele politische Gefangene frei. Auch Nelson Mandela schritt nach 27 Jahren Haft in die Freiheit.

1991 wurde ein Friedensabkommen von de Klerk, Mandela und Führern anderer Parteien unterzeichnet und 1992 stimmte die Mehrheit der Weißen einem Reformprozess zu. Blutige Kämpfe flammten nun

## Das moderne Südafrika

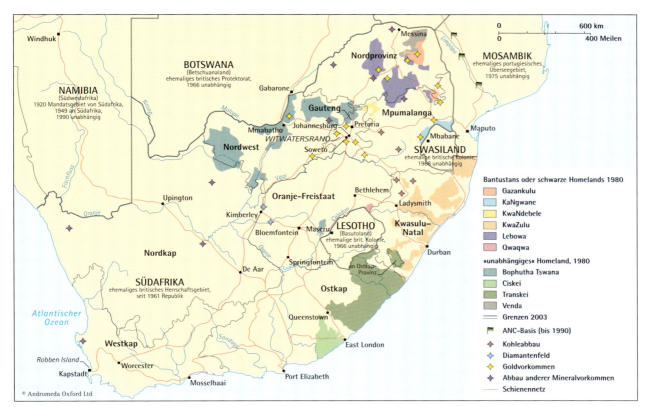

*Homelands in Südafrika*

vor allem zwischen dem ANC mit seinem Ziel einer nationalen Versöhnung und der extremistischen Inkatha-Partei der Zulu auf. Bei den ersten demokratischen Parlamentswahlen Südafrikas im Jahre 1994 errang der ANC einen überwältigenden Sieg, kurz darauf wurde Nelson Mandela der erste schwarze Staatspräsident am Kap. Zumindest vor dem Gesetz sind seitdem alle Südafrikaner gleich.

Die Vision einer »Regenbogennation«, von Kapstadts Erzbischof Desmond Tutu entworfen, wurde zum Leitbild der Politik Mandelas: So wie erst all seine Farben zusammen einen Regenbogen ausmachen, sollten alle Menschen unterschiedlichster Hautfarbe gemeinsam das neue Südafrika bilden. Die wohl bewundernswerteste Leistung Mandelas als Präsident war, dass die Schwarzen keine Rache nahmen für die Leiden, die ihnen unter der Apartheid zugefügt worden waren.

1997 gab Mandela den ANC-Vorsitz an Thabo Mbeki ab, der 1999 Staatspräsident wurde. Bis heute hat sich der Abstand zwischen weißem Reichtum und schwarzer Armut kaum verringert, Kriminalitäts- und Arbeitslosigkeitsraten sind erschreckend hoch. Doch Südafrika befindet sich auf dem Weg, die jahrhundertelang gewachsenen Strukturen der Ungleichheit zu beseitigen.

### Südafrikas Bevölkerung

| | |
|---|---|
| Schwarze | 75,2 Prozent |
| Zulu | 22 Prozent |
| Xhosa | 17,5 Prozent |
| Pedi | 9,8 Prozent |
| Tswana | 7,2 Prozent |
| Sotho | 6,9 Prozent |
| Tsonga | 4,2 Prozent |
| Swazi | 2,6 Prozent |
| Venda | 1,7 Prozent |
| Ndebele | 1,5 Prozent |
| Rest | 1,8 Prozent |
| Weiße | 13,6 Prozent |
| Farbige | 8,6 Prozent |
| Asiaten | 2,6 Prozent |

*Nach den ersten demokratischen Wahlen in Südafrika im April 1994 wurde Nelson Mandela (rechts) Staatspräsident, sein Vorgänger Frederik de Klerk wurde Vizepräsident.*

▶ Menschen und Ideen: Nelson Mandela
▶ Literatur und Musik: Nadine Gordimer, der Besitzer

# Auf dem Weg zur Weltgesellschaft?
# Die jüngste Zeitgeschichte seit 1990

Ende der 80er Jahre des 20. Jahrhunderts führten revolutionäre Veränderungen beinahe weltweit zum Sturz des Kommunismus – das Ende der auf zwei ideologisch unterschiedlich ausgerichteten Machtblöcken basierenden Nachkriegsordnung war damit besiegelt. Dieser weit reichende Umbruch war wesentlich mit der Politik des ehemaligen sowjetischen Präsidenten und Generalsekretärs der KPdSU, Michail Gorbatschow, verknüpft. Ihm gelang es jedoch nicht, den sowjetischen Staatsverband unter neuen Vorzeichen zu erhalten. Mit der Auflösung der Sowjetunion war dem Ost-West-Konflikt die ideologische Basis entzogen, an seine Stelle traten unmittelbar neue weltweite Auseinandersetzungen. Aufgrund dieser Entwicklungen steht die Welt am Beginn des 21. Jahrhunderts vor einem neuen Anfang, der ebenso große Chancen wie Risiken enthält.

Nach dem Ende des Ost-West-Konflikts sind gerade die Vereinten Nationen und andere supranationale Zusammenschlüsse immer wieder bei der Konfliktlösung gefordert. Zur Wahrung des Weltfriedens und der Menschenrechte wird dabei auch weiterhin militärische Gewalt als letztes Mittel eingesetzt.

### KONFLIKTE IN EHEMALS SOZIALISTISCHEN STAATEN

Mit dem Ende der Moskauer Zentralherrschaft brach innerhalb der ehemaligen Sowjetunion eine Vielzahl von Konflikten auf. Die Nachfolgestaaten der UdSSR erweisen sich im Inneren als äußerst instabil und betrachten darüber hinaus Gewaltanwendung als ein legitimes Mittel zur Konfliktlösung, um sich gegen Nachbarstaaten abzugrenzen oder um eigene Bevölkerungsminderheiten zu unterdrücken. Die jeweiligen zugrundeliegenden wirtschaftlichen und machtpolitischen Interessen in diesen ethnisch-nationalen Konflikten werden dabei häufig überdeckt, indem man religiöse Argumente oder Interessen als vordergründige Problemursachen anführt.

Entsprechendes gilt auch für den Dauerkonflikt im ehemaligen Jugoslawien, wo ab 1991 das Streben nach staatlicher Eigenständigkeit den äußeren Rahmen für den Bürgerkrieg zwischen den ethnischen Gruppen bildete. Die Konfliktparteien gingen dabei vor allem im vom 1991 bis 1995 tobenden Bürgerkrieg in Bosnien und Herzegowina mit äußerster Härte gegen die Zivilbevölkerung vor und schreckten zum Teil auch nicht vor dem als »ethnische Säuberung« getarnten so genannten Genozid, dem Völkermord an ganzen Bevölkerungsgruppen, zurück. Die Vereinten Nationen vermochten hier nur in Ansätzen eine Vermittlerrolle einzunehmen; ein Ende der Auseinandersetzungen konnte erst unter dem militärischen Eingreifen der NATO und einem 1992 verhängten, massiven wirtschaftlichen Embargo erreicht werden. Nach dem totalen wirtschaftlichen und militärischen Zusammenbruch des Regimes in Serbien kam es dann ab 2000 zu demokratischen Reformen.

Doch nicht nur das ehemalige Jugoslawien gibt in Europa Anlass zur Sorge. Ganz allgemein erscheinen die ehemals sozialistischen Staaten in Südost- und Osteuropa aufgrund der fehlenden demokratischen Tradition und der prekären wirtschaftlichen Lage wenig gefestigt und in der Existenz gefährdet.

### BRANDHERD NAHER OSTEN

Einen entscheidenden Krisenherd im Nahen Osten bildete der Irak, der im Zweiten Golfkrieg (1991) erfolglos versuchte, zur beherrschenden Hegemonialmacht in der Region aufzusteigen und die Kontrolle über die kuwaitischen Ölreserven zu erlangen. Im Gegensatz zum Serben Slobodan Milošević konnte sich der irakische Diktator Saddam Hussein aber über die Niederlage hinaus an der Macht halten. Nach den Terroranschlägen vom 11. September 2001 in den Vereinigten Staaten und dem darauf folgenden Krieg in Afghanistan gilt der Irak als ein mögliches Angriffsziel der Vereinigten Staaten. Eine Schlüsselrolle für den islamisch-fundamentalistischen Terrorismus spielt der israelisch-palästinensische Konflikt, dessen friedliche Lösung sich in den 1990er Jahren mit Unterzeichnung der Autonomieverträge abzuzeichnen schien. Gewalttätige Auseinandersetzungen militanter Extremisten auf beiden Seiten führten dann jedoch zur erneuten Destabilisierung des Friedensprozesses.

### Postkoloniale Konflikte

Ähnlich instabile Verhältnisse finden sich in vielen postkolonialen Staaten der so genannten Dritten Welt. So entzündeten sich beispielsweise in verschiedenen afrikanischen Staaten langjährige Bürgerkriege, begleitet von Massakern an Zivilisten und zusätzlich oft von schlechten Ernten und Hungerkrisen. Darüber hinaus begünstigt die Abhängigkeit von Krediten des Internationalen Währungsfonds sowie der Weltbank und den damit verbundenen wirtschaftlichen Auflagen dabei weit weniger die Bildung demokratischer Strukturen als die Stützung bestehender politischer Systeme und Besitzverhältnisse. Von der Weltöffentlichkeit mit großem Interesse verfolgt werden die politischen Entwicklungen im wichtigen Staat Südafrika, der sich in der schwierigen Übergangsphase von der Apartheid zur gefestigten Demokratie befindet. Die Folgen der Apartheid sind dabei noch lange nicht überwunden und zeigen sich auch in den gegensätzlichen Interessen der rivalisierenden Parteien. Eine Destabilisierung des Südens würde sich negativ auf den ganzen Kontinent auswirken.

Nach der blutigen Niederschlagung der Demokratiebewegung konnten in der Volksrepublik China die Kommunisten ihre Machtposition wieder festigen. Mit der Übergabe Hongkongs an China war eine wirtschaftliche Öffnung verbunden, die jedoch nicht unmittelbar eine gesellschaftliche Liberalisierung mit sich brachte. Die Atommächte Indien und Pakistan liegen nach wie vor in Grenzstreitigkeiten miteinander, während es in Südostasien immer wieder zu politischen Unruhen kommt.

### Wohlstandsgefälle und Migration

Historische Strukturgrenzen veränderten sich in den 1990er Jahren zu Wohlstandsgrenzen. Zum bereits bestehenden wirtschaftlichen Nord-Süd-Gefälle vergrößerte sich teilweise der wirtschaftliche Abstand zwischen den westlichen Industriestaaten und den Ländern des einstigen Ostblocks. Die ungleiche Verteilung des Wohlstandes und der Lebenschancen führten zu verstärkter Migration in die westlichen Industrieländer. Dabei übt die Europäische Union politisch, vor allem aber wirtschaftlich eine enorme Anziehung auf die Staaten Osteuropas aus, die den Anschluss an das System zu erhalten versuchen.

### Global Players und Net-Generation

Im späten 20. Jahrhundert wandelten sich ehemals nationale Unternehmen zu weltweit agierenden Gesellschaften, die einzig dem wirtschaftlichen Erfolg und dem Börsenwert verpflichtet zu sein scheinen. Die Arbeitnehmer müssen sich zwangsläufig in dieses Konzept der Globalisierung einfügen.

Seit der Mitte der 1990er Jahre findet durch das Internet eine moderne Informationsrevolution statt. Durch die digitale Technik wurde eine virtuelle »Welt ohne Grenzen« geschaffen. Bislang ist jedoch vielen Menschen der Dritten Welt der Weg ins neue Informationszeitalter versperrt, da sie keinen Zugang zum Internet haben. Eine Lösung der globalen Umweltproblematik steht trotz erster weltweiter Übereinkünfte noch aus. Die drohende Erwärmung der Erde und das Ozonloch bilden dabei nur spektakuläre Symptome der globalen Zerstörung der elementaren Lebensgrundlagen des Menschen.

# EINZIGE WELTMACHT USA

*Nach dem Ende des Kalten Krieges, dem Zerfall der Sowjetunion und einem außergewöhnlichen Wirtschaftsaufschwung wurden die USA zur führenden Weltmacht. Dass sie auch die einzige Weltmacht – mit einer enormen Verantwortung – sind, zeigte sich endgültig in der Folge der Ereignisse des 11. Septembers 2001.*

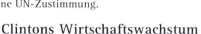

*Bill Clinton, 42. Präsident der USA*

Ab 1989 veränderte sich die weltpolitische Lage grundlegend: Der von Moskau dominierte Ostblock löste sich auf, die Sowjetunion zerfiel, Deutschland wurde wiedervereinigt und die europäische Staatengemeinschaft größer. Präsident George Bush, der bisherige Vizepräsident Ronald Reagans, war seit 1989 im Amt. Er unterstrich 1991 die internationale Dominanz Washingtons im zweiten Golfkrieg durch die Befreiung Kuwaits nach der irakischen Invasion, im Feldzug »Wüstensturm« hatten US-Militärs eine multinationale Allianz gegen Bagdad angeführt. Bushs Nachfolger, Bill Clinton, zögerte zunächst, in den Balkankonflikt militärisch zu einzugreifen. Autorisiert von der UNO und unterstützt durch NATO-Partner, intervenierten die USA aber 1994 mit Luftangriffen in Bosnien-Herzegowina. 1999 griffen sie auch in die Kosovo-Krise ein, diesmal allerdings ohne UN-Zustimmung.

## Clintons Wirtschaftswachstum

Die Wahl des Demokraten Bill Clinton zum 42. Präsidenten der Vereinigten Staaten 1992 hatte vor allem innenpolitische Gründe, Wirtschaftswachstum und Sozialreformen waren das vorrangige Ziel der neuen Regierung. Clintons Haushaltspolitik, der Boom der IT-Branche und die zunehmende Globalisierung brachten einen ungeahnten ökonomischen Aufschwung. Millionen neuer Arbeitsplätze entstanden und das chronische US-Haushaltsdefizit fand ein Ende. Clintons Außenpolitik war auch Fortsetzung seiner Wirtschaftspolitik, sollten doch die Vereinigten Staaten den Weltmarkt noch besser nutzen. Dazu gehörten unter anderem neue Verträge zur Handelsförderung und die Schaffung einer nordamerikanischen Freihandelszone. Das Außenhandelsvolumen der USA wuchs in den 1990er Jahren von 15 auf fast 20 Prozent des Bruttosozialprodukts. In seiner zweiten Amtsperiode konzentrierte sich Clinton wieder stärker auf klassische außenpolitische Themen wie die NATO-Osterweiterung oder den palästinensisch-israelischen Konflikt, dessen Lösung allerdings trotz intensiver politischer Bemühungen nicht herbeigeführt werden konnte.

*Einsatzbereit im Golfkrieg: Harrier-Kampfflugzeuge auf dem im Persischen Golf stationierten Flugzeugträger USS Nassau (Februar 1991)*

## Der Sohn folgt dem Vater

Der Republikaner George W. Bush, der Sohn von George Bush, wurde 2001 43. Präsident der USA. Die neue Regierung sah Clintons vielfältiges Engagement in regionalen Konflikten (Balkan, Naher Osten, Somalia, Haiti) kritisch und wollte hier auf Zurückhaltung setzen. Was die anderen Großmächte betraf, so hatte Clinton eine Politik der Annäherung verfolgt, George W. Bush dagegen zielte darauf ab, die Machtsphären Chinas, aber auch Russlands zu begrenzen. Die negativen Begleiterscheinungen der Globalisierung (Umweltprobleme, Überbevölkerung und Unterentwicklung) und die internationale Zusammenarbeit hatten für die Bush-Administration weniger Bedeutung als noch für die Vorgängerregierung. Doch auch unter Bush junior blieben die USA

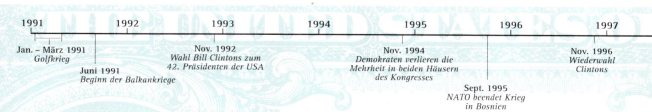

**IN GOD WE TRUST**

# Einzige Weltmacht USA

die führende Kraft in den großen internationalen Institutionen wie Vereinte Nationen, Welthandelsorganisation oder Internationaler Währungsfonds.

## Der 11. September 2001 und die Folgen

Dieses Datum bedeutet eine tiefe Zäsur im öffentlichen Bewusstsein der Amerikaner wie in der Innen- und Außenpolitik der USA. Neben die wirtschaftlichen, sozialen und kulturellen Entwicklungen der Globalisierung war nun die Bedrohung durch internationale, ja globale Terrornetzwerke getreten. Die Attentate von Washington und New York wurden von der westlichen Welt als »Krieg gegen die Zivilisation« verstanden.

Auch nach dem Sturz des afghanischen Taliban-Regimes, das die islamistischen Anschläge des 11. Septembers unterstützt hatte, setzten die USA ihren weltweiten Kampf gegen Terrorismus und bedrohliche Unrechtsregime fort. Im Oktober 2001 trat in den USA der Patriot Act in Kraft, ein umfangreiches Gesetzeswerk zur Bekämpfung des Terrorismus, das auch Bürgerrechte einschränkt. Der 1972 zwischen den USA und der Sowjetunion geschlossene ABM-Vertrag zur Rüstungsbegrenzung wurde im Dezember 2001 von Präsident Bush mit dem Hinweis auf Terror und internationale Bedrohung gekündigt, die US-Militärausgaben erfuhren eine drastische Erhöhung und Anfang 2002 sprach Bush von einer »Achse des Bösen«, womit er die Staaten Nordkorea, Iran und Irak meinte.

Im Laufe des Jahres 2002 wurde deutlich, dass die USA einen weiteren militärischen Schlag gegen das Unrechtsregime Saddam Husseins im Irak führen wollten – aus Sicherheitsinteressen, aber auch zur politischen Neuordnung der Region. Aufgrund des Widerstands vor allem Frankreichs, Russlands und Deutschlands fand diese Politik allerdings keine Legitimation durch den Weltsicherheitsrat. Dennoch führten die Vereinigten Staaten im März/April 2003 einen von heftigen internationalen Protesten begleiteten Krieg gegen den Irak, dessen Regime gestürzt wurde. Der UNO – eigentlich höchste internationale Autorität – blieb nur noch eine Statistenrolle, es war deutlich geworden, dass sich die USA als einzige Weltmacht über sie und große Teile der internationalen Öffentlichkeit hinwegsetzen konnten. Bereits im Februar 2002 hatte der französische Außenminister Hubert Védrine im Weltsicherheitsrat festgestellt, die USA träfen ihre Entscheidungen nur noch aufgrund ihrer Weltsicht und ihrer Interessen.

*William Henry Gates III., besser bekannt als Bill Gates. Der US-amerikanische Unternehmer ist Präsident der 1975 von ihm zusammen mit Paul Allen gegründeten Microsoft Corporation. Mit Microsoft-Programmen arbeitet heute nahezu die gesamte PC-Welt.*

*Die Terroranschläge am 11. September 2001 auf New York und Washington zogen erhebliche politische und militärische Konsequenzen nach sich. Das Bild zeigt die brennenden Twin Towers des World Trade Center in New York.*

- ▶ Religionen und Glaubensformen: Black Muslims in den USA
- ▶ Religionen und Glaubensformen: Christentum in Nordamerika
- ▶ Kriege und Konflikte: Der Golfkrieg
- ▶ Kriege und Konflikte: Folgen des 11. Septembers
- ▶ Menschen und Ideen: Neoliberalismus

# AUFLÖSUNG EINER SUPERMACHT
# DIE NACHFOLGESTAATEN DER UdSSR

*Unabhängige Regierungen, verstärkter Pluralismus, Internationalisierung und Globalisierung –
vordergründig liefern die 15 neuen Staaten, die aus dem Zusammenbruch der einstigen UdSSR hervorgingen,
ein positives Bild. Doch die postsowjetische Ära birgt auch schwerwiegende Schattenseiten.*

*Der Kreml in Moskau, dem einstigen Zentrum der Weltmacht UdSSR und heute die Metropole Russlands*

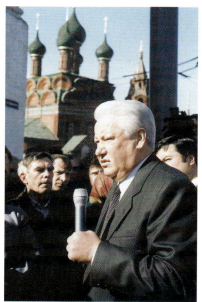

*Der russische Präsident Boris Jelzin 1996 beim Präsidentschaftswahlkampf in Moskau*

Im Jahr 1991 wurde die Union der Sozialistischen Sowjetrepubliken – kurz UdSSR – aufgelöst, schon zuvor hatten die baltischen Republiken Estland, Lettland und Litauen ihre Eigenstaatlichkeit deklariert. An die Stelle der Sowjetunion traten die Russische Föderation und 14 unabhängige Nationen. Für die Menschen der ehemaligen UdSSR ist die Einführung der Demokratie ein positiver Schritt, dennoch muss die Entwicklung in den meisten Bereichen äußerst kritisch betrachtet werden. Durch die Folgen der Planwirtschaft und deren Umbau in eine Marktwirtschaft stehen die nationalen Ökonomien auf schwachen Beinen. Wirtschaftliche Unsicherheit und zum Teil bittere Armut sind der hohe Preis der Reformen. In Russland verhindert etwa auch der instabile Preis für das Hauptexportprodukt Erdöl einen stetigen Aufschwung. Hinzu kommt, dass politisch-demokratische Reformen bislang noch nicht die gewünschten Erfolge gebracht beziehungsweise in einigen Staaten gar nicht begonnen wurden – so etwa in der Ukraine oder in Weißrussland. Neben demokratischen Kräften tummeln sich auf der politischen Szene auch Hardliner aus der kommunistischen Zeit oder Vertreter des äußersten rechten Randes, die zum Teil sehr offen antisemitische Positionen vertreten. Undurchschaubar ist zudem Größe und Einfluss der organisierten Kriminalität mit ihren mafiösen Strukturen. Neben den genannten Schwierigkeiten bereiten ethnische Konflikte Probleme. So wird beispielsweise Tadschikistan von einem Bürgerkrieg erschüttert, der bereits rund 50 000 Opfer gefordert hat. Jeglicher Fortschritt in Moldawien wird durch den ungeklärten Status der Dnjestr-Region gehemmt, während Aserbaidschan wie auch Armenien schwer an dem ungelösten Konflikt um Berg-Karabach zu tragen haben. Schließlich wird das be-

## DIE NACHFOLGESTAATEN DER UDSSR

nachbarte Georgien von einer Fülle interner Probleme zerrissen, über denen drohend die Frage der Zukunft der früheren Provinz Abchasien steht.

### KEINE DURCHGREIFENDE DEMOKRATISIERUNG

Die autoritären Führer der Länder Zentralasiens zeigen gegenüber den erheblichen religiösen wie ethnischen Spannungen in ihren Ländern unterschiedlich geartete Ansätze zu Reformen. Gemeinsam ist allen diesen Staaten jedoch, dass in ihnen die Demokratie noch keine festen Wurzeln geschlagen hat. Erschwerend kommt hinzu, dass die Bevölkerung rasant wächst, die Urbanisierung ungehemmt fortschreitet, die Wasservorräte noch rascher zur Neige gehen. Jegliche Hoffnung auf kontinuierliche Besserung wird zudem durch die schwankenden Weltmarktpreise für die wichtigen Exportartikel der Region, Erdöl, Erdgas, Gold und Baumwolle, zunichte gemacht. Wie ein Damoklesschwert hängt dazu über diesen bedenklichen Erscheinungen der allgemeine Niedergang des Arbeitspotenzials auf dem gesamten Territorium der früheren UdSSR. Viele Ärzte und Lehrer bekommen kein Gehalt, wer noch Arbeit finden kann, ist häufig außerhalb seines erlernten Berufes tätig. Millionen Studierende brechen ihr Studium ab und werden so zu einer minder qualifizierten »Reservearmee« für die Industrie, die sozialen Zündstoff birgt. Darüber hinaus bedroht eine Reihe von Epidemien wie Typhus und antibiotikaresistente Tuberkuloseformen die Volksgesundheit. Angesichts der kritischen Lage in fast allen Bereichen nimmt es nicht wunder, wenn in Ländern wie Russland, Kasachstan, Aserbaidschan und der Ukraine von einigen Bevölkerungsteilen nach einer Regierung der harten Hand gerufen wird.

### NACH DER POSTSOWJETISCHEN ÄRA

Die postsowjetische Ära ging 1998 mit dem Zusammenbruch der russischen Wirtschaft zu Ende. Bis dahin war es Hauptaufgabe der Nachfolgestaaten gewesen, die negativen Einrichtungen des Sowjetregimes zu demontieren und den Schlendrian zu überwinden. Dieser Prozess hatte nicht erst 1991 begonnen, sondern teils schon in den achtziger Jahren des 20. Jahrhunderts. Schließlich stand am Anfang des Niedergangs der kommunistischen Partei die Unfähigkeit des Systems, eine dringend nötige wirtschaftliche Erneuerung zu gestalten. Vollendet ist diese Aufgabe beileibe noch nirgends – in manchen Ländern hat sie noch nicht einmal angefangen. Heute liegt das wesentliche Ziel nicht mehr in der Demontage des alten Systems, sondern im Schaffen von Neuem, Hand in Hand mit der Beseitigung des noch vorhandenen staatlichen Überbaus. Erst dann ist der Weg frei für demokratische Reformen, für den Rechtsstaat, eine Marktwirtschaft und eine soziale Grundsicherung der Menschen.

### POLITISCHER SPRENGSTOFF RUSSISCHE MINDERHEITEN

Die russische Strategie, die Souveränität der früheren Sowjetstaaten mit Hilfe russischer Minderheiten unmerklich zu zerstören, ist gescheitert. Trotz erheblicher innerer Probleme blieb auch die Staatlichkeit von Aserbaidschan, Georgien und Tadschikistan erhalten. Das Hauptproblem ist der zukünftige Status von Tschetschenien. Im Donbecken, auf der Krim und in Nordkasachstan stellen die russischen Bevölkerungsanteile einen politischen Faktor dar, doch der Preis für ein Eingreifen Russlands dürfte weit schwerer wiegen als denkbare politische Vorteile.

*Die Sowjetunion von 1945 bis 1991*

▶ **Kriege und Konflikte:** Sturz des Kommunismus
▶ **Kriege und Konflikte:** Krieg im Kaukasus
▶ **Handel und Wirtschaft:** Auflösung des sowjetischen Wirtschaftsmodells

# KAMPF DER KULTUREN – EIN KAMPF GUT GEGEN BÖSE?

Wenn die internationale Politik doch so einfach wäre: Samuel P. Huntingtons erstmals 1993 veröffentliche Thesen über den »Clash of Civilizations« – den »Zusammenprall der Zivilisationen« – sind die Fortsetzung des Kalten Krieges mit anderen Mitteln, sprich: mit anderen Feindbildern. Damit hat der in Harvard tätige Professor für Internationale Beziehungen und Berater des US-Außenministeriums seit den 1990er Jahren in westlichen Ländern heftige Diskussionen ausgelöst und die Gemüter erregt. Huntington beschreibt darin ein mögliches neues globales Konfliktpotenzial auf der Basis kulturell-religiös-geschichtlicher Gegensätze und vor dem Hintergrund eines westlich geprägten Weltbildes.

*Der US-amerikanische Politologe Samuel P. Huntington 1999 bei einem Vortrag*

## WAS SIND ZIVILISATIONEN?

Zivilisationen sind nach Huntington die »höchsten kulturellen Gruppierungen von Menschen und die breiteste Ebene kultureller Identität, über die Menschen verfügen. ... Sie sind sowohl durch gemeinsame Elemente wie Sprache, Geschichte, Religion, Gewohnheiten, Institutionen definiert, wie auch durch die subjektive Selbstidentifikation der Menschen.« Gemeinsame Weltbilder, Lebensweisen und entsprechende gesellschaftliche und politische Wertesysteme würden sich demnach auf das Handeln von Menschen gleicher oder ähnlicher kultureller Herkunft auswirken. Huntington unterscheidet – oder besser: konstruiert – weltweit sieben bzw. acht »Zivilisationen«, deren kulturelles Zentrum Religionen sind: die westlich-christliche Kultur Europas, Nordamerikas und Ozeaniens, die orthodox-christliche Kultur der slawisch-griechi-

*Christlich-islamischer ökumenischer Gottesdienst am 14. September 2001 in der Bremer Fatih Moschee für die Opfer der Terroranschläge in den USA vom 11. September 2001*

*November 2001: Ein afghanischer Mudscheheddin-Soldat beim Gebet*

schen Welt, die indisch-hinduistische Kultur, die konfuzianische Kultur Chinas mit ihren »Ablegern« in Ost- und Südostasien, die japanische Kultur, die islamische Kultur, die sich von Nordafrika über den Nahen und Mittleren Osten bis nach Zentralasien und Indonesien erstreckt. Die Kultur Afrikas südlich der Sahara ist in diesem Modell nur möglicherweise als eigener Kulturkreis zu sehen. Bei Lateinamerika ist sich Huntington nicht sicher, ob es dem westlichen Kulturkreis zugeordnet oder als kulturell selbständig betrachtet werden sollte. Unter diesen Kulturen sieht Huntington die größten Konfliktpotenziale und -bereitschaften im Islam und im Konfuzianismus.

Nach Huntingtons Überzeugung wird die Weltpolitik der Zukunft nun nicht mehr von konkurrierenden Ideologien oder von Nationalstaaten oder Wirtschaftsblöcken bestimmt. Die entscheidende Quelle von künftigen Konflikten sei vielmehr das Zusammenprallen der von »Kernstaaten« wie den USA, China und Russland angeführten, unterschiedlichen und teils verfeindeten Kulturen. Kulturelle Konflikte seien aber nicht nur an den »Fronten« zwischen den Zivilisationen zu beobachten, sondern auch in multikulturellen Staaten wie dem ehemaligen Jugoslawien, Indonesien und dem Sudan. Nicht erklären kann Huntingtons Theorie allerdings, dass in den letzten Jahren Konflikte innerhalb von Zivilisationen – wie etwa in Ruanda oder Somalia – dominierten.

### Das Schwert des Propheten

Huntingtons größtes Schreckgespenst ist eine anti-westliche konfuzianisch-islamische Allianz. Gerade am Beispiel des Islam lassen sich aber einige seiner Grundannahmen widerlegen. Die islamische Staatenwelt ist ethnisch, religiös, wirtschaftlich und sozial zu heterogen, als dass sie sich unter eine einheitliche Herrschaft zwingen ließe und so zu einem Gegenspieler des Westens werden könnte. Große Machtrivalitäten unter den führenden Staaten verhindern die Herausbildung eines islamischen »Kernstaates«, dem sich der Rest der Region unterwerfen würde. Die innenpolitische Entwicklung des Irans in den letzten Jahren zeigt zudem, dass das Experiment eines islamischen Gottesstaates gerade in der jüngeren Generation nur noch wenig Begeisterung hervorruft. Die islamischen Gesellschaften sind zu ausdifferenziert, um realistischerweise eine globale fundamentalistische Gefahr darstellen zu können.

Allerdings darf dabei das Solidaritätsgefühl unter den Muslimen nicht unterschätzt werden. Darüber hinaus ist von Bedeutung, dass der Konflikt zwischen der islamischen und westlichen Welt vor allem deshalb besteht, weil beide Kulturkreise universale Werte vertreten, die nicht vereinbar sind. Der Westen: Demokratie, Menschenrechte, Säkularismus – extremistische Kreise des Islam dagegen: islamische Rechtsordnung (Scharia), Auflösung der Nationalstaaten, Gottesherrschaft. Die Zivilisation des Westens ist aber die einzige, die der Welt weit über die ihr zugehörigen Kulturen hinaus ihren Stempel aufdrücken konnte.

### The West and the Rest

Trennung von Kulturen, Politik der Abgrenzung: Huntingtons Darstellungen folgen einem einfachen, verführerischen und daher gefährlichen »Wir-und-die-Anderen«-Schema, das die multikulturelle Realität vieler moderner Gesellschaften ignoriert. Die Beschneidung des Asylrechts und Zuwanderungsquoten werden nicht verhindern, dass Migranten aus Entwicklungsländern weiterhin nach Europa strömen. Daher müssen in modernen Gesellschaften mit Menschen aus verschiedenen Kulturen ebenso Spielregeln für ein gewaltloses Miteinander gefunden werden wie auf der internationalen Ebene. Der Anspruch von universalistischer Orientierung muss aufgegeben werden zugunsten eines globalen Klimas des Vertrauens unter allseitiger Beachtung, dass verschiedene Kulturen einen unterschiedlichen Wertekodex haben. Dabei darf natürlich nicht außer Acht gelassen werden, dass allzu häufig die ungleiche Verteilung von Reichtum auf der Welt sowie die Habgier der Nationen als die eigentlichen, äußeren Ursachen für das Entstehen von Konflikten anzusehen sind.

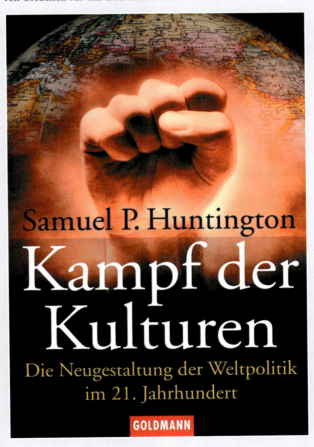

*Seit ihrer Veröffentlichung 1993 führen die kontrovers diskutierten Thesen Samuel P. Huntingtons auch manchen politischen Führer auf ideologisches Glatteis.*

➤ **Religionen und Glaubensformen:** Die islamische Welt im 20. Jahrhundert
➤ **Kriege und Konflikte:** Islamischer Terrorismus

# FEINDE WERDEN VERBÜNDETE
## DIE EUROPÄISCHE EINIGUNG

*Studieren in Frankreich, arbeiten in Finnland, den Ruhestand in Spanien verbringen und in all diesen Staaten mit der gleichen Währung bezahlen – diese Freiheiten, die jeder Bürger der Europäischen Union im 21. Jahrhundert besitzt, waren direkt nach dem Zweiten Weltkrieg undenkbar.*

*Junge Franzosen bekennen sich vor dem Arc de Triomphe in Paris zu Europa. Die zwölf Sterne auf azurblauem Grund der europäischen Flagge stehen nicht, wie häufig vermutet, für die Anzahl der Gründerstaaten der Europäischen Union, sondern sie symbolisieren – auf Basis einer alten Zahlensymbolik – Vollständigkeit, Vollkommenheit und Einheit der europäischen Völker.*

Heute herrscht in den 25 Staaten der Europäischen Union Niederlassungsfreiheit für alle aus der EU stammenden Bürger. Das bedeutet, jeder kann jederzeit ohne größere Schwierigkeiten in eines der anderen EU-Länder umziehen. Auch die Grenzkontrollen innerhalb der Union sind mit dem Inkrafttreten des Europäischen Binnenmarktes 1993 weitgehend entfallen. Außerdem dürfen alle in einem EU-Land hergestellten Waren in den anderen Mitgliedsstaaten in den Handel kommen, Dienstleistungen in der ganzen Union angeboten und darf Kapital EU-weit ungehindert angelegt werden. In den zwölf Teilnehmerländern der Europäischen Wirtschafts- und Währungsunion gilt zudem mit dem Euro eine einheitliche Währung. Diese vereinfacht den Handel zwischen den Teilnehmern des Zusammenschlusses.

*Die Organe der Europäischen Union*

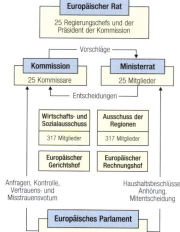

Obwohl die Europäische Union kein Staat ist, sind ihre Organe in der Lage, Gesetze zu erlassen, die für alle Mitgliedsstaaten bindend sind. Diese Gesetze betreffen jedoch nur die gemeinschaftliche Politik (zum Beispiel den Außenhandel der EU) und Bereiche, die die Mitglieder nicht allein regeln können – so etwa den Länder übergreifenden Umweltschutz.

### DIE VERGANGENHEIT

Der Weg zur heutigen Europäischen Union war lang und steinig. Nach dem Zweiten Weltkrieg war den Regierenden in Europa klar, dass etwas passieren musste, um einen dauerhaften Frieden zu sichern. Es war der französische Außenminister Robert Schuman, der 1950 dem Kriegsgegner Deutschland im Rahmen des Schumanplans eine Zusammenarbeit im Bereich Kohle und Stahl anbot und damit den Grundstein für die heutige EU legte. Bereits ein Jahr später wurde die Europäische Gemeinschaft für Kohle und Stahl gegründet, der nicht nur Frankreich und Deutschland beitraten, sondern auch Belgien, die Niederlande, Luxemburg und Italien. Diese Gemeinschaft war so erfolgreich, dass die politische und wirtschaftliche Zusammenarbeit 1957 ausgedehnt wurde. Dies war die Geburtsstunde der Europäischen Wirtschaftsgemeinschaft (EWG) und der Europäischen Atomgemeinschaft (Euratom).

Der EWG und den anderen zwei Gemeinschaften traten immer mehr Staaten bei; bis 1986 – der Zusammenschluss nannte sich nun Europäische Gemeinschaft – wuchs die Zahl der Mitglieder auf zwölf an. Zu diesem Erfolg trug unter anderem die Konkurrenz mit dem Rat für gegenseitige Wirtschaftshilfe (COMECON) der osteuropäischen Staaten bei.

Am 1. November 1993 trat der Vertrag über die Europäische Union, auch Maastrichter Vertrag genannt, in Kraft. In ihm wurde die gemeinsame Politik der Mitgliedsstaaten auf alle die Gemeinschaft betreffenden Bereiche ausgedehnt und eine Zusammenarbeit in vielen anderen Belangen vereinbart. Auch der Europäische Binnenmarkt wurde 1993 Wirklichkeit. Zwei Jahre später erhöhte sich die Zahl der EU-Mitglieder auf 15. Im Jahr 1999 trat eine Wirtschafts- und Währungsunion mit der gemeinsamen Währung Euro in elf Staaten der EU in Kraft, 2002 löste in diesen Staaten sowie in Griechenland der Euro die nationalen Währungen und Zahlungsmittel ab.

### DIE ZUKUNFT

Nach der Auflösung der Sowjetunion näherten sich zahlreiche Staaten Osteuropas dem westlichen Bündnis an. Die ersten Beitrittsgesuche zur EU ließen nicht lange auf sich warten. Unter den 13 neuen EU-Mitgliedern (seit Mai 2004) sind zehn ehemalige Staaten des Ostblocks. Für die Europäische Union bietet dies den Vorteil, marktwirtschaftliche Stabilität und Demokratie nach Osten zu »exportieren« und den Frieden in Europa weiter zu sichern. Doch in einer größeren EU können Entscheidungen schwerer getroffen werden. Hinzu kommt ein stärkeres Entwicklungs- und Wohlstandsgefälle. Mit zunehmender Größe werden zudem eine eigene Sicherheitspolitik und -truppe unabhängig von der NATO notwendig, schon allein wegen der direkten Angrenzung an Russland durch die Aufnahme der baltischen Staaten in die Europäische Union.

Die Hoffnungen, aus dem Staatenbund EU würde sich nach und nach ein Bundesstaat mit eigener Regierung und Verfassung entwickeln, rücken mit einer Erweiterung vermutlich erst einmal in die Ferne. Zunächst muss sich die Europäische Union neu organisieren. Hinzu kommt, dass in vielen Mitgliedsstaaten auch das Bewusstsein für die eigene Nationalität wächst, so dass ein Bundesstaat Europa bei den nationalen Bevölkerungen wahrscheinlich nur schwer durchzusetzen wäre, zumal weitere nationale Kompetenzen an eine europäische Zentralregierung abgetreten werden müssten.

*Der westdeutsche Kanzler Konrad Adenauer (links) und der französische Außenminister Robert Schuman bei einem Treffen im März 1953*

*Am 30. August 2001 stellte der Präsident der Europäischen Zentralbank (EZB), Wim Duisenberg, die Euro-Banknoten vor.*

······ **DIE MITGLIEDSSTAATEN DER EU** ······

| EU-Mitgliedsstaaten | | Teilnehmer der Währungsunion |
|---|---|---|
| Belgien | Lettland | Belgien |
| Dänemark | Litauen | Deutschland |
| Deutschland | Malta | Finnland |
| Finnland | Polen | Frankreich |
| Frankreich | Slowakische Republik | Griechenland |
| Griechenland | Slowenien | Irland |
| Großbritannien | Tschechische Republik | Italien |
| Irland | Ungarn | Luxemburg |
| Italien | Zypern | Niederlande |
| Luxemburg | | Österreich |
| Niederlande | | Portugal |
| Österreich | | Spanien |
| Portugal | | |
| Schweden | | |
| Spanien | | |
| Estland | | |

➤ Kriege und Konflikte: Folgen des Zweiten Weltkriegs
➤ Handel und Wirtschaft: Europäische Wirtschaftsbündnisse
➤ Handel und Wirtschaft: Euro

# Neue Ordnung in Europa

*»Wind of Change« – »Wind der Veränderung«: Das Lied der Rockgruppe Scorpions drückte 1991 die vorherrschende Stimmung in Europa aus. Trotz Michail Gorbatschows Reformkurs war es noch wenige Jahre zuvor unwahrscheinlich, dass die Mauern des Kalten Krieges fallen würden. In der Folge änderten Europa und die Welt ihr Gesicht.*

*NATO-Beitritt 1999: US-Außenministerin Madeleine Albright mit den Beitrittsdokumenten der Tschechischen Republik (vertreten von Jan Kavan, links), Ungarns (vertreten durch Janos Martonyi, Mitte) und Polens (vertreten durch Bronislaw Geremek)*

Während das westliche Europa zusammenrückte, entstanden im Osten des Kontinents neue Staaten. Für viele dieser neuen Nationen, die jahrzehntelang als Sozialistische Republiken der Sowjetunion oder als »Satelliten« die Unterdrückung eigenstaatlicher Verantwortung und kultureller Eigenheit erfahren hatten, stand nach dem Ende des Kalten Krieges die – bisweilen schmerzvolle – Suche nach der verschütteten eigenen Identität an, die bisweilen zu einem gefährlichen nationalistischen Aufbegehren geriet und bedrohliche Konflikte heraufbeschwor.

*Am 11. März 1990 proklamiert sich Litauen als unabhängiger Staat.*

### Der Anfang vom Ende

Es war zu Beginn der 80er Jahre des 20. Jahrhunderts, als es im Osten, in den sozialistischen Staaten, zu brodeln begann. Als im Sommer 1980 in Polen der unabhängige Gewerkschaftsverband »Solidarität« gegründet wurde, reagierte man nicht nur dort, sondern auch im Westen mit Sorge. Die Stimmung beherrschte die bange Frage, ob Soldaten des Warschauer Paktes ein weiteres Mal in der Geschichte ein oppositionelles Aufbegehren blutig niederschlagen würden. In dieser kritischen Situation verhängte die polnische Führung 1981 bis 1983 das Kriegsrecht. Doch das starre Machtgefüge im Bund der sozialistischen Staaten war brüchig geworden. Bald folgte der Ruf nach Transparenz und Umgestaltung und der ehemalige sowjetische Staatschef Michail Gorbatschow geriet ab 1985 zum Initiator einer Reformbewegung. Es war ein Aufbruch voller Euphorie. Für Deutschland war es besonders bewegend, als 1989 die sozialistische Regierung der DDR dem Druck der katastrophalen wirtschaftlichen Lage und der Bevölkerung weichen musste. Nach dem Fall der Mauer konnten sich nach Jahrzehnten der Trennung Familien und Freunde weinend in die Arme schließen. Die Deutsche Demokratische Republik hörte 1990 auf zu existieren und die deutsch-deutsche Einigung war offiziell vollzogen.

### Europa im Wandel

Mit dem Zusammenbruch der sozialistischen Staaten in Ost- und Südosteuropa und nach dem Ende der UdSSR im Dezember 1991 entstand eine Reihe einst souveräner Staaten neu. Zu ihnen zählen etwa die Ukraine, Weißrussland und die baltischen Staaten Estland, Lettland und Litauen. Durch diese Veränderungsprozesse formierten sich 14 neue Republiken. Gesamteuropa umfasst heute 43 Länder. Je nach individueller staatlicher Geschichte, Bevölkerung und anderen Faktoren vollzogen sich diese Nationenbildungen unterschiedlich. Die ehemalige Tschechoslowakei trennte sich beispielsweise in mehreren Etappen. Im März 1990 änderte sich der Status des Landes, das von diesem Zeitpunkt ab ČSFR, Tschechische und Slowakische Föderative Republik, hieß. Mit der allmählichen Anbindung an den Westen fiel unter anderem der Visumszwang weg und 1991 wurde die junge Republik Mitglied im Europarat. Die wirtschaftliche Annäherung an den Westen zeigte sich unter anderem in der 70-prozentigen Beteiligung des Volkswagen-Konzerns am Autohersteller Skoda. Noch im gleichen Jahr wurde ein Assoziierungsabkommen mit der Europäischen Gemeinschaft unterzeichnet. Mitte 1992 erklärte sich dann die Slowakei für souverän, ein Gesetzesentwurf zur Auflösung der ČSFR wurde kurz darauf vorgelegt. Am 1. Januar 1993 war es dann so weit: Die Tschechische und die Slowakische Republik formierten sich als eigenständige Staaten.

# Neue Ordnung in Europa

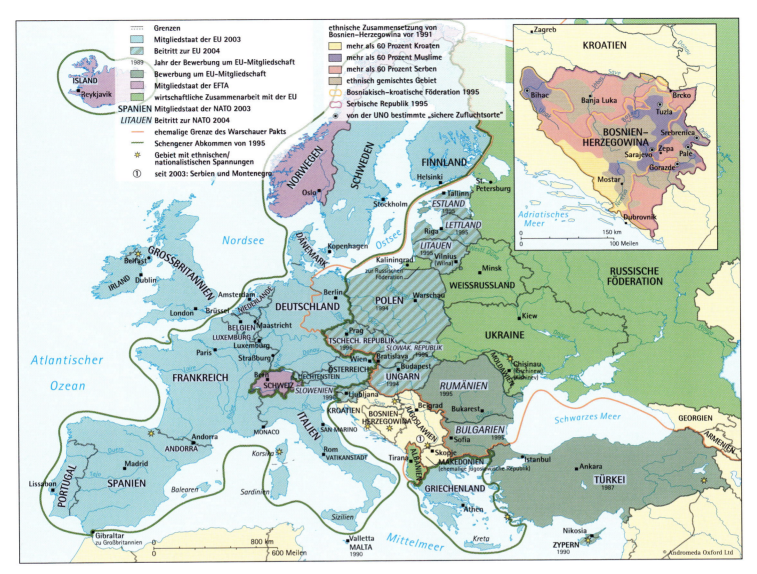

## Der blutige Kampf um Eigenständigkeit

So friedlich gingen die Unabhängigkeitsbestrebungen der einzelnen jugoslawischen Republiken nicht vonstatten. Als Slowenien und Kroatien ihre Unabhängigkeit erklärten, widersprach das völlig dem Machtstreben des serbischen Präsidenten Slobodan Milošević, der ein großserbisches Reich anstrebte. Doch das Auseinanderbrechen des einstigen Jugoslawien war nicht mehr aufzuhalten. Erst Kroatien, bald auch Bosnien und die Herzegowina, später der Kosovo gerieten in einen grausamen Krieg. Die Meldungen von Massakern und Massenhinrichtungen häuften sich, Europa war alarmiert und durch den Krieg vor der eigenen Haustür entsetzt und beunruhigt. Ohne Blutvergießen trennte sich lediglich Mazedonien – doch auch dort entflammte in der Folge ein Bürgerkrieg.

## Der Weg in die Zukunft

Die Nachfolgestaaten des ehemaligen »Ostblocks« haben schwierige Aufgaben zu bewältigen. Die Einführung demokratischer Strukturen, zum Beispiel freier Wahlen, ist – wie das Beispiel Weißrussland zeigt – nicht überall gelungen bzw. wurde von den Machthabern unterbunden. Ökonomische, soziale oder etwa auch ökologische Probleme scheinen in vielen der Länder bislang schier unüberwindbar zu sein. Das weltweite Machtgefüge hat sich geändert, die Frage der wirtschaftlichen und vor allem sicherheitspolitischen Zusammenarbeit hat eine neue Bedeutung gewonnen und stellt die Staatengemeinschaft vor neue Herausforderungen.

## Stabilität für Osteuropa

In Europa stehen die Zeichen auch im neuen Jahrtausend auf Veränderung. Mit der Aufnahme von entsprechend entwickelten osteuropäischen Staaten in die westlichen Bündnisse EU und NATO beschreitet man den Weg zur Stabilisierung der politischen Verhältnisse im östlichen Europa. Die NATO nahm 2004 – nach dem Beitritt Polens, Tschechiens und Ungarns 1999 – auch die baltischen Staaten, Bulgarien, Rumänien, Slowakei und Slowenien auf. Seit einem Jahr gehören diese Staaten – mit Ausnahme von Bulgarien und Rumänien, die 2007 folgen sollen – auch der EU an.

➤ Kriege und Konflikte: Sturz des Kommunismus
➤ Kriege und Konflikte: Kriegsschauplatz Ex-Jugoslawien

# Ende des Nationalstaats?
# Globalisierung der Politik!

**D**er Begriff Globalisierung bedeutet mehr als weltwirtschaftliche Integration – er umfasst auch kulturelle, gesellschaftliche, technische, ökologische und politische Dimensionen. Doch welche Rolle spielt da eigentlich noch der Nationalstaat?

»Globalisierung« war im letzten Jahrzehnt des 20. Jahrhunderts *das* Schlagwort. Es ist zum politischen Kampfbegriff mutiert, der für vieles herhalten muss, was politisch gewollt ist: Kürzungen in den Sozialversicherungssystemen, Steuersenkungen, Änderungen im Umweltrecht, Sparpolitik und anderes mehr. Dabei besteht nicht im Geringsten Einigung darüber, was überhaupt unter Globalisierung verstanden werden soll. Allen Definitionsversuchen ist allerdings gemein, dieses Phänomen als Zunahme und Verdichtung von grenzüberschreitenden Aktivitäten aller Art zu begreifen. Ereignisse, Entscheidungen und Aktivitäten in einem Teil der Welt haben bedeutende Folgen für Individuen und Gesellschaften in anderen, weit entfernt liegenden Regionen des Globus.

*Beim Treffen der WTO 1999 in Seattle protestierten Globalisierungskritiker verschiedenster politischer Richtungen gemeinsam.*

## An den Grenzen nationalstaatlicher Politik

Das bisherige Verständnis von Regieren beruht auf der Annahme, dass ein durch seine Regierung vertretener Staat Gesetze für die Bevölkerung auf einem durch Grenzen festgelegten Territorium erlässt und deren Einhaltung überwacht. Wenn aber Globalisierungsprozesse die Bedeutung nationalstaatlicher Grenzen verringern, zerfällt diese Einheit von Staatsmacht, Staatsvolk und Staatsgebiet. Beispiele wie organisierte Kriminalität, Verbreitung von Kinderpornographie und rechtsextremen Hassparolen über das Internet, globale Umweltprobleme wie Klimawandel und Zerstörung der Ozonschicht, Verbreitung von Massenvernichtungswaffen und Finanzkrisen wie in Südostasien 1997 und 1998 demonstrieren, dass der einzelne Staat seine klassi-

*Die Führer der G 8-Staaten sowie die Präsidenten des Europarats und der EU-Kommission beim Gipfel in Genua 2001*

*Zunehmend globaler: die Welt der Telekommunikation*

schen Aufgaben – Erhalt von Sicherheit und Wohlfahrt – immer weniger erfüllen kann. Er verliert zunehmend seine Souveränität nach innen gegenüber seiner Bevölkerung und nach außen gegenüber anderen Staaten und Akteuren der internationalen Politik. Herkömmliches politisches Handeln macht an den Grenzen des Nationalstaates halt, die Globalisierung überschreitet sie. Wie also sieht Regieren im Zeitalter der Globalisierung aus?

### INTERNATIONALE KOOPERATION

Globale Herausforderungen sind nur durch internationale politische und gesellschaftliche Kooperation zu regeln. Diese Kooperation liegt im ureigensten Interesse von Staaten. Nur so können sie ihre verloren gegangene Fähigkeit zur Steuerung grenzüberschreitender Probleme zurückgewinnen. Die Vereinten Nationen mit ihren Unterorganisationen, G 8, das wirtschaftlich und politische Forum der höchstentwickelten Industrienationen einschließlich der Russischen Föderation, das zur Behandlung von internationalen Währungs- und Finanzangelegenheiten von 24 so genannten Entwicklungsländern gegründete Forum G 24, die Welthandelsorganisation (WTO), die NATO, Greenpeace, amnesty international, die Weltbank, die Organisation für Sicherheit und Zusammenarbeit in Europa (OSZE), das Internationale Rote Kreuz beziehungsweise der Rote Halbmond – all diese und noch viele andere Organisationen sind Ausdruck der Notwendigkeit, auf verschiedenen Gebieten zusammenzuarbeiten.

Am weitesten fortgeschritten ist die regionale wirtschaftliche Kooperation, was Beispiele wie die nordamerikanische Freihandelszone NAFTA (North-American Free Trade Agreement) und die südostasiatische Organisation ASEAN (Association of Southeast Asian Nations) zeigen. Die Europäische Union (EU) ist schon weit auf dem Weg zur Integration vorangekommen, d. h. der Vereinigung ihrer Volkswirtschaften zu einem gemeinsamen Markt und zu einer gemeinsamen Währung. Der größte Teil des Welthandels an Waren und Dienstleistungen spielt sich allerdings innerhalb dieser Regionen und zwischen diesen drei Wirtschaftsblöcken, der so genannten Triade ab: Regionalisierung ist daher der angemessenere Begriff für diese Entwicklung, an der die Schwellen- und Entwicklungsländer in Lateinamerika, Afrika und Asien kaum teilhaben.

### ABSCHIED VON ALTEN VORSTELLUNGEN

Nationalstaaten werden auf absehbare Zeit die wichtigsten Akteure der Weltpolitik bleiben – aber ihre Bedeutung wird Stück für Stück abnehmen, je mehr der Einfluss von Internationalen Organisationen, Nicht-Regierungsorganisationen wie Greenpeace und amnesty international, Global Players wie DaimlerChrysler, Allianz, Siemens und anderen wächst. Multinationale Konzerne bilden schon heute einen enormen Machtfaktor in den internationalen Beziehungen: So wickelt eine Gruppe von Konzernen aus 16 Staaten Westeuropas, Nordamerikas und Asiens bereits mehr als 70 Prozent aller weltweiten Exporte ab und zwingt damit viele Staaten in einen Standortwettbewerb um die günstigsten Investitionsbedingungen.

### GLOBAL GOVERNANCE

Das Konzept der Global Governance genannten Weltordnungspolitik geht davon aus, dass die Globalisierung zu einer fundamentalen Veränderung der Weltpolitik führt. Staaten und andere Akteure müssen auf verschiedenen Ebenen und Gebieten auf völlig neuartige Weise zusammenarbeiten. Der Staat verändert seine Funktionen: Er wird zunehmend zum Vermittler zwischen den Ansprüchen seiner Gesellschaft und den international getroffenen Vereinbarungen. Die Politik der Re-Regulierung zielt darauf ab, soziale, demokratische und ökologische Mindeststandards – zum Beispiel grundlegende Arbeitsnormen wie das Verbot von Kinderarbeit – weltweit durchzusetzen.

*Schutz der Kinder vor Ausbeutung in jeglicher Hinsicht zählt zu den wichtigsten Aufgaben der ganzen Welt.*

▶ Menschen und Ideen: Neoliberalismus

# Familienplanung hat höchste Priorität
# China und Indien auf dem Weg ins 21. Jahrhundert

*Sieht man vom Problem der Überbevölkerung ab, haben China und Indien nichts gemein.
Die Gegensätze überwiegen: So wird das bevölkerungsreichste Land der Erde totalitär regiert, hat aber enorme
wirtschaftliche Erfolge, die größte Demokratie der Welt hingegen maßregelt und behindert ihre Wirtschaft.*

*Um der Bevölkerungsexplosion entgegenzutreten, verfolgte China seit 1979/80 die Strategie der Ein-Kind-Familie.*

Die Volksrepublik China wird gerne als Drache gezeichnet, der sich nach Jahrzehnten des Schlafs nun fauchend erhebt, um seinen Platz auf der Weltbühne zu beanspruchen. Denkt man an Indien, tauchen meist Bilder von hungernden Kindern und Slums auf. Wie bei Vorurteilen üblich, haben solche Bilder zwar einen realen Hintergrund, beschreiben aber nicht angemessen die aktuelle Situation. Dies gilt auch für China und Indien: Denn beide Staaten haben einschneidende Reformen vollzogen, die gravierende Veränderungen mit sich brachten.

### Chinas Boom in den Ballungszentren

Der Drache China erhebt sich nicht, er hat sich erhoben. Die Volksrepublik ist nicht nur der bevölkerungsreichste Staat, sondern auch Atommacht, ständiges Mitglied des UN-Sicherheitsrates und eine der dynamischsten Wirtschaftsregionen der Welt. Unter dem widersprüchlichen Begriff »Sozialistische Marktwirtschaft« haben die Kommunisten den größten Aufschwung eingeleitet, der je in der Geschichte der Weltwirtschaft stattgefunden hat. Die modernen Chinesen in den Ballungsgebieten rund um Schanghai, Peking/Tianjin und Chongqing in der Provinz Sichuan definieren sich nicht anders als ihre westlichen Besucher – nämlich durch Markenkleidung, Mobiltelefone und Luxusautos. Sie stehen allerdings in krassem Gegensatz zur Bevölkerung des Hinterlandes und zu einem Heer von mehr als 150 Millionen Arbeitslosen. Das noch immer landwirtschaftlich orientierte Hinterland ernährt zwar die Bevölkerung und produziert Rohstoffe für die Industrie, hat aber keinen Anteil am derzeitigen Boom Ostchinas.

### Der indische Mittelstand wächst

Eine ähnliche Situation zeigt Indien. Die Atommacht hat zwar bislang den Sprung von der Agrar- in die Industriegesellschaft noch nicht geschafft, obwohl qualifizierte Arbeitskräfte, reiche Bodenschätze und ein unermesslicher Binnenmarkt gute Voraussetzungen hierfür bieten. Aber ein paar der in den 1990er Jahren angestoßenen Reformen – wie zum Beispiel die Privatisierung von Staatsunternehmen – haben gewisse Erfolge erzielt. Sie könnten umfassender sein, wenn die größte Demokratie der Welt ihre streng bürokratische Reglementierung der Wirtschaft weiter liberalisierte. Zu den Erfolgen zählt, dass eine kaufkräftige und konsumfreudige Mittelschicht entstanden ist, die es früher nicht gegeben hat. Somit gehört heute das weit verbreitete Bild vom märchenhaft reichen Maharadscha und der grenzenlosen Armut der Mehrheit der Bevölkerung auf den Kehricht der Geschichte. Natürlich gibt es auch im Indien des 21. Jahrhunderts einige wenige Superreiche und etwa 200 Millionen Menschen, die an oder unter der Grenze des Existenzminimums leben. Aber der Mittelstand, zu dem man inzwischen etwa 300 Millionen Inder rechnen darf, wächst. Ihn bilden gut ausgebildete Menschen, die in zukunftsträchtigen Industrien arbeiten. Deren Zentren bilden Mumbai (Bombay), Delhi, Bangalore und Madras.

### Soziale Sprengkraft

Doch wirtschaftliche Reformen allein können die Zukunft der beiden Länder nicht retten; sie mögen allenfalls den Weg zu ei-

*China auf dem Weg ins 21. Jahrhundert. Chinesische Touristen feiern das Millennium auf der großen Chinesischen Mauer.*

## China und Indien auf dem Weg ins 21. Jahrhundert

*Etwa 300 Millionen Menschen zählen in Indien zum Mittelstand. In industriellen Zentren wie Neu-Delhi werden auch Frauen in zukunftsträchtigen Berufen ausgebildet.*

ner ökonomischen Entfaltung ebnen. Parallel dazu muss aber die soziale Entwicklung gefördert werden, die die größte Sprengkraft birgt. Immerhin bringen es beide Staaten zusammen auf etwas mehr als ein Drittel der Weltbevölkerung. So hat China zum Jahrtausendwechsel die Grenze von 1,3 Milliarden Einwohnern überschritten und in Indien leben derzeit auch über eine Milliarde Menschen. Die Ernährung und die Ausbildung der explodierenden Bevölkerung stellten beide Länder in der Vergangenheit wie in der Gegenwart vor enorme Probleme. Um diese in den Griff zu bekommen, haben China und Indien unabhängig voneinander eine ähnliche Politik verfolgt. Gezwungen wurden sie dazu, als beide in den 1960er Jahren von Hungersnöten heimgesucht wurden. Da in China das »Mandat des Himmels«, die Legitimierung der Macht, abläuft, wenn die Regierung eine Politik betreibt, durch die das Volk nicht ernährt werden kann, propagierte die Führung seit 1979/80 die Ein-Kind-Familie und überwachte die Einhaltung mit drakonischen Maßnahmen. Das hat gefruchtet, denn die Bevölkerung wächst jährlich nur noch um etwa zehn Millionen Menschen. Indien fördert die Familienplanung mit dem Slogan »Zwei Kinder sind genug«. Da jedoch auf dem Subkontinent im Gegensatz zu China eine Analphabetenrate von etwa 50 Prozent herrscht, zeigte die Kampagne lediglich in jenen Bundesstaaten Auswirkungen, in denen die Bevölkerung besser ausgebildet ist. So wächst Indien pro Jahr noch immer um etwa 18 Millionen Menschen.

Wenn die politischen und gesellschaftlichen Führungkräfte der beiden Milliardenvölker die wirtschaftliche, politische und soziale Entwicklung so steuern, dass der größte Teil der Bevölkerung am Fortschritt teilhaben kann und sich die soziale Schere nicht weiter öffnet, wenn sie darüber hinaus für gute Ausbildung und angemessene Beschäftigung sorgen, können China und Indien einer gedeihlichen Zukunft entgegensehen – Rückschläge natürlich nicht ausgeschlossen.

######### Mit Pragmatismus in die Zukunft #########
Zum Jahrtausendwechsel brachte das Zentralkomitee der Kommunistischen Partei die vordringlichsten Aufgaben in China folgendermaßen auf den Punkt: »Eine stetige Anhebung des materiellen und kulturellen Lebensstandards der städtischen und ländlichen Bevölkerung ist Ausgangspunkt und Ziel der wirtschaftlichen Entwicklung.« Die nächsten Jahrzehnte werden zeigen, wie schwer dieses Ziel zu erreichen sein wird.

*Andererseits leben in Indien immer noch rund 200 Millionen Menschen am oder unter dem Existenzminimum. Dürftiges Einkommen bietet etwa das Sammeln von Plastikabfällen, wie hier auf einer Müllkippe in einem Armenviertel von Neu-Delhi.*

▶ **Kriege und Konflikte:** Konflikte auf dem indischen Subkontinent
▶ **Menschen und Ideen:** Mutter Theresa
▶ **Handel und Wirtschaft:** Wirtschaftlicher Kurs Chinas

# FLUCHT UND ZUFLUCHT
# EINE GLOBALE HERAUSFORDERUNG

*Flüchtlingselend im Lager Jalozai in der Nähe der pakistanischen Stadt Peshawar*

Jubelfeiern begleiteten weltweit den Eintritt in das 3. Jahrtausend. Eine der Schattenseiten war dabei ausgeblendet worden: Schätzungsweise rund 44 Millionen Menschen waren zur selben Zeit auf der Flucht – vor Kriegen und Bürgerkriegen, vor ethnischen Übergriffen, vor religiösem Fanatismus, vor Hunger, Verelendung, Natur- und Umweltkatastrophen. Ungefähr die Hälfte von ihnen hatte sich in einen anderen Staat aufgemacht, die anderen waren als so genannte Binnenvertriebene Entwurzelte im eigenen Land.

### KRISENHERDE UND FLÜCHTLINGSSTRÖME

Die Liste der Krisenherde rund um den Globus ist lang. Die Schwerpunkte der Fluchtbewegungen liegen vor allem in Ost- und Westafrika, im Mittleren Osten, im Kaukasus und in Südosteuropa. Allein in Afrika bewegt sich etwa ein Drittel aller Flüchtlinge. Am Ende des 20. Jahrhunderts wurden dort – häufig als Folge einstiger Kolonialpolitik und existenzbedrohender Verelendung – fast 45 Prozent aller Kriege weltweit ausgetragen.

Und nach dem Ende des Kalten Krieges und dem Auseinanderbrechen der Sowjetunion haben etwa in den Nachfolgestaaten des einstigen Imperiums Nationalitätenkonflikte und zunehmende wirtschaftliche Not zu massiven Bevölkerungsverschiebungen geführt.

### FLÜCHTLINGSELEND

Wo immer Menschen auf der Flucht sind, gleichen sich die Bilder. Es geht um Schicksale, den Verlust von Heimat, Hab und Gut, von Sicherheit und planbarer Zukunft. Ein Großteil der Flüchtlinge findet meist in armen Ländern Zuflucht, deren Probleme sich mit den Neuankömmlingen verschärfen – die Ankommenden sind fast immer nur Geduldete, nicht Erbetene. Die Aufnahme in einem neuen Land sichert zunächst gerade mal das

*Ein Neuanfang: Aussiedler aus der Sowjetunion im Grenzdurchgangslager Friedland bei Göttingen.*

nackte Überleben – und dies in der Regel nur dann, wenn Hilfsorganisationen mit ausreichender Unterstützung zur Stelle sind.

In krisengeschüttelten Ländern besteht die Gefahr, dass sich Elend und Außenseiterdasein der Flüchtlinge verfestigen und die gravierenden wirtschaftlichen und gesellschaftlichen Probleme der Aufnahmestaaten auf Dauer verschärfen. So haben die Flüchtlingsströme in Pakistan, einem der ärmsten Länder der Welt, katastrophale Langzeitfolgen. In provisorischen Zeltlagern lebt dort seit langem unter schrecklichen Bedingungen ein Teil der Flüchtlinge aus Bangladesch, Iran und Afghanistan. Das führt bei vielen Flüchtlingen zu politischer Radikalisierung und Gewaltbereitschaft.

### In der Ersten Welt – Chancen und Probleme

Nur wenige Flüchtlinge haben die Möglichkeit, in den wohlhabenden Ländern der nördlichen Halbkugel Fuß zu fassen, Länder, deren Gesellschaften sich durch den stetigen Zustrom von Flüchtlingen und Migranten aus fremden Kulturen unweigerlich wandeln. Die Aufnahme, Anerkennung und Integration dieser Neuankömmlinge aus den verschiedensten Zivilisationskreisen führen zu einer »bunteren«, komplexeren Gesellschaft. Dieser Prozess wird aber auch von Problemen und Konflikten begleitet. Es

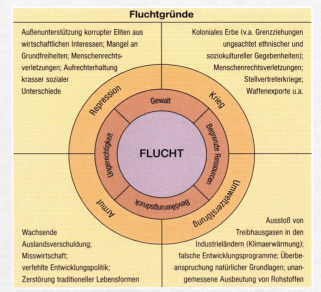

*Die Hauptgründe für Fluchtbewegungen sind Armut, Unterdrückung, Krieg und Folgen der Umweltzerstörung.*

*Etwa 10 Prozent der US-Bevölkerung sind Hispano-Amerikaner (hier Arbeiterinnen in einer Zigarrenfabrik in Florida).*

sen. Ansonsten könnte sich eines Tages die Fiktion des Films »Der Marsch« (1990) bewahrheiten. Er schildert den Zug Hunderttausender afrikanischer Elendsflüchtlinge von Sudan zur marokkanischen Küste. Ziel des Marsches ist das wohlhabende Europa. Dort beziehen schwer bewaffnete Armee-Einheiten Stellung, um eine Ankunft zu verhindern.

*Im Berliner Stadtviertel Kreuzberg sollen Deutschkurse für türkische Frauen einen Beitrag zur besseren Integration leisten.*

### Ein Volk von Einwanderern

Die USA sind ein klassisches Einwanderungsland, in dem ein bemerkenswerter ethnischer Verschmelzungs- und Mischprozess stattgefunden hat, der in historisch gesehen relativ kurzer Zeit Einwanderer aus verschiedenen Ländern zu einem neuen Volk zusammengeschweißt hat. Über die Hälfte aller US-Amerikaner hat Eltern oder Großeltern verschiedener nationaler Herkunft. Allerdings sind zahlreiche Bevölkerungsgruppen bis heute nicht in ihrer Gesamtheit hinreichend integriert, allen voran die Afroamerikaner, die Hispano-Amerikaner und die asiatischen Volksgruppen.

geht nicht zuletzt um mentale und kulturelle Vorbehalte weiter Kreise der Bevölkerung gegenüber einer Veränderung hin zu einer neuen, »multikulturellen« Gesellschaft, hinzu kommen – in Zeiten hoher Arbeitslosigkeit und einer starken Belastung der sozialen Sicherungssysteme – wirtschaftliche und soziale Ängste, die den Nährboden für radikale politische Kräfte bilden.

Allerdings bietet die Zuwanderung – neben der kulturellen Bereicherung – angesichts der demographischen Krise der »postindustriellen« Welt auch wirtschaftliche und soziale Chancen, zumal häufig gerade besser Qualifizierte den Weg in die reichen Gesellschaften des Westens finden. So positiv sich dieser Braindrain allerdings auf die Gesellschaften des Westens auswirkt, so negativ sind die Folgen für die Herkunftsländer der Flüchtlinge und Zuwanderer: Ganze Landstriche bleiben ohne die Bevölkerungsgruppen zurück, die diese Gebiete wirtschaftlich und sozial vorantreiben könnten.

Damit sich die Problematik der neuen Völkerwanderung nicht weiter verschärft, wird sich die internationale Gemeinschaft nachhaltig nicht nur den tieferen Ursachen zuwenden müssen, die zur Auslösung von Flüchtlingsbewegungen führen, sondern auch verstärkt Erfolg versprechende Strategien für die Bekämpfung der Armut und Beendigung der Umweltzerstörung einleiten müs-

▶ **Kriege und Konflikte:** Flüchtlinge im 20. Jahrhundert

# SELBSTBEWUSSTSEIN UND MENSCHENRECHTE
# DER KAMPF DER INDIGENEN VÖLKER

*Etwa 300 bis 500 Millionen Menschen eint nicht ihr Dasein als »Ureinwohner«, sondern ihr Ringen um Anerkennung ihrer Rechte, auf ihre Kultur, ihr Land und ihr schlichtes Überleben. Hierfür suchen sie mit wachsendem Selbstbewusstsein weltweit Unterstützung.*

*Die Sprache der vorwiegend im zentralen Andenhochland Perus, Boliviens und Ecuadors lebenden Quechua (Ketschua) wird von mehreren Millionen Menschen gesprochen. Seit den 1970er Jahren zählt es als zweite Amtssprache Perus zu den wenigen offiziell anerkannten Indianersprachen Amerikas.*

Nach von den Vereinten Nationen aufgestellten Kriterien sind indigene Völker meist die erste bekannte Bevölkerung eines Gebietes innerhalb eines modernen Nationalstaates bzw. grenzübergreifend mehrerer Staaten, die von einer anderen Kultur erobert bzw. – meist von europäischen – Invasoren kolonialisiert wurden. In der Regel leiden indigene Völker noch heute unter den Folgen dieser kolonialen Eroberungen. Geeint durch ein »Wir-Gefühl«, unterscheiden sie sich als eigenständige Bevölkerungsgruppen in Sprache, Kultur, Weltbild und Wertesystem von jenen, die in den jeweiligen Nationalstaaten die Herrschaft ausüben. Alljährlich tagt bei der UN-Menschenrechtskommission in Genf die »Arbeitsgruppe indigener Völker«. Das weltweite Forum ist nicht umsonst bei dieser Unterorganisation der Vereinten Nationen angesiedelt, denn bis heute sind Menschenrechtsverletzungen an indigenen Völkern weit verbreitet. Ein Schritt zur Verbesserung dieser Situation war die Änderung des zuvor auf einzelne Personen beschränkten internationalen Menschenrechtsschutzes, der 1986 auf Völker erweitert wurde.

### DIE ANFÄNGE

Ab Anfang der 1960er Jahre begannen indigene Völker, beeinflusst durch Menschenrechts-, Friedens- und Umweltbewegungen, ein neues Selbstbewusstsein zu entwickeln. Zunächst vereinigten sich stammesübergreifend die Indianer in den USA, in der Folge in ganz Amerika. Heute fühlen sich indigene Völker weltweit durch ähnliche Probleme miteinander verbunden: Eroberung, Landraub, Vertreibung oder gar Völkermord kennzeichnen nämlich das Schicksal

*In Südamerika bewirkt die stetig vorangetriebene Erschließung Amazoniens nicht nur die Zerstörung eines riesigen Ökosystems, sondern auch der Lebensgrundlage der dort lebenden indianischen Ethnien.*

vieler, ebenso der so genannte Ethnozid, das heißt die zwangsweise Anpassung an die herrschende Kultur. Dieser geht einher etwa mit dem Verbot der Muttersprache und der Ausübung der eigenen Religion oder gar der offiziellen Verleugnung der Existenz eines Volkes.

Angesichts ihres bislang geringen politischen Einflusses suchten Indigene deshalb in den letzten Jahrzehnten verstärkt weltweite Unterstützung und betonten dabei immer wieder auch die Verantwortung der Industrienationen: Deren Entwicklungszusammenarbeit oder Handels- und Außenpolitik spielt bis heute häufig eine wichtige, in vielen Fällen eine negative Rolle in der Auseinandersetzung zwischen Indigenen und den Staaten, in denen sie leben.

### WER UNSER LAND ZERSTÖRT, ZERSTÖRT UNSERE KULTUR UND UNSER LEBEN

Die Liste der aktuellen Auseinandersetzungen indigener Völker mit den Regierungen von Nationalstaaten ist lang. Die Schauplätze der Streitigkeiten sind auf allen Kontinenten zu finden. Immer wieder spielen dabei Landbesitz und Landnutzungsrechte eine entscheidende Rolle.

Schauplatz Australien: Die nordaustralischen Mirrar-Aborigines kämpfen seit fast 20 Jahren gegen eine geplante Uranmine in Jabiluka im von der UNESCO als »Kulturerbe der Menschheit« geschützten Kakadu-Nationalpark. Der Pachtvertrag zwischen Regierung und Bergbau-Gesellschaft war über ihre Köpfe hinweg unterzeichnet worden. Seit Jahrtausenden bewohnen die Mirrar dieses Land, auf dem etwa 5000 ihrer heiligen Stätten liegen. Der Uranbergbau würde sie entweihen, zerstören und damit

auch das kulturelle Fortbestehen der Mirrar gefährden. Bereits jetzt verseucht eine 20 Kilometer entfernte Uranmine die Flüsse der Umgebung mit radioaktivem Schlamm. Doch die Regierung stellt die Profite aus dem Uranexport über die angestammten Rechte der indigenen Bevölkerung sowie über die Erfordernisse des Umweltschutzes.

Schauplatz Afrika: Die namibische Regierung plant zusammen mit der Regierung des Nachbarstaates Angola, im südwestlichen Afrika – im Kaokaland der Himba – einen riesigen Staudamm zu errichten. Ein großes Wasserkraftwerk soll Elektrizität für die Großstädte des Landes und für den Export in das benachbarte Südafrika produzieren. Die als nomadisierende Hirten lebenden Himba wehren sich gegen dieses Großprojekt. Sie befürchten neben dem Verlust wichtigen Weidelandes und der Nahrungsmittel liefernden Palmen das Verschwinden ihrer Ahnengräber. Diese sind als Landmarken und für ihre Religion überaus bedeutend.

*Die heute unter anderem von der Rentierzucht lebenden Sami oder Samen Lapplands besiedelten einst als nomadische Jäger den hohen Norden Europas.*

Schauplatz Nordamerika: Auch bei den San Carlos Apache geht es um heilige Stätten und deren drohende Entweihung, um den Entzug von einst per Gesetz festgelegtem Land, um die freie Ausübung ihrer Religion. Jahrelang kämpften sie gegen die Errichtung von Teleskopen auf dem Mount Graham, dem heiligen Berg dieser nordamerikanischen Ethnien. Obwohl astronomische Gutachten den Bau der Teleskope mehrheitlich nicht befürworten und der Berg als ökologisches Juwel gilt, wurde die Anlage mit nordamerikanischer, deutscher, italienischer und vatikanischer Beteiligung installiert.

Schauplatz Südamerika: Die etwa 10 000 Yanomami im brasilianischen Amazonas-Gebiet kämpfen um ihre Landrechte und ihr Überleben. Bereits in den 1980er Jahren drangen rund 80 000 Goldsucher in ihren Regenwald ein, über 2000 Indianer starben daraufhin an eingeschleppten Krankheiten oder wurden von den Goldsuchern erschossen. Zudem vergiftete das beim Goldwaschen verwendete Quecksilber die Flüsse. Die katholische Kirche Brasiliens und internationale Unterstützer zwangen die brasilianische Regierung zum Abzug der Goldsucher. Im Jahr 2000 drangen erneut etwa 3000 in das Gebiet ein – die Regierung blieb bisher untätig.

Schauplatz Europa: Von den etwa 70 000 Sami im äußersten Norden Europas, in Norwegen, Schweden, Finnland, Russland, leben etwa 30 000 als Rentierhalter. Sie besitzen kein eigenes Land, haben aber das Recht, im Winter ihre Rentiere in staatlichen und privaten Wäldern grasen zu lassen, wenn in den baumlosen Gebirgstundren die Nahrung knapp wird. Seit kurzem zweifeln private Waldbesitzer in Schweden das Gewohnheitsrecht der Sami auf Winterweide an und fordern Ersatz für Rentierschäden. Die Sami haben diese Klage bereits in erster Instanz verloren, die Gerichtskosten stellen sie vor den finanziellen Ruin. Denn es gibt keine schriftlichen Dokumente, die die langfristige Nutzung der Gebiete belegen und dadurch das Gewohnheitsrecht gesetzlich verankern ließen.

*Protestaktion ehemaliger Bewohnerinnen des Bikini-Atolls, dessen Böden durch US-amerikanische Atomwaffentests in den 1940er und 1950er Jahren radioaktiv verseucht wurden.*

#### KEINE HEILIGEN

Indigene Völker werden von Außenstehenden gerne als »Ökoheilige« dargestellt, die seit Jahrhunderten im Einklang mit sich selbst und der Natur leben. Dies sind jedoch eher verzerrende, romantisierende Wunschvorstellungen von Menschen aus den Industrienationen, die das alte Klischee vom »edlen Wilden« erneuern und die dem tatsächlichen Leben dieser Gesellschaften wenig oder gar nicht entsprechen. Es geht den indigenen Völkern nicht darum, Klischees zu bedienen – sie kämpfen vielmehr darum, dass ihre Menschenrechte geachtet werden.

# PROGNOSE: ENG
# DIE WELTBEVÖLKERUNG IM 3. JAHRTAUSEND

*Mit weit über 6 000 Einwohnern pro Quadratkilometer zählt Hongkong zu den am dichtesten besiedelten Regionen der Welt.*

Im Juli 1999 überschritt die Weltbevölkerung erstmalig die Sechs-Milliarden-Marke und jedes Jahr kommen weitere 77 Millionen Menschen hinzu. Im Jahr 2050 werden laut der neuesten Prognose der Vereinten Nationen voraussichtlich zwischen 9 und 11 Milliarden Menschen auf der Erde leben. Die größte Bevölkerungszunahme wird zwar für die so genannten Entwicklungs- und Schwellenländer vorausgesagt; doch auch Industrienationen tragen zur weltweiten Bevölkerungsexplosion bei.

### VORAUSSAGEN ZUR ENTWICKLUNG DER WELTBEVÖLKERUNG

Allein in China und Indien, den bevölkerungsreichsten Ländern der Erde, leben zurzeit über zwei der insgesamt sechs Milliarden Menschen. Im Jahr 2050 werden dort vermutlich drei Milliarden Menschen ihre Heimat haben – jeder fünfte Erdenbewohner wird dann ein Inder sein. Es wäre jedoch unangemessen, die bevölkerungsreichsten Staaten nur unter den Entwicklungsländern zu vermuten: So stehen die USA an dritter Stelle der Weltbevölkerung – mit heute 280 und in fünfzig Jahren voraussichtlich 403 Millionen Menschen. Deutschland nahm 1950 unter den zehn bevölkerungsreichsten Staaten der Welt noch den siebten Platz ein, tauchte jedoch bereits im Jahr 2000 in dieser Statistik nicht mehr auf. Insgesamt leben in den Industrieländern derzeit 1,2 Milliarden Menschen. Auch das Beispiel Afrika, das als drittgrößter Kontinent nur etwa 13 Prozent der Weltbevölkerung beherbergt, zeigt die voreilige Verknüpfung von Überbevölkerung mit gering industrialisierten Staaten.

Oftmals werden bei diesen Statistiken auch die positiven Tendenzen unterschlagen. So erreichte der Bevölkerungszuwachs seinen Höchststand ungefähr 1990 und ist seither stark gesunken.

*In vielen Gebieten Asiens führen eine hohe Kindersterblichkeit und mangelnde Altersversorgung zu einer erhöhten Nachkommenschaft.*

# Weltbevölkerung im 3. Jahrtausend

*Das 20. Jahrhundert war auch eine Ära weltweiter Migrationen. Speisesaal der Einwanderungsstation Ellis Island bei New York um 1920*

## Die Zukunft unseres Planeten

Nicht nur das Anwachsen der Weltbevölkerung an sich ist zu betrachten, wesentlich ist auch ihr Umgang mit den Ressourcen unserer Erde und dessen globale Auswirkungen. Im 3. Jahrtausend steht auf unserem Planeten exzessiver Konsum der Reichen einer absoluten Armut der Armen gegenüber. Die dramatische Folge hiervon sind die globalen Umweltschäden. Doch zeigte etwa das Scheitern des Umweltgipfels im Jahr 2000, dass viele der führenden Industrieländer, allen voran die USA mit dem weltweit größten Kohlenstoffausstoß, eine Verantwortung für die Zukunft der Menschen auf unserem Planeten nur dann auf sich nehmen wollen, wenn es ihren Interessen entspricht. In diesem Sinn ist die Welt von einer wahren Globalisierung bisher noch weit entfernt.

## Ein altes Phänomen: Migration

Große Bevölkerungswanderungen werden oft als Ausnahmesituationen in der Geschichte dargestellt. Ausgeblendet wird dabei jedoch, dass vor allem in den letzten 500 Jahren große Menschenbewegungen stattfanden. Zwangsweise und ungefragt wurden Afrikaner beim transatlantischen Sklavenhandel nach Amerika, malayische Sklaven nach Südafrika oder indische und chinesische »Kulis« in die ganze Welt »verpflanzt«. Aus eigener Entscheidung, wenngleich oft durch wirtschaftliche, soziale, religiöse oder andere Verhältnisse gezwungen, wanderten etwa Europäer aus verschiedensten Regionen in Nordamerika ein oder zogen in andere Teile Europas – so etwa Polen in die Bergwerksregion des Ruhrgebietes. Andernorts verdingten sich Einheimische in Minen und Plantagen der Kolonien als Wanderarbeiter. Seit den 1950er Jahren haben einst als »Gastarbeiter« angeworbene Südeuropäer wesentlichen Anteil an der Bevölkerung Deutschlands, in Frankreich oder Großbritannien Menschen aus den einstigen Kolonialgebieten. Auch durch das Zusammenwachsen Europas im Rahmen der Europäischen Union wird sich die Zahl der Migranten stark erhöhen.

Dies ist in erster Linie auf eine reduzierte Geburtenzahl in China und Indien wie auch in afrikanischen Ländern zurückzuführen. Durchschnittlich hat sich die Kinderzahl der Frauen weltweit von sechs auf drei Kinder halbiert. Verhütungsmittel werden in den letzten Jahrzehnten weitaus häufiger angewendet, die Gesundheitsvorsorge und die Ausbildung von Frauen und Mädchen genießt verstärkte Aufmerksamkeit.

Dennoch ist es äußerst schwierig, Prognosen zu erstellen: Denn einerseits ist die Lebenserwartung weltweit um elf Jahre gestiegen, andererseits stellen etwa AIDS und HIV-Infektionen eine weitaus größere Bedrohung dar als ursprünglich angenommen.

## Weltweite Wanderungsbewegungen

Aufgrund niedriger Geburtenraten beruht in Industriestaaten oft ein wesentlicher Anteil des Bevölkerungswachstums auf Einwanderung – in Deutschland beispielsweise sogar ausschließlich. Freiwillig aus wirtschaftlichen Erwägungen oder unfreiwillig etwa durch Kriege werden immer mehr Menschen zu Migranten, sei es innerhalb des eigenen Landes, des eigenen Kontinents oder weltweit. Ungefähr die Hälfte von ihnen lebt in Entwicklungsländern. Innerhalb Asiens ziehen Japan, Taiwan und Malaysia die meisten Zuwanderer an, doch besitzt auch der Mittlere Osten für Gastarbeiter vor allem aus Indien, Pakistan und Bangladesch große Attraktivität. In Afrika verläuft die Wanderungsbewegung vor allem aus dem Inneren des Kontinents in die Küstenregionen. In die Vereinigten Staaten kommen Migranten zu einem überwiegenden Teil aus Mexiko, Zentralamerika und Asien, nach Westeuropa wandern hingegen vor allem Menschen aus Nordafrika, Osteuropa und dem Mittleren Osten ein.

Etwa 50 Millionen Menschen sind derzeit durch Krieg, Verfolgung und massive Menschenrechtsverletzungen – oft auch innerhalb ihrer Heimatländer – entwurzelt. In fast allen Regionen der Erde gibt es politische Flüchtlinge und Asylsuchende. Afrika und das westliche Asien beherbergen dabei weltweit mehr als die Hälfte der Flüchtlinge.

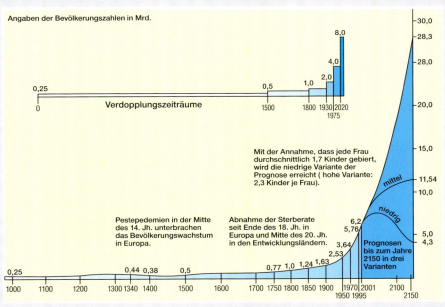

*Entwicklung der Weltbevölkerung zwischen 1000 und 2000 sowie prognostiziertes Bevölkerungswachstum bis 2150*

▶ Handel und Wirtschaft: Bevölkerungsexplosion

# Register

## A

Aachen 142
Aarsiev 145
Abbas I., der Große, Schah von Persien 244 f.
Abbasiden 166, 168 f.
Abd ül-Hamid II., osmanischer Sultan 223
Abd ül-Meschid I., osmanischer Sultan 222
Abensberg 182
Aborigines 268 f.
Abu Bakr, Kalif 166
Abu Simbel 34
Abydos 31
Achämeniden 49
Acharnai 61
Acolhua'can 224
Actium 35
Adadnirari I., assyrischer König 55
Adena-Kultur 79
Adenauer, Konrad 337
Adler, Viktor 289
Adoloald, langobardischer König 161
Adrianopel s. Edirne
Adua 286 f.
Afghanistan 22, 48, 119, 247, 274, 305, 309, 311, 331, 335, 345
Ägäer 71
Agamemnon 60 f.
Agilulf, langobardischer König 161
Ägypten 12, 28, 30–35, 43, 49 f., 54 f., 57, 59, 68–71, 82 f., 92, 128, 138, 148, 154 f., 166 f., 179, 214, 220, 223, 320
Ahiram, phönizischer König 71
Ahmed I., osmanischer Sultan 222
Ahmed III., osmanischer Sultan 222
Ahmose, ägyptischer König 33
Aidyn 219
Air 179
Aischylos 90, 110
Aistulf, langobardischer König 161
Aix-en-Provence 87
Akan 234 f.
Akbar, Großmogul 246 f.
Akkad 28, 36 f., 46–48, 57
Akkon 141
Aksum 12, 83, 124, 128 f., 183
Al Fatah 321
Alaca Hüyük 86 f.
Alalia 99
Alanen 120, 144, 147
Alarich I., westgotischer König 152
Al-Ashari 168
Albanien 219
Albany 268
Albeida 152
Alboin, langobardischer König 160 f.
Albrecht II., deutscher König 201
Albright, Madeleine 338
Aldjuborg s. Staraja Ladoga
Alemannen 144, 156
Alemannien 158
Aleviten 221
Alexander III., der Große, König von Makedonien 29, 35, 50, 57, 71, 91 f., 110, 118 f.
Alexander I., König von Jugoslawien 293
Alexander I., Zar von Russland 197
Alexander II., Zar von Russland 197, 261, 284 f.
Alexander III., Zar von Russland 197, 301
Alexander III., Papst 198, 200
Alexander IV., Papst 227, 238
Alexandria 35, 93
Alexios I., byzantinischer Kaiser 140
Alfons II., König von Asturien 153
Alfred der Große, angelsächsischer König von Wessex 151
Algerien 285, 305, 324
Algier 324
Ali, Kalif 166, 168
Allen, Paul 331
Allia 96
Altsteinzeit 24
al-Walid, Kalif 167
Amalasuntha, ostgotische Regentin 153
Amalfrida 147
Amaravati 118
Amarna 33
Amarsu'ena, sumerischer Herrscher 37
Amenemhet I., ägyptischer König 32
Amenemhet III., ägyptischer König 32
Amenemhet IV., ägyptischer König 32
Amenophis III., ägyptischer König 33
Amenophis IV., ägyptischer König s. Echnaton
amnesty international 341
Amoriter 37, 46 f., 70 f.
Amri 45
Amsivarier 156
Amsterdam 285
An Lushan 164 f.
Anasazi-Kultur 79, 170 f.
Anastasius I., oströmischer Kaiser 153
Anatolien 27 f., 42, 52, 54, 58 f., 219–221, 245
Anaximander 110
Andrássy, Graf Gyula 290
Andres, Steffen 69
Andropow, Jurij 313
Angeln 144, 150 f.
Angelsachsen 145, 149–151
Angkor Borei 130
Angkor 184 f.
Angkor Thom 184 f.
Angkor Vat 185
Angola 210, 264, 347
Ankara 58, 218 f.
Ankole 216
Annam 64, 127, 131, 233, 298
Anno von Köln 199
Anshan 48
Anthemius, weströmischer Kaiser 109
Antillen 238
Antiochia 50
Antiochos III., der Große, Seleukidenkönig 93
Antisuysu 191
Antonius, Marcus 107
Apache 79, 171, 347
Apulien 181
Äquer 104
Aquitanien 158
Araber 139, 152 f., 155, 166–169, 177, 206, 217, 238
Arabien 176, 182 f.
Arados 71
Arafat, Jasir 321
Aragonien 239
Aramäer 55
Arcadius, oströmischer Kaiser 145
Archanes 43
Archimedes 93
Ardaschir I., sassanidischer König 50 f.
Ardavan, parthischer König 50
Ardipithecus ramidus 16
Aretino 229
Aristeides 91
Aristion 88
Aristokles 88
Aristophanes 90, 110
Aristoteles 91, 100 f., 110, 169
Arkadien 91
Arkadios, oströmischer Kaiser 109
Armagh 148
Armenien 50, 139, 223, 303, 333
Armstrong, Neil 311
Arnulf von Kärnten, ostfränkischer König und römischer Kaiser 159
Árpád, magyarischer Großfürst 163
Arsakes I., parthischer König 50
Artaxerxes II., persischer König 48 f.
Arthur, britischer König 150
Aryas 45
Asarhaddon, assyrischer König 35, 55, 57
ASEAN 341
Aserbaidschan 244, 303, 333
Ashanti 234 f.
Ashanti-Reich 234, 235
Ashoka, indischer Kaiser 118 f.
Ash-Shafli 168
Askia Muhammed I., Herrscher von Songhai 214 f.
Asparuch, Herrscher des Donaubulgarischen Reichs 135
Assur 28, 54 f.
Assurbanipal, assyrischer König 35, 54 f.
Assurnasirpal II., assyrischer König 55
Assuruballit I., assyrischer König 54
Assyrer 54 f., 69, 71, 83
Assyrien 34, 54 f., 57, 59, 87
Asturien 152
Astyages, medischer König 49
Atahualpa, Inka-Herrscher 190 f., 193
Atatürk, Kemal 223
Ateas, skythischer König 113
Athalerich, ostgotischer König 153
Athapasken 79
Athaulf, westgotischer König 152
Athen 61, 89–91, 93, 101, 110
Äthiopien 12 f., 216, 220, 287
Attika 88
Attila, Hunnenkönig 120 f., 162 f.
Au Lac 126
Auaris 33
Augsburg 163, 203
Augustinus 101, 229
Augustus, römischer Kaiser 106–108, 154
Aurangseb, indischer Großmogul 247
Aurelian, römischer Kaiser 152
Australien 38 f., 239 f., 242, 268 f., 272, 274, 347
Austral-Inseln 39
Australopithecus 16 f., 20
Australopithecus afarensis 16
Austrasien 158
Authari, langobardischer König 161
Avicenna 168
Avignon 226
Avitu, weströmischer Kaiser 109
Awaren 124, 134 f., 155, 160, 162 f., 185, 206
Ayacucho 191
Ayutthaya 185
Azteken 13, 72–74, 76, 114, 125, 186–188, 224 f.

## B

BaBito 216
Babur, indischer Großmogul 246
Babylon 28, 46 f., 49 f., 54–57, 59
Babylonien 47, 54–57, 69, 71
BaChwezi 216
Badeni, Graf Felix 291
Bagdad 167, 180, 220, 223
Bahamas 274
BaHima 216
BaHinda 216
Baian Chan, Herrscher der Awaren 162 f.
Bajezid I., osmanischer Sultan 218 f.
Bajezid II., osmanischer Sultan 220
Baktrien 124
Baltikum 180
Bambara 214
Banda 235
Bandkeramikkultur 27
Bangalore 342
Bangladesch 345, 349
Bantu-Sprecher 12, 28, 84 f., 177
Bari 140
Basel 285, 299
Basileios I., byzantinischer Kaiser 139

# Register

Basileios II., byzantinischer Kaiser 194
Batavia s. Jakarta
Batu Chan, Mongolenführer 195, 209
Bayern 158
Bayreuth 251
Bejanaro 238
Belgien 156, 248 f., 280 f., 283, 297, 307, 325, 337
Belgisch-Kongo 280
Belisar (Belsazar) 139, 147
Belize 136
Belsazar s. Belisar
Belutschistan 45
Ben Gurion, David 320
Bengalen 247
Benin (Königreich) 212 f.
Benin (Stadt) 212 f.
Berezanji 180
Bergama 92
Beria, Lawrentij 312
Berlin 57, 251, 280, 284, 294–297, 304 f., 345
Berytus 71
Bethlen, Graf 293
Bethmann Hollweg, Theobald von 296
Bikini-Atoll 347
Biko, Steve 326
Bimbisara, König von Magadha 45
Bindusara, indischer Herrscher 118 f.
Bini 212
Birma 233, 278, 322
Bismarck, Otto von 257, 280, 294 f.
Bjiden 167
Blum, Léon 299
Boccaccio, Giovanni 229
Bodin, Jean 251
Boghazköy 58
Böhmen 96, 134, 290 f., 293
Bolivien 193, 346
Bombay (Mumbai) 237, 247, 342
Bono 235
Borgia, Cesare 227
Boris Godunow, Zar von Russland 196
Boris von Rostow 194
Bornu 179, 214
Bosnien 219, 293, 331
Bosnien-Herzegowina 289, 291, 328, 330, 339
Botha, Pieter Willem 326
Botticelli 229
Bourbonen 286
Bowdich, Thomas Edward 235
Brandenburg-Preußen 256 f.
Brasilien 236 f., 248, 265, 282
Bremen 334
Brendan, Heiliger 148
Brennus, keltischer Heerführer 96
Breschnew, Leonid 313
Brescia 226
Bretagne 96, 149
Briand, Aristide 298 f.
Brisbane 268
Britannien 96 f., 138, 145, 148–151
Britisch-Guayana 274
Brozik, Vaclav 239
Bruegel, Pieter der Ältere 155
Brukterer 156
Brunei 307
Brunelleschi, Filippo 229
Brüning, Heinrich 296
Brüssel 249
Bry, Theodor de 240
Budapest 62
Buganda 216 f.
Bulala 179
Bulgaren 135, 139, 163, 194
Bulgarien (Mösien) 120, 139, 209, 218, 223, 337
Bunyouo 216
Buonarotti, Michelangelo s. Michelangelo
Buraten 209
Burckhardt, Jacob 228
Buren 241, 274, 326
Burgund 156, 158 f., 199, 202, 239
Burgunder 121, 144 f.
Burssa 218
Burundi 216 f.
Bush, George 311, 330 f.
Bush, George W. 330 f.
Byblos 32, 70 f.
Byzantinisches Reich 13, 50, 109, 111, 129, 135, 138–141, 147, 163, 180 f., 206, 209, 219 s. a. Oströmisches Reich

## C

Cabral, Pedro Álvares 236 f.
Cactus Hill 72
Cádiz 71
Caesar, Gaius Julius 93, 96, 106 f.
Caetano, Marcello das Neves Alves 237
Cahokia 172
Caldiran 220
Calicut s. Kozhikode
Caligula, römischer Kaiser 106
Camp David 310, 321
Canaletto 202, 251
Canberra 269
Candarli Halil Pascha 219
Cannae 95
Canossa 199
Carrhae 50
Carter, Jimmy 311
Casa Grande 79
Casas, Bartolomé de las 238 f., 264
Cassius Dio 101
Çatal Hüyük 27, 52 f.
Catilina, Lucius Sergius 108
Cautemoc, aztekischer Herrscher 225
Cavour, Camillo Graf Benso di 286 f.
Cerro de las Mesas 117
Cerveteri 98
Ceylon s. Sri Lanka
Chaco Canyon 171
Chaldäer 57
Cham, Champa 126, 130 f., 184
Chamaven 156
Chanat der Goldenen Horde 195
Chandragupta I., indischer König 118 f.
Chandragupta II., indischer König 119
Chania 42
Charles, Prince of Wales 325
Chasaren 163
Chattuarier 156
Chavín de Huántar 80
Chavín-Kultur 73, 80
Chazaren 135
Chenla 184
Cheops, ägyptischer König 31
Chephren, ägyptischer König 31
Cherokee 262
Chiapas 75, 187
Chicago 261
Chichén Itzá 136, 187
Chickasaw 262
Chidima 211
Childebert I., Frankenkönig 159, 161
Childerich I., Frankenkönig 156
Childerich III., Frankenkönig 158
Chile 72, 190
Chimú-Kultur 73
China 12 f., 20, 27 f., 40, 62–67, 86 f., 124–126, 128, 130–133, 154 f., 164 f., 176, 182–184, 206–209, 230–233, 274 f., 278 f., 282 f., 304, 308 f., 314 f., 319, 329, 330, 335, 342 f., 348 f.
Chinchaysuyu 191
Chitogarrh 247
Chlodomir, Frankenkönig 159
Chlodwig I., Frankenkönig 145, 152, 156–159
Chlotar I., Frankenkönig 159
Choctaw 262, 267
Chongqing 342
Chosrau Anuschirvan, sassanidischer König 50
Chruschtschow, Nikita 312
Churchill, Winston 278
Cicero, Marcus Tullius 93, 101, 108, 229
Cincinnati 261
Cividale 161
Claudius, römischer Kaiser 99, 106
Clemenceau, Georges Benjamin 298 f.
Cliff Dwellers 170 f.
Cliff Palace 170 f.
Clinton, Bill 330 f.
Clive, Robert 276
Clontarf 149
Clovis-Menschen 72
Cluny 199
Cocaxla 73
Cochise-Leute 78
Colbert, Jean Baptist 251
Columban der Jüngere 148
Compsa (Conza) 153
Constantius II., römischer Kaiser 108
Cook, James 268
Cook-Inseln 39
Coolidge, Calvin 263
Copán 137
Córdoba 169, 185
Cornwall 52, 149
Cortés, Hernán 76, 125, 187, 225
Corvey 199
Coumban der Ältere 148
Cova Teralla 52
Creek 262
Cuitlahuac, aztekischer Herrscher 225
Cuntisuyu 191
Cupisnique-Kultur 73, 80
Curzon, Lord George Nathaniel 276
Cuzco 190–194
Czwiczek, Matthias 251

## D

Da Nang 127, 131
Dachau 285
Dacia 152
Dagobert I., Frankenkönig 158
Dahome 265
Dahomey 212
Dahschur 32
Dai Viet 126
Dál Riata 148
Daladier, Édouard 299
Dalai Lama 231
Dali 165
Dalmatien 153
Damaskus 167
Dande 211
Dänemark 96, 180, 265, 294, 297, 337
Dänen 151
Daniel, Juli M. 313
Dante Alighieri 229
Daphni 138
Dapper, Olfert 213
Darius I., persischer König 48, 50
Darius III., persischer König 50
Datong 66
Daura 179
David, israelitischer König 68 f.
Delhi 119, 246 f., 342
Delphi 88, 96
Demosthenes 91
Deng Xiaoping 315
Denkyira 235
Desiderius, langobardischer König 161
Deutschland 13, 96, 156, 159, 198 f., 199, 223, 233, 240, 242, 257, 258 f., 271, 281 283 f., 287, 291–299, 304 f., 306 f., 309, 330 f., 336–338, 348 f.
Devon 149
Diadochenreiche 29
Diaz, Bartolomeu 236
Dien Bien Phu 127, 278, 323
Diokletian, römischer Kaiser 108 f., 138
Diu 237
Djenne 214 f.
Djoser, ägyptischer König 30 f.
Domitian, römischer Kaiser 106
Dong Duong 131
Donkosaken 302
Dorer 71, 88
Drakon 89
Dravida 45
Dresden 251
Dreyfus, Alfred 298 f.
Duala 84
Dublin 148
Duisenberg, Wim 337
Dunama Dibalemi, Regent von Kanem 179
Duncan I., König von Schottland 149

Duplessis, Jean-Siffrède 253
Dura Europos 50
Dürer, Albrecht 200, 229

# E

East Anglia 150
East Sussex 181
Ebert, Friedrich 296
Ebussu'ud Efendi 221
Echnaton (Amenophis IV.), ägyptischer König 33, 69
Ecuador 190, 346
Edirne (Adrianopel) 135,152, 218
Edo s. Tokio
Ehrenburg, Ilja 312
Einhard 157
Eisenhower, Dwight D. 310, 311
Eje, ägyptischer König 34
Ekallatum 47
El Salvador 75, 136
Elam 41, 48 f., 55
Elamiter 47
Elfenbeinküste 183
Elfenbeinküste (Republik) 234
Elgin, Lord 111
Elisabeth II., britische Königin 275
Elisabeth, Kaiserin von Österreich 288
Ellak, Hunnenkönig 121
Emanuel I., der Glückliche, König von Portugal 236
Enchedu'anna 36
England 149–151, 154, 180 f., 196, 237, 242, 248, 250
Entremont 87
Epameinondas 91
Ephesos 51, 113
Ephialtes 90
Epikur 93
Erasmus von Rotterdam 229
Eriksson, Leif 180
Eritrea 286 f.
Erlitou-Kultur 62
Ermanerich 144
Eschnunna (Tell Asmar) 47
Eskimo-Aleuten 78
Eskisehir 141
Essex 150
Estland 303, 332, 337 f.
Etrurien 98 f.
Etrusker 98 f., 102, 110
Eugenius, oströmischer Kaiser 109
Euphrat 36
Euripides 90, 110
Europäische Atomgemeinschaft 337
Europäische Gemeinschaft 337
Europäische Gemeinschaft für Kohle und Stahl 337
Europäische Union 317, 329, 336 f., 341, 349
Europäische Wirtschaftsgemeinschaft 305, 337
Evans, Sir Arthur 42

# F

Faiyum 32
Faschoda 298
Fatima 166
Fatimiden 167
Ferdinand I., römisch-deutscher Kaiser 202 f.
Ferdinand II., König von Aragonien 238 f.
Ferrara 226
Fès 236
Fidschi-Inseln 38, 274
Finnland 33 f., 303, 347
Firuzabad 51
Fischer von Erlach, Johann Bernhard 202
Flavius Aetius 121
Florenz 226, 229, 287
Ford, Gerald R. 311
Formosa 314
Franken 124, 142, 144 f., 147, 153, 156–159, 161, 198, 206
Fränkisches Reich 13, 140 f., 145, 148, 150, 156–159, 161, 198, 206
Frankreich 25, 27, 96, 127, 143, 156, 159, 198, 203, 212, 220 f., 223, 226, 233, 235, 240 f., 250–253, 257 f., 268, 270, 276, 278, 280–282, 287, 291, 295–299, 305–309, 322 f., 331, 336 f., 349
Franz I., römisch-deutscher Kaiser 203
Franz II., römisch-deutscher Kaiser 203, 255, 258
Franz I., König von Frankreich 202
Franz Ferdinand, Erzherzog von Österreich 291, 295
Franz Joseph I., österreichischer Kaiser 287–291
Fredegar 156
Freetown 265
Friedrich I. Barbarossa, römisch-deutscher Kaiser 143, 198–200
Friedrich II., römisch-deutscher Kaiser 143
Friedrich III., römisch-deutscher Kaiser 199, 201
Friedrich III., deutscher Kaiser 257
Friedrich I., König in Preußen 203, 256, 257
Friedrich II. der Große, König von Preußen 203, 254, 256 f.
Friedrich III., Kurfürst von Brandenburg, Herzog von Preußen 256 f.
Friedrich III., Kurfürst von Sachsen 202
Friedrich Wilhelm, Kurfürst von Brandenburg 203, 251, 256
Friedrich Wilhelm I., König von Preußen 203, 256
Friedrich Wilhelm II., König von Preußen 257
Friedrich Wilhelm III., König von Preußen 257
Friedrich Wilhelm IV., König von Preußen 257
Friesen 145
Fritigern 152
Fugger, Jakob II., der Reiche 182
Fulbe 215
Fulda 199
Funan 130 f., 184
Fünen 145

# G

G-8 340 f.
G 24 341
Gaj, Ljudevit 271
Galater s. Kelten
Galen 169
Galla Placidia, westgotische Königin und römische Kaiserin 153
Gallien 14, 138, 145, 147, 156
Gallier s. Kelten
Gallipoli s. Geliboli
Gama, Vasco da 236 f.
Gandhi, Mahatma 278, 322
Gao 214 f.
Garibaldi, Giuseppe 286 f.
Garneray, Louis 270
Gates, Bill 331
Gaulle, Charles de 299
Gautama Buddha 29, 45
Geiserich, König der Wandalen 146 f.
Geliboli (Gallipoli) 218
Gelimer, Wandalenkönig 147
Genf 288, 297, 308, 346
Genua 226 f., 340
Georgien 303, 333
Gepiden 121, 160–162
Geremek, Bronislaw 338
Germanen 109, 112, 121, 124, 142, 144 f., 149, 152 f., 155 f., 160–162, 206
Germijan 219
Gesellschaftsinseln 38
Géza, magyarischer Großfürst 163
Ghana (Reich) 124, 183, 214
Ghana (Republik), Goldküste 234 f., 305, 307, 324 f.
Ghrakien 135
Gleb von Murom 194
Glycerius, weströmischer Kaiser 109
Gobir 179
Godegisel, Wandalenkönig 147
Goldküste s. Ghana (Republik)
Gömbös, Gyula 293
Gönnersdorf 25
Gorbatschow, Michail 305, 307, 311, 313, 328, 338
Gordian, römischer Kaiser 50
Gorki 301
Goten 109, 124, 144, 146 f., 152 f.
Göttingen 344
Gourina 42
Grabstättenkultur, mexikanische 117
Gracchus, Tiberius Sempronius 104
Granada 40
Great Zimbabwe 85, 210 f.
Greenpeace 341
Gregor VII., Papst 199
Gregor von Tours 156
Greuthungen 152
Griechenland 12, 27, 29, 50, 52, 60 f., 71, 88 f., 96, 99–101, 110 f., 138, 218, 245, 270, 285, 297, 337
Grönland 148, 151
Groos, Gerard de 134
Grosnij 317
Großbritannien 13, 21, 151, 177, 213, 223, 233, 235, 258, 263, 265, 268, 270, 272–278, 280–283, 295, 297–299, 306–308, 332, 337, 349
Großbulgarisches Reich 135
Großmährisches Reich 134
Großrussen 134
Gruffudd ap Llywellyn, König von Wales 149
Guanahani s. San Salvador
Guanajuata 187
Guatemala 72, 75, 136 f., 187
Guatemala-Stadt 136
Gudea, sumerischer Herrscher 36 f.
Guineaküste 212
Gundechilde 156
Gunderich, Wandalenkönig der 147
Gundestrup 96
Gundobad, burgundischer König 156
Gungunum, Herrscher von Larsa 6
Gunthamund, Wandalenkönig der 147
Gupta 118 f., 124
Gurgan 48
Gutäer 36
Gutenberg, Johannes 202
Gwari 179

# H

Haarlem 213
Habiru 69
Habsburg 162, 200, 220–222, 226 f., 254 f., 271, 286, 288–291
Hadrian, römischer Kaiser 50, 93, 106, 109
Hagia Triada 43
Haile Selassie, äthiopischer Kaiser 129
Haiti 330
Halikarnassos 90
Halitsch 95
Hallstatt-Kultur 96
Hamadan 48
Hamilkar 94
Hammarskjöld, Dag 309, 312
Hammurapi, babylonischer König 46, 54, 56 f.
Han 63, 126
Hannibal 93, 95, 104, 106
Hanoi (Than Long) 126
Harald Godwinsson, angelsächsischer König 181
Harappa-Kultur 12, 28, 44 f.
Hardenberg, Friedrich Freiherr von 257
Harding, Warren G. 263
Hardouin-Mausart, Jules 251
Haremhab, ägyptischer König 34
Hariharalaya 184
Harran 50
Hasdingen 146 f.
Hasting 149, 181
Hatra 50
Hatti 58 f.
Hattusa 58 f.
Hattusili, hethitischer König 59

# Register

Hausa 178 f., 214 f.
Havel, Václav 293
Hawaii 38 f.
Hawara 32
Hebräer 68 f.
Heiankyo s. Kyoto
Heidelberg 20
Heiliges Römisches Reich 142, 198–203, 209, 221, 226, 258
Heinrich I., deutscher König 159, 163
Heinrich II., römisch-deutscher Kaiser 199
Heinrich III., römisch-deutscher Kaiser 199
Heinrich IV., römisch-deutscher Kaiser 199
Heinrich V., römisch-deutscher Kaiser 199
Heinrich VI., römisch-deutscher Kaiser 181, 200
Heinrich VII., römisch-deutscher Kaiser 143, 226
Heinrich II., Herzog von Bayern 163
Heinrich I., Herzog von Sachsen 198
Heinrich der Löwe, Herzog von Sachsen und Bayern 200
Heinrich der Seefahrer 236
Helmand-Kultur 48
Helsinki 305
Hemba 217
Henan 62, 64
Hephthaliten 50
Herakleios, byzantinischer Kaiser 51
Herakleopolis 31 f.
Herder, Johann Gottfried von 270
Hereford 149
Herodot 71, 90. 110–112
Heruter 144
Herzegowina 293
Herzl, Theodor 284, 320
Hethiter 28, 33, 55–59, 70 f., 86
Heuneburg 97
Hilderich, Wandalenkönig 147
Hima s. BaHima
Himba 347
Himera 94
Himiko, Herrscherin von Yamatai 132
Hindenburg, Paul von 280, 296 f.
Hiroschima 258, 310
Hitler, Adolf 296 f., 299
Ho Chi Minh 127, 323
Hobbes, Thomas 250
Hohenberg, Sophie von 291
Hohenzollern 284
Hohokam-Kultur 78 f., 170
Hoi An 131
Holbein, Hans der Jüngere 229
Holland 237
Holländer 212, 235
Holy Island 151
Homer 61, 88, 110
Homo erectus 17, 20, 24, 40
Homo habilis 17, 20, 40
Homo präsapiens 17, 20
Homo rudolfensis 40
Homo sapiens 17
Homo sapiens neanderthalensis 17
Homo sapiens sapiens 17, 20, 24, 40
Honduras 136
Hongkong 273, 275, 348
Honorius, weströmischer Kaiser 109, 145
Hoover, Herbert 263
Hopewell-Kultur 79, 173
Hopi 79
Hormisd IV., sassanidischer König 50
Horthy, Nikolaus 293
Horus Aha, ägyptischer König 31
Hu, chinesischer Kaiser 120
Huari 73
Huascar, Inka-Herrscher 191, 193
Huaxteken 12, 76 f.
Huayna Capac, Inka-Herrscher 191
Hue 126 f.
Hugo Capet, westfränkischer König 159
Huitzilopochtli 224
Humayun, Großmogul 246
Hume, Regent von Kanem 178
Hunerich, Wandalenkönig der 147
Hunnen 63 f., 120 f., 124, 144 f., 152, 154, 206
Huntington, Samuel P. 334
Hus, Jan 201
Hussein, Saddam 328, 331
Hutu 217
Huvishka, indischer König 119
Hyksos 33, 70 f.

# I

Ibbi-Sin, sumerischer Herrscher 37
Ibn Sina s. Avicenna
Ibn Tulun 167
Ibrahim I., osmanischer Sultan 222
Ichikawa Danjuro 205
Ife 212
Igbo 212
Ijaw 212
Illahun 32
Illyrien 138
Ilorin 179
Imhotep 31
Indianer 262–264, 266 f.
Indien 22, 28, 44–46, 76, 86, 118 f., 125, 128, 130 f., 155, 168, 182, 220, 236, 238 f., 246–248, 272–274, 276 f., 283, 305–307, 322, 342 f., 348 f.
Indo-Aryas 45
Indochina 185, 237, 278 f., 306 f., 323
Indoeuropäer 60
Indo-Griechen 118 f.
Indonesien 38, 131, 248 f., 279, 305, 307, 322 f., 335
Indo-Parthen 118 f.
Indo-Skythen s. Shakas
Indrapura 131
Indraverman I., Herrscher von Champa 131
Induskultur s. Harappa-Kultur
Inka 13, 73, 125, 190–193
Innere Mongolei 208
Innozenz III., Papst 200
Innozenz IV., Papst 200
Internationaler Währungsfond 329, 331
Iona 148 f.
Irak 26, 46 f., 56 f., 167, 220, 245, 309, 328, 331
Iran, Persien 12, 22, 29, 35, 41, 48 f., 54, 57, 89, 91, 128 f., 166 f., 206, 176, 183, 209, 220, 331, 244 f., 335, 345
Irland 96 f., 148 f., 316 f., 337
Isaak 69
Isabella I., Königin von Kastilien 238 f.
Ischbi-Erra 37
Ischme-dagan 47
Isfahan 166, 244 f.
Isfendijar 219
Isin 37, 46 f.
Isla del Idolo 76
Ismail, Schah von Persien 244 f.
Israel 21, 40, 68–71, 304, 306, 309, 317, 320 f., 329 f.
Istanbul 138, 142, 219 f., 222 f. s. a. Konstantinopel
Italien 27, 96, 98 f., 102–106, 121, 125, 138 f., 142 f., 147, 152–154, 158–161, 177, 181 f., 199 f., 200, 202, 219, 226–229, 271, 280 f., 283, 286 f., 293 f., 297, 307, 309, 337
Italiker 99
Ithaka 61
Itj-taui 32
Iwan III., Großfürst von Moskau 195 f.
Iwan IV., der Schreckliche, Zar von Russland 196
Iwan V., Zar von Russland 196
Iwan Kalita, Großfürst von Moskau 195

# J

Jahangir, indischer Großmogul 246 f.
Jahdun-lim 47
Jakarta (Batavia) 248
Jakob 69
Jalisco 187
Japan 27, 125, 131–133, 154, 204–207, 231–233, 242, 249, 278 f., 282 f., 297, 304, 309, 318 f., 322, 349
Jaroslaw, Großfürst von Kiew 194
Jaschovarman I., König der Khmer 184
Jasmah-addu, amoritischer Herscher 47
Jauri 179
Jaurès, Jean 298
Java 20, 40, 184, 237, 249
Java-Mensch 40
Jayavarman II., König der Khmer 184
Jayavarman VII., König der Khmer 185
Jefferson, Thomas 263
Jekaterinburg 302
Jelzin, Boris 313, 332
Jericho 27, 69
Jerobeam, israelit. König 69
Jerusalem 34, 69, 139, 141, 199, 320 f.
Jerusalem (Königreich) 141
Jezdegerd III., sassanidischer König 51
Jhansi 276
Jiang Qing 315
Jiang Zemin 315
Jin 64, 165, 209
Jinnah, Quaide-Azam Mohammed Ali 307
Johann II., König von Portugal 236
Johann III., König von Portugal 237
Johannes, weströmischer Kaiser 109
Johannes XII., Papst 198
Johnson, Lyndon B. 310, 311
Jomon-Kultur 27
Jordanien 320, 321
Joseph II., römisch-deutscher Kaiser 203, 254 f.
Josua 68
Juda, Königreich 69
Juden 49, 199, 238, 257, 261, 284 f., 297, 306
Jugoslawien 218, 285, 293, 297, 328, 335, 339
Julian, römischer Kaiser 108
Julius Nepos, weströmischer Kaiser 109
Jungsteinzeit 25 f.
Justinian I., der Große, oströmischer Kaiser 110, 139, 147, 153
Jüten 150 f.
Jütland 96, 150

# K

Ka, ägyptischer König 31
Kadesch 34, 59
Kairo 30, 215
Kalabrien 181
Kalchu s. Nimrud
Kalibangan 45
Kalkutta 276
Kamakura 204
Kambodscha 184, 278, 335
Kambyses II., persischer König 49 f.
Kamerun 84 f.
Kaminaljuyu 75, 136
Kampanien 98
Kanaan 68–70
Kanada 180, 241, 260, 272–274, 282
Kanarische Inseln 236
Kanem 178 f.
Kanem-Bornu 178 f.
Kanheri 118
Kaniska I., indischer König 119
Kano 178 f.
Kanva, indische Dynastie 118
Kapetinger 159
Kapstadt 241, 248, 326
Kapverdische Inseln 236
Kara-indash, babylonischer König 56
Karasy 218
Karatschi 307
Karl I., der Große, König der Franken, Kaiser 135, 139, 141 f., 150, 157, 159, 161, 163

Karl II., der Kahle, westfränkischer König, Kaiser 159
Karl III., der Dicke, ostfränkischer König, Kaiser 159
Karl IV., römisch-deutscher Kaiser 201, 226
Karl V., römisch-deutscher Kaiser 182, 201 f., 245, 254
Karl VI., römisch-deutscher Kaiser 254 f.
Karl I., österreichischer Kaiser 292
Karl Martell 158
Karle 118
Karlmann, fränkischer König 158
Karlsruhe 251
Karnak 33
Karolinger 142, 156 f., 158 f., 198
Károlyi, Michael 292f
Karthago 29, 71, 94 f., 105 f., 146 f.
Kasachstan 333
Kasan 301
Kasch-Kasch 59
Kaschmir 307
Kaschta, Herrscher von Kusch 34
Kassiten 56
Kastilien 236, 238 f.
Katalonien 68
Katharina II., die Große, Zarin von Rußland 196 f.
Kato Zakros 42
Katsina 179
Kaunitz, Wenzel von 254
Kautilya 118
Kavan, Jan 338
Kazallu 46
Kebbi 179
Kelten, Gallier 86 f., 96 f., 99, 105, 112, 148–150
Kenia 16, 40, 177, 324
Kennedy, John F. 310 f.
Kenneth Mac Alpin, Skotenkönig 149
Kent 150
Kenyatta, Yomo 324
Kerenskij, Aleksandr 301
Kermadec-Inseln 39
Kerullarios, Michael 141
Kete 217
Ketschua s. Quetchua
Khai Dinh, vietnamesischer Kaiser 127
Kharridjiten 166
Khmer 184 f.
Khmer-Reiche 130
Khoi 327
Kiew 148, 180, 194 f.
Kiewer Rus 194 f.
Kilchberg 96
Kilwa 176
Kimber 144
Kimmerier 112
Kimon 90 f.
King, Martin Luther 311
Kirchenstaat 159, 221, 226, 286 f.
Kisch 46
Kisilbasch s. Aleviten
Kitan 165
Kitara 216
Kleisthenes 89, 101, 110
Kleopatra VII., ägyptische Königin 34 f.

Kleph, langobardischer König 160 f.
Klerk, Frederik de 326 f.
Knackfuss, Hermann 152
Knobelsdorf, Georg Wenzeslaus von 256
Knoblauch, Eduard 284
Knossos 42 f., 61
Knut der Große, dänischer König 151
Kobe 319
Koekkoek, Hermann Willem 194
Kolumbien 73, 192
Kolumbus, Christoph 125, 229, 236, 238–240, 282
Konferenz für Sicherheit und Zusammenarbeit 305
Kongo, Demokratische Republik 177, 210, 249, 325
Kongo (Ethnie) 84
Kongo (Königreich) 217, 264
Kongo (Kolonie) 248, 280
Königgrätz 288
Königsberg 257
Konrad I., deutscher König 159, 198
Konrad II., römisch-deutscher Kaiser 199
Konrad III., römisch-deutscher Kaiser 200
Konradiner 159
Konstantin I., der Große, römischer Kaiser 108, 135, 138 f., 146, 199
Konstantin V., byzantinischer Kaiser 141
Konstantinopel 114, 139–142, 180, 194 f., 218 f., 229 s. a. Istanbul
Konstanze, römisch-deutsche Kaiserin 181
Kopernikus, Nikolaus 229
Kopitar, Bartholomäus 271
Köprülü Mehmed Pascha 222
Korea 63, 164 f., 207, 209, 233, 278 f., 306, 322
Korinth 89, 93, 105
Kororofa 179
Korsika 95, 98, 145
Kos 93
Kösem Sultan, osmanische Sultanin 222
Kosovo 331
Kossuth, Franz 290
Kossygin, Alexej 313
Kostantin IX. Monomachos, byzantinischer Kaiser 141
Kot Diji 45
Kothingeichendorf 27
Kozhikode (Calicut) 236
Krakau 255
Kraus, Karl 289
Kraus, Martin 111
Kremer, Gerhard s. Mercator
Kresilas 113
Kreta 12, 28, 42 f., 61, 139
Kroatien 135, 290 f., 293, 339
Krogh, Christian 180
Krösus, König von Lydien 49
Krum, Chan der Bulgaren 135
KSZE s. Konferenz für Sicherheit und Zusammenarbeit
Ktesiphon 50
Kuba 263, 304
Kublai Chan, Mongolenherrscher 125, 182, 208

Kudur-maduk, Herrscher von Larsa 47
Kumasi 235
Kun, Béla 293
Kunimund, Gepidenkönig 161
Kurden 316
Kursk 333
Kusch s. Nubien
Kushana 118 f.
Kutschma, Leonid 333
Kuvrat, Herrscher des Großbulgarischen Reichs 135
Kyaxares, medischer König 49
Kymren 149
Kyoto (Heiankyo) 132 f., 204 f.
Kyros II., persischer König 49 f., 57
Kyushu 204

# L

L'Anseaux-Meadows 180
La Venta 74 f.
Labarnas, hethitischer König 59
Ladoga-See 180
Lagasch 28, 36 f.
Lalibela, äthiopischer Herrscher 129
Lalibela, Ort 129
Langobarden 139, 141, 144, 158, 160–162
Lapita-Leute 38
Larmessin, Nicolas III de 156
Larsa 46 f.
La-Tène-Kultur 96 f.
Latiner 102
Le Brun, Charles 251
Le Loi 126
Le Nain, Louis 252
Leipzig 307
Lenin 197, 300–303
Leo I., Papst 121
Leo III., Papst 159
Leo IX., Papst 141
Leon III., byzantinischer Kaiser 141
Leonardo da Vinci 226, 228 f.
Leopold I., römisch-deutscher Kaiser 254 f.
Leopold II., belgischer König 248 f., 280
Lettland 303, 332, 337–339
Leutermann, Heinrich 146
Levante 61, 70 f.
Liao 165
Libanon 70 f., 321
Liberia 265
Libius Severus, weströmischer Kaiser 109
Libyen 34, 50
Liegnitz 209
Lin Yi 131
Lincoln, Abraham 263
Lindisfarne 151
Linné, Carl von 18
Lissabon 236
Litauen 284, 303, 332, 337–339
Liudolfinger 159
Liutprand, langobardischer König 161
Livius 102
London 183, 189, 268, 272 f.
Longwy 299
López de Legazpi, Miguel 239

Lorenzetti, Ambrogio 226
Los Muertos 78 f.
Lothar I., Frankenkönig, Kaiser 159
Lothar III., von Supplinburg, römisch-deutscher Kaiser 200
Louisiana 173
Loyang 120
Luba 217
Lubumbashi 325
Lucius Aemilius Paullus 93
Lucy 16
Ludwig I., der Fromme, Frankenkönig, Kaiser 159
Ludwig II., der Deutsche, ostfränkischer König 159
Ludwig IV., der Bayer, römisch-deutscher Kaiser 201, 226
Ludwig XIV., französischer König 203, 250–254
Ludwigsburg 251
Lueger, Karl 289
Lugalzaggesi, Herrscher von Umma 36
Lukaschenko, Alexander 333
Lumumba, Patrice 325
Lunda 217
Luoyang 64
Luther, Martin 202, 229
Luxemburg 297, 337
Lwow, Georgij J. 300
Lysippos 91

# M

Macao 231
MacArthur, Douglas 318
Machiavelli, Niccolò 226, 229
Machu Picchu 190–193
Macquarie, Lachlan 268
Madagaskar 298
Madeira 236, 292
Madras 276, 342
Maginot, André 299
Magyaren 155, 162 f.
Magalhão, Fernão de 237
Mahavira Jina 29, 45
Mahmud II., osmanischer Sultan 222
Mähren (Volk) 163
Mähren 25, 134, 160, 290 f., 293
Mailand 143, 202, 226
Mainz 200
Majorian, weströmischer Kaiser 109
Makedonien 29, 135, 91 f.
Malakka 237, 248
Malaya 322
Malaysia 237, 279, 349
Malcolm III., König von Schottland 149
Malenkow, Georgij M. 312
Malgium 46
Mali (Reich) 124 f., 214 f.
Mali (Republik) 214 f.
Malia 42
Malinalco 225
Malta 283, 337
Mama Ocllo 190
Mamluken 220, 223
Manchester 324
Manching 97
Manco Cápac 190, 191
Mandela, Nelson 326 f.

Mandschu 230
Mandschurei 63
Manetho 30
Mannheim 251
Mansa Musa, Herrscher von Mali 214 f.
Mantua 226
Mantzikert 140
Manzanares 24
Mao Zedong 304, 314 f.
Maori 39
Marad 46
Marathon 50, 89 f.
Marburg 200
Marcus Aurelius, römischer Kaiser 107
Marduk-opal-iddina, König von Babylon 56
Mari 47
Maria Theresia, römisch-deutsche Kaiserin 202 f., 255
Maria von Burgund 202
Marius, Gaius 104, 107
Marokko 215, 283, 285
Marquesas-Inseln 38 f., 239
Marshall-Inseln 38
Martonyi, Janos 338
Marx, Karl 258
Masaryk, Tomásv Garrigue 293
Mauch, Karl 211
Mauren 147
Maurya 118 f.
Maximian, weströmischer Kaiser 108
Maximilian I., römisch-deutscher Kaiser 200 f.
Maya 13, 72 f., 76, 115, 117, 125, 136 f., 187
Mayerling 289
Mazarin 252
Mazedonien 339
Mazzini, Giuseppe 286
Mbeki, Thabo 327
McCarthy, Joseph 310
Means, Russel 267
Meder 48, 55
Medina 166
Megasthenes 118
Mehmed II. Fatih, der Eroberer, osmanischer Sultan 141, 219
Mehmed IV., osmanischer Sultan 222
Mehrgarh 45
Mekka 166, 214 f.
Melanesien 38 f.
Melbourne 268
Memphis, Ägypten 31, 33
Memphis, USA 311
Mendaña, Álvaro de 239
Mendelssohn, Moses 284
Menes, ägyptischer König 30 f.
Mentuhotep II., ägyptischer König 32
Mercator 229
Mercien 150
Merenptah, ägyptischer König 34
Merkiten 209
Meroë 82 f., 86, 128 f.
Merowinger 142, 156–158
Mesa Verde 170
Mesara-Ebene 42
Mesopotamien 28, 36 f., 46–48, 50, 54–57, 59, 68, 70 f.
Messenien 91
Metternich, Klemens Wenzel Fürst von 255, 271

Metz 158
Mexic'a 224
Mexiko 27, 72, 74–76, 114–116, 136 f., 187–189, 224 f., 303, 317, 349
Mexiko-Stadt 114, 186, 224
Meytens, Martin van 202
Miccosukee 267
Michael, Zar von Russland 300
Michail Fjodorowitsch, Zar von Russland 196
Michael VIII. Palaiologos, byzantinischer Kaiser 141
Michelangelo 226, 228 f.
Michoacán 187
Mikon 90
Mikronesien 38 f.
Millenium Man 16
Milošević, Slobodan 328, 339
Miltiades 90
Minamoto no Yoritomo 204
Ming Huang (Xuangzong), Kaiser von China 165
Ming 230–232
Minnesota 79
minoische Kultur 28, 42 f., 61
Minuit, Peter 248
Mirrar-Aborigenes 347
Mississippi-Kultur 172 f.
Mitanni 33, 54, 57, 59
Mitla 117
Mittlere Steinzeit 24
Mixteken 188 f.
Moawija, Kalif 166
Moche-Kultur 73, 122 f.
Modena 227
Mogadischu 176
Moguln 246 f.
Mohács 220
Mohammed 140, 166, 169, 223
Mohenjo-Daro 44 f.
Moldawien 332, 339
Molotow, Wjatscheslaw 302, 312
Molukken 237
Mongolei 120, 125, 165, 167, 195 f., 208 f., 218, 223, 230 f., 244
Monomotapa 210 f.
Monte Albán 73, 188 f.
Monte Verde 72
Montenegro 293
Monza 160
Mosambik 176 f., 211
Moses 68
Mösien s. Bulgarien
Moskau 195, 300, 332
Mossi 214
Motecuzoma II. Xocoyotzin, aztekischer Herrscher 225
Moundbuilder 79
Mountbatten, Lord Louis 307
Mukombwe, Herrscher von Monomotapa 211
Mumbai s. Bombay
Mummius 105
München 251
Munda 45
Murad I., osmanischer Sultan 218
Murad IV., osmanischer Sultan 222
Murasaki Shikibu 132
Mursili I., hethitischer König 59
Mursili II., hethitischer König 59

Mussolini, Benito 287
Mustafa, osmanischer Prinz 221
Mutapa s. Monomotapa
Muwatalli, Hethiterkönig 59
My Son 130 f.
Myanmar 78
Mykene 12, 28, 60 f., 88
Mykener 43, 52
Mykerinos, ägyptischer König 31

# N

Nabonid, babylonischer König 57
Nabopolassar, babylonischer König 57
Nadir Shah 247
NAFTA 330, 341
Nagasaki 258, 310, 318
Nairobi 308
Nakasone Yasuhiro 319
Nal 45
Nam Viet 126
Namazga 48
Namibia 325, 347
Nanda 118
Nanking (Nanjing) 230–232
Napata 35, 83
Napoleon I., Kaiser der Franzosen 13, 203, 223, 248 f., 253, 255, 257 f., 272
Napoleon III., Kaiser der Franzosen 286 f., 298
Nara 132 f.
Naram-Sin, akkadischer König 46
Narmer, ägyptischer König 31
Narseh, sassanidischer König 50
Narses 139
Nasik 118
Nasmyth, James 273
Natchez 173
NATO 293, 304, 328, 330, 338 f., 341
Navajo 78 f., 170 f., 267
Navarino s. Pylos
Naxos 43
Nazca-Kultur 73, 80 f.
Ndebele 327
Neandertaler 17, 20, 24
Neapel 202
Neapel (Königreich) 226, 239
Nebukadnezar I., babylonischer König 57
Nebukadnezar II., babylonischer König 57, 69
Negade-Kultur 30
Nehru, Jawaharlal 322
Nero, römischer Kaiser 93, 106
Neu Delhi 322, 343
Neuguinea 38 f., 239, 279
Neuseeland 38 f., 240, 272, 274
Neuspanien 239
Neustrien 158
New York 248, 260 f., 284, 308, 331, 349
Ngo Dinh Diem 127
Nicäa 141, 145, 218
Niederlande 202, 239–241, 248–250, 255, 282 f., 297, 307, 322, 337
Niederländisch-Guayana s. Surinam

Niger (Republik) 179
Nigeria 84 f., 179, 212 f.
Nikephoros I., byzantinischer Kaiser 135
Nikolaus I., Zar von Russland 197, 271
Nikolaus II., Zar von Russland 196 f., 300
Nikolaus V., Papst 238
Nikomedia 218
Nimrud (Kalchu) 55
Ninive 49, 54 f., 57
Nintoku 132
Nippur 47
Nixon, Richard 311, 319
Nkrumah, Kwame 324
Nok-Kultur 84 f.
Nonoalcas 186
Nordkorea 306, 309, 331
Noricum 153
Normannen 150 f., 180 f.
Northumbrien 150
Norwegen 151, 180, 297, 347
Nowgorod 180, 194
Nubien, Kusch 31–34, 50, 82 f., 128
Numidien 146 f.
Numidier 95
Nupe 179

# O

OAU s. Organization of African Unity
Oaxaca 73, 116 f., 123, 188
Oc Eo 130
Octavian s. Augustus
Oda Nobunaga 205
Odessa 197
Odoaker, germanischer Heerkönig, König von Italien 109, 142, 153
Oerlighausen 144
Offa, König von Mercien 149
Oglala-Sioux 267
Ogullary 219
Oiraten 230 f.
Oleg, Großfürst von Kiew 194
Olga, Regentin von Kiew 94
Olmeken 12, 29, 73–75
Olybrius, weströmischer Kaiser 109
Olympia 88
Omajjaden 166 f., 169
Oman 46
Omar, Kalif 166
Ontario 79
Orcomenos 61
Organisation für Sicherheit und Zusammenarbeit in Europa 341
Organization of African Unity 325
Orhan, osmanischer Herrscher 218
Osaka 132, 205, 319
Oseberg 180
Osman I. Ghasi, osmanischer Herrscher 141, 218
Osmanisches Reich 13, 139, 141, 196 f., 218–223, 244 f., 254 f., 270 f., 285, 287, 289, 291
Osroes, parthischer König 50
Osterinsel 38 f.
Osterode 86

# Register

Österreich 221, 223, 239, 254–256, 258, 271, 287–291, 292–295, 297, 337
Österreich-Ungarn 13, 223, 254 f., 288–291, 294, 317
Ostfränkisches Reich 199
Ostgoten 120, 152 f.
Ostgotenreich 142, 144
Oströmisches Reich 109, 121, 135, 138 f., 145, 156, 160, 162   s. a. Byzantinisches Reich
OSZE s. Organisation für Sicherheit und Zusammenarbeit in Europa
Othman, Kalif 166
Otto I., der Große, römisch-deutscher Kaiser 142, 163, 198 f.
Otto III., römisch-deutscher Kaiser 198
Otto IV., römisch-deutscher Kaiser 200
Oxford 61
Ozeanien 28, 38 f., 242

## P

Pachacutec Yupanqui, Inka-Herrscher 190 f.
Pachuca 186
Padibastet II., ägyptischer König 34
Pai 78
Pakistan 44, 283, 306 f., 322, 344 f., 349
Palacký, František 271, 290 f.
Paläoindianer 78
Palästina 26, 32, 34, 55, 70, 284 f., 309, 320 f., 329 f.
Palästinensische Befreiungsorganisation 321
Palenque 136
Palladius 148
Palmyra 154
Pannonien 60, 138, 146, 156
Päonien 91
Papago 79
Papen, Franz von 296
Paracas 80
Paracas-Kultur 73
Paris 33, 61, 157 f., 197, 298 f., 308
Parma 227
Parthamaspes, parthischer König 50
Parther 50 f., 57, 206
Pasternak, Boris 312 f.
Patten, Chris 275
Pausanias 61
Pavia 160 f.
Paxton, Sir Joseph 273
Pedi 327
Peisistratos 89, 101
Peking 40, 125, 165, 209, 230, 232, 314 f., 342
Peking-Mensch 40
Pemba 177
Pembrokeshire 149
Pepi II., ägyptischer König 30
Pergamenisches Reich 92
Pergamon 92 f.
Perikles 90, 101
Persepolis 48–50
Perseus, König von Makedonien 93
Persien s. Iran
Peru 80, 122 f., 190–192, 239, 346
Peshawar 344
Pétain, Philippe 298 f.
Peter I., Zar von Russland 196
Petrarca, Francesco 228
Petronius Maximus, weströmischer Kaiser 109
Petschenegen 163, 180
Phaistos 42
Phidias 90
Philipp II., König von Makedonien 91
Philipp V., König von Makedonien 93
Philipp II., König von Spanien 202
Philipp IV., König von Spanien 250
Philipp V., König von Spanien 239
Philipp von Schwaben, deutscher König 200
Philippinen 38, 322
Philister 68
Phillip, Arthur 268
Phönizien 32, 70 f., 94 f., 110
Pieck, Wilhelm 306
Pije, Herrscher von Kusch 34
Pima 78 f.
Pippin II., der Mittlere, Frankenkönig 158
Pippin III., der Jüngere, Frankenkönig 158, 161
Pi-Ramesse 34
Pirna 251
Pithecanthropus 20
Pitom 68
Pizarro, Francisco 125, 191, 193
Plataiai 89
Platon 91, 100 f., 110, 229
Plechanow, Georgij 300 f.
Pliska 135
PLO s. Palästinensische Befreiungsorganisation
Plymouth 241
Pobedonoszew, Konstantin 197
Poincaré, Raymond 298
Poitiers 158
Polen 134, 197, 209, 240, 259, 271, 284 f., 293, 297, 303, 309, 312, 337, 338 f.
Polo, Marco 125, 182
Polybios 101
Polygnot 90
Polyklet 90
Polynesien 38 f.
Pomoraner 134
Pompeius 107
Port Jackson 268
Portugal 125, 177, 204, 207, 211–213, 217, 231, 234, 236–238, 248, 265, 280–282, 307, 322, 337
Postumus, römischer Gegenkaiser 109
Potsdam 256
Prag 182, 201, 290 f.
Prasenajit, König von Kosala 45
Praxiteles 91
Pressburg 254
Preußen 203, 255, 287, 256 f., 294
Princip, Gavrilo 291
Prokopios 134
Protagoras 110
Psammetich I., ägyptischer König 35
Psusennes, ägyptischer König 34
Ptolemäer 35
Ptolemaios I. Soter, ägyptischer König 35
Ptolemäus 150, 169
Pueblo (Indianer) 78 f., 171
Pueblo Bonito 171
Pugatschow, Jemeljan 197
Punier 71, 95
Punjab 45
Puschkin, Alexander 271
Putin, Wladimir 333
Pylos (Navarino) 61, 270
Pyrrhos, König von Epiros 93

## Q

Qin Shihuangdi, Kaiser von China 28, 67
Qin 28, 62–64
Qing 230–233
Qingdao 278
Qollasuyu 191
Quaden 147
Quetchua 346
Quetta 45
Quito 192

## R

Rabin, Izhak 321
Raffael 226, 229
Raivavae 38
Rajasthan 45, 246
Rajic, Jovan 271
Rajputen 246 f.
Raleigh, Sir Walter 240
Ramses (Stadt) 68
Ramses I., ägyptischer König 34
Ramses II., ägyptischer König 34, 59, 68, 70 f.
Ramses III., ägyptischer König 34
Rano 179
Rastatt 251
Rätien 153
Rauch, Christian Daniel 256
Ravenna 140, 153, 160 f.
Reagan, Ronald 311, 330
Recesvinto, westgotischer König 153
Regensburg 203
Rehabeam, israelitischer König 69
Reiche, Maria 81
Reichenau 198 f.
Reims 158
Remigius von Reims 156
Remojadas 117
Renner, Karl 292
Repgow, Eike von 201
Revett, Nicholas 111
Rhodes, Cecil 211, 274
Rhodesien s. Simbabwe
Rhodos 92
Ribbentrop, Joachim von 302
Ricci, Matteo 233
Richelieu, Armand-Jean du Plessis 252
Riebeek, Jan van 241
Rim-sin, Herrscher von Larsa 47
Rjasan 195
Roluos 184
Rom 146 f., 159, 226, 287
Romanow, Fjodor 196
Romanowna, Anastasia 196
Römer 35, 71, 87, 93, 98 f., 110, 120 f., 139, 152, 206
Römisches Reich 12, 29, 50, 93, 95 f., 100, 102–110, 114, 119 f., 124, 128, 130, 138 f., 142, 144 f., 148, 152–155, 160, 162, 182 f., 219
Romulus Augustulus, weströmischer Kaiser 109, 142
Roosevelt, Franklin D. 263, 309, 322
Roosevelt, Theodore 263
Rosamunde, langobardische Königin 161
Rosselli, Francesco 228
Roter Halbmond 341
Rotes Kreuz 341
Rothari, langobardischer König 161
Roxaline, osmanische Sultanin 221
Ruanda 216 f., 335
Rubens 201
Rudolf I., römisch-deutscher Kaiser 200
Rudolf., Erzherzog von Österreich 289
Ruga, hunnischer Großkönig 121
Rumänien 285, 290, 293, 303, 337
Rurik 194
Rurikiden 180
Russland 120, 180, 194–197, 203, 209, 223, 231, 233, 242, 255, 262, 270 f., 278, 283, 286, 291, 295, 297 f., 300, 308 f., 317, 330–333, 335, 337, 339, 341, 347
Rüstem Pascha 221

## S

Sacharow, Andrej 312 f.
Sachsen 142, 144, 150 f., 198 f.
Sacsayhuaman 190
Sadat, Anwar As 320
Safarvik, Pavel Jozef 271
Safawiden 221, 244 f.
Sahagún, Bernardino de 224
Saigon 126 f.
Saint-Denis 142
Saint-Germain 292
Saint Louis 172
Sakkara 30 f.
Salamis 50, 89
Salier 156, 198 f.
Salitis, ägyptischer König 33
Salmanassar I., assyrischer König 55
Salmanassar III., assyrischer König 55
Salomo, israelitischer König 69
Salomonen-Inseln 38 f., 239
Saluvier 87
Samana Cay 240
Samaria 69
Sambia 210

REGISTER

Sámi 347
Samoa 38
Samsu-iluna, babylonischer König 56 f.
Samudragupta, indischer König 119
Samuel 68
San Francisco 308 f.
San José Mogote 116
San Lorenzo 74 f.
San Luis Potosí 76
San Pietro Stabio 158
San Salvador (Guanahaní) 240
San-Agustín-Kultur 73
Sanatrukes I., parthischer König 50
Sanherib, assyrischer König 55, 57
Sankt Gallen 199
Sankt Petersburg 196 f., 300–302
Sansibar 85, 176
Sarai 195
Sarajevo 291, 295
Sarazenen 181
Sardinien 95, 98, 145
Sardinien, Königreich 227, 239, 286 f.
Sargon der Große, akkadischer Herrscher 36
Sargon II., assyrischer König 55
Sarmaten 112, 145, 206
Saruchan 219
Sassaniden 48, 50 f., 57, 109, 121, 124, 139
Satavahana 118 f.
Saul, israelitischer König 68
Sayyid Said bin, Sultan von Maskat 177
Schabako, ägyptisch-kuschitischer König 34
Schall, Johann Adam 233
Schammuramat, assyrische Königin 55
Schamschiadad I., assyrischer König 46 f., 54
Schamschiadad V., assyrischer König 55
Schanghai 278, 314, 342
Schapur I., sassanidischer König 50
Schapur II., sassanidischer König 50
Schebitko, ägyptisch-kuschitischer König 34
Scheschonk I., ägyptischer König 34
Schiiten 166, 168, 221
Schiller, Friedrich 111
Schleicher, Kurt von 296 f.
Schlesien 146, 290 f., 293
Schliemann, Heinrich 60 f.
Schneerson, Menachem 320
Schottland 96, 149, 151
Schulgi, sumerischer Herrscher 36, 37
Schuman, Robert 336 f.
Schu-Su'en, sumerischer Herrscher 37
Schwarz, Matthäus 182
Schweden 96, 180, 196 f., 347
Schweiz 309
Scipio, Publius Cornelius der Ältere 95
Scott, Samuel 183
Seattle 340

Sedan 298
Seevölker 34, 55, 59, 71, 86
Sefuwa-Dynastie 178
Seldschuken 140, 166 f., 199, 218
Seleukiden 47, 50, 57
Seleukidenreich 93
Selim I. Yavuz, der Gestrenge, osmanischer Sultan 220 f., 223, 245
Senegal 324
Senghor, Léopold 324
Senigallia 227
Serben 135
Serbien 291, 293, 328, 339
Sethos I., ägyptischer König 34, 70 f.
Sevilla 238
Shah Jahan, indischer Großmogul 246 f.
Shahr-i-Sochta 48
Shakas (Indo-Skythen) 118 f.
Shang, 12, 62 f., 65
Sharpeville 326
Sher Shah 246
Shona 210 f.
Shu 64
Shunga 118
Sibirien 73, 78, 113, 208
Sichem 69
Sidon 71
Siebenbürgen 290
Siena 189, 226
Sienpi 120
Sierra Leone 236, 265, 308
Sigismund, römisch-deutscher Kaiser 201
Sikyon 91
Silingen 146 f.
Silvester II., Papst 162 f.
Simbabwe (Rhodesien) 85, 210 f., 274 f., 307, 325
Sinan 220
Sinanthropus 20
Sind 45
Singapur 279, 322
Singhapura 131
Sinjawski, Andrej D. 313
Sinop 223
Sistan 48
Sivas 221
Sizilien 61, 95, 181, 226, 239, 286 f.
Skandagupta, indischer König 119
Skorpion, ägyptischer König 31
Skoten 148, 149
Skreta, Karel 134
Skythen 112 f., 206
Slawen 139, 134 f., 155, 162, 271
Slowakei 293, 337, 339
Slowenen 135
Slowenien 293, 337, 339
Snaketown 78 f.
Soames, Lord 325
Sofia 135
Soissons 156, 158
Sokrates 91, 110
Solferino 287
Solon 88 f., 100
Solschenizyn, Alexander 313
Somalia 176 f., 286 f., 330, 335
Song 164 f., 209
Songe 217
Songhai 179, 214 f.

Sonni Ali, Herrscher von Songhai 214
Sophia, russische Regentin 196
Sophokles 90, 110
Soranzo, Jacop 220
Sorben 134, 317
Sotho 327
Soto, Hernán de 173
Soweto 326
Sowjetunion 258, 270, 299, 306 f., 312 f., 318, 328, 337 f., 344
Spanien 25, 52, 61, 71, 73, 60, 80, 95 f., 106, 125, 128, 138, 145–147, 152–154, 167 f., 186, 188, 190, 202, 221, 226, 231, 236–241, 263, 280, 282, 284, 307, 335–337
Sparta 88, 90 f.
Spon, Jacob 111
Sri Lanka 237, 248, 274
Stalin, Josef 301–303, 312
Stalingrad 297
Staraja Ladoga (Aldjuborg) 180
Staufer 143, 181, 200, 226
Stefanovic Karadzic, Vuk 271
Stein, Karl Reichsfreiherr vom und zum 257
Steinzeit 24 f.
Stephan I., König von Ungarn 162 f.
Stephan II., Papst 157, 161
Stilicho 147
Stilicho, westgotischer Prinz 153
Straßburg 143
Strathclyde 149
Stresemann, Gustav 296–299
Stuyvesant, Pieter 248
Südafrika 240, 274,
Südafrika (Republik) 324–327, 329
Sudan 30, 82 f., 216, 298, 335
Südkorea 306, 309
Sui 65, 164
Sukarno 322 f.
Süleiman II. Kanuni, osmanischer Sultan 220 f.
Sulla, Lucius Cornelius 107
Sumatra 249
Sumerer 22, 36 f., 46
Sumu-abum, babylonischer Herrscher 47
Sunjata, Herrscher von Mali 214
Sunniten 166, 168, 221, 223
Suppiluliuma I., hethitischer König 59
Suppiluliuma II., hethitischer König 59
Surinam (Niederländisch-Guayana) 248 f.
Suryavarman II., König der Khmer 185
Susa 41, 50
Swahili 84, 124, 176 f., 217
Swatopuluk, König des Großmährischen Reichs 134
Swazi 327
Sweben 144 f., 147
Swjatopolk, Großfürst von Kiew 194
Swjatoslaw, Großfürst von Kiew 194
Syagrius 156, 158
Sydney 268

Syrien 22, 26, 32–34, 47, 50, 57, 59, 70 f., 92, 138, 141, 154, 166 f., 320 f.
Szigetvár 220

# T

Taaffe, Graf Eduard 289
Tabasco 74
Tacitus 150
Tadschikistan 332 f.
Taft, William Howard 263
Taharka, ägyptisch-kuschitischer König 35
Taharqo, ägyptischer König 82 f.
Tahiriden 166 f.
Tahiti 38
Taiwan 233, 314, 322, 349
Taj Mahal 247
Takedda 179
Taliban 331
Tall-i-Mallyan 48
Tamaulipas 76
Tambotoco 190, 193
Tampico 76
Tamuín 76, 77
Tanaka Kaku'ei 319
Tang 126, 164 f.
Tanganjika 177
Tanguten 165
Tanis 34
Tansania 40, 216
Tanutamun, ägyptisch-kuschitischer König 35
Tarquinia 99
Tarquinii 102
Tarquinius Superbus, römischer König 99, 102
Tataren 109
Tawantinsuyu 190, 192
Tecohtitlán 224 f.
Tefnachte, ägyptischer König 34
Teheran 311
Tell Asmar s. Eschnunna
Tenochtitlán 72
Teotihuacán 73, 114 f., 117, 186, 188
Tepaneken 224
Tersingen 152
Tertry 158
Teshik Tash 20
Tetzcoco 224
Teutonen 144
Thailand 130, 185, 279, 322
Thales 88
Than Long s. Hanoi
Thatcher, Margaret 307
Theben 32–34, 61, 91
Themistokles 91
Theoderich der Große, ostgotischer König 142, 145, 147, 152, 153, 156, 159
Theodolinde, langobardische Königin 160 f.
Theodora, byzantinische Kaiserin 140
Theodosius I., der Große, römischer Kaiser 109 f., 121, 138, 145, 152
Thessalien 91
Thessaloniki 135
Theuderich IV., Frankenkönig 158
Thrakien 91

# Register

Thrasamund, Wandalenkönig 147
Thrasyboulos 90
Thukydides 90, 100 f., 110
Thüringen 158
Thüringerreich 156, 158
Tiberius, römischer Kaiser 106
Tibet 22, 231 f.
Tierras Largas 116
Tiglatpileser I., assyrischer König 55
Tiglatpileser III., assyrischer König 55, 57
Tigris 37
Tikal 72, 115
Timbuktu 214 f.
Tiryns 61
Tisza, István 290
Tito, Josip
Titus, römischer Kaiser 106
Titus Quinctius Flaminius 93
Tiwanaku 73
Tizian 201, 229
Tlacozotitlan 75
Tlatelolco 225
Tlopacan 224
Tokio (Edo) 205, 212, 318 f.
Tokugawa Ieyasu 205
Tokugawa Yoshinobu 205
Tokugawa 205
Toledo 152
Tollán s. Tula
Tolosanisches Reich 152, 156
Tolteken 73, 186 f., 224
Tolteken-Chichimeken 186
Tonga 38
Tonking 298
Torres, Luis Váez de 239
Toskana, Großherzogtum 226 f.
Toulouse 152
Tours 158
Toyotomi Hideyoshi 205
Trajan, römischer Kaiser 50, 106, 109
Transleithanien 289
Trecas s. Troyes
Tres Zapotes 75
Trier 142
Troja 60, 156
Trotzkij, Leo 300–302
Troyes (Trecas) 121
Trujillo 122
Truman, Harry S. 311
Tschechen 163
Tschechische Republik 25, 293, 337, 338 f.
Tschechische und Slowakische Föderative Republik 338
Tschechoslowakei 293, 297, 304, 338
Tschernenko, Konstantin 313
Tschetschenien 317, 333
Tschiang Kaischek 314
Tschingis Chan, Mongolenherrscher 125, 208 f.
Tschurtschen 165
Tsonga-Shanana 327
Tswana 327
Tuareg 179, 214 f.
Tübingen 96
Tubu 179
Tukulti-Ninurta I., assyrischer König 55, 57
Tula Chica 186
Tula Grande 186
Tula (Tollán) 73, 186 f., 224
Tuluniden 167
Tunesien 71, 106, 283, 285, 287, 298
Tungusen 208
Tunis 94
Tupac Inca Yupanqui, Inka-Herrscher 191
Turgenjew, Iwan 197
Türkei 22, 26 f., 58 f., 92, 218f f., 245, 285, 337
Türken 125, 202 f.
Turkestan 50, 209, 231
Turkmenen 244
Turkmenistan 52
Tutanchamun, ägyptischer König 33 f., 86 f.
Tutsi 217
Tutu, Desmond 327
Twer 195
Tyros 71, 94
Tyrrhener 98

## U

UdSSR s. Union der Sozialistischen Sowjetrepubliken
Uganda 177, 216
Ugarit 71
Uiguren 209
Ukraine 134, 303, 332 f., 338 f.
Uljanow, Alexander 301
Ulrich, Bischof von Augsburg 163
Ulster 148 f.
Umma 36
UNESCO 81, 191
Ungarn 154, 162 f., 206, 220, 222, 288–290, 292 f., 304, 312, 337–339
Union der Sozialistischen Sowjetrepubliken 13, 242, 293, 300–303, 310 f., 317, 330, 332 f.
UNO s. Vereinte Nationen
Ur 28, 36 f., 46–48, 56
Urartäer 55
Urban II., Papst 141
Urnammu, Herrscher von Sumer 37
Urnenfelderkultur 96
Uruk 28, 37, 46 f.
USA s. Vereinigte Staaten von Amerika
Utagawa Kunisada 205
Utica 71
Utuchengal, Herrscher von Uruk 37

## V

Valentinian I., römischer Kaiser 108
Valentinian III., weströmischer Kaiser 109, 147
Valerian, römischer Kaiser 50
Van 220
Vanuatu 38
Vasari, Georgio 228
Vasudeva I., ind. König 119
Vatikan 287
Vedische Kultur 12, 28
Védrine, Hubert 331
Velázquez, Diego 250
Venda 327
Venedig 111, 141, 221, 226 f., 286
Ventris, Michael 61
Veracruz 74, 76, 117
Verbiest, Ferdinand 233
Verdun 295, 299
Vereinigte Staaten von Amerika 12 f., 29, 76, 78 f., 127, 258, 260–267, 278, 280, 282 f., 293, 295, 297, 304–306, 308 f., 318 f., 322 f., 324, 328, 330 f., 334 f., 345–349
Vereinte Nationen 304, 308 f., 317, 328, 331, 346
Verhaghen, Pierre Joseph 163
Verona 226
Versailles 250, 294
Versier 52
Verus, römischer Mitregent 107
Vespasian, römischer Kaiser 106
Vetsera, Mary Baronin 289
Vichy 299
Vietnam 126 f., 130 f., 164, 230, 278, 304, 306, 310 f., 322 f.
Vijaya 131
Viktor Emanuel II., italienischer König 286
Viktoria, britische Königin 272 f., 282
Villanova-Kultur 98
Virkso 145
Völkerbund 297, 317
Völkerwanderung 29, 206
Volsker 104

## W

Walata 214
Wales 96, 149
Wallia, westgotischer König 147, 152
Wandalen 109, 124, 142, 144–147
Wang Mang, chinesischer Kaiser 67
Wanhei 315
Warad-sin, Herrscher von Larsa 47
Waräger 180 f.
Warschauer Pakt 304, 339
Washington 260, 263, 266, 293, 311, 330 f.
Washington, George 260, 263
Wei 64, 66
Weißrussen 134
Weißrussland 303, 333, 338 f.
Weltbank 329, 341
Welthandelsorganisation (WTO) 331, 340 f.
Wessex 150
Westgermanen 150
Westgoten 121, 152 f., 157
Westliche Kshatrapa 119
Weströmisches Reich 109, 121, 138, 145, 147, 156, 206
Wheler, George 111
Wien 189, 202 f., 220, 222, 254 f., 285, 308
Wikinger 148 f., 151, 180 f., 206
Wilhelm I., deutscher Kaiser 257, 294
Wilhelm II., deutscher Kaiser 257, 279, 289, 294–296
Wilhelm I., der Eroberer, König von England 149–151, 180 f.
Wilkie, Sir David 272
Wilson, Woodrow 263
Windhuk 325
Wittenberg 202
Wladimir, Stadt 195
Wladimir I., Großfürst von Kiew 194 f.
Wolgograd 195
Wolynien 195
Worms 200
WTO s. Welthandelsorganisation
Wu 64
Wuhan 314
Wulfila 152
Würzburg 251
Wushi 315
Wuxi 165

## X

Xerxes I., persischer König 50, 89, 91
Xhosa 84, 327
Xia 62
Xiongnu s. Hunnen
Xixia 165
Xochicalco 117
Xuangzong, Kaiser von China s. Ming Huang

## Y

Yamatai 132
Yang-Shao-Kultur 27
Yanomami 347
Yaxhá 115
Yoruba 212
Yucatán 187
Yünnan 184

## Z

Zabaya, Herrscher von Larsa 47
Zama 95
Zamfara 179
Zapoteken 115–117, 123
Zaria 179
Zenobia, römischer Gegenkaiser 109
Zenon, oströmischer Kaiser 93, 153
Zhenla 130 f.
Zhokoudian 20
Zhou 62 f.
Zimbabwe 210 f.
Zionismus 285
Zisleithanien 289
Zita von Bourbon-Parma 292
Zülpich 156
Zulu 274, 327
Zypern 139, 283, 337

## ABBILDUNGSNACHWEIS

Agence photographique Réunion des Musées Nationaux, Paris: 99 o.; Agentur für Bild und Text, Freiburg: 130/Gruschke, 131/Gruschke; Alinari, Florenz: 88 l., 111 r.; American Museum of Natural History, New York: 193 u.; ANP, Amsterdam: 308 u.; Archäologisches Freilichtmuseum Oerlinghausen e.V., Oerlinghausen: 144; Archiv für Kunst und Geschichte, Berlin: 14/15, 22 o., 27 u.r., 31 o., 36 u., 46 r., 47, 48 o.r., 50, 51 l., 52 o.r., 57 l., 60 u., 68 o.l., 68 o.r., 69 o., 69 u., 70 l., 71 u., 74, 75 o., 78, 86 u., 88 r., 90 o., 90 u., 91 o., 91 u., 93 u.l., 93 u.r., 96 o., 96 u., 99 u.l., 104 o., 104 u., 105 o., 105 u., 106 o.r., 108 o., 110, 114, 120 o., 120 u., 121 u., 122 o., 122 u.r., 123 r., 134, 146, 147 r., 148 l., 148 r., 149 o., 150 l., 151, 152 u., 154 o., 155 u., 156 o., 159 u., 171 o., 172 r., 173 o., 180 o.r., 184 l., 185 r., 194 l., 194 r., 195, 196 o., 198 u., 201 o.r., 202 o., 204, 218 o., 218 u., 220 u., 222 l., 223 u., 224 r., 225 l.o., 228 u., 229 o., 236 o.r., 238 o., 239, 240 o., 247, 248 o., 249 u., 251 o., 254 l., 254 r., 256 l., 257 l.u., 270, 271 l., 272 o., 273 o., 282 o., 284 l., 285, 288 o., 294 u., 296 o., 298 o.r., 306 o.; Associated Press GmbH, Frankfurt: 317 l./Nikishin, 328/329/Lipchitz, 340 u./Lipchitz, 342 u./Baker, 344 o./Bangash; B & U Beeldbank & Uitgeefprojekten, Diemen: 343 u.; Bayer. Staatsbibliothek, München: 137 r.; Biblioteca Apostolica Vaticana, Citta del Vaticano: 98 o., 135; Bibliotheque de l'Arsenal, Paris: 140 u.; Bibliotheque Nationale de France, Paris: 142 o., 143 l.; Bildarchiv Foto Marburg, Marburg: 92 o., 255 o.; Bildarchiv Preußischer Kulturbesitz, Berlin: 25 u., 28/29, 30 u.r., 32 u., 33 u., 42 o., 51 r., 56, 64 o., 106 o.l., 121 o., 145 l., 145 r., 158 u.r., 163 o., 198 o., 200 o., 208 l., 213 o., 217, 232 o., 246 u.r., 253, 258/259, 264 u., 271 r., 276 r., 286 r.; Prof. Dr. Günter Bräuer, Heidmühlen: 16 o.l., 16 o.r., 17 u.r., 40 o.l.; Bridgeman Art Library Ltd., London: 205 r., 233 o., 278 l.; British Museum, London: 37 u., 64 r., 188 o., 234 o.; Bundesarchiv, Koblenz: 314 o.; Cedri, Paris: 119 o.; Chester Beatty Library and Gallery of Oriental Art, Dublin: 169 r., 246 u.l.; Christoph & Friends, Essen: 176/Stark, 242 o./Bolesch, 316 l., 341 u./Christoph, 342 o./Sobolik, 343 o., 345 l./Müller; Cleveland Museum of Art, Cleveland: 65 u.r.; Bruce Coleman Coll., Uxbridge: 154 u.; Comet Photoshopping GmbH, Zürich: 179; Corbis GmbH, Düsseldorf: 63 u.l./Asian Art & Archaeology, 84 r./Osborne, 116 o./Houser; Corbis-Bettmann, New York: 43 u., 67, 249 o., 260 r.o., 262, 263 l., 275, 276 o., 278 r., 284 l.o., 298 u.r., 300 o., 301 o., 303 o., 307 o., 312 o., 314 o., 319 o., 320 o.l., 325 o., 337 o., 349 – AFP: 330 o. – Reuters: 292 o., 311 o., 313 o., 320 o.r., 320 u., 321, 325 u., 326 l., 327, 330 u. – UPI: 127 r., 290 o., 291 o., 292 o., 293 o., 299 l., 302, 303 o., 307 o., 309, 310 l., 312 l., 315 o., 322 r., 325 M.; Deutsches Archäolog. Inst., Rom: 34 o.; DIZ München GmbH, München: 287 u., 300 u., 326 r.; Document Vortragsring e.V., München – Blasy: 87 – Hey: 225 l.u. – Kremnitz: 190 u. – Matthäi-Latocha: 72 u., 73 o., 346 o. – Offermann: 92 u. – Rieber: 175 – Trippmacher: 177 r., 267 o. – Trobitzsch 180 o.l. – Utzerath: 118 l.; dpa, Frankfurt: 18 r./Thissen, 304/305, 308 u., 315 o., 322 l., 326 M., 331 u., 334 o., 334 u., 335 o./AFP Hoang Dinh Nam, 337 u.; 338 r., 344 u., 345 r./Kalaene, 347 l./Johnson; Peter Eising/MAGAZIN Bildagentur, München: 128 u.; Dr. Fischer, Oberdorf: 174; Focus, Hamburg: 266 r.; Werner Forman Archive Ltd., London: 178, 207 l., 210 o.r., 212 o.; Michael Friedel, Steingau/Dietramszell: 268 u.; Gemeinnützige Stiftung Leonhard von Matt, Buochs: 152 o.l.; Archiv Gerstenberg, Wietze: 207 r., 221 u., 233 u., 280 o., 283; Dr. Georg Gerster, Zumikon: 79, 82 o., 123 o.; Getty Images, München: 242 u./Tony Stone/Kirn, 348 u./Tony Stone/Smith; Giraudon Bridgeman, Paris: 181; Goldmann Verlag, München: 335 u.; Anne Hamann, München: 317 r.o./Höpker; Robert Harding Picture Library Ltd., London: 63 o., 230 u.; Dr. Helmut Hell, Reutlingen: 24 u.l.; Hirmer Verlag, München: 36 o.r., 53; Michael Holford Photographs, Loughton: 147 l.; Hulton Getty Picture Library, London: 268 o.; IBM Deutschland, Stuttgart: 341 o.; IFA-Bilderteam GmbH, Ottobrunn: 17 o., 184 r.; Inst. Amatller d'Art Hispanic, Barcelona: 201 o.l.; Interfoto, München: 46 l., 57 l., 82 u., 83, 84 l., 85, 100, 101, 112 o., 112 r., 112 u.l., 113 o., 158 u.l., 159 o., 161 o., 214, 291 o.; International Society for Education Information, Tokyo: 205 l.; Ladislav Janicek, München: 60 l.; Jürgens Ost + Europa Photo, Berlin: 199 u.; B. Klingwall: 128 o.; Dr. Wilfried Koch, Rietberg: 141 u.; Kunsthistorisches Museum, Wien: 199 o., 202 l.; Helga Lade Fotoagentur, Frankfurt: 165 u./Meissner, 348 o./Ott; Landeshauptarchiv, Koblenz: 143 r.; Lotos Film E. Thiem, Kaufbeuren: 164 o.; Mauritius, Mittenwald: 319 o.; mediacolor's, Zürich: 149 u., 319 u.l.; Prof. Dr. James Mellaart, London: 26 o.r., 27 u.l.; Arnoldo Mondadori Deutschland GmbH, München: 236 u.; Museum der Stadt Regensburg: 203 r.; Museum für die Archäologie des Eiszeitalters, Neuwied: 25 u.; Museum für Indische Kunst, Berlin: 225 u.; Museum of Fine Arts, Boston: 246 o.; National Museums and Monuments of Zimbabwe Causeway / Zimbabwe: 210 o.l.; National Palace Museum, Taipei: 208 r.; Niedersächsisches Landesverwaltungsamt, Hannover: 86 o.; Österr. Nationalbibliothek, Wien: 201 u., 248 u., 255 u., 290 o.; Photos 12, Paris: 62, 63 u.r., 164 u., 165 o., 231 o., 231 u.; Max-Planck-Gesellschaft, München: 23; Presse- und Informationsamt der Bundesregierung, Bundesbildstelle, Bonn: 306 u.; Giustino Rampazzi, Turin: 287 o.; Rapho, Paris: 185 l./Guinoud; Rheinisches Landesmuseum, Bonn: 142 u./Lilienthal; Roger Viollet, Paris: 41, 232 o.; Sammlung Eduscho, Bremen: 223 o.; Scala, Antella: 26 u., 59 o., 98 u., 160 u., 226; Bildagentur Schapowalow, Hamburg: 211/Aspect/Nebbia; Toni Schneiders, Lindau: 163 u.; Silvestris online, Dießen: 20 r.u., 39 r./ANT, 166/Janicek, 346 u./Telegraph Colour, 347 r./Lochstampfer; Sipa Press, Paris: 266 l./Frilet, 317 r.u./Thiba, 324/YLI Icono, 331 o./Schneider, 332 r./Sichov, 336/Torregano, 338 l./Laski, 340 o./Haley; Staatl. Museum für Völkerkunde, München/Sammlung Norbert Mayrock: 192 o., 212 u., 213 o.; Staatsbibliothek Bamberg: 206 o.; Bildarchiv Steffens, Mainz/Stierlin: 76 l., 76 r., 77 l., 77 r.; Studio X Images de Presse, Limours: 19/Gamma-Liaison/Schapiro, 235; Topkapi Saray Museum, Istanbul: 219; Transglobe Agency, Hamburg: 66 o./Barne; Ullstein Bild, Berlin: 280 o., 293 o.; Ungarisches Nationalmuseum, Budapest: 162 o.; Universitätsbibliothek, Tübingen: 45 o.; Universitetes Oldsaksamling, Oslo: 180 u.; Victoria and Albert Museum, London: 182 u.; Wissen Media Verlag GmbH, Gütersloh: 18 l., 20 l., 40 o.r., 43 M., 52 u., 54 o., 55, 61 M., 66 o., 93 o., 118 r., 141 o., 189 o., 196 u., 221 o., 228 o.l., 236 o.l., 257 r., 264 o., 270 o., 274 o., 282 o., 288 o., 289, 294 o., 296 o., 297 M., 297 o., 298 o.l., 299 r., 301 u., 310 r., 311 u., 313 u.; Württembergisches Landesmuseum, Stuttgart: 72 o.l.; ZEFA, Düsseldorf: 263 r./Bertsch.

Die hier nicht aufgeführten Fotos stammen von: aisa, Barcelona.